寄不尽恋　万葉歌♯2442　＋柿本人麻呂歌集
Though we scavage the whole earth to exhaustion
there will always be love enough to get lost in!

大地も採り尽さめど 世の中の
尽し得ぬものは恋にしありけり
You may hunt the Earth until it is bare,
but there's a thing we'll never run out of
in this world: love will always be there.

寄物陳思　大土　採雖盡　世中　盡不得物　戀在
You may hunt until no game remains on earth, but something
won't become extinct in this world of ours and that is loving.

大地の土とて採り尽くす事…中西注でいけば、寄土恋は
You may use up all the top-soil on our earth but, in this world
one thing will never run out: love so long as it's boy'd & girl'd!

続々出版：古狂歌 気の薬
あくまでも不完全大集とは

種本となるは千題十万首ほど打ち込んだ 1,100,000 語を超える巨大の Doc ファイル。その出典は主に江戸時代以前の狂歌本四、百冊掲載の『狂歌大観』＋『江戸狂歌本』＋『近世上方狂歌叢書』という無解説の三大研究書。和歌は日文研究 DB と手元の『夫木和歌抄』と古典の文庫。拙シリーズの短名「古狂歌 気の薬」の名親（？）は、三番目の研究書にある『狂歌詠むは気の薬』という天明二年（1782）のごく平凡の上方狂歌本です。書名と研究の過程などの詳細は、シリーズの題一冊目の総合紹介『古狂歌 ご笑納ください』に預ける。副題「万葉集まで首狩に行ってきました」は、素直にわが「研究」の特徴の自白です。なるべく研究という研究をせず、選集と解説も読まず（在日だったら図書館で見たい解説もあるが）、その代わりに限られた時間とお金でなるべく多くの首を読み、面白いと思えばボルペンで書きためば、その後に八割以上を PC に打ち込んだ。シリーズの十数冊のテマは、本書の後にご紹介します。現在出版されている古狂歌の本は、本書を含めて三冊になります。他の二冊は総合の紹介と君が代の祝いだ。

万葉集まで首狩に行ってきました
　　古狂歌　ご笑納ください

鮑の貝も戸ざさぬ国を祝ふ
　　古狂歌　滑稽の蒸すまで

託せば思ひも軽くなります
古狂歌 物に寄する恋

ロビン・D・ギル著
撰注英訳解釈駄弁
robin d gill, aka
初心洞の敬愚
又 Flying Tofu

寄四季恋・寄天象恋・寄品々恋
寄動物恋・寄植物恋・寄職人恋
恋の奴と・我が恋は・寄〇〇恋

古狂歌 気の薬は
拙出版社 paraverse press の
初和書のシーリーズになります。
author-publisher の美しくない日本語の僕は
只今、ふるさとの小島 Key Biscayne フロリダに
住みながら、一早く日本へ戻るように頑張っておる。
ソフトの問題で、当分サイトの paraverse.org にメイル無用が
please find me at Facebook か Twitter か uncoolwabin の hotmail
dot com © 2017   robin d gill, paraverse press, w/ all rights reserved
but so long as you cite my name and book title, you need not ask me
to quote whatever you wish. 要するに、著者＋書名を、きちんと
触れたら、引用の許可を取る必要もない。誤謬と誤訳と追加も
あるで有無を、オンラインで調べて下されば、感謝します。
But please check for errata and glosses at paraverse.org, etc..
司書諸君 Librarians, love you all, sorry to be so difficult!
The main title: Furu Kyouka Mono ni Yosuru Koi
sub-title: Takuseba Omoi mo Karuku Narimasu
書名の本題は『古狂歌 物に寄する恋』
副題「託せば思ひも軽くなります」
著撰訳は　ロビン・D・ギル
author: robin d gill   (1951 -) 狂号＝敬愚
the selection, translation, mistranslation,
explanation and explication by the same
ISBN# 978-0-9979463-1-4 (pbk)

1. Kyouka (also, kyōka, or kyoka) 31-syllabet comic poetry – Heian era to Meiji
2. Waka with wit akin to kyouka, classic and far from it – Heian era to Meiji
3. Love Poetry – allegorical, comic, complaint, metaphysical, novel, etc.
4. Love Metaphor – elemental: fire, water, etc.; natural: plants, animals, etc
5. Thematic love poems – a semi-encyclopedic, taxonomic or exhaustive list
6. Translations mostly in rhyme of about half of the poems with the original
7. Volume 2 of Furu Kyouka Ki no Kusuri (old kyouka medicine for the spirit) series

1.平安から明治までの狂歌と狂趣を感じる和歌の恋の暗喩と比喩と物名詠
2. 恋の比喩の主な系譜と副系譜を和歌から狂歌の「寄〜恋」題歌で例証する
3. 恋の比喩尽くし百科辞典で元素の火と水や現象の動植物で何百物に寄する
4. 狂歌と和歌の恋歌の類似は、有心＜対＞無心の通念をひっくり返す新論
5. 原文の歌意を深めるためにも全首の三、四割の英訳＝意訳＝狂訳付
6. 擬人法、或いは「恋の奴」と「我が恋は」の歌例で恋を考える
7.「古狂歌 気の薬 あくまでも不完全大集」の第二巻です

First edition, printed by Lightning Source 注文は Amazon, Google, Ingram 等
出版流通大手 INGRAM CONTENT Group の子会社であるライトニングソース社

目次

前置 PREFACE 無心と恋歌有心の逆説　9
序文 INTRO 物に寄する恋の古狂歌とは何か　12 綴法の弁護 14
副題「軽くなる思い」15　LOVE と SEX を分けた 16

1 THE BLUES 恋の奴（万葉集に遡る擬人恋のブルース）17

2 SEASONS 四季 20　春 21　寄恋太平祝 21　門松、氷解 22　小松引野火 23　春草 24　蕨 25　蒲公英、花 27　桜 29　蛙、毛氈 30　夏、衣更 32　苗代、早乙女 33　時鳥 34　短夜、筑摩祭、夏痩、水無月 35　夕立 36　汗、扇子 37　納涼 39　夏草、夏虫、蛍 40　蚊 44　蚊帳 45　蝉 46　化け物 47　花火、秋 49　七夕 50　秋草 52　月、月見 53　桂男 54　稲 62　紅葉 63　落雁 64　秋虫、冬、時雨 65　大根、河豚、寒夜 66、埋火 67

3 PHENOMENA 自然 68　天 68　空 69　地 72　日、暦、夜 73　昼、暁 74　月 75　星 75　風 77　雲 78　夕焼、雨 84　雪 86　稲妻 88　雷 86　陽炎、霰、塵、雷 89　火山 90　陽炎、霰、走火、灸 92　火 94　火消 95　走り火 97、艾 98、火消し恋 99　煙 100　火＋水 103　火＋雪 107　＋酒 108　雪 109　水、氷 110　谷 112　水、井 113　川、涙川 115　雫 122　海、港、湖 123　海＋山 128　海＋塵 128　池 128　滝 130　森 132　野、岩 133、巌、小石 135　細石 136　オウム石 138　軽石、金 139　小判、銭 141 玉、琥珀 141　水晶 143、数珠 144　如涙玉 145　穴 146　色 147　重力 148　沈 151　浮枕 152

4 BODY 人体 155　骨、肉 155　髪 156　頭 158　顔 159　耳、額 160　目 161　鼻、笑窪 162　鼻毛、口 163　顎、首 165　息、肩 166　腕、手枕 167　指 168　胸 171　心臓、乳 173　腹、背 174　臍 175　腰 178　膝 179　尻 180　睾丸 184　足、排泄物恋、耐熱 185　汗 186　涙＋笠 187＋棒 188＋川瀬 189＋夢　糞 190　影法師

5 BEASTS 獣恋 193　仮想動物 193　辰、像 194　虎、猿 195　猪、鹿 197　畜生 198　馬 199　牛 200　角文字、角 201　羊 203　熊、送り狼 204　狐、狸 206　貂 206　犬 208　煩悩の、猫 211　鼠 215　リス、尾 218　兎 219　川獺 221　らっこ、土竜 222

6 BIRDS 鳥 222　比翼、羽、卵 222　鷹、雲雀 224　鶯、鴛鴦 225　鵲、烏 226　梟 228　山鳥 229　雉、イスカ 230　鸚鵡、啄木鳥、燕、雀 232　雲雀、鶏 234＋卵 236　千代鳥 237　家鴨鶴、鷺 238　鳩、鳶 240　時鳥、水鶏 241　孔雀、呼子鳥 242　とりもち 243

7 FISH 魚 244　雑魚 244　鰹 245　鯛 246　鰻＋芋 247　目高、白子 249　鯉 250　太刀魚 251　イカ，鱈、鯨 252　蒲鉾、かぢか 253　鱒、水母 253　蟹、亀 254　鰐、ニシン、平目 255　鉋頭、鮟 257　イルカ、飯蛸 259　鮫鱇 260　鮭、鰯 261　鯰 262　海鼠 263　貝 264

8 BUGS 虫 267　蛇 267　井守、蝶 269　蛙 272　ヒキ、蝸牛 273　芋虫、蜘 274　虱 277　蛭、蚊 279、蝿 281　ダニ 282　蚤 283　蜂 287　紙魚　蛍、夏虫 288　蝉 291　蜩 293　百足 297　蜻蛉 298　機織虫、響虫、鈴虫 299　松虫 300　虫音、蓑虫 301　キリギリス 302　蟋蟀、蚯蚓 303　毛虫、げじげじ 305　蟻、尺取 306　黄金虫＝ぶんぶん虫、繭 307

9 PLANTS 植物 308　海草、ミルメ 308　昆布 309　海苔 311　菜、青物 312　梅、柳 313　桃、花 314　徒名草 315　閑居花、山桜 317　牡丹、百合 318　朝顔、芥子 319　草 320　浮き草 322　蔓、撫子 323　女郎花 325、くちなし 328　山吹、忘れ草 329　艾 330　薄、藁、連理枝 331　葉、種 332　藤、松 333　筍 334　竹 336　笹、樫 337　葛、錦木 338　蓮、果物、蜜柑 339　栗 340　柿 341　梨、瓜 342　胡瓜 343　茄子、西瓜 344　芋、長芋 346　黴 347　苔 348　豆腐は場違い 349

10 HEART 寄心理恋（恋の状況と過程）350　多忙、貧乏 350　愛憎、無人 351　自慢、反省 352　外見、煩悩、可死 353　相思 354　因果、思恋 355　恋病 356　稚児 360　飢饉 361　痩 362　腎虚 365　恋風邪 366　死 368　自殺、義理 370　夢 371　口説 379　不聞 380　命 381　落ちよ、多言顕 382　盗、待つ 383　契り 384　初見、新枕 385　初逢 386　逢夜、夜這 388　闇夜、通い 389　一夜、尋 389　忍 390　名立 392　濡絹立名、厭名、不厭名 393　寄濡絹立名、涙忍 395、悋気、嫉妬 397　恨み 399　互恨 401　徒者、仇人、憂 402、不信四人組 403　別、後朝 409　恋死 414

11 THINGS 品々 415　文具、紙、筆 415　無筆 417　硯、墨 418　人形 419　大津絵、張子 420　口車 421　車、風邪車 422　舟 423　釣具、網 424　杖 425　杭、鎚、釘 426　塩竈、香 428　薪、焼印 430　蝋燭、灯、行燈 431　火取、緒、鈴 432　棒 434　棹 435　曲尺、口笛 436　頭巾 437　枕 438　寄濡衣、袖 443　褄 445　重着 446　襷 448　紙子、帯 449　下紐 450　障り 451　紐、帷子 452　織物、踏物、袴 453　雨具、伽羅 454　便、草紙 455　文、玉章 456　絵 458　文字、謎 459　歌、昔話、冗談、狂歌、双紙、源氏 460　看板 462　輪 465　鎹、道具、棚 466　鐘 467　鏡 468　風呂、銭湯 469　形見 470

12 HOUSE & GARDEN 建築・家具 471　屋敷 471　空家、茶屋、屏風、障子 472　壁、雪隠 473　箱、瓦 474　戸、天戸 475　妻戸 476　畳、筵 477　円座、四季道具 478　井戸、鍵 479

13 THINGS 品々2 480　遠眼鏡 480　眼鏡 481　毛抜 482　鈴、針 483　釣針、罠 484　磁石、鉄物 485　俎板、箸 486　時計、振り坊、馬具、牛具 487　重荷鉋 488　鉋 491　鋸、梯子、小槌 492　農具 493　米臼、俵 494、MUSIC 穂俵、楽器、鼓 496　琴 498　笛 499　琵琶、三味線 500　器、樽 501　杓子、茶碗、茶臼、擂鉢 502　塵取、机 503　屑箱 504　皿、土器 505、陶器、鍋 506　釜 507　水入、桶 508　壷、GAMES 遊び、碁 509　鞠、隠れん坊 511　竹馬 512　紙鳶、山登 513　釣り 514　寄揚弓、狩、依芸惚 515　糸車 516 十露盤 517　秤、長短 518 WEAPONS　武器、鞘、鉄砲、塵取り 519　弓 521　脇指 523　刀、剣 524　剣剃刀、山鉾 525

14 DRINK, EAT & SMOKE 飲食物 525　酒、酔 525　酒呑 526　酒屋道具 527　徳利、寝酒、一口酒 528　玉子酒 529　酒造、二日酔、茶 530　食べる、握り飯、お結び 531　蕎麦、麺、赤飯 532　味噌、汁、粥 533　田楽、鮨 534　鰻、饅頭 535　餅 537　枝豆 539　空豆、豆腐 540　干瓢、粉 542　松茸 543　浸物、蒟蒻、塩 544　塩辛 545　干し物、乾鯛、酢蛸 546　かまぼこ、飴 547　菓子盆、カステラ 548　辛子 549　薬、薬＋毒 550　膏薬 551　碓、煙草 TOBACCO 551　煙草盆、灰 554　煙草入、煙草烟、刻煙草 558　吸殻 559　キセル 560　吸付、唾 563

15 TRAVEL & PLACES 旅と名所 565　旅宿、道 567　　山路、名所、住江 570　島ヶ原、出雲、唐 571　須磨明石、有馬 572 磯、堤 573　名取川、腹の穴島 574　小笠原、橋 575　町、関 577　塚、鏡山、富士 580　浅間 582　女夫石 583　陸奥 584　北陸道、あおのうみ、奈良、外国 586

16　PEOPLE 人類・職業 587　大名、仙人、夫婦 587　飯焚 588 隣、美人 589　醜男 590　醜婦 591　娘 593　箱入娘 594　若者 595　老人 596　初物、後家 598　老女 599　盲人 600　啞子 602 どもり 603　上戸、下戸 604　馬士、武士 605　儒者、学者 607 歌人 608　役者 609　僧 611　山伏、出家 612　あま、農民、馬鹿者 613　お針、遊女 614　相撲、角力取 615　貴賤 617　貧乏 618 からくり 620　職人 CRAFTSMEN、壁塗、屋根屋 621　塗師、皮物師 622　草履、町飛脚、笠張 623　向脛造り、車造 624　酒造、酢作、心太売 625、炭焼、草刈 626　白拍子、早歌謡 627　女盲、舟人 628　盗人 630　曲者、博打 631　穢多 632　乞食、硝子吹、玉磨 634　花火売、商人、魚屋 635　呉服、読売、掛屋 636　刀屋、医、蛸薬師 637　売恋 638　仲人、下女 639　乳母、杣人、大小原女 640　狩人 641　唐人 642　仁王、寄女護島 643、小町、深草少将、敵 644　我独 645

17　SHINTO 神祇 646　祈 646　争 647　人不吐 648 神の力、神恨 649 祈恨、冬神祇 650　結、天神 651　神＋仏、不信仏 652　神名 653

18　BUDDHISM 釈教 655　阿弥陀仏恨、仏 655　釈迦 656　後生、後世 657　仏具 658　達磨、鬼 659　閻魔 660 地獄 キリシタン 661

19　MY LOVE IS 我が恋ハ 662

20　SUNDRY 寄雑恋 673　世話 672　源氏物語 674　百人一首、歌書 675　子守唄、謎 676

BIBLIO　文献と本書の記号 677　終わりに　分かち合えたい 678 読者を頼む 680　現在出版した三冊、2017 未出版リスト 682 BIO 685　total 688 pages 31 characters per line x 31 lines per page

前置　無心と有心の逆説

素直に心を述べる有心の恋歌と、可笑しみが特徴になる無心の恋歌の心理は正反対になる。前者は誠で、後者は不誠実。これは、言葉の実践上の働きを見逃す誤解です。恋の敵に自分の気持ちを、そのままに詠めば十中八九むしろ逆効果になる。有心は、くどい。角文字の牛ならぬ憂しになりがち。オスカーワイルドの言葉「唯一の許すべきもない罪は人を退屈させる」に、頭のいい人だったら東西問わず首を頷ける。口説くも、忍ぶ警告も、遅くなる弁護も、後朝の嘆きも、真面目臭く詠めば、相手に嫌われる。誠に相手が好きなら、面白い歌を創るために骨を折るべき。そうすれば、笑ってくれる恋の敵は天照大神の如く閉じ込まれた心の岩戸は開く。嫉妬で生えた憂き人の角は、ぽっくりと折る。という訳で誠の恋こそ有心ではなく、とんだ無心歌を詠むもおかしくない。天地を動かす歌の奇特（？）は、相手の腰を抜かし、その臍が宿替えさせる上に茶を沸かす事から始まる。誰でも微笑ましく思う作品ができたら、送っても見てくれない相手も、人から人へと伝わる「面白い！」「面白い！」という好評を聞けば、やがて「おちて」くれる。だから、狂歌と変わらない恋の和歌は多い。

上記の逆説的な歌論は恋に限るが、無心に対する無邪気と思わない歌学者の偏見も見逃してはならぬ。擬人と比喩と対照と誇張と矛盾などの理屈と掛詞で人を喜ばすはずな言葉遊びを「技巧的」で「人工」しかも「唐風」と非難、真の有心体の大和言葉の素直なる敷島の道を外れた甲斐もない無心の邪道と見下す。敬愚は歌論を求めて読むマゾヒストではない。無知で宜しい、歌そのもの派です。ただ、文庫本か文学大系で古典を二十、三十年も前の電車に立ちながら読んだ時、せかくの面白い歌の解説を読めば（和歌の解読力がまだ弱かったから読まずには要られなかった）、何回も言葉か概念の遊びに対する余計なる悪口に腹が立った記憶はある。解釈を著した先生達の百分の一の古文知識しかないも、先生の誤解を判った。と言うと、漢詩に通じた貴族よりも、民上がりの「よむ人しらず」歌にこそ面白い掛詞と理屈っぽ

いユーモアが多かった。それを外国の人工的な物と見なす事は、現実ではありません。庶民、即ち日本人の95％を馬鹿にする見解だ。

世界のどこでもとは言えないが、多くの文化にも似通った現象はある。不安定の成金を含む体制は、無意識にも身分を守る道徳だけではなく、審美観ないし趣味を貴賎問わずに押し付けようとする。他の猿類にも公平を求む心を持つが、人は言語に地震より強い、世の中を平らにする合理の力もある。支配者は、その力が裸に振舞う狂歌の「自由自在」の心（もしくは言魂）を抑えんとした。「和歌の前の平等」は日本の平等感覚の基礎になるという者もおられるが、たとえ身分のない人、或いは詠み捨てられて主のない歌を「詠む人しらず」の名で和歌集に入れても、或いは百姓が和歌のおかげでご褒美を受けたという歌徳説話もあるとは言え、言葉の遣り取りのおかげで平等公平を主張する人間独特な言語行為が自由ではなかった。限られた範囲の自由でしかない。和歌の弾圧が下になる平等だ。藤原定家選の「百人一首」を、『古狂歌 ご笑納ください』の百首の章頭歌と比べて見れば、お判りになるかと思う。古典の認めている正常の範囲は、狂歌好に言わせたら窮屈だ。元気なことばの威徳を知りたければ、古今密伝ではなく、自由自在に詠まれた三十一音字の歌を、自由自在に読んでみれば良い。

断って置くが、現在の弾圧は昔のそれではない。『古狂歌 ご笑納ください』の落首に因む０７６章は詳しいが、白壁にあった秀吉の政策を避難した落首十首のために十七名の鼻や耳が削がれた上の磔の他、何人も自害、そして追放された者が泊まったお寺とその近所の者六十六名又磔された。落首の見本には狂歌と称してもいいのもあったが歌一首に人間八人の命を奪うのも和歌の平等か。今は、古狂歌と異なって落首っぽい（あるいは川柳っぽい）狂歌は多いが、物質的な弾圧はないが、文学の門外漢の精神医のなだいなだ氏の好著『江戸狂歌』が1984年に出て、資料の三大シリーズも出たにも関わらず、古狂歌ないし文字通りなる和歌の裏もしくはB-面の歌が見過ごされ続けてきた事は事実です。変わった和歌と狂歌を食わず嫌う国文学の大学の講座も

出版物も、平等を許さなかった時代の体制の基準に従い続けている。猿類は公平を求めるだけではなく、上を真似るのも得意。国文学の所謂アルファ猿も、古狂歌と遊＋勇気ある変わった和歌の良さを広く知るまでは何年もかかる。恋に限る本書だけ読んで下されば、アルファーザルは学校のカリキュラムを変えないと思うが、『古狂歌 ご笑納ください』を完読さえなさったら、国文学の講座と博士論文等は数年以内に古典ならぬ一風変わった和歌と狂歌も、一杯入るかと思います。

前置は「無心」対「有心」から始めた理由が、恋の歌は他の和歌の類よりもその二つの歌体を対極とする誤解を、明白に見せてくれるからである。それが又、全歌論のみではなく文学全体まで当てはまる原則です。G.K.チェスタートンの玉の随筆 On Mr. McCabe and a Divine Frivolity では、真剣なる話題について述べたらユーモアはけしからんと断言したお堅い人々の意見と逆に、「真剣の話題でなければ冗談は無用でしょう（About what other subjects can one make jokes except about serious subjects?）」。McCabe は funny=可笑しいと serious=真面目が反語と見做すが、funny は unfunny=可笑しくないの opposite=反対でしかない。チェスタートンにとって宗教が同時に最も大事な物と可笑しくて堪らない物と見做した為か、これを恋と結ばなかったが、恋する人にとって恋こそ真剣だ。宗教も恋に勝つ為の道具か魔法使いとしか見えない。それをもってチェスタートン流に述べたら、恋は命になるからこそ笑うべきであろう。努力せねば、良いジョークは創れまい。可笑しく読み得る和歌と狂歌の恋の歌こそ、詠む人が真面目に惚れている証にもなる。技巧や入り込まれた理屈や素晴らしい掛詞は無心どころか有心そのものだ。

※ G.K.チェスタートンですが、その名著 Orthodoxy＝正統派が数十年前に渡辺昇一に和訳されたが、上記など我が言及は全てが Heterodoxy＝異端派の方からです。GKCと異なって、敬愚はカトリックどころかキリスト教でもないが、アイデアに溢れる自由自在の論理筋ながら機知の密度はワイルドを凌ぐ微笑ましい御随筆を、何回よんでも楽しい。

序文　「物に寄する恋」の古狂歌とは？

狂歌には和歌よりも題詠が多くて、細かい。恋部かその巻では多くの首が物名か品々に寄する恋の譬喩歌である。その中では「寄」の一字に物（何でもいい）だけで題に十分だったが、恋部以外の場合、題にもう一つ字、「恋」で完成する。万葉集では中国詩の分類法に従い、この比喩をもって恋を詠む歌は「寄物陳思＝きぶつちんし」になった。「陳」という字で「つらねる」ないし並べる意味で、物に寄する恋の歌は面白くて、詠み始まったら一首で中々止めず、陳列ないし物は尽くしになりがちと伝えるようですが、比喩歌を一首一首示すに固すぎるし、「思」より軽い「恋」には遊びがある。そこで書名を先ず「寄〇〇恋」にした。英語の「＿＿」より美しい丸の記号で様々の物ないし品を示すに良いが、ネットでは五分の一まで縮む。悔しかったが、書名には使えない。で、色々と考える中で、Ｓ教授の提案で「物に寄する恋」と決めた。

目次でお解かりになるが、寄された物を五十音順に並ぶ事をせず、寄四季恋・寄天象恋・寄品々恋・寄動物恋・寄植物恋・寄身体恋・寄職人恋などに分けて、その中でなるべき類同士に整理した。同時に比喩の系譜または本歌取りか掠りを示すように、なるべく年順に並べたが、そのために一番面白い狂歌の歌例は最初よりも最後になりがち。中には、なるべく重複しないように、難しい選択が少なくなかった。蛍は現象の火にも、四季の夏の季にもなる。また、狂歌の恋は、数割までも物に寄する恋ではないが、それも紹介したかったから、比喩を見出しては勝手に物に寄せたのもあれば、れっきとした比喩歌でも恋の過程（見初、口説き、初瀬から後朝か離れ恋まで）か、類（相愛、片思ひ、思ひ、忍び、恨みなど）の好例になるから、惜しながら物に寄せなかった首もあった。具体例にしよ。片思ひの涙が棒になって恋の重荷を運ぶ歌はある。片思の好例ながら、原則として「寄」優先にしたが、それも元素部の「水」中の「涙川」の歌例か、品々部中の「棒」、又同の「重荷」の歌例にしては悪くない。そういう苦労は絶

えなかった。又、「寄」も「過程」も「類」でもない「恋の奴」と「我が恋は〜」という特別な小章もあるが、その後者の歌例ですが、川に流れながら夢を見た川獺だった。心理部中の「夢」に入るか、現象部の「動物」に入るか、「我が恋は」同士に残すべきか。何回も考え直したら、今になってあの川獺はどこに流れたか覚えていない。

恋の過程と種類ではなく、物に寄する恋を優先する理由は、後者の狂歌が多いからだけではない。二十年前に、恋の過程を雑俳で描いた本を読んだ。中には、拙著 *The Woman Without a Hole* の川柳集に言及できた面白い句例もあったが、全体としては恋を読む本は面白くないと確認した。敬愚はロマンス小説を読まない男だもの。十代に読んだ西部劇の小説のメーヒコ系の *Mescal* という女に惚れた記憶はかすかに残るが、本で読む恋は無用。しかも、長年の独身は寂しい。常に孤悲しているから、恋歌を読むと毒々しくにもなる。けれども、その比喩の誇張と概念の新奇に、それを活かす変わった口語や刺激的な言葉遊びが中心になる狂歌の恋には、笑える。男ながら読める。読めるから、書ける。この本を。「古狂歌 気の菓」の最初の三冊の総合紹介編「ご笑納ください」は男女読者五分五分で、君が代など詠む祝賀編の「滑稽のむすまで」の読者が大半は男の子になり、本書は圧倒的に女の子になるかと最初から期待しているが、最後の校正をしながら女の子にアピールする和歌もおられば、男の子をアピールするブラック・ユーモアの狂歌も少なくない。各々書評者の選ぶ歌例次第に、男女読者の割合は変わってゆくかと思います。

断って置きたい事は三つ残る。イ）無題の首も勝手に、物に寄する歌にした我が自白を見て「いけない、それが」と腹が立つ人おられば、一言。古狂歌本を読めば、再載なる首は文脈と編集者の好み次第に題が加えたり、消えたり、変えたりする。題なくも題に相応しい歌も珍しくない。古編集者は自由だったら、我も自由かと思う。ロ）和歌の「物に寄する恋」の比喩歌と俳句の「恋に寄する（四季の）物」と逆になるが、狂歌と言えば両指向を伺える。俳諧家も狂歌を詠んだか

ら、驚くべきもない。結局、比喩に甚だしい誇張や新奇なる物を持ち込むに争うところが狂歌の特徴でしょう。本書には、なるべく和歌と指向が同じ、恋が本音なる首が中心。とは言え、逆なる方（一茶は七夕に女郎花に、「もっとくね」るように頼むのが好例）も参照になるから時折に紹介します。ハ）校正に読み直すと物に寄する恋の歌を類と束ねた拙著には、天才清少納言が審美学の宝物に磨き上げた中国由来の「物は尽くし」らしきものをしばしば感じた。超短型ポエムの句集や歌集の鑑賞は、一首一首よりも、同類ないし題同士でよむ方が断然面白い。これは物の収集ないし数奇の楽しみと似通う。殊に珍しい比喩を見つけると、希少価値が高い生物を発見するとも似る。二つの異なった比喩の間のギャップを渡る第三比喩を見つける時も、その発見も比喩会の雑誌という所へ報告でもしたくなります。Web of Life 生命の巣ある様に、物に寄する恋の超連結子系譜図を夢みる。

本章の古狂歌の綴り方の弁護

五十音順か詠人別の選集と異なって、本書の和歌と狂歌は同類の物同士の比喩順のおかげで蛇足の重複が少ないし、綴りは一首ごとに下記で説明するように清書されているおかげで、読みやすい。我が変な駄弁と狂訳には難解のところもあるでしょうが、読者はご自分で原歌をどんどん読み進めるといい。多くの歌を読まなければ、和歌と狂歌の鑑賞は今一つかと思います。古文学者の修業は悪くない。いや、多様なる古き文法と他の言語に見当たらない暗号に近い変態仮名をマスターする事は山伏の修行を上回るかと思う。尊敬しちゃうが、専門家ですら狂歌の富の九割以上も見過ごして食べぬ嫌いになりがちのも、国文学者の難業に携わる時間が多くて、歌その物の読書不足の原因の一つになる。更なる拙古歌読書論を総合書『古狂歌　ご笑納ください』に預けます。ここで、読み易くなるように直した表記と綴りを手短に説明する。日文研の和歌 DB のけんふんのひらかなのきようれつ（原文の平仮名の行列）も、慣れない活用と濁点不在と、狂歌本のけち（？）になる古う送り仮名使い（活用皆無の漢字一つの）動詞などを適当に綴り直したら、多くの首が「解読」せずに読めるように読み上

げた（万葉仮名の漢字を仮名へ適切に戻すのが「読み下す」ならば、逆に平仮名百％に漢字を加える事は何と申す？）。先ず、単語と単語をやすく見分けるように漢字を増やし、仮名との配置を調整させたり、江戸時代によく抜けた動詞の送り仮名を入れたり、手書き原文に多いくせに読み難い変体仮名と同時に直されがちなる片仮名の「ハ」で次の単語と差が直ぐ見えるようによく使い、繰り返し記号の「ゝ」と「ゞ」と／＼も早読に良いから使う。俳句のおかげで「哉」は皆ご存知が、分け難い仮名の単語を分けるために現在漢字にならない社、扨、迄（こそ、さて、まで）をそのままでいいと思った所、専門家に「駄目」と言われて、一応止めて直そうとしたが、時々残してしまったかも知れない。これらに慣れたら、読書速度は高くなるから、改造版に入れ直すかも知れない。「ほど」と意味した「ばかり」の美し当て字の「斗」も「駄目」で「計り」にしたが、それも早読の間作りが為。又、歌が並ぶと音字ではなく、目で伺う長さを揃うと綺麗。その誘惑に負けて、漢字と仮名の案配を調整するようになりました。しかも英訳にも、同じ原理を取り入れて同長の行も偶然より多くなった。

書名の副題にある「軽くなる思い」の意味

古今和歌集の頃より、思ひと恋の音字に内在した「火」は恋歌の主なる比喩となったが、単語全体の同音になる「重い」は、江戸時代になるまで珍しかった。貞徳は「思々」と題して詠んだ「おもひとハただ大石（たいせき）の如くにて捨てんとすれど力及ばずT20」歌は、好例になる。「おもふ／＼」とは関西人の重さを嘆く台詞が、後世の川柳の前付の前兆になる。より複雑で連続掛詞の思い＝重い狂歌もあるが、簡素で判りやすい貞徳の首は、若しも四方赤良が詠んだら名歌になったと思うが、火と水が組むように、重いと浮くが組む歌は、まだまだ十分開発されていない。敬愚は上が浮で下が重しなる網を使う体験もあるから、そういう比喩の開き方は想像できますが、日本人にはseining netで魚を漁った者の数は極少ない。又、重苦しいという語句はあるも、「浮く」こそ「憂く」と結びがち日本語の世界では、重石を

嘆く貞徳のユーモアは、はたして通じたかどうか知らないが、ポイントは恋に苦しんだら心の独り相撲を止めて、恋の無数の比喩と遊んでみたら、気分転換できる。恋の奴というブルースにも勝つかも。

『物に寄する恋』= LOVE と SEX =『色を好む男』の二冊に

種本になった百数十万字の古狂歌の doc ファイルの何万首の狂歌の約一割が「恋」になる。歌は二種類に分ける。本書の物に寄する恋歌と、別書『古狂歌 色を好むさし男』の笑歌。後者は交合と性欲をめぐる主に月洞軒という、研究者に全く見逃されてきた元禄時代の鼻の下が長い女色に溺れながら男色（若衆）も好んだ気配ある一人の狂歌師中心。江戸後期まで少なくとも文学の上にまだ消えなかった稚児愛の狂歌も含む、肉体関係を詠む歌が対象。色を好むさし男（月洞軒が武蔵野の端に住んだ）の異色の歌を読めば、与謝野晶子の夫婦愛よりも男の読者に面白く読めるかと思う。Love と Sex を二冊に分けるのも不自然が、後者を勇気のある少数の読者に預けた方が利口と思う。本書はもっぱら love の方に絞る。

※古狂歌は英訳だらけになる理由は、翻訳しながら歌意を日本語で素直に読む時に意識しない問題と可能性は次々と浮かぶからである。

寄指南恋★入りて見ぬ恋の山路の道指南
かくこそ人の笑ひ草かな　夢庵 e1-1　1768

Guidance for Love's fictional Mountain Trail written by a monk
will my poems become laughing grass for all as they are bunk?
前詞は「恋の歌の笑種集の跋文より」床の塵も積もれば
Here is my Guide for Trails on the invisible Mountain of Love
good if laughing-grass is what you cannot have enough of!
山になるが恋も然。道草も笑い草もない英語で大麻か
This baedecker for the trails on Love's invisible mountain,
will it make me a laughing stock, or a fountain of wit?
見ぬ世の人を思う徒然草も掠るかくなる掛もない
廿年も人と床をともにしない敬愚も然るが

1 恋の奴 1

寄奴恋★面（おも）忘れだにも得為（えす）やと手握りて
打てども懲りず恋ふと云ふ奴　　無名　万葉♯2574　8c

*To forget her face, I sucked in my breath, made a fist
and slugged Love's slave – but he didn't even flinch.*

ネットを検索すれば「正述心緒」の歌類のためか「女歌」とした紹介もあったが、。敬愚には判らないが、恋の奴と混合しないように男が忘れたがる her 顔にした。「寄奴恋」は、わが工夫。万葉集に「寄物陳思」と云う類を示す語も有るが、狂歌集にあるように個々の物を示す歌ごとの題がない。とは言え、変な話もある。「恋の奴（やっこ）」は、数十年前の古本屋で買い、電車に立ち読んだ中西注の『万葉集』に見つけた瞬間、お馴染みの方かと思った。恋に限らないが、ザ Blues という者だ。英語の発音では、尾頭双方とも濁るブルーズで、床の下にも箪笥の中にも背中の上に居て、日本の云う貧乏神同様に、頼んでも中々去らない。同時に、驚いた。俳句か禅関係の本も何冊も読んでいて、欧米語のような擬人法は、自然に近い（？）日本語に本来ないと云うような全く間違った主張も何回も読んだから、大和歌の源になる万葉集に出会うと期待しなかった。よく見れば恋の読み下しが「こひ」ではなく「恋ふ」だ（どうして解るか解らない＝同じ漢字ながら下記のが「こひ」になる。）。ともかく代々一寸劇が好きだった大和の貴族と思えば、仇な人の面影を持ち歩いてくる黒っ子みたいの役を演じた奴（僕）を恋病のお払いにと、殴ったか。岩波文庫の中西は歌を解り易い言葉に直すが、行間の意味は別な問題で今も判らない。

★家にありし櫃に鍵さし蔵めてし
恋の奴の掴みかかりて　穂積親王　万葉3816

I locked him up at home, back in the safe-room within a chest,
yet that miscreant Love grabs my throat & clutches my breast!

親王が歌を詠みながら宴会などで派手に演じた為か、代々の想像をも掴んだ。先に見た万葉♯2574 に比べて機知もない凡作ながら、古狂歌集にも掲載が多い。1539 年の狂歌がオチになりがちの笑話集『遠近草』では前詞は「源実朝朝臣、さるべき女のそのすちけしうはあらさるかもとへ詠みて遣わしける」（何の意味かさっぱりが）で「我が家の櫃に錠さしおさめたる恋の奴のつかみかゝりて」と改作されてもチャンバラに過ぎないが、これで「恋ふ」は「恋」（こい）になる。それから恋の擬人は頻繁に現れます。

古今集★枕より跡より恋の責めくれば
　　せん方な身ぞ床中にをる　　無名　905 以前

Love's Blues won't let me sleep, tortured from both head & feet;
You'll find me at mid-bed, all curled up if I'm not dead.

夫木再載★道すがら主無き恋やあくがれて
　　帰る我が身にとりつきぬらん　　源俊頼　1055-1129

Masterless Koi wander the roads yearning, I guess, after seeing you
on my way home, one jumped me and now he's my Lovesick Blues!

詠む人しらずも、古今集の床中ブルースの歌は著名。狂歌集の掲載の一つには「をる」が「居る」となるが、「居」には身を「折る」姿、いや掛ではないかという気もします。中、俊頼のあんまり有名でない恋歌を、まだ存在しなかった「浪人」をもって「寄浪人恋」と題したくなるが、恋の移り方は狐憑きか疫病の魔を思わせる。脚韻に従ったら、少々でたらめの意訳になったが、英語に強い読者の異見を楽しみにしております。校正中 2017.7.13 ですが、ああ、数週間前のラジオで、八十年も前の黒人ブルース歌手（女性）が相手の潰すタバコの吸殻にこそ情けない、無念のブルースの姿を見た。脱線を許して、続くと、

★思ひ余り膝を抱きてふしぬれば
臍を噛むかと疑われけり　行名 E9-3　1815
（故事由来の慣用語「臍をかむ」無しに英訳無用が）

Overwhelmed by feelings of love I hugged my knees in bed
only to be suspected of biting my navel (i.e., chagrin) instead

行名の後期江戸の狂歌には恋の奴の消息こそないが、その「思ひ余り」の姿勢が古今集の恋攻め床の歌と繋ぐ。臍を噛むが、gnashing of teeth 歯をかみ鳴らす英語に等しいが、大人災の責任者の後悔を極まる空想ないし誇張法的な仕草。故事では、君に開戦しないように強く警告した時のレトリック。同じ苦しみでも、系譜が全く異なる。百人一首にある忍ぶ恋の問われる和歌の歌筋をパロデイ。

1815★忘ればや恋の奴も孫彦の
世に伝え来て辛き思ひを　正徹書記 E9-3

We'd fain forget our Lovesick Blues, yet we pass him down
to our grandchildren as if we want to keep slavery around!

（この余白に翻訳の問題を伝えるが、意訳の機会もある）

We even pass down to our grandchildren the Lovesick Blues
we'd forget, as if to say, "you, too, must pay your dues!"

後期江戸ながら、名前から推すれば 1459 没なる正徹の歌に詳しい人。正徹は君と国をまず愛した歌僧で『古狂歌　滑稽の蒸すまで』によく登場するが、恋こそ野辺に虎のない大和の唯一の怖い存在と云う狂歌一首ほどは、本書にある。

2　四季　2

寄四季恋★繁るやら花咲かすやら枯れるやら
四季をもわかぬ人の恋草　　栗間戸 k11-3　　1825

Does it grow lush, blossom, perhaps, or withering blow?
The grass of human love is bound by no season we know.

古典和歌にも恋が四季に分かれていることは珍しくなかったが、題読みが多い狂歌には森羅万象が四季の品々と重ねてしまうことが多い。そのためか四季別になる恋の歌は相当少ない。狂歌会があったら、その恋歌が当季節になりがちも、大集の恋部は、万葉集に寄物陳思、古今集に比喩歌か物名歌の大雑把の類を、天象と地理と動物等の個々の小題詠み、或いは本書で一つを択ぶが何語も組み合わせた複雑の題（狂歌詠みにチャレンジ好きもいました）も珍しくなかった。その気になったら、俳諧に学んで、狂歌の恋歌の大半も四季の歳時記に詰めたが、本書では、四季の中に入てもいい首の九割以上を、現象と物と品の同類と一緒になるからこの四季部は薄い。ベン図のように大きく重なると仕方がない。超連結子（ハイパーリンク）の設けたE本を作れば、同じ歌を幾つかの歌部の幾つかの副題に寄するものになってもいい。※元素は、四季の先に置いた方が良いけれど、年順に従えば火と水が比喩になる恋歌の大数が狂趣が今一つの和歌で、物に寄する恋の狂歌の富をまだ知らない殆どの読者にとって不親切と思って、要略的で本書の最も弱い歌部になる四季を「恋の奴」という前置きの狂言に次いで頭に置いた。元素を一応始まったら、その後の現象とそれからの物か品へと自然に流れ行くから、ここでなかったら四季は本の最後に置いた。。四季は先に置くが、本当は本書の残りです。（2017.6.22再読で、四季を止めて、全首を大自然の動植物の題等へばら撒きたくなったが、借金が溜まる、母は早く終わって早く出してと煩い。この具合で本を出すのが申し訳ないが、当分このままにしておくしかない）

とは言え、狂歌と仲良くなる導入部として、そうわるくない。四季の中には、蛍と桂男は充実して、一番面白いと思う。

春

春は先ず「新年」だった。祝賀そのもの。徳川幕府が二、三代も続かぬ内に、平和で安心できる「泰平」を祝う狂歌は、頻繁に詠まれる世になった。多くのが、歌集の前後か春の頭にある正月の最初歌になる。恋人同様に「君」も大人ならば退屈無用だったから、祝いと賀歌にも可笑しみが求められたかと思う。『古狂歌 滑稽の蒸すまでも』という本も、笑いながら書いた。下記は「寄恋の太平祝」ながら「寄祝恋」で本の最初に置くも良い。

★君が代に恋と云うもの無かりせば
何を涙のたねとなすべき　有数 E5-4 1799

*In the good reign of our Lord, if not for what's called Love
what would remain to sow the seeds for our tear-drops?*

★不足無きこの世に盗むものとてハ
我が通い路の人目なりけり　提保 E5-4 1799

*In this world without shortage the only thing we steal
is the way to our loves under the eyes of squealers!*

★1821 何一つ口舌無き世は恋にのみ
泣くも痩せるも楽しかりけり　天地根　k7-5

*In this world, with nothing to complain of, it feels good
to cry and grow thin thanks to the exception . . . love!*

左の江戸狂歌は、伊勢物語に遡る女、又は花の散る心配が「〜なかりせば」世の中は安楽だという狂たる和歌の可愛い焼き直しですね。『ご笑納ください』のもじり章に「無かりせば」の面白い派生歌の系譜を追及した。中の、前句の「盗む」を後句の慣用なる一目に繋ぐ論筋も中々良く出来ている。常に痩せがちなる敬愚は、決して痩せるを楽しいと思わないが、右の上方狂歌の祝いながらの卑下ぶりと複雑な概念は現在の心理学者も面白く読める新奇を認める。自分の現実を超えて、太った人の哀れみを感じながら、そのお慰みに勝首にします。

寄門松恋

★約束も正月の言葉であったのか
背戸に待つたり門にまつたり　越丸　K29-1　1812

（松が恋病なる場合 pine と英訳可能が只待つは無理）

うなる程ひどい。どうけたユーモアの好例。前句の「約束が正月の言葉か」とは、新鮮で素晴らしいが、笑話の中で登場すべき歌だ。相手は鬼なら笑うだけで逢わずにすむが、約束は正月の言葉であったニュアンスは、お手上げだ。お解りだったら、教えて！

寄氷溶恋

★古今和歌六帖　泣きつめし冬の涙は凍りにき
溶けん春日は身もや流れん　無名　985年以前

My winter tears all froze in place, so on this balmy day
in Spring, I fear they'll melt and I'll be swept away!

恋に限る言葉ではないが、身もや流れんと云うと伊勢物語の身を流す名歌の派生歌と思えば、寄恋歌になる。古今集に苔衣の凍った涙の溶ける秀歌もあるが、恋というよりも坊さんの苔衣と沿う。

1811★下紐はいつの事ぞや去年からの
堅い氷もとけて来たのに　清巴　K15-5

*So how long will you keep your belt trussed up, sweet-heart,
when even ice, hard since last year, melts and comes apart!*

又、冬の間に氷り、春に解けて流す恋の涙を嘆く和歌は多いが、上方狂歌の「去年＝こぞから」が妙に効く。和歌や俳諧にもある陳腐を生かしてくれた狂歌の有り難み。下紐に結ぶ氷の狂歌また本書にあるが、和歌の歌例も求む。きっとあると思う。

寄春風恋

天明中★見初めてしその恋風と春風は
はなのちり毛をそつと吹くなり　金鶏　網雑魚

（花毛＝鼻毛も恋の風＝風邪もなければ英訳無用）

見るものでない風ながら見初めて引く恋風は、そっと鼻よりも花粉ある花毛（梅か）を「そっと」吹く繊細なエロスにも感じるか。

寄小松引恋

拾遺集★岩の上に生うる小松も引きつれど
猶ね難きは君にぞありける　無名　1006以前

（根＝寝という掛けもない英語には訳無用）

岩の上の松を引っ張り取るよりも岩ねごとに持ち帰った方が、松にとっては親切と思えば、君に断れば当然とは冗談、比喩の物と本音の寝たがる者を比べるのが新奇でこの無名和歌を、古狂歌と思う。

寄野焼恋・寄野火恋

800 頃か★冬ごもり春の大野を焼く人は
焼き足らねかも我が情（こころ）焼く　万葉#1336

*Hibernation ends with Spring fields burnt by men who seemingly
have missed something – I mean – is not my heart still burning?*

鄙ぶりの私的概念狂歌は好きが、この口語しかも散文と変わらない和歌をどう思うべきか。後に多様化する「寄火恋」の早例として、先ず四季恋でなく天象・元素恋の寄火歌中の副題「寄野焼」小野小町の走り火の直ぐ前に置いたが、四季部を先に置いたら、ここへ移った。燃えるよりも焼いた心の方がよっぽど苦しそうで、火を点ける男よりも、それを消防してくれる者を呼んだ方がいいと思われるが、別な英訳者は firemen（消防者）という単語で両義も効くが、「焼く人」にもなる。

寄野火恋★君恋ふとしのびしのびに身を焼きて
風のあなづる灰となしけむ　好忠　百 1000 頃

（忍び=し野火も灰=輩も無ければ英訳は無用）

風のあなづる灰は、火葬の煙りで恋死の仮想なる忍び恋の嘆きですね。歌は、桃山時代の狂歌か狂趣ある和歌がオチとなる笑話集『遠近草』にも、変な前後に挟まれて登場。

寄春草恋

★はや余る外の嫁菜と成て妬ましう
思う涙に袖ひたしもの　畝守　k11-1　1820

（嫁菜と浸しものを個々で不可英訳↑↓）

　　　　k11-1★ふと顔を見初めてこちの嫁何も
　　　したしと思いつくるつみもの　松洛　1820

後期上方狂歌の一冊の本の「寄春草恋」23 首より摘んだ二首。老秀吉がぐにゃぐんやの浸し物になったという沢庵の時事狂歌の四季化か。左のまだ摘まらぬ嫁菜が嫉妬の妬の字に重石も想像すれば、と？

　　　　★春雨に下もえやせん若草の
　　　ぬれて色つく君と思ひも　笑眠　K11-1　1820

With spring rain, young herbs start burning from below pink
like you, dear, getting wet colors them ready for sex i think.
　　　（萌＝燃えに濡＝寝れも思ひ＝火⇒ひも＝紐も英訳無用）

重ねた掛詞だけではなく、色に艶やかな含蓄もない英語で原歌の静かな詩風を保つことができなかった。後句は人間にすべきだった。でなければ、英訳は寄若草恋ではなく寄恋若草に化ける。そういう意味では誤訳です。狂歌には若草・菜摘・七種叩きを詠む傑作が多い。『百人一首』もじりの栗丈詠む「君がため若菜よまんと腰折をあな難しく一夜ねりけり K-10-4」と天魚（同）の下記の首を読めば、どう思う？

　　　★君がため春の野に出でて若菜摘むこれですむなら安きものかな

Going out to fields in Spring to pluck young greens for their master
if that was all one had to do, they had it easy, I'd say.

色好む俳諧と川柳の方に尽くされたから、狂歌の若菜の色が控え目だったかと思う。無論例外もあった。色の濃い菜摘狂歌もあった。初期狂歌の不知の「摘みにやり遅く帰れる下女の名のワカナのはをもいたすかみ様 T12」（蛇足：ハ文字、即ち恥じを言い出す？）も猶影の「床につみし源氏草子は知り知らず若菜は上下祝い社すれ T29」（1671年）も、上方の栗毬の「初若菜せりあうて取る小娘がねからほれたという

も可笑しき k4-3」も江戸後期の櫻川慈悲成の★「とし／\にあたまは光源氏にて 春の若菜の色好む也」（英訳は『古狂歌　ご笑納ください』）もそうであろうが、下女の行動を疑うとか寄恋の菜摘の祝歌や小娘を可愛がるも禿げ頭を卑下ながらn菜摘歌は、いずれも寄恋歌ではなく四季の季語をめぐる俳風狂歌になる。

寄蕨恋

下記にご紹介する「寄蕨恋」は、若菜と全く異なる雰囲気になる。和歌にも能にも俳諧にも早蕨は少女の腕似の手（一茶もその名俳文に可愛い娘のさと女の腕を早蕨と形容した）もあるし、童の発音が近いから、蕨に寄せる恋歌に凝ったは、近同音語に目がなかった狂歌だ。

1750★恋艸ぞもえ初めにけるすれ違い
ちょとさわらびの手を握るから　木端 K2-1

（恋草も触らば⇒早蕨の転掛も無く英訳無用）

1820★後朝の別れこそつらさ蕨の
離れもならず手をば握りて　魚口 k11-1

（蕨の手の伝統無く敢えて英訳しない）

同★中々に手も握らさずうや君に
焦がれて燃ゆる胸のさ蕨　天足　k11-1

（ここ蕨と手が離れ離れに出るから誤魔化し切れた）

In vain I tried to hold your hand, but, girl, how coy thou art!
Now, a fist of maidenhair fern burns purple in my heart.

上方の三首。木端と魚口の掛詞手法は同じ。和歌に珍しい未完全の転掛。触るか触らばを仄めかす「さわ」⇒さわらびと、「つら」で「辛

さ」を仄めかしてさ蕨に成る。離れもならずは、手をぽっくりと折れて名残に持ち帰ることならば、もう少しはっきりとした言葉で詠んで貰いたいから、木端のちょとさわらびの出会いを勝ちとしたいが。英訳もした右の歌の胸の早蕨は新奇の手ながら、原文では面白さが片手落ち。蕨の手の句と歌を沢山ご覧になりたい人は拙著 Fly-ku!（一茶の手をする蝿の祖先が蕨の手だから満一章もあり）をご参考に。

寄鍵蕨恋

★さらばよと明くる妻戸の鍵蕨
むらさき立ちし衣／＼の空　桃吉 E5-4 1799

（このふわっとしたリリカル雰囲気は敬愚が苦手）

『源氏物語』を読んだが、もう忘れている。まだ子供の早蕨手で現れた紫は、女になって後朝だと…？この後期江戸狂歌を解読するために、敬愚より繊細で記憶力の良い人の助言を頼むぞ。

寄蒲公英恋

1820★思わせのこゝ迄こひの道草に
踏みつけられて顔たゝんぽゝ　何竜 K11-1

（来い＝恋も顔たたかん⇒たんぽぽも英訳無用）

転掛けたる「たんぽぽ」の動詞化だけでも注目に価する首とは言え、情けない短編小説か。上方のあきれはった語感＝寛容の好例だ。たんとぽぽも、句に繰り返した言葉遊び屋の堀内捻天の顔負けじゃのう。顔叩んっぽ！

寄花恋

★色みえで移ろふものは世の中の
人の心の花にぞありける　小野小町　850頃

There is a thing whose color grows then fades away unseen:
the flower called the human heart if you know what I mean.

名歌。濁点もない古綴法の昔は「色見えて」とも読んだが、「ぞ」が「も」でなければ論理上、他の花と異なって色見ないという片方しか様（さま）にはならないと、密伝など受けておられない敬愚は思う。

905★思ふとも枯れなん人をいかがせん
飽かず散りぬる花とこそ見め　素性 kks #799

My love is true, but what can I do when his/hers for me has faded?
I'll view him/her as cherry bloom that scatters before I'm jaded.

「題しらず」歌だ。近代の軍国主義までは、桜の花は女になりがちだった。雨に争いかねては咲いたり、風に花が奪われたり…そういう調子だった。一方、「飽く」だと、男。とは言え、歌の性別は難しい。

★花ゆゑにみをや捨ててし草枕
千々に砕くる我が心かな　好忠 977

（みは身ながら実も縁語なるが英訳無用）

前句は、そのまま立派な川柳にもなる。狂趣あるが後句は弱い。「虫は這いのに君はいないや」か何かに直したくなる。

★命おしむ人やこの世に無かりまし
花に代わりて散る身と思わば　西行 1190 没

There is no one in the world who would regret having to die,
if he thought his life would keep the falling flowers alive.

前文は「花の散りけるを見て詠みける」。大自然を詠みながら、死んでもいい、という心は Love のようです。西行はいい。四十五年前の大学の思いでが浮かぶ。同じシェイクスピアとドストエフスキーの心理を考慮する文学の講座に、赤い髪に雪肌えの活気ある青目の百五十センチの小型美人に、南米の描写絶する金色の肌に量感抜群の茶色の髪で目も唇も全身も艶やかな無敵の男殺しのグラマーの二人もおられた。片足を机の上に、片足のズボンの棲 Cuff を灰皿に使いながらタバコを連続に吸った大柄の怪漢たる顔の教授。一度、二足しか使用しなかった椅子が後ろへ転んだ事も、漫画顔負けの教室が色気がぷんぷん。教授も小生も、男の子という子も喘がないように精一杯だった。南米女の国はもう忘れているが、よく覚えている事は、求愛せんとすれば、あっさりと断った時の理由。二百年も前に死んだバイロンを愛するから、生きている我々は駄目だ。西行に惚れて、一生結婚しない日本の撫子もおられますか。下記の最初の二首は比喩による良い描写か、ただつまらない陳腐の描写か。

1740年★こぶりよき花の娘にそろ／＼と
ほころび初よとそよぐ恋風　東華堂栗芳　T58

（ほころびも恋風も英訳無用　原題：娘有佳色）

同★花下ならで帰る事をば忘るゝは
美形の娘のところによりて　嘯雲　同

Blossom-viewing aside, if you forget your way home,
it's because a pretty girl made your thoughts roam.

★よしや又うちは野となれ山桜
散らずはネにも帰らざらなん　節松嫁嫁　天明中
（吉野も野と山の世話も根＝寝も桜＝遊女も無いが↓）

After the deluge, cherry petals find their roots: sow your wild oats,
dear, but remember where you reap ‑ i.e., come home to sleep!

左の丹後宮津の栗芳の狂歌。小娘に相応しい可愛い言葉に脱帽しながら歌の腰に魅力ない。同題の中の首も「花下ならで」が鼻の下が長い嘯雲の言及（名詩）判るが、「美しい顔で話が長くなる」という武玉川か川柳の簡潔には勝てまい。但し、その雑俳や川柳の本歌になりかねないし、月並み会の他の人の「花の娘」の花を受けて詠んだと思えば悪くない。いずれも、右なる天明狂歌の大御所なる節松嫁々の著名狂歌の参考用と思えば十分。節松嫁々の首は本来題歌ではなく、遊郭に長引いた夫の朱ら管江に送った「もうそろ／＼家へ帰ったら！」と云う丁寧の命令と思えばいい。複雑な歌体は、拙著 *Mad In Translation* で満一頁の蛇足を食った。因みに、恋と無関係の貞糸尼の微笑ましい 1823 以前の上方の派生歌「帰るとも思わず花に願わへて？うちは野となれ山桜見ん k6-6」もある（根＝願わえ？）。恋と無関係だが、老人になると、敬愚も大自然を恋の内に入れたくなる癖もできてしまったようですね。

寄蛙恋

★水に住む蛙よ詠まば詠んでくれ
みずに焦がるゝ我が恋の歌　雄州 K8-1　1814

（見ず＝水に掛なければ英訳は可能が、原歌は良い）

A frog with eyes on his head can croak to heaven while wet
but you leave me high and dry, for hell if I've seen you yet!

「寄火＋水恋」の好例にもなる。水も見ずなる和歌も多いが、これより明白に詠んだ水掛けの歌はあるまい。この 1814 年以前の上方狂歌は、掛詞の甲斐をご自分で考慮すれば宜しい。英訳に脚韻を踏んでみたが、やはり原文の掛詞には、及ばない。読者諸君はどう思いますか。

寄毛氈恋

1815★恋の山おもわずひもを解く花の
　　毛氈をついえんに下伏し　貞旨　K19-3

*On Love's Mountain, strings on flower undies quietly untie
and I spy hairy sundew blooming just below the porch.*

晩春か初夏に咲く花毛氈苔（もうせんごけ）科学名 Drosera　複数 Drosero 俗名 sundews が山高くに棲みがち地ぺちゃんこの小さな食蟲植物で、左は山家の細い縁の下かと思う。芭蕉が「よく見れば薺（ナズナ）花咲く垣根かな」が、各花が小さいが花茎に花沢山あるから、よく見なくても見えるが、毛氈苔だったら求まねば見えない程でしかない。ナズナの花茎をクローズ・アップすれば面白いが、ただ花が咲くよりも、俗名 sundew 日露なる毛氈苔には、各細い刺か角か毛のような物の先端に露みたいな液体玉が更に美しいクローズアップになる。

　　★舞台とび死なば哀れとかけてたへ？
　　　君が芝ゐの花見もうせん　弄花　K19-3　1815
　　（かけ給えの誤植か？陰で耐え？芝居の両義も英訳無用）

*When they fly off the stage to die – take pity on them, please,
hairy sundew-women down there, blossom-viewing at thy ease.*

山の大寺の広い縁（？）の上の能狂言か何かの舞台から飛び死ぬらしい画を見たことがある。もしも鬼も出たならば、Drosera capensis 好望角毛氈苔の種だったら虫も食うから相応しい。と判ったような事を言うが、歌意に自信ない。上記の英訳以外の読み方は、きっとある。平家が海に身投げすれば平家蟹に成り代わった様に、身投げ桜花が毛氈苔に化けたように観べきか。当植物の花言葉に「詐欺、不誠実、無神経、物思いセレナーデ、あなたに捧げる恋の歌」と色々ある。Sundew という名と可愛い五弁の一寸梅の花にも拘わらず、やはり露が虫を捕る植物は怖い。

夏

寄夏衣恋・寄衣更恋

後撰集★夏ころも身にはなるとも我がために
薄きこころはかけずもあらなん　読人不知956年以前
（ころも＝こころの語呂合わせも薄心ないから変な異訳か）
*Though summer-wear may cool off bodies, for my sake, please,
be less transparently thin of heart: hot or not, don't be a tease!*

上記は題しらず和歌ながら、ころもとこころの語呂合せは狂趣かと感じた。念の為、薄い衣とは麻が多かった。薄きが又浅い。後者だけは英語にも心にかかるが、洋服とは関係ない形容で異訳でいきました。

★裏なくもひとへに君を思ふ身は
　涙と汗に袖は濡れつゝ　都流　K24-1　1770
*No lining, no back, the fabric I wear is just one layer and so, too
is my love soaking my sleeves in tears and sweat . . . all for you!*

★恋衣うすしとかこつ人の目に
　など我が胸の透き通らせる　哥屑　E11-2　1820
*May she who complains that 'our robes for loving are too thin,'
open her eyes to pierce my chest and read my heart, within!*

★夏ごろも薄き契りを今日かえて
　又新しいつまと成るよね　眠洞　K15-5　1811
（妻＝褄もよね＝女も掛詞もなく英訳無用）

左。涙に汗の首が少ない。後期上方なる都流は夜這の距離が長いか、肉体労働をしながら二人の未来を稼いでいるか。中は。江戸の哥屑の

清少納言よろしく薄着を通す人の身を嫌がった「かこつ」相手に、むしろ心の中まで見せたいという逆襲発想は素晴らしい。腹に穴を、石など割っても見せたい「寄心見恋」歌の系譜だが、我が狂訳まで明白になったら傑作。右、英訳不可能の「妻＝棲」の仕組みは『万葉集』まで遡る馴染みある系譜だが、衣替えと結ぶ例は、これ以外に知らないが、川柳っぽい色っぽさよね！

寄苗代恋・寄早乙女恋

1784★早乙女の笠の下紐とかずとも
露ばかりこそなびき玉笛(苗？)　四方赤良
（下紐の含蓄も露の慣用語もない英訳無用）

後期江戸★早乙女の笠の下紐とけ初めて
逢ひ見ん秋をたのみかけ水　季保 失出典
（もう一つ下紐の蛇足無ければ英訳読んでも無理が）

*The rice-planting girl undoes her hat-strap: just getting a jump
on others, call it priming the pump, for a rendezvous come Fall.*

左は「馬喰町ひしや会兼題」中の「早乙女恋」で『巴人集』より。ネットでは「笛」になるが、それは赤良はわざとしたか。笛ふいたか？それとも誤植か。歌意は未解読。玉苗はまさか指似だったら…？右のかけ水は呼び水で宜しければ、なるほど解る。秋の収穫とり入れば、かの下紐も…。早乙女が忙しく求愛はだめだったようです。

1792★早乙女の雪の肌えによるのみか
ひるも吸い付く思ひなりけり　馬道霜解 E3-10
（寄る＝夜も昼＝蛭という掛詞なくて機知を再生した）
*What man is not drawn to such snowy flesh just beyond reach?
Field work sucks but, seeing maidens planting, I'd be a leech!*

原文が読み易い。英語で suck 吸うが悪い言葉で翻訳が至難の業だったが、その悪い意味を受けて農業はキツイも、我も蛭に成りたいオチにつけた。語感の良い「早乙女」を maiden にしたが、ローマ字のままに saotome にしておいた方が綺麗かも。「寄蛭恋」が題だったら後句がばれるが、早乙女から始まると「農業」はどうせ最初から判るも、蛭をせめて後句まで抑えて置いた方が面白いでしょう。

寄時鳥恋・寄郭公恋・寄遊里郭公恋

寄時鳥恋★君と我こと語らへばホトトギス
忍びねすると人や聞くらむ　源俊頼 1055-1129　散木奇歌集
（偲び音=忍び寝という掛詞が無ければ異訳しかないが）
If there is talk about you and me, "Cuckoo!" is the word;
eavesdroppers hear you're crazy for me and I for my bird!

★いとどしく袖のしをるるホトトギス
なくねや恋のしるべ成るらむ　源俊頼　同
（鳴く音=泣く寝=泣く音？の掛詞無ければ英訳無用が）
How the Cuckoo soaks the sleeves of Pussy & her Tom cat
calls or cries aloud would seem to show where love is at!

源俊頼（1055-1129）の散木奇歌集の夏巻より。左は解り安い。右の「しるべ」は、案内。「ほと」を女陰ながら女自身で「ぎす」は老男にもなるか。両首は「寄時鳥恋」か「寄恋時鳥」か。比喩は両刃の剣だからこそ、恋物語の笑話にもこのような読み方はお誂え向きかと思う。参照のため、同人の「朝ねかみゆふのみ山のホトトギス早うちとけネ思ひ乱れて」と「ホトトギスなく嬉しさを包めとも袖にはこゑも留まらざりけり」もある。

★恋の道まだ卯の花のうしろ帯
なくね待たるゝ時鳥なり　柳因　T55　1737
（後帯が若遊女で、鳴く音は泣く寝が視座が不明英訳無用）

★こま／\と汝が親しらぬ忍ぶれねば

嬉しき恋の山ほとゝぎす　珍重亭耳頼 E11-2　1820

They don't know their parents and we take great care ours too
don't know this love-making us feel high as mountain cuckoo!

★山出しもこゝに廓の里なれて

空鳴きなりとせよ時鳥　一雄　題林＝後期江戸

Out and about in these hills – yes, the pleasure quarters are near:
sky[empty/fake] cries such as yours, cuckoo, are what you'd hear!

狂歌を発見した前に読んだ何百句の中に、宗祇の「契りきや初ほとゝきす遅桜」に其角の「蛤の焼かれて鳴くや時鳥」に子規の「ラムネの栓天井をついて時鳥　」などからなんとなくエロチックな印象を持つようになったが、意外のことに時鳥は、その数十名を見ても、惚れた惚れたとなきたくなる寄時鳥恋の狂歌を見つけなかった。左はまま。中の親知らぬ生態学を弄ぶところに可笑しみある。右は、空飛びながら鳴くから「空なく」つまり遊女の偽り泣き善がり声と同じ空声になる。「なりとせよ」は「なるとも、鳴きなさい！」？ひょっとしたら廓へ行く時のほと＝女陰＋ぎす＝無愛想の爺の余慶な注文の自嘲歌か。

寄短夜恋

★短夜も独りハねうし寅の時

うきたつ恋のみをしせがめば　次木 1672 年

（掛詞はあれだけあれば英訳を考えもしない）

十二支（ともかく中の六支まで）ある最高の歌かもしれない。初期狂歌の『後撰夷曲』で、題は夜恋＋寄夜刻恋となる。或いは「寄時刻恋」の傑作だ。「寄夢恋」の最後に置いた平安時代の連歌は本歌らしい。

寄筑摩祭恋

★君が目につくまの祭の鍋ならで
頭から思ひ参らせる文　拾栗 K6-4　1778
（付く⇒筑摩の転掛は無ければ、英訳無用が）
As you're no Tsukuma stewpot to count as an affair but better,
from the start I'll wear my heart on my sleeve and pen a letter.

その年寝た相手の数を頭に被る祭は世界に類がないか知らない。筑摩祭の狂歌は、その鍋の数ほど（沢山）あるが、本書の物に寄する恋 Love 歌よりも、交合 Sex 歌の『古狂歌 色を好む男』の方に入れた。

寄夏瘦恋

天明の人★夏瘦と人には隠す苦しさよ
我が胸の火の暑さ負けをも　蝸光 E 一萬集
My suffering as the summer-thins I shall from others hide
as I do the heat of this love that roasts me from within.

この「蝸」は人の誤植か我が変換違いか。きっと天明狂歌名人のつむり又つぶりの光（1754- 1796）。夏瘦と恋瘦の重なる狂歌は意外に少ない。秀歌求む。末栄人の「夏瘦と偽る罪のおもきより軽く挙げたき恋病の床」の発想、つまり自白した方が楽は良いが、詠みは下手。夏瘦と偽る罪の重きより恋をはなした身の軽さかな、とかに直したくなる。

寄苦熱恋

★ひさかりに思ひくたぶれ寝入る間は
誠に恋の昼休み也　木端 K1-30　1760
The summer heat has knocked me out but maybe saved me, too;
that nap was my first respite from longing day and night for you!

傑作！思えば、AC無用で眼鏡以外には裸で本書執筆中の敬愚の肖像そのものだ。夏でなくても、ぎりぎりに生きると恋の奴には殺されまい。

寄水無月恋

970-84★水無月の土さえ割れて照る日にも
我が袖干らめや妹に逢わずで　無名　古今六帖
*In the dog days of summer, when the clay cracks and all is dust,
only my sleeves remain monsoon wet! My love, she's not here.*

もう少しいかされた寄水無月恋の歌が欲しい。れっきとした狂歌も。

寄夕立恋

1825★ぬれ事を馬の背分けて夕立の
ふるとふらぬの二方荒神　栗間戸 K11-3
（夕立＝太刀も降＝振るの慣用なく不可英訳）

原題が「寄馬上恋」が間接で渋いだろうが、濡れ事は二者択一。最後の句を「足次第かな」と新変種も作りたいが。

寄汗恋

★天明中　照らされつ蒸されつ恋に大汗を
かくと知りなば拭く人もがな　燕子　e1-7 栗の下風
（「抜く」の掛詞は英語では無理だったが、ともかく）
*Knowing I'm shy, red hot when turned on & sweat alot,
I dream of a lover who'll wipe it off with a gentle touch*

★いつの間にたもと濡れけん恋ごろも
脇の下から汗の流れて　天地根　k8-1　1814

Before you know it, the dress for your hot date is soaking wet from under your arms, it springs and flows: love means sweat.

左の初英訳は原歌の願望より回りくどいが、その頃は交合において「抜く」という語が「拭く」はと掛けている。抜くのその語義の早い用例か。右は。汗が色々あっても、確かに恋に恥ずかしがり怖がり（？）する人の汗は、脇か腋から泉の如く湧き流れがち。わが場合は、電話中が最悪だが、天地根の自白にもなるから座布団三枚。左とかろうじて持になるが、その英訳 love means sweat は、大勝。

寄扇子恋

1776★恋風の骨を折りても情けなや
せめて一夜はあふぎやおんな　露濃 K13-3
（骨の二つ慣用も逢う義理に扇も英訳無用）

歌腰に「痩せ」が嵌めているかどうか知らないが、せめて攻めてみたい。「扇＝逢う義」かどうか知らないが、「や女」という口語の「おんな」止めが、なんと生意気でいい！

寄扇恋

1799★仇人は嫌とかぶりをふる扇
かみつく程に骨は折れとも　羽衣行広 E5-4
（後句の紙＝噛み付くに扇の骨もなく不可英訳）

1799★うき人に忘らるゝ身はちり塚の
骨となりゆく秋の扇か　琴弾 同　又一萬集
*Does one like me, forgotten by her love, after a while,
end up a Fall umbrella, all bare ribs in a rubbish pile?*

左の振る＝古と紙＝噛みつく掛詞の続き具合はあんまりに見事で英訳不可能ではなかった。原題の＋被忘恋はよくわからないから夏にした。

寄団扇恋

★君が手を柄こそ離れね立ちゐにも
うち忘られぬ暑き心に　大家の裏住 1734-1810
（手が柄にならないから想像する場面をええ英訳できぬ）

この天明狂歌の名貧乏人の号はさらに「柄落栗庵」と続く。燃え上がる恋、胸の走り火などが床に寝ながら苦しむのが普通で立ち居にも「団扇⇒打ち忘られぬ」転掛詞はいいですね。彼の押入れ同然の小屋に立ち上がれば、人は即時天文学者になる（頭が JIN にぶつかり星が見えてしまう）と思えば、尚更この首が楽しく読める。立ち位の交合体位中だと『古狂歌 色を好むさし男』に預けた方がいい？

寄納涼恋

1778★誘う水あらばと見ゆるあの娘
涼みがてらに濡れかゝらばや　條之　k12-2
（英訳が下品過ぎて止めたが天気という語でやっとＯＫ）
She looks ready to jump on any boat in this hot weather
I'd love to get wet with her and cool down together

同★来ぬ君を待ちて毎晩涼み哉
よい見せ物と人の言う迄　時流　k12-2
I wait for you in vain night after night out where it's cool,
until they say 'See that hot babe advertising her goods!'

左は。英語に呼び水あっても、誘い水こそない。それに「涼みがたらに」という語句はいい。右も hot と cool の対照がみそ。雑俳っぽい。

寄夏草恋

1219 没★我が恋は夏野のすすき茂けれど
穂にしあらねば問ふ人も無し 金槐集　実朝

*My love is the dense growth of sawgrass in a summer field
no one notices so long as the plumes do not open.*

★夏草のしげ／＼君に逢ひまして
結ぶ契のえんもあれがし　信海　T33　1688 以前
（茂＝繁＝頻繁にもえんが縁と掛ける縁も英訳無用）

左は二十二歳以下の人の歌。右は少々難解。その「縁もあれがし」と前句との繋がりは。夏草が充分茂れば家の縁も見えなくなるから、落ち着いて逢う場所もないか。草刈が面倒だった信海の弟子の月洞軒は、その為に「借り屋敷」へ引っ越して問題解決。か、掛詞の矛盾のみ？

寄夏虫恋＋寄火恋

970-84★昼はなき夜は燃えてぞ流るゝ
蛍も蝉も我が身なりけり　貫之　古今六帖 火+水

*Crying by day, burning by night, aimlessly I drift along;
the cicada and fireflies are me . . . . . so, too, this song!*

905＋寄燃恋★夏虫を何か言ひけむ心から
我も思ひに燃えぬべらなり　みつね　古今集

*What can I say about summer bugs that fly to flame?
Burning with hopeless passion, I do just the same.*

後拾遺 1086　寄燃？★人の身も恋には換えつ夏虫の
あらわに燃ゆと見えぬばかりぞ　和泉式部 978-1034？

*Willy-nilly, a person will her life for Love exchange;
'tis plain as moths burn by flying into candle range.*

1819★捨てられて君が便もなつむしの
独りぬる夜は身を燃やすのみ　羽觴 K18-1 色紙 Z 注

*Chucked without so much as a goodbye letter really bugs me;
sleeping alone, I burn like a moth in the flame of my passion.*

火に飛ぶ夏虫に寄する恋歌は傑作が多いが、みつねの自嘲は、勝。

寄蛍恋・寄火恋・寄火＋水恋

978-1034?★物思えば沢の蛍も我が身より
あくがれ出づる魂かとぞ見る　和泉式部 後拾遺

*Longing for him, even fireflies on the moor seemed to be
sparks of burning passion, embers of my soul . . . . of me!*

1371★ゆく水のあわれ消えせぬ思ひゆゑ
夜は乱れて飛ぶ蛍かな　宗良親王　1311 - 1385

*Water may flow under the bridge but love burns on & I've no doubt
that when my thoughts swarm most at night the fireflies come out!*

左、式部の首を派手に英訳した。名歌で翻訳数多あってこそ、勝手に遊べばいい。物思えば世の中に自分の心を見る歌を貫之も詠んだが、これはその最も美しい具現。とは言え、右、宗良親王の「ゆく水」という蛍の生態を追加した上に、魂の陳腐？を使わず、乱れる物思ひの心から即ち「故」に、最後の「哉」は、渋いと同時に強い詠みになる。

＋寄熱恋★なにせむに袖の蛍を包むらむ
更では燃えぬ我が思ひかは　宗良親王 1371 以前

*What could I, already burning with love, do with more fire?
Spare the fireflies, lest my sleeves become my funeral pyre!*

玉葉集 1313 ★暮れを待つ思ひは誰もあるものを
蛍ばかりや身に余るべき　藤原隆房　1209 没

Waiting for nightfall, who isn't full of yearning: such is life;
ours should overflow to fill the sky like that of fireflies!

（当時「ばかり」は「ほど」の意味↑「だけ」ならば↓）

Waiting for nightfall, who isn't quietly burning with passion;
but only the fire of fireflies should spill out in that fashion.

左は宗良の原歌の蛍と思ひの「火」fire でない火の異なる二種を同じ量質に足す余裕もない、火で一杯だという滑稽ながら美しく流れる。初期江戸の狂歌みたい。狂訳は、思ひの「火」もなければ今一つで、既に思ひに燃えているを蛍も加えたら「袖は我が火葬台になりかねない」と西行の涙が人をしづむる淵の誇張の好対になる加訳？にした。読みながら、火消し用水に涙を溜めたら蛍が出る歌筋や、短い狂句「燃える身に蛍は油虫の如」などと愚案次々に出た。右は、年順は前が、「ばかり」翻訳の問題もあって、後に入れた。忍ばないがいいか、忍ぶがいいか。詠みが正反対になる。結局「ほど」の意味で歌意は面白いから、後者×也。

火＋水★身を焦がす蛍と是も成りやせん
つゝむ涙に袖の朽ちなば　清明　k9-4　1822

I guess I'll turn into a firefly, for I, too, burn from within
& my sleeves rotting with tears will serve for their gestation.

火＋水★恋わぶる気のくされより身を焦がす
蛍みだるゝ我が涙川　樵歌亭　E8-5　1813 ★

From rotten feelings born of love that went bad, fireflies
reflect my burning passion as they swarm the rivers I cry.

恋わぶる気を腐るより蛍こひ／＼となひてみよる涙川　敬愚

魂と物思ひの具現になる和歌の蛍よりどぎついか。面白いか。朽ちる袖はてまた自分も蛍に生まれ変わる左上方の清明の首も、蛍が腐る草

より発生する俗信も火と水に足し立派に活かす右の樵歌亭の江戸狂歌も、パラパラ絵本にしたい。前者は人間大の蛍くんに成るから虫の変身振りも描く、後者は川つくり草育ち生態の一過もすべてを百コマに見せる。

　　　＋寄尻恋★逆さまに恋もなる世の蛍かな
　　胸には燃えて尻ぞ焦がるゝ　三（釈三ト）左 T9　1533 年

Oh, those fireflies! A world of love does topsy-turvy turn,
Breasts, once aflame, are cold, while asses are what burn!

　　　参照　人の行く前は提灯たいまつや
　　蛍は尻をなど照るらん　山（蒼斎）右　同

Torches and lamps we hold in front to walk without fear;
So what's with fireflies, I mean: why light up your rear?

初期狂歌の蛍は、和歌の蛍の系譜をどんと捨てた事もなかったが、河童の尻のそれを別にして、タマと別れた具体なる尻に注目を移る。左の三（釈三ト＝栖雲寺潤甫和尚）の尤もなる指摘は、男色を指すかどうか知りませんが、「世の蛍」という大胆の詠み方は素晴らしい。『狂歌大観』内の出典「玉吟抄」は歌合ないし合戦の形で、右の山（蒼斎＝称名　院三条西殿）の提灯松明の方が、夜這いの話しもなければ、蛍来いの恋の繋がりも無く困ったところ、英訳の「the」rear を「your」rear と直した瞬間に悟った。尻の光は跡を見せるためではなく、後ろ姿、即ち尻を他者が見えるようにする。男色だけか、当時も女の大尻にも惹かれたか。

　　　1610 以前＋寄尻恋★若衆を思ひのたまか蛍火の
　　胸はこがれで尻ぞ焦がるゝ　入安　入安狂歌百首又 T27

Are these the souls of men who love wakashu? Fireflies never burn
within the breast, but from what would be afloat, the stern!

1533年より後ろの光が非難されたが、1643年の「四生歌合」は、非難を「しのび路の闇にかしらは隠せども跡の光ぞ人や咎めん」と非難する。これらの現代人が読めるように、初期狂歌の案内人の一人の入安の首で、九十年前の仄めかしを明白に男色と結ばれる。三首ともそれなりに古典となってもいい傑作で勝負は無用。

> 1815★恋草の腐り合うては身を焦がす
> 蛍と共に魂や飛び出ん　半月　K19-3
>
> Loving blades of grass we rot entwined, burning bright
> with those fireflies I feel our souls fly out tonight.
>
> 1809★集めたるその蛍より胸の火の
> 燃ゆるに文を読まぬ憂き人　婚礼高盛　e7-5
>
> Forget those fireflies! If you loved me, you'd be undress'd
> reading my letters lit by flames of passion in your breast.

後期上方と後期江戸の二首の中に後者の狂訳が面白いが、原歌は憂き人の長い形容でしかないから、日本語では「共に飛び出ん」が新風のように感じる前者が勝つ。Fly out か fly about のどれかがいい？二首の狂歌も和歌と異なるところが、どこか。掛詞がむしろ狂歌には少ない。心の有無でもない。概念の自由自在による多様性ではありませんか。

寄蚊恋

> ★ふと出あう折bから君が身にとまる
> 蚊も吸いめとて背中ぴっしゃり　継風　k16-3 1812
>
> Just got here, yet already on your body, there, on your back
> he, to no, would suck=kiss you – take that, mosquito, whack!

この蚊は、さすがに詠み人の競争相手になる。「さす」と云えば、江戸時代の川柳などで男は蚊で、女は蛇。指す凸に呑み込む凹の対だ。

血飲むが雌の方と知られなかった。ぴっしゃりという助動詞はすっきりしているが、女の子にとて厭なお世話ですね。英語でキッスが「吸い」にならないから suck=kiss で一応の工夫訳。「嫉妬恋」にもなる。

寄蚊遣恋・寄火恋・寄煙恋

1734★蚊は冨士の山ほど多き裏屋小屋
　ならぬ思ひの燃ゆる大鋸屑　貞柳 T51 置みやけ

*Wet sawdust smudge rising from burning love that cannot be
o'er back-street flats where 'squito number great as Mt Fuji.*

1796★あこがるゝ恋の煙か蚊遣火の
　宵々ごとの軒に立てるは　柴乳婦 E4-6

*Smoke from loves that burn with yearning, or just smudge
rising from the eaves each dusk . . . . . who am I to judge!*

左は。不二と書くも日本中に模型あると思えば英語で言っても多い。又も思ひの強さを数にするも蚊の数を山とする英語に可笑しい日本語の歌例。腰折れながら蚊の最初から燃えるまでも続く全文が主格なる大鋸屑の形容でしかない日本語。「〜は」を問いっぽく意訳した。上方談林俳諧の鋸屑の出る俳諧内大喧嘩で名俳諧の連歌も掠るが、その蛇足は無用。裏屋の叶わぬ思ひは恋に限らないが、思ひの「火」が活かされていると恋だと解る。我がマイアミではお金持ちは家を沢山買って独占するも困るが、当時の日本では金持ちは二号や妾も物にしながら貧乏男には夢しかなかった。右、江戸狂歌の柴乳婦の首は、貞柳のと比べて単純すぎるが、「か」歌体は好きで負けぬ。

1792★逢う夜半もむねの煙も蚊いぶしと
　なるか二人が寝心の良さ　浅草市人 E3-10

*On the night we meet, does smoke from our breasts become punk
to burn the mosquitoes? It does feel comfortable sharing a bunk!*

1818★吾が文を引き裂いて蚊を焼くとても
思ひ燃えつゝ書きしとお知れ？　春雲　k8-2
You say you tore apart the letter I sent to singe mosquitos?
Well, I wrote it burning with passion, ... one never knows!
（のニュアンス次第）but that's the way it goes.

江戸狂歌名人市人と上方の春雲の双首とも大河ドラマとほど遠い小私劇ながら脱帽。左は熱々でさゝれても感じない。右は、賢い仕返し！

寄蚊帳恋

1806★つられつゝ胸はもえきの破れ蚊屋
来るか／＼にさしてねもせず　しつ丸　K25-3
（網も人もつられも来るか＝蚊もさしても英訳無用）

名に負わぬ中々静まらぬ状況を、見事の掛詞としっかりとした歌体が狂訳も無理のが残念。蚊の秀歌。

寄蚊蚤恋

★蚤や蚊に咎を負ほせむ夜とともに
妹と語りし今朝の眠さを　渓雲　K9-3 1819
Let us blame the fleas and the mosquitoes for not letting us be,
if after a night spent talking away, this morning we look sleepy.

寄蝉恋

室町末期★はかなしや身はうつ蝉のから衣
猶うらめしき秋風ぞふく　こほろぎ物語
How transient our lives like empty cicada shells apart,
and how I hate the cold wind of fall chilling our hearts.

1643★なさけなくかたき心は石川や
蝉の小川に身をやなげなん　せみ　四生歌合
The hard heart of one who loves us not is a stream of koishi,
so dear! yet stone: I'll throw myself into Cicada Brook anon!

左の儚しやなる哀れなる調べは秋＝飽がなければ英訳無用が、右の石川も難解。石川は小石の底なるから恋し恋しかと思う。蝉の多い林の片端に住めば、老蝉か病蝉の川でなくても、軒にも身投げて死ぬことを直面した思い出もあるが。一度は、あとという間に大百足に抱かれて夜もすがら噛まれ喰われた蝉の恐ろしい終りの音も一生、忘れない。

1810★鳴く蝉も耳へ入らず君をのみ
美しよしと思う夏の日　　野辺亭　E7-4
I do not hear even the shill of the cicada as you and your
beauty filling my mind this summer day are all I live for.

1815★空蝉の世にも似たり短夜に
逢うてはアキを知らぬ別れ端　子方　K19-3
（秋＝飽きという掛詞なくて英訳不可能）

あき知らずどころか蝉のあす知らず
夜もすがらさす蚊も夏恋が　敬愚

寄化物恋・寄幽霊恋

★よしやすがた消すハ有るとも何かせん
腰より下の無き身なるもの　樋口氏　若葉 1783

Whether we vanish or not is nothing about which to laugh:
what can one do with a body that lacks the lower half?

夏の狂歌ではないか？はい。怪物や化け物語りを聞く人は鳥肌になるから夏の季語「納涼」の中ではありませんか。ともかく、この天明狂歌は『若葉集』の他に『万載狂歌集』に『新撰百』などに再載した名歌です。現在も名歌になってもいいかと思う。天明狂歌は祭り上げられても、詠んだ通口氏は、無名人で中々取り上げられていないようだ。

★忍ぶ夜に見る一つ目の小僧より
見らるゝ人の口の怖さよ　広丸 E5-4 1799

Scarier than seeing a one-eyed acolite when swiving after dark?
The mouths of busy-bodies who spy on you and do all but bark!

★忍ぶ夜にのっぺらぼうの挨拶を
君が悪いと歎きこそすれ　常持 E11-2 1820

The noppera-monk lacks any telling features, but even this blob,
if he heard your blasé greeting to one sneaking over, might sob!

化け物と幽霊と妖怪は、聞くよりも見る物で画賛の多くは画ほど面白くない。広丸の比較よりも、右の見るものを聞くものの比喩にする出鱈目が好きが、先にご紹介した下半身こそ惜しいという桶口氏の大きな発想か概念ある首に比べては、つまらない。★我が名狂訳に与えた。

1770★見初めつゝぞっとする程我はまた
惚れにけらしな轆轤首たけ　菊二　K24-1

（動詞活用のけりで蹴り轆轤へ転じる掛なく英訳無用）

Spooky to see her . . . here – does she have a crush? – now, there:
Miss Throw-wheel, may your head stop spinning in the air, for me!

「首だけ」か「首丈」か。兎も角、ろくろ首は、漫画によく出る怪物だ。首長で後ろに歩いても、いきなり顔は目の前にぶらりと直面した

りする。陶器を造る人は不思議がるだろう。轆轤ほど地道な道具はないを、あれ

寄花火恋

1783★もの思えば川の花火も我が身より
　ぽんと出でたる玉やとぞ見る　橘洲　若葉集

*Lost in thoughts of love with firework over the river
I feel I hear my soul pop from my body as I see it!*

★恋に身を焦がす花火と君見なば
　淡と消えんも物かはの中　霞千重女　古今狂歌百

*If you view love like fireworks where we, exploding, burn,
then is vanishing, like scum on a river, 'round the turn?*

左。蛍が恋病に抜けた魂と見做された和歌に対して花火「も」であるか、物思い最中ならば、何かも「も」こうして劇的に感じるかよく分からないが、英訳は原歌より素直に「も」抜きの純粋観測になった。辞典にあった『酔竹集』の変種は「何の花火」となった。川⇒河⇒何と化けた誤植か。右、霞千重女の歌意は分かり難いが、「物かは」つまり、そこまでの陳腐の思案を疑う心の勇気を祝いたい。同時に古綴の「かは」で縁語「川」を生かしたが、花火の跡が河に浮かぶのを偶々敬愚は見ました。そのためか、これは注目に値する女流歌かと思います。

秋

905★おぐら山みね立ちならしなく鹿の
　へにけむ秋をしる人ぞなき　つらゆき　古今集

（おみなえしの頭文字も鳴＝均すも秋＝飽きも不可英訳）

この傑作は、貫之の編集した『古今集』の「物名」歌の頭の歌は、本人詠んだ頭文字の歌で、お・み・な・へ・しを綴りながら、女の子の見立てにもなる女郎花へ飽かない男たちの思いを、無数の代をへて恋ひ続く鹿の足の下に山峰が平らになってゆく膨大なる時空を想像する。ひょっとしたら『古今集』の高技巧流狂歌の最も優れた例だ。秋に感じる、恋に感じる儚さと代々を越える連帯を見事に組むから「寄女郎花恋」よりも「寄秋恋」となる。ひょっとしたら、この歌を、四方赤良が狂歌として詠んだら、名歌になったに違いない。日本文学に限る問題ではないが、歌など作品ではなく、作者の人気次第に歌は世に祭り上げたり忘れたりなるのである。傑作は傑作。この歌は有名でない事は国文学の恥になる。

寄文月恋

★早あきも来たかと思ふ恋風に
繰り返しみる君の文月　子子孫彦 1785

（秋＝飽きも文⇒文月もなければ英訳無用）

夏恋は暑ければ冷えもはや秋
風が恋とは文違いなる　敬愚

一見して解ったつもりで、再見すれば、ちょっとした矛盾に引っかかって困る。「飽き」と掛けたら、文をぱらぱら見せてくれる風はもはや恋風とは言い難い。ああそうか。彼女の方が飽きて、本人がまだ恋風か。どちみち、難しいかと思えば、敬愚も詠もうとしたが、後句は片手落ち。

寄七夕恋

905 以前★今宵こむ人には逢わじ七夕の
久しき程に待ちもこそすれ　素性　古今集

*I shall not meet whoever comes tonight, for my wish
is not to have to wait . . . . a year for every date!*

七夕の歌が雪と桜と名月と並べて多いが、寄七夕恋の歌は少ない。左の素性の首は珍しくも七夕に寄する恋歌だ。彼の住んだ所に女性の方が夜這いしなかったら、女に代わって詠んだが、これから頻繁に逢いたかったら、七夕に逢うのが縁が悪い。一方、下記は逆に寄恋七夕。

参考　逢ふ時は笠や脱ぐらん 天の川
年に一度ぬれ過ごすとも　有皮　T57　1740

*While they meet, let's doff our hats to show the Stars respect;
One night a year, it would do all of us good to get wet!*

1794 年の島丸の上方狂歌「千年も変わりはせじな逢う夜さの今宵一夜は其外にして K26-4」の歌意は素性のと同じか、逢っても「一夜」と思わないで下さいか、来られない弁護か、読む自信がない。前者ならば、敬愚は「例外にしたい今宵の千年なる契りながらも一夜は無用」と詠み直したい。右、有皮の傑作は、恋歌というよりも、七夕そのものを愛でて祭り上げる最好の参加系の七夕歌として『古狂歌　ご笑納ください』の章頭歌にもなります。

古今集★我のみぞかなしかりけるひこぼしも
あはですぐせる年しなければ　躬恒＝みつね　905
*Only I have good reason to be sad: even ye Cowboy Star
never spends more than a year without the joy of swiving.*

1200 頃★うらやまし恋に耐えたる星なれや
年に一夜と契る心は　建礼門院右京大夫 1152-？

Stars who do not mind but one rendezvous per year,
thy self-control in love is something envious to hear.

若きより年に一度の星合は
養生深き天の川哉　信海 T34　1670 頃

From a young age, doing it but once a year – no doubt,
building up vitality is what the Milky Way's about!

左は。せめて年一度の逢う瀬ある星を羨ましがるみつね。中の情緒なる恋の嘆き歌で有名の女流歌人が、夫が遠近に多妻おられるくせに自分の侘しい状況も重なる「年に一度」は、細長い恋と云うも嫌ですと詠まぬばかり。右の信海（又孝雄）坊が歌は星の自制力を養生作りのプラスとの教訓歌、それとも女嫌いの彼は天河そのものを見て精子を連想したか。

★箱入のおり姫なれどこのゆふべ
天の川原へくだりさうめん　智恵内子 1785 以前
（箱入娘の概念も折り＝織姫も原＝腹もそう⇒素麺も）

七夕素麺を詠む歌で恋と無関係が、七夕そのものも恋の内と思えば why not？数年後に「星合の夜半ふくれば妻琴の弾き捨てられて牛は独り寝 E3-5」を詠んだひまのないしと云う、智恵内子の娘が箱入り娘かどうか知らないが、母が娘の大人になる初恋の気配りも感じうる。因みに四方赤良の恋に寄せた七夕素麺歌「七夕もすすりては泣き給ふらん ひや素麺の永き別れを」ご紹介して、その位で七夕をして置く。

寄秋草恋

★誓言（ちかごと）もはや秋風の色に出て
真赤いに成るウソの葉鶏頭　三巴 K11-1　1820
（秋＝飽きも胸が赤い小鳥人形のウソで英訳無用）

★世を忍ぶ恋とて花は咲かねども
　　　色にぞ出でることの葉鶏頭　都柳　同
　　　（事⇒言の葉ならない英語には翻訳無用）

本物の鶏頭のファンではないが、旨い歌だ。その赤みと真っ直ぐの形もウソ鳥みたい。右は読み易い、勝首のみならず何かが無いに何かが有る恋の可愛い見立てとして有名になってもいいと思います。

　　　1820★秋の野の薄にたんとほの字から
　　　こけそうにしてなびく恋風　三巴　k 11-1
　　　（いろはにホも、次ぎなるへもなく英訳無用）

　　　★あわで猶おもひますほの穂に出でて
　　　何とすゝきの名に立つぞ憂き　東月　同
　　　思ひます⇒日増すもす（る）⇒好き？＝薄？

　　　1820★つれなくもつい秋草の中々や
　　　みに八種まで宿して居るのに　大通　同
　　　They're a sad lot, afterall, Autumn grass, flowers & weeds,
　　　even though their falling heads may be chock-full of seeds!

左は渋い。穂なる「ほ」の次ぎになる字の姿はへのへのへですね。こけそうの折を待つ風はずいぶん怠けているかと敬愚は思うが。中、東月の首を読めば、先ず分ち合うべき思い出もある。田舎の駅前居酒屋のカラオケで「かれすすき」という歌詞を聞いた時、「彼す好き」と聞いてしまった。「あの曲は気に入ったが女の歌のようだね」と嘆いたら、皆に笑われた。上記の首に戻すが、逢わで思い増すのが困るか、逢わでも孕んだ意味か。それだったら、名立つの憂き度も高くなるはず。右は、ソフト哲学ですね。への字の如くつれなく風に靡かれても、土まで落ちる頭は種一杯あると。上記二首に三首合わせて五首も K11-1 の 17 首の秋草尽くしより択んだ。

1799★きぬ／\の袖は涙に絞るゝを
笑ふて辛き朝顔の花　径 E5-4（朝恋）

The sleeves we wring our tears from while we smile in pain
saying our sweet goodbyes are morning glories in the rain.

（袖と朝顔と人の三つを英語で合わせ難かったら、また）

Saying goodbye as we wring tears from our sleeves at dawn,
our smiling faces belie our doom: morning glories bloom

前句の中七にある袖「は」が最終の七でやっと繋がれては比喩になる。日本語では、首尾袖ながら中には人の顔が見えるようになるが…。

寄秋月恋

★秋の夜の月も恨めし口説くとも
寝る気にならぬ妹が気強き　不知 E11-2　1820

I begrudge even the Fall Moon when that hard-headed girl
I would talk into bed feels not at all like sleeping!

皆が崇める名月は起きっぱなしになる陳腐を、寝てくれない理由に転じる所が新規抜群。12＋19 の歌体が少々おかしが、落ちてくれない妹の「気強き」というオチがいい。まあ、一茶が花盛に帰る雁を形容した「渋とさ」だったら更に上出来かと思うが。

寄月見恋

★待ちかねてホッと吐く息を月の夜に
我が影法師を君が来たかと　幸丸　K29-1　1812

When I just can't wait to see you, suddenly I start at the sound
of my sigh, taking my moon-shadow for your coming around!

この「月前待恋」の歌の文法と云うか筋と云うか、とても不出来（前句後句がばらばら）ながらも、なんとなく解り、気に入った首だ。

寄月光恋

★月夜かげにも干したい袖を
ぬらしたよ、また絞るほど　中世小唄？

*The sleeves I'd dry by the light of the moon, I've wet them –
so full of my tears, they are, I must wring them out again!*

原歌の「濡らしたよ」と「また絞るほど」の繋がらない所をコンマで分けるしかなかった。

寄桂男恋

★女に代わりてよみて送る、
二千里の外の女人も見ほるゝや
三五夜の月の桂男を　不知　T12　安土桃山期頃

*Women from even farther than two-thousand leagues swoon
at first sight of the Katsura Tree Man in the August Moon!*

★明くるまで脇目もふらじ照る月の
桂男に招かるゝとも　方寸　T30　1672

*I'll watch until dawn and won't be drawn away from the Moon
though Luna's Man should beckon me with his Katsuragi tune.*

左は、初期狂歌の夜明け前になる『詠百首俳諧』（狂歌大観中）の首。なるほど、男が法の光なる月を見ながら、女性は暇になって空言なる月の男と浮気するか。右、方寸の首は、桂男に誘わない警告は、一緒に遊びに行く男か相手になりそうな女向きかよく判らないが。「桂男に招かれて命を落とす」ことのないように、と警告する民族伝承もあ

る。左の名月の海も亙るに縁語となる三五（十五夜）の珊瑚の玉を結ぶサービスもあるから、かろうじて勝つ。

古代の桂男は。湯原王詠み万葉歌#623「目には見て手には取らえぬ月の内の楓の如き妹をいかにせむ」とその焼き直しになる業平の伊勢物語歌「目には見て手には取られぬ月の内の桂の如き君にぞありける」において、高嶺の花なるお姫さまのような女の子だった。五百年後、民謡などを受ける『梁塵秘抄』では、男の子に変身＝「月は船星は白波雲は海いかに漕ぐらん桂男はただ一人して」。超合理の内容は愉快。初期狂歌ではもっぱら恋の対象になる。ネットで「絶世の美男子」に、「和歌山にいる妖怪」にもなる。1985 の論文『近世前期狂歌の中の歌謡』に、桂男の狂歌は『伊達家治家記録踊歌』の「面白いとて月な見そ桂男（おのこ）x 2 に招かるな是きそいな」と『似我蜂物語』の「鼻毛のばして月な見そ桂男の招きやるに」などの歌謡が由来になるが、多くの狂歌が詠み捨てられたかと思えば、ことの本来がそう簡単には言えまい。

★大空を夜ありきしつゝ明かせるハ
月の桂の男盛りか　友知 T27　＋夜這　1666

*Across the broad sky, he walks for it the whole night through:
the Katsura Man in the Moon, is his manhood in full bloom, too?*

★日本からもろこし迄も今宵さす
月の桂の男伊達かも　伯水 T37　＋異色 1679
（日本＝二本も唐土＝もろ腰もさすがに英訳は無用）

左も右も新規概念で光る初期狂歌。左は、俳諧らしく秋の明月を褒める。桂雄の男ぶりを通して「盛り」という花の言葉と夜すがらの夜這いを続く根力をそれが原因とするのに「か」と締めくくる仮説歌体は佳詠としか言えようが無い。右は。桂が美女という古代の月も見失わなかった。しかも立派な掛詞を操りながら、その姿をもろ腰の唐人と

異なる二本（大小）をさす日本ならではの男だて（若衆と競争した男の形で売笑をした傾城）の類にした、名月というより妙月の傑作だ。ただ厳密の意味での寄恋歌ではなく寄恋月だから、二首とも今一つ。

★女に代わりて詠みて送りける、
あまりじゃの秋の夜毎の色ごのみ
月の桂の男よけれど　月洞軒 T40-593

元禄中　　Composed for a woman and delivered,
Night after night in the Fall, all this sex is becoming a bore!
That is not to say Katsura the moon man is not to die for!

★今宵ひく月毛の駒よやつしつし
乗った可愛／＼桂男ハ　月洞軒 T40　元禄
（やつしつし？内容あまりない歌をどう英訳しよう）

古狂歌エロ詠み第一人物ながら、無名の月洞軒詠二首。左、1790 年頃の狂歌は「寄桂男恋」と題しても良かろう。秋の性欲に頻繁なった男の夜這いに疲れた女の「あまりじゃ」の本音は月見に伴う浮気か情交の要求は知らないが、桂男はいいけど退屈わ、ご免！との意訳か。**To die for** は「良けれ」の現在俗語。右の駒に可愛いを繰り返す歌詞は、童歌のよき響きをしながら、女の本性も映る。わが古里のマイアミの空港にビートルズという四人の美少年が飛行機から降りた時の、あの声を今も忘れない。かれらもカツラを被った様にも見えた（笑）が…。

★うかうかと長き夜すがらあくがれて
月に鼻毛の数やよまれん　節松嫁々　天明中

Lolling about the whole night through besotted by the moon,
Your nose hairs will be read: come home and none to soon!

★一人寝の蚊帳の内へさ夜ふけて
桂男の入るは無遠慮　きし女 徳和 1785

*Alone in my mosquito net bed, somebody comes in late at night
Katsura-man doesn't beg for my hand, he takes what is his right.*

★歌人のことの葉つきのかげごとは
桂男の噂なりけり　井出川貫 E3-5　1787

（言の葉も葉月も陰言葉もなく英訳無用）

左の天明狂歌の大御所のふしまつの嫁々の首が名歌ながら、読み方は多様。桂男と関係なく、何日引き続いた月見会にふけた同じ狂歌の大御所の夫の朱ら管江に踊り子などに気を付けた方がいいと云う以外に、Mad In Translation に述べたが、夫の留守に桂男に惚れないようの自警も含む五つの異訳も可能。中のきし女の首は。さすがに月通る月並みながら、良いではないか。恋に嘘がツキものながら、右は恋の歌ではなさそうが、一応桂木男を尽したら抜けまい首だ。月の桂男に等しい葉月の陰という美語ながら世の中に引き下げる微笑ましさを、狂歌師ではなく歌人と結ぶところは、この外人にとっては分かり難いが。

★若衆の尻つきを見て離れえぬ
念者や桂男なるらん　貞富 T30-896　1672

*Is he like a lover of gay youth? Gazing at a bright
white butt – our moon man Katsura stays around!*

か

*If the moon is like a gay youth's rump, we who view it are
as to their lovers, Katsura men one & all if we but knew it!*

★秋の夜の月のかつらの長かもじ
女とも見えつ男なりひら　月洞軒 T40　元禄

*Katsura moon man of Fall, his name sounds like wig or tress
that makes him like Narihira, a man known to wear a dress!*

左は、冨士を若衆のでかい塩尻と見做す信海の狂歌も思わせるが、当の山には白雪肌もあったを月には、その光の他にも掛詞ある。尻つき。ただし、若衆の尻を歌枕にして月見に凝る人を念者と類似した上、その我々も「桂男」と称してもいい、という読み方もある。縁語ともなるかもしれない。つまり、月見する人々も桂男も月の念者だと。右は。恐らく西鶴の『好色一代男』の異性同姓を問わず業平を桂＝鬘男と結ぶ。戦国時代から更に遠くなる百年後は、武士には自信がなくなればなる程、男らしさを威張ったら、女を求愛する好色男ぶりも女々しいと思われるようになった。一茶の師の一人だった大江丸の句「むかし男なまこのやうにおわしけむ」で大体お判りになるかと思います。

★今宵という雲のびんずら見に行ん
月のかつらの男じまんを　呉竹　K3-2 名月　1759

*Let's go see the cloud-style temple tress named This Evening
worn with pride and gallantry by the Moon's wig[katsura] man!*

1787 世の人に後ろを見せぬ月なれば
一分も跡へ引かぬ桂男　花江戸住　E3-5

*As the Moon never shows its back to me and you,
Katsura man never backs down: to his roots he's true.*

西行曰く雲というモテナシなければ、月見はつまらない。そう云う雲をびんずらとして、男自慢になるが微笑ましい。求愛は女々しくなったとしても、髪と服装の男女差は日本ほど小さい国が少ない。夜目遠目日本の中か。初期狂歌の男盛りの桂と同じ趣向ながらビンズラという洒落髪に脱帽だ。しかし、右は傑作。実物の月の知識もあり。それで仮想人物の桂雄の性格を述べるがノンセンスながら、素晴らしい屁理屈だ。右勝つ。先に女々しい男と侮辱くわされた桂男は、上方の呉竹も花江戸住の二首の狂歌で見事に面目を取り戻した。下記は、よく思えば非難すべき歌だ。お寺に非難する女性を馬鹿にすると思えば。

★1792　照る月の桂男に見惚れては
今も駆け込む女あらなん　真顔　E3-10

There must be women falling, even on this moonlit night,
for Katsura man, running off to the temple, refuges as I write.

1820★もの硬き其尼寺の国にさえ
桂男はさし許す也　一本記呑吉 E11-2
（英語では、さし許すの語句なく無理に訳し）

Even in a land with straight-laced nunneries of fame
the Katsura Moon-man is allowed to penetrate the same

左、後期江戸狂歌の大師真顔の天明時代の首は題林にも再載したが、月見には仏教色が濃いから、夫に不当な扱いを受けた寺へ逃げ込んだ女性を桂雄へ惹かれたと詠むのが微笑ましい。が、読み直せば、変だ。桂男に惚れるのが既に寺住まいに限ると思えば。「桂」を「男」の枕にすれば、単なる浮気。その為の寺でなかったはず。右、一本記呑吉の首には蛇足不要。詠みに疑問有るも、左真顔の方が面白くて、勝ち。

1783★雲井から賤が家までも夜ごとに
覗きまわるや月のかつら男　貞雅　k10-2-41 PIC

Every night the Katsura Man in the Moon wanders about
peeking through the ceiling of the sky into mean flats.

1813★玄宋に見せばや世界三千の
いもがもてなす月の桂男　蟹丸（浪花）k17-2

（妹＝芋ともてなすの含蓄なければ英訳は無用が）
I'd like Xuanzong to see this! 3000 of our world's imo
entertaining him alone, the Katsura Man in the Moon.

喩月恨男★よう嘘を月人男と恨み事
ゆうべもお山のはなげに出ながら　貞右 K27-2　1814

（嘘を付＝月も夕べ＝言うべも山の端⇒鼻毛＝鼻実にも？）

左は蕪村の貧乏町を亘る夜歩きを掠るか。遍く光る月という陳腐に覗き屋を持ち込むは良い。中は、大雪の朝の眩しさを争そう白肌えの見立てになる三千の美女独占の玄宋大王は（当時の将軍も凄いが）、月の光と桂男に取り替える。同時に、妹に芋をかけて仏法に合う清き卑下自慢だ。右の言葉遊びは凄いが、覗き屋の左か、月を褒めながら昔の唐の大王に何かを見せたい中の首の双勝。

1794★照る月の桂男に誘われて
秋の夜すがら浮かれありきつ　序道頼 E4-3

*The Katsura man in the moon calls me out to play
and out I go to wander the Autumn night away!*

（英語では月の光ムンシャインはウイスキーだから）

*Katsura Man with his moonshine pulls me outside, too;
and all night long we drift like drunk until it's through.*

★寝たふりの女松に心うつりてや
今宵宿かる月のかつら雄　交山 K14-3　1807

*His heart taken by the female pine who pretends to swoon,
tonight he makes her his inn, the Katsura man of the moon.*

この二首は寄恋歌ではないが、夜歩きも心うつりも恋の用語にかわりが無い。桂男の歌は、ロマンだ。ご紹介するには、ここよりいい場所は無かろう。初英訳しながら、かの山頭火も思い出しては酒まで掛けた、もう一狂訳。結局、女の元への夜這でなければ、夜伽が欲しい。右も俳風。風景の軽い擬人化。月光の小松の葉に桂の色葉も見える。黄色・ピンク・蜜柑色・赤い・紫で種によれば円かハート印の葉形が松の香に合わせてその焼黒砂糖か綿砂糖の香りを交じたる宿かと思え

ば楽しい。敬愚は記憶が悪いから、寝た形でなく寝たふりをして源氏か香りを誘った女も目立てかどうか知りません。

寄稲恋・寄稲刈恋

★秋の田のイネと言うこともかけなくに
何をうしとか人のかるらむ　兼芸法師　古今集
（秋＝飽きも稲＝居ねに憂し＝牛も刈る＝離るも平行詠？）

*It may be Autumn for sated lovers but no one told you to leave
so why hang your head like rice when you've naught to grieve?*

（↑通訳の勝手に相手が飽きたと思い込んで去った人へ）

*Nobody told him to make himself scarce for harvest fall,
so why hang his head low if another reaps it all?*

（敬愚の狂読は、怠け者で収穫は他人の物）

古今集の歌に重なる掛詞は狂歌の顔負けが、解読になると難しい。刈るが駆るか駈るに掛けて「追い払う」か、学者曰く「離れ去るのであろうか」と前提すれば、通説の解読。敬愚は、もう飽きたという共同収穫の活動をサボった男の子は他の人に彼女も刈られ取られたら（あるいは借られたら）、牛じゃないがもう遅いが、捨てた者も人の者になったら気分転換し、嘆く手紙を送った憂し男への返事と読みたい。

元禄★秋の田のほの字と見つつ靡かぬは
いかにつらなきよね衆なるらん　月洞軒　T40
（ほは穂⇒惣も字と≒じっとも米＝よね衆は英訳無用）

*Such bounty in the Autumn fields to see! I'd fall too if only
those blessed maiden-heads of rice likewise fell for me!*

1776★もろともにほの字で顔の赤らむハ
初めてイネの露の濡れ事　　　拾栗　K21-5

Both faces red from a mutual crush when harvesting it's nice
to have your very first tryst while dew wets the ears of rice!

1753★忘られず雨のふる夜も風の夜も
猶やめがたきよね狂ひ哉　丈菊　　K13-1

（雨と風の好色も米＝よね＝笑婦も英訳無用）

中は稲＝居寝（交合）ではなかろうか。天明狂歌に負けない縁語群の掛詞！秋は収穫の良し悪しが天気次第。旨く実るため、なるべく永く待ちたいが、野分がいきなり現れたらたった一日遅くなった畠の収穫が一割しか残らないこともあるから、皆も発情したように気がぴんぴん。刈るにも精一杯。これは月洞軒の歌で伺う秋の食欲というよりも良い栄養のために性欲も高まりか、夢中というより無茶なる「娼（よね）狂」か。いずれも本書と『古狂歌 色を好むさし男』の堺になる。

寄紅葉恋

★たとえ世に憂き名立つとも立田川
もみぢの色の中絶はせし　万英　k10-1　1784

Though men may give her a bad name for it, Tatsuda's river
flows with maple leaf crimson, the color of abortion!

★秋来ぬと言うさえはらがたつ田山
気をもみぢばの色をあらわす　貞雅　k10-2　1783

Autumn has come, they call it her time, but Princess Tatsuda
feels insulted: See, her mountain of maple is furious red!

左の活字が「せじ」となったが、それは書き写し人の間違いか余計なお世話か。赤く流れる川でこの連想はぎゃっとさせるが「恋」でない

狂歌の紅葉歌にも、厭らしい詠みが多い。男性が女性一般に対する好き嫌いを物語る題だ。右の秋を飽きと掛けたかと思って、アキに直したが、考え直せば、秋でいい。自分がお婆さんだというところをタツダ「姫」が怒るだろう。いずれにして、紅葉の動詞化は、いいですね！因みに、狂歌をよく読んだ一茶坊も紅葉の色葉をたつだ姫が小便たごをこぼしたから出来たという川柳っぽい句を書いた。双勝。

寄落雁恋・寄初雁恋

金槐集　雲隠れなきてゆくなる初雁の
廿日に見てぞ人は恋しき　実朝　1219 没
（初と二十日の語呂合せと一致は英訳無用）

★人伝口説　おもわくを人に頼むの鴈なれや
落ちよか／＼と気ぞ空になる　木端　T58　1740

Come to think of it, we want these geese for they're up there;
"Fall here . . . for me!" Down is good when love is in the air.

左は、廿二歳以前に詠まれた実朝の妻宛か。さすがに廿日に来たぞ。大した一致ではないが、愛する人に分かち合うような小さな喜び。廿の字も二人の記号（比翼の鳥か嬰児が鎹）か。右は。英語で Fall in love はごく一般的な慣用だが、狂歌を読むまで日本語では珍しい表現かと思った。相手が恋に「落ちよ！」という志願の語句すら珍しくない。それを気が和泉式部に遡り「空になる」と組んだところがうまい。

落ちたとは見せて片田の恨めしや
空たのみなる厂の玉章　如石　K7-3　1813

I thought you fell for me you clever Half-field goose, but my
note was but pie in the sky and I'm bitter 'cause off you fly!

雁を見るのみよ片田の片思ひ
いつ玉章を君に送らん　松藤亭唐丸　E11-2　1820

I can't just watch geese over Halffield of one-sided love;
sooner or later they or I must fly my letters to my dove!

左は原題「被書恨恋」。恋でないが、声の無くなった（野卒か）頃の一茶の激情を思わせた。「降りよ雁一もくさんに我が前へ」。場所が片田か小田か覚えていないが、雁の群を英語で一つ gaggle になるが、それ「がががが」と喧しく聞こえたからであろう。一茶が羨ましく思った上に、早くも薬食いにしたかったに違いないと思うが、上記の唐丸（とうまる）の恋歌の「雁を見るのみ」の気持ちにも通じるかも。

寄秋虫恋

秋の虫を、数多動物を大から小へと並び尽くす寄大自然の巻に入れた。蛍を夏に入れても秋の虫をそうしないは一貫しないが、お許し下さい。

寄時雨恋

★傾城のうき身をなんと夕時雨
粋とぶすひにふり身ふらず身　桴雪 T46　1729

（なんと云う⇒夕も粋対ぶすいも降＝振も英訳無用）

What can one say about pretty young things when it showers
at nightfall & some look blue while others bloom like flowers!

★ことの葉の枯るゝばかりにくどけども
つれなく松にふる時雨かな　寿水 K12-5　1776

I tried to win her heart with these leaves we call our words
but they wither as I pine and a cold rain drizzles on the fir.

（↓松は色に染めない意味で口説きも絶望的という暗喩も）

*My words like the leaves they are lose color and wither as I try
to win her love hopelessly as the time-rain falling on the pines.*

この上方中期二首の比喩は万葉のそれに似るが、夕＝言うと松＝待つという名詞の動詞化に狂趣あるも内容の新奇は、双方とも今一つ。左の評は、英訳を再考する前の印象。Shower に幾分の女性は Flower の如く咲く（益々美しく見える）脚韻を踏めば、最初の首は狂訳でよくなったが、評は同じ。一方、時雨も自分と同様に成功する可能性もない絶望的な試しに降る暗喩の良さを、前に見損なった。寿水の狂歌は、今一つではなく、我が読みがそうだった。比喩の秀歌です。

寄大根恋

★うわべにはあを／＼と云うことの葉と
違うあほ根の二またな君　桃下 K5-3　1798

（青＝逢うも言の葉もあほも英訳無用かと思った）

*Green-neck daikon boast sweet meat and we were s'pposed to,
but it seems that tongue & crotch, the forked type must be you!*

日本の近所の畑に二股大根できたら、悪く思われず、可愛い人形みたい（それに時々第三番目の小さな根が股部？の辺りでちんぽこと見られた）が、神社に奉納されたり、人形のように着飾れたりするんじゃないんでしょうか。という訳で、この比喩は嫌い。寄大根恋の歌を十首ほど欲しい。青大根は、土から首を高く伸ばし、月夜だとロケットのように空へ発射、ひょっとしたら月まで飛ぶようなものから沢庵まで、それを見つけなかったら自分で詠むかもしれない。

寄鰒恋

★雪の日の西施乳より命にも
かへて吸いたき君が唇　紀抜足　E9-2　1814

More than sucking Xi Shi's breast on a snowy day, even if
it were to cost my life, your lips are what I'd (suck=)kiss!

Xi Shi（せいし）が中国の四大美人ながら欠点と言えば大根足で歌次もたまたま良くなりますが、西施乳（せいしにゅう）が美味の類語として、鮭の別号になった。鮭の腹が雪の如白いし、雪が降れば身を温めるに鮭汁がお決まりだった。恋歌でない本歌は、上方狂歌の大師貞柳の「揚貴姫の乳ゝは吸いたか其中にころり寝釈迦の北枕して T51　1734」で駄鹿の「女より命とりめと鮭汁の鍋の尻までたゝく雪の日　K16-1　1810」は同じ派生歌であろう。寄フグ恋の歌が動物部の魚中に入れた。

寄寒夜恋

★切らば切れ思ひつめたき通い路の
霜のつるぎも何の厭わじ　象丸　K29-1　1812

（思い詰め⇒冷たき？は不可英訳ながらも、よし）

If I'm cut then let it be! Though I walk on spears of frost
on love's chilly commute nothing throws me for a loss!

霜の剣。これを又、江戸時代の泰平を詠む「寄夜這祝」を思わせる。

寄埋火恋

★灰占や火鉢の炭のぱち／＼と
脇へ心の飛ぶがしんき　友清　T46　1729

When the brazier charcoal pops & cracks, embers divine;
my heart, too, flies with the sparks while I seek a sign.

3　　　自然　　　3

和歌の分類別大集の『夫木和歌抄』の雑巻一は、天、日、星、風、雷、雲、雨、虹、火、煙、塵、暁、朝、など類ないし題を設けた。最初の大狂歌集だった石田未得の658首なる「古今和歌集」の書名の語呂合わせた100%個人詠みなる『吾吟我集』（1649）の恋巻は、恋の過程ないし段階を詠む十四首の後から、物に寄する恋へ進めた。寄月恋、寄星恋、風、雲、煙、雨、氷、山、野、井、滝、川など全部で129寄恋歌もある。本書では、あくまでも仮定的の題も本来そうだった歌もあるが、改造版前に再整理してもいいから、きれい好きで暇のある方おられば、ご援助も喜んで受けます。

寄天恋

万葉 3724 ★君が行く道のながてを繰り畳ね
焼き亡ぼさむ 天の火もがも　狭野茅上娘子
*How I wish for fire from heaven to spin, stack and verily
burn-up the long road that will take you away from me!*

万葉集のみならず、全和歌集の最も凄まじい一首。無論、常に思われる寄天恋ではない。むしろ直訴だ。天の火を嘆く出す神と云えば、古代ギリシアのゼウスでしょう。この娘の言う天は、何でしょう！後になる「寄道恋」の題に一番適当でしょうが、古き力強い歌でどうしても早めにご紹介したかった。

★及びなき雲の上人こがれてハ
心も有頂天となりけり　可由　T57　1740
*Loving someone who lives above the clouds I burn within
and choke with smoke, while feeling high as a kite, alone.*

★日と月の親の目忍ぶいたずらに
　晴れて逢れぬ村雨ぞ憂き　小まつ　k25-3　1806
Avoiding the Sun & Moon (parental eyes) we meet, oh, no!
The sky is suddenly clear: I hate showers that come and go!

左、可由の恋こがれても、身分の上の方を恋すれば絶望的にも有頂天になるという心理的観測は旨いか馬鹿馬鹿しいか判りかねるが、脚韻も踏まず煙で意訳を誤魔化した。有頂天で天体と一体化するところがいいが、右の親の目から、雨の類が急に晴れては困るぞと責任を言葉にしなかった天に負わせる小松の憤慨は、狂度が上。右勝。村雨とは、芭蕉が犬の駆け尿と見た、あちこちでちょっと洩れて行く秋の時雨。

寄天気恋

　　★人心かはる日和をもち直せ
　焦がせる胸は夕焼けの雲　徳若　新撰百　1809
（古綴のおかげで変わる⇒春日和⇒変わる日よりか？）
A person's heart can change and like a beautiful day in Spring
that burning heart in your breast become lovely sunset clouds

可由は曰く「或御方より恋歌の題を得て」。敬愚は、それを寄恋天気歌に先ず読んだが、原題は「寄雲」で恋中。狂歌を読む事は惚れると同じ絶敏な気分。掛詞は我が想像のみでしたか。天題の「上人」「日と焦がれて」と掛けるか。雲の上に日が強いはずですね。或いは、この夕焼けの雲で明日は良い天気も恋の占いか。読むと別世界に入る。

寄空恋

　　★女のもとにはしめてつかはしける
　後撰集　人を見て思ふ思ひもあるものを
　空にこふるぞ儚かりける　藤原忠房朝臣　928没
To see someone and think your thoughts of love is like falling
for pie in the sky and what could be more ephemeral a thing?

楽観主義の幻想なる pie in the sky を無理に入れた無責任の狂訳でしょうが、我が仮定は更に悪いかもしれない。それは、上記は「寄日恋」という発想である。思ひの「日」になる歌例はまだ一首もないから一応「寄空恋」の頭に置いた。確かに心が捏造する恋は空言になりがち。

寄空恋★君恋ふる心の空は天の川
かひ無くて行く月日なりけり　兼盛　991 没

The sky of my heart that loves you so is the Milky Way:
in vain it flows on and on for months, day after day.

心の水は昔からあったが空はひょっとすれば、人麻呂の「わぎもこが夜戸出の姿見てしより心空なり土は踏めど」が初めて。「くう」か「から」の意味は当然が、甲斐なくと云えば、かの七夕の星と異なって、年一度の逢う瀬もなさそうが、月日過ごすもと言えば生き甲斐そのものにかかるから空ながら、深い恋ないし愛の白状かと思う。

1030 没★徒然と空ぞ見らるゝ思ふ人
天くだり来むものならなくに　和泉式部

Eyes gazing up blankly see but the sky, not that
I think the one I love will drop down from it.

夢想中の眼の動きを観測したか、式部は。具体性と抽象を組む卑下か自嘲は最高。和歌であろう狂歌であろう、傑作だ。百人一首に入れなかったのが残念。日本人の男はどう思うか知らぬが、この外人、和泉式部と千代女に惚れてる。心を詠む理屈っぽい女は好みだ。蛇足：英訳の from it の it は sky ですが、漫画に載せたら splat! の一語を加える。

★天にあらば比翼と契る夢たえて
空行くような思いをぞする　桂舟（出典？）

Up in Heaven, united we fly, one wing each, this dream
fell away, but our love still keeps me feeling sky high.

秘傳★千羽鶴折形　天にあらば比翼の契り楽しまん
霞の布団雲どりの夜着　吉野屋為八　義道？　1797
While we're in Heaven let's enjoy our double-halfwing flight
with our futon of spring haze and night-robe of lucky clouds

唐土由来の「比翼の鳥」と「連理の枝」の題もあるが、二首も「天」から始まるが十分。左の出典を書き止め忘れながら、原題ある＝「寄夢中契恋」。歌意に自信ない。「空行く」が珍しい表現で、若しも伊勢物語の「空行く月」が指すなら思ひが満ち欠けする類になるが原題はその解釈を許さない。右は、ネットの折鶴会のペイジに見付けた。

★妹が顔に似たと思えば阿弥陀堂の
天人見ても気は上の空　明人 K19-3　1815

When I gaze upon the faces of sky-dwellers in Amida Hall,
I feel high – come to think about it, they all look like you!

（堂の英訳はともかく妹が二人格にも三人格にもなる）

The resemblance with my girl's face make me feel high
when in Amida temple I see those angels in the sky.

好む歌は比喩ながら、比喩のみにはならない。例え「うつ蝉のうつゝ抜かして夕ぐれハ心も空に君をまつが枝」（真竹直成 E8-5）と「人ってに頼りし文の届かねば心も宙にぶらついて居る」（竹葉守数 E11-2）の前者の「待つ⇒松」が上出来が、いずれに余韻がない。上記明人が恋人のために天人を別の目で観る心を詠む歌には読者の心も暖める。仏堂の天人のモデルには、仏国など欧州の大聖堂にある十代の不良女の子のような肖像は一つもないと思うが、その多くが確かに美人だ。

寄空なき恋

905★我が恋ハむなしき空に満ち濡らし
思ひ遣れども行く方も無し　不知　古今
My love worries have now fogged up the whole damn sky
leaving me no space for what I would clear out of my head.

音字数に迷わせて退屈になるがち Rodd with Henkenius 二人の女性の英訳『古今集』の中に、玉の名詠みも伺う。It seems my sighs / of love have misted over all / the empty heavens‐/ though I try to clear my thoughts / there is no room to rout them は、その一つ。例えば sighs（恋の溜息にて空なる天も霞んだ）も、clear my thoughts （ごちゃごちゃした心・頭を澄まそうとも）、rout（追い払う空間もない）とは、行間を精密に埋めてくれる。敬愚の簡潔の方が読み物になるが、同時に過剰に大雑把で過剰に具体的にもなる。いずれにして、狂歌になりがち「不知」の「和歌」は素晴らしい。

寄地恋

★地にあらば夏野の瓜と転び合ひ
放れはやらじ蔓のまに／＼　可由　T57　1740
If on the ground of a summer field, a melon I should find,
I'd roll 'er & not letting go keep her growing on the vine.

小・中・高校の教科書に絶対出ない『宇治物語』の色濃き話は幾らも有る中で、野の瓜に穴をえぐり淫用にした旅人は何年後、偶々同じ地方を訪ねたら、同じ顔をした我が子に出会った男の珍話こそ、多くの日本人に読み覚えあるかと思う。人の瓜を無断に契る事は、親の知らずに農家夜這いの比喩ないし世話になったかどうか敬愚は知らないし、蔓のまにまにとは落合結婚せずに、実家に残して行く暗喩か、男根か。未解読。念のため、寄瓜恋の別題もある。

寄士恋

1814★かたまらぬ君に心をおき土や
ふみつけてみる恋の地ならし　英風 K8-1
（置土の？も踏み＝文も掛けずは英訳無用が三行で）
Since it seems you're new top-soil, if I'd plant my heart
in you, I suppose I should trample you down for a start:
i.e., write this letter to ask if we've grounds for love.

寄日恋

1740★向うては眩き君が朝日影
目の明けぬのハ恋路也けり　可由 T57
Like the morning sun on a cloudless day when face-to-face I find
you dazzle me – I see, or rather don't, that Love's path is blind.

1820★あけくれに君を忘るゝひまも無し
思ひ入日に思ひ出でる日　山積園　E11 1
（day と sun 異なる英語では日掛は不可訳）

左はまた寄盲恋となってもいい。英訳の I see or rather don't は言文より狂たる故、左英訳勝ち。右の「ひ」尽くしは、本題の鑑也。

寄暦恋

★日かず知る御代に住めども恋風や
涙の雨は時も定めず　鯉鮒　E11-2　1820
Our calendars tell us just what day is what in our happy times,
but no dates are set for catching love-bugs or rain called tears!

当後期江戸狂歌本の恋巻の最終歌で原題は「寄祝恋」。『古狂歌　滑稽の蒸すまで』に多い泰平の御代また世の祝いの類。英語に恋風＝風

邪はないが、bug は流感の意味だし、夫婦で狂ったように共飛行する赤い虫も lovebug で、風邪を「引く」も catch と云う。

寄夜恋

   1636★百の物一つ思わば我にかく
   もゝ夜も同じ丸寝させめや　貞徳　T20

If I yearned for my love a hundreth as much as he did,
there's no way I'd sleep five-score nights with her clothed!

夜々服装のままに求愛を引き続いた深草少将と異なって、貞徳はスケベだったというよりも、多忙だった。鼻の下の長短よりも、古代人が暇だったな、とは敬愚の感想。原題は「片思々」。寄小町恋でもいい。

   1790★逢わぬ夜は長く逢う夜の短きは
   実もちんばのあしからぬ中　麟臍　k19-2

When we don't meet night is long, it's short when we do:
Love absolutely proves that relativity is true.

この後期上方狂歌は傑作。時間の相対論の長短にちんばの足を引いて、それを二人の「悪しからぬ」関係の枕にする後句は楽しい。そのどうけた掛詞は、英訳不可能だったからアインシュタインの相対主義を弄ぶ脚韻詩で誤魔化した。「実も」は何かの誤読か誤植か？原文の「寄走＋念？跂恋」はよく解らない。暇の文学者のご協力を頼む！）

寄昼恋

   ★親々は目を盗むとも白浪や夜の
   逢瀬に替えし昼寝を　毛人　K19-3　1815

To escape parental eyes & steal some love, forget the moon;
trade in the cat-burgler's night for a cat-nap tryst at noon!

1815★吸いついてぬればヒルとも思われぬ
目もとの塩に消えやしなまし　夫山 K19-3
（吸≠Kiss も蛭＝昼もなく英訳は無用）

1820★思ひ余り昼寝をすれば藪蚊にも
さゝれて辛き指先かな　　片言　E11-2

*Lost in love, I must take a noon nap and, ouch! I'm stabbed
by bush mosquitos as well as people pointing fingers.*

左は、名月の頃でなければ、若者が昼寝すればバレてしまうとしか考えていなかったが、ちょっとした情交 a quicky を盗めば、親が外になるか昼寝している昼の内にした方が楽という話だったら、あんまりにも practical 実践的で狂歌としてつまらない。中は。吸う事がキッスも、蛭が昼と目もとの塩という表現も無ければ、英訳は無用。右の世間の指さす辛さと蚊に刺されながら夢に見る恋人の意味の親指と小指か指切りの連想も悪くないが、三首の中で中の楽勝だ。前句も後句の恋の恍惚の表現は新鮮で軽い。しかし、校正で読み直せば、左は名案で勝。

寄暁恋・寄夜明け恋

1785★起出る寝みだれ髪の朝ぼらけ
ときあげ櫛にたまるあかつき　ひまのないし

*Getting up & out of bed to tangled hair at daybreak's glome,
the morning moon isn't cruel, but crud is stuck in my comb.*

1788★きぬ／＼の別れを知らぬ里もがな
夜明けぬ国のありと思えば　唐紙砂子　E3-9?

*I wish we could live where dawn partings are unknown:
to think of those lucky lands where days do not break!*

★君と二人寝みだれ髪のむすぼれて
別れかねたる暁のころ　蟹丸　K28-2　1807
（暁＝垢付き無ければ月が櫛になる連想も英訳無用）
Me and you wake up so tangled in our love-mussed hair;
day breaks easily, while we cannot tear ourselves apart!

左、天明狂歌の美人狂歌師智恵内子の子、暇ない子の首は、暁の有明を恨む百人一首の歌に、朝の乱れ髪の別の古歌も掠る。中の英訳が原歌を上回る。Daybreak の break を別れの parting と対照しながら子供のように日が文字通りに「割る」という新奇の表現をオチにした。右、蟹丸の焼き直しは、左のシュールをもって理屈も活かす傑作。どれが良いか読者の趣味次第かと思うが、北へ行けば夜明のない国もあるという知識をなんとなく狂歌に入れた唐紙砂子の中の詠みが、言葉遊びを上回る新奇で小生に言わせれば、中勝だ。

寄月恋

★憂き人に涙の衣ひき返し
宿すと語れ袖の月影　為家　1198-1275
Turn inside-out your tear-stained robe and tell your nemesis
about what great lodging those sleeves made for the moon!
（↑涙の衣は月が宿るに最高よ、と嬉しがるも仇討ちの内）
I would exchange my robe of tears with the one I love in vain.
That done, Moon, lodge on her sleeve and tell her of my pain!

（↑袖に宿した月様に憂き人への口伝を頼む古典的発想）
Tell the cruel-hearted one to turn her teary robe inside-out
put up the moon and learn how to smile rather than pout.
（↑月光宿せば憂人も拗ねるのを止めたら＝でたらめ訳）
Tell the lovesick to turn their tear-soaked robes inside-out
and in those sleeves put up the moon then howl & shout!

（或いは複数になってもいいが、全く勝手吼える英訳）

夫木抄に出る歌合の題が「月＋恨む恋＋涙の衣」だった！裏表にする着物で恋を呪うのを月見に替える達観。「寄袖恋」の題に入れた建礼門院右京太夫 Lady Daibu（1157－？）の「つれなき人ぞ」と始まる恨みながらの月影を感謝する首も良い。文法音痴だから解読に自信ないが。相手に「語れ」という口語の注文も付けるところに狂趣を感じる。

1740★おもかげを見たる月夜は物思ひ
今宵もさへて寝られざりけり　可由　T57

*In the full moon I saw her face and fell deeply in love
tonight, too, it's cool and clear that I will get no sleep.*

（狂歌本のに和歌みたいが物思が濁る心対さえた夜か）

*My longing that began when I saw her face in the moonlight
waxes . . . I'll need a bottle of moonshine to sleep tonight.*

（面影みせた月光 moonshine はお酒だ。飲まねば寝ない）

*My love began w/ a full moon when I saw her face – it's clear
tonight, too, I cannot sleep for seeing her in Luna's mirror.*

（冴え渡れば彼女の顔は月の鏡によく映れば不可寝か）

可由の中期上方狂歌は。掛詞などの言葉遊びも腰わたる面白い変化も何もない一般の和歌以下の言葉遊びながら、仏教に祭り上げた法の輪と云う月を物思ひの原因、しかも恋焦がれて寝ないの責任者にするところが西行のかこち顔以来の月を責める歌と理解すべきか。秀でる和歌の多く同様に、詳細は想像に任せるから行間を、分かち合えるために英訳一つで済めなかったという訳です。或いは敬愚は考え過ぎるか。

★忍ぶとて訪わぬ夜すがら照る月の
かつら男は君の横目か　未得　T24　1649

*Hidden romance? You don't show up all night until a gleam
of moonlight – Sir Paulownia, is that your sidelong glance?*

未得の歌集の恋部の初「寄＿恋」歌。目尻も存在しない英語で困るが、日本語にしても女しがち横目ですね。桂男は美男子で美男子はするか。

1812★恋のやみ空は晴れてもふみ迷ふ
身につきまとう影も煩し　曽代風　e7-1

No matter the sky is clear, lovesick and lost in the dark,
irked even by my moon-made shadow I tread upon it.

（或いは付き纏う影はお月さん本人を指すと思えば）

On a dark night for my love, even the moon I clearly see
as a stalker and shake off because she won't let me be!

★さゆるほど忍ぶ人目やいかにせん
月に寝もせぬ門の多くて　近道　同　1812

What do we do with the eyeballs getting in our swiving way
as many people don't sleep in the moonlight on a clear day.

（どう云う訳か脚韻でユーモアを母乳のごとく絞り出した）

Most households do not sleep when the full-moon is up there.
It helps folk spy on lovers so I would not call this weather fair!

左を英訳せんとすれば迷った。結局、空にある月の面影か土にある影ないし陰のどれかが付き纏うか。確信ない。恋病の焼け糞の気分で月が自分を尾行して、「この野郎！余計な世話要らん。さっさと行け！」ならば判るが、自棄酒で己が影法師まで厭に成って踏んじゃう失恋で自嘲ならぬ自憎に陥る可能性はあるか。心理学どっぷり詰めている傑作だ。一方、右は陳腐ながら、夜這いする人がネズミという盗人と似通った事を見事に突き止めるが、冴えるのが良い事で問題になる主張は面白い。両首が後期江戸狂歌 E7-1 の月夜恋 38 首（！）より択んだベスト二首。当の本を見て、我が選択と自分のを比べて見たら教えて！

寄曇月夜恋

原文は「寄月恋」★かき曇り空行く月の影をだに
まだ見ぬ人を恋ひやわたらむ　御製　1248年　宝治百首
A full moon crossing the cloud-covered sky is my metaphor
I keep loving someone I've yet to see but can't ignore.

いいですね。御製は天皇か親王でしょうか。名前も教えたら加えたい。

寄三日月恋

1790★面影をちらりと三日の月ならで
程無く恋のヤミとこそ成れ　栗圃　K9-1
Just a glimpse of Luna's face showed that crescent diff'rently;
dark nights without love sum up what is now in store for me.

1815★三日月の影もはかなき恋の闇を
はらしたは只宵の口のみ　芳水　K19-3
（宵の口という表現もなく、その替わり英語で笑み）
The young moon itself as fleeting as love at the fall of night
relieves the dark of the heart-sick with a smile of light.

双方は、上方狂歌の名ある人の詠みになる。左「三日の月なら」なる三日月は。栗圃のちらりと見たものが、二十四、五日の月だろう。今の日本人は解らないが、昔だったら右の手の親指と人指し指と重なれば増しつつの満月、左手なら減する干月となる事を子供の頃から教えられたから、大人になったら手も上げなくとも、ちょと見ただけで角の向きで誰でも直ぐ分かった。恋闇が恋病とそう変わらないから栗圃の首を英訳できたが、芳水の首の微妙の良さの前に両手上げたが、ついに微笑ましい異訳できた。英訳は右勝。原文は、束の間の恋闇の気分転換は繊細で褒めたいが、もうそろそろ闇に成る逆三日月なる左勝。

寄星恋

1649★晴はれたる星の夜這いはうらやまし
　我は偲べど逢わぬよひ／＼　　未得　T24

*I envy stars, shooting here and there, wooing in the open air
while I creep about night after night and never see my love!*

「晴れ」でしょうが、最初の個人大狂歌集の恋巻の寄恋歌の二番歌例。一茶の忍ばずに昼の人の目の前の胡蝶の恋を羨ましく見た句よりも、初期狂歌の天才未得が夜這星を羨ましく詠んだ訳です。

1783★恋のやみ心も空に飛ぶ星の
　夜這ひに物を思ふ頃かな　花の屋道頼

（星の夜這の発想がなければ、英訳は無理ながらも）

*My lovesick heart is true to its homophone, for my blues crest
in the darkest part of night when shooting stars are seen best.*

（或いは闇に病が盛るのみならず星の夜這が羨ましいか）

*The time of night my lovesick heart feels the most blue of all
is the darkest hours when shooting stars for their loves fall.*

天明狂歌の有名でない花の屋道頼の恋病めば物思の頃は夜明、いや夜白みの直前が、その星を見て羨ましく思うとは歌意か解らないが。

★毎夜／＼くどいて見れど竿の先で
　星かつと／＼届かざりける　可由　T57　1740

*Night after night, words on the tip of my tongue try to win her;
but, like kids with a pole, I fail to knock her star/s from the sky.*

★恋病と星をさされて落としより
　いよいよ積もるも石ぢ成りけり　春風情又　1819

（星をさす＝言い当てるも印地打ちもなく暗喩は英訳無用）

可由の星狙い子供の故事は譬喩に過ぎないも面白い。春風情「別千路堂」の星が印地（いんじ）に変身した『陸奥百歌撰』の首を、北海道大のpdfで読み得た。人の言葉を言い当てたり恋に落とすのが失敗で嫉妬か恨みが塊になり、他人の嫁になった敵の家へ石礫を投げつけると。

寄風恋

905★世の中はかくこそありけれ 吹く風の
目に見ぬ人も恋しかりけり　紀貫之 古今集

This world of ours is so like this: wind blows right by unseen, the person I love I still hold dear and miss.

目に見えない事は、目に見える物に負けない現実ある。風の存在を信じれば、恋も嘘ではない。という蛇足は蛇足でしょうが、貫之の歌は珍しい。単なる寄風恋の歌は意外に少ない。古典和歌に四季の恋歌には風がある。比喩歌に春の風が花を奪ったり落としたり誘ったり口説いたりすれば、秋の風が情熱を冷やしたり飽きという恋の敵の同音に負うが、火と水のように無季にも恋歌の心とはならなかった。恋に風が年中に我が物顔をして現れ初めたが、歌謡に通じる室町小歌集『閑吟集』の辺りでしょう＝「恋風が来ては袂にかいもとれてなう袖の重さよ恋風はおもいものかな」。袂に芋＝妹か貝もあるか知らないが、ここに思い＝重いも掛けているが、桃山時代も含む日文研の和歌ＤＢで恋風（こひかせ）がゼロ件！一方、初期江戸より狂歌には恋風が流行った。一度引いたら、ずっと江戸後期までも、寄恋風の歌がよく詠まれた。本書に数十首ある、半分が恋の種類の部中の題に纏めてある。

寄雲恋

1736★恋死ぬる夜半の煙の雲とならば
君が洗濯の日毎に時雨ん　栗柯亭木端 T54

May my smoke form clouds after I pine away for thy love,
& whenever you do laundry come to drizzle all day long!

1812★一筋に思うも君はしら雲の
　　果ては涙の雨と成るべし　賤女 e7-1

Though my love is solid, you're a white cloud, dear;
drawing a blank I expect naught but a rain of tears!

1818★恋したう胸の烟の雲となりて
　　落ちなる人に思ひつけてよ　渓雲　k8-2

Let smoke from the passion burning in my breast become
clouds to convey my love & set her on fire 'fore I'm done!

左、木端の言葉扱いについて「翁」は「吉水和尚の上句を直に用いて」下句は「箔の小袖に縄帯の躰」（貞柳はこれが狂歌のあるべき姿）になすと。洗濯は帯か。中の方の白雲を、かろうじて英訳できたら、半ば諦めと恨みの歌かと気づいた。右の「落ちなる人」はＯＫ？落としたがる人という感じもします。言えるは「思いつけて⇒〜火を点けてよ」は渋いが後句を活かす。野火っぽい新奇の比喩がいい。三首ともそれなりの傑作か即時古典のようなもので、勝負の判事は無理ながら、

★雪ふらば閨に通い路たえぬべし
　　とかく気になる浮き雲の空　仲住　e7-1　1812

With snowfall, the path to the concubine rooms are well-tread
so you can bet those floating clouds in the sky are always read.

★夫そとハ晴れて恨みの言われねば
　　雷雲のむねにもや／＼　藤人　E7-1　同

True, indeed, for things to clear up complaints must fill the air,
our breasts like thunderclouds grumble when it's hard to bear!

百人一首の風に天の乙女が通った雲の通い路を暫し止めて欲しいと云う遍照詠みが参考になった九重の love life を江戸人が想像した狂歌は面白いかつまらないか、と判断し難いが、互いの歌に反応するところがいいと思う。「夫そとハ」俳諧の連歌とずいぶん異なる、大変インフォーマルな、心地のいい触合いを物語る。むろん皮人の「恋風の余り強くてむら雲のよそへ散り行く人の通い路」E7-1 脱線もあったが、あれこれも「因みに」乗らせる敬愚は、それをマイナスと思わない。

★天の原手の届かざる恋ぞうき
行き通う雲の足は多くも　出来秋 E7-1　1812
（雲の浮＝憂も足がお金か手対足も雲＝宮廷も英訳無用）
Love that cannot reach your angel in heaven hopelessly sad
to see clouds coming to & fro can drive the earthbound mad.
（英訳はどうにもならなかった所で死んだら雲に成る手を）
Loving someone in heaven you can't reach for crying outloud
is sad for nothing will help until you die and become a cloud!

1812★さゝがにの糸より天の戸口から
うき名ひろがるくもの振舞ひ　都南留 E7-1
（蜘蛛＝雲という掛橋なる掛詞なければ英訳無用）

左は英訳には判らないも、お金もちにも無理の高嶺の花もあった事だ。その雲たちの足も又、詠人のために泣いてゆくという足の捉え方もあり得るが、英訳はもう疲れはた。右の蜘蛛＝雲がなければ、英訳は長く＝くどくなるから、素直に止めたが、そう云えば、九重にない者はその恋を諦めて、上様たちの恋の噂を読むことになるだろう。この狂歌も別々よりも対とめせば味がいい。

★あの雲に乗りても行かん思ひ也
せん人前も君を恋ふ身は　蔵人 E7-1 1812
（雲乗る仙人⇒千人前の掛も慣用も無く不可訳）

★雲に乗りよし何国へとしたはなん
せん人前も君をこふ身は　稲森 E7-1　同
I'll climb up and ride a cloud to any land to win your hand,
my love equals a 1000 men = this wizard is at your command!

これや危なかった。一見では千人前「の」君と間違った。千人前つまり千人分も恋う身で雲に乗っても通うべきという、「千＝仙」掛けをなるべく一般化して詠む蔵人の首と幾つかの詳細を追加した稲森の首のどれがいいか読者次第。いずれも「寄雲恋」歌の傑作だ。

1809★思ひふす病の身にしうき雲の
おこりの本は我が恋の山　太々亭内保 e7-4
（恋の山も山が雲を生む意識も無い英語人に通じないが）
The original source of the depressing gray clouds that hover
around this lovesick body is, I am afraid, my Love Mountain.

馬鹿簡単なる狂歌。積もれば恋の山の浮き、いや憂き雲を自ら起こるという反省か自白が、和泉式部の魂なる蛍の如く。同時に、漫画に画きたくなる具体化だ。ヘンリーソーローだけは、日記に山の雲を産める過程を丁寧に述べた。迷信でない、観測から。「寄山恋」でもいい。

寄夕焼恋

続後撰 e7-4 ★知られじな夕べの雲をそれとだに
言わで思ひの下に消えなば　俊成女　1171-1251

These evening clouds, unspoken love burning in my heart,
itself the setting sun . . . to vanish is a woman's art.

（性格には判りかねる歌だから異訳二通りを一応）
No one can tell these sunset clouds reveal what I dare not
until it too dies down: the burning passion in my heart.

1784★紅つけた口で真っ赤な空言を
また夕焼の雲も恨めし　まちくね　鴬蛙集 E7-4
Pie-in-the-sky, thy crimson painted lips told a barefaced lie
so now even beautiful sunsets make me sigh, bitterly.

左は、「狭衣物語」の「消え果てて煙は空にかすむとも雲の景色をわれと知らじな」という無常か哀傷歌の「知られじ」が判るも「寄雲恋」だった俊成女の恋歌は捨て難いで、ご指導を待つ。右は、百人一首の偶々空にいたから恨まれた有明を掠る。赤の嘘は、英語にないが恥知らぬ明らかな嘘は裸顔嘘になる。口紅と好対なる。空のパイとは空想的約束か。

寄雨恋・寄笠恋・寄涙恋

★我が袖は来ぬにぞ濡るゝいかにして
雨を障りと人の云いけむ　宗良親王 1371

My sleeve's wet because someone does not pay me a visit:
how can they call rain 'bringing on the flowers' anyway?

（↑中世英語の花の表現は月給、↓の語句は

Because you do not come, my sleeves are all wet –
so, how can anybody dare call that a 'rain-check'?

この歌は、涙の雨と本物の雨の違いを詠むだけか、女はお客来て障りだから親王の本へ参れない事を残念がるか。英語名訳と自負できる現代英語の慣用なる婉曲を使った上記のが出来た前に、雨天の下記。

天明か★わずられし男ひでりの我が宿に
泪の雨のさりとては又　酒月米人 一萬集 天明？

The awful drought of men in this flat where I live is odd,
given the constant rain of tears, one might expect a bog!

(↑「さりとては」誤訳しながら好狂訳、これ↓かも)

The drought of men in this flat where I live is sad, dreary
and considering the rain of tears, not without irony.

★氏神に男ひでりは祈るとも
いかで涙の雨乞をせむ　失出典（出典求む）

While begging Clan spirits for relief from the drought of men,
where be your tears without which who ever prayed for rain!

★どうしても恋はものうきならい風
果てば涙の雨となりにき　江戸住 e6-6　1804

In the grippe of love too long, the air grows thick
and ends with a rain of tears – I'm lovesick again.

左の「煩れし」は単なる比喩か、天災の為の出稼ぎか。中は、詠人＋出典を失くしては不明が、意味が明白。雨乞に借りた祈る常識だ！右。風邪は風ではなく a cold 寒さになる英語だが、恋風邪に近いインフレないし流感を grippe にすれば、掴みの grip と同音で掛詞ある狂訳完成。

1820★君つらや涙の雨のまし水に
落ちてもくれよ恋の架け橋　早行亭近道 E11-2

My tears rain down hard – may they fall not in vain, but flooding
collapse the bridge between us – so we together fall in love!

寄橋恋にしてもいい。橋は結びながら中になるから離れる印にもなる。

★春雨のふりにも人に知らせじと
足音もなく通う此身ハ　過人 e7-1　1812

Off I go to let her know that the spring rain has come,
my call made, likewise, on feet as silent as cat paws.

★壁に耳家根にも口の有りてうき
涙の雨の漏るゝ苦しさ　浜綱　e7-1　1812

*Walls have ears and rooves have mouths which is too bad
for my rain of tears will leak right through and that is sad.*

原題：雨中恋★雨に降る夜半の契りぞ頼もしき
ぬるゝ恋地が固まろうなら　茂喬　K19-3　1815

*Nothing beats meeting in the wee hours of a rainy night
for hardening the wet and soggy ground of nascent love.*

全部でE7-1の「寄雨恋」が廿二首。左の方がかろじて恋歌でしょう。米の名詩人Sandburgの「霧が猫の足で這い寄った」言葉使いを借りたが、それもネイチャーポエム。中は逆漏かどうか知らない。脚韻に従った。右の方が新奇で勝つ。雨が降れば地が固まるか、土次第。農家に住んだ敬愚は雨降れば、間もなく雑草取りが易くなったから、異見あるが、恋地の新語までも面白いし、日本人の地固まりを勉強します。

寄雪恋

★なりふりに思ひつもりてちら／＼と
雪の肌えの君が面影　桴雪　T46　1729

*My passion has built up along with your shifting drifts &
my heart flutters to glimpse your face, my snow-white love.*

天明★此心老馬もしらじ雪の肌
ふみ迷ひたる恋の道をく　金鶏　網雑魚

（雪のがsnowでなくsnowyで道奥＝陸奥も）

*This feeling that even an old horse does not know
of being lost in Love's flesh snowy roads' interior.*

　　　　同★興つきて帰る心はさらになし
　　　　　君がはだへの雪のあけぼの　金鶏 網雑魚
　　　　（肌えは皮膚ではないし、雪は内外だが）

I am spent, but have even less desire to return home,
w/ rising sun upon your skin, your snowy spring loam.

雪や！　左の上方狂歌は、性欲の肌と美欲の顔をうまく合わせたが、縁語をよく働かせた比喩は描写のみ。中の金鶏の原題が「恋心」。「文」掛けナイ「踏み」は珍しいが、陸奥も連想する奥の心は「女陰」と解けてもいいから色深い歌か。墓場などへの道を知る老馬は、年寄れば陸奥送りだったか。心の駒が老婆になる暗喩だったら素晴らしい。とは言え、雪女に対する複雑な感情を述べる秀歌と思う。右は、同じ金鶏の首。白肌フェチか。あまりにもリリカルで、英訳に苦しんだ。

　　　★見し日より引き初めたりし恋風は
　　　　妹が肌えの雪当たりかも　見分 E8-3　1812

This love-bug I caught the day we first met – now I'm thinking
it really was a snow-stroke, caused by a glimpse of your skin!

　　　★富士の山見しよりもよい夢なれや
　　　　雪の肌へに登り登って　花イ k18-1　1819

This dream beats even the vaunted sight of Fuji the mountain.
Up the snowy slopes of her skin I go, climbing, climbing . . . .

左の「見し日より」に対して、文句ない。「雪当」と云えば、日焼けの一種。目が見えなくなる。白雲の中に入る感じ。サングラス失くしてビルが全て白い Key West の町を歩いたら、体験してしまった。酒屋で涼しい霧を面白がって、いいなと言えば。母と妹は「何の霧？」。人工霧が我が目が勝手に創った！数時間以内、盲だった。暗く無かっ

たよ。全てが真っ白くなった！それ以後は老目。「見し日より妹に目が無き恋風と云うより肌の雪当たりかも」になると読めば、泣く。右花イの後期上方狂歌は、リリカルも、見る前にサングラス買いたい。

寄稲妻恋

夫木再載★くるゝのもちぎり儚き秋風に
稲妻招く花薄かな　家隆　1158年〜1237

*It seems bad when judged among the mad, but the Fall wind blows
and beckons heat lightning because the blooming sawgrass knows!*

くるくるパウと言われても、狂うには繰り返しがあって、意外にも長持つもので、「も」契りを馬鹿にしない。回ると招く仕草はそっくりではないから無理があるも、前句は注目すべきから載せた。

985以前★待ちかねて心あかねば稲妻の
光にのみぞ驚かれける　木入力無名？　古今六？

*I can't wait until we meet: save for when a blinding bolt
of lightning jolts you from my mind, you're always in it!*

飽かねば。恋の強さが砂の数あらば、稲妻の光る瞬間も君を愛するという古歌ある。その瞬間はちょっと。という所が狂歌の馬鹿正直。

985以前★秋の田の穂の上にも照らす稲妻の
光の間にも君ぞ恋しき　未入力　kkrj# 813?

*Even as a flicker of heat-lightning shows the heavy heads
of rice in Autumn fields, sweetheart, I still yearn for you!*

同じ『古今六帖』の稲妻の「間にも」つまり、その微々たる間にしてもという、一瞬間も絶えなく恋わたる表現は珍しい。万葉に見覚えもないが、記憶力の良い方ではない。これを研究した者おられば…。

★天明　暫くも夜床に尻をすえざるは
我が妻ならぬいな妻ぞかし　朱楽かん江

*Ne'er in my bed long enough to sleep, the girl called Lightning
here I'm waiting for a screw . . . . . and all she does is bolt!*

★なりそうで我が妻ならぬいな妻の
光輝くよそのかみなり　大石小石躳陰　1785

（いな＝居ないも、よその上＝神成り＝鳴も英訳無用）

左は「妻ならで」の別種もある朱楽管江の名歌。拙著 *Mad In Translation* の幾つかの英訳に、間男を嘆く女の観点も加えた。**Screw** は交合で、**Bolt** は稲妻の光柱と動詞「逃げる」を掛ける両義。いずれも道具で脚韻なくても可笑しい。右の天明狂歌をしても長い狂名の大石小石躳陰の首の言葉遊びが良過ぎて英訳に両手を上げるが、それ。

寄雷恋

父なる応神天皇が大雀に髪長比売を嫁に譲り下さった感謝を

道の後木幡嬢子を雷のごと聞こえしかども合枕まく　後の仁徳
（美知能＝みちのしりこはだおとめをかみのごと～　古事記 c710）

*From a land beyond the pale, my fine-skin long-hair princess of fame
like thunder frightening now we share a pillow how sweet the same!*

上記は別章にもなるかと思うが、この歌に関する学者の諸々解説をいつか並べたい。敬愚も、韓国で、長い髪がお婆さんに引っ張られては、

「女の子ですか」という侮辱を食った思い出はある。コハダは、細かい肌とは言え、若者が怖かったら柳腰大尻の容姿かと思う。

Our meeting may well be as far-off as the heat-lightning I hear
rumors and grumbles of us – love, I fear, we'll have to see!

古今#482★あふ事は雲ゐはるかになる神の
音に聞きつつ恋ひ渡るかな　貫之　905

一方、同#701★天の原ふみ轟かしなる神も
思ふなかをば裂くるものかは　詠む人しらず

No matter those noisy gods on Heaven's plain stamping thunder
drop bolts of lightning – can lovers close as us be split asunder!

小生は、ぶつぶつ言う可能性えお勝手に追加した以外に、手元の英訳古今集では、左の歌意はそう変わらないが、右は轟く音には別けられるものかと英訳されているが、lightning が大樹木も石も裂けるようにとは常識かと思います。

★稲妻のちらと見初めし君故に
心もうわの空になる神　呉竹世艶 1785

One glimpse of you no longer than a lightning flash & I
hear a thunder clap in my heart's hitherto blue sky!

1783 以前★我はただ心も空になる神の
ぐわら／＼いえど落ちもせぬ君　貞雅　k10-2

My longing heart is in the air and like that thunder god rumbling,
yet there's no bolt from the blue: you are not tumbling for me!

左は、一見して分かりやすいが、初目惚れの青空より一本の雷電の驚きも、心臓のドキドキの音も、上に空に光るが雷が優しくなる当時期

の Heat Lightning という連想は複雑。右は「ぐわらぐわら」のニュアンスが判ったら再英訳します。

1778★雷に臍をとられて死ねばとて
逢う夜に何の〆む下紐　度水　k12-2

*For fear of dying should the thunder steal her bare navel,
should I suffer while she keeps her undie string tied fast?*

1820以前★雷のなる夜や妹に逢う時は
臍にて臍を隠す嬉しさ　放生庵寿久有 E11-2

*Meeting my sweet-heart on a night with thunder on the prowl,
what a delight to cover each other's navel with our own!*

左の歌意は。臍が危ないからと言って、それが下紐のお守りが固いと言う文句か、交合の「死にます」を怖がる女性を囃すか、この外人にとって判断し難いレトリックだ。右は、雷と臍の迷信さえ知ったら外人でも読み易い、しかも心温かい、ハッピ・ラブだ。『古狂歌　色を好む男』の月洞軒を思わせる朗らかな日本の大勝ちだ。狂歌版の軽みの鑑として恋歌百入。

★蚊帳釣って今宵まつ夜となるかみや
胸にとゞろく君の音信　桃牛 K12-2　1778
（成る⇒鳴紳＝紙？音信＝心の連想？英訳無用）

同★君は気の大雷やあちこちへ
落ちたと聞けば魂も空　一扇　1778

*Hearing my love, like a huge bolt of lightning, breaking bad fell
here, there and everywhere . . . thunder-struck, I feel like hell!*

同★折りよくも鳴るは結ぶのかみなりよ
昼中に蚊帳釣りて戸をさす　麦理＝貞也　1778

If the timing's right, even thunder can help tie couples together:
we hung the 'squito net at noon & closed shop for the weather.

★君に焦がれおちよと祈る事なれば
成らぬ恋さえなる神のかげ　泰友 K29-1　1812
（成らぬ恋も鳴る＝成るの中心掛詞なければこうなる）

If you would pray for your love to burn with passion and fall for you
like a bolt from the blue, the gods of thunder & lightning should do!

上の掛けもある音中心の描写は良いが、少々難しい。中上の首の愛の多さを大落雷の形と見立てる事が文学史の初出かどうか、知りたくなります。だったら、勝首。そうで無ければ、中下の生命力ないしエロスをしんみりと感じるから鼻の下に導かれて、貞也の勝つ事になる。右は、もう少し別な詠み方が欲しい。そのまま祈願のための奉納できる歌にすれば、片思いの役に立つかもしれない。狂訳は勝つが。

寄陽炎恋

985頃★手に取れど絶えて取られぬ陽炎の
うつろいやすき君が心よ　無名人　古今六帖

I thought I had it in my hands, and then it slipped away
like a mirage, your heart won't stay put: it's always in play!

出た本が985頃の成立が、古今和歌集の頃の歌の可能性が高い。寄恨恋部の寄不可信恋の紀貫之の歌をご参照に。落首でないを何故無名か。

寄霰恋

1818 ★ふられつゝあるにあられの玉の緒も
消ゆるばかりに物をこそ思え　渓雲　K8-2
（降＝振も有ら⇒霰も玉＝魂も掛けぬ英訳無用が）

Hailstones dropped & so was I and don't they vanish fast –
I'd do the same for the love I thought a solid thing has past.

寄塵恋

★今は手をつかねるのみぞ恋の山
枕の塵も捻り尽くして　芳水 K19-3　1815
（枕の塵も恋山の発想もなく英訳は無意味が）

Facing Mt Loveless, all I can do now is wring my hands,
I pinched all the dust from my bed: now where's my man!

床の塵で山が積もる発想を追加せねば、新造語 Mount Loveless の意味も通じないかもしれない。女の代詠みに英訳した。

1815★払いにし枕の塵や目に入れて
あかずあかれぬ仲となりぬる　峨山　K19-3
（飽かず別（あ）かれの垢の掛詞無くて英訳無用が）

Brushed off, it got into our eyes, bed dust makes happy tears:
we're now mated, un-abated our lust should last for years!

1819★逢う夜半は枕の塵も目に入りて
泪こぼるゝ程のうれしさ　寿米留　E11-1

On the night we met that old pillow dust got in our eyes
and happiness overflowed in the tears that we cried

左の原題「不知為方恋」は、さっぱりながら詳細多すぎる狂訳になってしまった。理屈のない原文の同音の「あか」ながら、もう他人でない原歌が良い。右は掛詞が皆無も、気持ちのいい転回で断然勝つ首。しかし、下記の英訳不可能の「寄旅恋」らしい寄塵歌だけが、余韻ある秀歌。

1815★宿科にあらで払わん際ぞなき
枕に塵のつもる月日を　砂長　K19-3

(きれいに掃うとお金をし払う掛詞なく英訳無用)

火
寄火山恋

★中々になにか知りけむ我が山に
燃ゆる煙の外に見ましを　安部女郎　万葉#3033
*If only I didn't have to experience this burning from within –
better to see a mountain blow its top, safely, from without!*

905 以前★君と言へば見まれ見ずまれ富士の嶺の
めづらしげなく燃ゆる我が恋　藤原忠行　古今集
*Whether I see you or not, to me you're hot as the peak
of Mt Fuji & my lava so to speak always burns for thee.*

初期万葉に「孤悲」があるも、「火」が掛詞の「こひ」と「おもひ」はないと専門家が云うが、左の万葉歌「吾山尓焼流火氣」、又相手が「燃えつつかあらむ」から彼女の貸し衣を着らずに来てしまった万葉歌#269 も「野焼き」の万葉#1336 を見ても火と恋が本来、有縁だと判る。「寄走り火恋」という題に預けた小野小町（825-900）の火だらけなる首の「思ひ起きてむね走り火」で、火がやっと恋と思ひの明白の比喩になるが、古今集だと、右の忠行の首は好例。火が恋の常になる。

拾遺集#597★千早振る神も思ひのあればこそ
年へて不尽の山も燃ゆらめ　「ひとまろ＝８世紀」
*Our mighty gods must also know the flames of passion –
why else would Mount Fuji ever burn in that fashion?*

確かに、小町より早く、長年柿本人麻呂の名歌と思われた首もある。けれど、1007年頃成立の『拾遺集』が初出典で、思ひ＝火がまだまだ詠まれなかった万葉でないとは学者の常識だ。いずれにして、寄人恋のフジ歌だから、本書の対象外かも。

1243 以前★フジのねの何の思ひは知らねども
朝夕けたす立つけぶりかな　新撰和歌六帖 知家

*Just what burning thoughts consume Mount Fuji I don't know,
but dawn to dusk we see smoke and at night perhaps a glow.*

新拾遺集★かみ代より煙たえせぬ不尽のねは
恋やつもりてやまと成るらむ　番号外作者 1364-5

*Fuji hasn't ceased smoking since the Age of our Gods, so
is it love that building-up makes mountainous Yamato?*

安部女郎の火山比喩同様に後なる類の多くもこの二首のように「寄煙恋」にもなる。左は「何の」という問いが気に入れて追加しましたが、いずれも万葉歌の如く明白なる「寄火山恋」の歌ではなく、「寄恋火山」ないし「寄恋富士」歌ながら、神と自然の現象として恋を肯定する意味で概念上の恋歌とも見做しうる。右は、『古狂歌 滑稽の蒸すまで』にある数多「塵がつもれば山となる」国あるいは御世の賀歌の系譜を「恋」で脱線するか、もじるか、富士の山を詠みながら、恋の本に入れなければならない。多分「山となる」だけですが、フジを日本の印かと思えば「大和」も掛けたくなる。賀歌には、よくある掛詞。

思ひかけたる女のもとに、
★富士嶺（ふじのね）の他所にぞ聞きし今は我が
思ひに燃ゆる煙なりけり　あさよりの朝臣　後撰集956年
（富士の根＝寝る事＝音が立つも思ひ＝火もなく英訳無用）

*Mount Fuji was always dormant in me, something I heard of
but now I burn with passion, the smoke rises from my love.*

返し★しるしなき思ひとぞ聞く富士のねも
　かごとばかりの煙なるらん　読人不知　同

I hear Mt Fuji love is just a lot of heat for nothing
& the smoke a bad joke is simply letting off steam.

富士もぶつぶつの煙ばかりは、時代次第でしょうが、朝臣の歌は、安部女郎の万葉和歌を本家にしたようです。

　★寄火山恋　風になびく富士のけぶりの空に消えて
　行衛も知らぬ我が思ひかな　西行（新古今集＋雅筵）

Blown askance by the wind, Fuji's smoke vanishes in the sky
. . . ah, who knows where it and my burning passion go . . .

西行の歌も、安部女郎の万葉歌のように、火山と人を一体化する。寄名所の中の寄富士恋の歌例として再登場もあるが、傑作で毎度また改めて英訳を試す。読者に煙を先に紹介して、最後の句に「火」を仄めかす「思ひ」でオチつく原文を、何回英訳しても無理と知りながら。

寄火恋

　★守る山になげきこる身は音もせで
　煙りも絶えぬ思ひをぞ炊く　好忠　977頃

（なげ木＝嘆きもこる＝恋るも思ひ＝火も焚く＝抱くも）

　★ことわりや下はげにこそ冷えつらむ
　君にしくべき思ひなければ　藤原仲文 992頃

（にし来＝に敷くも思ひ＝火も無く英訳無用）

平安の恋に寄せた火には「おも火」が多かったが、好忠の狂歌顔負けの掛詞の高密度は珍しい。右の異記の第二句は「下はさこそは」。老楽ながらの恋の嘆きかつ口説きか。下冷えする中年の女性相手に思ひ＝火で下半身より暖めて上げたいか。書写した定家の解釈は？

★石ならで割りても見せん我が心
火の出る程に君をこそ思へ　引方 E　1800 頃？
（石ならぬが心かと思うが我が身にして英訳した）

*I'm no stone, but I'd crack myself open to show you how
my heart is literally burning for you within, now.*

1815★我が胸に余る思ひの半分も
思わぬ人に分けてやりたき　於兎門 E9-3

（思ひの火にやりたきの焚きの渋い掛け不可訳）

*If I could but give half of this love burning in my breast
to one who loves me not, I'd feel cooler about the rest.*

割れて見せたい首が多いから、引方はあれだけ尾鰭なく詠むのがつまらないか見事か判らない。一方、右の英訳を控えた於兎門の後期江戸の首は、素直な発想に素朴な筋ながら前句の思ひ（火）を後句の最後の二文字の縁語掛詞（焚き）でオチ着けては良い。両掛でなく、いずれも片方しか無かったら、掛詞として今一つ。渋い掛詞の鑑で右勝。

寄走り火恋

x 2　人に逢わむ月の無きには思ひ起きて
むね走り火に心焼けおり　小野小町 825-900

*In the absence of both moon and lover, my yearning
ignites a wildfire in my breast that is burning my heart.*

古今集にも再載された名歌はこれで本書にも再び入れた。「寄胸恋」の方の狂訳は、やはり胸に拘る。建物の棟のみ思えば、野外の wildfire という語にならないが、その野生的で狂っている「走り火」が、四季の春部に歌例が多い普通は人のコントロール下になる「野火」よりも激しく焦がれる恋に相応しい比喩になる。

寄艾恋・寄灸恋

1649★うき恋の病を治する灸ならで
胸を焼く火ぞ苦しかりける　未得 T24

*As the fire of passion burning your breast is not moxa
healing the broken heart of love, of course, it hurts!*

1737★恋焦がれ思ひを腹にすえかねて
ちょっとおこしを捻り艾ぞ　一叟 T56

（腹＝原もすえも起こしも捻り艾も説明なる英訳が）

*Burning with love, molten passion deep in my belly=plain
erupts a bit: call it 'tip of new volcano or pinch-style moxa!'*

左は。初期狂歌の天才の未得の歌の新規を認めても「灸ならで心を責める思ひ哉」という狂句に縮ませてみたい。灸も痛いと思えば、恋病の痛みの名誇張だ。右の中期上方の狂歌は派生歌でしょうか. 偲ぶ恋が少し世に漏りしまう事を小さな新火山の起こしと見立てるのも新奇かも知れない。因みに 1737 は、富士山に赤ちゃん出きた間もなくになる。未得には捻り艾まで思い付かなかったのが、小火山の体験なかった為か。勝負は難しい。読者に任せます。

寄灸出恋

★胸の火に当てゝ文字をば読み分けよ
酒もて書ける文ハしら紙　雛丸 e6-7　1803

Hold it against your burning breast and try to read
this letter written in sake or you will draw a blank.

あぶりだしハ大好き。文章のみならずスケベな絵でもいい。Sengai坊の火で炙る出した金玉から始まったらいいかも。しかしライムか酢と分かったが酒を使うと思うもしなかった。酔って書いたら本人も炙り出る文字に驚くかもしれないが、酔って書いた恋の自白だと、やはり白紙とみえるのが妙に所得た。間に受けるべきかどうか知らぬが、顔の赤人の文をハのもじもじとでも呼ばれそう。

寄火消恋

★胸の火の燃ゆる思ひを消させてと
水を浴びてや神を祈らん　夢流亭岸頼　失出典

Wanting to quench the fire that burns in my yearning breast
I do ablutions as I pray to the gods to give my heart rest.

1820★水を浴び滝に打たれて祈らばや
焦がるゝ胸の火を消さんとて　下吉　E11-2

I drench myself in water and stand below a waterfall to pray
that the fire in my breast be doused or love come to stay!

1846★煙り草たちものにして祈るなり
胸の火防の神も受けよと　橘薫　E12-6

Tobacco may be the best thing to abstain from when I pray
to the God of fire prevention to stay the passion in my chest.

左と中の首が同じ思「ひ」の火と対照ながら消防できる水をもって祈るが良いけれど、いずれも諺みたいで単純すぎる。「寄唐衣恋」という貫之の和歌ほど狂趣はない。右は、原題が「祈恋」だったが、第一

句の音字を数えたら「たばこ」でない綴りを示すように「り」を勝手に入れたが字数だけではない。神に祈ると大和言葉がよろしい。発想が左と中よりもうんと面白くて、右勝。「寄神祇恋」にもなる。

寄煙恋・寄烟恋

円融院御時、少将更衣のもとに遣はしける
1006頃★限りなき思ひの空に満ちぬれば
いくその煙雲となるらん　天皇　拾遺和歌集

*As my boundless yearning, burning, fills the sky . . .
how many layers of smoke-clouds rise and why?*

御返し★空に満つ思ひの煙雲ならば
ながむる人の目にぞ見えまし　皇子女

*If your omohi is hot enough to make clouds of smoke
gazing at the sky, she might catch the drift, no joke!*

天皇と皇子女の相聞のようですが、思ひ＋heat で omo-heat と先ず狂訳したが、止めた。空を「眺むる人」は、決まって恋をしている。英語の drift は煙の「浮き流れ」ながらニュアンスが「言わんとするところ」。可愛い御製ですね。

『金葉和歌集』1127年
郁芳門院根合に恋のこゝろをよめる

★恋わびてながむる空のうき雲や
我が下燃えの煙なるらん　周防内侍　1109没

*When this lovesick, all the cloud puffs I see drifting in the sky
become so much smoke made by my passion burning inside.*

1201 以前★下燃えに思ひ消へなん煙だに
跡なき雲の果てぞ悲しき　俊成卿女　1252 没

When love dies before passion smoldering bursts into flame,
even smoke seems sad as clouds that vanish without a trace.

1357★延文百首延文百首

今は身に余りて燃ゆる思ひかな
果ては煙の空にたつまで　公清

Still too much love to hold in, I have enough to burn,
so until my smoke finally rises into the sky I'll yearn.

いずれも「寄雲恋」にもなるが、右は名歌で橘洲は『狂歌初心抄』にも取り上げた。左、周防内侍の首は悲しくても古きよき朗らかな心を感じる。泉式部（1030 没）の蛍に恋する自分の魂の具現と見る名歌の雲版かと思う。ネット曰く「一部には煙が死を暗示する不吉な歌だと非難する者もあった」。幾つかの言及もあるが、それも俊成女のも恋の系譜内に読むべき。中の「煙だに」も、ネットは「狭衣物語」の二首を本歌にするが、敬愚は、よく立つ煙は国見歌で繁栄の証を対照にすればいいから「～だに」となるし、富士の煙になるも西行の思ひの消え行く名歌も覚える。右は一生の恋で死ぬまでもと理解しました。

1812★我が胸をいぶし薬の煙かも
虫を殺して言わぬ苦しさ　経千間 e7-1
（内なる虫の概念もない英語には翻訳無用）

The burning passion in my breast must smoke inside
to fumigate the love-bug it so pains me now to hide.

★俤（おもかげ）も煤けるばかり恋痩せつ
朝夕くゆる胸の烟に　出来秋　e7-1　1812

Starving for love, my thin countenance seems cured
by the smoke rising from my breast day and night!

左は八百年も遡る偲んだ恋と思ひの煙りの原因学に新風を吹き込む。ただ火山同様に、その言葉にもある「火」という元に行き当たることなく、その火とりわけ副産物なる煙りが虫（欲求我）を退治する燻しだ！そして後句に自然な口語「言わぬ苦しさ」でもって結ぶ。シャーマンが煙草で同じようの病気の退治を行ったと思えば、「寄煙草恋」にしてもいい。右の「痩せつ」とくゆるの関係は。これも面白い、いや、面黒い。確かに燻るとぶら下っている魚か肉が段々細くなるが、痩せれば色の少しでもある者は黒くなるという話もある。米南部黒人の誰かが一番黒い肌かというほら大会（lying というが、誇張による侮辱合戦の遊び）をゾラ・ニール・ハーストン女史が記録した。或るお爺さんの言葉が「違う。お前こそ俺より肌黒だぜ。デブだから肌が張られて、色が薄く見えてきただけぞ。」。要するに恋痩せたら、それと逆に肌が益々黒く見えるからくゆらせたように見えるとも言える。原歌を、そこまで解釈するのが可笑しいが、左の虫の燻しは、勝首。

1812★玉章は煙と成して隠せども
嗅ぎつけて来る人のつれなさ　笠形 e7-1

The love letter that turned into smoke got home free;
whoever sniffed it out too late is a picture of misery.

1812★恋焦がれ君を松葉の烟もて
いぶさるゝより黒う成りけり　村住 e7-1（君に？）

You for whom I, burning, pined away, by pine-needles art
smoked yourself, aye, blackened to your craven heart.

★一筋にこちへなびくと見せかけて
横に烟の空消えぞ憂き　和唐内子　e7-1　1812

While seeming to bend toward me, as per my will, how sad
to see smoke drift by and vanish in the air before my eyes!

左も中も情けないが、右は自分がそうなると思えば、しかも縦と横に流れる煙の特徴を考えさせてくれるから、勝。たとえ、歌意はよく解らなくても。和唐内子（わからないし）老智恵内子のあだ名か弟子か。

1812★恋死なばせめて飯たく煙とも
なりて朝夕思ひ出されん　曽代風 e7-1

Should I die from this love hopefully at least my smoke may end up o'er her rice-cooker so I'm recalled twice a day.

1813★我が胸の烟こもらぬ心地せり
門の戸細く明けて待つ夜は　山家人 E8-4

The smoke of passion burning in my breast leak? It might as I keep the gate open just a crack while waiting tonight.

同じ「せめて」を、深草野の鶉狩に来て我を思い出してくれという伊勢物語の名歌よりも、朝夕おも火だす飯たく煙りと重なる案がいいのみならず、優雅です。右の恋の煙という抽象物にも馬鹿の一寸にならない物理的な解しも良い。後期江戸の狂歌は棄てた物じゃない証明だ。

寄火＋水恋・寄水＋火恋

905★寄唐衣恋　君こふる涙しなくば唐衣
むねの辺りは色燃えなまし　貫之　古今集

But for these tears I shed for you, the silk above my breast would burst into flame, turning red as my Chinese dress!

後撰集 956★涙にも思ひの消ゆる物ならば
いとかく胸は焦がさざらまし　紀のつらゆき

If flames of passion could really be doused by our tears, how does my breast still burn with yearning for my dears?

左は、拙著 *Mad In Translation* の英訳に題ある。In Vain, You Say? 即ち「空しく泣くとおっしゃるか」。涙の研究家によれば眼に傷など痛みある時の涙と悲しく流す涙の物質が異なる。後者は精神を癒す。痛ましい激的な感情を鈍らせるように幾つかの化学物質を流す、と。しかし、為になる涙が直接に消防用なるとは貫之の新案でしょうか。右は、古今集にない歌も、同じ貫之詠み。あまり面白くないが、自分の歌を反論した事は面白い。この類の思ひ＝火と涙の対決が次々と詠まれた。

後撰集　雨のふる日、人につかはしける
On a rainy day, one person gave another a poem

956★雨ふれと降らねと濡るる我が袖の
かかる思ひに乾かぬやなぞ　　読人不知

*Rain or no rain, the question is why my sleeves are so wet
when my passion, burning yet, should have dried them!*

返し★露ばかり濡るらん袖の乾わかぬは
君が思ひの程や少なき　読人不知 後撰集　同

*Reply: For sleeves as damp as dew like yours not to dry,
the heat of your passion must lack intensity, that's why!*

伊勢物語の恋で袖が濡れていると言う男に、本物の恋だったら涙が川になして身をなぜ流されなかったかと責める相聞の変種でしょう。詠む人しらずと伊勢物語の時代に遡る可能性もあるかと思う。狂歌へ進む前に、蛇足なしに火と水に寄せた古恋歌を先ず五、六首を見よ。

★かがりびにあらぬ我が身のなぞもかく
涙の河に浮きて燃ゆらむ　無名　古今集 c905
*How can I, no fisherman's torch, still burn with desire
while my waterlogged body floats in a river of tears?*

焼き直し★篝火にあらぬ思ひのいかなれば
涙の河に浮きて燃ゆらん　無名　後撰集 c956
While no fisherman's torch, how can my fiery passion
float on a river of tears, still burning in this fashion?

古今和歌六帖★涙川いかなる水が流るらむ
などわが恋を消つ時のなき　作者不明 970 以前
Is that real water flowing in Tear River, I must doubt,
for it never manages to douse my burning passion
（火を消さない水の類とは面白いからもう一訳）
Tear Rivers – what sort of water are they that never
put out one's burning passion, no, I say, not ever!

新古今再載★涙川身もうくばかり流るれど
消えぬは人の思ひなりけり　藤原元真　c940-70
Tear River may flow strongly enough to float us away,
but burning love won't be put out – it just stays put!

後拾遺集★涙川おなじ身よりは流るれど
恋をば消たぬ物にぞありける　和泉式部　1030 没
When Tear Rivers flow from the self-same me no doubt
my burning love (kohi) is one thing they cannot put out.

火を示す「燃ゆる」という語は、篝（かがり）に限り、後は思ひと恋に潜む火になる。元真と式部の「流るれど」で、先にふれた伊勢物語の返歌の問い「なぜお前も流されなかったか」への返歌にも成るか。

延文百首★降り増さる泪の雨は浮き雲の
晴れぬ思ひの行方なるらし　通相　1357 年
This ever-growing rain of tears would seem to portend
where my burning love that made the clouds will end.

（晴れぬ恋も降り増さるも意外に難しくて英訳尽くせば）

*Burning love that won't clear up sets clouds adrift and, mark
my words, with tears raining cats and dogs, we need an ark!*

この歌の思ひが本当に「火」となるかどうか、確信ない。「行方」と云う語で西行の思ひの煙も思い出し、火の煙が雲になり涙の雨が降るというパラパラ絵本で一過を見るのが敬愚一人か。いずれにして、独特で新奇なる歌だ。本書と関係ないが、同じ通相のもう一首、おまけに御紹介します：「月影の満ちくる潮の友千鳥まよわぬ波に立ち居なくなり」 *When the full moon brings them a high tide, our friendly terns, / mind not losing their beach but, finding waves, off they ride!*

★胸の火の燃えたつ時の有ならば
心の水をせきとめて消せ　一休 1394-1481
*Whenever the fire in your breast should flare up,
dam the water in your heart to put it out with.*

T17「水族」の部　★いかにして心の水に棲みながら
思ひは消えぬ我が身なるらん　おめでたいゑもん 1643 年
*How is it that my longing still burns and will not go out,
when I live in water like that of the human heart?*

いずれも又「寄心の水恋」とも称される。左。一休の発想は、情緒の涙は、かえて石油の如く心を燃やすから中で溜まって胸内なるおもひを消すという事か。だったら異見ある。既に述べたように涙は激情の角を丸める。麻酔効果で諦め易くなる。右。木下長嘯子著（かもしれない）『四生の歌合』の歌の英訳は酷いが、いか＝烏賊で墨＝棲みという縁語の詞掛ながら、心の中は確かによそ者にとって墨の如く闇で見えない。詠者の大目出鯛は色が赤いから、思ひの「火」を具現できる身に文字通りに尾鰭をつける。読みながら、心字池には塩水のもあったかどうかすら知りたくなります。要するに、余韻もある傑作だ。

寄用心水恋★いつまでも変わらじ人に知らさじと
用心水のくさりあう中　鼠舌 k19-1 1787　＋変恋

Those people who swear never to change ought to know
relationships grown stagnant as old fire-bucket water.

1788 以前★涙川今はなか／＼水まして
燃ゆる思ひも消ゆる嬉しさ　菊下露　E3-9

This river of tears, how the water swells and swells,
and what a joy to find our burning passion quelled!

左の用心水が火の用心用の水でしょうが、腐り合う＝青の掛詞を狙った枕か。安全の為に傍に置くのと夫婦の関係の惨めな比喩かと思う。右は。我と同意見なる涙の諦めさせる妙な効能力の証言か。「消ゆる嬉しさ」まで詠むと、うんとリアルに感じさせてくれる陽気な狂歌。

★胸の火はいよ／＼燃ゆる待ちぼうけの
身は炙れても袖は乾かず　失名　E3-10　1792

Though the flames in my breast flare up when you're late
so my body is parched, my sleeves dried not at all, mate.

胸に身に袖。また、火に燃に炙。三ざん焼かれているが、それでも乾かずの滑稽。とは言え、あれだけ凄い火＋水の和歌のオンパレードを読んで来たら、この江戸狂歌も色褪せる。やはり、和歌がまだ詠み尽くしていない題でなけれならない。

寄火＋雪恋

1809★焦がれつゝ火となる胸をいつの世に
君が肌えの雪に消つべき　篤叙（別号宝伝園）

*Burning with yearning, oh, my flaming breast, when
in the world may I quench it in your snowy flesh?*

1818★今宵しも雪の肌えのとけそめて
胸の思ひの消ゆる嬉しさ　標乙　K8-2

*As her snowy skin started to melt for me tonight, I could not doubt
that feeling of relief within – the fire in my chest had been put out!*

左は、天明狂歌の国学通の宿屋飯盛の優れた 1809 年成立の狂歌紹介書『新撰狂歌百人一首』に出たが、本来、篤叙の生没なにも見当たらないから歌の年付も知らない。かなりモダンの雰囲気で好奇心ある。右の上方狂歌は、同じ頃の出来かと思うが、「思ひの消ゆる嬉しさ」は先にみた「水＋火」が恋に寄せた約三十年前の天明狂歌の一首から借りた表現かもしれない。英訳の長さの違いが甚だしく、お詫びします。

寄火＋酒恋

1784★我が胸に燃ゆる思ひを消さんとて
口へつぎ込む酒も凄まじ　羽會？堂荘夢　E2-3

*Trying to put-out yearning, burning in my breast, it is not
smart to pour sake down my throat, especially if it's hot!*

酒に燃えるだけのアルコール度がないから、火に油でもないが、自棄酒は、聞くと「焼け酒」ですから。という無言の屁理屈か。いや、失恋で大酒呑みは、確かに危ない。敬愚も一度そうしたら、崖から落ちて翌朝目覚めたら病院の中だった。死んだとしても本人も知らなかったと思えば、中々面白い体験になった。大した怪我も無かった。どうせ崖から落ちると思えば、酔っ払って落ちた方が、利口らしい。

寄雪恋

天明★かくばかりからき思のつもりなば
塩とや見へん雪のはだへも　金鶏　網雑魚

*Bitter thoughts can mount until you cannot see it as the salt
of the earth though snowhite skin is said to cover all fault.*

1813★雪とみる君が肌えに気圧されて
ふみもえ遣らぬ恋ぞ苦しき　紀静　南紀　K17-2

*Love hurts when awed by skin like snow you fear to tread,
just the thought of sending her a note fills you with dread.*

1814★思ひ川逢う瀬の水やまさるらん
雪の肌へも打ちとつる？夜は　百年　K8-1

*Yearning waka have rendezvous shoals, but water is not
half so hot as the night I'm buried in snow-white flesh.*

いきなり「かくばかり」と始まる歌は、笑話中に読みたいが、諺と慣用句を詰め込めば狂訳が一本立ちできた。中の紀静か南紀が詠んだ首は。一見で踏みもえやらぬが肌の方かと思えばケン月影の江戸時代のエロ漫画で瞼のスクリーンが一杯。雪の肌で燃えやらぬがよく判らなかったが、それから雪を踏む特権のない人の窮屈かと考えた最中、解った！「遣らぬ」だと「文」だった。白い肌に対するコンプレックスじゃないか。心理学者に見せたい歌だ。因みに、ちょどこの頃、ゴロヴニン艦長を助けたリコルド副艦長の船に預けた日本人の人質の十七、八歳の娘がロシア人の女性と二人で鏡を見たら、自分の肌を「悪い」と悪評しながら相手の白い肌を「美しい」と褒めた。この大和撫子こそ、心身も大変可愛いで惚れたロシア人の皆も驚いた。あれだけ白い肌を崇拝した日本人だからこそコンプレックスになりやすい。さて、中の首、百年の上方狂歌は。一見で、グロブール・ウォーミングの海のように水が「増さる」かと思えば、腰をよみ過ぎたら「勝る」雪の肌えだと解った。狂訳のために「とつる」を「閉づる」と当ててみた

が、つまれば雪よりもしもねたの「ご馳走様でした」と言うべき歌だ。断って置きます。十代より人間の容貌の理想に関する研究を真面目に続いた。出版はまだが、日本人論や狂歌などよりも、専門になるかも。

寄雪丸恋

1825★雪でさえ嘘で丸めた浮かれ女
あちらへこかし此方へこかし　栗間戸　K11-3
Snow skin or not, this wanton flirt with lies hard-packed
like a huge snowball rolls here and there spreading dirt.

この雪は、善がり声の出す時のそれも同音掛けかどうか知らぬが、後句の妙な離れ枕となる。雪こかしの動詞化も新奇で楽しく読める嘆き歌。「え」音素が七つまであるから、詠む人の嫌味がえ伝えた。

寄氷恋

1792★仇人はとかく氷の上滑り
昼はとけるも夜はとけぬ也　つぶり光　E3-11
（溶ける＝解ける同音語なく下紐は困る英訳無用が）

Slipping, I fall when I make a move as my nemesis is ice;
she may melt by day, but she's hard and cold at night.

つぶり光の歌を読めば、Hank Williams の *Cold, Cold Heart* も覚えたが、原歌の下紐に。脱線だが、つぶりの光と云う人が氷の上滑りを詠むのも面白い。その求愛までも、己が頭に滑る蠅の如くの体験になります。

★肌と肌こほりつけよと思ふ夜は
比翼の床の暖かもうし　金鶏 網雑魚　天明中
On a night we'd freeze skin to skin stuck forever me & you,
even the warmth of our double-halfwing bed makes me blue.

暖かくも二人が寝た床の一人寝が淋しい。金鶏の首は、芭蕉の名句「生きながら一つに氷る海鼠かな」を参考になったかどうか知らないが、氷るを想像するだけで冷や汗する。雪女は怖い。とは言え、愛妻に恵まれたやもめブルースの傑作です。故人への暖かい恋歌にもなる。

寄山恋

遠近草99段★わが背子がおもかげ山の逆さまに
我のみ恋し見ねば寝たしも　笠の女郎　安土桃山か
（山の逆さまの字も山の縁語の峰の同音語も英訳無用）

山の字の逆様は。鼻筋良く通るもいいが、目が縦になると朝鮮の天地神か古代のどこかで見た鎧か、涙絶えない男か。ネットで検索すれば、山の逆さまの記号ないし意味の当たり数は、ゼロ件。寝たし笠の女郎は、笠もつけっぱなしで宜しいと？どうして日本人には、この歌を取り上げる人はいないか。それともおられるが、ネットにアップロードし世と分かち合える人だけは、まだいないでしょうか。

1799★我ばかり登りつめたる恋の山
君ハくだらぬ返事のみして　吉住 E5-4
（下らぬ⇒くだらぬ掛詞ないと英訳もくだらぬが）

I keep climbing up love's mountain but get nowhere,
for your replies bring me down as if I'm treading air.

1819★昔より恋の山柴こる人は
涙の川に袖あらうとか　狂歌堂 E11-1
（柴梱る＝暫恋うる？かどうかしらないが、一応）

From old, one who cuts brushwood on Love Mountain
washes his sleeves in a stream of his own damn tears.

左の狂歌は一応英訳したが、原文のどうけた理屈は可笑しい。英訳のdown 対 up が対照ながら遊びがない。やはり山登りは二人でいい。右の後期江戸の狂歌大師の狂歌堂真顔の日常生活を持ち込んだ山川の袖洗う可愛ゆさには争わぬ。右勝。

寄富士恋・寄駿河恋

後撰集★恋をのみ常にするがの山なれば
ふしのねにのみなかぬ日はなし　読み人知らず956年
(する⇒駿河も富士のね＝伏しの寝にのみ＝呑み泣かぬ？も)

寄富士恋歌は、主に寄火と寄山の題に入れたが、駿河もあると寄地名。

寄音羽山恋・寄峰恋

寄峰恋★聞きしより身にしむ風のおとわ山
みねと迷ふや恋路なるらむ　通相 延文百首 1357
(風の音⇒音羽山も峰＝見ねも英訳無用が傑作で頑張ったが)
*As soon as I hear the wind on Mount Otowa, it chills me to the bone:
losing our way because of what we can't see bespeaks of Love anon.*

寄浅間山恋・寄茶臼山恋

1740★神代より妹背に曲があればこそ
茶臼を山の名にも呼びけん　契因　T59-557
(茶臼が色の四十八手の体位も曲の意味も不可訳)

1799 ★待つ夜半は何としなのゝ山なれや
あさまで燃ゆる胸の苦しさ　文屋蔵持　E5-4
(しな（い）の⇒信濃も浅間⇒朝までも英訳無用)

左の原題「寄名所山恋」は交合体位だろうが「曲」は山名説話の歌か。敬愚よりも地所に強い人のアドバイスを聞きたい。右は、いい掛詞の組み合せ。「なにもしなの」は一茶もよく自嘲に活かした。

寄谷恋

正集★いたづらに身をぞ捨てつる人を思ふ
　心や深き谷となるらむ　和泉式部　970-1030

I love this man, who for the hell of it throws his life away,
which makes my heart the deep valley prop in our play!

（↑相手がいたずらに身を捨てるが我が第一読み）

Why I know not, I'm throwing away my life for the love
of a man – so my heart must be that proverbial valley!
（↑は第二読み。三番目は人の心を深い谷とする）

式部歌集の恋部になるが、本歌は詠人しらず「古今集」の「世の中の憂き度毎に身を投げば深き谷こそ浅く成りなめ」は雑巻の誹諧中の題知らずが本書の自殺部にも言及する。飲み過ぎる身投げも、石に額をぶつかるのが嫌から身投げしない笑話集の若衆念者の恋等もじりが多い。が、式部に西行の心の大胆の比喩に負けないはずと思えば、いきなり悟った！俳諧に水粒の垂れたる「心」を思い出して、なるほど「心」の右側になる点々は谷へ飛び込む身投げのアクション画にもなりかねない。和泉式部もそれに気付いたか。（そして只今 2017.2.9 の校正中の脱線心の四分の三が水の雫なるが地球そっくりではないか。）

水

寄水恋・寄井恋

1813★器物に従いながらつれなくも
折れぬは水のみずくさき君　花道 E8-5

（水臭いという慣用は英語に通じないが水に魚と…）

*Fitting any vessel, water is known for going along but you
who couldn't care less about me are as cold as a fish, too.*

1813★井の水の深き思ひに沈む身を
汲んで知るべき人だにもなし　猩々変生 E8-5

*I sink in longing as deep as a well but, what a waste:
not a soul pulls up a bucket of water for a taste!*

1813★深草の思ひに通い車井の
幾日つらるゝつなで悲しも　これよし E8-5

（背後知らなければ通い車⇒車井もつられても不可訳）

後期江戸の比喩尽し。子規ら選「類別俳句大全」ならば、脱火の水となる。左の水の意義二つを組み合わせる。中は。自殺の名所の井戸と別なる嘆きか。早く汲まねば遅いかもという女の歌だったら、更に面白い。右は文学一辺倒で勝てない。どんぶりでないが、中の首の勝ち。

1819★いかにせんうらみ涙の溜り水
はねつけられし恋の道かな　徳馬　E11-1

*What shall we do about the dirty puddles of bitter tears
that splash up on us as we travel the bi-ways of Love?*

1819 ★言の葉の濁りて口に溜り水
打ち上げて言う折しなければ　升成　E11-1

*How muddy words grow in the mouth, becoming stagnant water,
left over from all the times you can't speak-up when you oughter.*

左、徳馬の後期江戸の狂歌は「寄水恋」24 首の中で尤も新鮮の譬喩。Bi-ways を素直に path of love ともいい。右の升成の歌を読み繰り返すごとに募る。カリスマ指導者でない我らも、よく体験するからであろう。米方言の oughter 原歌よりも鄙ぶりの狂調でしょう。

川

寄川恋

★恋の文かいてもいかで流すべき
君は川上われは川下　月洞軒 T40　元禄中

I write a love letter but how, then, do I mail it to her
when her place is up-river and I'm here down-river?

ごく素朴の問いに潜める狂は。拾遺和歌集の「いかでかはかく思ふ〜」や伊勢物語の「いかでかわ鳥の〜」にもあるが、これは身分・階級だ。

1806★思い川ふた瀬が中の渡し身ハ
あなたこなたへこがれこそすれ　有安筆 K25-3
（逢瀬の慣用も彼方＝貴方も焦がれ＝漕がれも英訳無用）

多くの「焦がれ＝漕がれ」掛は前句で縁語に過ぎない、本筋にはならぬ。この後期上方狂歌は「こがれ」掛詞一本が勝負。で、それがない英語には翻訳は無理。原題は「思両人」。「寄漕渡恋」もいい題かも。

寄涙川恋

★涙川なに水上をたずねけん
物思ふ時の我が身成りけり　無名

Why search for the headwater of the River of Tears?
I know it is in my self, whene'er I long for my dears.

本書には「寄川恋」歌は九割以上も他ならぬ己が泣いた「涙川」になる。本来 Cry Me a River というカントリー曲が好きで、「山家集」を読み西行の涙川、又は池を丹念に拾った本当の割合は逆とか五分五分とか、物を数えるにまめの先生にお任せするのが。それに、図書館で古い物を一々探すお金と時間はないから、最初の「涙川」は日本のものか中国のものか、それすら知らない。誰かそういうことをよく調べて、実例で証明できれば、本書の改訂版に入れたい。

★905 以前　速き瀬にみるめ生ひせば我が袖の
涙の川に植えまし物を　無名　古今集　寄海松布恋も 531

If seaweed for seeing one's love grew in rapids, I'd plant some mirume in tears streaming down my sleeves so you would come!

★905 以前　涙川枕流るるうき寝には
夢もさだかに見えずありける　無名　古今集 527

With my bed bobbing down a River of Tears, my sleep is so poor even in my dreams, I rarely meet, much less see, you anymore!

★なり平朝臣家に侍りける女に、
つれなくのながめに増る涙川
袖のみひぢて逢うよしもなし　敏行朝臣

What misery, this endless rain of tears become a stream with my sleeves soaking in it for lack of a way to meet!

★と云える返事に女にかわりて、
浅みこそ袖はひづらめ涙川
身さえ流ると聞かば頼まん　業平朝人 880 没

Shallow, indeed, this talk about tears soaking your sleeve; When Tear-River carries you away, then, love, I'll believe!

この見事のやりとり、ともかく毒舌の仕返しは恋和歌あるいは『伊勢物語』の狂たる心を明白に見せてくれる。眺め＝長雨、ひぢて＝濡れて、ひづらめ＝濡れているだろう。『新古今』（c1205）歌#1349＋50の光孝院詠「君がせぬ我が手枕は草なれや 涙の露の夜な夜なぞ置く」と読人不知の「露ばかり置くらむ袖は頼まれず 涙の川の瀧つせなれば」を始めに多くの首の本歌になった。しかし、涙川の歌が無数であって、内容も様々。我が印象では新古今集が涙川と海などが最も多い歌集だったが、その前にもどこ見てもあった。

　　　★涙川のどかにたにも流れなん恋しき人の影や見ゆると
　　　　よみ人しらず　よみ人しらず 拾遺和歌集　1006 頃
　　　Tear River, won't you flow ever so gently along
　　　　so I can see the reflection of the one I love.

後世の西行のように涙の川を池にしてから月を宿すなどあるを、こうして涙の川の流れ方に口を挟む歌例を他に覚えていない。良い鏡になりなさい、と。これなどの詠人のない狂歌と変わらない概念歌は、民謡か小唄みたいに庶民に歌われたかどうか知りたくなる。下記の殆どの歌例は夫木（1310 頃）にある。その中で原典も出るがすべて打ち込む金と時間がなかった。ともかく 1310 以前になる。

　　　新古今集★涙川身も浮きぬべき寝覚かな
　　　　はかなき夢のなごりばかりに　寂蓮　1202 没
　　　A river of tears swept me along in my sleep and waking
　　　　I was alone with nothing but the detritus of my dreams.

　　　夫木★涙川春の月なみ立つごとに
　　　　身は沈み木の下に朽ちつゝ　定家 1241 没
　　　River of Tears, rising with each new moon of Spring, I know;
　　　　For I, or, rather my sleeves, like sunken trees, rot below.

　　　夫木　みなれ川 渡すを舟に言伝 てん

涙にうくと君に知らせよ 藤原章綱 1173 年
Pass the word by boat I am crossing Waterlog River;
and tell my love, I do so floating upon my own tears.

原典の「家集王昭君」を調べんとしたが、李白の「王昭君」しか出てこない。けれども歌われた日月年の情報もあった。泪川の歌が大体読みやすいで蛇足無用が、この何倍も多くの首を拾って比喩を細かく大枝から小枝まで整理すれば面白いと思う。

★かくばかりせき煩わば 涙川
都の方へ 流れ入らなむ 長方卿 夫木
With the checkpoints bringing us so much grief, I think it best
you flow on and run to the Miyako, River of Tears, for redress!

このような歌をいつか万葉集にも読んだかという気がします。男女の相聞みたいな形で。本当の記憶か幻想か知らないが。

六百番歌合★涙川あふせも知らぬみをつくし
たけこそ程になりにけるかな 慈鎮和尚 1193
Tear River, I am afraid thy head-high waters run too deep
for there to be a safe ford for me and my love to meet.

★涙川さかまく水脈の底ふかみ
漲りあへぬ我が心かな 西行 夫木
Tear River, the current runs so deep nothing can stay:
beat by the undertow, my heart is swept away!

「あへぬ」の意味知らない。それとも反対か。

夫木★もの思ふ涙ややがて三瀬河
人を沈むる淵となるらむ 西行 1190 没
Cry long enough and tears shed for love leave one in a fix:
water deep enough to drown a man: call it the River Styx!

左、慈鎮和尚の歌に潜む逢う心理も鋭いかもしれない。泣き続く人にはゴールインに成功する率は低いかと思う。何年前に山家歌集にも見つけた西行の首だが、中の首になる水脈も描く首はあたかもビデオカメラが身に付けられた海豹よろしくの涙川の中での視点。古語に弱い敬愚は「漲りあへぬ」とは、沸き上がるか上がりかねるかと分からないが、流されたやばい感じを英訳した。右の三瀬河の歌は時間を亘る遠くから観た涙川の風景と溺れてしまう者の観点から見るかどれでもいい。物思いは恋に限らないが、恋歌トップ百に入れたい。

夫木★君こふる涙の川の絶えせねば
なげきぞ渡るうたた寝の橋　琳賢法師　浮木
（梱る＝恋ふるに嘆き＝投げ木の掛けなければ不可英訳）

驚いた。Gardendesign.net によると 1150 頃に法金剛院庭園を造った石立僧だったようです。その庭の中で「転寝橋」もあったら…。

大和物語★今宵こそ涙の川にゐる千鳥
なきて帰ると君は知らずや　詠人不知　952-1005　成立
Tonight, more than ever, floating on my own Tear River, I hear plovers (like me) crying return – could you not know this, dear?

寄千鳥恋★しるべなき涙のかわの河風に
思ひかねても千鳥をぞ聞く　慈円 1155-1225
This useless stream of tears with a river wind too strong for my love to kindle & warm me, but I do hear plovers.

左は 1305 年頃の『夫木』の冬部二の頭昌になる「千鳥」の項目に「能院日記古歌中」とあるが、大辞典は「大和」が出典となる。夫木のほぼ二百首の千鳥歌の中で、この心の中での風景を、最も狂趣のある歌かと感じた。同夫木に右慈円（1155-1225 年）の二首が直ぐ後になる。上記のと「思ひかぬる夜半の寝覚めに風ふけて涙の川に千鳥なくなり」

は同じ主旨ながら、上記なる口語調の方に狂趣あり。双方の出典注は「寄千鳥恋」になるが、恋歌としても大和物語の本歌の勝が、ただ私的な好みと言えば、慈円の「千鳥をぞ聞く」は好き。さて、和歌のベストを見たから、初期狂歌へ進む。

★もし舩に恋の重荷も積むならば
泪川をや漕ぎ廻るべき　方碩　1679 以前
If Love's burden might just be loaded upon a boat,
I would paddle around my own River of Tears!

★君が情もし瓢箪に入るならば
泪の川を泳ぎ越さまし　伯水　同
Could I but pour your kind spirits into a gourd
for my float then, swimming, I could ford Tear River.

左は単純ながら傑作。「寄重荷恋」の最高の歌の数に入る。「漕ぎ廻るべき」という語句は遊び心いっぱいで、もっとも愉快な「寄涙川恋」歌にもなる。右の英訳無用の「なさけ」⇒（な）酒も良いが、そのナ酒が一杯入ったら瓢箪は人が浮かぶ浮力はあるでしょうか。水よりはあるが、百％アルコールは 20％増しながら温度しだいし日本酒は…。まあ、涙の川は常なる川ではない。そのなさけなる酒を呑めば助かるかも知れない。あるいは、また酒は、瓢箪の枕に過ぎない。情けは溜息という空気であり、液体ではないし、飲み干せば枕になると、空だから夢の中では涙川を渡るかも。因みに同じ 1679 年の『銀葉夷歌集』には、もう一首の情け酒っぽい首もご参照に＝同書の恋の章の最後の首になる竹風の「お情のその言の葉は薪にて死なぬ先より焼かれ社すれT37」は、いかがでしょうか。改造版つくる前に読者諸君、意味を教えて下さい。これは、益々恋焦がれる事になるから「寄情け恋」、それとも文のを焼ける恨みを隠し題の「寄自棄酒」恋にすれば良かろうか。
畜生 Had to add a few words as corrupt Microsoft Word 2013 shifted pages!

天明中か★せきかぬる涙の川の早き瀬は
逢うより外の柵ぞ無き　橘洲かも知れない
My Tear River undammable at the source can only be slowed
when we meet and our bodies make a weir upon the shoal!

天明狂歌名人橘洲の『狂歌初心抄』で歌の切る節の最終の「第五句にて切りたる」柵には、「絡み」即ち絡む二人の身も潜む。ネットで本歌を調べたら、意外に近い歌が源氏物語の第七段浮舟にあった＝「身を投げし涙の川の早き瀬をしがらみかけて誰れか止めし」。本歌と狂歌の関係を考えさせてくれる二首ですね。文脈あったら、誰かに頼んでもいいが、一本立ちの歌として面白く読めると、断然狂歌が上です。狂歌を和歌の二番茶にしたがる者は、こう見れば考え直すと良い。

天明中★泪川人目つゝみもくづれけり
蟻のあなうき君が心に　智恵内子　E4-3＋寄蟻＋寄穴
I've tried to hide my love from others' eyes – but how can I find
a hole in your heart, so my Tear River can brainwash your mind!

同じ天明狂歌の大御所智恵内子の人目「包み⇒堤」の感嘆「あな＝穴」に「憂＝愛き」に英訳無用。蟻の穴が無事に英語へ運ばれなかったのが申し訳ない。「洗脳」という現代語で補った狂訳も無責任でしょう。

続集★身を分けて涙の川の流るれば
こなたかなたの岸とこそなれ　和泉式部　1030 没
When tears flow hard enough to split me by their river,
I feel I've become two banks, one hither & one thither!
（2016.11.27 読み直すと思ったよりエロチックになる↓）
When Tear River really flows, I feel my body split in two:
a bank here & there with naught between without you!

恋多い女の片目にそれぞれの夫を泣くか、小式部が亡くなって分裂病の悩みを仄めかすか、ただ恋焦がれて泣けば身を切る暑い涙に体がめ

ちゃくちゃ、或いは又、涙の川が二つだから、身が三つに分けられているか、鼻を上に残して、その下に合流した涙川が身体を真二つに分けて、女性の成らない所が更に開けて早くも繋ぐべき男の余る所を間接的に求めた歌（二番目の狂訳）。想像力を刺激する歌だ。*You stream on both sides of me, River of Tears, / I can breath through my nose but you fill my ears* とか、一度始まれば終えない連想だ「身を分けて涙の川にミルメなき耳も腐るが鼻がまだ高し」…。パラパラ絵本十冊分も思いつく。左右が岸になったら、残る鼻が川イルカに化けたのも見た。そして校正 2017.6.2 は、あんなに泣くともう一人の恋人に逢う自白になるか。ともかく、これは西行の大胆の比喩に等しい恋トップ百の傑作だ。

寄雫恋

1768★身を沈む川のみなかみ尋ねれば
落ちる泪の雫成りけり　夢庵 e1-1 ＋涙川

Seeking the source of the Rivers that cruelly pull us under,
it turns out to be streams starting with just one teardrop.
（これは良いから何十回も英訳しないと駄目みたい）

If you'd know the source of the River we're pulled into,
it is teardrops when they rain down from me and you.

（西行も詠んだみなかみを明白にふれる英訳も試みん）
Seek the source of rivers w/ rip-currents the better to sink
us, and you will find them in our own teardrops, I think.

原文は「雫によせて積もる恋」で寄恋＋恋過程の二種類の合いの子だ。西行の三瀬川と合わせて読むもいいかもしれないが、涙が積もれば恋と言わぬばかりの原文の前詞は西行の淵とずいぶん異なる。

寄思ひ川恋

★淀むほどいや増す水の思ひかは
交わす枕の塵は流れて　砂長　K19-3　1815

（水の含蓄も＝見ずも古綴で可能なるかは＝川も英訳無用）

淀めば淵、淵は深いで流れは速くなくても、なんでもかんでも浮き流れるという理か。無論、慎ましく長い間気持ちを抑えたのも、やっと逢えば情交の嬉し涙で塵は流れる。増す水の思ひは、見ずの思ひか。

寄海恋・寄湊恋・寄港恋

善祐法師が流された時、或る女が言ひ遣わしける

★泣く涙世はみな海となりなゝむ
同じ渚に流れよるべく　或る女、又は母

These tears of mine are turning the whole world into a sea,
so drifting about on this common flood we may well meet!

1005〜06 頃に成立の拾遺和歌集『定家八代抄』では「恋」部ながら母の言ひ遣わした歌になるが、再載の物語などは「或る女」。本当に母だったら、その発想が離別を嘆く恋歌そっくりで本書に入れてもいい。

夫木★今ハとて涙の海に舵を絶え
沖にわつらふ 今朝の舟人　後京極攝政 1169-1206

This morning I'm a sailor feeling like landlubber as I flounder
in the offing of my own sea of tears with a broken rudder.

1812★我が恋ハ湊に舟の舵たえて
とりつく嶋もなきぞ悲しき　里近 e7-1

My love is a boat drifting out to sea with a broken rudder
and no keys close enough to land, forgive me if I blubber.

左の本歌は百人集♯46。好忠の「行方も知らぬ恋の道」が「船人舵を絶え」に比喩すれば、後京極攝政は海を涙と時は今と狂趣度を上がる。右の英訳は簡潔に a boat at sea と先ず読んだが、調べたら「湊」は海ではなく、港。湊は船の航路の交差点で港より開いた半ば沖になると理解しても、又島は他人つまり恋人の暗喩と見ても、陸でなく島無きを悲しむ内容は「海の方へと浮き流れて」と異訳せざるをえなかった。それで恋がまだ出発直後か。脚韻のために「悲しき」を動詞の blubber「泣きじゃくる」は、名詞として鯨の脂肪で海の縁語になる。

寄湊恋★いつとなく袖に流るる涙川
積るや恋の港なるらん　藤原公相 宝治百首　1248 前
Day and night, this river of tears flows on without relief
building until it makes a harbor for Love of my sleeve!

★碇よりふみ投げ込んで泊まり船
うれしや君が袖の湊に　三笑　e7-1　1812
I'd throw ashore a letter rather than drop an anchor to moor,
for my delight is seeing it find safe harbor in her sleeve.

左の和歌には狂趣はぎりぎりが、右の三笑の首のための港造りと思えば、ちょどいい。文をそこに投げ込む狂歌の勝ちですね。

新古今集★思ぼえす袖に湊の騒ぐかな
もろこし船の寄りしばかりに　読人不知 1201 以前
My sleeves full of longing are a busy port – how to sleep
with the wake of Chinese junks roughing up my dreams?

★しく涙ひとりや寝なむ袖のうら
騒ぐみなとハよる船も無し　家隆 1158-1237
Lying on tears, I sleep alone for no boats call the harbor
my sleeves form – while in the lee, it always storms.

後期江戸★風荒き君を湊におき伏しや
舟のよる／＼思ひ増されり　真猿　E7-1　1812

When you're so stormy, I must anchor in the port offshore,
night after night not sleeping, boats come and I yearn more!

右の後期江戸の狂歌の「寄る⇒夜」の掛詞は、脚韻を勝る。又、そのため上の和歌の複雑な比喩より面白く読みうるが、解読に自信ない。

980 頃★恋うる涙の海に沈みつゝ
水の沫とぞ思ひ消えぬる　好忠 家集　夫木

As I sink below this sea of tears born from sad love
only bubbles remain where my longing was above.

1198-1275★我が身こす涙の海にうく船の
ゆたのたゆたにぬるゝ袖かな　民部爵為家　夫木

In the sea of tears rising o'er my body floats a boat
and as it rocks in the surf, my sleeves get soaked.

1792 以前★あだし身ハうかれ漂ふ床の海
色は思案の帆かけ船かも　柳原向　E3-10 狂歌部領使

The fickle lover's body roams the wide sea, his teary bed,
while plots of conquest sail with the winds in his head.

★1815　恋の海たゞよい回るうつぼ舟
祈りしかいもなみのあわしま　芳水　k19-3

This tiny tub, my boat, spins adrift in the Sea of Love;
（甲斐＝櫂も無（き）⇒波の逢わ＝泡⇒淡島は不可訳）

『夫木』から拾った和歌二首と後期江戸と上方狂歌二首。代々の比喩がかなりシュールで英訳に自信ない。思ひ消え「ぬる＝成る＝寝る」と、孤悲する男の寝つきの心理的な描写だったら傑作が、専門家の通

釈などまだ拝見していない敬愚勝手な読みかも。柳原向の江戸狂歌の同時に憂きと浮きになる物思ひは双極性障害みたいの主人公を一応男（自嘲よりも西鶴の業平）に読んだが。芳水の後期江戸狂歌は常世の国へ途中で無と有の間の淡島に幻想風な虚舟の雰囲気を醸し、逢わじの泡仕舞がオチこそいいが、うつぼ舟という他界から寄るか、神でも乗るイメージを、1803年の海岸に浮き着いたウツロブネに因むか。

1275 没★床の海に流れて落つる涙川
袖のみなとの騒ぐなもうし　為家　夫木（名も憂し？）

Rivers of tears descending flow into my sea-bed – how blue
that choppy waves wet my sleeve-ports (rumors about us two).

1371★立ち騒ぐ涙の袖の湊ふね
わが心からよるべなきかな　宗良親王

Your teary sleeve is a port where boat-made waves are tossing:
my heart would be swamped, it stands not a chance of crossing.

夫木★他所へゆく思ひの風の 海ふけば
心のうらに 立つなみだ哉　慈円　1225 没

When Love's breath blows yonder 'cross the sea,
a teary chop rises in my heart's unsettled lee.

★君なくて独りぬる夜の床島は
寄するなみだぞいやしきりなる　不知　失出典

Without you, on nights I sleep alone, wave after wave
of tears never stop rolling in to my island bed at sea.

★登り詰めて人にうち越す恋の海
思ひはマスの魚と水なり　半月 k19-2　1790
（増す＝鱒の魚と水＝見ず（？）も英訳無用が）

The Sea of Love rises until you are covered completely
longing grows into a trout at home in water naturally!

宗良親王は心理学者。波も涙もない半月歌の原題「寄増恋」。和歌がどこから狂歌に変身する過程か程度を考慮するに好歌例にもなる。

1768★筆のうみ深き心はしら浪の
より来るおとを聞くぞ嬉しき　夢庵　e1-1
In the ocean of brushes, where deep feelings may not surface,
hearing white-caps approach itself is cause enough to rejoice!

左夢庵の歌の原題は「海によせて逢恋」でなければ、寂しい隠居は白波でも話し相手として歓迎する歌かと思った。原文「をと」だった。女の観点で戻る夫の音を聞くという訳か。砂浜の側に育った敬愚にとて、白波の音こそ恋しい。耳鳴りの今は聞けない所に住むも損なる。

寄水恋・寄水の海・寄潮・寄汐

散木奇歌集★みづのうみと落つる涙は成りにけり
逢ふべきしほも無きと聞くより　源俊頼　1055-1129
（常の海ならぬ見ず＝水の湖＜対＞潮:出潮は英訳無用が）
My tears make but water, a land-locked morass, far from you
lacking news of a tide for our love to sail to a rendezvous!

才蔵集にも★言ひ寄らん汐も無ければ今日もまた
恋の港に帆をさげてゐる　朝起成丈　古今狂歌袋 1787
（出潮なければ逢瀬もないが英訳もやはりしょうがない）

左、古今と新古今集の間の歌人の中の歌人の俊頼の「しお」のなきの慣用という第三掛詞を英訳しかねたが、右の狂歌もわるくない。

★愛みちし汐の目もとに打ち寄りて
言葉の海を濁らせてけり　まさを K25-3

（打ち寄りの波も打つが英訳でうまく伝えないが）

*Before your bright eyes full to the brim with love's high-tide,
the sea in which I fish for words turns cloudy and they hide.*

この 1806 年以前の上方狂歌に尾鰭つけて英訳したが、海の側に多くの時間を過ごした体験のない方のために、満ち潮の時、潮干の普段に透明の海も濁る。美人の前に心臓がどきどき心の水も濁るうみ立て。

寄海仄涙恋

1810★行く舟のホに現れし我が恋の
重荷を積みし床の海原　五常真守　e7-4

*Love's burden is piled on the boat that has raised its sail
for all to see and now ploughs across the pillowed main!*

（上記は無意識に筋を創った英訳、下記は和風主格）

*My bed a pillowed main w/ hymen's burden piled how
high the sail of our love-boat raised for all to see it now*

惚れたの帆か、妊婦の穂（帆船よりも風船）か。床の海原は主格で、やはり「産み腹」か。古き英米の詩から ocean main を母音脚韻のために持ち込んだ雰囲気は出たが、解読ないし歌意には自信ない。

寄海＋山恋

柿本影供百集★海をせき山をつくりし我が国の
恋の始も神ぞ知るらん　後九条内大臣　1203-80　夫木

*Only the gods who dammed seas below & built mountains above
know where and how it began in our land – this thing called love.*

歌の聖柿本供養の歌合せで、或いはその為に詠まれた歌。前書向けが、海山あっても枕と床と涙と塵など恋歌の用語こそないが一応ここに。

寄海＋塵恋

夫木★床は海枕は山となりぬべし
涙も塵も積もるうらみに　家隆　1239年没

My bed shall be the sea, my pillow a peak, as day after day,
bitter tears and lust turned dust compounded make Regret Bay.

新拾遺集★ひとりぬる枕の塵のつもりてや
空しきとこの山となるらむ　番号外作者 1364年前

The dust piled up on pillows used by just my own head
may well become eternal Mount Emptiness on my bed.

新後拾遺集★待つ人の来ぬ夜の数に比らぶれば
枕の塵も積もらざりけり　番号外作者　1385年前

Compared to the number of nights I have waited up in vain,
the amount of dust upon my pillow is no cause to complain.

左、家隆は、恨みの浦見で塵の山と涙の海を組み合わせたのも狂趣。中の番号外作者の空しさで床を常山の風景にしたのも良思案。右のとんだ比較による誇張にも狂趣あると思う。よそ者には陳腐と見えても、よく読めば、一風かわった比べに滑稽もあります。

1787以前★今ハはや枕の塵も厭ふまじ
とても涙の床は大海　多羅井雨盛　古今狂歌袋

Those single days with dusty pillows seem less bad to me,
now my tears have turned my bed into a boundless sea.

オンラインで見つけた多羅井雨盛の天明狂歌は「百人一首」の歌＃四三の「あひ見ての後の心に比ぶれば昔はものを思はざりけり」の保骨替肉で、遊女の後朝と枕の塵を払わず居続けの嘆きらしい、と改めて

Dust settled on waiting pillows no longer seems so bad;
our bed turned sea by tears at dawn: that's really sad!

になるが、いずれにして上記見た塵と海の二首の和歌に比べて狂歌の方が新鮮という気がしませんか。初句を「山と見し」にも変えたいが。

寄池恋

985 頃★一人寝の床にたまれる涙には
石の枕も浮きぬべらなり　無名　古今和歌六帖

The teary flood filling the bed of one who sleeps alone
can levitate a pillow, though it be made of stone!

★よしさらば涙の池に身をなして
心のままに月をやどさむ　西行　1190 没

If such is to be, I might as well become a pond of tears,
so I may always see the moon and she can stay in me.

参照用★波の立つ心の水を沈めつつ
咲かむ蓮を今は待つ哉　西行上人　同

As I quell the waves disturbing the water of my heart
for lotuses that would bloom, I now wait for them.

満月に泉の岩が浮かぶという自然現象もあるが、左、不知詠の『古今和歌六帖』歌の石を浮かぶ涙は、シュールでとりわけ愉快。流れではなく「浮き」で勝手に寄池恋にした。中の西行の「池に身をなして」も愉快が、恋歌かどうか知らない。右「心の水」という抽象物をそこ

まで具体的な借景は、いかがでしょうか。その歌は「待つ」を掛けた「松山の涙は海に深くなりて蓮の池に入れよとぞ思ふ」の直後になるから、心は池になる。因みに日本初の心字池は903年まで遡ると云う。

寄滝恋

★憂きことを聞いては耳を洗いけり
枕に流すたきつ泪に　未得　T24　1649

Hearing things that made me sad, I had to wash my ears;
as soon as I lay down, they were – by a cataract of tears!

1820★言う事を聞かぬ耳をも洗えかし
泪は滝と落ちるものとて　青柳立門　E11-2

Ears that do not hear things, too, may need to be washed out
if tears work like waterfalls, she might hear what I am about!

青柳立門の江戸後期狂歌は未得に対して百七十年後の「反歌」と呼びたくなるが、『万葉集』では「反歌」は長唄の短歌版でしかない。

1812★たきつ瀬と落ちる涙は一筋に
君に会いたき見たき也けり　裏風　e7-1

These cataracts I cry for you show where cats by men are beat;
so jump off the cliff with me . . . to fall in love is a human feat!

「たき」の一筋も英訳しかねて、waterfall 滝の fall と恋に落ちる歌筋に変えて、cat を潜む滝の類語 cataract で原歌の軽みのみ救った異訳だ。換言すれば、でたらめではないが、全く新案の脚韻詩だ。（又も MicrosoftWord は腐ったる。）

★＋寄岩恋　うや袖に涙は滝と落ちながら
砕けてくれぬ人ぞ恨みし　寿々女　e7-1 1812

Tears cascade down the sleeves in which I hide as growing older
I'm bitter no one tried harder: men, though we cry, be bolder!

日本語の砕きと求愛の口説きは兄弟語の様が、英語では野生馬以外には break しない。Heartbreak は失恋。原歌の腰前後の転じる芸は見事。狂訳の cascade は動詞ながら滝を潜むと縁語の岩 boulder は男の子より大胆 bolder になれと語呂合せの連想だが、「寄滝恋」を Waterfall Love か何かのタイトルを付けなければ、滝と岩を見出す人は、先ずいまい。

e7-1★君故にみなかみがみを祈る也
　　よしのゝ滝の早く落ちよと　　占正　1812

（水上⇒神々なくては英訳を止めた方がいい）

★恋風の激しく吹いて荒滝の
　　思ふ壺へハ落ちぬ仇人　里近　e7-1 同
（滝と壺と後者の慣用もなく、こゝれも不可訳）

★滝つせの絶えぬ思ひゝいわねとも
　　砕けてくれよ妹が心ね　集丸　e7-1 同
（岩根の掛詞を簡潔に英訳出来ない）

★落ちかゝる滝の水より仇人に
　　背中打たるゝ時の嬉しさ　古道　e7-1 同

Compared to waterfalls hitting my head, what a delight
to be slapped on the back by my nemesis one/at night!

後期江戸の「狂歌浜荻集」の二十九首寄滝の恋歌に上出来の首が意外に多かった。集丸の正直は脱帽。最後の古道の朗らかな首は『古狂歌ご笑納ください』の百首の章頭歌入。複数の解釈もある。この新英訳も、多分異なる。友になりたがるから背中をいきなり愛嬌よき叩く

「兄ちゃん、元気」という初挨拶なら one night、情交しながらの仕草なら、at night。別に夜と限らないが、手で打たれても脚韻を踏まねば。

寄水湯恋

1799★憂き人は我が言うことも水にして
湯に入る外はとかぬ下紐　千猿亭業枝 E5-4
（水にする慣用もなく熱も冷も同じ water で英訳無用）

湯は言うも掛けているが、温泉で口説きたい訳か。因みに、『古狂歌色を好むさし男』の湯歌と云えば、「年ひさしき望ありまの山／＼ぞ入て入れたき湯女の湯つぼゞ」となるも狂歌の世の中。

寄森恋

1737★みちのくのしのぶふしきを見て取て
いわての森も君はすい／＼　香瀬氏近水 T56-220
（伏し機＝木、言わで＝岩手、森＝守も英訳無用が解読も？）

陸奥のしのぶ草で忍ぶ恋の逢引はかの森か。陸奥に道退けて森林を忍び行くも厭めかす。親の目の「森＝守」か、国の守をもすいすいに忍び通ったが、口吸いか下帯を解けたか！かの草の文字摺りが有名で「もじもじ」の反的縁語の「すいすい」になるが、少々難し過ぎる。又も ~~MicrosoftWord~~ に裏切られて字余り。

寄野恋

★忘れこし野中のつまハさ雄鹿の
こゑ聞く時や想ひいづらむ　好忠　百 977 頃か
This buck almost forgot his mate in the fields, but hearing the bleats of his doe, her voice, now thinks about his dear!

★武蔵野のはら一杯に慕わせて
今さら君が逃水ぞ　古彦 K25-3　1806
（原＝腹の掛けも逃水の語もなく英訳無用が）

I adored you, my love was broad as Musashi meadow –
so, how now brown cow, like storm run-off do you go?

左の平安時代の和歌は。日本人が古代より鹿を可愛く聞こえた一方、英語の愛称 dear も鹿の deer の同音語掛詞で同じ心の雰囲気を醸しうる。鹿の身になって詠んだ繊細な好忠はいいですね。右を、一応英訳したが、陸上の水を描く単語がなく、童歌で誤魔化しても、英訳は今一つ。

寄岩木

1792★打ち割って胸を見すべき手立てさえ
なか／＼岩木ならぬ身こそ憂き　伴仲郎 E3-10

Were there a way to show you my heart, I'd split my breast;
as I'm neither rock nor tree, depressed is the word for me!

割って見せたい口説き台詞の歌の中で珍しくも所すべて得たる首。Ovid も片思いに疲れたら岩木に成りたかった気分を詠んだが、その長詩の中を探しても似通った理屈に出くわすまい。

寄岩恋

1777★抱き付いたまゝに八千代の岩となれ
二人が肌に苔はむすとも　仙露 k12-2　k13-5

May our embrace last 8,000 reigns, until we turn to stone,
and our skin is covered with moss, just you and me alone.

1778★尻のあと腹が大きいとの噂をば
誰も言わねの岩田帯して　百尺 k12-2

　　　　　（妊婦が帯を使うも岩＝言わも結ばぬ英訳無用）

左は蛇足無用。右の「尻のあと」は、始末のことか、重くなったから座った尻の跡が前より明白に見える意味もあるか（一茶も美人の尻の跡を作句したから、考慮に値するかも）。岩田帯の由来説は色々あるが、岩の如く頑丈な赤ちゃんが生まれるように、という説が好き。一茶の石太郎は、その石が固めるに要る百日前に、共風呂した妻を細石のうちに殺した同然と酷い非難は好きではないが、十六世紀来日した、Frois 神父の文化対照 611 実例を並ぶ 1585 年の *Tratado* を勧めたイエス会の Visitador（極東基督教普及派遣監督役）の Valignano 上人は、法王宛に当時芽生え初めた実践に従う科学的な比較文化論の不思議な差異を述べた論文の中で最も力づよい用例が妊婦帯をめぐる観測は素晴らしい。欧州の女性は腹が大きく成ったら、母と胎児の健康に良いから帯を和らぐ一方、日本では母と胎児の健康のため、逆に遊びがないように帯を硬く結ぶ。いずれも自分の方法の利を実践して証されていると証言する不思議な科学的な事実の相関性の発見とでもなる。文化の差異を上下ではなく、それぞれ別世界になると、法王へ告げた。モダン世界の産まれ也。（因みに、日本の女性が腰が狭く、子は頭が丸いから成るべく早い出産でなければ危ないから、きつく締めた帯が安産の為になったのが敬愚の仮説です）

　　1770, 1792 ★かく計り思ひ焦がるゝ念力は
　　　いわでも通れ君が心に　鴟面 K24-1 吾虫 K15-4
　　　（岩＝言わ掛詞も念力の単語もなく英訳無用が）
　　Bolder, I'd find words but burning love does give me mind-
　　power to pierce your heart of stone to make mine known.

原題「思不言恋」も「寄無言恋」も良さそうが、世話の「岩を通す念」を生かす掛詞（念は念者、念ずるも恋う）は英語にない。

寄巌恋・寄巌恋＋寄小石恋

玉葉集★相思わぬ人の心ハやま成れや
巌よりげに動かざるらむ　忠峯　956 没
（動かぬ巌が君と御代の枕で英訳無用の有意義比較）

Mighty rocks are said to be unmovable but the heart of one
who won't return your love is a mountain by comparison.

★こなたには恋し／＼と思へども
人や動かぬ巌なるらん　未得 T24　1649

（恋し＝小石の同音がなくて不可英訳ながら）

You may love a precious pearl or pretty gem so much,
but a person is a huge rock, quite unmovable as such.

1672★君こひし／＼／＼の塊が
盤石と成て我が思ひ哉　貞富　T30

（恋し＝小石も思い＝重いも英訳無用）

左、忠峯の首は狂歌。何故かといえば、君も代を寿ぐ物（動かない巌か岩ね）を間接的に見下すも危ない。天才未得の首に出てくる動かぬ巌は、その点無害。双方の首は人間独り／＼の心の自由意志の比喩にもなる。右、貞富の首は「思＝重い」でオチつくかどうか確信はないが、細石の岩に成る成長説より合併する類の「塊」でゆくが、それも重ね重ねと思えばも面白い。盤石には、恋し人の尻に敷かれたがるか。

寄石恋・寄細石恋、寄笏谷石恋等

771 年以下成立★信濃なる千曲の川の細石も
君し踏みてば玉と拾はむ　万葉集　#3400 東歌に

Even the pebbles of Shinano's Thousand-bend River bed,
I'd collect as gems if by your Highness they are tread.

　　　　1310年掲載★我が心くだけ落ちたる谷石を
　　　　引き上ぐる人の無きぞ悲しき　藤原信実 1177-1265
　　　　（笏谷石という火山礫凝灰岩の一般的英語ないが）

*Blown to bits, my heart lies in the valley like volcanic rock
& sadder yet, there's not a soul to pick up the fragments.*

左は、イ）拾った時、濡れて光る小石は、後に王か女王か求愛の高身分の君に診たら「何故あのつまらない小石を拾ったか」と迫ると、ロ）色も美しい玉のような石を拾って（或いは共に遠足に持ってきた）、同じく「君」に見られたら「どこで見つけたか」と聞かれたら、いずれもそう答えたと想像します。相手の賛美は卑下の一手になるが、日本一長い河川である「千曲川」又信濃川にも、この首の歌碑もあるようです。右は狂訳より渋いが火山の如の片思ひの一過は、本来滑稽歌。

　　　　1310年再載★七色の石よりも尚つれなきは
　　　　ひかれぬ人の心なりけり　土御門院 1195-1231
　　　　（厄除け用の七色石、光＝引かれぬも英訳無用が）

*The heart I can't attract is not shiny yet changes her tone
more than the hues of that talismanic seven-color stone.*

　　　　1815★我のみのおもいの渕ぞうや堅い
　　　　君がイシなら抱いて沈むを　羽曲　K19-3
　　　　（のみ＝身も　思＝重いも　石＝意志も英訳無用が）

*In a tear-filled gulch of my own love's making, I do think
if she willed, I'd hug my rock-hard woman close and sink.*

左の比喩よりも右の活気ある歌体に惹かれる。石＝意志の片仮名化は敬愚。その硬さを伝えるかと思って。脚韻できても、英訳が今ひとつ。少々字あまりの英訳も宜しければ、「渕」の gulch を止めて鬱病と凹み

の意義二つある depression にしてもいい。「寄自殺恋」の項目に本歌になりそうな 1792 年以前の似通った江戸の狂歌も一首を晒した。

1813★婚礼はせずともおもひ石となりて
君が軒端に打ちも寄らなん　幽山　k7-3

（思い＝重い石？打ち⇒（助動詞の）うちも英訳無用）

Wedding gifts I think I'll skip for my love has became a stone;
to get it off my chest I'll chuck it or call when you're alone.

参照★花嫁を迎えた門を祝うとて
石を外からくれの春の日　狐立　失典

（祝うに巌か暮れ＝呉か歌の解読に自信ない）

他人の嫁になると負けた少年が石を投げた習慣は世の多くの国にあったようだが、思いが石となっても重い石にならないで欲しい！ご参照に入れた右は俳風で渋いが、どういう訳か捨てられなかった。

寄鸚鵡石恋

★1740　鳥ならで物いふ石を日本に
あふむと云えど逢わぬ君かな　白水 T59-536

（古綴のオウム＝逢うんの掛詞無理で英訳無用）

1811★堅そうでござれ／＼の鸚鵡石
だれが口にもうつり気な君　柳下　k15-5

Parrot stones seem solid but "Got some here! Got some here?"
You with a polyglutton heart, are on everyone's tongue, dear.

左が、日本に響く岩と日本にない鳥が外来語で日本の訓読みになるが、古綴りのおかげでオウムは…。右の鸚鵡石の「御座れ」は初期狂歌よ

り笑売の言葉。女郎花ござれと招く尾花とか。英語の堅いに道徳の含蓄はないが、solid に少し有る。Polyglutton は敬愚の新造語だ。

寄名石恋

★打ち割って胸のおもひを知らせたや
殺生石の命取り女に　万英　k10-1　1784

I'd split my breast to show her my love, yes I would
for my gal, that life-taking stone of a femme fatale!

1806 以前★思ひには石に立矢もある並びと
袖を引くめに狙いこそよれ　西晴明　K25-3
（弓縁語の引く⇒低め⇒引く女は不可英訳）

左の胸も石同然。中の火を。殺生石は蛇足無用。右の石に立つ矢は故事。虎かと射れば矢が似る形の石に立った。勘違っても念力で入る発想は面白い。西晴明の首は、虎か前述べた大磯のそれより希望を低めにして、せめて宿引の女という安い狙いに念を入れたらなんとかなる。

寄軽石恋

1806★打ち割りて君に見せなん軽石の
火の出る程に思う此身を　道広　K25-3

I'd split myself open to show you just how I burn
from the heart, with love like molten lava, aflame.

後期江戸時代の上方狂歌だが、又も自分を打ち割って仇人にその思ひの誠を見せんと云うありふれた口説きながら、比喩の詳細は新鮮。

1812★君が事おもひ入れはや蝋石の
きにかゝるのは人の口のは　民女　k29-1

（木の葉と言葉 words が無関係の英訳無用）

検索すれば、この蝋石の同定は困っての字の木も気に入れたが、葉ろう石の変種あってもそんなに葉らしい模様を見当たらなかった。ただし、蝋感のある鉱石で中国産の細かく切り込まれた「寿山石」を見れば、木も葉も深い岩屋あったから、その様な美術作品が比喩になるか。

寄金恋

★恋しさハ包み隠しておく金が
置所なく独り煩う　郡馬 E11-1　1819

*I adore her, but gold you must wrap-up and try to hide,
lacking a place to do that, living alone is hard to abide.*

★金は無し年季は流し駆落は
行ゑも知らぬ恋の道かな　泥亀 1833

*Moneyless drifting from season to season: eloping, I propose
is a Way of Love that never knows where the hell it's going!*

左は、かねよりもきんの金に英訳した。右は逆になるが、その後半は百人一首の 46 番歌の好忠のそれをそのまま残して、舵の絶えた処を金の無い困った暮らしの為のカケオチ結婚というハードボイルドの換え比喩で近代化もできた。舵が失うも足＝お金が無いと、うまい類似だ。いずれも、行方は自ら選べない。お金あったら、今、敬愚は在日なる。

寄小判恋

★＋寄金恋　懐もあたゝまりけり小判ほど
耳を揃えて妹とぬる夜は　川柳亭　E11-1　1819

（人から人へ渡しやすい小判の形すきが、耳が不可英訳）

保守派ではないが、首相に小判を復活させて欲しい。それに蒸し暑い日本に相応しい簡素化された和服。そして茶碗蒸しに銀杏の代物にピーを入れる事を死刑罪にすべき。もっとあるが、その位で遠慮します。

寄銭恋

1812★変わらじと互いの心一筋に
つなぐ縁や銭の百まで　席丸　K29-1

*We will never untie our heart-strings and exchange
this change bound to be lucky until we, too, reach 100!*

1768★聞き入れる耳もなき銭の穴づらや
口説きふせんと思う思いを　吟楽　K23-1

（耳は小判で、穴面が侮ると掛けるか？英訳無用）

★いかにせん手綱ゆるさぬ老の身の
恋に心は駒引きのぜに　柳下　K23-1　1768

*What can an old guy no longer allowed to hold the reins do
but pay a heart-pony groom to lead him to a rendezvous?*

上記三首のうちに、上の銭の百のみは解りやすい。そのまま首飾りにしたくなる。中国の少数民族の飾りはやっと親しくなります。原題が「寄古銭恋」だった中は、鋼板と異なる銭の形を活かすが良いけれど「口説き伏せんと思う思いは、まさか和姦？下の柳下の首だけは、脱帽。百年後は、老でなくとも駒引きなく町中は騎馬が許されなかったかと思うが、己が心の「駒引きのせに」がかの猿が「乗せに」でなければ「銭」で濁点を加えた。など知っても、未解読の仮英訳だ。痴呆

症の老ならば内在の猿という Ego＝自我もなければ、共に夜這いに出る介の助けを買うか。江戸時代の老人は欧米と異なって早く隠居して財産の殆どを、お子さんに任した。それは素晴らしいが、おかげで出家ないし志願貧乏の老人が万が一恋風邪を引いたら、大変だった。お金なければ、老楽の恋は楽ではなかった。確信ある方、正解を下さい。

玉

寄琥珀恋

1794 以前★血の泪おちて琥珀の玉と成れ
せめて枕の塵を吸わせん　笹裏鈴成 E4-3＋寄血泪恋

That each bloody tear, falling might turn into an amber bead,
good, at least, to suck up the dust on this bed I pay no heed.

1806★捨てられし身こそ塵より儚けれ
琥珀のたまに逢う事も無く　詠人失名　K25-3

（多くの琥珀歌の玉にたまたまが英語で無縁なるが）

A jilted lover's hold on life is more tenuous than dust,
with not even a chance of being picked up by Amber.

1812★打ち払い逢うハこはくのたまさかや
枕の塵も吸い付いて寝ん　寿久有　E7-1

（「偶さか」で琥珀＝怖くの古綴が可能する掛詞も？）

As we rarely find amber, how lucky to sweep then meet
and pick up what pillow dust sticks to us as we sleep.

和歌ＤＢに「とこはく」（床掃く）数十件もあるが、琥珀は皆無。初期狂歌の未得が「箒」を詠んだ「塵をよく取りぬる徳をいうならば是

も琥珀の玉はゝき哉 1649 T24」も、1666 年以前の実久の釈教歌「身の塵を吸いとらせんと騙し手に琥珀の玉の珠数や爪くる T27」で見られるように、琥珀が狂歌に相応しい新奇の現象とでも称してもいい。英訳に困った所の一つは吸い付くの含蓄だ。何かが sucks とすれば、それが乳かフェラチオで無ければ「最低」だ。雰囲気は台無しになる。塵「を」吸う最初の歌がＯＫだったが、普通は悪口となりがち。

1812★憂き恋の涙琥珀の玉ならば
積もる枕の塵も吸わせん　物事於古足 E8-3

（鈴成の 1794 首の血を琥珀色に変えたのみ英訳遠慮）

蛇足まだある。これも塵「も」で口吸いを仄めかすから英訳しがたいが、涙こはくが、怖くなる偶々の玉とは少々詠み難いから涙の玉そのものが琥珀色になる理屈が前後が乏しい。笑話か狂歌文の中で、肌が琥珀なる玉という下女がまず紹介されたら、面白く読まれたが。

1812★願わくば琥珀の玉に身をなして
吸いたる人の根付ともなれ　内子 e7-1

Oh, how I wish I could turn into a fine ball of amber
to become the netsuke of my sweet sucking partner

（琥珀縁語解るが口も吸った人の男根にもかけて？）

1813★今宵しは琥珀のたまに摺り寄りて
枕の塵をとるぞ嬉しき　如石　k7-3 希逢喜恋

When we, tonight, like balls of amber on one another rub,
drawing dust and lint from our bed will be part of the fun.

1819 ★吸ってなど枕のちりも払えがし
せめて琥珀のたまの情に　柳馬　E11-1

（吸いの意味とたま＝稀の玉も無く異訳にした）

If you'd but suck my lips & draw the dust off my bed,
only now and then, Amber, be kind as we're not wed!

左は天明狂歌名人智恵内子か娘のひまの内子の願望は、ただ恋人の身に付いて添いたいが、根付をという語を見るとどうしても身のある部分を放したくもないが、中のたまに摺り寄る嬉しさは、勝首。右の「せめて＋たまの情け」も悪くないが。

寄水晶恋

1812★水晶のたま／＼君に逢うとても
　すきすかれたる中は変わらじ　　順　　e7-1

（中を見る好き＝透き通る掛詞は不可英訳）

1819★水晶のたま／＼あえば角もなく
　丸に一夜をあかし語らん　　　峰近　　E11-1

（玉＝偶も角と丸も明かしの含みも英訳無用）

右の「あかし語らん」が暖かくて気に入るが、透き＝好き好かれの天才級の掛詞には、とても争わない。後期江戸同士だが、左勝。

寄雑玉恋

？未解読★恋死なん命替わりに珊瑚球？の
　砕けてくれよ妹が心ね　　八重垣 e7-1　　1812

1806★あだ人は早くも替わる品玉や
　思ひの種の残るばかりに　　ちゝふ K25-3

My sweet nemesis is a shell-game shifting too fast to trace,
leaving just enough seeds of love for me to keep pace.

（音字不足）★糸ほど思ひ細れと我が心
通りかねたる君は玉かも　犬馬　E11-1　1812

（玉＝魂の緒の細思いが英語にならないから異訳だが）

My needle-sharp love, long & thin as a thread, can't get through;
so, no human bean, but a gem too hard to pierce describes you.

左は力強い詠みに違いないが、その粉が中絶薬なら何故わざわざ珊瑚珠？を砕ける比喩に？中の後句の種の残る程の意味は難解。恋わたるにミニマルな種か。右の糸＝緒と玉＝魂は解り易いが、単純過ぎる。Human being を柔らかい豆 bean にして通せない玉は人間じゃない、と。

寄数珠恋

1813★恋祈る珠数さへ切れてはら／＼と
落とせし玉は涙なりけり　豆永金就　E8-4 関東百題集

Even the juzu string I used to pray for love broke and beads
now roll about and all I can think is they could be my tears!

1819★なかだちに頼む念仏の糸切れて
玉にもつかう人の無きかな　琴通舎 E11-1

（数珠に等しい rosary あるが玉＝魂は無い英語）

For the match-maker I prayed but my juzu popped, so now
I've not a soul=bead to thread on my heartstrings: no vow!

左は楽しい。数珠が涙を欺くと。右は、万葉歌の貫くべき玉は決まって未亡人。その玉を貫きたい男が求愛に出る歌と答えは微笑ましい。この二首で、魂の緒と反対に緒の玉の二つの観点を少しずつ分ってく

るし、後期江戸狂歌も捨てたものではなかった、それも判る。左、豆永金就の首がまた次に見る「寄涙玉恋」の類にもなる。

寄涙の玉恋

1417-90★恋詫びて落る涙の玉ならば
手箱の数も尽きやしなまし　藤原雅親

Were the teardrops born of my misery in love but gems
I'd have completely run out of boxes to store them in.

（権大納言雅親が和歌の道しるべや入学書も著した方で）
Were teardrops born of naught but suffering love real pearl,
I would have run clean out of safes to keep my treasure!

1819★人目をば忍ぶ涙の玉章は
袖に隠して遣る方も無し　同正 E11-1

（泪の玉⇒玉章も我と伝えの袖の可能性も英訳無用）

If dodging nosy eyes did not make tears run down my face,
I'd have dry sleeves to sneak out letters to my lover's place.

1819★湧き出づる泪の玉を手に取りて
恨めしき顔に打ち付けてまし　真名井 E11-1

These tears that spring from my eyes shiny as pearls before swine;
I should pitch a fistful at the spiteful face that only laughs at mine!

左、集める泪の系譜は「恋」というより老人の侘し枕元が本来の場面。1114-1204 が生没の俊成（としよりとも読む）が髪が雪と霜になったら「冴ゆる夜に 落つれば凍る涙こそ枕のもとの 霰なりけれ」は、良かろうが、1371 年なる宗良親王のは、狂度が更に高くなる見事の俳風狂歌ながら、閨だと恋の本に入れる理というよりいい訳兎も角有ります。

★夜もすがら玉ちる袖は閨の上に音なくて降る霰なりけり

*What fell from my sleeves in the boudoir the whole night through
was soundless and yet for damn sure it was hail-stones not dew.*

親王の涙に重みあり。霰とは言え、最高の玉涙の和歌は、重病をかろうじて生き残した俊成の『新古今集歌』歌「老いぬとも又も逢わむと行く年に涙の玉を手向けつるかな」である。恋じゃないから英訳は『古狂歌 ご笑納ください』ご参考。長い参照用脱線を許し下さい。

寄穴恋

1814★針ほどの穴からそっと見初めしが
棒呑み込んだ心地こそすれ　淡雲　K8-1＋見初恋

*Peeking for the first time through a hole the size of a pin –
whoa, her beauty hit me with the impact of a heavy pole!*

種本 Doc の「穴」を探せば 189 件もあった。狂歌には穴があながちに多いか、敬愚の狩首の趣味のせいか判らない。約半分が『古狂歌 色を好むさし男』に任す。1820 年の上方狂歌本 k11-1 の 21 首中の四首も下記に晒す。編集者として「穴」の配置は、まさしくあな辛い。下記七首を寄尻・針・銭・蟻・虫・蟻・からくりの題にしても可能。

1820★命でもやろうと思ひつめると云う
小さき尻のあなた様には　弥陀丸　k11-1

（詰⇒抓める、穴⇒貴方の掛け無きゃ不可英訳）

女の大尻好の敬愚は、穴に拘る類のけちん坊なる男色には興味ないが、そういう色違いの尻作を認めざるを得ない「あな＋た」は、凄い！

1820★騙されてなんと障子のあなにくや
針を棒とも言うて嘘つき　鬼公 k11-1＋寄棒恋

（何としよう⇒障子、穴⇒あなにくも英訳無用が）

Thru a hole in the paper partition a fraud comes to eye.
To claim a needle like that is a staff – why, that's a lie!

同★肌と／＼くさりあうてぞ百までも
つながれ離れぬ銭のあなた　甲山　k11-1

（鎖＝腐も銭の貴方の穴掛詞も英訳無用）

左は 31 音字の川柳が、右の銭の穴を掠る腐り合う交合の前句は離れぬ穴⇒貴方というオチで百才まで夫婦という脱帽の傑作になった。

1776★誓いてしそれからくりの糸の穴
人に知られず通う嬉しさ　青羅　k12-1

After vows, what joy this slipping back & forth through holes
like threads in trick contraptions, action unseen by others.

1776★七ばたのたまに逢う夜を出しぬくは
何所ぞに穴の蟻通うかや　古山　k12-1-11PIC
（七夕と蟻はよく判らないが天から見る人は蟻）

1820★腹の子のありの穴までさかされて
つゝみし中の切れかゝる憂き　石成　k11-1

（包＝堤＝慎ましい？涼されて＝かき広げて？）

What sadness when their secret love splitting opens wide
as her ant-hole breaks the proverbial dike to free a child.

1820★その跡の穴へも入らん思ひかな
恋すと云う身を人にほられて　涼窓亭裏風 E11-2

You can't help but worry what hole you may end up in
when she who said she digs you is dug by another guy!

いかがでしょうか。考えもせず、心から理解せんとした首だと言いながら。左はカラクリの最も色っぽい歌になる。最後から二番目の蟻の穴。子の産まれては隠せない。最後の首は、美女よりブスを求む理か。

寄色恋

後拾遺★世の中に恋といふ色は無けれども
深く身にしむものにぞありける　和泉式部 1030 没

（そう云う色も色事も色っぽさこそ英語にないが）

Though love is called "color," it doesn't really have one;
yet, to be sure, it does dye us to the quick as it were!

天明★なさけある君が返事のあいあいは
あゐよりも濃き声の色かな　金鶏　網雑魚

（肯定のあい＝逢い＝藍も色の含みない英訳が）

Your kind reply "aye, aye, let's meet!" in that voice
of huskier hue than the "i" of ai/indigo makes me rejoice!

左は英語の「色」に困るも、式部ファンで頑張った。右の原題は「恋情」。結局、日本語の「色」っぽさを、熟女の発情声と似る Jazz 歌手の声の決まりの形容 husky＋hue＝色合いで英訳。文学として、金鶏医の狂歌は軽くて、式部の合理一辺倒の和歌に勝る。

寄重力恋・寄重い恋

　　　　1533★恋しさをちから車に乗せかねて
　　　　物おもひとや人の言うらん　山蒼斎右勝 T9

（恋し＝小石と物思ひ＝重いも無ければ、英訳無用）

　　　　思々★　　思ひとハ只大石の如くにて
　　　　捨てんとすれど力およばず　貞徳 T20　1636

My love for her not 'koi' but 'omoi' is heavy as a boulder
I'd toss-out, had I but the strength to do so (I am older).

思い沈む類は古いが、純粋思い＝重い恋歌は、初期狂歌の夜明前の山蒼斎の首が最初か。「物や思ふと人の問う迄」という「百人一首」歌を掠りながら、「恋しさ」を力車に乗せかねながら恋の重荷を仄めかすところで多くの小石が千代八千代待たず、何も言わずに物重い＝思いに変身する可笑しみの傑作だ。右、初期狂歌の仕掛け人貞徳の単純で解り易い歌にも大師でしか詠めない軽さある。思い＝重いの具現歌の傑作か。前詞「思々（おもふ／＼）」は「重う重う」（関西で「重き」）は、後代の川柳の前付の前ぶれ。わが解釈訳は老貞徳の有心の嘆きと受け取るバイリンガル向けの和語入れ英訳は、いかがでしょうか。

　　　　吾妻へ下りける人＊の詠める、
　　　初期狂歌★大磯の虎は形を残すかわ
　　　　石を見るにもおもひ物かな　不知 T18　1615頃

The Ooiso Tiger's form can still be seen just by looking
at the stone we can feel its weight and that of loving.

皮⇒川の掛詞で、川に近い所にある大磯の石を詠む数多首は『狂歌大観』にある。徳元著『関東下向道記 T19』と行風編 1666 年の『古今夷曲集』では、徳元か卿か雄長老か貞徳詠みか、禰宜ことか、単に名所の名石を力試に通りかかる観光客の歌か、大磯の石が貞徳の「思い＝

重い」大石に化けた可能性もある。ただし、狂歌大観のルビで貞徳のが「たいせき」で仮説が弱くなる心配も否定しかねる。

<blockquote>
1773 以前★此頃はいっそ力も抜け果てゝ
我が思ひこそ猶おもひかな　赤円 K15-3
（いっそで磯を掠るも思＝重も英訳無用）
</blockquote>

1773 年以前の赤円の上方狂歌の「いっそ」で磯を連想させるかどうか解らないが、貞徳の歌より更に簡潔ながら、昼間の海鼠だ。アクションがない。とは言え、それも恋病の一症だし、物体抜きに思い＝重いを簡素ながら軽く描いた秀歌と思う。

<blockquote>
＋寄船恋★思ひにしこがれて沈む我が恋ハ
小舟に過ぎた荷物なりけり　未得 T24　1649
（思ひ＝火も焦＝漕がれても抜きには、英訳無用が）
</blockquote>

Do I sink because my hot passion burns the boat that carries love's burden, or is it because it's just too damn heavy?

<blockquote>
寄笹恋?★笹船に乗せても恋は浮みてゆく
思ひに沈む我が涙川　月洞軒　T40-203　元禄
</blockquote>

On a bamboo leaf, scapegoat Love floats downstream to sink with my heavy Blues into this River of Tears.

一見で、貞徳と文を交わしたりした未得の、左勝かと思った。右の月洞軒の歌を先ず、己が涙川に酒の船かと思ったが、彼が鼻の下が長くとも上戸でもなかったから、笹を見て酒にするのを止めて、これは、お祓いの幻想か、彼が実践した Lovesick Blues ないし恋の奴の送りの描写だと、面白い具現で右も勝たせたくなった。どうしよう！

<blockquote>
1812★忍ばんとおもひに沈む恋の海
人のみるめや早とものゝ柄宜　綿丸 k29
</blockquote>

Trying to avoid other's eyes I sink below the Sea of Love
& offer this prayer to the gods to kelp me seaweed her!

1815★我がおもひ胸に沈みて浮ばざる
幾メばかりの重さ成るらん　春好　E9-3

（思＝重いの掛も幾め＝女？量りもない英訳無用）

天明頃★思ふまい思ふまいぞと思ふ程
いとゞ思ひに思ひ重なる　大原栗翠　K4-？

（思ふまいに軽い舞を、思ひに重いの感じか）

The more they say "I don't love her, no, I don't, oh, no!"
the harder they fall in love, oh, yes, down, down they go!

左は。海草名が乏しい英語の翻訳を控えた方がいいも help me see her に kelp=昆布を語呂合わせてみた。Sink into thought 思い沈むも shinto love でない。中は。幾メは思いの重さを量る単位か、相手の女（め）か。下の歌は場違いかも。万が一軽さと重さの比喩が潜まれているかと…。

寄浮沈恋

skks 121★枕のみうくと思ひし涙川
今ハ我が身の沈むなりけり　坂上是則　930 没

My pillow alone still floats high on Tear River, while my love
pulls me down: look below if you would find me, not above!

（脚韻を踏まんとすれば、上にではなく我を下にいる↑）

Love put me in Tear River and only my pillow floats,
now, alas, I feel myself, body and all sinking fast.

1100 頃★つれなきを思ひしづめる涙には
我が身のみこそうき島ヶ原　　肥後の娘

（沈＝鎮めるも憂＝浮きも無ければ不可英訳）

火と水の他には浮き＜対＞沈みを重い＝思ひと結ぶ歌は、いつから初出か。左、古今集人是則の新古今に出た歌は、あきらかに思ひを「重い」とする。右は微妙。「寄浮ヶ島恋」に入れた西行の名歌「いつとなき～島が原」その場所が、江戸時代までも沼沢地だったらしい。「しづめる」は、思ひの火を「鎮める」涙ながら、身の浮くまで続くと思いが重いで沈むとの連想。物思ひには、まさしく双極性障害という精神異常を感じる。Burton 名著 The Anatomy of Melancholy には、欝病の大半も恋（主に Ovid の言及）を和訳書名「恋愛憂鬱症の解剖」通りに結んだ。因みに、バートンの生涯（1577-1640）は、たまたま物思ひを重くおもった貞徳の人生（1571～1653）の中に入る。

六帖★恋にのみこがるゝ舟の碇縄
　　おもひ沈めば苦しかりけり　為家 1275 没
（焦⇒漕も船＝不寝？も重石⇒思いか火？沈めない英訳無用）

先みた肥後の娘と同じ「思ひ沈めば」、身のうきも沈みもない夫木の「碇」歌中に拾った。正確は、寄碇恋だ。「思ひ」に焦がるる掛詞に「火＋水」の系譜なるが「重石」を寄せる重苦しくなる思いの歌例にもなる。歌数は少ないが、思ひが重いの系譜も注目に値するかと思う。

~~これはすべて綺麗に次の章の二行まえまで続いたが、Microsoft Word 2013 は虫だらけで PDF する前に COPY すれば、ものがあちこちへうごいたりした。一頁ごとにすべてが綺麗に流れたように作ればとおもうとそのソフト作った連中をどんなに嫌うか・・・・・読者に申し訳ないが、この負担は一人には、運べない。ソフトに裏切られては、どうやっていい本が作るか？Bill Gates 本人も社の情けない商品にうんざりしてやめたとどこかで読んだが、その通りです。これは酷い！~~

4　人体・身体　4

寄心身恋

後撰集 題知らず★思ひやる心に類ふ身なりせば
ひと日に千たび君は見てまし　大江千古　956年

*If my body could but match my heart always with you
a thousand times per day, we two would meet anew!*

寄骨恋

★むまいぞと人の口こそうしほ煮や
互いに深う成ると骨から　如意　k11-1　1820

*How delicious this, the salty broth taste of a lover's mouth,
going deep, we take stock of one another from the bone.*

1820 ★今は仇となるとやこした（？）鯛の骨
味なとこからふしついて（？）来て　山坂高道　k11-1

*A snapper bone sucked in with the sweetest soup, now, she
lodges in my craw – no longer a delight, she tortures me.*

双方とも k11-1 の「寄骨恋」の 19 首より拾った。上方の塩辛の潮版。これほど旨く料理の根本を 31 音字のポエムに入れた他の例は、あるまい。「骨から」には、骨柄＝本音の掛詞あるかないか知らないが。右の歌の「やこし」を「や（唇を）越し」＝家移」か一応骨が喉かどこかで引っかかったように英訳したが、正直言って解読は、お手上げだ。

寄肉恋

＋寄落恋★あだ人よ斯まで痩せて恋うる身の
　　肉につれても落ちてくれがし　沙汰麻呂　K25-3　1806
Here I starve for your love as my hard-won weight falls away;
so, stuck-up girl, why not obey the way of all flesh & fall for me?

英訳の「頑張って身に付けた体重」は、痩せたがる多くの英米人のための蛇足。恋痩せは目出度くもない事を伝えるのが大変。最近までは、食わないか元気でないと痩せる。太るは、むしろ難しかった。デブって幸運だ。消化・吸収できるから、体を好きにしてもいい。その自由自在を嘆くのが変だ。古代より英語では Fat and Happy という成語句ある。痩せたのが大変だから Thin と言えば Sad という語は対。つまり痩せた人は太りたくても出来ない。六十年以上前のコメディー二人組 Laurel & Hardy ローレルとハーディの どれが happy とどれが sad の表情かと見れば判る。

寄髪恋

★朝寝髪われは梳(はづ)らじ愛(うつく)しき
　　君が手枕触れてしものを　作者未詳　万葉 2578

Comb-out my hair upon waking? No way I would lose the charm
from touching the pillow my handsome lord made of his arm!

1811★とやかくと思ふ心のもつれ髪
　　人の問うとも言うに言われず　布留仲道　K16-2

Talk about a mind messed up by love, what a tangle on my head:
ask me about my hairdo and I won't tell you what I do in bed!

未解読★明けに寄ればいなとかぶりを振り分くる
　　髪肩過ぎるまで垂らし腐って　芹田鶴　k18-1　1819

Coming one dawn, she said "No way!" as she shook her head,
parting hair that hung rotten down her back like something dead.

左の万葉歌は、心の形見で温かいとは言え、怠けたお姫様の屁理屈の弁護にも読みうる。中は『百人一首』歌＃80「長からむ心も知らず 黒髪の乱れて今朝ハものをこそ思え」を持ってもう一節を加えながら見事の「言う＝結う」掛け一本で、言われない翌朝のおもふ（重き）心も軽くなる。右は、なんという描写！「いな」を「否」と英訳したが、「きさま」の意味を掛けるか。「垂らし腐って」いる（英訳の「死んだ物みたいに」でさらに大げさも加えたが）その髪と万葉歌の形見としての愛でた髪も上への気持ちは、好対照。同じみだれ髪は、いろいろと感じ異なる観点もある。狂歌として中勝でしかないが、万葉の、あの姫と寝たくなります。

寄白髪恋

★隠そとも白髪あたまや抜け出でて
逢うにし事も薄うなる中　理啓　K12-1　1776

Like the white hair we try to hide, even when, unseen,
we sneak out to meet, our sex is thin and far between.

寄毛恋

1820★両方から思ひ込んだる文派の
毛切るゝと言うハうわべ計りで　美原　K11-1
（性器の陰毛による傷は毛切れというが未解読も

We fooled ourselves for taken in context so-called hair
cuts are but one pretext for problems already there.

★釣られ／\思ひやんまぞ無かりけり
騙す言葉の延びた鼻毛に　鬼公　K11-1

She's stringing me along like a dragonfly on a thread
w/ words to fool me stretching my nose-hairs out o' my head.

いずれも k11-1 の「寄毛恋」十二首より。左にある「思い込んだ文派」とは恋の筋のそれか、我が読み違い？その用例は皆無。文脈抜けば、「思ひ込んだる無念の顔色、眼血走り、髪逆立ち…」とか「思ひ込んだる狐穴かゝいろはの女郎衆に招かれて」でしかないが、当時の雑俳や川柳のバレ句に流行った「毛切れ」を弄ぶ。旅に出る夫とわざと情交を尽くして毛切れ傷を遊ばない保証と思う妻も狂句になった（拙著 The Woman Without a Hole を御参考に）。やはり、やり過ぎも誤魔化しの中なる。換言すれば、信用しないから毛切れが武器になった文脈か。右の鬼公の云う「やんま」は上方方言では、蜻蛉。Dragonfly の中の dragon を drag on つまり「引きずられて続く」ように英訳も試したが her nose-hair stretching lies などを書いても英語では鼻毛は鼻毛に過ぎないから、その説明を含む狂訳に変えた。読者には「鼻毛」等に目がない人おられば、いつか出す『古狂歌 珍題集』を楽しみにして下さい。本書はなるべく恋に絞るも「寄毛抜恋」って項目も珍題っぽいですが。

寄頭恋

1777★久世の児の午の頭のふり心
おなかの上に乗せて居ながら 楚吟 k13-5＋馬
*Why these heart-swings wild as Nelly shaking her pony head
when there is someone (me) riding on her belly – she is wed!*

★釣り合わぬ中と頭で知りながら
言出して今は帽子と鉢巻 魚丸 k29-3 1812 頃
（似たようなものを欺くが困るという諺が、文字通りか）
*Though I always knew in my head we were no perfect match
after saying so, alas, we two are a hat and headband batch*

左は「寄馬恋」にもしたくなるが、「寄頭恋」の首中だった。久世の児は、ネット検索ヒットは皆無。久世という地方に敬愚は知らない故

事がなければ、曲舞の女か。どうもセックス別冊向けという気もしますが、未解読で…。右の後期上方の「頭で知り」は、なんという自白！敬愚も馬鹿正直でいずれ言っちゃう。それで離別度が大きくなるは残念と、こころから同感。左の「振り心」は、どこにも見当たらぬ新語用らしいが歌意に自信ない。右の原題が「言出後悔恋」だったが、魚丸の「頭で知りながら」という表現を、見て驚いた。英語、あるいは現代の西洋語とそっくりではないか。Head 対 heart それは面白いが、具体的な歌意に確信ない。例えば、鉢巻で出家か。脚韻が出来ても原文のどこかが面白いかと言えば、まだです。

寄顔恋

★縁の無き身とは知りけり我が顔の
杓子に目鼻つかぬ返事は　砂長 K19-3 1815

More pudding yet that luck in love is not on my spoon-face:
her reply had no good feature and was mostly blank space.

★洗えども生れ付いたる顔のあか
落ちぬは君もこれ故にこそ　以文 K19-3 同

I wash and wash, but born with this cruddy face, I can see
that as said crud won't drop off it, you won't fall for me!

可哀想は可哀想が、醜婦を囃すよりも我が顔の自嘲は良い事ですね。どうせ持っていないと言う覚悟できたらブ男こそ、銀座のクラブなどへ行かずに済むから時間とお金の大節約も可能と書いた井上ひさし『家庭口論』の屁理屈に比べて、狂歌がまだ素直。左は、可笑しみが不足かと思って、英語の諺 The proof is in the pudding を、その名も知らぬ掛詞法で加えた。右は。以文の首の腰まわれば「落ちぬ」を「垢」から「君」へ移る転掛は見事のみならず、（連日酔後の？）関白を囃した 1602 年没、中世の暁月坊に次ぐ二番目の大狂歌師の雄長老の「君

が顔千代に一たび洗うらし汚れ／＼て苔のむす迄」という再掲載も多い名歌を掠る可能性もある。二首とも同じ題だった：「被厭醜恋」。

寄耳恋

★＋聞恋　聞く恋に罪をつくれば我ながら
地獄耳とぞ思ひ知らるゝ　資之　T37　1679

*If listening to love-making is a sin, alas, that may explain
why good hearing is called "Hell's ears" and is my bane!*

★物こしを聞くといなやに俤（おもかげ）を
しとふハ耳のあなうかりけり　方碩　T37　1679

*When you listen through a window or a wall and see more
than her face, your ears are peep-holes you'd best ignore!*

1820★逢ひもせで胸に火のあつ眼鏡ただ
耳にのみかゝる憂き中（字不足?）　鯉鮒　E11-2
（暑⇒厚で火を焚くが掛も耳にかかる慣用も英訳無用）

左は初期なる『銀葉夷歌』の恋歌部の初首。英語人が「罪」と読めば、人妻を欲しがるか自淫としか思いつかないが、噂の切り口となるも罪。地獄耳が常に聞く者の問題を指す。中の英訳では、聞くだけで顔以上にも瞼に登場すれば、耳も覗き用穴同様と原文より明白にしたが、歌意がはたして一致するかどうか、ご意見下さい。右の厚眼鏡で思ひ＝火をたくと面白いが音字足らぬで、暇人おられば, help!

寄眉恋

万葉歌#562★暇無く人の眉根をいたづらに
掻かしめつつも逢わぬ妹かも　大伴百代　729年

*Little darling, when we seem to never meet, what a bitch
to mess with my mind by making my eyebrows twitch!*

夢に出てくるか出てこない相手を叱る歌と似通う迷信を弄ぶ狂歌の「世話」部の類になるが、寄悪戯恋か寄叱恋の戯れ恋歌か。

寄目恋・寄人目恋

恋痩恋★何見ても心うつらじ恋痩せし
　身はことに目の大きなれども　己成　k9-4　1822

*How odd whomever they gaze on doesn't drop into their heart,
when the eyes of our lovesick grown thin are their largest part!*

食欲もないから痩せるが、多くの欲は目から入ると思えば、大きくなった（と見える）目と矛盾なる発想の新奇は素晴らしい。

相見思★あひ見るは嬉しきさかと思えども
　人目の関は誰が守るべき　好忠 980-1000 盛　謎歌合

*I've only eyes for you & you for me – it's mutual love, yeah!
But, who will keep an eye out for what people see and say?*

不憚人目恋★人の目にとまらばとまれ今日も又
　妹が宿りに居つづけをせん　百年　k9-4　1820 頃？
　（止＝留＝泊の同音語が頭になければ英訳は無用か）

*If their nosy eyes want to rest on me, let it be! Today,
I'll rest, too – here, at my sweetheart's I shall stay.*

左は、平仮名のみなる和歌ＤＢの宝蔵の中で珍しき超ミニ集（全てで七、八首しかなかった。平安中期ながら、源好忠は見事の屁理屈を寄せながら、夢中になる二人の現にある危険を詠む歌は、どうして「謎」歌合になるか解らない。「寄泊恋」にもなる右の上方狂歌の掛詞も有心かも知れない。当時、朝寝坊して親に捕まったら、結婚が決まった地方もあったようで、勇気のみならぬ、目出度き歌になる。

寄鼻恋

天明★細長く思ひまわせば恋人に
のばし過ぎたる鼻の下ひも　苅藻 E1-6
（鼻の下⇒下紐を仄めかすも不可英訳）

＋寄香恋★移り香を今朝は鼻にて楽しまん
風や引きしと人の問うまで　天地根　k9-4　1822
Picking my nose to enjoy the scent she left this morning
has others wondering if I might have caught the sniffles!
又は、移り香は指に残る類のみではありませんから
Sniffing & sniffing I indulge in the scent she left w/ me
so much today I'm asked: Is it a head-cold, sonny?

左の解読には自信ない。鼻の下紐あったとしてもどうしよう。恋の永く続くように慎ましく控えるも好色の相手だったら男は辛いよ、だけならつまらない。言うまでもなく、右後期上方の天地根の歌は、恋風か恋痩などを病気と勘違いする陳腐に元気な新風を入れてくれる。英単語 head-cold は、鼻風になるが picking（指先を鼻に入れる動詞）は、nose の縁語。我が想像するバレっぽい内容を、避けた天地根をして猥褻度が高過ぎるかもしれない。つまり、伽羅の香という可能性もある。

寄笑窪恋

1799★おやみなく落ちる涙の玉水に
石のゑくぼも見せぬあだ人　潜亭裏成 E5-4
（雨水のぽたぽた落ちる石窪知らぬ英訳は無用が）
Dimples etched by teardrops into the cold face of a beauty
with a heart of stone too hard to ever show them to me.
（或いは詠人の涙の玉水が後句の仇人の笑窪に化けた↓）
Falling ceaselessly, my teardrops could make a basin in stone
but, alas, her dimples others see are not shown to me alone.

＋寄穴恋★類無き君が笑窪は我を呪う
　　　　二つの穴のえにや有るらん　繁雅　K19-3 1815

I am cursed by your dimples, beautiful beyond compare;
they are nothing if not lures for two holes, both a snare!

（上記の英訳をした事を忘れて、別に英訳すれば、又）

Beautiful beyond compare, your dimples curse me, they do
by turning a man into a morsel for other holes, also two.

左の原題は「経年不逢恋」。仇人も泣いている前提は珍しいかと思えば、第二英訳。日本語で読めば、そのままに飲み込む内容ながら、英訳せんとすれば、色々と疑問を抱く。右は。人を呪わば穴二つの諺を漢字一字の遊び絵みたいの寄世話恋の傑作。「え」は「美」という「餌」で、二つの穴は笑窪そのものと、平行には女陰と墓であろう。第二英訳の字余りの原因の一つはシェークスピアを盗作した sweet morsel＝珍味だ。膣と墓の中に入れた男根＋男の身の双方に掛けるが、劇の場面に笑窪も出たかどうかまでは、残念ながら覚えていない。

寄鼻毛恋

　　1792★切文のつれなきよりも悔しきは
　　　君に読まれし鼻毛なりけり　紀長人　E3-10

That you read my nose-hairs is more cause for remorse
than my being served w/ a heartless notice of divorce!

　　1792★両方から延ばす鼻毛で蜻蛉持ち
　　　相思いさえ辛くぞ有りける　吐虹　K15-4

Tethered to each others' nose-hairs like kids with dragonflies,
this thing called mutual love is far more trying than surmised.

★1799 憂き人に数えられたる鼻の毛を
抜くより辛き我が涙かな　機音高　E5-4

Pulling out nose-hairs read by she who betrayed our vow
hurt me less than the tears that I am crying right now.

原題は。上は「難恋」。中は「相思」。左は、惨めで浅き自白も傑作。カントリ・ミュージックに時折出会う馬鹿正直を日本の三十一音字の歌に遇うと、夢にも。これを、つまらない人の詠みと見なすべきか、心の全てを分ち合う現在人の玉子と見た方が宜しいか。一方、中の吐虹の観測、即ち相思も甘く見てはならぬぞ、と言う新奇の指摘には素晴らしい。一見して、下の鼻毛抜く肉体的な痛みと心のそれと比べるが少々真面目過ぎるが、鼻毛を恨んで抜くと思えば、可笑しい。

寄口と耳恋

1815★知らぬとは聞えぬ口の豆男
事によりては耳もつぶせど　砂長　K19-3

That man who never stops talking himself up hears not a word,
he busts his lover's eardrums and his own so naught is heard.

雄弁をふりながら、何聞こえない。口説く恋だったら敬愚は「いかにも口説くとも妹の耳に蛸」の如、句に直したが、可笑しみは菓子の実にある。豆と潰し餡のちょっとした言葉遊びに過ぎないようです。

寄口恋

1533★一夜にて見落とされしを寄りて吸ふ
口惜しければ猶ぞ恋しき　山蒼斎右勝　T9

Just one night, we, escaping, met and so it was that I could suck
your sweet lips – now, alas, I'm hooked and miss my good luck!

1792★恋病の薬喰より身にきくハ
うまき返事の君が一口　源平桃よし E3-10
*A spoonful of medicine would do far less for my love-sickness
than an earful from your mouth, or just one word – "Yes!"*

左の判文には「心詞やさし為勝」とあるが、口惜＝押の掛詞は全てか。原文のまゝの漢字「惜」がいい。既に吸うとあれば、平仮名の「おし」も、あんまり早く縁語の「口押し」と読めたら、押しがましくなる。原題は「逢不逢恋」。右は、解るが、双方も大した詠みではない。

寄顎恋

1820★うっとりと見惚れてあこの掛け金も
外し上手な人ぞ恨めし　小児参二　　E11-2
*There is something we can't stand about a man who gets a crush
just like that, and with a goofy stare drops his jaw in such a rush.*

こうして寄人体恋歌の中に置いたが、原文で「寄恨恋」で、そう云う仇人か憂き人への怒りや怨みや嫌味が浮かぶ諸々歌の中で、小児参二の詠みが目立ちながら題を弄ぶ好例と見做した。確かに厭な仕草だ。

寄首恋

1792★うき人に恋も死なれぬ命綱
かけていつまで首引やせん　酒月鑓女 E3-10
（命綱は英語になるが首引きがないから蛇足要るが）
*To an uneasy soul drifting along, even love is a life-line
that once grasped becomes a neck-tug-of-war for two.*

1820★君を待つ夜はろく／＼に寝もやらで
短き首も長く伸びたり　物成　E11-2　＋寄轆轤恋
（轆轤首起源説に成り得るが短い首は醜婦か英訳無用）

左は、酒月鑓女の詠む憂き＜対＞浮きの本人で、心理学に貢献する。命綱は、いいですね。遊戯の首引きに化ける転開は見事で、右のパラパラ絵本にしたくなる物成の轆轤首の暗喩よりの面白い内容が、言葉遊上では右は上。首引きは又、交合体位の一つだった事を酒月鑓女も知っていたか。それだったら、心中の連想も避け難い。

寄息恋

1794★命にも替えて逢わんと思ふ夜は
息を殺して待ち明かすなり　仕合吉勝　E4-3
On the night I'd reel her in, rod in hand with bated breath,
if I catch the eye of her lord, it would surely be my death!

「息を殺す」という慣用ない英語は重過ぎるが、同意味の bated breath に釣り針の餌食と意味する同音語 baited で、釣り縁語尽くしの異訳にした。原歌の命にも替えて「殺して」一本掛は軽くて勝。原文「待＋忍」に寄せる恋だが「寄殺恋」も面白い。上記は 1793 年成立の『新古今狂歌撰』より。1787 年の『古今狂歌袋』には、未得の 1649 年のもじり歌「抱きつきて今宵ハ我をしめ殺せ 逢ふに替えんと言ひし命ぞ」の「殺して」を、仕合吉勝は弄んでいる可能性もあるが、その本歌は寂超法師の千載集歌の「命をば逢ふに替えんと思ひしを恋ひ死ぬとだに知らせてしかな」で、それも万葉集#3806 の勇気あった女の子の岩城つまり墓の中でも覚悟ぞと寄口説恋の歌に応える感じもするから、いい。

寄肩恋

1820★担うたる恋の重荷の苦しさよ
肩からはなす事のならねば　吾披楼文数 E11-2
（「肩＝片」も「放＝話す」は不可英訳）＋重荷
One-sided love is painful, the burden is hard to bear;
like conversation, you need to take turns to share it.

寄腕恋

1802★何一つ障りもなくて逢う夜半は
下に成る手の邪魔ばかりなり　茅原細道 e6-4

The night we met with nothing coming between us two;
wouldn't you know it, my arm below kept falling asleep!

★思ひ切りて切られぬ仲に切りたきハ
添寝の邪魔となれる片腕　耳在　E8-4　1813

The two of us, grown too close to cut apart, but it would be a charm
to sleep together with it out of the way: I would amputate my arm!

日本語では蠅も蕨も風も手あるから、手にならない物こそないみたいが、手枕は、やはり腕だが、「邪魔」としか言わない左の腕は短に横寝のスプーン体位のままに寝る時の問題でしょう。一茶坊の苦熱句には四肢とも邪魔で切断したかった発想が凄いと思ったが、これは誰にもある事。とは言え、他人にはまだ詠まれなかったら、新奇で偉い。問題は「腕痺れ」になるが、右の場合、比翼の鳥の有頂天を永遠に体験したいロマンチックな表現にもなる。敬愚は、数十年前から腕痺れの対策としてマットレスを横切る溝を用意すべきと思って、金持ちだったらそいつを売れてもっと金持ちに成ったが、今もマットレスすら買えないど貧乏の布団暮らしのままです。

寄手枕恋

古今六帖★わぎも子が来ざりし宵のうち詫びて
我が手枕を我ぞして寐し　詠む人しらず　985 以前

That night you did not come, my love, I cannot forget –
I went to bed, alone, and, then, with myself, I slept.

★背子が来て臥ししかたわら寒き夜は
わが手枕を我ぞして寝る　和泉式部　970/8-1030/4

*He came, yes, but as he lies beside me, the night is cold &
it's my own arm I use for my pillow as in that poem of old.*

左は。当時の多妻もち貴族の夜這いした男らに言わすれば、独り寝は、さぞ恥ずかしかっただろう。狂訳には「枕」こそ出ないが、手枕は逢瀬と同じで妹とではなく「自分と寝た」ように直した方が大意が通じ易いかと思った。即ち自分と slept＝交合。右は、失出典だった頃にこう書いた＝「江戸時代と思うが、女詠むどうけた派生歌らしい。傍に居ても触らない方が、来なかったより更に冷たい。たとえ寒夜でなくても。それが悲しい。」敬愚の愛す式部女史ながら、狂趣といえば、本歌は勝つと今も思うが、それでももじりにも脱帽だ。

1820★うたゝ寝の我が手枕を妹が手と
思ひし夢の覚めて悔しき　諸白里住 E11-2

*I dozed off on my own hand-pillow, and hers it seemed
until, to my lasting regret, I awakened from my dream.*

1822★左の手妹が枕に貸しながら
右の肩へも夢の通い路　戯雄　K9-4

*While I'm lending my left arm to my girlfriend for her pillow,
my right shoulder remains for my dreams to come and go.*

左、江戸狂歌は正確な観測でしょうが、面白さは片手落ち。と言うと、右のを読んだら、原題が「寄寝入恋人」だった戯雄の上方狂歌の内容は、情けないも、利口で読者次第が、新奇なる名案で両手上げて、勝ち首にするしかない。参照に「寄枕恋」ともなる。

寄手恋

1815★握られし手が種となる恋病
　　医者さえそれを今ハはなして　茂喬 K19-3

The hand I held was the germ that became my Love-sickness;
now, even the doctor says he's washing his hands of me.

同★右ひだり引っ張られたる我が身には
　　どちらの手をも何と切られん　蘭丸 K19-3
（トランプ以外には手が選択にならぬ英訳無用）

Me & my body tugged right & left w/out respite
on the one hand, this – on the other that:
Must I amputate both to be right?

左の「今は話し＝放して」が「手放し」になる言葉遊びが珍しくも直訳に通じたから、脚韻を踏まずに済んだ！「手放す」を英語では「手を洗う」だから、いける。しかし germ との英訳は。狂歌は 1860-64 の間にパスツールが発見した黴菌病原体の仮説の約五十年も早いですね。「種」という語はともかく手を握るから恋風邪を引いたと思えば…。実に、父が半年ほど在日の体験あったが「お辞儀とは馬鹿にしては成らぬ。黴菌を移さないから衛生的だ。米国でも拍手を禁止すべき。」そういう記憶もある。残念ながら、「ナンバーワン」となるはず日本の株が下がれば、四十年後は拍手どころか相手を抱かなければならない米国になってしまった。ともかく、「寄発病恋」とも題になりそう。右の原題は「等思両方」。手を切る二つ以上の慣用の掛語句の英訳も苦手が三行詩にすれば、right という語は「右」と「正しい」の両義に掛けた、ずいぶんどうけた狂訳になった。旧約聖書のソロモンが子を争う母二人の話も思い出したが、文に入れる方法まだ知らない。

寄指恋・寄指切り恋

K11-2★怖い夢見たこゝちなる初恋の
　　逢う夜は指をくわえてぞ寝る　路芳 1789 没

She sleeps with her fingers in her mouth on the night
they first met and made love when it seemed a nightmare.

E11-2★恥づかしく己が小指を咥えても
まだ切る事は知らぬ初恋　不知　1820

Sucking so shyly on her own little finger,
yet to know the cut-off thing, puppy love.

同★指を切り髪を切ったる其後で
手を切られじや浮きの恋中　舞鶴日暮里　同

Sad love is when she cuts off her finger, then her hair
and after that still cannot bear to be cut-off from him!

左は、情けないか、深いか。中は可愛い。右は川柳みたい。欧米人が日本に着たら、子供の心中ごっこと切腹ごっこを見て不思議がった。日本の子もどこの国の子も大人の馬鹿げた行為をとくに知る。いずれも「寄初恋」の歌だが、切指を皆も知ったるから、中の首を真に受け入れない。現実に沿う左の上方狂歌の勝ちかと思う。

E9-3★切ってやる指を返して逢うことは
かたわの様にきらわれにけり　楯成 1815

（切ると嫌われの見事の掛詞無く英訳無用）

K19-3★偽らぬ印に切るは生々世々
手なく生るゝ試の指　　繁雅　1815

Cutting off your pinky to prove you're true seems to me
a bloody test for generations of rebirth without hands.

東西同年、二の本に出た二首とも指を切る行為を非難するが、上方の教訓か釈教っぽいお説教よりも、英訳無用だった楯成の江戸狂歌の口語をうまく活かす掛詞で一本勝。差別語を許して、ね。（参照：徒然

草の154段。日本審美学史上大切な語だ。身の障害が甚だし者の見世物（？）を観て庵へ帰えったら「…この間、植木を好みて、異様に曲折あるを求めて、目を喜ばし愛づるは、かの片輪を愛するなりけりと、興なく覚えければ、鉢に植ゐられける木ども、皆堀り捨てられにけり」。いわゆる「自然美」の発見は良いけれど、曲げても捨てしまうこそ残虐と思えば、問題ある一段ですね。蕉門同様に、判断したくないが、いずれにしても、指を切り取るは、やばい行為。ましてやそれを作法と称す事に比べて、「かたわ」という語はとるにとらない問題だと思います。右のいう代々の手無しは常に、指切を罪とされていたからではなく、遊女が仕事で人に酒を強いるからであろう。しかし小指は杯に触らないから切っても‥‥

＋久恋★久しくも慕う月日に君がため
切るべき指をいたづらに折る　芳水 K19-3　1815

*For her darling whom she's worshipped for ages, the clown
took the finger she should cut & pretended to fold it down.*

同 1815　神かけて互いに合わす手の指の
いつゝ／\に思う恋中　要が上＋貝が下＋石
（何時⇒五つ x2 の掛詞無ければ英訳無用）

二首も軽い。同原題は「誓恋」。芳水の歌は可愛い。子供も指一本が切られたのを悪戯に見せるのが好きと思えば。右の人名漢字は？だ。

寄胸恋

x2 回　人に逢わむ月の無きには思ひ起きて
むね走り火に心焼けおり　小野小町　825-900

*In the absence of both moon and lover, my ardent desire
woke me just as the fire in my breast burnt up my heart.*

★涙にも思ひの消ゆるものならば
いとかく胸は焦がさざらまし　紀貫之 c1000

If tears are something that can extinguish love's fire
why must my breast still burn like this from desire?

左、小町の名歌は別個目「寄走り火恋」にもご紹介。思ひの火の在所が胸と特定する初歌例かどうか知りたい。でなければ、胸＝棟の初歌例か。走り火の点火は我が思ひも然る。後になる西行の大胆の想像力あった比喩歌同様に、狂歌だ。因みに、女性二人の共訳では後句は「〜my pounding heart / shoots flame　then turns to cinders」となる。まるで心臓が火噴き烏賊で吹き尽くせば自分も灰になる感じ。これに比べて小生の訳は、小心。この首は名歌で、恋と無関係の派生歌の本火にもなる。「ある夜」俳諧の連歌師宗長＝1448-1532 が「炉火しどろなる炬燵に眠りかかりて紙子に火を着くをも知らずおどろきて」火を消せば「とる所なくてぞ明ぬかた裾もむね走り火の恨めしの夜や」と。右、貫之の首は。詳細が多い古今集の唐衣の火を消す涙の歌ほど面白くないが、これで彼は胸焼け Heartburn という病症にも苦しんだかと思えば面白い。涙が外に散れば胸の内の消防用にはならないのが残念。

★人のむね借りても見ばや我のみの
思ひハ胸に余る物故　花成 E9-3 1815

I would sure like to rent another's breast, for I fear mine
has more love than room so a new home would be divine.

なるほど、棟も物の置き場にもなった。Love を Lovesick Blues の意味だが、Home は語が短いし暖かいから択んだ。正確に言えば so more space とか so your attic（天井上の物置ならば胸＝棟っぽい）にしてもいい。同じむねながら、小町の火喩の延長ではなく、古事記の有り余る凸と何も無い凹の初交合前の会話の精神的な焼き直し。それも初出の比喩かどうか知りたい。

寄心臓恋・寄心恋

★人目をも忍ひ時計の音もなく
只どき／＼と胸を打ちけり　皮人　天明以後

*Not even a clock's tick-tock as I sneak up without a sound
but within my chest how loud the pound-pound-pounding!*

1792★按摩ほど臍のあたりへ手もやらで
君に心を揉む計りなり　浅草市人　E3-10

*No masseur, my hands lack licence to surpass thy navel,
so, darling, I'll massage your heart instead if I am able.*

左は、誰でも体験あることながら、英訳せんとすれば、心臓を名のらで胸「を」打つ意味を考慮するうちに胸は心臓の前の共鳴板のようになったかと捉えたが、そのままに英訳しかねた。英語ならば、「を」ではなく、胸「に」で、中から心臓「が」打つ。右、後期江戸狂歌の大御所の市人の首を読めば、その心の具体性と抽象の混合は新奇抜群。

寄乳恋

狂遊集★乳をだに吸わせんと思ふおもひ子や
妹と我がぬる床のさ筵　竹井氏常久　T参絵2　1669

（本歌通りの語呂合わせ逆意味も思ひ＝重いも英語無用）

*I think she'll even give me her breasts, my baby will,
as we roll about on a fine straw mat I'll drink my fill.*

本歌の躬恒の古今歌「塵をだにすえじとぞ思ふ咲きしより妹と我がぬる床夏の花」の歌意は、夫婦の営みも常になる床に塵を積もらせない同様に二人の愛し合う印の常夏ないし撫子を、分けて上げられまいよ、

と花を頼まれた隣への拒否になる。狂歌は逆に塵ならぬ乳を吸える。同じ「すえる」も動詞が異なる可笑しみ。妹が思ひ子と同時に、乳を吸わせてくれる自分が重い子になる掛詞か。本当の子も一緒で三人も筵の上に二人が乳分けて吸う、「寄変態恋」か。

寄腹恋

★浮気とも知らで一杯むま／\と
喰うて恨みの腹ぞふくるゝ　紫笛　K24-4　1754
（知らないが仏のくせに恨むのがこれからの事か↓）

Unaware of her affair, the husband says, "Ummm! ummm!
A second helping!" & bellies swell with anger yet to come.

（飯盛下女が飯を出すと夫が感謝し過ぎる恨む婦人と↓）

Unaware he is cheating on her when he cries "Yum, yum!
I'll have another bowl!" her belly swells resentfully.

知らないと腹に一物は変だ。妊婦と判る未来の恨みか。夫と妻に下女という三角関係か。人間関係は苦手の敬愚には、やはり未解読。

寄背恋

＋寄鯨恋★たまさかに寝ても沖行く鯨ほど
背ばかり見する人のつれなさ　山彦　E5-4　1799

Sleeping together rarely enough to be called a fluke, and yet
she shows me her back like a whale offshore – cold? You bet!

「たまさか」の漢字が「偶か」ながら「稀に」という意味もあるが、鯨がいきなり側に現れて鰭をポンと海面に打つ珍しい出来事を捕鯨関係者が a fluke とよんだが、その用語が一般英語になったから、珍しことに原歌よりもいい英訳もできた。原題は「恋離れ」。

1806★恋衣人の心のうら見えで
背中合わせの肌の悪さよ　まふな　K25-3

*As a love's robe does not reveal the heart within it,
wearing them when back-to-back seems bad skinship.*

1813★養生にすゑし灸の背などせな
合わせて寝るも後くすり也　梅里（南部）K17-2

*Moxa to fortify an aging man is burnt on your back
to back sleeping also becomes medicine in the end.*

左の原題は「依養生疎恋」ながら、先の鯨の「恋離れ」というより「寄恋衣恋」だったらいいという気もします。とは言え、心の裏「見えて」に濁点つけたが、宜しいか。本来、比喩と本物の恋衣を見分けるのが難しい。だって、最高の恋衣は裸になる物。にも関わらず一応英訳したが無責任極まり（注：skinship とはジャパングリッシュで、触る事 A.Montagu の名著 Touching の和訳者か書評家の新造語スキンシップのローマ字化語）。さて、右は。現在、セックス可能か不能かの世の中になったが、江戸時代では、やり過ぎれば「腎虚」という恐ろしい病（終に一物が立ちっぱなすも主が寝っきり）になるから、しない方も健康に良いと思われた。完全には迷信じゃない。亜鉛その他の脳と目の神経の養成に不可欠なる物質を射精ごとにどっぷりと失くす。

寄臍恋

1792★我ばかり物思ふ人は又もあらじと
思えば臍の下もありけり　紀定麿　E3-10

*If you think 'No one in love is so blue as I am, well,
you might also remember what is below the navel!*

前句には一つ以上の本歌を見つけるのが簡単が、後句は一体何の意味か。恋に苦しめば、臍の下で遊べば助かる助言？心という上と身という下のどれが人と人の差異がでかいか。約千年前の『闘戦経』に「臍の下に覚悟と気はあるか」とあったが、「我」を心と同定して陰部を別人の如くに思うのも多い。成語句「臍下三寸は人格なし」とはよく判らないが。或いは、万が一、紀定麿は Mark Twain 同様に大まらで困るというへんな自嘲か。1792 年の本に出たが、天明狂歌の名人で Google 検索すれば、何とか解るかと思ったが、お臍に対する興味がないみたい。この首の当たる件は、皆無だった。

  ★下紐のとけて逢う夜は役無しの
   臍と臍とも初対面なり 鈍永 1767 没

The night we undo our undie strings and meet, no longer blue,
our good-for-nothing navels, too, enjoy their first rendezvous!

ほらっ、臍の下ではないが臍そのものが登場する事が、陰部と我が異なる前の歌の仮説に力を貸すかもしれない。出典を失ったが、44 歳で亡くならなかったら、赤良の相手になった才能というかセンスが抜群の鈍永は上方狂歌の大御所。「対面」を face-to-face, interview などと色々の訳語を試してみたが、いずれも体験に負けたが、conversation が四音字で長過ぎた。（英語を数えたら、今も一音字多い）。いずれにしても、これは傑作で、寄臍恋の勝ち首だ。とは言え、

  1792★我が臍のあかぬ別れのきぬ／＼は
   帯引き締むる力だになき 市仲住 E3-10

Like a thunder god who can't get navel lint enough,
after a night of loving, wanting more makes it so tough
to part, you leave me too weak to even pull my obi tight!

  1792★臍の垢とってもつかぬ君ゆえに
   肉も力も落つる恋病 江戸町仲 E3-10

Because of you, to whom even navel lint would never cling,
my flesh & strength fall-off, too – lovesickness is sickening!

左は、ポエムにはならないが、臍の垢を飽かぬ別れの逆枕にする功有り。恋と無関係が、お臍が主人公の古本を古本屋で百円位で買った。七、八割までつまらなかった内容を、雲から落ちた幼き雷の鬼の子の面倒をみた町の話には甲斐あった。町民の皆さんから臍の垢を集めて汁を作って養育してあげた、という心温める一生忘れない民話。さて、右も又垢だが、あかん。四十年以上前に初来日の船の上に、日本人のお臍に初めて気づいた。在米十年弱で帰国していた名マイムの米山ママコのビキニ姿をご馳走しながら、である。今も瞼に残るギャッと思った一箇所。彼女の細い臍の御穴が真っ黒だった。その髪がシャンプーの香りも漂ったを、何でお臍があんなに汚いか。不思議に思った。我より少々年上だったが、まだ一語も交わさなかった芸の達人の瞳も光るママコに一目惚れだったから、真剣に悩んだ。同じ船に乗った農家上がりの人懐こい親切な塊の直子ちゃんから、臍の説明を聞いた。読者は日本人で、説明無用が、今も、日本で臍の垢を洗わない日本人は、何割になるでしょうか。さて、江戸町仲の狂歌は。臍に垢つかぬ美人という発想。Google 検索しても一件もないから新しい発想らしい。

1815★今更に孕みし腹の悔しさは
ホソもかむ程ふくれ上がれり　茂喬　K19-3

A bit late for regret, but a pregnant belly does enable
you to get so puffed up as to literally gnaw on thy navel!

★取り上げてくれずハイかで永らえん
臍の緒切って初の思ひを　千首楼 E8-4　1813

If you will not descend to pick it up & slap it on its butt,
this new-born love of mine may die, umbilicus just cut!

左は、原題「胎後悔恋」。孕んだ為の立腹を「臍を噛む」成語句と結ぶ事が笑うべきものではなくとも面白い歌の好例だ。右は、その二年前の本に出たが、赤子が胎児に次ぐから、念順に入れた。お尻にぴっしゃりとの平手は狂訳者の敬愚のおまけ。初思ひの比喩として凄い。名歌にならねばならん。念のため、御へその初対面を詠んだ上方の鈍永には、一般的なお臍歌もある＝「臍が茶を沸かしゆにせんとそろり／＼面白おかしう言かけてみる K13-4」。でしょうが、俳諧に又も少し渋いお臍があった。当風景をよく見た子規居士一人で廿句もある。

寄腰恋

★見とれては腰を抜かせる牛ならん
　恋の重荷に涎流して　遍亜方岳　E3-9　1788

Falling for her, I became a blue ox, disjointing a hip then slobbering at the weight of my love's heavy burden.

★一目みて腰うち抜きぬよしさらば
　ゐざり車や借りて通わん　時雨庵 E8-1　1812

I fell for her at first sight hurting my back, to be explicit, lend me a cripple's cart for my first nocturnal visit!

左の牛＝愛しの上に重荷を乗せて腰を抜かして涎も垂らすという牛の小便ほど長い比喩も良いが、右の時雨庵の抽象的な慣用語を、イザリ車という物と取り寄せて積極に通す好調に対しては、敬愚も腰抜けてしまう。右勝。因みに一番気持ちのいい腰抜け狂歌は、恋ではなく、姥桜が題。1649 年以前の未得の「むばさくら」は、如何でしょうか＝「木の本を立つもエサラで姥さくら詠むる人も腰ぬけとなる T24」。一圃の 1666 年前の派生歌もいい＝「見ほれてハ立ちもえさらず花故に腰抜けとなる姥桜哉 T27」。姥と限らない後代の桜よりも寄足腰花歌の秀首もある。真鮒の「題林」再載「入りかかる日あしぞ遅き足引の山の桜に腰抜かしけん」。ますます判らなくなったが、恋の歌へ戻れば、

★たつときも賤しきも色には腰抜けの
　　あいたい／＼の思ひハ変わらず　如挙　T58　1740
（立つ⇒貴きも腰抜けも逢いたい＝あ痛いも英訳無用）

*Whether you stand to wait or it stands to mate, rich or poor
your back aches but you want to meet your love once more.*

英語で恋に「落ちる」も、日本の四コマ漫画に初めて見た人の腰抜ける意味がさっぱりだった。恋のみならぬ、何でもかんでもの為に転ぶか、と驚いた。原題が「貴賎恋」で直前の首「貴賤とて色にや隔てあら波の美しい顔にはぬれかかる」とその前の首、汝水の「たつときもいやあしきもよし葦垣の隔なづむ色の一筋」迄も。色は色で万人一色。

　　　★よし今は門に立つをもやめにして
　　腰をぬかすと君にしられん　金鶏　天明

*That does it! I am done with this waiting by your gate!
Note, dear, now my back is out: how can I stand to date?*

　　1813★見初めてし時より腰は抜けたれど
　　うき名ばかりハ立ちにけるかな　飯盛　K17-2

*The moment I saw you I not just "fell" but collapsed in love,
yet only Gossip jumped back up to peck my name like a dove.*

左、天明狂歌の金鶏がずっと立待つ事に腰を抜かすが初めてが、お医者さんで本当は時間の無駄使いが惜しかったはずの氏は、文句を言うも当然。右、上方狂歌本に出た天明大御所の飯盛の首は「寄名立恋」の用例首になった明白でいい歌が、中の金鶏の新奇度が高くて、前句の鄙ぶりと後句の古典風の腰上下の差も面白くて、勝ち。因みに腰を強める秘密はもう解る。You Tube かどこか打ち明けたい。

寄膝恋

★1777　1778　膝頭で江戸とは愚か君に腰
抜かして恋の山に登れば　坂月 k13-5＋膝（k12-2 枝月）
（膝頭で江戸参りするのが骨を折っても為にならぬ愚行）
*Crawling to Edo on my hands and knees makes me your fool
for having fallen for you, I still would climb Love's Mountain.*

★来たならば直ぐに寝ん／＼ころ／＼と
膝小僧まであたゝめて待つ　中山楼 E8-4　1813
*When he comes, we'll go "nightybye, nightybye," soon not late –
she sings to her knee-cap-acolytes, warming them as they wait.*

左は本来、幾つかの「寄頭恋」歌の中から抜いた首。英訳で歌腰は腰ではなく遇者になったが、歌意を無事に伝わる。ただし、日本の膝頭でするお寺か神社参りを知らない人には蛇足も要る。右、後期江戸の首ながら、上方狂歌（と雑俳）に多い温和の人間味を感じる首です。一見で、恋歌ながら、子供に読ませたくなったが、校正の再読で、恋人に触るために暖めているとやっと合点した。

寄尻恋

万葉集★相思わぬ人を思ふは大寺の
餓鬼のしりべにぬかづく如し　―笠郎女
*Loving someone who doesn't love you is to be a fool
kissing the ground behind the arse of a temple ghoul.*

1813★大寺の餓鬼ほど我は恋瘦せて
ふりむく君が尻にぬかづく　文彦 京 k17-2
*Thin as that big temple's ghoul from pining away,
when you turn to go, I, too, kowtow for your arse!*

（中国人のぬかづくを見下すような差別語を使わずと）

*Thin as that big temple's ghoul, I am from pining for thy love
but when you turn 'round, behind your arse I kiss the ground!*

尻 ass の古語 arse という語は、どういう訳か諧謔にも相応しい。左のかさのいらつめの片思の惨めさを描く万葉集の譬喩歌#608 は、古狂歌本にも時折伺える。万葉に餓鬼同士の子をつくりなさい、という苛め歌もあるが、右の上方狂歌では餓鬼の醜い尻が敵の美尻になる。それを単に拝むか、その下に敷かれたがるか、よう判らない。文彦の首は、本歌に一捻りを加える派生歌という有り難い類だ。狂歌を二次的文学で大した価値がないどころか、そのおかげで万葉歌も活かされる。

T27 古今夷も★若衆もたゞ我が尻のごとくにて
見むとすれども見られざりけり　貞徳　1571-1653
*Those wakashu to me are really something akin to my buttocks;
I've tried to check them out, but nothing came of it in the end.*

★T37　いつよりか君に心のもつれけん
尻も結ばぬいとし振りをば　行重　1679
*I forget from when, but you've been a trippin' up my heart,
our quarrels' loose ends keep jiggling like your sweet arse.*

左。寄尻恋と言えば、八割は男色で、又その八割が別冊『古狂歌 色を好むさし男』の方に預ける。貞徳の首の原題「不見恋」とその内容からして、誰かに「どうして若衆の歌は、お詠みになさらないか」と訊かれて、その素直な答えになるかと思う。好奇心あったが、男色に縁も無かったが自嘲。後の川柳に鏡で横顔を見えぬが残念という句もあるが、やはり体操家で無ければ、己が尻に知り合う事も難しい。右は、初期狂歌の第三多詠人大全『銀葉夷歌集』の恋歌中で「題知らず」。「縺れけん」に剣も振りし越す歌腰か。嘆くは浮気の沙汰かどうか、女色か男色か。要は独立なる尻双半球でじらされてこそ惚れ続く心。

1679★一目みて腰抜かしぬる若衆の
心中のほどしりはせねども　愛宗　T37
（尻＝知りもそれが腰抜け縁語も英訳無用が）
The sight of gay-boys may knock us out, but heaven knows,
however fine buttocks look, we're not ready to die for them.

前のと同じ大狂歌集より。俳諧と川柳よりゆっとり感じる色だ。若衆を詠む歌に尻が知りの掛詞が珍しくない。男女の体の差が大きかった欧米と異なって日本では、女の特徴かとみた美尻が男の物に化けたが、惚れ度と言えば、若衆との心中の話は確かにあまり聞いていない。

1792★君まては？尻もすわらで一夜さえ
更にもゝ夜のこゝちするかな　つぶり光 E3-10
With you, dear, to spend even one night without laying
a hand on that ass feels like a hundred, I'm just saying.

天明狂歌名人のつぶりの光は、かの深草少将と小野小町の百夜目に、たとえ穴無し小町でも、せめて内股か御尻を許したと云う川柳に頷く。念の為、肛門を見たくもない御前専門の敬愚にとって、女の大尻を視線と手と下腹で触るのが極楽だ（貧乏で執筆を続くために視線を別にして、もう十九年間一度とも触れていないのがどんなに寂しいか！）。そういう趣向の歌ではなかろうか。つぶり光も美尻の愛好家だったか。とは、言って貞徳の曖昧があけらかんとした歌の方が一番面白い。

1777、78★向けて寝た尻が口舌の起るにて
つい恋中の割れ目とはなる　不折 k12-2、k13-5
Grumbling from her arse, after turning her back on me
to sleep, proved for our romance, the final crack to be.

1812★行き違いに捻った爪の片思ひ
直ぐに其の尻うけて恥ずかし　鹿丸 K29-1

Vain love must pinch her, though she's but walking past
& said end turned to bite him: now he feels like an ass!

右は在日の頃、目撃した。C&W ミュージックの演奏のワルツ直後に米国中部のとてもあどけないむっちりした二十歳くらいの女性が、急に泣き出した。顔も赤い、ヒステリアに近い。涙ぽろぽろ。その陰に顔が青白くなった穴あれば入りたい日本人サラリーマン。彼女は知らない男がお尻を触れたのがセックハラで、自分が尻軽女と見做されたかと深い痛みを私に話した。彼は映画の観過ぎのためか、女とチックダンスすれば手がお尻のチックまで下げても当然と思った。そこまで人の心を傷つけると夢にも想像できなかった。小生が当時、比較文化論の著者として少々の名声を尽くして、二人の文化ショックを癒したが、三人も一生忘れない体験だったに違いない。演奏は日本一の Yodel の王

　　　1778★縁なれやこのきがわりとあらしつる？
　　　　君が出尻につけつまわしつ　先？賀　k12-2
Like Arashi-tsuru who changed his mind to stick to the stage
and stay around, how can I leave your protruding behind!

嵐鶴助は大坂の名役者。五十歳で引退を決意したが、舞台に執着するようになった頃の狂歌の題は「寄出代恋」。「季」がわると出代わりも代わるが又「気」に掛ける。尻に敷かれたがる者を、その弟子の亀八で詠んだらいいが、悔しことに、役者名が尻の荒々しい動きの擬態語に、それに着けつ回しつが舞台へ同様に尻への文字通りの執着になるが、いずれも英訳しかねた。日本は、出尻が少なくて平均の尻の割目が後ろよりも下向きのためにアップスカットの世界的な都か。

　　　1819★よし尻にしかれるとても鶏の
　　　　しめて寝て食べ此命とり　曲肱百年 K9-3

　　（鶏は雄 rooster か雌 hen が困るし取り＝鳥も不可英訳）

*She's a killer and I am happy to be under that fine butt
her fowl to be strangled after sleeping & eating such.*

1820★鳥の首ねぢけし君やどん欲な
尻に敷かれて死なん思ひぞ　河童 K11-1

*Chicken neck-wringing girl, you, with your rapacious nates;
I cannot think of a place I'd rather die than beneath them!*

（貪欲な和尻は尻子玉より珍しい趣向さすがに河童詠）

*A chicken-neck-wringing ass rare in the Japanese race:
Hen-peck me? Hell, girl, you can even sit on my face!*

左の題が「寄鳥恋」。英訳し難い筋も破調。右は二通りとも自負できる狂訳できた。尻ある「尻に敷かれる」という表現は英語にないが hen-pecked＝雌鶏につつかれてもいい＋追加の描写で機知を蘇らせた。

寄睾丸恋

★ふぐり玉きわめし恋もすっぽりと
抜かされて憂き宝引のつな　其雪 K19-3　1815

*I bet the family gems on her; and, losing, have pulled out
my two losing balls from the lottery of life – I've no wife!*

★年付求む　夜ばい仰天睾丸へ猫がじゃれ
夏こそ垂れる恋のおも荷ゃん　葉別七＋敬愚

*Sneaking out for love, what a fright one hot summer night
when love's burden hangs lowest – her cat bats your balls!*

左の言文解読に自信ない。古き慣用で睾丸を指す family gems（家族の宝石）を賭けたり、いつから Lottery と Bingo などに利用されてきた卓球のボルを「二つ」と形容すれば、かろうじて英訳できたが、敬愚もそうと思えば気分が重くなります。一分、二分だけが。寄恋歌には、

ふぐりは意外に稀なる。俳諧、狂歌と川柳にむしろ、英語圏のポエムに比べても、多い。随所に出てきます。右は古川柳に敬愚の後句を加えただけで連句か。拙著 The Woman Without a Hole に原句と変種一首。

寄足恋

1786★別れ路は言っても足のよどみけり
早うてもうし遅うてもうし　鬼丸　K26-4

Parting after a night of love makes a man feel he's the dregs,
whether you speed or go slow you feel you're on your last legs!

恋歌には足がもっぱらお金。セックスの別冊にある遊楽関係で伸ばす。憂しと牛が無関係の英語で異訳。帰宅の道の男は酒の糟同然が惨めな気持ち。脚韻を踏んだ last legs 足が倒れそうな死寸前の感じ。後朝恋。

寄排泄物恋・寄体熱恋

★志侍る女（すきな女性）宮仕へし侍りければ、
逢ふ事難くて侍りけるに、雪の降るに、遣わしける。
後撰集　956年　男　我が恋し君が辺りを離れねば
降る白雪も空に消ゆらん　無名　Goshuishû　1072/3

Alone I must go, for together, my love, we make so hot a pair
that no snow would fall to view: it would all melt in the air!

Could I but stay by the side of my dear, all would be well,
for our hot passion would melt the snow before it fell.

★返し　女　山隠れ消えせぬ雪の侘しきは
君まつの葉にかかりて添ふる　　同　　同

Mountain-bound, how dreary the unmelting snow sadly
covering even the twin needles while I pine for thee.

不知詠の古相聞の原歌は英訳ほど明白ではないが、発想が狂たる。あつあつの二人ですね。後拾遺で片方を見つけて読めば誤訳。松は夫婦の象徴なる二葉松であろう。寄思ひ＝火恋の好例にもなる。

★我よりもせいたか若衆まち侘びて
不動も恋の焦がらかす身か　宗長か　1448-1532

So he waits and waits for the lad Seitaka, who stands above himself: Does Fudô, unmoving, burn with unrequited love?

災害から人を救う護摩の炎の中に立ったり悪魔退治にも鍛冶屋の守護神にもなる不動明王はの赤い色を知っていたが、がっちりしても顔が可愛い童子の制多迦も紅蓮華の色だというから、連歌に不動「も」となる。「背高」の不完全な同音の語呂合わせには狂趣あれ。さすがに宗長は細かい。しかし、歌は寄神恋よりも寄恋神の歌という気もある。

寄汗恋

★引きそめし我が恋は妹と寝て汗を
かゝずハ抜けじとぞ思ふ　真顔　E5-4

*This love bug that I/we caught has one Rx:
Sleep together and sweat it out: yes, sex!*

かゝすはめけし＝我が書き止めたが「め」は「ぬ」かと考えて。。。「恋風」と書かずのも渋いが、狂歌をだめにしたと非難されがち狂歌大師の真顔は、1799年以前にこの類の傑作もある。数首の寄汗首を夏巻に入れたが、これは恋焦がれる風邪に伴う治熱対策で、無季でいい。

寄涙恋

★新古今再載　涙の身うき出づる蜑の釣竿の
長き夜すがら恋ひつつぞぬる　光孝院　830-887

（浮き＝憂き＝ウキも寝る＝濡るも長き歌筋も英訳無用）

*On a night as long as a fisherman's pole, sadly out I float
into a sea of teardrops, longing for her I sleep on a boat.*

良英訳するには一日もかかるが、朝呑みすれば校正で boat で脚韻を踏めば様になる。光孝院は同名の天皇ならば、画像を見たら男女か見分けなかった顔だが、百人一首の名歌「君がため春の野に出でて若菜摘む我が衣手に雪は降りつつ」を読んだ時も女の子の歌かと思ったからネット検索すれば「光孝天皇がまだ時康親王だった若い頃、男性か女性か誰かは分からないけれど、大切な人の長寿を願って春の野草を贈った時にそれに添えた歌」とあった。しかし、中年だと見事の眉毛も描かれているから、やはり、いい男だ。涙と身浮きのみならず竿に汐水の流れたりぽたぽた落ちるのを想像すると山鳥の尾の長き夜より良い比喩になる。他の寄涙恋、たとえ涙川と涙玉などが同題に何首も入るを、この一首は孤独で寂しい。

寄涙雨・寄笠恋・寄袖笠恋・寄蓑恋

★はら／＼と涙の雨のふるからに
目より上なる笠も物憂き　月洞軒　元禄

*W/ teardrops falling in flurries even my hat makes me blue
to think I wear it above my eyes where I don't have to.*

★なにせんに我れかざすらし袖笠の
下にぞ涙雨と降りぬる　光俊　1276 没　夫木

*So what am I going to do now? – I wear one, my dears,
but it's pouring under my sleeve-brella, this rain of tears!*

1820 忍ぶ身は涙の雨に洩れんかと
先ず傘さしたる己が袖笠　村住 E11-2

（夜這にも涙にも効く袖笠は無ければ英訳無用が）

*With secret love, you need protection against brambles
and tears, so wear your first kasa around your sleeve.*

左の笠は蛇足無用。袖笠が涙に効かない中の和歌の指摘を、約550年後の右の狂歌が効くかと詠んだ。どれかが狂度が高いかと思いますか。

★降りしきる涙の雨も防ぎえぬ
みの一つだにあるぞ悲しき　金鶏　天明

*As it cannot save me from being drenched by tears, by and by
the fact I have a straw raincoat makes me sad enough to cry!*

金鶏の狂歌の後句のたった一語を除いて、その鷹狩が雨に降られた若き道灌（1432-86）が小屋の娘に蓑を借りようと、山吹を差し出されながら彼女が詠んだ「七重八重花は咲けども山吹のみの一つだになきぞ悲しき」と云う歌とそっくり（金鶏は「無き」が「有る」となる）。道灌が後に学んだ本歌は『後拾遺集』などにある兼明親王（914-87）が小倉の山荘住いの頃、雨の日に蓑を借りに寄った人に、山吹の枝を折って取らせた。翌日、その意味を尋ねる玉使が届かれたら「悲しき」が「あやしき」なる当の首が親王の説明であった。兼明親王と云えば、

1785 下駄の歯もたゝぬほどなり別れ路の
涙の雨のふりかゝるには　真竹深藪　徳和

*On parting, the stilts of their geta sank deep in the mud
for the rain of tears made by lovers is akin to a flood.*

寄涙＋棒恋

元禄★棒ほどな涙ながして今ハはや
恋の重荷を荷う計りぞ　月洞軒 T40

My tears streaming down like poles
may now be thick enough to bear
love's blue burden of despair.

黒田月洞軒の狂歌によくある事だ。名歌になってもいい最好の涙の誇張歌と思えば、多数の英訳を創りたくなる。二番目の英訳は原文より高級というか重荷がブルース殿となって籠に乗る。又幾つかもある。

The tear-flow from my eyes make poles and, by my wit,
they bear the sedan in which my lovesick blues doth sit!

From my eyes stream tears like poles & they grow thick
enough to bear the burden of a Love no longer quick.

上の狂訳の sedan は英国の駕籠。日本のより天井が高くて公衆電話のそれに近寄る形だった。下の「クイックでない」は、古英語で「活気ない」。ただし、我が狂訳が原歌より複雑で朗らかな月洞軒よりも英国の形而上詩みたい。又、パラパラ絵本の想像の目では両目の涙がそれぞれの棒となったが、それならば本人でない恋の奴か誰かに片方を担うか米原住民のように片方を土の上に滑るやり方になる。片思だったら一本の棒でいいから、若しも涙の流れが顎先から合併すれば、

Tears streaming down from my two eyes fuse below my chin
to form a pole thick enough to bear one-sided love's burden.

になる。因みに、原文の「程な」の「な」を狂歌相棒の吉岡生夫さんに訊いたら、たぶん「の」の誤植ではなく、微妙な文法と方言上の長い説明をくれた。その後に、江戸狂歌の三陀羅法師の歌に「棒ほどな涙を見よと憂き人に顔ふり上げてうちかこたはや？E3-10」で確認。吉岡さんは又この歌をよめば「ピカソの「泣く女」を思い出しました」。

寄涙川瀬恋

1314 以前★うきてこそ流れ出づれと涙川
恋しきせせに逢わすもあるかな　玉葉集 番号外

When you're blue, you must float out of it: Tear Rivers I mean,
we can but hope they speed us to a ford where we can meet!

可愛い理屈です。我が読みがでたらめでなかったら、この和歌は概念狂歌の傑作です。憂きは浮くから、流れを浮き出るといい。その流れは、かの涙川。小石のように瀬瀬＝恋しきから早く逢わせてくれるように祈るのみ。日文研で詠んだ人の名がまだ掲載していないのが、涙。

寄涙＋夢恋

905 以前★涙川まくら流るるうき寝には
夢もさだかに見えずありける　無名　古今集

Blue I sleep, head on pillow bobbing down Tear River
I cannot see you clearly now even in my dreams!

夢にもさえ見えぬ和歌の陳腐も、憂く浮き寝で動きが激しい、という理由付けは新奇で狂たる。但し、因果関係の詳細は明確ではない。Cranston 教授の英訳に floating 寝の bobbing 枕に川の current の上に steadily じっと？見えず swirling ＝渦む dreams と詳細を強化し一方、二人女教授の R&H は、川の swift currents で涙に枕が buffet 打たれるから keeping me from rest 安寝も許せぬで not even my dreams are spared 夢でさえ容積なく。後者の動詞が英語にしかない力がぷんぷんと匂わせてくれるが、あたかも枕が碇で止めて流れは通りかかる捉え方は少々変。

寄糞恋

★美しき女の悋気深きこそ
錦の袋糞を包めれ　無名　可笑記

A beautiful babe full of envy is nothing but
a brocade bag full of shit, that is what is what!

人を糞袋と描いた禅観に由来する概念。1666 年の古今夷曲集に「八重の錦に糞」もあるが、鈴木の狂歌辞典から可笑記の変種を借りた。悋気恋にもなりうるが。

寄屁恋

Love is the fart of every heart;
It pains a man when 'tis kept close;
And others doth offend, when 'tis let loose.

★恋ハ屁の如くなりぬと恥づかしいが
　抑へてならぬ身こそ苦しい　　敬愚訳

1755 年に出版された Samuel Johnson が著した英語最初の本格的な辞典の Love 個目の用例は、スィフト（1667-1745）の脚韻詩の二行抜粋を思い出した。寄屁恋あったかと思ったが、その一首は「寄泡恋」に入る。

寄添身恋・寄影恋・寄影法師恋

古今集#528 ★恋すれば我が身は影となりにけり
さりとて人に添わぬものゆゑ　詠人しらず　905 以前
Loving someone turned me into a mere shadow of myself
paradoxically because I just could not stick with him!
（↑故を活かす為にさりとてを逆説的に、又皮肉↓）
Loving someone, my body became as thin as a shadow,
alas, it also makes me unfit to follow him about!

読んだ人の解釈は、他の歌の「さりとて」も「ゆえ」も言及するが、この組み合わせでは、歌意は難しいかと思う。で、狂訳二本。左の訳は一緒に成れなかったから影という添うべきものになったを、右は恋病し影ほど痩せてしまえば、影ながら愛する人の身には添えなくなる。

1815★恋痩せて影の如くに身はなれど
人には添うに添われぬぞ憂き　　山鳥　k19-3

*Pining away for love 'til I am nothing but my shadow
makes me sad for I'd rather be his/her's, could I but follow.*

古今歌の歌意の狂訳の両可能性を超える焼き直しの狂歌であろうが、長年の痩せ男として悲しい。影法師はどうでもいい。鏡の中の自分こそ哀れだった。わざと痩せる人は別が、どうにもならないと餓鬼気分。

1799★恋しのぶ身は痩せこけつ影法師に
ものや思ふと我が問う迄　　権歌亭笛成　E5-4 か

*Hiding love made me so thin that I find myself asking
even my poor shadow monk if he is blue and wasting!*

（百人一首#40 の後句の「人の」が「我が」に変身）

*Love repressed makes even my shadow monk look thin
and isolated ... so, "Are you blue?" is what I ask him.*

痩せこけた影法師や。1672 年の大狂歌集 T30 の本歌らしい首は、西行上人の歌として「我さへもまた食ひ足らぬ水粥の底にも見ゆる影は憂し哉」になる。狂歌の後になる良寛の歌集中に「我れだにもまだ食ひたらぬ白粥のそこにも見ゆる影法師かな」ともある。良寛好ながら、狂歌を二次文学と見下す先生は万が一本書を読むために恋歌の脱線ながらのお知らせだ。とは言え、痩せ法師ながら歌体の本歌は、百人一首の「人の問ふまで」なる認識の過程を詠む心は気に入る平兼盛の 40 番のもじりだ（又#41 と結ぶ）。痩せこけつが転掛詞で「こけつ」にもなるが、その古文語の説明はともかく「孤子」たる気色になる。

5　　寄獣恋　　5

寄仮想動物恋

1812★夢に見し其おもかげもいたづらに
　　獏が喰うたか今に逢わぬハ　喜の高 e7-1

That face glimpsed in my dream, but still we do not meet.
Did the nightmare-eater eat her by mistake or for a treat?

1812★恋やみとなるばかりなる雷獣の
　　落ちると見れど目にもかゝらず　仲住　e7-1
（病に闇も成るに鳴るも見れどに思ったも掛かる具体性）

Alone & lonely in the dark, while thunder beasts growl above
I see lightning fall but you must catch each other's eye for love.

双方とも、原題は「寄獣恋」だった。左は。夢にちらりと面影みただけで抱き合うことがなかったか、正夢だったら叶う筈を、そう成らなかったか。いずれも獏めが悪い。本来、獏というものは我々の味方で悪夢を喰ってくれるか、覚えないように、それとも悪夢が真夢にならない為に喰ってくれるか、上記の獏はけしからん。英訳では、「いたずら」ほど良き単語は思いつかず補償に食べ違いか妹が美味しそうだったからか、とした。右は。仲住の見た雷獣が落雷だろうが、目にかかるとは見ると異なるが新奇のポイント。約 120-40 年前の洋書に出た
This is the first time I have hung upon your honorable eyelids とか〜 I have had the honor to hang myself 〜ほど変わった表現ではないが、「お目にかかる」はお互いを見て「会う」ことだ。英訳が今一つ。「寄獏恋」と「寄雷獣恋」もいい。

寄辰恋

★今は早うき名もタツの天上に
のぼりつめたる我が恋路かな　藤葉奈丸　1785
（立つ＝龍、詰め＝辰縁語爪も？天上＝死も英訳無用）

*As my sorry name shoots to heaven fast as a dragon,
I'm climbing love's trail and hope to chase it down.*

天明狂歌の『徳和歌後集』には寄十二支恋歌の一首。竜を、仮想動物の頭に置きたかったが、獏の首の方が面白かった。天明狂歌の名著に出た藤葉奈丸。藤葉ではなく、藤原で七、八百年前だったら九重の含みもあったを、これは恋の物語の中で読みたい。一本立ちとして概念上の面白さは今一つが、狂訳でその立つ名を追い掴もうとする。

寄象恋

★つゝめども女の髪につながれて
心のたけをみんなはく象　内匠半四良　1785
（英語で nose でない trunk なるから吐けない白象）
*Tried hiding it but tied to a woman's hair (not apron-strings)
even this elephant in the bedroom will spill the beans!*

1823 ★大象の細い眼もとで口説けども
かえって妹が鼻であしらう　如棗亭　K6-6
*Under her tiny, kind elephant eyes, I thunk
to woo her with my words, but she just
snorted back as if she had a trunk!*

左は吐くさんだ！象は美女の髪一本で止まれるのが古いが、掛けと考慮すれば自白象の歌か。「部屋の中の白象」は大問題ながら誰も話さ

ない。「豆をこぼす」は、自白する意味。右は、英語で象が鼻じゃないが「鼻であしらふ」を一語で伝える snort のおかげで可愛い狂訳が。

寄虎恋・寄寅恋

★つれなさよ風の便りにいひ寄れど
　張子の虎のかぶりのみして　榎雨露住 1785
Hearing a rumor, I paid you a call but, to my dismay,
your paper meche tiger head just wagged me away!

1812★跡先の人目も怖く虎の子の
　渡しかねたる憂きが玉章　蔵人 e7-1 寄獣恋
Afraid of eyes and nays and what they may say, a tiger cub
am I, unable to cross the vale to take a letter to my love.

1812★から国の虎の伏しとゝ成りやせん
　余り思ひのたけの茂りて　乙人 e7-1 寄獣恋
Never did meet in the bush with her like tigers in Cathay;
my bamboo-long love was tangled and too dense to lay.

左は、巴人集にあるから赤良か。虎の有無に関する成語あるから英訳に伝えてこない行間も深いが、結局だめか。中の後期江戸狂歌は面白くないが、右は生かされている。この種類の竹は確かに分け入れない。

寄猿恋

★聞くやいかに木の空つたう猿だにも
　けか？には落ちる習いありとは　行風　1670 頃
Tidings of love come from the vacant sky through the trees
from which even monkeys sometimes fall to show us how.

初期狂歌本を読んだ時、見逃したが、寛政二年に出た天明狂歌の唐衣橘洲著『狂歌初心抄』に拾った狂歌の偉大なる編集者行風の首。「けかに」は未解。歌意を恋に落ちると「怪我」もするが勉強になるかと思った方がいい。昔は英語でmarried（結婚された）がmarred（傷付けられた）という俗語源もあった。歌体は、新古今集歌「聞くやいかにうわの空なる風だにも松に音する習ひありとは」という宮内卿のとても妙な歌の前後の部分をそのまま借りて真ん中の部分を取替えした。

★猿猴の長い手紙でくどいても
　みずにすませし月の丸顔　木端　K1　1760
（手⇒手紙も水に澄ませ＝見ずに済ませも英訳無用）

A letter to win her heart, long as the proverbial arm reaching for Luna's round face in the water . . . I feel like that monkey.

天明★つれなさに思ひは猶もまさる成り
　引っかきおくる言の葉もがな　加保茶元成

（増さるに猿も引っかきに書きも言の葉もなく英訳無用）

左、上方狂歌の大御所木端の「手⇒手紙」の月の丸顔（故事から身分も不適当）の子への片思いの大筋は良いが、右の傑作には勝ってまい。加保茶元成の「へ」の字を並んだ三十一音字の首が英米で天明狂歌流ユーモアの顔になるが、この歌の猿行動学的な観測は、へへへの笑い＝屁の joke を遥かに凌ぐ。サルは枝葉を木から落としたり、地面から拾って引きずりたり、敵らしき者へ投げ送たりするのが事実。激情を発散する荒い行為でしょうが、ここで恋の敵を脅すどころではない。「引っかき送る」言の葉は相手を惹かせる猿学者でも書きそうな傑作ラブレターだ。

★まざ／＼とうそばつかりを言いなさる
　尻も結ばぬ君が言のは　ひまのないし　1785
（なさる猿も尻を結ぶ慣用語も英訳とても無用）

天明狂歌名人智恵内子（1745-1807）の娘（1852没）は、1785では、25歳以下でしょう。廿歳位で上記の軽尻傑作はWow!

寄猪恋

けだものの歌合★くみて知るなさけハいかにいかり井の
ゑひに乱るる心こそすれ　いのししゑもん　四生 1643
（情けに酒、酔み怒り猪と碇井＝亥も結ばぬ英訳無用）

★我が心探ろうもほれてゐのしゝの
通ふ思ひや君落とし穴　林士　K11-1　1820

*Trying to find my mind, I guess I do dig you and, like the boar,
my roaming heart best not ignore what you may be: a pitfall!*

左の「井」は原文。情けを酌み交わせばいいのに、どうして怒りに酔い狂った猪のような乱れた心はという歌意か。在日か金持ちだったら、四生きる歌合の解釈ある本を買った（たぶんある）。右は。かの「惚＝掘れて」は、我が世代の俗語digのおかげで直訳できた。が、惚れて「ゐ（る）⇒いのしし」の省略性転掛けの真似は無理し、オチとなる「君落とし穴」が文法音痴なる敬愚は不安。自分に対する警告に狂訳したが、君に対する警告だったら、改造版する前に直せねば。

寄鹿恋

★よべ（夕べ？）見つる夢野の鹿の矢ならずも
早う当たって逢うぞ嬉しき　眠洞　K15-5　1811

*The doe I saw in last night's dream-field had no arrow,
what a joy to learn we're on target to meet, my bow!*

恋つのるもかりにだにいる方がなき
夜もすがら書き明かすしかない　敬愚

上の狂訳の bow は片手で押し片手で引く女性。仏語の男性ではない。鹿と矢で、万葉集のやばい鹿狩りの譬喩歌が本歌になるかどうか知らないが、念のために射ゆ鹿（しし）をつなぐ川辺の若（にこ）草の身の若がへにさ寝し児らはも 万葉集 #3874 Where are those girls with whom I slept, their bodies soft as young grass, down by the river where I trailed the deer I shot?この懐旧の旧開の思い出からしては、詠む人は、若き頃、処女と寝たようです。眠洞の首の解読は、いかがですか。

★水茎の岡に妻問ふ棹鹿の
筆になる毛をふるふてやなく 軒端杉丸 1787
（筆を捗る様に揮うと怖さで震えるを一語で不可英訳）

My brush made from the hair of a yearling seeking his dear
should convey my timid love as I tremble and cry in fear.

水茎は手紙の紐と水茎の岡は万葉集でロマンスの枕になるが、それで繊細な感じを伝える。敬愚と云う粗野の男にとて、英訳が難しかった。

寄畜生恋

1768★世の人は笑わば笑え鴛鳥や
鹿の真似して妻に焦がれん　夢庵　E1-1

People of the world, laugh if you please but mallard monogamy
is copied by deer who find their mates dear (and not you & me)!

江戸狂歌本のかしらに置く夢庵の題は「畜生に寄せて思恋」。さて、対ある。名俳家と『鶉の衣』の著也有の寄猫恋狂歌である。いずれも人類を褒める内容ではないが、夢庵の方が間接で渋い。英訳の括弧入れは御免。余計に科学っぽい単語 monogamy に脚韻を踏む為に書いた。思えば、脚韻も結婚の一種と見做してもいい。

寄馬恋

★幾たびか口説きかけても馬の耳
撥ねつけてのみきかぬ恋風　金鶏 天明中
（馬の耳に念誦も恋風も聞く＝効くも無く英訳無用）

*How many times I tried to win her heart but pearls to a swine
she'll catch swine flu before she will the love-bug that's mine!*

馬でいけば、英訳不可能だったが、豚に化かしたら、同類の諺「豚に真珠」に恋風の比べる別な病名で狂歌の大意を伝えました。

★取りすがる手綱も切れし放れ馬
口の怖がる返事のミして　奈良花丸 1787

*Reins busted, a run-away horse – baby, is that why
I fear being bad-mouthed (or bit) each time you reply!*

（ネットの解釈の　部のみ取り入れたら、こうなる）

*Out of control, reins busted, now she's a run-away horse;
her words all but bit my ole head off, a bad-mouth of course!*

1783、1809★逢う夜とてこゝろが先へ走り馬
恋の重荷も軽尻＿＿　おほふねの乗よし　E1-8＋E7-5

*The night we meet, my heart a race-horse, gallops ahead,
Love's burden left behind, its rump is bare . . . . . .*

左の詠人の狂号「〜丸」は上方っぽいが、江戸狂歌本『古今狂歌袋』『後万載』等入。「くち」が「口」に老い朽ちている儀なる卑下語にも成る。口が怖がるとは、馬の口が強くて制御できないか、噛む危険を指す。明治時代の半ばまで日本の馬の多くが、人嫌いで噛みつけんとした暴れ馬が多かった。馬通の名旅人 Elizabeth Bird（後に Bishop）の著作をご参考に。とは言え、右の再載もある『若葉狂歌集』の首こそ

面白い。乗るべきだった重荷の軽尻の後に三音字の空白は、我が書留違いかどうか心配が残るも、そのままで心地良いのため、右勝。

馬駒恋

★ふと思ひ初めし手綱のゆるみてや
心の駒ぞ君にひかるゝ　庵利鍔女　E4-2　1793

*I start falling in love and before I know it the reins slacken,
so, now, my pony of a heart seems to be in your hands.*

節松嫁々か智恵内子の首であったら、名歌か。否、良いっ子過ぎる。手綱は良心になるさる男。様々の馬・駒＝心の歌句を見てきたが、この譬喩ほど過程をうまく詠んだ例を覚えていない。女大学ながら、自然に何となくそうなると。庵利鍔女とその相手の年齢も知りたくなる。

寄馬牛恋

1820★馬ならば手を広げんに恋人の
来てとまらぬハうしと思える　占正　E11-2
（馬は旨くいくも牛は憂しの掛詞も英訳無用が）

*Had she spread her arms in welcome I'd be her happy horse, now;
but she'd neither stable me nor ride, so I am ushi, her blue cow!*

馬が屋敷に着たら、馬子は馬を中へ引いて、その面倒をみてくれるが、牛は野向けだろう。玉光舎占正の本業は、刻師だったようです。

寄牛恋

四生 1643★老いぬれば働かぬ身をうしとだに
いよいよ思ふ中ぞ苦しき　涎づらのあめうし

*Grow old so ne'er you nor your once proud body work,
and by and by you both feel cowed or like your ox is gored.*

（英語の cowed は惨め、gored で大事な持ち物が台無し）

伊勢物語の本歌「老いぬれば去らぬ別れのありと言へば いよいよ見まく欲しき君かな」は、母が死別しそうで息子会いたい。上記の「思ふ中」は夫婦恋か老化恋でしょうが、英訳の慣用語よりも原文の「牛＝憂し」が好き。著者は多分和歌名人の木下長嘯子（1569-1649）。

1753 ★車をも牛の涎の長き夜に
　　もふく／＼と待ち焦がれつゝ　麒山　K13-1
On this night, her cart takes as long as the slobber of the ox:
I wait while my heart burns in painfully slow moo-ooootion.

「もう来もう来」の工夫かと思ったが、調べたら参り来ると云うのも「もうく＝参来」となる！と自白すれば、もう一つ。英語の牛は「モー」ではなく、「ムー」だから Japanglish でなければ、上記の英訳も少々外れてしまう。詠人の待ち焦がれては「もく／＼」となる掛けも英訳したが、もともとどうかな？と疑問です。辛い時間が酷くゆっくりと過ごせば「もく／＼」を「もうく／＼」と感じる、という心理上の相対主義の屁理屈のおかげで、一応できただけです。麒山の首をそこまで読んだ前に、英訳の heart burn を、cheap moo-moonshine（だったら、moo の発音も正しい）つまり、安い焼酎＝月光で心臓焼（？）と読めばいいかも。

1792★おそろしき恋の重荷を負うている
　　此身やうしの時参りせん　此花咲吉　E3-10
Carrying a frightfully heavy burden of love, call me blue
or "ox", for it's the hour when I call to pay love my due.

1784 ★人心うしの涎の長文に
　　恨みたら／＼筆も走らず　すねのけは／＼　鶯蛙
（心と憂＝牛と涎と長文しも英訳で上手く繋がれなかった）

寄角文字恋

1820★二つ文字角文字とのみ焦がれしに
今は重荷を背負う身はウシ　九万斎鵬丸 E11-2
（蛇足の「こひ」と云う無用・英訳不可能）

★角文字の依頼さへなく過ぎぬるを
ウシやひかれで暮す年月　不知 E11-2
Never blessed to be asked for a horn-letter or other such,
months & years drag on as I, unloved, remain unyoked.

左。父の後嵯峨院が「こいしく」（「い」は又「ひ」になる角はその文字）という角文字を発明した（?）第二皇女（娘ですね）悦子の四文字ではなく、「恋」は、やはり駄目だ。人にこいしく思われたい。右もやはり憂し。念の為、第二皇女の作品も狂歌でしょう。

寄角恋

1815★つらき人を鬼よ蛇よとて恨む間に
我も額に角や生えなむ　倭文雄 E9-3＋恨恋＋寄男恋？
Nursing a grudge, I called the one who hurt me 'Devil!' and 'Snake!',
and the horns that sprouted on my male brow, also, were not fake.

1803★頭から出来ぬ恋かやうしの角
ついて廻れどふられ／＼て　一枝　K14-2
It seems that love cannot be just a head trip: take ox horns,
circling, you try to stay with 'em but you are still tossed off.

左は。道元が外で神を求めば内なる鬼に出くわすと警告したが、これでは人を鬼をと呼べば、自ら鬼になる。我「も」にもう一つ意味ある

かと思う。状況次第女だけじゃない。男にも生えるぞ、と。右は。敬愚の悪癖の一つには牛の角を握り、力試しをする。愉快だが、長持つのが意外に難しい。重き頭を支える首は、人間の動きの中心になる尻の大筋肉 gluteus maximus に等しい。農家主の妹は、初めて角を掴めるのを見たら、かんかん怒ったが、牛が他の牛に悪い事すれば角を掴んだから、一、二年以内に性悪の叔母さん牛までも、良いっ子になった！無論、毎日干草に時々の人参か林檎や西瓜も毒という宿木のご馳走（老牛殊に酔いたがる）もやった。下手にすれば只には済まない遊びだから、真似をしないで。兎に角、右の狂歌を読んだらブルックリンの六階のアパートのロッキングチェアーながらの敬愚は、腰抜けて目が潤んだまで嬉しくなった。妹の面倒を見た辛い五年間も毎日、牛達との時間ほど幸せの時はなかった。だから、左の首の心理が尤もながら、右勝。万が一歌意は、わが理解と異なれば、今度、この首だけは、何も教えないで下さい。

★君に又あうえん丹（？）もあれがしな
馬にも角の生ゆる験しに　砂長 K15-5　1811
（逢う縁＝鉛丹が判っても馬に角とどういう関係？）

寄羊恋

寄獣恋★引き裂きし文は羊に食わずとも
ぜひ呑み込んでくれよ仇人　鈴成 e7-1　1812

My love letter torn to shreds? You may have no goat,
but you've now got mine so go ahead and eat it, girl!

★かひ（返え？）てみて羊も喰わじ胸さわぎ
人の戻したこの玉章を　　高積　e7-1　同

Even the goat wouldn't eat it – talk about heart-burn,
to see the love-letter I sent that she simply returned!

相聞じゃないが合わせて見れば感賞は倍以上。左の狂訳は慣用語 you've got my goat（もう怒っているぞ）を文字通り受けて、だから食えば食えなさい！と。左の原歌には、脱帽。右は英訳の方が面白いと思わないか。

寄熊恋

四生 1643★くましある心み山の奥までも
あな惑わする恋の道かな　熊がいの四郎なをさだ
（熊に隅？隈？もあな＝穴もなければ、英訳無用が）
Deep in the heart of the hills life is hard for man, too, bears
live where love's trail may lead us astray: beware of holes!

四生歌合にある判詞は詳しいが、古き散文に弱い敬愚は、なんとなく暗くて恥じるべき恋の重苦しい雰囲気で穴に入りたがる史的な響きある名の熊谷までも歌のみ頂きました。狂歌ながら木下長嘯子の歌詠みは優雅。

寄狼恋

1812★狼に頼みてなりと玉章を
君が方までおくりくれがし　立吉 e7-1

Calling on the power of the stalking wolf (hardly votive),
I write and send my letters to you with ulterior motive.

★転び寝はいつ有る事ぞ待ち遠し
はやく返詞をおくれ狼　鶏六　e7-1　1812

（送りを変化して送れ⇒狼が又サインと英訳無用）

When can we tumble in the hay, let's do it while we can!
Must I wait to be your man like the proverbial wolf I am?

★そっとさせじ君つまづかば手を取らん
是はこちから送り狼　雄飛　K8-1　1814

（狼に先の「手」とつなぐ「紙」も感じるか）

*I can't watch in silence, when you trip, I'd give you a hand;
This letter is sent to you by the big bad wolf himself.*

1812★恋の山越えて夜毎に狼の
送らんという妹も恐ろし（秋田）風流亭屑成 k16-3

*After crossing Mount Love every night, she sends him off –
this sweety-pie and her stalking wolf seem frightfully familiar.*

本来の送り狼は、山中などで人の跡をつけて、隙を見て害を加える半ば超自然的な山犬（狼）。今は、親切を装って女性を送る途中で乱暴を働こうとする危険な男の語義を弄ぶが、上記の四首を伺えば、後期江戸に現代の慣用上の狼像が既に成立していた。各首も蛇足無用。

★狼の口はものかは聞く人の
耳までさけて欲しや恋中　集丸　e7-1　1812

*The mouth of a wolf is naught next to that of those who hear
what we lovers do, whose nosiness I'd split from ear to ear!*

（↑避けて欲しい異訳、↓割けて欲しい。↓↓避けて意訳）

*The wolf's mouth, said to split from ear to ear, is not so wide
as I would have her ears split open to take my heart inside.*

*The mouth of a wolf may be big and split from ear to ear
but eavesdroppers who talk are what we lovers fear!*

中世以前にも、人の口に比べて虎と狼は何なるか。1643 以前の四生歌合の「野山大かめ」の歌「寝たしさや幾たび人を大かめの野路に日ぐれて通ふもぞ憂き」は凡歌なるが、既に色が狙いだった。

寄狐恋

室町後期頃★別れても又も逢ふ瀬にあるならば
涙の淵に身をや沈めん　　木幡狐（こはたぎつね）

If parting is but the first step on our path to meeting again,
out of happiness I'd cry tears enough to drown myself in!

歌に姿は出ないが、自殺を促す危険な理屈こそ狐。淵瀬は英訳無用が、恋人の別れと死ぬのと一緒に詠むどうけた傑作と思うが、御異見は？

★君こんと言ひし夜ごとに過ぬるは
頼まぬ狐身をや化かせる　未得　1649
（来んの擬声も狐に来常？兎も角、英訳無用）

1803★是非こんと云いし今夜はおきつねつ
待つにほむらも燃ゆる玉のお　拾翠　K14-2
（起きつ⇒きつね⇒寝つ、こん＝来んも、来＝きつねも、ほむら＝炎の字も、火の玉緒＝尾も英訳無用）

★野狐の如君が身につき添わん
死すとも同じ穴を頼みに　吉丸　K19-3　1815

My foxy lady, you have me enthralled, body and soul,
though it kills me, I'd share your den and final resting hole.

左の未得の寄る狐の悪口の恋歌。中の掛詞の化けぶりも茂る夜すがらに焦がれる恋歌。右、原題が「念願恋」だった比較的に解りやすい。校正前の **My wild vixen** だったが、野でない狐いるもんかと思えば。

寄狸恋

四生の歌合 1643★もはら打つ鼓の拍子かねごとも
　　逢わで今宵や寝に誰がふらん　狸汁のこんにやくびやうへ

As one who can't even keep time drumming on my own tum-tum
i'll miss my date tonight so someone will not sleep with this bum.

木下長嘯子独特の味の狸は、詠む者あるいは物にも具こそない名のみなる。番の題は「手足も働かぬ恋」。自信がない歌の解釈を改造版まで預けるが、本物の狸ならば、馴染みあるから、当の腹鼓について言うことある。子狸は親から玉子などを盗むために走りながら体当たるから音は立つ、月夜の雄同士レスリングで坂を転び落ちて木にぶつかる音も立つ。猫と喧嘩を避けんと巨大雌鶏が卵落とす時の clucking 音で脅かす。小鼓っぽい。飛ぶ虫を空からぱっくんと噛み取る音も。変な音を沢山つくる訳。出窓の直前によく伏して、玉の小目で、この敬愚を惚れ惚れと仰いだ若い雌だけが、妙に静かった。時々、そこに居るのに気づかず、視線を感じて、よく見たら、いた彼女は。当時は物思いした大和撫子に化けてくれたら、敬愚も帰国せずに日本人に化けたに違いないが。

寄鼬恋

　　四生歌合　獣の巻★老妻にかみはうつ／＼いたちゐを
　　見るに腰骨なへにけるかな　いたちゐのこしぬけ坊 1643

鼬魚の魚は今や「ウオ」と言うが、その魚を知らずに読めば敬愚は鼬が交合中で老妻の髪の薄さを見て萎えたかと早合点。ネットという網に当の魚の写真を見たら、髭と顎鬚などうっすらと生えた気持ち悪い老婆の毛とそっくり。桃の如の産毛でもない粗野の太い毛だ。脇の下と足は平気だが、やはり見辛くてあの骨も萎えると決まっている。因みに「どうして魚が獣の中にいますか」と聞かれたら、「けだ物の歌

合」で「「毛だ者」の魚だから、さ」と言って著者の木下長嘯子は大声で笑ったはず。

寄犬恋・寄戌恋

失出典★望むをば惜しむ心は犬なりと
　おもえば君にほえ／\ぞやる　和多利石州

*If regret for love is a canine trait, then, I'm not base
but, as a dog, just cannot help barking in your face!*

（↑惜しめば相手を退ける。↓〜めば独り遠吠え）

*Regret for what we wish to have really is a canine trait:
do I not howl alone for you when I really want a date?*

（ばれ歌が男が仕業が、遊女の代詠みだったら↓）

*If regret for what we want is canine, call me a bitch
for I can't help yelping as I let you scratch my itch.*

1798 ★今宵またふられ／\て犬の尾の
　いつ丸うなり寝てくれる気ぞ　梅烏　k5-3

（尾の動く動詞の両義も丸なる意味も英訳無用が）

*Once again, tonight, she brushed me off with a wag
o' her tail better curled up to say "OK, let's tie it on!"*

左は。英訳あえて当たってみたが、望むのを惜しむが犬か。確かに、何かが欲しいと「悪いけど」と足に挟んだ尾で卑下ながら寄る犬もいる。問題は、外人で「吼え／\やるぞ」の語の含蓄を十分に淘汰できなかった。右は。日本語は解りやすいが、英語では振れるがブラッシュで掃き払うし、日本犬の尾の丸うなりも、丸さの心理上の含蓄もなく、狂訳がえらい時間をかけて捏造せざるをえなかった。左の首のおかげで犬の行動学を考えるのが楽しかったが、丸うなる望みは気に入り右は一本勝。

偽恋★こい／＼と言うたは嘘か畜生め
忍び入りしに妹のいぬのは　軽雲　k9-4　1822
（来い＝恋と犬＝居ぬの掛詞で和文は英訳の百倍上）

*Was that "Come to me=koi, koi!" the yelp of a lying bitch?
I snuck thru the valley of death just to find you out=inu!*

1812★約束をたがわず門にゐるものを
いぬと思うて見えぬ仇人　過人　e7-1 寄獣恋
（認知的不協和の発見かと思えば英訳無用も頑張った！）

*As promised I was iru (yes-there)on time by the gate, I swear to god
but unfaithful you couldn't see & thought I was inu(not-there=dog).*

年順よりも、気持ち悪いのを先にした。左は、狐が「こんこん」の特許専売で、寄犬恋が「こいこい」という雌犬の高い声でありながら恋を仄めかす。旧約聖書の語句を借りても原歌の「畜生め」で英訳も、失礼ながらメス犬呼ばりもした。これを読みながら、三十年前に「畜生め」「獣の顔をした」他の人以外の動物に対する差別的な言葉扱いを野上ふさ子と太田竜はエコロジー総合誌『生命宇宙』等で訴えた事を思い出す。居ぬ犬は行く年と昨年今年の俳諧と狂歌の十二支歌に既によくイルから、左には、大した新奇がない一方、右の首は、認知的不協和の見事に明白の好例で珍しい。思い入り次第に見えるか見えない。これに沿ったノンセンスを越えた大人向きな「いるかいないか」の狂歌も望む。

1785★棒ならで今宵は君に逢ふ夜なり
寝せはしやせぬ さあ翁丸　和哥茂少々読安
（掛詞の棒で打たないも、棒にふらないも英訳無用が）

*I'll stick around but won't beat you, when tonight we meet!
So, do come back, Old Sir Dog and I won't put you to sleep.*

素晴らしい！清少納言の枕草紙の見事の涙頂戴になる翁丸の話に因む老人の恋人か夫へ贈った女性の歌か。追加情報を改造版まで求む。

寄狛犬恋

1815★狛犬の口に今まで出ぬ思ひ
明かしたにあゝうんと言え君　文之　k19-3

Feelings ne'er mouthed before by Chinese pug, I do confess,
please give me alpha and omega, dear, that is: say "Yes!"

1820★恋死なば其まゝ狆に生まれきて
涙こぼさむ君が膝元　堰流亭滝近 E11-2

If I die of longing may I awake from my nap a pug,
wet from tears dripping on your lap and my mug.

左の原題が「初言恋」だった。狛犬の口が開いた方が「阿」で閉じたのが「吽」が、後者を OK という意味の「うん」に掛けるのが名提案。オメガまで許す「うん」の「おわり」という本来（？）の意味を英訳に入る音字も無かった。右は凡作ながら完璧。左が天才級。

1806★立ち寄らんとは思えども狛犬の
困ったものよ君が三つ指　曽丸　K25-3

（本人が彼女の狛犬と卑下したくも彼女は三指の礼）

I thought I'd stand on my own two legs for our meeting,
but thy lap-dog is puzzled: why a three-finger greeting?

思えば、恋うも乞い也。ちんちんでもする男を、作法ただしく三指で歓迎してくれたら、「困った」とは言いながら、感謝いっぱいで詠むかと思うが、歌意に自信ない。けれども、ハッピエンドという気がするから、年順と逆にこれを寄狛犬恋の最後の歌例にしました。道草：

小指切り落とされても三指なるし、失礼の fuck-you (the bird)も三指なります！

寄煩悩犬恋

1776★嫌われて思ひいやまず我が身は
尾を食うて廻る煩悩の犬（山家）算山　k12-1

I, who can't stop loving one who hates me tooth & nail?
A dog of carnal desire that chases after his own tail.

★忍びてぞ行きつ戻りつ明けやらぬ
閨の戸守る煩悩の犬　金英　k12-4　1809

I snuck over, all right, but not getting in, had to retire –
the boudoir door is guarded well by your dogs of desire!

1812★憂き人の逃げ隠るゝは己が身に
病つきたる煩悩の犬　雨水　e7-1 寄獣恋

Why she who loves not yours truely flees and hides may be
fear for ye dogs of carnal desire that do indeed hound me!

左の歌は心理上、尤もであろうが、面白くない。中の煩悩の犬が番犬になるのが逆説的に面白いが、両親か主人が彼女の浮気に気づいたか。雌犬の如く多数の雄がお互いの邪魔になるか、妾だから彼女を飼っている金持ちのお爺さんという一匹の煩悩の犬か。分からない。右は自嘲と思えば、可笑しみもあるから勝たせて上げる。朝晩もやりたい男を嫌がる女性は意外に多い。若しも読者に、ご自分の知る天明狂歌の煩悩の犬の首を見当たらないと思えば、それが「寄煙草盆恋」の歌例に入ります。

寄猫恋

1643 以前★真葛ばら下這ありく野良猫の
なつき難きハ妹の心ぞ　四生歌合の判文より

*What is as hard to get to know as feral cats creeping low
thru underbrush of vine-tangled fields? My girl, it's you!*

1672★君がちゝと鼠鳴きして呼ぶ時は
猫背中にて這い忍ぶらん　　舎氷　T30

*Just cheep aloud for me to hear, like a mouse or baby rat,
and I will sneak after you with my back bent like a cat!*

★人の恋季はいつなりと猫問わば
面目もなし何と答えん 也有 1702-83

*If a cat were to ask, what might be the proper season
for the loves of men, who can reply without blushing?*

左の脚韻を踏まねば、my girl's heart でおわる単なる比喩ながら、町外れで野良猫と馴れる難しさを体験で知っている人は鑑賞できる首だ。中の「ちゝ」は。鼠はちゅうと鳴くかと思った。狂訳では、野鼠か子溝鼠とした。右は「鶉衣」の俳文で愛されている也有の「猫問わば」歌が名首。初出典を知らないが、これは後期江戸の『万代狂歌集』E8-3（1812）から拾った。他にも見た。下記は多分、その前になるが、

★三味線のかわる姿となる世にも
君がお膝を離れやはする　犬暦 T56　1737

*Nowadays, when the samisen has come to change its hide,
this cat feels safe enough to leave your lap and go outside.*

何が変わったか。猫よりも蛇が皮が本地なる大陸から来たか。沖縄から来たか。それに、いったい何の暗喩か。男よみか女よみか。一応前者したが、出家のことか、離婚か浮気をしてもいいか。専門家の助言を待つ。

★思ふこと首玉章に書きつけて
人目を忍び心ひき見る　栗枝　T59　1740

Thoughts of love in a letter sent tied to a collar,
snuck in to avoid human eyes will be looked at.

猫によせて待つ恋★君が膝枕にしつゝ猫ろびて
撫で廻さるゝ時を待ちぬる　夢庵　e1-1　1768

Lying here, head on your lap, this cat thinks romance,
as you stroke and turn me about I await my chance.

1787★なれもまた思ひに身をや焦がしけん
灰毛の色の猫の妻恋　唐来参和　古今狂歌袋
（竈猫も grey という灰色の灰も無く英訳は無用が）

Yes, all of us have burnt inside with carnal passion;
ash-colored cats love their mates in senior fashion.

四季部の春巻ながら夢庵は「猫に寄せ」た恋とするが、寄恋猫っぽい。

参照に　寄恋猫三首

冬中枯野★風よりもそつと凄きハふう／＼と
吹てかゝれるのべの野良猫　如竹　T29　1671

Far more furious than the wind, how curious the caterwauling
of wild cats: to hear their hisses, love is not all hugs & kisses!

1685 没★猫の妻もし恋死なば三味線の
可愛いやそれも色にひかれて　後西上皇

Piquant the song of shamisen born of cats that died for love,
no fur flies but, sure enough, it's about getting some!

★朝夕に竈はなれぬ老猫の
恋にはあらぬ身を焦すらん　一茶

*Day in, day out, never leaving the stove, Old Tom you leave
no doubt: even one who doesn't rove for love can still get burnt.*

一茶の首は、拙著 *Mad In Translation* には四、五行の脚韻詩英訳になる傑作ながら、日本で名歌にならなかった。宣伝したくなります。下手のかわの首に出会えば、改良版を創ってみせたいを、上手の首が相手だと困る。両手を上げるか複数の狂訳で誤魔化したくなる。同時に、自分の歌詠み本能が発情してしまう。英訳を止めて今すぐ参加したくなる。例え、左、如竹の歌を「風よりも狼よりも恐ろしハ猫のふうふに野も枯れる恋」と反歌する具合に。一茶の名句に年の内の春というが、枯野が猫の恋風の仕業かと仮定した。

天明狂歌★垣穂より姿をちらとみけ猫の
またたび／\に思ひ乱るゝ　すは子　1785
（見⇒三毛にマタタビ⇒度々ハ英訳無用）

★ふられては髭もむしゃ／\江戸野老
恋の奴のにがい味わひ　冬之　失典　同？

*Clawed by the pussy, his whiskers a mess, Edo's knave
Tom is now the spitting image of Love's wretched slave.*

左の三毛の掛は珍しくないが、またたびも掛け重ねた浮き心地を見事に描く！またたびを嗅ぎこむ猫の目が活き活きになって興奮し早く噛んだり爪をかいたり、かと思えば又目が曇り居寝するのが恋を思わせる。三毛は雌が、主いる安全の場あれば、一発毎に家へ飛び込めば仰向きになって、嬉しそうにくねぐねするのも多い。右の原題は「寄野老恋」だったから、一応本書の類のようですが、「寄恋老野良」歌ともなりうる好例。左の三毛は又『古狂歌 ご笑納ください』の百章頭歌の一首です。

寄猫の目恋

1783★猫の目の変わる心と知るならば
君を夜毎にちぎて寝はせじ　近喜一萬集

Had I known your heart could change like the eye of a cat,
I'd have poked you nightly and not slept a wink at that!

1788★約束はしても時の間ねこの目の
変わり易さよ人の心は　白銀のあふり子 E-3

We may promise, but that span of time, unlike the arrow,
is a cat's eye, now wide, now narrow – the human heart.

★夕べまで添いねこの目の時の間に
君が心の変わるつれなさ　呉丸　K26-1　1786

（添い寝⇒猫とつれなさ＝連想の連れ無さも無理が）

We slept together just last night – You said Aye! but now
you're nay in bed, thy heart & ayes were cat eyes all along!

左の「ちいて=誤植？」を「ちぎて」に直したが「しいて寝はせし」の方がいいか。改造版迄に確認したい。中の方は遊女が「猫」ともよまれたから、お客という人の約束を破った非難か。変な文法を英語まで運んだ。右の「添い寝⇒猫」掛詞が大変気に入るが、変恋の常の比喩を超えて、猫の目で人の心の時間的な相関主義をもち合わせる中の勝。

寄鼠対猫恋

四生の歌合　1643★嬉しさを何に喩えん月日へて
しづはた帯の解け安き頃　よもすがら鼠 T17 AllnightMouse

（月日英訳無用も万葉歌 2628 に能劇参考したも歌意？）
*What metaphor shall I use for joy? When moon days pass
and a poorloom-belt, also eaten away, falls off a lass!*

同 1643★深み草あうと言うなる下葉まで
猶なつきよき妹と我が中　猫またのごん平六 T17

（青＝逢もなつき＝懐き＝夏期＝夏着⇒清きも青葉＝逢場も）

*Peony's lower leaves are tender my poor wife & I meet for fun,
as summer season says, she was easy to know: at least in pun!*

長嘯子著（か）の左の減るも有り難い発想を「あなあさましの月の鼠」ながら穴好き男にとってあな嬉しくなる目出度き事。しかし、その「頃」は季節か。万葉の場合よむ女が男の子の帯を褒めるようで益々解らなくなる敬愚は右勝にするしかない。「下葉」は庶民の人妻で春と夏を跨る二十日に咲くから廿日鼠にも譬える牡丹は猫の溜まり場とよく描かれてた。情報が一杯（仄めかす掛詞も注に入れて御免）潜む傑作を出鱈目の狂訳にするしかなかった。著者の約千語判詞もある。

寄鼠恋

★あながちに恋をする身はちう／＼と
鼠鳴きして呼ぶも断り　元信　T30　1672

*Just because this cat digs love, does not mean you ought
to tickle my ear with mouse-calls, for I won't be caught!*

（鼠鳴もあながちの穴掛けはいいが、場面二つ上下）

*If you think to draw me to your hole by this peeping like
a mouse, my preference is high-end tail, so take a hike!*

★かけおち椀に鼠の入りし心地して
苦しき戀ハ寝疲れもせず　ネット天明か

*Eloping love feels like a mouse trapped in a bowl
you hurt too much to sleep and never tire of your goal.*

左のちゅうちゅうは、笑婦でしょう。右の意訳はできたが、かけおち結婚は誰でも知るが、斜めに掛ける逆さまの椀・碗の鼠捕りの存在をネットで確認せんとすれば、当たりの件数が皆無。

　　　1767★あな恋しよるも鼠の思ひ草
　　　　はつか計りの君が情けに　鈍永　K13-4

*I love my little dear as much as mice love holes,
grateful for such kindness in just a score of life!*

　　　1814★共に老て死なば一緒の土鼠
　　　　同じ穴にぞ君といるべく　赤霞　K8-1

*We should age and die together: like a mole,
I'll forever be with you in the very same hole!*

上方の名狂歌師鈍永の「あな」恋しに縁語「夜」を連想させる「寄る」のみならぬ廿日に仄めかす二十歳の娘の事も思えば、やす勝だ。

　　　1806★とけかぬる人の心の下紐を
　　　　鼠と成りて喰いちぎらなむ　五十瀬すみ　K25-3

*To gnaw off those undie-strings that keep her heart tied shut,
I would become a mouse and find a passage down or up!*

　　　★箱入と嵌めを外して逃がしたり
　　　　おほねは外に通う娘を　ほから　K25-3　同

*One of them huge rats on the prowl just might gnaw off
the bands about the box holding the proverbial daughter.*

二首それぞれに概念一つにちょっとした連想的掛詞一つある。歯で千切る＝契る願望と大鼠のね＝大男根の働きを、英訳しかねたが、あのちょっとしたプラスアルファー無かったら、狂歌の出来損になった。後期上方の月並み会の雰囲気を想像しやすくなる二首です。

寄リス恋・寄栗鼠恋

四生★かねつけてゑみをふくめる顔ばせに
今宵あふみの落ち栗の本　このみのほうしりっす 1643

鉄漿付けで笑みは怖い毬栗の縁語ながら青実の落ち栗＝逢う身のおじっくりと？あふみは又近江で恋を誓えする暗号も狂歌とお馴染みの栗の本か。成人式か新造のどれでしょうか。リスの唯一の歌例で捨てられないが、専門家の解釈を見て頂かなければ、英訳も遠慮します。

寄尾恋

1803★側へ寄り又ねこの尾が嫌らしや
さきて二つにわからにゃならぬを　観涛舎 k14-2

Sidling up to me, a demon cat with that snake-tongue tail –
split in two it says you & yr cat's meow had best split, too!

美人局の怖い男の暗喩か。この首の主人公の同定すらにゃんとなくしか通じない。判る人はおられば、蛇足を送って下さい！

★うや今宵忍べど逢わず犬の尾の
又も振らるゝ君が軒口　一枝 k14-2　1803

Politely sneaking up to the gate, your dog with the friendly tail
was out of sight last night: again, you wagged=brushed me off!

（尾は振られものではなく振る物が、英語は動詞が全く違う）

★待つに来ぬ君は余所でや又猫の
　遅いは二道かけているから　栄枝 k14-2

（道といえば女色の広道と男色の細道ないし衆道か）

That you for whom I wait are late makes you a demon cat,
slow again 'cause you've been walking two roads at once!

★わかれては戻る辛さや日の丸の
　思ひは跡に残るいかの尾　牧笛 k14-2　1803

You split and the pain comes back as your love doesn't pale,
but like the rising sun stays in your mind she's your kite's tail.

（或いは海の烏賊の尾らし男根か女陰の唇で日の丸は血？）

栄枝の二道の猫又の発想がわかり易く新奇で勝ち首にしたいが、最後の牧笛が「日の丸の思ひ」と「いかの尾」も面白くて、専門家の解釈を読むまで裁けまい。又、別な本の寄尾恋の狂歌をご存知なら教えてください。尾と穴は、敬愚の好題の一つですから。

寄兎恋

四生★鉄砲や鷲くまたかにくだり坂
　きみ見るたびのむねぞ轟く　おうしうの白兎 1643

Guns, eagles, ferrel cats and downward slopes – oh, dear
whenever I see you, my heart pounds loud enough to hear.

熊鷹は英語で何だかの鷹であろうとも、野良猫こそ危ないから狂訳に入れた。下り坂の卯年の敬愚も見ただけで怖くなる女の子に出くわせ

ば良い。ちょど四十がらび頃、ぎこち腰で立てなくなったら前足ならぬ腕を人工的に長くする松葉ならぬ竹に前腕を入れて、兎と反対にゴリラっぽく歩いて見たら、直しました。その頃すでに「兎の下り坂」という素晴らしい表現も知っておりました。

★目を赤う寝もせで今宵まつ君に
逢わぬハあいそ月の兎か　一蝶　k11-1　1820

My eyes red from staying up to wait for you, I wonder if you stay away as you no longer care for your moon hare?

★くどけとも耳を寝させて空に聞く
までとは嘘を月の兎か　歌柳　k11-1　同

（空の慣用と嘘付き＝月の掛詞ない英訳無用）

1820★ふつゝり？とするか兎のふん別に
長うつゝかし？ころりやる君　喜泉　k11-1

（分＝糞別は英訳無用がそれより歌意は長撃つか）

Do you pout? In the moonlight I can make out the scat of a hare: as buck-shot it may bag you at a distance yet!

全三首に良い掛詞が目立つ。左勝か右勝か。中も右も歌意に自信ない。中は月の夜遅くなると兎の耳が時計回りに段々後ろの方へ下がり、朝三時より下の空を聞く向きになるか。寝させては鋭い観測だ。右、喜泉の「ふつつり」も「長うつつかし」も未解読。兎の糞は米南部のお腹が悪い猟犬の正露丸だ。敬愚の瞼に、正露丸の最初の工場が農場で、薬草が生えた小山に飼った兎が糞して、その玉がころりと谷へ落ち瓶に入れた過程が見える。きっぱりと垂れた糞別よき小っぽけの丸い、臭いも無い大便は羨ましい。ぷっつりとするを、すねると英訳したが、兎糞形か？

寄川獺恋　対　寄豚恋

＜四生画賛　一番　みずにたわむるる恋＞

　　左　★水むすぶかひもなきさのたわれおと
　　　誰かはうそを月の夜ごとに　川獺の水ゑもん

（水＝見ずも甲斐＝貝も無き⇒渚も川獺＝変わ嘘？）

*Water is naught to drink neither have I clams to call mine own,
but ottering new lies nightly, this playboy floats in moonshine.*

　　同　右　★願わくはこころ一つにたぶたぶと
　　　受け引く君のなさけ酌まばや　ぶたのほうし泥坊

*Dear, I just wish you'd ladle out kind spirit enough for me too
to go whole hog & chug it down: let Miss Piggy go to town!*

何回も見た 1643 年の四生歌合せの「けだものの歌合」巻の第一と第二歌。寄川獺の対を＜泥にあそぶ恋＞という二重見出に「寄泥豚」にしたかった。右の豚も確かに川豚同様に遊び上戸。この微妙の合わせは近代のシュール感覚をしないか。今は絶滅かその寸前なる左の首の山と川獺の水中をすらすら泳ぐ姿を蘇てくれる柔らかい歌体も絶滅寸前かも。兎に角、恋と結ぶ所も連想。世は夢のみならば、こう云う文学。

　　★あまり口を吸うとて舌をくい切らば
　　　君が返事やをそのたわれを　伯水 T37 1679

*Too much tongue-kissing and I might bite it off, I fear
thy late reply, if not an otter lie, is just too playful, dear!*

又も解読に自信ない狂訳。「おそ」は悪阻を仄めかすかどうか知らぬが、1597 の『匠材集』より川獺の意味の「おその戯れ」が「食い合いまで戯れる」雌雄で、日本国語大辞典の用例は「桃青一派の存在を誇示した」と云う『独吟廿歌仙』の俳諧「河童も若衆盛りの花咲いてオソの戯れの心中の春」だ。1680 年成立。川獺=otter=utter 全くの lie=嘘。

寄らっこ恋

★誓ひしもらっこのかわの変わりつゝ
あちらこちらへなびく君哉　政要 T30　1672

Though we vowed, you slip & slide in your loose sea otter hide,
sleeping about up-stream and down, always the current bride!

手首足首尾首にしか固着せず全身胴服に過ぎないラッコや川のみならず皮も変わる。噛まれたら、す早く回り急所を噛んで逃げる。英語で **loose** は遊びある＝自由に尻が軽い意味もある。因みに川よりもラッコは海の奴で、川と言えばウソだ。海の流れはそんなに自由自在の動きはさせないかと思うから、原題「変恋」の歌として、先の『四生の歌合』の川獺ほど説得力がないと思う。原歌の解読に自信のないくせに、でかい事を言う自分「敬愚」も「獺月」に改めた方がいいかも。

寄土竜恋

Hell-seeking mole1643★むっくりと上げ土の間は広けれど
あな頼みがた明日の夜の事　地獄さがしのもぐろもち T17

Thy entry is broad and the earth a well-puffed mound, alright,
but hell if I can count on this hole thing tomorrow night!

本歌は、伊勢物語の「さくら花今日こそかくも匂ふとも　あな頼みがた明日の夜の事」。モグラの歌の文が敬愚にとって難し過ぎる。解釈を読みたいが、アベックのために玄関の掃除をしたか。

6　　寄鳥恋　　6

寄比翼恋

★ねがわくは比翼の鳥の吸物を
二人寝酒のさかなとも哉　時成　e7-1　1812

*& I'd love to sip some double halfwing love-bird stew
for my hors d'ovres as we drink our night-cap for two!*

江戸狂歌本の中で面白い寄恋歌が最も多い『狂歌浜荻集』では、比翼の鳥の首は後八首。大半は「寄袖恋」にしたが、比翼の鳥は面白い。「寄寝酒恋」や「寄吸物恋」にしたら困る一方、若しも本書が「恋」ではなく、空想物中心の歌集だったら、全九首も「寄比翼恋」にした。E-Book で、ハイパーリンクが可能と、この問題はなくなる。

寄羽恋

1777★橋かくるその鵲の羽もがな
恋を渡るにも便なき身は　繁雅　K13-5

*Those bridge-span magpie wings, let me have a pair, because
my love is harder to reach than Jason's golden fleece was!*

異訳。古代ギリシアの若者が求めた羊の金毛皮より、逢い難い相手か。

寄卵・玉子恋

1784★思ふはどくだけよかしの片思ひ
剥かぬ玉子のきみハしらずや　七転八起　E2-1
（英訳作ったが黄身＝君と白み⇒知らず無く甲斐なく）

予がしらみ君を抱くその暁は
比翼鳥なる玉子の仲も　後朝

左は本来、片思の歌。右のきぬぎぬは敬愚です。我と君ハ玉子の中は数十年前に覚えた君＝黄身を抱く我は白身＝虱という明治か大正の歌詞が本歌になります。左を詠んだ人の名は達磨のようが、君をだく虱になりたがるも、相手がその存在すら知らず白痴おとこかと思う。

寄鷹恋・寄熊鷹恋

★鷹ならばうき名の外にぱっと立つ
小鳥も己が獲にしなるべき　金鶏 網雑魚　天明

Were I a hawk, I'd soar above the fray no worry o' me name
w/ the small birds serving as my prey, I'd be beyond blame!

寄熊鷹恋★欲深くまた探るともウソヒメの
こなたかなたのコイは放さじ　欲の熊鷹（鳥の歌合）

This "lying princess," so ye bear-hawk is called, is want to hold
two carps (i.e. loves) at a time, freeing neither 'til they're cold.
（上記は脚韻の踏み迷いで此方彼方は左右になったら再訳）
The lying-princess-hawk whose need to feast is ne'er overcome
catches carp (i.e. love) here and there and releases not a one!

左は馬鹿正直の若い医の幻想か。右の「恋＝鯉は放さじ」は名言か。

寄雑鳥・雲雀・鶉・鶏恋

★いかにせん上の空なる雲雀さえ
落ち来るものを人の心ハ　行道 E5-4　1799

What's to be done w/ the human heart so like a lark on the wing
chasing pipe dreams in the sky, so why not that fast-fall thing?

★契る夜は飛び立つ計り鳥の名の
　　嘘とも知らで待つぞ悲しき　　堅丸 E5-4 1799

How sad the night we were to meet, I was walking on the air,
not knowing my waiting was in vain until I saw an uso there!

左の雲雀は申し訳ない雲雀に寄せて描かれた好きな人の心か。右のウソ鳥は、普通、天神宮などで売る嘘替え神事用の可愛い木造の人形ならぬ鳥形（「その一年間知らずの内についてしまった「ウソ」を真に変えよう」とネット）。悪夢を食う夜の獏と任務が異なるが、なんとなく親類です。胸が赤いで鷽（うそ）と云う種は幾つかもあるが。

　　1812　夜毎／＼通う契りは深草の
　　鶉がいっそうちは野となれ　　虹丸 k29-3

Captain Deepgrass with his vow to date her daily without fail,
you can bet his house, too, got so grown-over it drew quail!

　　1820★嬉しさの飛び立つ計り口説く何
　　胸うち上げてみなはなし鳥　　天足　　K11-1

Wooing so joyful that the words seem to fly from the mouth
like his/her breast just opened up and let all those birds out.

左は、小野小町を百日引き続いて訪問すれば結婚（或いはともかくオメガ）すると思って九十九日目に凍死か風邪で死んじゃった深草少将の哀れな話と伊勢物語123段の深草（という場所）の女が詠んだ「野とならば鶉と成りてなきをらむかりにだにやは君は来ざらむ」の歌を混合するか、鶉でその名前の深草より一層野化された雰囲気を醸したかと英訳に「も」。右の「話＝放し鳥」は、又「寄放生恋」ともなる。あんなに陽気の口説きぶりを日本で意外だった。陰陽の対の二首です。

寄鴛鴦恋

★水の上にいかでか鴛鴦の浮かぶらん
くがにだにこそ身は沈みけれ　俊成 1114-1204

How can mallards in love be so fat and happily floating,
while here upon dry land I always feel like I'm sinking?

★我が袖の涙かかると濡れてあれな
羨ましきハ池のオシ鳥　西行 1119-90

When my sleeves get tears on them, wet is how they stay;
lucky mallards in a pond are always dry night and day!

左、俊成の「くが」（陸）は「くか」だったが「苦果」の掛詞はこの文法に合わないから濁点を付けた。右、西行は読みやすいが、拙著 Mad In Translation に三四通りの英訳もある。英語で「lucky ついているなあ」は日本語の「羨ましい」に等しい。鴛という鳥は一夫一婦恋の記号で俊成と西行の歌に「恋」と書かなくても恋愛に因む歌になる。

　　　四生歌合　★呑みくらす酒にゑひ伏す物ならば
夜のふすまをおし返せばや　長嘯子か　勧学院物語 1669 以前
（襖ををを押し返せ代りにオシ mallard＋病気 malady＝新造混語）

If you collapse each night from drinking away your life,
no mallardy prevents you from sleeping with the wife.

★恋病のうき寝の床に鴛鳥の
めをも離れぬ君の面影　守舎 E11-2？1820

Upon my lovesick bed of tears, floating I do not escape
the image of a sweet face: my would-be mallard mate.

左は鴛の呑みこむ食べ方を呑み暮らしに結ぶが酔ったらずっと妻と寝ても満足という発想か。右の後期江戸の狂歌は「雌雄⇒目を」も離れぬ含みが暖かくて、勝か。

寄鵲恋

★星合の羽を並ぶる契りより
今も絶えせぬ鵲の橋　権大納言為定　七七夕十首　七和

While years o' wings in line for ye stellar pair's tryst add up, hey,
they're few compared to the dating on Magpie Bridge today!

鵲の橋は遊楽街へ途中か、水茶屋か鳥違いなる夜鷹が上か。情報求む。

寄烏恋

寄朝烏恋★朝烏おもへばこそは仄めかせ
掘兼の井のつつましきみを　源俊頼　1055-1129

Hush, my morning crow! When people love, a hint will do:
be as hard to fathom as the Horikane Well and I'll dig you!

寄烏恋★横柄に人の妻戸をあけガラス
かゝあ／＼と呼びわたるかな　大屁股臭　天明
（開け＝明カラスも Caw caw＝嫁々も不可英訳）

左は恋人を優しく叱る言葉か。或いは、逆に反省でしょうか。早起きの大声で姫に叱られたか。だったら、誤訳になるから改造版前に直す。当の井は、業平に清少納言に貫之にも詠まれた神代に及ぶ掘り難かった深い井戸の故事に従う。右は、天明狂歌の最も朗らかな面を代表する大屁股臭の代表作。目の前にどういう男になるだろう。「人の」とは、間男か間抜けか、大屁股臭の自画像か。それとも、朱ら管江がその妻の節松嫗々を友人の家から呼び出そうとしている、そのかかを知

る人は知る inside joke の歌例か。いずれにして、読者は天明狂歌盛りの朗らかな臭い又サンプルできる首だ。

★夜もすがらないつ笑ふつ語るをぞ
浮かれ烏と人の言うべき　宗朋 T27 1666

*What with laughing and crying aloud we talked the night away,
now you can bet 'Those crazy crows!' is what people will say.*

★逢う夜半にかあい／＼と引き寄せて
羽かいしめ？にも嬉しからすは　五園　k4-?　1780 頃

*Mating in the wee hours, 'Cawai! Cawai!' he drew her near,
feathering her fancy & . . . happy crows they were to hear!*

★人知れず泣かぬ日は無し恋故に
我は烏のくらふのみして　曽代風 E11-2　1820

*Nobody knows, but there is not a day when I don't cry,
for love makes every crow caw sound to me like "Die!"*

左の初期狂歌は。原文の「終夜ないつ」を直した。「題知らず」で酒飲徹夜かと先ず考えたが、「恋」部にあった。老僧の恋か。明け烏ではないが、カーという擬声に英語の caw より口が広く開けている朗らかだ。中の上方狂歌の「いしめ」は羽を引き抜く苛めか。兎も角「擽る」に化した。右は後期江戸。同時代の一茶が気分が暗かった頃、烏の声を「くらえ／＼」と聞いた。「糞喰らえ」が「死ね！死ね！」同然だという。曽代風の首が少々解り難いも、意外性が好きで、勝。

寄梟・木菟・みみずく・魚梟恋

★恋のやみはるゝ間のなき身のうさは
梟の昼に鶏の夜　可々志　e7-1　1812

*Lovesickness that never clears up makes melancholy minds;
owls hooting in the daytime, roosters crowing in the night.*

（数時間のよくできたコメントが MS に殺された御免）

Lovesickness that goes on and on makes a body blue,
an owl by day and a rooster by night because of you.

この可々志の首をそのままブルース歌詞になるが、他の英訳と蛇足がマイクロソフト Word の欠点による故障で消されてしまった（涙）。

  1812★逢わでのみ袖の涙をふくろうの
  ひるなぶらるゝ身とは成りに来　寿久有 E7-1
  （涙を拭く⇒梟も干る＝昼も英訳無用）

  1813★恋しのぶ涙に眼をもふくろうの
  ひる間も見えぬ袖ぞ苦しき　梅の屋千英 E8-5
  （眼をも拭く⇒梟も干る⇒昼間の転掛も英訳無用）

  ★わがまゝな育ちとしるきみゝづくの
  まず第一に夜を昼にして　取持　E11-2　1820
You whoo grew up as a spoiled brat may not give a hoot
for night to you is day, I say, you're an owl (& rat to boot)!

左も中も見事に続く掛詞の一連こそ英訳無用。いいだ。英語で読めない首こそ日本語を学ぶために犠牲した時間とお金、つまり敬愚などの貧乏になった甲斐になる。右の「君⇒みみづく」の転掛が気に入るが、「君」の称以外に恋とどう結ぶか。夫婦喧嘩の第一弾かという気もしますが、上出来の解釈等は、Microsoft Word の故障で消されてしまった。

寄山鳥恋

四生「鳥の歌合」巻 二番の「野山を訪ぬる恋」1643
 左　★足びきの山路に野路をたづぬれど
長々しくも逢わぬ君かな　山鳥のかがみの神＝長嘯子

Longer than the leg-killing mountain-and-field paths I tread
to visit my dear, is this: the time we have not shared a bed!

長いと言えば、長い判文には、泰平の御代の用語も上手く弄んだ。曰く「いかなる野のすえ山の奥までも治まる御代には玉鉾の道の行方の絶えやらで末が末まで尋ぬる道はあれとウソヒメには長々しくも逢わぬと言える誠に哀れ深く…。」まあ、もしも業平とその兄だったか弟だったか、ともかく色男らが徳川時代を知らなくて損したようです。右の対の雉は「我が恋ハ」という本書の特別題で、本の末に置いた。

寄雉恋

四生歌合 1643★わが恋は野山をかけてけいやくの
けいとはなけどほろろとぞなる　ひろ野きじゑもん
（野山と永遠になる諺も契約⇒焼く野の縁語んもっ？）

T58　1740★親も気がはる野の雉子妻恋の
よいおむすじゃと人に知れつゝ？　我訊斎之信
Like new buds of Spring grass pheasant parent eyes open wide
while others note our daughters are cute they are what we hide.

左、契約のケイがキーかと思ったが、同じ鳥のきつい啼き声に、ほろろと泣き逢う生態学的な観測は著者長嘯子？の功。原題「娘有佳色」になる右の上方狂歌の解読に困り、英訳を先ず遠慮したが、「良いお娘じゃ」という有難い大声の褒め詞と、オスの雉の色の良い尾を大声で褒める類似が主旨か。旨い英訳＋解釈が英語と日本語の双方使う自動 save 機能が悪い Ms-Word の故障で消された。

寄イスカ恋・交喙

★たちもせずねもせで物を思うには
イスカの嘴となれる中かな　山蒼斎 T9-146　1533

*Cannot stand nor quit her, much less sleep with her, still
I love her – yes, this is 'for the birds' and we're crossbills!*

★我が中は離れもやらずあひもせで
イスカの嘴のねをのみぞなく　未得 1649

*You and me, we neither separate nor, joining, mate
for like a crossbill's beak, we miss each other as we meet.*

いずれも「不逢恋」になるが、上下うまく咬み合わないイスカの嘴が英名の crossbill 又 crossbeak で解りやすい。左の断ち＝立ちと右の寝＝音は英訳しかねた。未得の狂歌は山蒼斎の焼き直しのようですね。

種不言鳥

★言い寄るを口説くと君も知りながら
つれなく我を突き放し鳥　梅やす E8-5　1813

*Knowing I approach to try to win your heart and must be heard,
you still push me away as one might set free an unwilling bird.*

突き放し⇒放し鳥の単なる言葉遊びか、檻や人に馴れた鳥が野生へ戻りたくもないから突きっ放さねばならないか。英訳は後者で長くなったが、Dolly Parton の名曲 *I'll Always Love You* のように、愛しながら偉大になりそうな相手を「貴方の為に」自由にさせる類のさよならかも。

寄小鳥恋・寄鶺鴒恋

1776　★只一間越えるを恋のせきれいや
胸はどき／＼尻もびこ／＼　臥蟻　k12-1
（関⇒鶺鴒も関、例や？英訳無用、又寄関恋）

寄鸚鵡恋

★いつか扨あうむ返しの玉章に
思うといわば思うと答えん　鈍永 k13-1　1753

*For once may your reply not parrot earlier ones that came,
but where I say 'I love you,' respond with just the same!*

現代人は「オウム」としか読めぬが鸚鵡＝あうむのが逢わんになる。

寄啄木鳥恋

★身をつくしくどいたりや社啄木鳥の
かたかたかたい君もくだけて　咲駒 K13-1　1753
（縁語突く含む尽くし砕くっぽい口説きって英語にない）

寄燕恋

1812★幾たびか通う軒端を燕の
巣帰りさせじ人は恨めし　鈴成 e7-1

*To tell this bird, free to go to and fro the porch, "Oh, no,
you cannot return to your nest!" That is hard to swallow!*

1812★我が恋は軒端に見ゆる燕や
人もしり尾のわれて別るゝ　空見　e7-1
（知り⇒尻、慣用尻割れて等は英訳無用ながらトライ）

*My love is akin to swallows you see nesting in our eaves;
seeing each-other's tales split, we, parting roads, leave.*

寄雀恋

四生歌合 1643★朝夕にちんちんからりからからと
笑ふやうにてなき交わす哉　四十からおひのすけ＝長嘯子か

英訳無用と書かずも明白が、蛇足一つ。その狂名だが、「四十雀（から）はおい（笈＝老）の中にぞ入りにける」と云う前句に「わかさ（若狭＝若さ）に帰る道が知りたい」という後句なる平行筋の掛詞の好例にもなる連歌の始まりとも云われている著名相聞ないし二人狂歌へ頷く。うん。笑いながら交合を楽しむ夫婦こそ長らえるかと思うよ

★むら雀百になっても変わらじと
　誓いしむねの踊り忘るな　芳水　K15-5　1811

We vowed that even at a hundred we would know romance;
Forget not when we were sparrows how our breasts danced!

★寝覚には夢にや見むとまどろむも
　四十から成る恋も恥づかし　青ひと　E8-5　1813

As I linger half-asleep in bed to dream of holding him/her again,
even on the sparrow-forty-side of love do I blush like a maiden?

雀はちびっ子の別名。左の上方狂歌。盆踊りと雀と百才の組みは珍しくない。1740の本に可由の「雀ならで百になっても踊るほど悦ぶ下女の盆の薮入 T59」も、1812の三糸の「面白さ百に成っても忘られぬ足ふみ月の雀踊りは K29-1」もあるが、棟＝胸に置かれて恋を詠む点が新奇。右の方の歌は狂度は低いが、懐旧歌と思えば可愛いは可愛い。

1813★蛤のそのかひ有らば雀ほど
　この身を床の海に入れかし　青ひと　E8-5

（貝＝甲斐も慣用の雀程もないから英訳無用）

「雀程」の涙から床の海を期待しないが、雀の蛤に変身する俗信も活かしながら結婚の宴会の蛤汁を吸うめでたい場を呼び起こす首だ。やもめが、その貝＝会に恵まれたら、老身を捧げたいか。それとも又、

初期狂歌の行安の「秋風の福嶋の人のおどるとて雀鮨ほど集まりにけり」T27に従い、ぎっしりと集めた解釈を取れば、老雀が雑魚寝という乱交の許された場にむかった奉納歌か。歌意まだ突き止めなくても、面白い歌と思うから、寄雀恋の勝ち首にしたいが、地方の知識ある歴史家の相談求む。

寄日雀恋

四生歌合 1643 ★ひがらたちてたま／\逢ふは優曇華の
はな押しをする事ぞ嬉しき　ひがらにしのすけ　長嘯子

（優曇華は説明可能が日雀＝日柄も花＝鼻押しも英訳無用）

可愛いと思うが。日雀の同音の日柄は、娼婦のその帳か約束の外に偶々鼻押し合う情交の只乗に恵まれしお負にかのサインもできた、か。

寄鶏恋

室町か江戸前期★とりの音に夢うち覚めて独りねの
その暁は物うかりけり　＿＿＿＿　十二支歌仙歌合色紙帖

Roused from our dream by Chanticler while sleeping alone
that is a daybreak truly deserving the word "depressing!"

狂歌本ではなく、ネットに見つけた「和歌」だが、百人一首の例の嘆きよりも、一人寝の夢の邪魔こそ憂きとは狂趣が抜群の主張だ。一人者は、閨の二人に「ご馳走様でした」と言いたくなる後朝を告げる時よりも、夢の中でしかない文字通りに儚い恋を、未然に消す鶏の罪こそ重大。口承文学〈カタリ〉で著か詠人しらないか。

　　　1753　★庭鳥のつがいハなれぬ我中は
　　　　ひよこれんりの契りなりけり　正興　K13-1

Rooster and Hen we never became, but you are my chick:
we haven't wings to fly, but twined together we do stick!

片翼連理はそれぞれが片羽の二人が羽合わせて有頂天になって飛ぶに身が枝の如く絡み永遠に一体化しちゃうが中国の成語。遺伝子と家風まで思えば、縁語掛の雛は唯一の真なる連理だが。本書に「寄片翼恋」の個目ない（改造版に入れたい）が、別な題内に又数首ある。題の歌例を含めて「寄連理枝恋」も七、八首ある。英訳は、ひよこ≠ひよく。

★鳥がなけば其方（そなた）にもなく我（あれ）もなく
惣泣きにするきぬ／＼の袖　細井友和　古今狂歌百 1787

（ネットでは、鳥が泣けば＝途がなけば：良い手立てない）

When the rooster cries, his cry goes 'round until I, too, cry;
crying together makes wet weather when we cry good-by!

（そなたは↑雄鶏か、背子に泣かせる↓意味か分らず）

At the cock's cry, I, who cry because of you, likewise cry
and we all wet our sleeves crying together goodbye!

なき重ねた歌は、きちんと読んだ秀歌も退屈になりがち。残る三首とも軽み抜群でリフレッシュ！

★鷲よりもなお恐ろしやいだき逢う
中を引き裂くきぬ／＼の鶏　真顔 E3-10　1792

Embracing in bed, when suddenly it's "Goodbye, Sweetheart."
More terrifying than an eagle: the rooster that tears us apart!

★むつ言に時をうつせな庭鳥の
宵啼きかとも思う別れぢ　民女　K8-1　1814

*Time stands still while we exchange sweet nothings & cock-
a-doodle-do I hear his eveningtide?... No, it's time to part!*

  1820 ★夜もすがらつれなき人を口説く間に
  鶏さえ帯をとけ／＼と鳴く 波留野霞人 E11-2

*All night long, I tried to persuade her in vain, and it felt
so bad, the Rooster, too, crowed Undo! Undo your belt!*

左は、強烈で宜しい。中は、時が立ち止まるという英語の慣用句に意訳したが、睦言のみ成らなかったかと思う。少々飲んだ上に、情交後の一眠りすれば、と想像します。右の「トケトケ」は、なるほど子音よりも母音の方が大切。因みに、敬愚に疑問もあるから狂歌を今コッコに詠んでみん「雄鶏の喉が世を蘇らせる物の心を誰が耳に苔」か！

寄鶏玉子恋・寄卵恋

  ★逢ふ宵に喰ひし玉子の報ふてや
  我にかえれと鶏はなくらむ 一富士二鷹

  （返る＝孵るの同音の縁なく英訳無用が） 1787

*How fast revenge! That egg I ate when we met last night,
it incubated, hatched and crows at dawn that I must go.*

  上の反応歌か★暖めてかえす別れの時告ぐる
  ものとし聞けば憎や玉子も 嘉橘 K5-3 1798

  （帰す＝孵すという掛詞なければ英訳無用がひと工夫）

*Hearing they may be incubated and hatch in time to make war
on our morning round of love makes me hate eggs all the more!*

仏教では、動物を食っては罰になることがなんとなく判るが、たかだかの卵は、生き物の可能性の塊でしかないから大した報いがないかと思ったが、或る宗だと灰地獄に堕ち、今昔物語にも卵を煮て食えば悪死が報いとネットで見つけた上記の狂歌の解釈の中に見た。1787年の古今狂歌袋に出た一富士二鷹の首の云う報いは、恋に限る類になる。

　　　　★後朝を怨むやつらに喰われたる
　　　　玉子のかたきがうたふ鶏　故丸　K29-3　1812

（怨むは前からも後ろからも効くが英語に無理ながら）

Lovers who begrudge dawn-partings are hated for eating them,
the eggs, for which they hear cocks announce their just revenge!

　　　　E9-3★きぬ／＼の別れを告ぐる鶏を
　　　　玉子のうちに喰わぬ悔しさ　文字　1815

Regret is not eating that red rooster when the little fart
was in said egg yet to crow that it is high time to part!

　　　　★寝し床のぬくみも冷めぬ鶏の子の
　　　　かえるや否や送る玉章　浦浪　E9-3

（帰る＝孵るも、卵＝玉章は英訳無用）

　　　　K19-3鶏を憎む別れはまだ知らぬ
　　　　身にも玉子の乱れ初めにし　鵞習　1815

文字の「食わぬ惜しさ」の後期江戸狂歌で、やっと一連の卵の仇を取る歌類を見事にひっくり返し、一本勝。なるほど卵を食うのが養成のみならず、朝寝か朝交を邪魔にする仇にもなる。いや、そこまで詠んでいないが、きっと天保時代までにそれも詠まれた。最後の首が系譜が異なる。女性の身に初卵（ういらん）の事なら、蘭学の卵学か！？さて、又ある。

寄千鳥恋

醒睡笑 1623　★思ふかた二つありその浜千鳥
ふみ違えたる跡とこそ見れ〔御台〕安楽庵策伝

*It seems I love two women and so, Ariso beach plovers,
my track, like yours, zig-zags from one side to another.*

★近づきて又遠ざかる憂き人は
心ゆるぎの磯千鳥かや　甘憩　k12-2　1778

*The one I love in vain draws near, then goes out of reach –
her heart seems to waver just like the plovers on a beach.*

待ち侘びに小夜更け渡る千鳥より
一人の声ぞ聞かまほしけれ　麦里　k12-2　同

（名の千鳥の千対一の偶然を plover の中の lover で）

*Waiting alone late at night more than a chorus of plovers
fly over, but I'd prefer to hear the sole voice of my lover!*

左の古歌の常の生酔いジグザグ歩行の譬喩よりも、中の深い意味あるいは繊細な比喩は有難い。この心の wavering 揺らめきながら行き来たりするを千鳥と結ぶ。浜育ちの敬愚は、全て所得ているかと思う。

家鴨

四生 1643　わかれては涙流しのせせなぎに
うきぬ沈みぬねをぞなくなる　あひるのいきりの助

（せせなぎは溝、沈み⇒見ぬ？寝を泣く＝音を鳴く？未解読）

Parting, we ride our streams of tears murmuring in front & back,
floating on it, sinking below it, losing sight we crying quack!

当本の歌意は一人で無理。改造版前に又英訳したい。家鴨は quack としか鳴かない英語…。哀れなる場面も朧と覚えるは平家鴨か。

寄鶴恋

1669 ★あし長く見苦しけれどとびたちて
舞ひかなつるや可笑しかるらん　勧学院物語
（鶴も潜む奏づるの代りに「首を張る crane で英訳）
It hurts to see legs so long but when you leap up high
in dance, I crane my neck to see my interesting guy!

（↑足長人の比喩ならば。鶴自体を鑑賞するは↓）
Long legs are ugly but when they fly up high in dance,
I crane my neck: it's funny and not without romance!

歌意を絞る文脈も知らないから、狂訳を二通りにした。女の視座と男の視座。道草になるが、日本人が胴長は良いと足長は悪いと云う欧州の理想的なプロポーションと逆に、地に近いで安定した身体を好んだ主旨の人体審美論を何度も拝見しておる。それ程はよく知られていないが、近代以前の日本人には、飛ぶ恐怖症が多かった。いや、飛ばぬとも、高椅子に腰掛けて足がぶらりと垂れるも耐えかねた。この珍話に関心おられば、拙著 *Topsy-turvy 1585* をご参考に。

寄鷺恋

1669 以前★しびるとも恋にかなわぬ酒のまじ
打ちねぶりては物をしらさぎ　＿＿勧学院物語
（一本の足に眠る物を知ら⇒白鷺の一本の掛詞？）

1820★白鷺の思ひは深き沼なれや
幾度となくふみつけるなり　慈烏楼口真似 E11-2

(思い深き⇒深き沼も踏み＝文つけるは英訳無用が)

The loves of white heron are as deep as the mud they tread
leaving letters for the birds they wed, they seem well-bred.

左の酒を呑まじとは、片足のバランスが良いから？よく解らないが、一日中まじめ臭いから恋しない発想か。右の脚韻はふみつけ過ぎた。

寄鳩恋

1790★鳩の杖つくまで色は変わらじな
互に年の豆は喰ふとも　園故蝶　百千鳥

(鳩の杖も年の豆＝交合もとも＝友も英訳無用)

When we need dove-canes may our desire still be plenty
like year-beans (=sex) we shall share and eat at seventy!

1820★君とわれ鳩ならねどもいつか晴れて
トゝつほう／＼カゝつほう／＼　飛鳥能言 E11-2

You & I, dear, though we are far from doves, should try to stay
that way – as gramps and gramma let's coo-coo every fair day!

左は1790年の摺物「百千鳥」より。題が「鳩」が、当の杖が希年祝の賀で内容は、夫婦愛の誓い。年の数は豆のとなるが色と組めば、女陰も豆で相手になる意味は間違いない。月洞軒は年豆と交合を堂々と詠む狂歌あるから、断言できる。右の擬声語は、女陰のボボではなく、鳩がスケベる時の声。窓辺のお馴染みの十数鳩もいるが、天気が良いと色に狂って困る。鳩には、繊細な心もあるものの、発情中は乱暴に煩い。爺と婆はそこまで見習わないで欲しい！

寄鳶恋

★鳶とんで天のあたへに逢う夜半は
魚ほど淵に踊る嬉しさ　加奈女　E8-5　1813

*Like a kite in the sky late at night who comes upon a treat
or a fish dancing on the elbow of a stream, my jubilance.*

鳶の常は盗み食いだが、ここでは卑下も止めて、身分か知性の高い方から敬愛を受ける喜びだ。この様な歌を受けた男こそ有頂天になる。

寄時鳥恋

★恋死なば郭公にぞ生まれきて
八千八声ないて恨みん　鵬丸　e7-1　1812

*If I should die for love, I will be reborn as a cuckoo
and, in eight thousnad eight voices cry, I hate you!*

血を吐きながら歌うと。仇人を音で責めれば、一弦箏が哀れだろう。あるいは篳篥（ひちりき）という恐ろしい珍雑音器（雅楽の雅とも楽とも言いがたい）は効きそう。否や、恨みが十分感賞されない英語界を思えば、love の対極に hate＝憎みと意訳した。

寄水鶏恋

★待ち詫ぶる人を思ひて騙されし
水鶏を我はたゝきたきかな　紀定丸　才蔵 1760-1841

*You fooled me into thinking that my love was at the door,
To rail on you is not enough, I'll knock you silly, mud hen!*

★門よりもたゝみたゝきて恨いう
己が涙の水の鶏　便々亭　e7-4　1810

*Hen of the water of my tears of resentment and chagrin
that knock not on doors without, but hit tatami within.*

左勝。水鶏「を」叩きたい、という朗らかな態度を単純に綴った傑作だ。水鶏の英名は rail, water rail, clapper rail, mud hen。右は水＝見ず？

寄孔雀恋

★恋風に乱れ初めしな我が涙の
孔雀の尾ほど玉をなしぬる　桂屋長綱 E8-5

*This tempest of love has me in a whirl, even tears bring surprise.
Do these peacock-tail rainbow baubles fall from my own eyes?*

（誇張好きが、大玉は恋の風やらなんの風やら相容れない）

*This new love-bug has tear-drops flying from my eyes like snot
(the beautiful baubles displayed by a peacock they are not!)*

二番目の涙の玉はやり過ぎ。いきなり、そういうパラパラ絵本の筋が瞼に描かれた。

寄呼子鳥恋

1810　★伝授せし猿あけてよと呼子鳥
おぼつかなくも忍ぶ戸口に　荷物亭倉積 E7-4

*"Hey, signifying monkey, open sez me!" jives the call-child-bird
sneaking through the foggy door unseen but hardly unheard.*

真面目臭い歌界の馬鹿げたさを見せるに呼子鳥ほど役に立つ物はない。和歌通の貞徳の「落ち着きを何とも知らぬ大和歌におぼつかなくもよむ子鳥哉 T20」に、約二百年後の無名人桂舟の「覚束な伝授なき身は歌にさえ何とも詠めぬ呼子鳥哉 K8-2」と真辟の「聞くやいかに梢を渡る猿とやら呼子鳥にも習い有るとは K17-1」を伺うと益々解らなくなるが、「開けよ」と「忍ぶ戸口」以外に荷物亭倉積の寄呼子鳥の恋歌の単語が皆も揃った。只、歌意なら、井原西鶴の「好色一代女」の文「一夜を銀六匁にて呼子鳥、是伝授女なり。覚束なくて尋ねけるに、風呂屋ものを猿といふなるべし。暮方より人に呼ばれける」。上方で湯客の垢を掻く傍らに色も売る下の湯女は「猿」が称。西鶴も歌意はまだ部分的にしか解らないが、Google 検索すれば「女と男のイキ方、イカセ方」とその用語（例：中イキ）が、今の伝授らしい。

寄鳥もち恋

T17 四生歌合 1649　★物思ふ我が身にひたともち月の立ちても居ても影は離れず　鳩のかひへもん　長嘯子か

Love-struck, I'm also stuck on the moon's sweet-rice and pun that standing or sitting, her image holds me fast as bird gum.

T17 四生歌合 1649★さりとてハとりつく計り歎けども用いられざることの葉の末　いとをしほうの椋鳥　同

Ironic, indeed, you lament about being a bird stuck on gum when you let such bad words leave the tip of your tongue!

左の望＝餅月と餅の粘り強さを英語人に説明しなければ狂訳の半分しか通じないが原文は解り易い。右は逆に、原文も解り難い。前漢時代の哲学書曰く「物用いられざる所無し」ければ、用いられざるべき所もある言葉かと一応理解したが。換言すれば、我が意訳は異訳か。

7　寄魚恋　7

寄雑魚恋・寄魚尽し恋

1741★大さけをたらふく呑んでね蛤
いかに蛸（壷？）の味のえいから　梅風　K20-5
（鮭も鱈も鰒も蛤も烏賊も蛸も鯵も鱓も掛けぬが）

*Drunk as a fish out of water how could I tell whether the clam
known as an octopussy was just a blowfish or the cat's miaow?*

1820★数の子のかずのうらみのたえぬ也
君がニシンの腹を探れば　花の屋道頼　E11-2
（数が言葉になる魚卵も鯡＝二心＝妊娠も？英訳無用）

左は。魚名尽くし以外には、魚が二つ以上に出る歌が少ない。その尽くしは少なくないが、恋になる歌例が少ない。同じ魚で意訳しても無理。別な名だと可能が、あらゆる魚の名前を集めてやるのが時間がかかり過ぎて、暇もない貧乏の敬愚はできない。上記の脚韻も踏まない試し訳はとりあえず。蛇足：蛤は女陰で蛸が蛸壺で締りがいいが、この歌の原題は「寄生類酒恋」。酔った男は「寄酒交合恋」で、吟味の効く状態ではなかろう。さて、暇だったら、カントリミュージック（Bradock+Bradock 作）の *I Lobster You Flounder*（I lost her, you found her）という、十数魚目が入っている曲の歌詞に学び、きちんとの英訳（酔訳！）もしたかった。読者諸君、英語の魚尽くし恋曲の歌詞を読みたければ、ネット検索で見つけるかと思います。右は、本来「寄恨恋」だが、ニシンの魚に妊娠というルーズな語呂合わせ近同音の可能性あると研究者は言うならば、改良版では「寄鰊恋」の題にする。さて、個々の魚へ進もう。

寄鰹・寄松魚・寄鰹節恋

1783★君が名も我が名も棒にふる松魚
あたりの人の口にかゝりて　橘洲　若葉集

Your name and my name are like bonito stock for shaving
we're on everyone's tongue because we're misbehaving.
（誤訳か、棒鰹ではなく、棒に振るだったか。ならば）
Like bonito sold fresh from a shoulder pole, our names fly
from tongue to tongue, but we'll be night-soil by and by.

★つれ／＼の床の海にも松という
名こそ恋路の毒の有る魚　厩輔　E5-4　1799
（松魚という書け方の松＝待つが無ければ不可英訳）
Bonito is less a fine fish than "pine" fish; and that name
in love is poison: I'd make it w/, not waste away 4 a dame!

★辛子酢に江戸のめうかの初松魚
かたじけなさに涙こぼるゝ　光　E5-4　1799
With chili su and Edo myouga, first bonito fresh from the sea,
my tears tumble down because you're just too good for me!

左、天明狂歌大御所橘洲の誤訳（御免）も正訳も楽しい。江戸の俳諧と狂歌の中で鰹フェッチに恋も運ぶのが面白いが（二番英訳の金持の糞に成る事は子規の鰹句より）。中、厩輔の「松＝待つ」も困るとは漢字遊びの傑作。恋の歌になるが、食うに待つも食中りになり易いご馳走ですね。右は。辛子魔ながら茗荷を嗅ぐよりも聞く敬愚は、光と同意見です。同時に、恋歌ながら江戸っ子らしい鰹讃になる。勝ち鰹。

★いかにせむ逢うこと堅きかつを節
かく背も腹も恋瘦せる身を　綾たり　K25-3　1806
What shall I do, we have a date as firm as a bonito block
when my body thin as a flake from pining is a laughing stock!

★鰹節の出しにするとは知らずして
　　かく計り身も細る恋痩　倚泉 K15-5　1811
*Who knew I'd become smoked bonito shaved for soup stock
with my love-sick body but a flake of what was once a block!*

左の後句の「背も腹も」ぴんと来ない。背が痩せると気付く事は一度もない。後ろも見える合わせ鏡の常用者、女性ならではの観測か。

寄鯛恋

　　★えにし有らば君を蛭子（えびす）に我身鯛
　　つられて側によらんとぞ思ふ　虚中 T55　1737

*Some lucky day, you can be Ebisu and I thy snapper play,
taking your bait I'll be hooked, then by your side I'll stay.*

　　★つられても末を頼みに掛鯛の
　　腹と腹とをいつか合わせん　昔片儀 E11-2　1820
*Though you lead me on, I'd be hooked & hope, ultimately,
like hanging sea bream, some day we meet belly to belly!*

普通に恵比寿か夷となる蛭子命（えびすのみこと）は、時折「蛭子」と書く。人間神の出来損ないの不具の初子のヒルコのように目鼻も骨も無い、ぐんにゃぐんにゃの海獣の死体などの漂流物を「えべっさん（えびす神）」と称した漁民のせいか、その異体を引き受けて供養をした、本神がヒルコがながら社名がエビスとなったりするせいか、ともかく混合されるようになった。それを知らず、左の首を蛭という餌を鯛に呑まれ、共に釣られたかと、先ず誤読してしまった。その原題は「寄戎恋」で柳因編の『狂歌戎の鯛』の中に出たが、最初は釣りする夷と鯛をどれが男とどれが女にすべきか。夷が弁天に化けたら、敬愚も鯛だったら直ぐ餌を呑み込む。ともかく、左の上方狂歌は可愛

古典的な卑下風口説き。右は、ずばり江戸っ子。この対に限るが、江戸の方の腹と腹のぶら下げる願望の「寄掛鯛恋」の方の狂度が高い。

寄鰻恋

　　　四生歌合　1643★山のいも淵瀬に変わる涙川
　　うき身と成りてなを流すらん　なまうなぎうかりの坊
（井＝居⇒芋＝妹、瀬＝背、浮＝憂き名を＝猶も英訳無用が）
*A mountain yam, or girl, her swelling well grows into Tear River
where she floats but not so merrily . . . until flushed out to sea.*
（↓万葉歌の鰻つる痩男も流されると生鰻が詠む事を考慮）
*A mountain yam, or girl, whose well becomes Tear River w/ rapids
and deep bends down which she, flowing sinks, changing into me.*

　　　★化生とハなれをぞ言わん山のいも
　　鰻になった否やつめなり　宗仙　T37　1679
*A changeling, yes, that's what I'd call you, mountain yam=lass;
to see if you turned into an eel or nay, first, let's pinch your ass!*

　　　1815★逢う事をうなぎがぬれきぬらくらと
　　変わりし山のイモが心ハ　山鳥　K19-3　＋臨期変恋
（濡れ衣⇒ぬらくらも、濡れ衣そお慣用もない英訳無用）
*We had a date, but you so dampen my ardor that I think I feel
slime – my mountain yam=girl, say, are you becoming an eel?*

左、長嘯子著かの鰻なる造名が十一音字。二番目の半ば出鱈目の英訳の鰻化の有無が判り難い。山芋化鰻の俗信の初出かどうか知らぬが、明白によめる早い方でしょう。中は、数十年後なる行風編の「銀葉夷歌集」の宗仙の首は、詞遊びもない単純ながら、「抓め」てみる新案には色こそある勝ち首だ！当狂歌集には長い恋巻あるを、編集者が歌を雑巻の方の題無しとして入れた。検索の上で、宗仙が恐らく医の方

だったから摘めたが実験でしかなかったかもしれない（笑）。右は。本来清しい山の処女ではなかったが『痴人の愛』のナオミも思い出す。濡れ絹もぬれくらも英訳しかねて、我が情熱を濡らすにした。

　　　　天明★あな鰻いづくの山のいもと背を
　　　わかれて後に身を焦がすとは　四方赤良
　　　（穴＝感嘆、芋＝妹、瀬＝背、分＝別れ等）

　　　同　参照　いく本の割くや鰻の蒲さゝら？
　　　匂ふ鼻にハたれも焦がるゝ　もとのもくあみ
　　　（竹籠で？垂れ＝誰も、焦がれるは英訳無用）

　　　1830★身を焦がす此かばやきは憂き恋の
　　　山のいもよりなれるむなぎ歟　鈴繁　E12-4
Does the body burning in this fashion prove kabayaki did indeed metamorphosize from mountain yam(=girl) to eel?

左中右の全部が面白いというより面黒い。左は、超名歌。日本では、狂歌のトップテン中。英訳といえば、小生の *Mad In Translation* の試みしかない。我が発明した polifaceted 複面の宝石みたいな翻訳体の一つになる平行翻訳だ。片方では芋＋鰻の筋になり、片方は妹＋背の筋になる。ステレオの如く共に読めば日本語で一筋に読める狂歌もなんとなく理解できるような工夫だ。見たい人は Google Books でご覧になってください。中は。二番目の蒲焼の前句は後句の旨い観測になる「垂れ」をかけて「誰も焦がれる」の枕でしかなかろう。「参照」と記した理由は、恋歌ではなく、蒲焼好きな人の寄恋鰻の歌だ。右の原題は「鱣（てん・せん？）蒲焼」。オチになる「むなぎ」は、なんとなく「むね」と「無念」と「むなしさ」を感じるのが敬愚だけ歟。技巧の面では赤良の狂歌に争わないが、雰囲気で我は右勝だと思う。

　　　1814★むなぎならぬ君を釣り出す餌にもと
　　　みゝず書きしておくる玉章　影住　E9-2　同

*To sniggle one so far from an eel, why have I bait no better
than the squiggly vermiform script found in my love letter?*

「寄蚯蚓恋」の歌例にも、植物部の「寄長芋恋」の参照にもなりうるが、鰻釣り=sniggle という語も英訳にあり、一応、鰻の歌例に置きました。君という尊敬語ながら、自分のイモにしたい主旨。

寄目高恋

1809★すくうてもくれよ涙の川にうく
針目高ほど恋痩せし身を　高盛　新撰百

*Scoop one out, save me from this stream of teary wishes;
hopeless love has left me thin as this here needlefish is!*

文字通りの目高。跳んでマングローブの根に日向ぼこする目が頭の上に出臍のように凸となる人間の祖先の鯥五郎 mudskipper と異なる透明で目しか見えない小魚か。砂浜育ちの敬愚の馴染みなる細長い needlefish もその数に入たことは、この狂歌で初めて覚えた。

寄白子恋

四生歌合★しら／＼ししらするとてやうみつらに
よろこびわたるこひのはてかな　よろこびをしらす　1643

綴りは「狂歌大観」のままが、「白じらし」も「白子」が「知らす」又「領らす」にもなる可能性が多くて、長嘯子の歌は我が日本語の力を上回る。海面を泳ぐ魚の生態学上の描写に合点できるが歌意の解釈を見るまで英訳を預ける。同時に、『古狂歌 色を好むさし男』を書く前に、ここで遠慮する猥褻的な読み方の有無も研究者に確認したい。

寄鯉恋

朝忠集　★濡れわたる水の下にもいかなれば
コイと云う魚の絶えずすむらん　藤原 朝忠 910 年

How can it be that under water which is wet all around,
a fish called koi (love w/ fire in it) is commonly found?

★たまさかに逢瀬はなくてみなの川
涙の淵にしづむ恋かな　肥後の娘　1100 頃

No luck finding a shoal to mate up Manwoman River
my love/koi silently sinks to the bottom of Tear Gulch.

初鯉歌をネットで求めたが、和歌の大 DB が平仮名百％で適当に検索しかねた。「こひ」が恋が何万件あると思えば。朝忠は、鯉という魚をもって、恋に「火」ありながら、水の中に燃える昔の陳腐を弄ぶ。狂歌としか称しない和歌だ。「棲む」と言われても、葦の間に漁る鯉は水を濁らすのを見たことがあるから「澄む」とかけず、敬愚それを煙とも詠みたい。右、肥後集の歌は「みな＝男女＝のがは」が原題。肥後守藤原定成の娘で常陸守藤原実宗の妻として、藤原系の歌集もきっと丹念に読んだ彼女の恋は、淵の冷えた水に沈む鯉になる。酸素をよく循環させる鯉は、深い水をむしろ澄ませることも彼女は知っていた。泣いて心を癒した恋歌と思えば、彼女の心の水の中の鯉も恋も涙に沈みながらおめでたく済んだのである。下記の歌人の中の歌人の首は本歌になるでしょうか。それともふたりの間に同じ鯉を分かち合ったか。

散木奇歌集★哀れなりコイにて世をば尽くせとや
身はよど川の底に棲まねど　　源俊頼　1055-1129

How sad to spend all my life on earth in love [as a koi!];
not that I actually live on the bottom of the Yodo River!

約千年前。今の世界中に知られている錦鯉は江戸後期から育成されたが、天然鯉が古代より食われたし、淀川は依然として鯉の棲家なる。

とは言え、歌意は。自嘲かと先ず思ったが、道歌みたいに「恋のために生きる人は魚でしかないから、しっかりせろ！」というようにも読み得る。専門家のご意見ください！

　　　　四生歌合　★などてかく道も変わらぬ船（ふな）人や
　　　こひてふひれの騒ぐ明け暮れ　きみをこひのすけ　1643
　　　（手書く？漕いで⇒恋＝鯉てふ＝というも掛詞が英訳無用）

　　　　　★我が恋のさしみに成らねど辛し酢の
　　　　目鼻とおりて涙こぼる〲　　未得 T24　1649

My koi may not be sashimi, but it sure does smart like su
passing through my eyes and nose falling just as tears do.

左は。又も古綴法で面白い。長嘯子の生態学的な知識も又良い。明け方や暮れ方は取り分け騒ぐのだ。右の初期狂歌の天才未得の鯉＝恋を英訳すれば最近数十年間において米の鯉数奇も多くなっても carp とせずにコイのままに詠んだが、其の上に酢をそのままかけたら美食派に日本の酢 vinegar を「ス」と知るから、余計なる音字を無事に避けた。脚韻のために上の通りにするしかなかった。

寄太刀魚恋

　　　　四生歌戦　★つかのまも見ねば身につく面影を
　　　なに中だちの思ひ切れとや　一ふりたちの魚 1643
　　　（五つの刀縁語にと思中の面の掛詞も英訳とても無用）

太刀魚の名そのもの心の見立てなる大胆の傑作。恋歌よりも『古狂歌滑稽の蒸すまでも』の泰平を祝う歌によく登場する魚だ。抜いてはいけなかった時代の唯一の生抜き刀。太陽に光ると虹色も見た事ある。

寄烏賊恋

x2 四生　魚の歌合　いかにして心の水にすみながら
思ひは消えぬ我が身なるらん　おめで鯛ゑもん 1643
（いか＝烏賊と水＝見ずも棲み＝墨もなく英訳無用）

既に「寄火＋水恋」の題に見たが、思ひを「火」に掛けて水と矛盾を詠んだ古典和歌の陳腐をいかにも新奇の焼き直しになる、長嘯子の四生歌合の魚の歌合の一番左でお目出鯛の歌を二度も見る甲斐ある。

寄鱈恋

★かく文字の雪とはとけし仇人の
よき口塩のたらし詞に　岡住 E9-2　1814
（角文字で解けるの字を仄めかす？垂らしに鱈）

韓国で塩鱈が棒で打たれて解けながら柔らかくなる馴染みある物が、この歌は未解読。相手が雪という女か。つの文字のこひしく書かれたよりも、かく文字は棒鱈を売る紙に？枡酒を呑みながら砕わせたか？

寄鯨恋

★生臭き恋をも祈るカミなれば
御前でとるもみくじらぞかし　詠み人しらず
（神＝紙で取る御神籤等＝捕るみ鯨は血合が多く生臭き）

*If you seek a god to whom to pray for raw love beyond the pale,
mikuji strips should do the trick: they pun bloody well with whale!*

1666年の古今夷曲集の「題しらない」神祇歌。御籤を取るも、御前は女陰と掛け、鯨ほど血臭い肉はないから、編集者の行風よくも許したかと目を疑う程ぎゃっと言わせた首だ。因みに日本語国語大辞典が「私可多咄」を例にして「昔、なまぐさき出家と山伏と〈略〉乗りこ

みの舟に遊女をよび」。なるほど、そいう小咄にこういう狂歌が誂え向き。後、四、五「寄鯨」にしても良かった歌例もある。「たまさかに」逢う相手が失礼に背ばかり見せる背鯨の首を「寄背恋」に入れたが、この「寄鯨恋」にしてもいい。紙とインクは高いでこうして重複を避ける。同じ首を様々の「寄〜」ものに入れる E-book も作りたい。

寄蒲鉾恋

★胸の火の消えねばつらくかまぼこの
　身のいたつきと成りて焦がるゝ　一榎庵 E4-6　1796
（蒲鉾に罐＝かま、板付きに痛も掛けると英訳無用）

1806★思ひあまり身を粉になしてかまぼこの
　いたくも胸を焦れぬる哉　些少弁 K25-3
（粉になす慣用も板⇒痛きも英訳無用）

蒲鉾にはイルカも入るとどこかで読めば、鯨の後に置いたが、蒲鉾は英米にあったとしても、板 board の同音語が高々の bored 退屈になる。

寄川魚恋

1776★知れや君逃げまわりたる鮎さえも
　落ちて手に入る時し有るとは　宗雅　k12-1-10/11PIC

*My lady, know this, even the sweetfish coyly fleeing about
sometimes falls into the angler's hand: you need not doubt.*

警告か脅かし。鮎釣りの体験あります。戦前日本で留学した韓国人の名山水画家と。逃げ回るこそ早く針に釣られるが、性別は逆かも。

寄かな物かぢか恋

四生歌合★言の葉も変わらぬ川の底にゐて
こひしき事のいわほとぞ成る　カナ物カヂカ 1643

Words are words and water or not a river bed is still a bed,
but shy pebble longing grew into the boulder love of a fish.
（やはり小石の掛詞なければ英訳は下手のかわになるが）

金物河鹿か鮴は涙川の底か。並成らぬ歌けれどかな物かぢかで、金聾だともの岩＝云わぬ程に恋しき成るか。又も長嘯子の生態学的な知識。

寄マス恋・寄鱒恋

1643★めすと云ふ言葉もがもな幾とせか
ふるかは水に思ひますらん　おもひますへもん
（牝の使う言葉召すも水＝見ずも思います＝増す＝鱒）

Oh for a female flutter of fins after years alone as of late
I'd leave this old river for I'm hot to trout with my mate!

1820★二世かけて思ひハますの塩引を
きけ／＼と言う人のつれなさ　不知 E11-2
（塩＝しよ？香の如く塩引をきく？⇒聞けも未解読）

済まない。この四生歌合の味噌なる三マス掛詞を hot to trot（早くも抱きたい）という二語の下手のかわの掛詞にしてしまった。前句の軽さも食事もセックスも「めす」に等しい英語はないから重苦しくなった。

寄海月恋

1310★我が恋は海の月をぞまち渡る
くらげの骨に遇う夜ありやと　源仲正 1066-1137

For me, love means going out but waiting as I wish
to come across one night the bones of a jellyfish.

理想家の求愛はこれか。夫木和歌抄に再載、その家集恋歌中。「町⇒待ち」と掛ける腰かどうか知らないが、当の諺の最高の用例です。

寄蟹恋

1794 以前★あな恋し恋に心もまめ蟹の
逢ぬ夜半をも中にはさめり　中栗　万？江見中栗
（あな＝穴もまめも＝挟めも不可掛けで英訳無用）

原題は「隔恋」。新古今狂歌集 E4-3 は「はさめば」。解読の助求む。

寄亀恋

★万年も離れハせじな石亀の
かうと約束かたき契りは　夏虫妻　T27　1666

*'Though ten thousand years should pass,' the Tortoise of Stone
promises to keep his vows so the Kalpa will never be alone.*

1809 以前★身は恋に縛られてゐる放し亀
はなしもならぬ仲ぞ悔しき　鳴機亭糸好　E7-5

*Love's trussed me up to hang like a turtle caught to be freed;
thoughts move vainly like his feet – could we but talk, I'd plead!*

左の初期狂歌は再載も多い名歌。「かう」とは、甲＝劫。仏教用語の劫は、方四十里もあるコウの石が百年一度天人の羽衣の袖に軽く触った上で無に尽きるまでの時間単位かその石。万劫はまるで永遠。約束のやくは甲の焼く縁語にもなるかどうか知らないが、亀と巨大岩の恋という愚かなる発想だけでも充分。右は、その原文では同音の「放し」と「話し」の不思議の縁も考えさせてくれたが、可笑しみの上、左勝。

寄鰐恋

★船ほどにうき名のたてば鰐よりも
恐ろしき人の口かな　山跡蜂満 E4-6　1796
（船＝不寝？憂き＝浮きの掛詞も英訳無用が）

*Human mouths scare me more than the crocodile's
spreading rumors all around with even bigger smiles.*

船は不寝の掛詞か。浮名丸か。比較の混合した比喩の滑稽が狙いか。

寄にしん恋

★にしんあれば数の子とはも尽くされず
只折もかと松前ぞうき　文屋蔵持 E5-4 1799

鰊か鯡かよく分からない。歌意も未解読。子沢山とそうでない比較か。

寄鰈恋

★うき人の返事を聞かまほしかれい
白い黒いの挨拶も無き　内匠 E11-2　1820

*My sorry lover's words are harder to make out than starry halibut
ne'er a black and white greeting, just her sea-bed camouflage.*

星だと白黒と思ったが、この魚は砂など上に身を隠す。星と言っても夕暮れ空の弱い星。鮮やかな白黒なる海の毒蛇の方が、宜しいですか。

寄鮃恋寄・平目恋

★若し死なば鮃と成らんそれそとは
親も睨みし恋のわづらひ　奈良葉々広 E9-2

I want to become a flounder if love-sick, I die in bed
for I can't get my parents' staring eyes out of my head
（↓下記の宿屋飯盛の説明をよめば、別事になる）
I shall turn into a flounder if love-sickness kills me in bed,
so when my parents stare, I may stare right back instead!

飯盛判曰く「左李笠翁の比目魚の正体も思ひ出られて興あり周の諺に親を睨めば比目魚になると云々これは親に睨まれたる引っくり返るほど可笑しく侍り…」）。数十年前に読んだが、日本の刑務所で囚人が番人を見る事が違反だったと。へえ、家族の中にもそうだったか。

1820★いま更に変わる二枚の舌ひらめ
　　うしろめでたくや我が思ふ人　哥屑 E11-2
Now, yet again, the person I love changes and with hindsight,
a forked-tongue-fish morphing hides and always flat-out lies.

鮃 flounder も足裏 sole の他、英語にも舌魚 tongue-fish あるが、forked tongue が蛇の如く左右に分けるから平目に良い二枚ほど面白くない。食膳のそれに刺された絵にすれば、面白いが。

寄鉋頭恋

★一しほに書き送りたるかなかしら
　胸のひらける文の嬉しさ　占正 E11-2
（一入＝塩と鉋＝仮名の掛なくて英訳無用）

軽くて旨い詠みの様が、未解読。あの大魚の胸をよく開けるか？

寄鰒恋・寄河豚恋

四生歌合　1643　★きらわるる身を気の毒と思ふにぞ
　胸はらまでも膨れこそすれ　ふぐづらさんふくとうぢ

（切ら⇒嫌われも気の毒＝縁語も立腹の発想も英訳無用）

One whom is hated and feels sliced up fills w/ poison
swelling until puffed up, this fish I am is apoplectic.

嫌われるのが愛されていると反対になるから恋歌か。恨む恋かな？

吾吟我集★思君がふぐ棒付き形の提灯に
身を釣がねのかた思ひ哉　未得　T24　1649

My sweetheart is a swellfish lantern dangling from a stick
which is to say one-sided & hard to bear if you're lovesick.

★見初めしは鰒の味より目の毒と
成りて忘れぬ胸の苦しさ　砂長　k18-1　1819

The taste does not tempt us as does puffer-fish, but at first glance,
this poison goes from eye to heart – the lifelong pain of romance.

★河豚ならぬ妹が五体のいかなれば
命に換えて我は恋しき　雄左丸　1810 頃
（不具＝鰒の掛詞は英訳無用がその代わりに）

She's no swellfish, but swell enough that I'd give my life
for a taste of what she's got or to win her for my wife.

美の毒は命になるもふぐならぬ　敬愚

左、未得の初期狂歌は寄道具恋尽くしへ移るべき。美の毒を詠む中の原題は「難忘恋」が、「寄面食い恋」にしたくなる。右の原典を書きわすれたが、四海雄左丸は 1810-12 の諸本に出た江戸狂歌の人。「海」豚だったが、五体との関係はないから、不具の対照に思いついたら誤植かと合点した。しかも魚の方が毒で命になると思えば面白い。

寄海豚恋（敬愚の追加）

妹が恋ハ背の方があなかしこくているかと思へばイナイナ坊や

寄蛸恋・寄飯蛸恋

★君と我吸いついて夜をあかし蛸
いほ相持ちの世帯をもせん　五園　k4-4　1795

（明石＝明かしも古綴法ゆるす庵＝疣も英訳無用）

Suckers for one another, you and I described in bed:
an octopus with eight limbs and a single body-head!

★枕たこ出来るもむべよ妹と我
からむ手足のちょど八本　里繁 E11-2　1820

We have bed callouses like octopus suckers, you and I
and the limbs we intertwine, come up to exactly eight!

左は羨ましい。互いを吸いたがる夫婦。しかし、左右とも二十年前に、絵に描いた！男女の抱き合って蛸に変化する（又は交尾中の猫も蛸に変化する）過程の超短動画（ぱらぱら絵本 GIF 等）の可能性を悟った。

1760★ひと口も怖い飯蛸の頭から
生なか／＼に出でやらぬ色　鈍全 K22-1

（一口を言うも呑まれるも人口も英訳無用）

★一れんと結ぶえにしハ頭から
思ひの数を君に飯蛸　仲怒　K15-2　1762

（君に云い⇒飯蛸が無ければ頭からは不十分）

左の一口は。「鬼」にぱっくりと。人の噂に身ごとに喰われるも怖い。喰うのが我々、喰われるのが蛸で連想のポイントがぴんとこない。だからこそ面白いか。なま中々と色だが、血に近いから色に出ると？白い方が旨いという思い出もあるが。それとも蛸だと頭に隠すべき屎も一杯という事。右のいひ蛸は未解読が、耳にタコまで話してやる人か。

寄鮟鱇恋

1792★鮟鱇にあらねど君につられては
胃腸を断つこ？思ひなりけり　深草青人 E3-10
（釣ら⇒吊られての細かい比喩の過程は旨く英訳無用）

*I'm no anglerfish but you keep me hangin' in the air, hooked
my heart feels like my guts are being chopped up & cooked.*

1796★通えども落ちぬ君ゆえ鮟鱇の
百夜も同じ軒につらるゝ　不断七持 E4-6

*I came over but you never fell in love – for 100 nights
that anglerfish dangling from your eaves was me.*

1799★あちら向きこちら向き鮟鱇の
顎を吊るして待つ夜はぞうき　琴成 E5-4

*Looking this way, looking that, call me an anglerfish
chin drooping lower by the hour I wait despondently.*

吊るし切りという鮟鱇独特の裁く方法も恋歌也。左は。英訳で伝え難いほど良いブラックユーモア。中の首は百よりも九十九夜のはず。百だと軒端にもういない深草少将。鮟鱇の同音語が多くて掛詞の有無も又判らない。鮟鱇の旬は冬。そう言えば寒くなって深草少将が風邪ひいて亡くなった。右の首は。かの魚は待ち遠しいを食う暗喩で良いか。詠み逃れた釣り提灯も思えば相手は可哀そう。が、新奇たる滑稽で勝

ち首だ。あの「憂き」は、どんなに軽いかと言えば、1643年の『四生歌合』の類を読めば判る「寝取られてあんごうつらのあをき名や立つ波風に吹きぬかれけん」。それこそ、ゴシック顔負けに暗い歌だぜ。

寄鮭恋

魚の歌合★おりはへてひとへに？思ふきぬかわの
浪のよるよるなさけともがな　大ざけ九郎太　1643
（衣か絹＝鬼怒川も寄る＝夜も鮭⇒情けも英訳無用）

★つれなさよ身はから鮭と痩せる程
肉は日増しに落ちる恋病　末吉人 e7-4　1810

Misery is one thin as cured salmon with ribs that protrude
losing more flesh each day as s/he pines away un-screwed.

左「四生歌合」の最初の5-7句がまだ解らないで、狂訳あえて遠慮した。右は、脚韻に誘われて「セックスもせず恋痩せの恋死へ向かう」。

寄鰯恋

魚の歌合 1643★君があたりめし寄せらるる紫の
色に成るまで身を焦がすらん　なにともいわし　長嘯子
（紫が名前に色と焦がすの両意味も鰯＝言わじも英訳無用）

To be near my Mistress and serve her, I yearn for ranking
high enough to wear purple as Sir rather than SarDine.

紫は、お許しの要る尊い色で君は高身分。英語には精神的に焦がれるがburnでなくyearnだとは残念。又、鰯が紫なる発想もないから英米人に追加説明も要る。詠む人、いや魚の狂名にある古綴り法が可能した「いわし＝言わじ」の替わりに Sardine=Sir Dine を歌の中に入れた。

　　　　1799★待ち侘びてねさえもならぬ古鰯
　　　　ただ目のうちを崇めてぞゐる　　方丸 E5-4

（寝と値の掛詞がなければ英訳無用）

　　　　1814★つゝめども鰯のあぶらこひ中と
　　　　人がめざして名をふれにけん？　多余成 E9-2

（油濃い⇒恋中も目刺し＝目指しも英訳無用）

左は、売り残る腐りそめば鰯の売る値が低くなる所、魚屋は具合を計るに目を吟味するを、共寝まだ許してくれない女性を拝む男か箱入娘の目のうちを崇める親か。観点を外人の敬愚には定かではないが、平行の筋は赤良の焼き鰻の名歌と等しい傑作だという位は、判る。同時に、三十年前に是政という小さな町の魚屋の不幸せな記憶が浮かぶ。目の具合は気流と気温日光など光やタバコ等にも変化するから古鰯の目を見るだけで裁くに自信がなく、嗅いで見たら、魚屋さんに怒鳴られた！日本の魚屋を馬鹿にしている外人にかんかん怒った。海の側で育って魚が新鮮かどうか判った。その魚屋で前に買った魚が酷く古かった。仕方がないと思ったが…。道草御免。さて、右は、単純の比喩の目の関を目刺さす「油濃い⇒恋中」が微笑ましい。

寄鯰恋

　　　T17　1643★風のふくへさきのおきな抑えかね
　　　なまづらさげてこがれ行く船　鯰のひょん太郎　長嘯子

（吹く⇒フクベ⇒屁⇒觟等連続掛詞の漢字化すら許せぬ英訳無用）

長嘯子のワンマンショーらしい初期狂歌の最高の歌合せ『四生〜』の傑作。恋病中の翁の抑え兼ねる表情を沖に押さえ兼ねる鯰の相互見立の漕＝焦がれゆく船も又不寝の夢か。翁で瓢箪の「フクベ」が恋風だ

けではなく「屁」も縁語になるが鯰も屁も押さえかねし、焦がれ得る。すると比喩の平行筋が二つではなく三つもなるようです。参りました。

寄海鼠恋

四生歌合　1643★なに事もまづはしのぶのころもでを
めなれながらもかたみにぞおもふ　なまこのさへもん

尾頭見えぬ海鼠だが、頭文字で題が明白。袖の裾の角が料理などに引っかからない用に丸まれたのが海鼠袖ね。これは鼠と同じ海鼠色のやもめなれた袖の棲に亡き妻恋の偲ぶ頃も、慎ましい衣の形見の歌か。

1783★わらすえのゆうに言われぬ思ひにハ
ついになまこの身も消えぬべし　紀迪　E1-8

*After a long love that had to be mum, in warm water
filled with straw, my sea slug of a life will melt away.*

★玉の緒をこのわたにして生海鼠にぞ
なるべかりける妹がすく物　真顔 E10-1　1815

*I'd become a sea cucumber with my heartstrings as its gut
that my love would pick up live and squeezing then suck down!*

明治大正★ともかくもこの海鼠には形あり
猶まとまらぬ我の寂しさ　与謝野寛でないが

*Nevertheless, this sea cucumber here has a form
I can't say the same for my ungraspable loneliness*

左の天明狂歌。噛みやすくなるように海鼠を藁に巻いたり、煮たりするが勇断すれば液体化してしまう。藁しべの「藁すへ」と我末が掛けるか。中の首は天明後の尤も大門の狂歌師真顔の可愛い面を見せてく

れる。右「すく」は水から何かを拾い上げるが、海鼠腸をぎゅうと絞り抜かし（樽へ飛ばし）集める女性の仕事も「すく」か。英訳で「吸う suck」にもしたが、好きも好くか。珍味で主に男の肴になったが。或いは、まさか塩辛のように発酵を待たずに、生きた海鼠から抜かした物をそのまま呑み込んだか。本題は寄魚恋だった。右は、かの乱れ髪の人の夫かと思って拙著 Rise, Ye Sea Slugs! に載せたが、後に別な短歌詩の編集者の作品だったという情報は、改増版用に直しが書き込んでいるコピーに書き込んだが貧乏暮らしのダンボール箱の中で当分見つけられない。ご免。三首中、真顔の魂の移植のガッツ願望は勝。

寄貝恋

★岩間より生ふる海松布しつれなくは
しほひしほみちかひもありなむ　女　伊勢物語

（貝は女陰かと思うが、貝＝甲斐もある英訳無用）

Between the rocks seaweed seen may still prove hard to get,
but tides rise and fall – a man might find some shellfish yet!

1820★我はただ君の心を引汐に
ふみ出だしたる其かひも無し　駒彦 E11-2

（文＝踏みも貝＝甲斐も無しも英訳無用）

Mad In Translation で Marine Metaphor Meets Landlocked Culture の章に伊勢物語の海辺の比喩が中々英訳し難いから教授訳者は空白にして本末の注で説明されたり、訳の分からない凡人訳もあるが、想像力を尽くせば上記の良訳も可能だと証明。左はその好例。女は男を馬鹿にしながら、まだチャンスあるよと誘う色気の余韻有。右の首に読みが二つあると思うが、卑下と受けたら若すぎる少女（禿とか）の代詠みか。

寄蛤恋

四生歌合 1643★恐らくハふがひ無しとも君ならで
たれに踏まれんこしのうみづら　はまぐりかいの助

（貝の縁語を含む腑甲斐無しも越し＝腰？歌意も？）

I'm afraid you may lack balls, but if you don't come to tread
for my clams, who'll ever come all the way to Koshi instead?

吾吟我集　1649★あふ中も今は離れて蛤の
むきみより猶うき身也けり　未得　T27 も E15-1

（剥き身の韻までも踏む浮⇒憂き身も英訳無用）

Now we've parted I feel worse than a clam outside its shell
my body is all shucked-up and my life has gone to hell.

★蛤のかいま見えたる其日から
身を捨ててでも逢う中と成リ　屯水 k19-1

（貝＝女陰も貝⇒垣間見るもから＝空＝殻？身も）

From the day I glimpsed her sweet clam I had to be her man
though my hut an empty shell became and I live on the lamb.

縁語の女陰でも見たかい？左、長嘯子のはまぐりかいの助は女の代詠かと思う。民謡に男を争う山の栗と海の浜ぐりは。研究者の貝説よまねば分からんが。中は、情けない。男はそんなに弱いか。とは言え、貝と実＝身の分ける発想が英語であまり見えないからギコチナイながら新奇なるかも。右のすけべは、蛇足無用。男はメ＝女＝目に弱い。

寄法螺貝恋

★枕には塵もつもりて山をなせば
われが魂抜けんほら貝　詞蜑記 e7-4　1810

*Dust upon my lonely bed builds up to make a mountain
a wizard whelk steals my soul (reverse annunciation?)*

床払いせずに一人寝に沈む前に、比喩の山の歌を思い出したら、夢に山に相応しい山伏の貝の音が魂を？で、出家して山伏になる？すると恋歌ではない。或いは山伏と落ち合いしてしまった女性の歌？

寄鮑恋

★思ふかひ無しとは言わじ辛けれど
玉にあわびも眼の薬也　橘洲　酔竹集　1802
（甲斐＝貝も玉＝偶に逢⇒鮑もその類の目薬も英訳無用）

*One-sided love may hurt the heart, but once in a while, try
abalone for beauty, if naught else, it is good for the eyes.*

1809 宿屋飯盛編新撰百　★あわびぞと我片恋を笑うめり
いでや目顔にかひもつくらじ　小松千代女 E7-5 百人絵に

（かひ＝甲斐ある目鼻立を作れない非美人の詠む人？）

左は寂しいが、人生です。天明狂歌の優しい武士橘洲に惚れない女性はなかったかと思うが、事情はあるでしょうね。真珠や鮑の粉を呑めば眼薬になったが、年男にとって、美しい女性を時々見るだけで元気が出る。右、加賀でなく小松千代女の歌は未解読が、雰囲気傑作だ。

8　寄虫恋　8

寄蛇恋

　　　？四生歌合★思えども隔つる人やかきならん
　　　身は朽ち縄の言う甲斐もなし　くちなわ　T17　1643
　　　（垣＝書き＝嗅ぎ？言う甲斐＝誘拐？垣には穴ある？）
　　If the one I love is on the other side of a wall, I must find a hole,
　　as my tongue is forked & we snakes stink I cannot woo her soul.

中国文化圏に蛇は嫉妬が、言う甲斐なしとは、著者と思われている長嘯子が少年時代に基督教の旧約聖書も読んだか。蟇蛙と組んで「虫の歌合せ」の最後の一番にあるが、判文が蛇より長い。小生は読めない。専門家と相談した上で新しく英訳したい。

　　　★いやらしい返事さえせでぬらくらと
　　　うき名は立つが人の口なは　三巴　k11-1　1820
　　　（蛇の口縄ながら立つという可笑しみは英訳無用）

　　　★くちなわハ蛸ともなるを浮き君に
　　　通いし足の数は足らぬが　監水　k11-1
　　Though the snake, who floats herself may be an octopus,
　　my $=legs are too few in number to let me visit so much.
　　　（蛇は女で蛸壺が名器、足が金と知らねば英訳不解）

左の「厭らしい返事さえせで」は活き活きでいいが、口縄掛け一本で余韻まったくない。右の蛸壺持の蛇だとさす蚊に惜しい（蛇足：江戸では、色茶屋などでは、性器の役割次第に女は蛇で男は蚊）。百足ほどの足さえあれば、息子は一日中蛸壺の漬物。とは言っても、この場

合、足あれば腎が危なくなるかも。拙解釈が正しければ、改造版前にここから抜いて『古狂歌 色を好むさし男』に入れた方がいい。

★我が帯を蛇となしても恨むなん
とかく任せぬ人の憎さに　元住 e7-1　1812
*Though my obi should turn into a snake, I shall still bear
a grudge against the man who won't own up to his bairn.*

★言い寄れど妹はぬらくらなめら蛇
あちら向いては舌を出す也　下吉 e7-1　同
*I tried to put a move on her, but she was one slimy snake
turning this way & that flicking her tongue is hard to take.*

左勝。「帯を蛇となしても」は、初出の発想であったら trope＝修辞の辞典に入れるべき。英米人が妊婦帯を知らぬ、又米人の多くは bairn（赤ん坊、子）というスコットランド方言知らぬから、「産む」という意味ある、「恨みを持つ＝bear」という同音別意味語を縁語として入れた。右は左の対として旨い。このような女性だったら、子供あったら、任すべき人の同定は不可能と。寄蛇の男女の観点の対決ですね。欧米は国によるが、全体して舌を出して誘う仕草はない。

1809★恨めしやせめて一度も寝ぬなは？の
ぬらりくらりの言訳ぞ憂き　蔭藤麿（遠州）E7-5
（縄＝汝⇒なば？という三重掛詞だったら英訳無用が）
*My resentment equals that of the snake you who never lie
with me are – your slimy hard-to-grasp excuses I decry!*

歌麿虫画　蛇＋トカゲ合せ
★書きおくる文もとぐろを巻き紙に
つもる思ひのたけハながむし 千枝鼻元
（蛇を長虫と称しない英語では無理だが）

My love letter sent in a paper scroll, i.e., coiled up make
my confused thoughts going on and on seem one long snake!

★逢ふ今宵はなすまむしもあるならば
指をさゝるゝ用心やせん　鈴成　E11-2　1820
（放す＝話すも刺さる＝指さる掛詞なく英訳無用）

左の文句は陳腐が形容詞になった口縄は渋くてよい。中は、摺り物。ネットで見つけて、1788 年の画になる。外国では、活字は糞食らえ。画中心だから。右は。話すマムシはエヴァに禁止の果実を食うように誘った奴を思わせるが、指はそれぞれの既在の結婚相手か妾などを示すから、その悪口して人の心に毒を注ぎながら癒すことですね。しかし、本物のマムシにとって濡れ衣ですね。或いは放生会の後日か。

寄井守恋

★黒焼に成ししイモリのしるしかも
火の中までも変わず契は　半月　K19-3　1815
What better symbol than a salamander burnt black
can be found for vows kept until we are cremated?

「成しし」とは、獅子が火の中を入っても子を探すという故事に因む。欧州も火のトカゲの超自然学が豊かである。日本の井守の尾と四肢の再生能力。火に焼かれるかどうか知らないが火の中から現れたり。和 Wiki によれば「かつて日本では、イモリの黒焼きは惚れ薬」だった。「竹筒のしきりを挟んで両側に雄雌一匹ずつを分けて入れ、これを焼いたもので、しきりの向こうの相手に恋焦がれて心臓まで真っ黒に焼ける。」中国の守宮黒焼きが用いられて、日本だけがイモリの黒焼きになった、と。さて、狂歌の原題は「契恋」。脱線になるが、イモリの最も面白い歌は恋と無関係です。室町末期の『こほろぎ物語』の「立ちもせず下にもおらず騒がしくかへるかへると言ふぞ可笑しき」。

寄蝶恋

四生歌合★面影は花に眠れる夜もすがら
君に逢瀬の夢にさえ無き　てふ　長嘯子か　1643
*I slept on a flower all night long but never saw your face;
it takes two to dream, I guess you went another place.*

★ここの間は蝶とも忙しく吸ってみむ
恋しき人の花の口唇　希年成　1788
（蝶と＝ちょとの遊びある掛詞は英訳無用が）
*My sweetheart's lips are petals, soft as butter
& I'm never too busy to take a sip on the fly!*

左の英訳。故事は知るが、文法は難しくて歌意に自信ない。兎に角、相手を思わなければ夢に出てこられない日本だから、世話 it takes two to tango をもじて、「夢見るに二人要る」。右は、『画本虫撰』のもので、芥子の花に止まろうとする瞬間の北川歌麿画にそう。

1813★命をば君にあげはの蝶の紋
なき身となりて袖に添見ん　噺友　e8-5
（上げ⇒揚羽蝶の掛詞なければ英訳不可）

★恋に狂ふ我が魂ゐも蝶とならば
花の姿に吸付けて寝ん　華のや道頼　e8-5
（吸い付けるにちょど当てはまる英訳はないが）
*If my love-crazed soul a butterfly becomes, it would fly
to your blossom form and sipping you, sleep bye & bye*

1813★荘子より胡蝶となりて夢にたも？
花のようなる口を吸わばや　萩の屋翁　e8-5

I'd rather be the butterfly than Soshi, and in my dream wish
to suck nectar from a mouth between a pair of flowery lips!

左は、文もない浪人で夢に袖交わす程度にして置くが歌の歌意か。中は。夢以外に蝶になるし、古典和歌の恋乱れる魂の蛍の替わりに蝶とした新奇になる。右の「夢にたも」は、「似たも」か「誰も」か。又、荘子が出典で荘周じゃなかったか。「寝ん」終止が好きで、中勝ち。

1813★思ひきや胡蝶の夢のちぎりして
枕の塵の掃除せんとは　見聞舎元安 e8-5

A thought! When butterflies rendezvous in dream, one thing
do they first blow dust off the blossom bed with their wings?
（あるいは、つるみ後の掃除という律儀ある胡蝶ならば）
do they blow off the dust left on the bed with their wings?

1813★恋病に蝶の羽風も厭うなり
目にも散らつく君が面影　紀長文 E8-5

Lovesick, even the breeze from butterfly wings I so hate
for when the dust makes me blink I see your sweet face!

（羽埃のために瞬く時でさえという狂訳は良いかどうか）

Lovesick, I cannot bear even butterfly wing-wind that brings
no stardust memories but things I can't erase . . . your face!

左は、巨大蝶が羽風で人々を橋から川へ扇ぎ落とす元朝の仮想詩に比べて渋いが、新奇でいい。とは言え寄蝶恋よりも寄恋蝶だ。掃除が前か後か双方かと考えてしまう。払えば交尾前、掃除すれば交尾後になるか。蛾と蝶の身にある埃を恐れたり嫌がる人の存在を、在日の頃の発見。日本人の彼女が、それが毒だと教えられたらしい。そういう意識があってこそ、蝶々の床なる花か葉を塵か埃だらけに詠むでしょう。右は、寄蝶恋歌に違いない。それぞれの首が傑作で勝負を超える。

1813★頼まれぬ君が心はちょう／＼の
あちらをも舐めこちらをも舐め　張子古虎 e8-5
*With your heart a butterfly, dear, I must beware
for you lick over here and you lick over there!*

1813★頬擦りハよして下されませ垣の
花の横がお 蝶の髭づら　山唐里人　E8-5
*Please stop that cheeking over the fence – to see you rub
a blossom's face with it, your whiskered butterfly mug!*

1813★嬉しさよ飛立つ計り初蝶の
羽根を並ぶる夜半の契りハ　とりかね E8-5
*Late at night, we feel like taking-off from the sheer elation
of becoming butterflies who first align their wings to mate.*

左のちょう／＼は、擬態語にもなるか。なっても内容が全体としては、陳腐。中は。蝶の髭面を想像して惹かれます。蝶を長年、観測すれば、その神経もちくっと動く喧嘩でもしそうな雄と云う感じもする固体いる。滑稽の上の注文の「下され」も気に入る。右の「初蝶」は、初桜という語も思わせるが、大した歌ではない。中は断然、勝。

寄蛙恋

★つれなきは蛙の面にかくると云う
水くき一度あいさつも無し　未得　T24　1649

（水茎で〆る封筒がなければ、返事は真面目でない？）

1784★水臭き人にせき込む此身ゆえ
蛙となりて飛びつきやせん　加保茶元成　鴬蛙集

（水臭い慣用も急き込む＝堰とめる掛詞なく英訳無用）

Water off the back of a duck you are I'd catch it in a dam,
then on your back I'd jump & cling like the frog-man I am!

左は参った。小便かけても反応ないより水茎の見ずが辛い。右ですが、たとえ水臭い慣用語を説明しても、通じないから英語の語句を加えた。

寄蟇蛙恋・寄ヒキガエル恋

四生歌合 1643★つれなさ？の人もうらめし数ならぬ
身をひきがいるねにやなかまし　ひきがいる　長嘯子
（当ててみる。専門家の解釈を読んだ上で、又やり直すかも）

That cold-hearted person leaves me bitter and feeling even lower
than a toad I stick to myself and croak to sleep or waking glower.

正しく読んでいるかどうか知らないが、失恋すれば身を引き、根暗の仲間に成ったという訳か。

寄蝸牛恋

1799★ふたりある妹に心の二つ文字
かくて蝸牛の角文字ぞ憂き　七面堂儘？世 E5-4
（角文字は牛の常にある角が蝸牛の角の故事も思えば）

Dating two sisters I'm afraid that my heart split in two,
so the sweet horn-letters battle and we all are blue.

1811★ふりたてし悋気の角の争ひに
隠せとも名のぱっとでゝ虫　眠洞　K15-5

Had envy not made horns pop out, snail-wars are trite –
our names would've stayed secret, so why start a fight?

1811★蝸牛つの目立つゝゝ争ふは
外にふかまの有ると思うが　有斐　k15-5　同

The way snails do battle with their eyes out on their horns –
doesn't it suggest they're trying to impress someone watching?

左は。必要ならば「寄角文字恋」の別な個目の説明をご参考に。蝸牛の各角に大軍あり、互いと合戦する変な故事から恋が二つ争う比喩になるのも面白い。中と右は、蝸牛＜対＞蝸牛。喧嘩買い顔はしないが、子規の句「皐月雨喧嘩に出でる蝸牛」もある。中の原題「思二人恋」は「悋気の角」とあるから、喧嘩両成敗の恋版、つまり警告にも詠みうる。独り相撲のところもあると思うが。右（時折原文の「よそ」を「外」に直したが、ここは？）。ふかま（深間）は親しい仲間の事か。文字通りの目立つと比ゆ的な意味の掛詞は超一流。しかも、生態学上の仮定になる。トカゲなら確認ズミ、雌が勝った方に近寄る。ここは疑問。とは言え、絶対勝ち首だ。

寄芋虫恋

★我が住みしいもの畑は荒れにけり
今年の夏はひとりのみして　こほろぎ物語　室町末期
（単数複数問わず芋＝妹も一人のみ＝の身も＝呑み？英訳無用）

四生 1643★うらめしな君も我にや習ひけん
ぷりぷりとしてつれなかりけり　いもむし　- Gusano
（無毛の毛虫にも plump＝ぽてりがぷりぷりにも参った）

My sweetheart is spitefully cute as she takes after me:
so plump, soft and juicy that unfaithful she must be!

左は、独身男のだらしがない暮らしを描くか。右の芋虫は性別問わず同じぷりぷり succulent か。とは言え、いもむしが妹ならば、君は何むしか。ずいぶん虫がいい芋虫けれど、葉を食う毛のない毛虫を英語で hairless catepillar。語感はつまらない。スペイン語の gusano は良い。

寄蜘恋・寄蜘蛛恋

四生 1643★君くべき宵をば人に告ぐれども
我が逢瀬には占ひも無し　くも　長嘯子か　T17

*Though I tell people the night they will see their lovers,
nobody can predict when I to mine am going over!*

本歌は衣通姫の古今歌「我が背子が来べき宵なりさゝがにの蜘の振舞かねてしるしも」か、それとも古迷信で十分か。雲助って男もおられるが、比喩というより蜘そのものの身になる代詠みが面白い。強いて比喩と読めば。人の恋を知って自分のを知らない者か。古今集の八、九十年後に、狂趣ある詠みも既にできた。

★さゝがにの蜘蛛のいがきの絶えしより
来べき宵とも君は知らじな　実方 958?-98

*So Spider, wee crab of the whisper-cane, spins no more?
You didn't know it was me 'til I knocked upon your door.*

実方には、さゝがにを詠む首が多い。「七夕のくべき宵とやさゝがにのくものいかきもしるく見ゆらむ」の女星が夜這うに「彦星」から詠みそめる変種もある。上記の歌の前詞は日文研にないが、長い間訪ねぬ女と別れる時かとかすかに覚えている。同時に、いきなり尋ねた失礼の弁護代わりに可笑しみをもって攻める変人ぶりになるが。

元禄★間男がくべき宵とて背戸に行き
いたづらおかた蜘の巣を取る　月洞軒　T40

*On the night the backdoor-man was coming, out ahead
some joking person went, to remove that spider's web!*

1810★さゝがにのいとしき人の来る宵は
軒に我が身もつられてぞ待つ　旅立飛茂吉 e7-4
（糸＝愛しきも微妙のつられてもなく英訳無用）

左は。失出典が後になる砂長詠「★ことわりに来べき宵なりさゝがにのすゝを隣に払うふる舞」も、悪戯御方の同定はしない。間男を争う女性同士かという気もする。ブルース用語では背戸と間男は同じ名になるをそのまま翻訳に入れた。右は心理学上まさしく求愛する夜這い男の心を旨く捉えていると喝采送りながら、月洞軒の軽さに勝ちまい。

★わが背子がくべき宵なりさゝ粽
あものふるまひかねてしおかん　未得 T24　1649
（あもは母だが、しおかん？作って置いた用意の事か）

No dancing spiders tell the night my boy-friend will come
unless my mother who had snacks ready for us is one!

★我が背子がくべき／＼の偽りを
そうは食べまい蜘の振舞い　橘洲　天明
（来＝喰うべきでなければ、英訳無用）

天明★我せこが来べきと思ふうら方に
嬉しや夜這ひぐもの振舞　金鶏 網雑魚

Thinking that her man should come, the fortune-teller
delighted by the movement of a night-crawling spider.

左は最高。粽を開くと葉の音が立つから別な部屋にいる母上は二人ちゃんと食べているとわかる。未得の歌は、百年後の雑俳の愛をこめた家族の描写を思わせる。中の天明狂歌の大御所橘洲の首の原題「不待恋」にも頷ける。平安の時間感覚からほど遠い江戸っ子は、さっさと物を捗りたい。右は一応英訳したが、夜這いぐもはぴんと来ない。

1794★待つ宵に閨の掃除し過ぎして
来るぞと告げる蜘蛛だにも無し　桜戸茂見　E4-3

I did too much cleaning in the bedroom for the big night;
now, not even a spider remains to predict his arrival.

1810★垣越しに来べき宵ぞとさし覗く
顔にべったり蜘のふるまい　浅春庵安良 e7-4
*Peeking over our wall to check if this were the right night
to come, seeming to dance on it, I mean, his face – a spider!*

左は明白。右は。こそこそ顔を出して「今日だぞ」と表情か身振りで示す隣の方は、偶々蜘蛛の巣の直ぐ後ろだった事か。女の観点。

1815★宵の蜘糸引きとめて我が背子が
帰る戸口に網もはれかし　一飛 E9-3（網もはれかし？）
*The spider, whose dance said my love would come, stopped weaving;
now he is here, I want a web over the door to stop him from leaving!*

★来べきその夜は知らせても蜘の巣の
かゝる別れのあるぞ苦しき　杉下道　E11-2　1820
*The spider's signal is welcome on the eve of his visit – but what
could be worse than its web in your face when sending him off!*

蜘蛛の狂歌もその英訳も読めば、どういう訳か次々と面白い首も出る。これぞと、勝ち負けを下すよりも、全部に拍手、脱帽子するしかない。

寄虱恋

恋かどうか参照に　★思ふ事かきくどく間に長月の
夜ハほとほととしらみこそすれ　こほろぎ物語　室町末期
（書＝掻きも虱⇒白みも程々＝ほと／＼＝女陰す？英訳無用）

1589★別路の形見の虱取るたびに
我が恋衣うらみ／＼て　雄長老 T13-80
*On the return trip, each time I hunted our memento lice
with my love-making robe inside-out revenge felt nice.*

1666★きぬ／＼の東じらみにかく恥は
我が古夜着のうらみ成りけり　休甫 T27-433
（東白みは遅帰り？古夜着を交わした？古妻の恨み？）

*Parting, I turn my robes inside out – mementos are nice
but I have memories to burn and travel alone: no lice!*

（裏＝恨は不可英訳で↑形見は良いも有過ぎて虱無用）

★逢ひ見ても先づ頭こそかゝれけれ
東じらみの別れ思えば　政仍 T37　1679

*We no sooner meet and my hand goes up to my head to scratch
as I can't help thinking about Eastern light=lice, when I go back.*

★思ひつく君がころもの裏返し
見んとせし間に夜はしらみけり　夢庵　1763

*A thought: meeting is like turning robes inside-out for lice,
you lose track of time and, before you know it, day breaks.*

★一夜寝し妹が形見と思ふには
移り虱もつぶされもせず　宿屋飯盛　天明

*The only keepsake from our one-night stand, how nice –
thinking of her, I prefer not to pop them, my pubic lice.*

上記六つ寄虱恋歌に三つか四つも同じ「東じらみ＝虱」がある。その掛詞の初出は、禅師の夢窓国師（1351 没）の「西むきに背中をくふと観（かん）ずれば東じらみに夜は明けにけり」の首か。1666 年の初期狂歌の本格的な出だしとなった行風編『古今夷曲集 T27』に再載された。雄長老の首が虱と形見と裏＝恨みを結べば、休甫の焼き直しで発想が磨かれたが、政仍のメタ歌（概念を更考する歌）は行風編の第三大集『銀葉夷歌集 1679』に出て、虱の抽象化も見事に完成した。中期江戸の夢庵の首は抽象的虱ながら、小虫狩りの真姿をうまく仄めかす。天

明狂歌の大御所宿屋飯盛は意外に一茶っぽい詠みになった。否や、一茶の句では、自分と寝たから可愛ゆい蚤となった。政仍の首の冷静なる自動ないしパブロフ応答こそ、最高の歌かと思いますが、諸君は？

1672★やれ衣にかゝる涙もみ虱を
殺せる音もふちとなりけり　宣堅 T30
（淵＝ふち＝ぷちかぶちも英訳無用）

1783★かくとだに忍ぶ思ひを人しらみ
こぼるゝものハ涙なりけり　藪木医止成 E1-9
（かく＝掻くも知ら⇒しらみもなく英訳無用）

左の lice を pop する擬音と貧困の借金と涙の淵の連想上の縁語は、清濁を心に任す視覚に頼る古綴りのおかげで可能になる。右の本歌かどうかも言いがたい。右を読むと虱を落とす鳥や猿の俳句も覚えている。人間だとこぼるる物は涙のみと有難い。秀歌ながら、左のより古い狂歌のどうけたる平行筋の近同音の面白さには、天明狂歌も負ける。

寄蛭恋

★恋人に離れまいぞと抱き付て
ひるになるともまゝよ衣／＼　蔵吉 E11-2

（昼＝蛭がないと可笑しみの品も下がるで、虱化身↓）

*Clinging tight, as if to say 'I'll never let you go,' this louse
stays past noon and told he sucks won't leave her house.*

よる虫よりもひる虫のいい恋ですね。英語の louse は虱の単数ですが、性格の悪い人でず。蛭は leech。工夫を凝らしたが、原文勝ちかも。

寄蚊恋

室町末期★夕暮の軒の煙に立ち迷ひ
忍びかねたる身こそ悲しき　こほろぎ物語
（蚊程の涙よりかの一字名の如く文に潜めぬ英語）

★夜もすがらなき明かしけり何もかも
言わでくすべる君がつらさに　夢庵 e1-1 1763
（潜めている原文の「か」が英訳で過剰露出）

Mosquito me, I cried all night because it makes me sad
that you just fume like a smudge pot: are you mad?

★絶えやらぬ胸に煙は立ちながら
蚊ほど指さす人のつれなさ　山彦 E5-4　1799

Despite smoke without end from burning passion in my breast,
finger-tips as sharp and many as mosquitos give me no rest!

★忍ぶ夜にせゝる藪蚊やいかにせん
胸の煙は名のみなりけり　浅流庵　e7-4　1810

What can I do w/ thicket mosquitos stabbing me as I sneak about:
is smoke from passion in my breast then fake? It makes one doubt.

夢庵の「何もカも」の渋さと「くすべる君」の余韻も、山彦の方の「カほど指さす」誇張の名案もいいが、浅流庵の名のみの胸の煙の疑い調は、どうけて新奇なる勝首。

寄蚊と蚤恋

夏祓★蚤や蚊のせせらぬように祈るてふ
我に似合し御祓い成らし　月洞軒 T40　元禄

Prayers for not getting stabbed by mosquitos or fleas:
would this exorcism be aimed at men the likes o' me?

色を好むさし男の月洞軒は、自分がしばしば煩い要求をしてしまう意識あったようです。これを解釈というよりも仮定ですが。

寄蝿恋

室町末期★玉だれの錦の床の上までも
はひ上がるこそ果報なりけり　こほろぎ物語
（蝿＝はえ・はい＝這い上がる掛詞は英訳無用）

四生歌合 1643★桂ぎの神には代わる契りかな
夜の逢ふせの身には敵わず　はい　長嘯子著か

*My love affairs start where his stop, I mean that man in the moon –
how can I compete with those who swive in the night, at noon? - Fly*

左。寄蝿恋というより擬人恋蝿か。異類物語などでは生物はハイともなる田舎者になりがち。この御伽噺の狂歌の蝿の動詞化素晴らしい。右の四生歌合の首は、蝿が「詠人」の名としか出番がないが、月の桂男が「夜這い」の達人か守護神であれば、吾が蝿は「昼バイ」という無言の掛詞か。寄蝿恋歌を仄めかす比喩は後代のそれより曖昧。

吾吟我集 1649★昼寝する君が辺りの蝿ならば
這いかゝりてや我もせゝらん　未得 T24 再 T30

*Were I but a fly in the vicinity of your noon nap,
I, too, would creep on you and tickle you silly.*

厭やだてふ清少納言こそせゝる
未得のあとに我がはいもがな　敬愚

*I'd love to follow Mitoku and w/ my little hands & feet go
tickle Ms. Sei Shonagon, the fresh wit who hated us so!*

左未得の歌は、清少納言の嫌いな物の蠅を掠る。彼女の文には「せせる」の他にその「足」も出たが、敬愚はそれを弄ぶ吾蠅である。蠅が「はい」とも発音された江戸時代には、掛けも語呂合わせも朝飯前。

★我はたく君につくはい払らわれて
暫し去るとお飛び帰り来ん　夢庵 e1-1 1768
*I try to light your fire but you fan me away like a fly
so I leave for a moment, then fly right back, "Hi!"*

★払えども猶たち去らぬ思ひ哉
さりとは君は恨めしの蠅　辺越方人 E3-5 1787
*I shoo my love-thoughts from my mind, but they stay,
so you're akin to those spiteful flies on my rice today.*

★払えども目にちらつきて忘られぬ
君が姿ぞ恨めしの蠅　馬場霜解 E3-11　1792
*Am I, then, a bowl of rice and you my musca maledicta
that your images shooed from my mind should fly right back?*

左、原題「蠅によせて被厭慕恋」の夢庵詠「灰＝蠅」の観点からである。「恨めし＝飯の蠅」の中と右の首では、蠅が恋人ないし敵の面影か姿になるが、いずれも同じ嫌われ者の蠅。掛詞できなくても英訳には蠅の縁語にもなる動詞 shoo とか誤魔化したり、夢庵の場合 hi という両国語を渡る pun も見れば、ひょっとしたら原文以上の出来バエか。

寄だに恋

痩せ犬にたかるダニより一と目みて
深く喰いこむ君が肌えに　作義　e7-1 1812
*A glimpse of you made me hungrier than ticks on a thin dog,
and I found myself sinking my fangs deep into your skin.*

野暮だね！その箱入れ娘、つまり撫子に塵だにすえじという古歌が心配した事がダニだったか（笑）。いや、それよりも上記の英訳が、英語で読めば出鱈目。そう言えば、「肌え」の為に white の形容詞も考慮した。又、「たかる」＝集るは英語で swarm となるが、hungry as a tick swarming a thin dog だと音節の数は「より＝hungrier」を許さない。

寄蚤恋

室町末期★独りのみ思ふ心も甲斐ぞ無く
とび立つばかり物ぞ悲しき　こほろぎ物語

*What worth is there loving one who'd only flee from me
when the more I leap for joy the more I feel my misery.*

1643★心にはとびたつばかり嘆けども
我が喰ふほども君ハかひ無き　のみ　四生歌合

*While my heart aches the more I leap, for a joyful flea I am,
you're not worthy of one like me to even suck you, ma'am!*

左は。日本人は跳ぶを欧米人ほど楽しく感じなかったと欧州へ行ってきた桃山の日本人の少年は述べた。踊りの違いに現れるが、辞典で確認すれば、「とびたつ」仕草の意味は変わらないようです。しかし独り恋の嬉しき時、即時に悲しくなるのが事実。「跳び立つほど悲しい」は鋭い観測だ。蚤 flea の同音 flee が逃げるか避けるも独りのみの掛詞意訳。右は、左の派生よりも逆さまにする生意気の狂歌だと思います。

1782 ★いつまでか一人寝巻のうらみだに
言わで我が身をくいているのみ　私耕　K 3-3
（怨＝恨みだに＝ダニ、悔＝喰、のみ＝蚤は不可英訳）

1813★寝もやらで独り待つ夜はよもすがら
身をかこちては思ふのみ哉　都辰巳　E8-5

（かこちてに掻こうを仄めかすのみ＝蚤も英訳無用）

★わく／＼と思へば蚤もうら山し
夜毎に君が寝間へ通へば　東海堂早文 E8-5

*My heart leaps as I long for you even feeling envy
for the fleas that come & go from your bedroom*

★身を蚤となら ば成してん捻られて
妹が枕の上にしぬべく　戯雄　K9-3　1819

*If it is to be that I must become a flea, I am ready
to be pinched and die on my girl's pillow happily.*

左の描く状況は情けないが、中上の首と同様に後句に掛詞が重なるがいい。中下の蚤を羨ましく思う気持ちは判るが、どこかで既に読んだ感じもあり、陳腐。右のもそうだが、肯定的で勝たせたい。

1813★じっくりと君が肌えに喰付いて
一夜は寝たく思ふのみなり　佐野雪道 E8-5

*I'd bite into your skin and not letting go the whole night-long
be that flea who does not flee, for love . . . is never wrong.*
（不可訳の蚤＝のみの替わりに随分長い新案訳だが）

★恋死なば蚤とも成りてかく計り
つれなき人の血潮すゝらん　平方庵早樹 E8-5

*If I die of love, I'll become a flea and live to see the sweet day
when I slurp the blood of that cruel gal who made me stray.*

★願わくば蚤に成るともあやかりて
飛び込みたきハ妹が懐　世事広丸 E8-5 1813

*If my wish comes true, I'll stay here but become a flea
and the only place I would leap is into her bossom.*

思えば、これらの寄蚤恋歌には十代の男の子の心が描かれている気がします。連の月並み会の争いのみか。右は親切が、左勝。

★恋衣うらみがちなる夏の夜は
寝るも苦しき蚤取眼　平石季 E8-5　1813
（裏見＝恨みでなければやり過ぎ理由も英訳無用）

1813★蚤を取る眼にかへて糸筋の
ような目もとに殺されにけり　桂や長綱 E8-5
Rather than my being killed by a beady flea-picking eye
let one delicate as drawn by silk thread send me nigh!

左、平石季が云う蚤取る眼は蚤狩りの熱心だけか、薄い夏着を透き通し体を吟味する眼か。右は蚤を狙う左の目の点と反対の線状。一の字と形容したら直線できつくなるが、糸筋には柔らかい感じになります。

1813★蚤よりも恨みよ君が逃げ言葉
我に帯まで解かせながらに　噺友成 E8-5
More than fleas I resent thy fleeing words of adieu
after having gotten me to go so far as strip for you.

同★よし今は蚤となりてや憂き人の
身にまとひつゝ帯を解かせん　一升亭夢成 E8-5
All I can do now is become a flea so while she is clothed,
I can make my heartless lady untie her obi from within.

★痒いとこへ手の届かざる恋しさは
枕の塵の積もるのみなり　鳥かね E8-5
（蚤を掛けたオチのみハ英訳全く不可能）

左は。当然の怒り。面食の基準に合格した上で、裸を見て不満で逃げた男への棄て台詞か。何故「蚤より」と聞けば、中の首は答える。「蟻一匹で脱ぐ適齢女の子」という諺もある。同じ事やりたがり恋死ねば来る世、蚤になりたい発想も素晴らしい。美男子になった方が蚤より早いかどうか知らないが、脱がせる者だ。右の首は達観と言うべきか、もう少しレベルの高い人の孤悲を描く。（念のために蚤は痒いではなく、ぴっくと痛い）。か、といえば鳥かねの「のみ」は名のみの蚤だ。だから蚤の傑作になるかどうか知らない。にも拘らず、勝。

   1813★かく計りつれなき人を思うのみ
  さしも寝られぬ夜半の苦しさ　桐正女 E8-5
  （歌の腰になる蚤の掛けも英訳無用は残念）

Thinking about that man so heartless he could be a flea,
sleepless late at night I still feel I'm being stabbed.

   ★恋わびて己がすがたの痩せのみを
  手くだに捻る君ぞつれなき　張子古虎 E8-5

Consumed by love, of my former body I'm but a flea
so she thinks it coquetry to pinch and to pop me.

   1813★騙されて寝られぬ夜半の苦しさに
  蚤よりもなお身をくひにけり　ともなり E8-5

Taken for a fool, I can no longer sleep and now the misery
even more than the damn fleas, is what really eats me up!

左は発想が平凡も「のみさし」の帯を越し重ねた掛詞は素晴らしい万葉集に痩せた石麻呂を苛める歌あるが、中の恋瘦を苛める方が更に許しがたい。注：原文は濁点ない「恋わひて」は、蚤「沸いて」縁語か（蚤地獄の体験ある人は知るが、古畳から湧き出る）。右は、その通り。だから寝る前に猫か何か可愛いものをマイコンで見てから寝る。

★つく／＼と思えば今日も我のみぞ
とびたつ計り恋くらしぬる　夢庵 e1　1768
While I leap up & down for joy, stabbing thoughts make me
wonder why day after day I alone must play the flea in love.

1813★はねられて落ちる泪は蚤ほどに
押さえかねたる身こそ辛けれ　幾世亭久門 E8-5
Oh, the misery of one like me whose tears don't just run,
but bound down my own face as hard to subdue as fleas!

左の原題は「寄蚤恨恋」。前句みれば「我ばかり物思ふ」の古き和歌の嘆く類と変わらないが、後句では毎日恋に酔っているんだ。片思ひの歌か。二番目の歌は、涙と蚤の類似の初出ならば、即古典だ。人の思い付かない。とは感じるが、逆なる解釈はどうぞ！

寄蜂恋

★心には針もちながら逢ふ時は
口に蜜ある君ぞ侘しき　はち　四生歌合 1643
How wretched for you to have a needle in your heart
that turns to honey in your mouth whenever we meet!

★こわごわと取る蜂の巣の穴にえや
うまし乙女を蜜の味わい　尻焼猿人 1788
Fearfully, we all rob bee-hives, but hey, is it not funny
that stuff in holes is sweet & maidens taste like honey!
（穴にあな甘しは不可英訳が、英語の愛称もある）
stuff in holes is sweet so we call our lovers 'honey'!

古代の蜂は腰の締まった曲線美人。左の首では蜂の針を、心からの物化した。右の北川歌麿『画本虫撰』にあった、天明狂歌をしても面白い狂号なる尻焼猿人の首は、拙訳よりうんと上品で、お詫びします。

寄紙魚恋

★虫の名のさてもしみじみ嫌うかも
送れる文はあな封のまゝ　　高積　e7-1　1812
（紙魚の助動詞化と穴封のいい単語もなく英訳無用）

英語では、主に人名か職業が主題になる助動詞で Tom Swifty と云う言葉遊びの分野もあるが、高積のしみじみ嫌う首の二、三年後に一茶も寄恋歌どころではない激怒なる「書物も残らず棒にふる郷の人の紙魚／＼憎き面」の狂歌を詠んだ。拙著の洋書三冊、六通りの英訳で述べ続けてきたが、『古狂歌 ご笑納ください』に章頭歌の一首になるからここで英訳を遠慮します。紙魚の助動詞化こそできなかったが、Silverfish thy neighbor! という語句で歴史に残るべき動詞化もできた。

寄蛍火

室町末期★草の露水の泡とも消えやらで
絶えぬ思ひにもゆる蛍火　　こほろぎ物語
（水＝見ずも泡＝逢わぬも思ひ＝火もなく英訳は無用が）

Alone yet not vanishing like a bubble on dew-water from grass
its fire burns with ceaseless love – the glow-worm would last.

「蛍火」という主格の形容でしかない日本独特の語句でしかない歌体。寄蛍というよりも、その幼虫ないし毛虫かと思ったが蛍火ないし glow-worm は種が違う。この点滅しない蛍火を初めて見た時、電気がオンに付けられたままに放っておかれた子供の玩具の車か何かと勘違った！最近やっとネットで調べたら人の妊婦の九ヶ月も glow-worm で光るが、光で餌食を惹き、岩屋に良い壁に身を貼ったら餌食がつく涎みたいなものを垂れる。繭になるとたった二週間で蚊みたいな虫に化身。卵を運ぶが胃腸もないから交尾を含む数日の命しかない。

恋寄蛍恋・寄夏虫恋

四生歌合★忍び路の闇にかしらハ隠せども
あとの光ぞ人や咎めん　ほたる　長嘯子　1643

*On dark paths, we lovers conceal our heads but what an ado
as some folk would reprove the trail of light behind us, too!*

1813★夏虫の尻目つかひや飛ぶ影の
光るゝ袖も恋の糸口　桂屋長綱　E8-5
（尻目つかいも袖の糸口も英訳無用かも）

★我が胸の透きて見えねば袖に包む
泪の玉よ蛍ともなれ　道より　E8-5

*If she can't see what lies within my breast, then I say why
not let each teardrop my sleeves hold turn into a firefly!*

★狩りと云う名を借る夜の弁当も
蛍を出しに恋の旨ごと　尚左堂　E8-5
（弁当の縁語だし＝出しには英訳無用が釣り箱なら）

*A tackle-box made for night hunts is good fun for lovers –
and, with fireflies for bait, you can always catch another.*

★身を焦がす恋のやみにも夏虫の
徒な尻目に心ひかれる　竹光　E8-5

*Even on dark nights not in the least burning with love,
i find myself drawn to the flirting tails of summer bugs.*

1813★飛ぶ蛍人魂ほどに塊りて
焦がれ待ち身を君に知らせよ　萩屋裏住　E8-5

*Flying fireflies, clump tightly enough to match a human soul
so while I, burning, wait here, you may let my lover know!'*

寄虫恋★恋草の口にかゝりて憂きが名や
消しても／＼光る夏虫　天？元？子 E7-1　1812

(恋草＝蛍縁語は不可英訳も蛍だけか火に飛ぶ夏虫も？)

寄虫恋★恋のやみ焦がす思ひハ夏虫の
幾夜ねもせで明かすつれなさ　元清　e7-1 1812

*Lovesickness burning w/passion in the dark – like fireflies,
insane to be out for nights of sleepless illuminated pain.*

(やみの闇＝病も、闇が又人に逢わない絶望も↓は)

*Love that burns with passion in the dark – or, is it dearth
like fireflies night after night my sleepless pain on earth?*

★胸の火も取りてゆけかし夏虫よ
灯しん程に恋痩せし身は　紀保丸 e7-4 1810

*So, firefly, did the fire in your breast vanish so quick
your body thinned by love now recalls a lamp wick?*

*Fireflies, you might as well take the fire in my breast, too,
w/ you when you go, as my lovesick body is thin as a wick.*

1820★いつの間に袖や濡れなん焦がれつゝ
蛍のなかぬ顔はすれとも　菅江 1798 没　E11-2

*When did my sleeves get so wet, we may burn, fine,
firefly faces do not cry, and neither should mine!*

蛍歌は解りやすいが、再読で人と蛍の関係をどう英訳、つまり説明すればいいかと困った首もある。夏虫は蛍でない飛び込む自殺する虫に

もなり得る。その種別は難しい首もある。最後のずいぶん死後に成って出た（初出か転載か）天明狂歌の大御所の朱ら菅江のお名前に負う詠みは、嘆きながら根から陽気だ！その前の上方風狂号の紀保丸の胸の火「も」は尻に足すか。「とりてゆけかし」検索全件は聖書。

寄蝉恋

★蝉ならで美しよしと聞く君に
きも魂も抜け殻となる　歌鼠 K19-3　1815

Heart & soul I'm now an empty shell due to you,
whom, I hear, look better than any cicada, too.

★耐えて逢わぬ身は空蝉のから衣
よるハ返して夢にみん／＼　まつ成 E8-5 1813
（殻＝唐衣を返す意味もみんみん＝見んも英訳無用）

左歌は、本来「聞恋」。聞くだけで魂が抜ける想像力は凄いが、抜かれても「みん／＼」と続く右の後期江戸の松なりの勝首かと先ず思った。結局、その「君」に実際送ったかと思えば、左の歌鼠の首に脱帽。

★やる文もとにかくみん／＼と（音字不足で抜）
情も薄き蝉の羽衣　よし子 E8-5　1813
（擬声語＝見ん見んも英訳無用が）

★蝉の羽の薄き情をかこちでハ時ならず
袖のしぐれもぞすれ　長つな　E8-5　1813
（英語で情は薄いではなく弱きし時雨の含蓄も）

★憂き人のきゝ入れなきをくどくには
用いてもみん黒焼の蝉　松風 E8-5
（又もミンの掛詞無くと英訳無用）

左の音字不足「見ん」×４か。鳴きっぱなしか。改造版まで調べるが今ここ金も時間もないで本書を無事に出すかどうかぎりぎりだ。しかし厳しい女の子。「見ん見ん」と言う男の子いたら、可愛いと思うけど。中は。そのみそは「時ならず」にある。時なる時雨は和歌で誠になるを、偽り泣きが本音か。蝉時雨の初出も知りたくなった。寄せる事が本来俳句魔でその歳時記こそ日本の聖書だといつも人に言う敬愚にとって楽しく堪らない。右は。黒焼き屋は、黒魔法ないし超自然的の用法も薦めたか解らないが、その蝉は外耳炎も耳鳴の治療に使われた。聞かぬ嫌いには、効く訳ないが、ともかくトライしなくちゃ…

E8-5★木むすめを口説くは恋のころも蝉
いつか抱きついてみんと思えば　雨声軒柄守　1813

（抱きつくべき木⇒生娘もミン＝見んも不可英訳）

1813★抱きついてなき居るものを恨めしや
別れの鐘をつく／＼法師　向陽亭春門　E8-5

（撞く⇒つくづく法師も当の声は英訳無用）

★空蝉のとんだ跡より淋しきハ
ないて別れし閨の抜殻　道頼　E8-5　1813

What is lonelier than the cast-off shell of a cicada?
A bedroom vacated by a couple who parted crying.

左の衣蝉は熊蝉でもあるが第二義は「みんみんぜみ」です。木＝生娘に抱きついてミンの一筋は完璧。抱けばねもよくなる。中は。窓近くいきなり鳴きだすつくづく法師は耳に冷水だ。子供向きの漫画 Woody Woodpecker という啄木鳥のよく繰り返す台詞と反吐する音の混合みたいで、あの声をする相手とは、考えたくもない、とんでもない声だ。右はイマジズムの傑作だろうが、淋しきものの尽くしに入れたくても、

単なる比喩比べに余韻ない。左の抱きついてミンもいいが、つくづく
と恨む法師の意外性は面白いから、中勝。

★抱き付いて契り嬉しきとこ夏の
暑き思ひは蝉の諸声　音すみ　E8-5　1813

*Marital pleasures known clinging to our mates on summer beds
the various cicada cries play those hot memories in our heads.*

（嬉しき⇒敷き床⇒常夏も思ひ＝火も契りも英訳無用）

*The joy of clinging to a date (not a tree) on a summer bed,
that hot love comes out in the myriad voices of cicada.*

1813★来ぬ君を待てば心の空蝉や
夢になりともせめてみん／＼　酒壺 E8-5
（前句は可能がミンミンなけば英訳無用）

寄蜩恋

★古今#771★今こむと言ひて別れしあしたより
思ひくらしの音をのみぞ鳴く　遍照の代詠み

*Be back soon he said leaving at dawn and since that time
my lovesick crying has made me one with the higurashi.*

★こと問わむなれもや物を思ふらむ
諸共になく夏のひぐらし　太夫婦人

*I must ask for whom they weep or yearn for
that summer bell-cicada should all cry together.*

（代名詞が要求されぬ日本語で詠人もなくかも）

*I can't help but ask for whom they are longing, as we
all cry together – the summer bell-cicadas and ... me.*

（恋苦しむ人の魂が蛍になったら、これも同然？）
One must inquire about just who is suffering in love
the summer bell-cicada cries reach heaven above!

左は、傑作。思ひ⇒ひぐらしの見事な掛詞は別にして、後朝の朝の蜩の合唱は最高で、その余韻は夕暮まで聞こえたり、自分の鳴き声と混合したり、或いは調和したりすることは確かです。しかも遍照の「今こむと言ひて別れし」とは、もう少し後で説明する蜩のドップラー効果の調べを完璧に描写する。右も凄い。その歌集の英訳書はずっと前からあるが、日本で殆ど無名の Lady Daibu 建礼門院右京太夫は 1157 生で没年は誰も書き止めてくれなかった。過剰に情緒という意見もあるが、五感も敏感な詠みが少なくない。「鳴く＝泣く」の掛は多いが、子供か女性のすすり泣きを思わせる虫は蟋蟀で、強くて澄んだ声の長泣き合唱は蜩に限る。伊丹十三（いたみ じゅうぞう）の名映画「葬式」の名場面あるが、モロッコやクルドなど昔は文明の交差点にいた民族の女性の天に昇る大声で勝利の恍惚と死別の哀傷も思わせる音だ。その数に入ったかどうか明白ではないが太夫婦人が蜩の音をよく聴いた事は間違いない。物を思うは恋であろうが、恋に限らないから英訳は困る！上記の読みの中でどれが歌意か。ご意見を乞う。

　　　四生歌合★夜もすがら思ひあかして草の戸に
　　　ネをのみなきて又ハひぐらし　ひぐらし　1643
　　（寝＝音も泣＝鳴きも日暮し＝蜩もなく英訳無用）

解読に自信ないが、ねをのみなきては遍照の首が本歌か。長嘯子の寝をのみは、日暮から朝まで。つまり蜩から蜩まで。蜩の合唱は、大堂の経を個々と唱えるように重ねたりバトンタッチもしたり。

　　　★しづやしづしづのをだ巻果てしなく
　　　など物思ふ夏のひぐらし　蜀山人
　　　（英訳せんともしない傑作）

天明狂歌の聖四方赤良、中年より蜀山人。若うちに出世すれば身代金を払い、妾にしたお賤という方の寄恋歌ではなく哀傷歌だが、ここにも強いて紹介します。赤良の本妻同様に早死してしまったが、浄栄寺過去帳によると、忌日を三十年間も忘れなかった。何人かで、歌仙もしました。その名を「賤の苧環」と掛けては当然であろうが、蜩は何故かと言えば、個々の蜩の三、四から七、八秒も続く小曲は輪唱ながら、尻取りと聴くのもあり、繰り返えす感じもある。敬愚も繰り返すが、それは大禅堂の個々と唱え重なる経の感覚ながら、油蝉っぽい声の日蓮宗の経よりも、基督教会のバハの合唱の澄んだ声に、哀愁を醸す音の高低とリズムの変化もある。一種の供養にもなりうる。

　　　あかつきの蜩の音に起きる耳の穴つめたき涙哉　　敬愚
　　　恋やみの朝めざめれば蜩としとならぬどしゃぶりの涙
　　　もの思ふ夢をこぼれたひぐらしの輪唱に朝なき洪水や

日暮らしとよばれても毎暁ないた。万葉学者の娘に片思で苦しんだ敬愚。扇風機もかけて寝た朝起きの冷たい涙で、蜩のコーラスを聴く耳がびっしょりと濡れた。その感覚と蜩の合唱の記憶が今も新鮮。己も知らず、夢うつつで泣いていた。蜩をじっくりと聴く機会がない方のためにもう少し駄弁を重ねる。眼から涙が湧き出た理由は、汽車一過のドップラー効果そっくりの蜩節の独特の音符に関係している。物理学用語に弱い方に説明すれば、個々の虫の声は、音符が早めながら音も高くなり、頂きに着いたら、転じて音が下がりながら、速度が落ちるように音符と音符の間が長くなるが、落調の去る方が長く聞くから哀愁か淋しい余韻が残る。人間のみならぬ猫も自然に感じる哀調だ。汽車に似るも、音色がその汽笛よりも甘い。そのほろ甘い音色のおかげで、寄蜩恋歌は少なくても、悲しい愛か哀傷に誂え向き。こうろぎの細い音と異なって、高揚感もあり、ぞくぞくもする。要するに同時なる双極性ないし躁うつ病的なものだ。蜩魔は、敬愚一人ではない。

春参考★行く春に気もかわらけの投げ島田
あかぬ別れを今日の日ぐらし　糸操 E6-7

夏参考★蜩の鳴きたる跡の淋しさは
涙こぼるゝ宿の蚊遣火　滝近 E11-2

The loneliness felt after hearing the bell cricket send-off dusk
fell in tear-drops at my lodge where mosquito punk was burned.

秋参考★秋風に 村雨過ぐる 梢より
涙しぐるゝ 蜩の声　為家 1198-1275

東京の郊外にも意外に涼し七月に聞いたから涼しい年の山の上はあり得る。左は、土器投げの皿が飛ぶ少々不安定ながら上へ行くから下へ行く長くなる軌道と蜩の曲は見事に調子が合う。中は、蛇足無用。右は、四百年後に芭蕉の犬のかけ小便に喩えた村雨の本歌ながら、やはり為家の和歌も二首の後期江戸の狂歌も有心になる。その心は、大和歌の恋歌を出でたが、蜩には限らない多くの秀でた四季歌にあると思う。ただし蜩の情緒が自然になる。決して悪いことではありません。

古今集★来(こ)めやとは思ふものから蜩の
なく夕暮れは立ち待たれつつ　詠み人しらず

He'll come, won't he – or so I feel as out I go ev'ry dusk
when I hear the higurashi cry and standing wait for him

校正中 2017.6.10 に上は追加した。遍照の古今歌の直後になる。蜩の調べが、頭からほんの一種間に音が物が来る希望を打ち揚げる。「こめやと」。そして通り越しては、長い尾を引いて淋しく去る。各調べを聴きながら、心はローラーコースター。否や雰囲気は Hank Williams Sr の 1949 年の名曲 ♪ *I'm So Lonesome I Could Cry* ♪ を思い出す。その歌詞と演奏を知らない読者おられば、前者を読めば後者を聞け！

寄百足恋

1643★思ひやれ独りぬる夜は我からの
足のかず／＼君ぞ恋しき　むかで　T17 四生歌合

*Think of me on a night when sleeping alone – I, who,
in at least as many ways as I have legs, love you!*

1768★盃を百足の足の数多く
さしつさゝれつのみや暮らさん　夢庵 e1

（酒を指す＝毒か針で刺すが同音語ならぬ英訳無用が）

*Cups of sake as numerous as the legs of a centipede,
she and I should spend our life filling and fulfilled.*

万葉集を初めて読んだ時、恋愛の強さを物の数で現す事に驚いた。量と質の異なる英語の世界には通じない。夜ごとの夜這の足と重なったかの深草少将の代詠みではないかとちょいと考えたが、百が目安だった。九十九夜で死ねばムカデの報いもなかった。右は、天明狂歌の前兆なる夢庵詠み。原題は「百足によせて増す恋」。本音は上戸より情交ながら、「寄酒恋」の題でもいけそう。酒をさし・さされの危ないエロチックな両義性は英語の filling「注がれ」と fulfilled「満たされる」としたが、危なげは欠けている。英訳は左勝、原文は右勝。

1799★数々の足を運べど憂き人は
こちらもむかで過ぎるつれなさ　陰久 E5-4

（足を運ぶの慣用も百足＝向かで無く英訳無用）

1810★足の数多く運べばよしや気に
むかでもかけよ恋の情を　左治景人 e7-4

Don't let sentiment stand in the way, bet on a centipede man with legs[money] enough for love to carry its own burden.

左は、珍しく本当に腹立ったし事でしょう。お金出せば女は物になったはずだという主旨。とは云っても、容貌も男根も恵まれず上に、お金という足しかない男も可哀そう。右は解り安い。「向かで」なくと可笑しくないが、英訳一本。念の為出道の★「たとえ気にむかでも情かけよがし足かず多いはこふ心に e7-1」もある。

寄蜻蛉恋

★人ごころ秋津虫とも成らばなれ
離しハやらじ鳥もちの竿　一富士二鷹 1788
（秋＝飽きに鳥もち＝取持の掛詞がない英訳はくどい）

If thy heart cools in fall becoming a jittery dragonfly, just try to flit away – our match-maker Mr Bird-lime says you'll stay!

★忍び路もうしや蜻蛉が人の目に
とまりてハ又立ちし仇し名　不知 E11-2　1820

（人の目に止まる歌腰の前後にトンボを繋ぐが英訳大変）

The swiving path, where human eyes enough for a dragonfly briefly rest on me then bolt: I kiss my good name goodbye!

左は北川歌麿『画本虫撰』より。画の蜻蛉が芥子の花壺が垂れ曲がる細長い首に着陸する瞬間。その細い茎から竿を思い付いたか。秋津にあの掛詞をするのが大胆。芥子は稚児愛の対象になりがちが、取持のような仲人役の仄めかしから、女性が相手かと思えば、二人称という誤魔化しを択んだ。右は。蜻蛉の行動を描写しながら妙なる筋。持。

寄機織虫恋

★憂き人は機織虫か玉章も
きちりばたりと打ち返しぬる　裏風 e7-1 1812

Is she a weaver bug to leave no room to reflect on a letter?
Out goes mine and, click-clack, hers comes shuttling back!

（早返事と受けたが、開けずに返すと英訳し直すが？）

封筒も明けてくれない嘆きが多い。これは新奇。デンマークの数学博士 Piet Hein の grook 愚句という短型脚韻詩に曰く、letters の返事が遅すぎる人も早すぎる人も、手紙を書く芸を自分より秀でた人 their betters にお任せした方が良いと。狂歌訳：お返事が遅き又早すぎる人玉章上戸に任すべく也）と結論した。英訳の機織の擬音が仏語の原書が英訳された The Practice of Every Day Life という古い本から頂戴しました。

くつわ虫・寄轡虫

四生歌合★数ならでものを思ふもくつわ虫
さひてはならぬ恋とこそ知れ　くつわむし 1643 長嘯子

（苦痛⇒轡虫も咲ひては成らぬ＝錆びて離らぬも英訳無用）

濁点ない視覚上の両義。低身分で花咲けまい恋が寝数不足で錆びるか。

寄鈴虫恋

室町末期★君にかくふりすてられし鈴虫の
我が身の果てやいかがなるらむ　こほろぎ物語

A jingle-bell cricket, far from loud is rung then left behind:
so how shall my life end, as you do not keep me in mind?

1643★などてかく絶えぬ思ひをすず虫の
ふり捨て難き恋路なるらん　すずむし　四生歌合

（思ひをす⇒鈴虫も振りの慣用も成る＝鳴るか）

鈴虫の生態も知らぬと性別も難しいが、小さな鈴とは女の子に相応しい。左の人に頼る身の果てが気になるが女性か。今ならば、料理さえ作れない粗大ゴミが決まって我がジェンダーの侮辱になるが。右も性別しかねる。絶えない思いは古今男女を問わず。松虫か鈴虫かもう忘れたが「鈴なる」よりも耳鳴りとそっくり。松虫と鈴虫の同定は、いつから逆になったから、皆は困る。

寄松虫恋

1643★あわれ知れ月にや君が訪ふ宿で
草の戸ざしをあけてまつむし　まつむし　四生歌合

（恋痩せる pine でなければ松=待つは、英訳無用）

1760★ちんころりと音をば立つるは出女の
添い寝の別れと虫は思うか　木端　K1-30

（ちんころりという擬音を英訳したくない）

So do pine-crickets confuse their chinkorori cries
with inn wenches and travelers bedside bye-byes?

（或いは、寝起きの別れ前に朝酒の燗もあったか）

So did pine cricket adapt the chinchirori of the sake flask
when inn wench left the traveler's bed after doing her task?

左はの初期狂歌は、かなり独特の場面を描く。自ら戸を開けて待つ話は和歌にも狂歌にも俳句にも珍しい。右は。別れは逢わぬ先の待つが始めになるが、その哀れを松虫に英訳しかねるも辛い。出女は、時代劇ならば、皆も行儀よく宿の前に旅人を見送るが、添い寝の別れが床の中から始まった事もあったか。片方が床を起き上がったか。いずれ

にしても、旅人の又みるまで、又次のお客が来るまでも飯盛がマツムシの具現と木端は、見たようです。松虫もその紋にすべきか。

> 1760★後朝のおりから松虫のなきけるを
> 聞きしがその心よみて有るに　木端 K1-30
> （その心よみても松＝待つ気持ちでしょうが）
> *After we parted this morning, I did not just hear*
> *the pine crickets crying in my ear but in my heart.*

微妙で寄虫恋の首の中で秀でた首か。別れて、いつ又逢えるかと思いながら松虫を聞いたら、いきなり名の待つと鳴く調子が一つに合点。校正 2017.7.15。ちんちろりを見るか聞く度ごとに、芸者の修行（？）の一年間を単行本にした文化人類学者の Liza Dalby の顔と声は浮かぶ。一度はNPR（NHKの米国版？）ラジオで虫の音を語り「ちんちろり」をきれいに発声いたしました女史のことを、日米国宝かと思います。

寄虫音恋

> 寄虫恋★窓近き草を刈れて虫のねの
> 遠ざかり行く憂きが恋中　広住 e7-1　1812
> （音＝寝も時空両意味の遠ざかり＝刈も英訳無用）

前句が後句の比喩だけか、這い寄らなくなる環境を嘆くか。いずれにして、虫の音の慰みなければ、一人寝が一層寂しくなる小声の大傑作。

寄蓑虫恋

> こほろぎ物語★恋わびて涙の袖に濡れにけり
> 我がみの虫は生きて甲斐無し　室町末期
> （蓑虫⇒身の虫の掛詞なければ英訳無用）

四生歌合　虫の歌合★恨みわび涙の雨に濡れにけり
我が身のむしはきて甲斐も無し　みのむし　1643

（身の漢字は原文が上記同様。身の虫＝恋？穿きて？）

*Tears of misery and chagrin wet my straw raincoat from within –
what good is the garb that makes my name for me! - Raincoat bug*

（擬人的と言われても馴染みある蓑虫という名。英名は惨めだ）

*Tears of misery & chagrin wet my straw raincoat from within I turn:
what good my garb, lovesick they might as well call me a bagworm!*

1799★父よりも君恋しやと寝もやらで
憂きみのむしの夜と共になく　洞住 E5-4

（「ちちこいし」となく虫が無ければ英訳無用）

笠も傘も涙の雨が上で無用。蓑は首肩だから利くかと思うが、身の虫になると卑下もかさなる。右の洞住の江戸狂歌に詠まれたように、虫と共に鳴く＝泣くしかない、随分さびしいい孤悲の記号になるようです。

寄きり／＼す恋

四生 1643★我が恋は逢ふせの道やきりぎりす
壁にも君が面影を見ず　きり／＼す　長嘯子 T17

*The path to our rendezvous, Katydid break it off, alas,
I do not even see her image on the wall, we're past.*

（現在のキリギリスは上訳、コウロギの下訳で雄）

*The path to our love-nest cut, he is not playing cricket
I see no whiskers on the wall, to think we were a ticket.*

1799 ★明けて待つ閨の戸口きり／＼す
心障りやさせ／＼となく　花元好 E5-4
（英語の Katydid は Katy did となくから不可訳）

左は何の虫であれ、瞼という幕を壁に替えるところが偉い！右は、現在のキリギリス。かのきつい声を活かすから間違いない。

寄蚕恋・寄蟋蟀恋

1643★中々に荒れてもよしや草の庵
いつこうろぎと君は頼めず　こうろぎ T17-1
（草の縁語もいつ来⇒こうろうぎも無く英訳無用）

初期狂歌の珍書『四生の歌合』の最初の歌は、著者かの長嘯子（1569-1649）の散文にも全生物を愛でる心を伺う。たとえ恋の舞台道具に過ぎなくとも生態に野生も感じる。随分荒い平行転掛？にも嘯子の少年期の徳川以前の日本人にあった朗らかな、詳細に拘らない野生も映る。

寄みみず恋・寄蚯蚓恋

室町末期★浅ましや頭も見えず尾も知れず
土の中には音をのみぞかし　こほろぎ物語
（後の海鼠句の本歌を恋と無関係で英訳遠慮）

四生歌合★此ころは土の中なる住ゐして
君が姿もみゝずなくなる　みみず　T17　1643
（どもりの蚯蚓＝見見ずも鳴＝泣＝亡くなる？）

左。土の中の同居の蟋蟀の証言こそ蚯蚓の鳴き声を認めるのが面白い。俳諧の好む珍記号「蚯蚓鳴く」となる。右、先ず亡くなった恋人の暗喩かと思ったが詠む観点で隠居で君を見る機会もないか。

1812★せめて君かなのみゝづに書きくどく
文をも恋の歌とよめかし　里近　e7-1 寄虫恋
*With the hope you at least find good bait my wormy
kana letters I wrote to be read as songs of love!*
（口説くを貴方への文にあると失礼なら第三者へ）
*Reading my squiggly vermicular letters may s/he find
bonafide poems of love, or at least not mind them.*

1820★かき送る文の返事のみゝづにて
恋に目鼻の付かぬ悲しさ　両足音 E11-2
*As the writing on her reply letter was all worms
I'm blue for not being able to put a face on love.*
（蚯蚓が題と前句になればいいが、逆順の意訳↓）
*How sad it is trying to make love to one w/out a trace
of personality – her reply, all worm letters, was base.*

左、里近の「せめて」という導入語は、俗信の「蚯蚓の歌」を信じずとも、小生の蚯蚓同然…の意味になるが、そこまで英訳しかねた。その代わりに、ミミズを活かして口説く願を「いい餌食」にならん、とした。右は、受け取る側の観点、しかも悪筆を許さない態度で左と対照的になる。二番目の英訳が face と脚韻を踏む base 浅ましい。思えば「寄蚯蚓恋」という題さえあれば「かなのみで恋に目鼻の付かぬ憂さ」と要領できる。かしら文字は「かこつ」。一方、下記の不知の積極的な態度は最高。手書きの酷い人、誰でも覚えておくべき理屈でしょう。

★書き送る文は蚯蚓引と言わば言え
君をつるべき便りとやせん　不知 E11-2 1820

Call my writing worm-line script or whatever you wish,
I still trust this letter will catch you as one might a fish!

寄毛虫恋

四生歌合★いかにせん身の報ひにやかく計り
さしつくように恋しかるらん　けむし 1643 長嘯子

（刺し＝注しも、突く＝注ぐも、無いと英訳無用が）

So I am reborn a bug with poetic justice bringing me love
that burns like rot-gut & stings like caterpillar hair o' the dog!

我が読みが当たらば「虫の歌合」巻の傑作か。虫に生まれ替わっても呑むぜ、という万葉の十三首の酒賛歌の中の一つが本歌というより、前提になる。古綴法ならではの「つく」＝「つぐ」。英語の意訳で安焼酎の沁みるに二日酔いに飲む迎え酒。それが hair of the dog (that bit you) が、毛虫の暗示が惜しくて、結局、二音節の字余る。或いは誤訳か。

寄げぢ／＼恋

★げぢ／＼となりて舐めてもやらばやな
後からはげる妹が言うのハ　占吉 E5-4 1799

"I'd become a galley worm and scuttle o'er your body
licking if you wouldn't mind," said the girl bald from behind.

★やる文もげぢ／＼程に嫌いてや
捻って捨つる人は恨めし　折芳 e7-1　1812

One as disgusted with my love letters as with galley worms,
who smushes and discards them, well, she disgusts me, too!

左は可哀想な女性を苛めるものの、右は妥当。英語の古英語か俗語の galley worm を読めば虫違いかと思われる人もあろう。多くの米人はそれを millipede という。百足 centipede よりも小さいくせに「千足」だ。

寄蟻恋

1649★歪みゆく君の心をくゞり見て
絶えず恨むはありとをし哉　未得　T24

（蟻＝有り・在りが無ければ英訳無用）

*Your heart is so convoluted that only a tiny ant
might tunnel in to survey its unending resentment.*

1792★よし今は身に付きまとう蟻と成りて
強面人に帯をとかせん　山唐里成　E3-10

*If that's it, I'll just become an ant and to her body cling
'til that straight-faced gal unties her belt & gives me a fling.*

右は陳腐が、英訳不可能なる左の初期狂歌の解読に自信ない。相手の心は素直ではないから、現在のナノ技術のロボットみたいな蟻が、その中へ潜らなければ読めないという心理か。辞典で蟻通しを引いたら、植物二種と神社の名にもなるから判ったと思えば、？が残る。

寄尺取恋

1820★忍ぶ身は尺取り虫と見るべけれ
縮みつ延びつ差し足抜き足　望月駒人　E11-2

*Sneaking to our loves, we look more like inchworms than men:
shrinking up & stretching out, pushing foward & pulling back.*

手を取るか取らぬか忍ぶ恋よりも初恋になる尺取虫ハ　敬愚

寄黄金虫恋・寄小金虫恋

1643★つれなさの君にしあれば試みに
我が名を添えておくる玉章　こがねむし

*For you who play so damn hard to get I have an experiment:
how about a love letter with my name as a present – Gold Bug*

夜這いより竹の切口吸ってよひ
仲でぶんぶん虫もいい気分　敬愚

玉章のぶんぶんむしの名に負わぬ
酔えばみみずの空書き斗り　敬愚

左、長嘯子著か『四生の歌合』の歌の詠む者の名が歌の直後にそのオチになる意外性、しかも「ぶんぶん虫」という俗名を玉章で隠し縁語これこそ狂趣。その黄金虫の竹の切り株に溜まる泡立つ天然濁酒のほろ酔いを、歌合せの著者の知性にも感じる。竹林に住んだ敬愚は、それを呑む勇気こそなかったが、ぶんぶん虫の日に当たれば金色に緑と赤もほんのりと混じる酔った飛び方を大声で笑いながら見た。泥酔いで木にも人にも強くぶつかったりするから、眼鏡かけて見た方が利口。

※寄繭恋（万葉歌♯2991 抜けちゃった、御免。即時英訳です）

垂乳根之 母我養蚕乃 眉隠 馬聲蜂音石花蜘厨荒鹿 異母二不相而
垂乳根の母が蚕のまゆ篭りいぶせくも あるか妹に逢わずて

*Trapped within my pendulous-breasted mother's silk-cocoon,
so stuffy I choke ... meet you, dear? I can't leave this room!*

~~この章などがすべてが綺麗にできた。原文と説明と英訳を適切に分けたが、Microsoftが勝手に章をうんと長くに変えたから早く直すしかなかった。醜くなったことは我が趣味ではなく、Microsoftの手落ちだ。~~

9　寄植物恋　9

寄海草恋・寄ミルメ恋

古今集★敷きたへの枕の下に海はあれど
人を海松布は生ひずぞありける　紀友則　905
Beneath my cool pillow woven of bark there is a sea,
but as no see-weed grows in tears we cannot meet.

寄海松布恋★人をのみ海に出たる涙川
さても夜な／＼みるめやはある　家隆　1237　没
Rivers of tears float only humans who crying go to sea;
night after night, seaweed: I see you and you see me!

1729★しほならぬ海にも同じ我が恋ハ
みるめ無ければ袖は乾かぬ　松梅　T46　鼻紅葉
（塩ないと恋＝鯉すむ？湖＝見ず生みも見る目＝ミルメも）
My love is like a saltless sea, so what makes her serf cry?
Sans seaweed (i.e. not seeing her) my sleeves never dry.

ミルメの首は、寄涙川恋に寄海恋に寄座頭恋などの別な題にもあるが、この見るも見られない三首は、海松布が中心的な比喩になる。家隆の首の初句の「人をのみ」は少々変で当歌をネットで探したが、手元の夫木和歌抄にしか見当たらない。人をのみ just humans か人己身 their own self/body か他人の意味で相手のみか、判らない。縁藻のミルメは mirume のままか Codium fragile になるようですが、掛詞のために英語で「海草」see=seaweed になった。下の狂歌は一見して日本語で解りやすかったが、英訳が今一つです。汐 surf=serf 僕と工夫したが、やはり駄訳。原歌の「塩のない海」の恋は、一種の謎と思えば良い。その心は「水＝見ず」で、後句のみるめ海草もない事でしょう。

寄昆布恋・寄コブ恋・寄このぶ恋

　　　1820★命取りと思ひながらに切事も
　　浪間のこふや巻かれたる身は　秀明　K11-1
　（古綴り法が許す恋ふ＝昆布の掛詞なく英訳無用）

寄魚と寄虫は後期江戸狂歌が得意だったが、寄恋の題に珍しい寄昆布恋歌 19 首も狂歌麻美鳥と云う上方狂歌集にある。昆布は結ぶだけに恋歌にお誂えかと思う。柳條亭小道の一門の月次の狂歌会に出た順をだいたい守る。最初の方の首があんまり面白くないが、段々面白くなる。最後の四首には傑作二首もある。英訳皆無。日本語で読むとよろこんぶ掛詞が中々英語で復活しかねたし、中には未解読のもある。

　　　★返事さえねからこんぶのふみ付た
　　仕方に身をも削る思ひぞ　有山 K11-1　1820
　（寝＝根もこん⇒こんぶも踏み＝文も削る＝細る）

　　　1820★君いつか又とこのふの出合いたる
　　たけのこの夜は見逃さぬ首尾　案山子 K11-1
　（床の？⇒と昆布＝好ぶ？この部？も筍⇒この）

　　　★添とける折りまつ前のやねならば
　　水も洩らさぬ中とよろこぶ　芳蘭　K11-1
　（待＝松も水漏らす慣用も屋根＝寝も喜ぶ＝昆布）

　　　1820★お中をもふやして置て水臭う
　　までと昆布の出し抜けぞ憂き　有山　同
　（水臭いも出し抜けの概念もなくて）

左と中上は未解読。後者の筍は一夜に生えるから子を孕む可能性か月並会のロマンスか。中下。松前という所の屋根に干すように昆布を添い解るから「遂げて」の濁点なきか。昆布折りは又結婚式で、その前に寝もしたから、又新家の屋根が漏らないし、もう二人は結婚前にも安心。偉い読みか出鱈目か。右を当ててみるのを止めて、誰か頼む！

　　　　1820★君が心つれなく我を出し昆布の
　　　　　水にうき名やぱっと広がり　十柏　k11-1

　　　　★よきしほと外へ抜かれて出しこぶの
　　　　　ふくるゝ計り水臭き君　近道　k11-1

英語にダシこそあるが「出」という含蓄はない。二首とも妊婦と夫ないし恋人の悪関係という気もするが、お手上げ。英語で著者は author として、書く分野の authority 権威で無ければ駄目ぞ、知らない個目を省くか誤魔化すか、ない確信でも主張しなさい、と教授に叱られたが、本書は日本語で著者ながら、何も権威もないと認めるのが、むしろ楽。

　　　　1820★みずからは君と契りを結びこふ
　　　　　つつんでいれど人の口のは　弥柳　k11-1
　　　　（恋ふ＝昆布も包んで＝慎んでも歯＝葉も）

　　　　！同★口さきてむしりて見れどぬらくらと
　　　　　うきなまこふの終ちぎられず　魚口　k11-1！

左の一筋が悪くない。契りをきちんと結んだが人の歯にくい千切られたか。右は、傑作。さすがに魚口と云う狂号や古今の蜜伝や万葉集以前の『日本記』まで遡り、征服者たる新神が熱心のあまりに遠近へ行って服従を強いた。海の底が最後になったが、新代を受けるかどうかについて、中々答えなかった海鼠の閉じ口を、女神が大怒り。残虐にも匕首でその生意気な反抗者の口をずたずた千切してしまった。この

情けない話を魚口が知っていて、可哀相な憂き海鼠を生昆布の契られずに終わった悲しい枕にした！昆布に化けた枕、即ち不運に千切られた者と、不運に契られなかった者と一体になる神業。拙著 Rise, Ye Sea Slugs!（浮け海鼠千句）もあるから、ナマコに関する客観的な判断は無理が、この狂歌は天明狂歌の四方赤良の焼き鰻の妹と背の首と共に珍名歌の最高の傑作だと思う。しかし、恋上での比喩を、まだ読みきっていない。結婚を断った嘆きとか。宴会や諸式における昆布の意義など、何も知らないから。

　　　　1820★うまい事云てハわしを出し昆布
　　　　　ひき上げながら跡を捨うて　霞栄 k11-1

　　　　1820★片思ひ何時か鮑ものし昆布に
　　　　　結び合いたる縁ぞ嬉しき　幾粒 k11-1

お日出度く結びたい昆布の歌の終わり近づく左は、そうか。関西に住んだ事もないから「うまいこと言うて」は、ほんまか困ったか、判らん。その跡を捨てたい人もおられるが、そうしたくない男が多いし（？）。右で好奇心沸いた。アワビ二枚を昆布で結ぶか。兎も角、この昆布尽し入る本の「ひなぶり歌を集め」た柳條亭小道は、狂歌「言葉をば飾り昆布の軒口がふらりと我は長うつられて」一首で纏めた。

寄海苔恋・寄干海苔恋

　　　★ひにこがれ身をこ（粉）になせし青海苔の
　　　　出逢ひは汁のいもにふられつ　文之 k17-1　1815
　　　　（日＝火も芋＝妹もふられの両義も英訳無用）

　　　1814★乾し海苔の色な変わりそ二世かけて
　　　　豆腐のつまと契りにし人　影住 E9-2 評判飲食狂歌合
　　　　（食べ物のつま＝妻の掛詞なければ英訳無用）

左の 1815 の狂歌をぱっと読めば、多くの日本人もどれだけ多くの情報あると気がつかないと思う。食べ物の製造から食卓の使用まで詠む。右の豆腐屋の妻との釣り合うように。参考あり。「商家美女」を詠む沖丸＝「★絹ごしと是も云うらん豆腐屋の娘はきめよう色白にして k29-2」。ずっと前に貞徳が姥を詠む「★白壁をつけたる宿の庭にさく花は豆腐の姥桜かな T27」。歌意はよく判らない。海苔と豆腐の関係も。肌白い美しい妻に恵まれている豆腐屋さんに浮気していけないと？

寄菜恋

1814★妹が今宵あをなと言ひし約束を
又小便のへん返（便々？）ぞ憂き　六玉園古則 E9-2
（逢うな＝青菜の交換か返済品の小便⇒便々か英訳無用）

What fishy reason do you have that tonight we cannot meet,
or have you just turned chicken so now I must beat my own?

「逢うな」怒りを小便たる悪口へ運ぶ掛詞は愉快！飯盛が判者なる老人一茶やっと菊女と結婚した文化十一年の「評判飲食狂歌合」の菜＜対＞魚の菜が勝首になるが、英語は異狂訳（Meet=meat=男根）参った。

寄青物恋

K29-1　1812★幾度も口説くと君は弾き豆
さては心に鞘が有るのか　竹女（17c 俳家と別人）

Whenever I entreat you to stay out you pop like a bean –
who would have thought some hearts are found in pods!

色の場合、いわゆる豆男には朝まで残らない帰る人が多いから、一発やって逃げる男への文句か。女が男を口説く歌例はごく珍しい。

寄梅恋

1741★この花をむめとやぽんと冬籠り
たった一夜で香程名の立つ　其翁 K20-5
(むめ＝梅＝無名も香＝か程も英訳無用)

1783？★我が思ふひと枝手折る者ならば
指をも切りてやり梅の花　天地玄黄
(人⇒一も遣り⇒槍梅も英訳無用が)

これより良い「寄梅恋」の狂歌きっとあるはずが…。双方とも寄梅花恋というよりも寄恋梅花歌ではないか。人ではなく、花を愛でる歌。

寄柳恋

寄恋柳？★青やぎのいとしもなしと思えばや
我より他にくるひとも無き　源俊頼 1055-1129
(縁語糸⇒意図しも無し＝愛しも成し？来る人＝狂ひ？)
I would believe my young willow is not devious at all,
for I'm crazy about her & no one else pays her a call.

1736★名にし負わばちっとは靡け柳腰
吹くも絶ゆまぬ我が恋風に　木端 T54＋恋風＋柳腰
Willow-hips, pray do what your limbs are known to do: bend,
so the winds of my love-bug won't keep blowing without end.

1792★見初めつる君は柳の姿にて
我を楊枝に削る恋痩せ　浅草市人 E3-10
(楊枝が柳から、又恋病で痩せる事の蛇足も要るが)
I, who fell for you with your willowy curves at first sight,
so shaved down by longing to serve but as thy toothpick.

左は。散木奇歌集の恋部ではなく、春巻の無題歌で寄恋柳歌になるが、一応ご参照に。中の木端の「恋風」を口説きに活かす戦略は気に入る。英訳の without end は「絶ゆまない＝今まで空しく」の両義を掛ける。右の情けない恋痩を「御口の楊枝としか役に立たぬ」狂訳を更に大胆の「せめて楊枝に」として、パラパラ絵本の筋の新案も考慮中。

寄桃恋

★西王女の桃よりも我が恋病の
命を延ぶる君が太もゝ　抜足 E9-2　1814
（桃＝腿の同音は軽くて良いを英訳は重苦しくて）

Forget the peaches of Xi wangmu, Queen Mother of the West;
to extend my lovesick life, your juicy thighs would work the best!

手元にない『評判飲食狂歌合』に六樹園飯盛判者の快弁をお薦めします。ともかく、かの桃なら一口は三百年だったか三千年だったか生き伸びれば、等しくなる太股を舐めるくらいで恋死はしまい。北斎の春画に大尻もちの女陰から毀れる汁を瓶に頂く男も描かれている所が狂歌と同じ主旨。古和歌には桃の歌が少なくないが、可笑しみは中々見当たらなかった。万葉歌#1889「我が宿の毛桃の下に月夜さし下心よしうたてこのころ」を「寄毛桃恋」として考慮したが、うたてという「これから大変になる」疑問と初潮の喜びが混ぜる秀でる歌ながら、やはり狂趣を感じる者は「毛桃」という語を読み初める外人に限る。

寄花恋

905 以前★咲く花は千草ながらに徒なれど
誰かは春を恨みはてたる　藤原興風　古今集

There are thousands of plants that flower and all fade or fall,
but who really begrudges the Spring we love despite it all.

905 以前★散る花を何か恨みむ世の中に
我が身も共にあらむものかは　詠み人しらず同

*Why in the world should anyone begrudge flowers for falling
when our bodies likewise hardly stick around to do our calling!*

確かに、寄花恋というよりも寄恋花を、つまり俳句のように大自然を詠むように見えるが、伊勢物語などの寄花恋つまり女性を詠んだ歌の返歌と見なせば、そう簡単には分けられない。次題で話を続く。

1778★花の君雪か雲かと疑いの
積もる山／＼晴れぬ山／＼　　則次　K23-5

*You're my blossom, but snow or clouds, it's getting hard to tell
what's real unless you clear up so my mounting doubts dispell!*

山上の白い物の同定に困る古歌が多い。弄んだ狂歌も多い。この寄恋版は変だ。積もるも晴れぬも同じ。消極一辺倒は退屈で、異訳にした。

寄徒名草恋

古今集 ★あだなりと名にこそ立てれ桜花
年にまれなる人も待ちけり　業平　伊勢物語

*Cherry blossoms, men have called you flighty or unfaithful,
yet haven't you waited a year for one who rarely comes here?*

★世の中にたえて桜のなかりせば
春の心はのどけからまし　同　同

*If cherry blossoms would just vanish from this world – not being
cause for worry – our minds might rest easy every Spring.*

★散ればこそいとど桜はめでたけれ
憂き世になにか久しかるべき　同！
If cherry blossoms scatter and fall like that, blessed be their name
for what in this world of woe lasts long or wants to do the same?

左の歌の英訳は年に「まれ」を七夕の一度に誇張した。男女戦争には誇張も許される。右も原歌を軽く狂訳する（間中は脚韻踏むための工夫を別に直訳に近い）が、それよりも凄い事は、業平は両側の最強の弁護のみならぬ、三番目の歌例の視点までも詠んだ。その点、伊勢物語は、英国のChaucerチョーサーと同じだ。高校生に正しく紹介されたら、よい科学者に必要となる理性を早めに身につけるはずです。伊勢物語をよく教える高校とそうでない学校の学生の科学能力というか合理を尽くす力を計る試験には差異は出てくると予言？予測する。中の歌のもじりも多い（古狂歌 ご笑納ください　参考）が、三首も大切だ。

室町時代★あだ名草いかなる人のうゑおきて
かかる浮き世に散るを見すらん　二条良基著　蔵玉集
This tree we cannot count on, what person dared plant it near
to show folk in this floating world how we may be bad here!
（上記は、又「憂き」世に読み下しているが、その場合）
to show folk in this world of woe how to escape from here!

又もお酒を飲み、適当な加減で原歌の概念をちっと磨いたが、よそ者に国の歌と考えを紹介しない（あるいは紹介しても責任感もない）人だったら想像もできない難業です。そして、日本人は解読を怠けてしまうと西洋の学者は…いや、人の悪口を遠慮しますが…。

1812？★恋かぜに散るとても身ハ厭わしな
君故はっと立つあだな草　鶴江（女）k29-2
Fall for Love's wind(cold) I did and now I hate myself and body:
thanks to you, the unfaithful plant suddenly is a name for me!

恋に違いないが、早く散るから桜の意味もある徒名草の第二義の色好む浮気っぽい人の噂になる。誰かに惚れて、体を許せば、そう言われたら女性にとってどんなに痛ましか！男の方に責任を問いたいが、同時に男として、貧乏で男前でもない良い人を、女性が見過ごしては、お金や男前ぶりの悪漢に抱きつくのを見ると気持ちが複雑になる。ともかく、徒名草は散った花びらの間に辞典にない雑草かと読んだが、直訳しました。

寄閑居花恋

★唇を動かすばかりもの言わぬ
花も主も世間離れ家　芳水　K15-5　1811
*They all move their lips alone and say nothing much,
the blossoms and their master within his secluded hut.*

独り言もする山家の一人住まいと桜の花びらの独特の唇ぶりの類似を、見出すだけにも功ある首だ。余韻も豊か。少なくても、敬愚にとて。桜の独特の唇の形を長年の孤独を知る人にとて意味がある。猫と棲むも、唇を動かして、沈黙のニアオーの挨拶を交わした敬愚だから、「もの言わぬ」が言葉でなくても無意味でもない事を知っている。とは言え、離れ家の生活あるいは状況しらずには一つ翻訳に定めない。

寄花の山恋・寄山桜恋

1799★花に風吹けば飛ぶほど恋痩せて
うしや枕の塵ひぢの山　如蘭　E5-4（塵肘の？）
*The more ye wind blows the bloom the more I waste away
for lack of love while dust builds a mountain on my bed.*
（↑「ほど」を活かすが余韻ない。↓ブルーグラス♪）
*High & lonesome on me bed, how dust builds on pillow hill,
while winds blow, blossoms fly and I, pining away, lie still.*

1812★忍び逢ふて嬉しい恋の山さくら
　　花より外に見たものもなし　栗丸　k29-1
Sneaking out to see love's wild cherries is a delight, amen;
especially as their blossoms are about all we see of them!

左は人の恋するを羨むか。右は外人の心を喜ばす。英語のcherry＝果物で。しかし歌意は？山の賤女の子出来ても知らぬ顔。無責任の歌か。

寄牡丹恋

1784★相思ふ二人が中もこく牡丹
　　うしとは言わじ色ふかみ草　秋風女房　E2-3
（憂し＝牛と牡丹の関係、色⇒深見草も英訳無用）

黒牡丹が牝の字の為に黒牡牛との仮定か。唐の富豪の牡丹観賞会のときに、門に多くの水牛が繋がれたところ、人々がそれを彼の黒牡丹と囃した故事からと云う。けれども、それが小さな点だ。淵を連想し、怖いほど深い相思いは憂しではないという主張は宜しい。

寄百合恋

1649★つれなさの君が心は鬼ゆりの
　　一口にかみころせん／＼　未得　T31
Your cruel, cruel heart – may the Devil Lilly's maw
open to chew, kill and swallow it willy-nilly, raw!

未得は「当世のはやり言葉にてよめと言う」注文に従ったそうです。鬼の幾らでも広く開ける口に呑みこめばいいものの、わざわざ噛み殺せんと詠むのが恨めしく、中々人を嫌い切れない敬愚に言わせれば良くない。念のために鬼百合の口を歌う狂歌を数首、晒して見せる。江戸初中期の色好む男の月洞軒の「よそ／＼がさぞな大きくおわすらん

くはつとひらきし鬼ゆりの花」とは、大まらを呑み込む女陰ではなかろうか。天明狂歌の美人狂歌師智恵内子は「夏草」に「旅人も逃げよ安達が原中に花の唇さける鬼百合 E4-3」を詠んだ。恋も口もないが、名に負う最高の詠みは初期狂歌『後撰夷曲 1672』年のみつなかが詠んだ「鬼百合の花をも買て詠れば地獄の沙汰も銭でこそあれ T30」。

寄朝顔恋

後拾遺集★負けかたの恥づかしげなる朝顔を
かがみ草にも見せてける哉　読人不知　1087 以前
Losing love, all the morning glories share my disgrace
as mirror-flowers they, too, reflect my loser face.

★くる／＼と花咲きつるにまきの戸も
開かで筝をかきの朝顔　條門橘丸　1787 以前
（来る＝繰る、咲きつる⇒蔓、巻き＝薪、掻き＝垣）

1812★ひる間なき涙に袖を絞るなり
君と別れの朝顔の花　巣燕　e7-1
（昼間泣き＝干る間無きは英訳無用）

★夜の明けて人目を飾す袖垣に
我が朝顔を花よ笑ふな　満汐　E9-3　1815
When I see at dawn my low fence has attracted other's eyes,
I say, pretty blooming-faces, laugh not at my morning glory!

参った。朝顔の朝の内に酷く縮むのが、夜遊び過ぎの後の人の顔の好比喩であろうが、ここに敬愚は何かを見過ごしているという気がします。源氏物語かなにかに掠りもありそう。後朝中の若い人と老人の早朝小便の交差点になりそうと想像しては難しくないが…。

寄芥子恋

★花の兒見るより契る世の中に
けしからぬミと人や笑わん　夢庵 e1　1768
（芥子⇒けしからぬも、実＝身もないと英訳無用が）
*In this world where we look at flower faces and vow love
seeing the poppy's seeds, everybody can't but laugh!*

1814★花ならば涙もろにも落ちなんを
芥子粒程の情けだに無し　明益（仙台）E9-2
*Were you a real flower your tears would fall with mine
but I cannot find a poppy seed worth of pity in thine.*

左は原題「芥子によせて契る恋」歌。見るから直ぐ契るとは限らないが、やはり古く英国のバラッドの語句 My face is my fortune 「この顔は我が財産だ」ということが事実。相手の体を見て惚れる人は少ないようだ。しかし、人は欲深い。両方欲しい。遅れて顔と身の大きな差違に気付くと困るか、夢庵のように笑うか。右は同じ花＜対＞実の対象だが、意外性は不足で、やはり天明以前の夢庵の江戸狂歌の勝ちだ。

草

寄草恋・寄恋草恋

1834★から国のくずしも知らじ恋草に
死ぬべきほどの毒のありとは　蘭丸（東部）k17-3
*To think our dense weeds of love include deadly species
alien to even the Chinese herb doctor's expertise!*

1806★待ち詫びて我が恋草は茂れども
かりにだに来ぬ人のつれなさ　行合 K25-3
*While I wait in misery, love grows rank as summer weeds,
but he is too cold to even drop by in his hunting tweeds.*

★我が背子に吾が恋ひ居れば吾が屋戸の
草さへ思ひうらぶれにけり　万葉♯2465
While I was lost in love for my papoose even the plants
at my home had to suffer through a drought of attention!

上は、逆年順。左の後期江戸の狂歌は、業平の唐にも知られない川をくぐる紅もみぢが歌の片もじりか。恋に置いて或る花は、特別な意味あっても「恋草」に等しい英語はないから、工夫を尽くした。中は、伊勢物語のせめて鶉狩りに来て欲しい歌を恋用語でやり直されたが「仮に＝狩に」の掛詞が見事。英訳に無理あった。初案「... drop in for hunting (=the hell of it)」が長過ぎて、せめて狩衣で訪問に直したが、tweed 布が和服でない（失礼）。右は。「うらぶれ」は憂いしおれるかしょんぼりと力なくが意味。現代短歌の俵万智が恋に浮かれて水をやり忘れてアパートの密蔵植物君も枯れしと云う「サラダ記念日」の首の本歌になるかもしれない。中の行合の茂る恋草をかりにだに来てくれない発想は勝ち首だが、万が一江戸時代に米国の二十世紀の黒人ブルースの台詞 mow my lawn（あたしの芝を刈る事が交合の訪問）に等しく「刈りにだに」の意味も重ねたら、ただの勝ち首は大勝になる。

★踏まれても又起きかえる草の葉の
枯ればつる迄しげり逢わばや　夢庵 E1　1768
Tread down, up they spring those leaves of grass, and when I see
them wither, runners quickly growing meet – so, why can't we?
（原題「草によせて被厭増す恋」からして積極過ぎれば…）
Leaves of grass that spring up after being tread down in defeat
withering put out runners, grow thick and again would meet!

★悲しさよ人目も草も茂く成りて
ふみもやられぬ己が通い路　飛人　e7-1　1812
How dreadful a path with both human eyes & weeds so rife,
I can't tread it or send her things to be read to save my life!

左、夢庵の自然観測のように、葉と蔓の別々ば段階を描くほど複雑な比喩はめたにしかない。右、飛人の狂名に負わず、恋路のうまく通わない「踏み＝文」の好掛詞の詠みにも関わらず、左勝ち。

★思ひ草ひょっと種をば蒔き初めて
引きに引かれてむねに茂りし　栗嶝 k6-1　1767
Though lightly sown, once the grasses of longing start to root,
try as you will to pull them out, they'll still crowd your breast.

★神農もかみ分け給え恋病の
薬にほれる夏の百草　乗吉 e7-1　1812
God of medicine, Shinno, help me choose which summer herbs
to dig for this lovesickness I have because I dug a girl . . .

左の胸に茂る草は。胸は身の屋根ではない。右は。恋に薬ないと云うが、気分転換に効けば十分し、惚れたから掘れなければならない言葉的報いは面白い。右勝。

寄浮草恋

★せきもあへぬ涙の川は速けれど
身のうき草は流れざりけり　源俊頼 1055-1129
The river of tears, I tried but could not dam, flowed fast;
but my blues=floating weeds, oddly held fast to the last!

★恋は只うき草のねもなく計り
たま／＼岸に寄れば別るゝ　宿成　e7-1　1812
（憂き＝浮き、根＝寝、偶々＝玉は、英訳無用）

左の本歌は、古今集の無名の「速き瀬にみるめ〜」が生えなかったと反対に、欲しくない物が生え続けたという訳だ。右は、江戸後期。小

町の「侘びぬれば身を浮草の根を絶えて誘ふ水あらばいなむとぞ思ふ」
の誘い水あらばよりも、物理的か客観的に捉えているところが変だが

寄蔦恋・寄蔓恋

★壁の耳を塞ぐとはせで這う蔦の
窓から覗く閨の添い寝を　鯉鮒　e7-1
（壁と耳の世話も壁の耳の慣用もない英語）

これも変な首。後期江戸の名狂歌師に編集者の鯉鮒が妻と寝た部屋の窓に葛か何かの蔦が顔、いや葉を出したか。比喩歌だったら、英語の云う peeping Tom ないし覗魔を描く歌になる。聴覚と視覚。聞くから見たくなる原因結果を面白く解く首だ。下記は、蛇足無用の寄蔓恋歌

美女うち見れば一本蔓にも成りなばやとぞ思ふ
木より末まで纏られればや切るとも刻むとも
離れがたきはわが宿世　唄　梁塵秘抄 12c!
*When I see a beauty, I would turn into a vine
and wrap around her to root-tip, after which
even cut or chopped to bits she will be mine
for I was born to never let go at any time!*

中国の Kuan Han-chi'ing (1220-1300) の不伏老のラップ詩を思わせる。

寄撫子恋

★いつしかと起きうからでも見ゆるかな
さくやあしたの床夏の花　慶運　中世

*At any time, even upon waking up they can be seen
tomorrow a gilly-flower will bloom as it has ever been.*

常夏と云う名に常ないし永く咲くが、一株ごとにである。花一輪の命ではなく、次々と咲くから毎日ある。万葉の撫子は可愛くて大切にしたい、近くにいるから常に接触できる人になる花。複雑ながら面白い系譜は丹念で丁寧に著した鈴木武晴の「家持となでしこ」を凌ぐ参考はない（又ネットで拝見できる）から、ここでは遠慮します。手元にあるから撫子になった。若き頃の恋人を詠む花として撫子を比喩として開拓した家持は、男性の友人について「愛わしみ吾が思ふ君は奈弖之故が花になそへて見れど飽かぬかも#4451」とも詠んだ。古今集以来もっぱら女の子。何よりも愛しく実家で守りたい存在。「塵をだにすえじとぞ思ふ」花を頼まれた隣を断った古今歌＃167が代表詠になったが、本当の花と箱入の娘と愛する女性のいつでも近い形見である。

   1672★撫子の花の口びる動くこそ
  風の手あてゝあはゝなりけれ　且保年 T30
  （撫と子の花名も風の手もないから英訳は無理が）

*The very name, nadeshiko, asks to be caressed, and so we think
as petal lips move that the touch of ye wind has tickled her pink!*

  （とは言え、上の狂訳は原歌より優雅で、下は別名で笑歌なる）

*The slightest touch of breeze & the petal lips of gillyflowers move
as if they're being fingered so to speak, the silly gigglets love it!*

   1700 頃★妹と我がぬる夜互ひに目があけば
  臍のあたりを撫子の花　元禄の悪っこ月洞軒
  （和訳は『古狂歌　色好むさし男』に預ける）

Gillyflower とは、敬愚の氏名 gill を含む撫子とその変種の美人草の多くの英語名の一つ。どうすればいいか良くわからないが、その名が操たい感じもするから、使いたくなります。

   吉原十二時★床の間へいける姿や傾城ハ
  客の背中も撫子の花　　　紀楽人 E10-2 1816

A thing of such beauty belongs on the tokonoma in front
but the pretty young tart is now rub-ling a client's back.

1809 以前★わがまゝに育てし上は花一つ
　　抓めるも厭う庭の撫子　月六斎市吉　E7-5
Growing up spoiled as can be, our garden's fringed pinks
may be "rub-lings" but they can not bear being plucked!

左、飯盛が編集した『吉原十二時』の何刻だったかを書き留め損なったが、古歌と狂歌を読めば、朝起きのサービスと想像。撫でし⇒撫子という掛詞を rub+ling (ling は子、例＝duckling) という新造語で狂訳を。

寄女郎花恋

古今六帖 3682★枝もなく人に折らるゝ女郎花
　　ねをこそ残せ植えし我が為　たいらのまれよ　970-84 成立
They've no limbs yet still are broken-off to keep, the maiden flower
I would leave the root/sleep/sex as is and plant them for myself!

寄恋歌の中では、女郎花は変則の存在だ。と云うと、馬から落ちてしまった遍照法師の名自嘲歌「色にめで折れる計りぞ女郎花われ落ちに来と人に語るな」とは云え、法師とこの見た目ではなんでもない花の間に出来た派生歌の数がなんと多い！落馬一つで子沢山。そして、さらに珍し事に、その九割までも譬喩歌なる「寄女郎花恋」ではなく、「寄恋女郎花歌」即ち擬人化の女郎花賛だ。言うまでも無く、遍照の歌のみならず、その名、女郎花も一助を買ったが、本来人間の恋中心の歌集から芭蕉以後の山水動植物が主流となる俳句の世界へと変わって行く中で、この女郎花の歌が、恋ながら恋でもない、四季の植物ながら自然でもない独特の存在として、そのまま千年も生きてきた。左の『古今六帖』の歌の例外にも詳しい「枝もなく」という持ち帰り損害のところも、植える願望もいいが、ロリータよりうんと若い女の子

を狙った源氏のことを思えば、このもっとも純粋らしい植物としての感賞歌にも見立ての可能性はないとは言えかねるが、思い浮かべない。

★女郎花はぎのあたりを吹まくる
野分は風の性わるぞかし　至果亭桂普　K8-1　1814
*The maiden flowers are blown about to reveal their clover=calves
by the field-splitting winds who show their own bad character!*

★風にのみ身を任せるは是や此
女護の島の女郎花かも　天地根　k7-5　1821
*So, if they only really give themselves to the wind, I guess
maiden flowers hark back to the Isle of Women of the West!*

この上方狂歌はいずれも、やはり「恋」巻ではなく四季巻の「秋」向き。ここでお見せする理由は、女郎花歌に多いロマンチック趣向は、寄○○恋歌に関心ある読者にとっても面白いかと思ったからである。蛇足が、右の島の住民は陰部を南風に開いておいたらたら孕むとされた。脚韻のためにロケを一応「西」にしたが、本当はさっぱりだ。

1669★御座れとて芒の穂で手招けとも
厭やとてくねりくねる女郎花　ト養　T31
*"See, we have them!" beckon the waving plumes of the Miscanthus;
How they squirm in dismay!　The Maiden flowers cannot stand us.*

初期狂歌のト養医の一風変わった、茎たち二種類が主人公の一寸劇みたいのをロマンチックかと先ず思ったが、読み直せば、薄（芒）が勝手に「嫌だ」と反発する女郎花へ売笑用に客を招く、男何人か野を歩きながら互いに含み笑いもするような歌だ。後にト養が「いなみの野秋の尾花に招けども女郎花にぞ心付けつる」という家持（785 没）の狂趣ある詠みの俗化した焼き直しと判った。因みに、敬愚にとて、初めての「くねる女郎花」は一茶の「女郎花もっとくねれよ星迎ひ」。かの岩戸の前に踊った女神を思い出して、一茶がストリップ用語でいえば grind（ぐんにゃぐんにゃ？）という激しい運動を促す句意かと誤解

してしまった。「くねる」には、受難や不快感や不安や怨みでたわむ、きまり悪がる、捩る、すねるか、ただいらいらする感情か気分を表す。加藤郁也の『滑稽俳句題全』に見つけた元藤の古句「哥をよむ人も句ねるや女郎花」は「句練る」を掛けても数多句の題が困るからくねる句意だ。卜養の狂歌を読めば、あららっ、一茶坊が反対に女の子を、星合の前にもっと恥ずかしくなった方がいい、という保守主義の観点を詠んだ。結局、あの「くねる」の初出か原典は、貫之の古今序にある：「男山の昔を思い出で、女郎花の一時をくねるにも、歌を言ひてぞ慰めける」だ。男も女も、その盛りか花の一時を思い出せば悲しくなるが、貫之が想像した慰歌とは懐旧の類かどうか知りかねる。とりわけ、これで女郎花と「くねる」がペアーとなった。はずだが、日文研の和歌ＤＢの何百万和歌を検索すれば「くねり」も「くねる」も皆無（やすくーねる等のニアミッス計り）。但し、古今序より広く読まれたか聞かれた散文でも和歌でもない物ありました。卜養の三百年も前に、能の祖父なる亀か喜阿弥の『女郎花』だ。裸身を投げる前に土に埋めた衣が朽ちて、かの花が咲き出でたら、やはり風に吹かれて「くねる」と、ただならぬ感情も込めるように見えてくる。

★女郎花なまめきたてる前よりも
うしろめたしや藤ばかま腰　蜀山人　天明後か

The maiden flowers are proud to show off what they've got in front,
the blushing ones are the Fujibakama pants off with purple bum!

四方赤良の首に出る藤袴は紫色の菊科で、前という女陰に対して男色の後ろともなる色違いも仄めかすが、本来（和歌にて）干すように花野の花の上に置いて忘れた袴そのものの存在が恥ずかしかった。1310年の夫木抄の女郎花歌に「なまめきたてる」も「うしろめたさ」もある＝意尊法師の「★あたしのになまめきたてる女郎花見捨ててえこそ帰らましけれ」、と法橋穎昭の「★我が宿に移してもみる女郎花あだしの野への後ろめたさに」。いずれも、寄恋女郎花。あだし野は昔より名火葬場。卜養と四方赤の歌のいずれもそれなりの傑作になるが、

★掘り植ゑてかひある花は女郎花
　くねるも我を頼むなりけり　　上田秋成 1809 没
The maiden flower is a shrub worth digging up to transplant,
squirms aside, it seems they wanted me to do the good turn.

　1815★風にくねる神楽が岡の女郎花
　鈴ふりて舞ふ巫女かとぞ見る　　真顔 E10-1
Those maiden flowers swaying and twisting on Kagura Hill
look like shrine maidens dancing while jingling bells to me!

中下の女郎花の甘えを受けたくなる上田秋成の歌こそ、心を溶かす。恋歌かどうかはともかく、勝首にします。母国なる米国では秋成の願望を悪く思う心理学者もおられるが、神不信者ながら上田秋成には大人の責任を積極に受けたがった有心どころか良心満々で日本人がもっと誇りに思うべき世界人であった。駄弁なるが、一茶の句と四方赤良の歌を読んだ敬愚の反応は、「女郎花くねるが菊もよくくねる」であった。男女平等。色にくねる上には、野菊が茎が大名の菊と異なって、怠けた S 型になって、見事に風にそよぐ。忘れかかった右の真顔の詠みだが、政治に引っかからないようにごく注意深く詠んだ真顔の弱い（あるいは強い）所は、ロマンスかリリカル歌であった。

★声たてて鳴く虫よりも女郎花
　言わぬ色こそ身には沁みけり　　寂蓮法師 1202 没
（くちなし同色で言わぬも色が恋になるも英訳無用が）
Where color means sex, the insects that cry outloud for loving
attract us less than maiden flowers whose hue stays unspoken.

寄梔子色恋・寄くちなし恋

　905 以前★耳なしの山のくちなし得てしがな
　思ひの色の下染めにせむ　　読み人知らず　古今集

（梔子＝口無しも思ひ＝火⇒緋も色の恋を含む含蓄も英訳無用）
*If I can just obtain some Mouthless-flowers from Earless Mountain
for the scarlet to dye my robe, my name as a lover will stay stainless.*

**1069-77★いかにせん言わぬ色なる花なれば
心のうちを知る人も無し　詠む人知らず　狭衣物語**
*Hmm, if those mouthless flowers are indeed the color of mum
who could know their inner hearts? They'd also be friendless!*

唖の gardenia＋守＝Dumb guardenia も考慮。差別語は心配で-less 一貫。

寄山吹恋

参照 1205　九重にあらで八重咲く山吹の
言わぬ色をば知る人もなし　円融院　新古今
（恋より、身分だけなるが、九重は紫色も指すか）

因みに、言わぬ色を恋と無縁なる素性法師の「古今集」の「山吹の花色衣主や誰れ問へど答へずくちなしにして」という狂歌として広く言及されている歌の英訳は、拙著 *Mad In Translation* にも「古狂歌 ご笑納ください」にも菊 Chrysanthemum の省略の愛称で沈黙か閉口の意味もある mum にするために、花違い狂訳になったが、ここでは山吹を菊に化かしては、いけない。題通りの比喩にはなれないから控えます。

寄忘草恋

後撰集★恋ふれども逢う夜無き身は忘草
夢路にさへや生い茂るらん　読人不知　956
*Despite my love, we never meet at night: forgotten it seems,
Forgetting Grass fills even the path we once tread in dreams!*

参照のみ　寄心変　★変わりゆく人の心は辛からで
忘らるる身を恨みつるかな　源俊頼　1055-1129
I cannot hate the mind of a person for changing, still
I resent the fact I am forgotten, and always will.
（↓或いは、自分の身の魅力不足を恨む自憎？）
I do begrudge myself for being so easily forgotten!

★汚しても浸し物でも根から葉から
食らふても効かぬ恋忘草　大屋裏住　天明中
Parched or steeped from root or leaf, however you take it,
and regardless of belief, Love-forgetting-grass never works.

左は和歌。中は未解読（二の異読みの判別求む）ながら、忘れる事の新奇なる観点でご参照に。右の狂歌は狂歌として、勝。「汚し」とは、和え物と読んだが、それならば二種以上の食材と調味料を合わせる調理法で、煎るに湯か酒を加えて炒めるか。思えば、味はどうでもいい。無味乾燥だったら覚えないから、その方が宜しいかと敬愚は思います。

寄艾恋・寄灸恋

1679★さしも草もゆる思ひを申しても
きゅうには君がなびかぬぞ憂き　知秋 T37
（さしも＝艾ぐさも灸＝急も英訳無用）

★塵をのみ捻りもぐさのするゑかけて
あつくもくどく恋の皮切　羽觴 k16-3　1811
（恋床用語に灸用語を組めば全てが英訳無用）

右の上方狂歌の床の塵ひねり⇒ねり艾を始めに恋の皮切までの用語尽くしと平行に続く筋の技巧は素晴らしい。第三者的で無心。左、初期

狂歌の知秋が詠み、たとえ妹候補者の君に敢えて送らなくても、友人と分ち合う嘆きの有心には君と異なってこの敬愚は靡く。左勝。

寄薄恋

金槐集★待つ人は来ぬものゆゑに花すすき
穂に出でてねたき恋もするかな　実朝　1219 没
When the one you wait for fails to show, beckoning sawgrass,
I can see why we want some tail (a blooming piece of ass)!

★穂に出でて秋の景色や葉薄の
手の切れそうな挨拶ぞ憂き　薫 E11-1　1819
Autumn is here and the scenery mostly miscanthus (sawgrass);
your greeting also cuts so deep, I fear we've seen the last of us.

左は 22 歳成立 700 歌の家集より。薄の尾は風に動けば招く。人来ぬも自ら色求む若者か。二十八歳に暗殺された実朝の六百年忌に出た狂歌。

寄藁恋

1794★わらてしても男じゃとなえの耳こすり
言うてさっぱり思い切る藁　玉雲斎 K26-4　未解読

いや、面白そう。藁で＝笑てのルーズな語呂合わせか？男は萎ば耳こすり？そして思ひ切る藁？参りました。この童は、解読できる人求む。

寄木恋・寄連理枝恋

1820★我を鬼のように思うて寄せつけぬ
君は柊のき娘でかな　畝守　k11-1 の十首より
(柊の魔除に木＝き娘などは英訳無用でないが)

Thinking of me as an old devil to ward away, by golly
your chasti-tree must actually be the spiny holly!

★身一つを其キ守りと朽ち果てん
君と連理の枝と成らずハ　蘭丸　K16-1　1810

Guarding your virgin-i-tree, you and I will just rot away
unless we, as magical twining limbs, may forever stay.

左は、節分に魔除け柊鰯（ひいらぎいわし）と同じ木だが、葉の棘と赤実は魔除に誂え向き。貞操 chastity と童貞 virginity の tee 音に r を入れて tree と掛けたが、はの字ほど酷い pundi-tree になる。右の口説きはかろうじて勝つかと先ず思ったが、実践には使えそうもない、一方、左は敬愚は爺として？そのやり取りを想像できます。寄連理枝恋は英国にもある古概念が、他の歌例は別題になる。

寄葉恋

★匂ふらむ四方の山辺の花よりも
恋しきものは君が言の葉　源俊頼 1055-1129
（言語は葉と縁がない英語には翻訳無用が一応）

More than flowers that fill the hills around with their scent
what is most dear to me are thy sweet words=leaves.
（これは名歌になるべき、と思えば脚韻をふむ狂訳も）

More than flowers that fill the hills with scent or singing birds
what I find dear is the presence of thy leaves, that is words.

寄種恋

1812★やる文を暦のように書きつれど
思いの種は蒔く日選まず　輪田麿　k16-3

*I'd write love letters after the almanac, but wouldn't you know,
when it comes to seeds of love, there are no best days to sow.*

1815★恋に種まけども生えず今更に
メに出る物は涙なりけり　長文 E9-3＋寄泪失恋

*I did sow love seeds but nothing grew unless ... surprise,
we count the cultured pearls now dropping from my eyes!*
（当時、人工植真珠の発明がまだが、芽＝目は英語無用が）

陰陽の日々を重んじる左の狂歌も良いが、右の種まけどが活気で勝。

寄藤恋

1813★我が庭の松の肴にたのもしく
藤のからみも隣より来る　梅の屋千英 E8-5

*My garden pinc happy for the rarity of being adored
welcomes wisteria's embrace . . . also from next door.*

同★咲き初める藤も隣の宝とて
日毎に花の数えられつる　調糸楼琴津女 E8-5

*The wisteria in first bloom is the neighbor's treasure
and every day the flowers are being counted by both.*

原題は「寄藤恋」ではなかったが、いずれも両親も公認する隣同士の婚約者の歌のように読めば…　＋寄隣恋。

寄松恋

1783★姫松の姥となるまで変わらじな
我にふぐりのあらん限りは　卯雲　E1-9

If a Princess Pine vows not to change 'until I become a babushka,'
I do by my cojones (cones=balls in spanish) so long as I have 'em.

1799★我ばかり物うき夜半と思ひしに
　峰の(に？)も誰を松風の音　枝折跡行　E5-4

I thought only I was lost in melancholy late that night
but hearing the wind in the pine, I wonder if I'm right
（これは和歌同然あるいはこっそりと転載か天才か）

No one could be so blue as me late at night . . . thought I,
before wondering who else might make those pines sigh.

左は単純の縁語尽し比喩。原題は寄松誓恋。英米語では、睾丸に誓う事は無いが、証言する（testify）睾丸（testicle）の語源は同じ。右の、いきなり松風に自分以外の心ないし魂を感じる自白も心と自然現象との超自然的な繋がりを詠むと良い。異質同士で勝負はありえない。

寄筍恋・寄竹子恋・寄筝恋

★地にあらば君が草履とならばやと
　祈る心のたけの子の皮　詠人不知　E1-9　1783
（心の丈＝竹の掛けも草履の縁語の連想も英訳無用が）

If I stay on earth, I'd become thy sandals if my prayers shoot
up to heaven and, wish granted, I diaper a baby bamboo.

万葉歌に遡る卑下型口説きの前句ながら、妙なる掛詞の縁語の連想で後句は草履になる皮へ着く。日本古来の独特の形容句でしかない歌体。

1786★竹の子の可愛い君がまわり気か
　こちらをむけばあちらむくとは　渦丸　K26-1
（剥く＝向く一本の掛詞は英訳が無理が竹は知ってる）

*You may be cute as a bamboo shoot but, baby, why cry
to all around as you strip your way from ground to sky?*

1799★疑いし君が思いのたけの子を
今宵ねごとに掘りて聞かばや　筑＿岩成 E5-4
（又も竹＝丈に根＝寝ごとにも英訳無用）

左、耳のいい人は竹林の端に住めば、伸びる竹の子から落ちる皮の音が夜すがら聞こえる。おちこちの遠の方が数多皮の静かながさがさ雑音で、近の方がどっすんとか（板か何か上に落ちれば）ばったんと人の目を覚ますカツの如く驚いた物音だ。青大将との戦いに怪我した半ちゃんが、皮を蛇と勘違ったり、二週間も神経質症に苦しんだ。同時に生命を満たす液分が、空を子に譲るために散った葉っぱの上にぽたぽたと毀れる。古池やだけでは掴みきれない脈々と造化する場面だ。右の江戸狂歌は、竹の生態と無関係。根ごとに抜いてから寝るもいいが、やはり疑いあれば話し合いだ。

★人の目をぬいて逢う夜は笋の
皮きて嬉し袖の涙も　常持　E11-2　1820
（竹と袖の涙も皮着て＝切てもその慣用も英訳無用）

*The night we meet, evading human eyes like bamboo shoots
we break the ice as tears of joy ooze out and clothes fall off.*

嘆きよりも祝いが好きから、常持の嬉し涙を「寄笋恋」の勝ち首にするが、人の袖が竹の子の皮のそれであったら、手の平に小湖が出来そう。竹というデカイ怪物の地下水道の圧力が強いし、黒っぽい竹の子の皮が招く太陽光エネルギーもきっと一役を演じるが、育つに余る水分が洩り出て、我が手の平に溜まる小池の中に泳ぐ魚が跳ね上がり見る目に飛び込むループなる超短動画は、瞼にプレイー中。竹を愛でてもう少し道草（竹も草だし）を食わせてもらえば、草稿にもう一本のオマケの笋歌は其遊の 1776 年以前の上方狂歌＝「行く末は盲の杖とな

りやせむ垣をのそいて出でたる竹の子 k12-1」。これは又、とても可愛い因果（筍食った報い）歌になりうるが、本当は狂歌会で「寄穂恋＋垣根筍」が題で連歌のように各々首が題の一部分しか表さない筋の連想の一節に過ぎない。きっと穂に出た恋の孕めば、垣根から子が出る。敬愚は千ドル払ってはコロンビア大図書館から借りた本を NYC に家賃も払える束の間に読まねばならなかった（シリーズが高いで買えない）。いつか、じっくりと読みたい。とは言え、一本立ちで面白さ足らない首も多い。下記も好例。掛詞も十分が、心を喜ばす申し訳ない狂歌を、或る話（はなし）の要略の即興詠みの枠の中に入れなければ、鑑賞しかねる場合もある。短型詩には、そういう例が多い。

★竹の子の根ふしの固きあだ人に柔らかにあう言の葉なし　浦よし
（K25-3 1806 根節＝寝伏しも逢う＝青も葉＝語も英訳無用）

寄竹恋

寄青竹恋★明日あおとあおと思えば青竹の
　　竹の一よのふしの永さよ　月洞軒　元禄
　　（逢う＝青も一代の節＝一夜の伏しも）

1812 ★今の世の女は太き竹の竿
　　物ほしそうな恋もするかな　三陀羅法師 E8-3
　　（竹と洗濯は無関係で干し⇒欲しいも無く英訳無用が）
**Women nowadays are naught but big bamboo poles, whereby
"love" they mean fleecing men and hanging us out to dry!**

左の月洞軒の詠みがすくぼる私的に詠んだ人で、病気で伏したままから逢えない弁護歌のために詠まれたとしてもおかしくない。右には、前文あった。「欲深く物ねだりしける」女を見て、詠まれたと。何の場面か知りたくなります。女を欲望深いと見下すぎみかと思えば、三陀羅「法師」だから、爺の時事道歌に過ぎないかも。同時に一茶の妻

菊女は玉引きに大額の金を失った一茶坊の怒りも覚えてしまうと気持ちが複雑なる。

1820★うき君は藪睨みとも思ぼすらん
思ひのたけに余る尻目を　久良喜　E11-2
（藪睨み＝斜視も竹＝丈も尻目の慣用も英訳無用が）
Your flirting eyes exceed the compass of your cheating heart
taking in the big bamboo while ev'ry shoot gives you a start.

同★思ふまゝ節の数々打ち割って
心のたけを君に知らせん　曽代風 E11-2
（心の丈＝竹も節の慣用も無く英訳無用）

左も右も蛇足無用。左の竹縁語などが良くできて、右は単純すぎるが、差異が絶大でなければ、前向きの姿勢で右勝。

寄笹恋（あるいは寄酒へ？）

1729★打ちつけにさゝのハ文字な事ながら
一夜寝てたも根からホの字じゃ　友清　T46
（打ち付け＝注げも酒＝笹＝もハとホ文字も英訳無用）
It was sudden, had a drink and we were in the sack, I blush,
yet after a night, I think I've a crush enuf to write this mush.

掛詞のすげえ密度。「ささ」に強いて飲ませるか口説く掛けの有無には確信ないが、飲み過ぎて寝た二人。敬愚も一度、体験ある。二人にとって良かった。結局、我は日本へ、彼女ネパールへ。それぞれの人生あったが、目覚ました朝は、彼女の名前すら知らなかった記憶は愛しい。同じ読書・文化人類学魔同士でハ＝恥文字なくも恋人になった。

寄樫恋

後撰集★忘られて思ふなげきの茂るをや
身を恥づかしのもりと云ふらん　読人不知 956 以前
（嘆き＝なげ木も恥ずかし⇒樫も森＝守も英訳無用）

左は、1303 年の「歌枕名寄」にも再載されたが、1279 年の「続拾遺集」の恋部に出た俊成の同語句ある「もらしても袖やしをれむ数ならぬ身をはつかしの森の雫は」を含めて、なんと四回も再載された。樫は硬いからこそ枝が横に伸ばしながら保つと思えば恥ずかしくないはず。要するに、樫の掛けの甲斐はないと思います。

寄葛恋

新古今★我が恋は松を時雨のそめかねて
真葛が原に風さわぐなり　慈円　　1155-1225
My evergreen love pines not away nor dyed by showers of tears,
yet as I wait, my guts complain like wind-blown kudzu leaves.

松も待つに葛葉が葉の裏見が見えて恨みになる風の日。英訳する意味あるかどうか訳者ながら疑問。ネットで「心の中が」と誰か書いたら原と同音の腹にした方がましと思って、本書に「寄葛恋」の題を見過ごしたら、ここに置く事にした。実の葛葉は、裏を見せながら腹を合わせる、しかも露があらゆる葉の中で最繊細で、面白い。

寄錦木恋

★取り入れもせぬ錦木は胸の火の
焚きつけとのみ成るぞ悔しき　為麿 e7-4　1809
Those tokens of love, brocade sticks I left she failed to accept
only served to ignite more fires in my breast which I regret.

本当は木ではないが、一応ここにした。ネット検索では、世阿弥の能劇『錦木』にはパウンドの英訳を始めに、多くの「翻訳者」（和英訳の九割も日本語の出来ない奴の二次「訳」に過ぎない）の訳語 brocade sticks, love wands, charm-stick, courting stick, painted sticks of wood 等も有り難いが、実物の画は、当の能の舞台具以外には意外に見当たらなかった。能には千日という限界まで、求愛された女性の門の前の地にさしたままに残したから錦木が皆腐ったか。男が可哀相だが、その道具と式も観測されずに無くなった事がもっと可哀相と敬愚は思う。

寄蓮恋・寄根恋・寄実恋

1815★蓮葉の上へはとても乗られじな
恋の重荷を負うて死ぬ身ハ　真顔　E10-1

*Sit on a lotus pad and translate to paradise , I'll not even try;
not with love's burden still weighing me down when I die!*

1815★契りたる一つ蓮ハさて置きて
早尻込みをする君ぞうき　茂喬 K19-3＋変恋
（尻込みと浮き＝憂きの慣用・掛もない英訳だが）

*Here we pledged to share one lotus pad for our second life
and you have second thoughts: now, I'm worried about this one.*

★飛びゆきて余所で契るらん心か（さ？）や
抜け／＼としたことのはすのみ　芳水　K15-5　1811
（抜けは駆け落ちも言の葉⇒事伸ばすのみ＝蓮の実も）

*Let's fly off to take our vows elsewhere, like lotus seeds
popping from pods you said, but time has passed and . . .*

左と中の歌意はいと簡単に読めたが、右は当たってみたが確信ない。木から木の実↓へ変わる所か寄釈教恋か浮草の傍に移せばいいかも。

寄菓物恋・寄蜜柑恋

★おもしろうあを蜜柑とてひった身を
喰わずはスイの味も知れまい　李郷 T56　1737
（青＝逢も？酸い＝（ロ）吸い＝粋も英訳無用）

交合しねばロすいの甘すっぱい味も知れないのが歌意か。フロリダ州には蜜柑などあるためか、花橘の狂歌を探し、改造版に追加したい！

寄栗恋

明和中★姫栗のゑめる姿を見るからに
やがて落ちんと思うばかりぞ　夢庵 e6-1

*As soon as I see the form of Princess Chestnut smile
all that's on my mind is she will have to fall in a while.*

1815★恋したう心ぞ添いぬ毬栗の
ゑみて落ちるをふっと見しより　以文 K19-3

*The yearning began & my heart clung to a prickly chestnut
the moment I caught a glimpse of that broad smiling fall.*

栗の笑みに刀あると警告する言葉が太平記に遡る諺になるが、左の毬栗は、毒舌という刺々しい防備を隠せない美しい娘でしょう。毬栗を近づく者ではなく、逆に狙われる栗の方が危なそう。原題は「栗のみによせて初に見る恋」とあるが、いずれ落ちるというと嫌らしい。けれども、それが facetious みせかけに過ぎないかも。夢庵坊の本音は「寄恋栗」即ち栗ご飯でも食べたかったという可能性もあると思えば、

許す。右の、心沿うとは、西行が桜花散るのを見た心とそっくりながら「笑みて落ちるをふと見し」から、他人との仲良くを覗いたから我も、という今まで拝見していない新奇の詠み。或いは好色の誤読か。原題「觸物催恋」で、棘好むSMだったら？

1811★見てしより深く心をよせ栗の
みを砕いてもあわんとぞ思う　桃丸 K16-2
（寄せ栗も栗よせも実＝身も縁語泡＝逢わんも英訳無用）

*At first sight the chestnut's darts sunk deeply in my heart
and I feel we have to meet though I pulverize my own.*
（同じ皮の中の二実か身が押し合っているとは寄せ栗で）

*At first sight, the idea sank deeply into my heart, we must be
like a chestnut pair, though I may first have to pulverize me.*

栗用語で口説かんとする事は珍しくないが、新奇とは栗が相手が同時に二人の模範、しかも実＝身を砕いて造る菓子は「栗よせ」で、その理想なる形、つまり皮の中で肌と肌くっついた恋人同士の双子ではなく、実＝身を砕いて菓子になると四角い一塊になる別物だ。U+I=WE か。

寄柿恋

1811★色に出る思ひの種のありたけを
かきくどけとも渋いお返事（越前）羽觴 k16-3
（書き＝柿も文章が渋いの慣用もなくて英訳無用）

1799★かきくどく文に憂き名や立ちぬらん
口をば渋の閉じていれども　千代春町 E5-4
（上記と同じから英訳しても無用）

右の前句のかきくどくは良いが、左の前句が弱くても、オチとなる「渋いお返事」の後句の力で、勝つべきと思う。因みに柿は恋歌というより友情を強める贈答（柿を送ると伴う歌とその返歌）の大御所になる。

寄梨恋

★いつか又あかぬを秋に色このみ
　思ひをなしの身共なりたき　由己 T41　1713
（飽かぬと秋も好み＝木の実も梨＝成しも実＝身も英訳無用）

後句の「梨の身ともなりたき」思いが「成し」遂げたら、我も「ありのみ」＝梨の歌言葉＝ともなるか。有無と遊ぶ機械もあって梨も狂歌師と弟子の間に流行った贈り物ないし贈答歌の第二大御所となった。

寄瓜恋

★東寺なる瓜実顔の君ならば
　指はさら也腕も切らばや　一好　T57　1740

Melon-seed face of Temple East, for solstice something begs: forget the fingers – in your case, I'd lop off my arms and legs!

★懐かしき時は鏡に向かははん（向かわばん？）
　君と我とが瓜二つなら　門限面堂　栗花集　1785

When I miss thee, I can but gaze into the mirror to see the melon they say parts identically, so thou art me!

★なす契ならぬハ瓜の蔓よりも
　這い回りたる足まめ男　水音 e6-4　1802
（一蔓千瓜に足まめの豆が無ければ英訳無用）

左は、初期上方のブラック・ユーモアの傑作だ。教王護国寺の略なる東寺は冬至南瓜を浮かばすが、陰陽の替わり目で達磨という手足もない起き伏し人形に合わせて、という事。中の方の同じ上方狂歌は単純ながら誇張的慣用を真に受ける超理屈（hyperlogic）の好例とは言え、読むと興奮しない。右は狂句にあった茄子と瓜の揉み合う場面も掠るかどうか知らないが、契るはフォーマルで間男のどの足まめ男と筆豆の恋歌を詠む者の違いを考えさせてくれる。断然左勝。

寄真桑瓜恋

★逢わまくは瓜の畠に寝もしなん
取りつる履のうき名立つとも　赤良　天明
（まくば⇒真桑もしなん＝指南＝至難？活用つる＝蔓縁語）

天才赤良は古語文法知り過ぎて、敬愚は活用負けに両手上げだ。上記の狂歌は概念として、名立ってもやるぞ絶対やるという勇気の発言でしきないと甲斐は九割言葉遊びになるから英訳を控えた。真桑瓜に穴を切て一発すめば、後に目の悪い女の子に喰われては孕んで我が子を産んだが故事も、泥棒と思われたくなければ瓜田を歩かない方がいいの諺も知っているから、きっと他にもとんだ真桑瓜の歌もあります。

寄胡瓜恋

1813 没以前★蔓を引く人だにあらば垣一重
となりかくなりなる胡瓜かな　岡持 E10-3　1820

*I would feel cool as a cucumber for it would be so fine
if my neighbor o'er the fence felt inclined to tug my vine!*

きゅうりハ旧里を掛けると思えば、老岡持の旧懐的な寄恋歌か。英訳は一応さまになったが、正直言って「隣かく形」の意味がよく解らぬ。

寄西瓜恋

★君にいざたち割りみせん我が胸の
赤き西瓜の種も残さで　質亭文 E8-3　1812

If I could split my breast like a watermelon, I'd just lay it out
to show you I'm pure red within & leave no seeds of doubt!

腹の中を割って見せたい陳腐に、種も残さないという発想が新奇。念のため、英吾の red に日本語の「赤」の含蓄がない。Red が「あか」しには成らない。しかし、種無し西瓜は既にあったか。それとも食事に出す前に種が一々取り除けられたか。1730 年ころの流水の「たゝ一夜どうそ（刀俎）なるおの西瓜なら我が赤さを割って見せたや T47-248」という狂歌は、前句よく知らないから、参考になるかどうか知らないが、一応。

1741 か 48★我が恋ハ西瓜の皮の捨てられて
ふみつけれども取り上げもせず　其翁　K20-5

My love is like a dropped watermelon rind and, like the note
sent with it, stepped on but not picked up much less pickled.

1814★西瓜より出来た返事の君が文
おとしてかんを冷やす井戸水　久澄　E9-?

The cold well-water chills me to the bone less for the water-
melon then for your long awaited reply falling down with it.
（と書いたら、文⇒踏み落とすの掛詞に気付いて、再訳）

The shock of losing your letter was greater than being struck
in the face by cold well-water after dropping a watermelon.

左の上方狂歌は「文＝踏み」の掛けなければ、英訳の可笑しみが半滅になるが、西瓜の皮も大切に預けて漬物にされ、西瓜を贈った人のお返しにする習慣あった古きよき米国の百年前の我が祖父と祖母の求愛を想像しながら、漬物にもならない、と勝手に狂訳した。右の江戸狂歌は、私的出来事で寄恋歌集よりも贈答歌集向きかもしれないが、「文＝踏み」のほかにも、「西瓜より」は、まさか「つい便り」のルーズ語呂合わせ掛詞もあったか。だったら、大変どうけた傑作の弁護になるが、いかがでしょうか。念のために落とした西瓜の系譜もある。英訳と蛇足抜けにオマケします：「冷えた斗あぢが良かろうと云うハすい　かっと打ちわって見てきこし召せ　月洞軒 T40 元禄」「鳴神のもとは戦う西瓜とて冷しに落ちたか井戸へどんぶり　貞右 k27-2（丼）1814」。「偽りはないと西瓜を打ち割れて赤き心を見する商人　杉の門笹好 E12-7　1855」。

寄茄子恋

★とくよりも思ひのたねは蒔きぬれど
ちぎるは今宵はつ茄子なり　金鶏 網雑魚　天明

（契る＝摘取る意味も茄子の成すも無き英訳無用）

Long ago sown seeds of our love incubated until ripe,
now the eggplant hatches, we shall omelet all night!

★捨てらるゝ身をうら盆の秋茄子
うしや芋がらの足ふみもせず　真顔 E9-3　1815
（赤良の焼鰻と山芋の名歌に近い難しさか未解読か）

左の原題は「初逢恋」。成れば成るではなく、成せば成す恋と思えば、企画的というかずる賢いというか、気持ち気味悪いが、茄子の英名なる eggplant を弄んだ狂訳では、味が又かわりますが。右は、諺の秋茄子

で誰にも好まれていない自分が腐りかけている茄子牛ほど憂し。捨てられた男は珍しい自白だ。「足踏みせぬ」は「誓約のもとに放たれた」意味らしいが、文もせずと掛けているか。足踏み式脱穀機あるが芋がらと繋げない。参った。真顔の研究家おられば、ご助言ください！

寄芋恋

★山畑にいもをば起きて幾度も
その心根を堀り返しみる　夢庵 E1
（芋に妹、又心根に寝もなく英訳無用 1768）

★見るよりも無常に思ひつくねいも
とろとろゝめに君をばしめて　鈍永 K13-4
（つくねハまだいいがとろろもないと英訳無用 1767）

左夢庵の「芋によせて疑う恋」には、本歌二つある。「いも」こそ出てこない古今集#817「あらを田を粗鋤返し返しても人の心をみてこそ止まめ」と『古狂歌 ご笑納ください』に取り上げた人の畑の芋を勝手に掘れた坊さんの芋＝妹を月見の為に起こしてあげるが理なる弁護狂歌。右は。鈍永の狂歌と編集ぶりからしては、優しい人だったが、どうみても、その鼻の下だけがずいぶん長かった。この歌を裁くよりも「ご馳走様」と言いたくなる。『古狂歌 色を好む男』に移すべきか。

寄長芋恋

1794★祈らずよ人を（の？）初瀬の山の芋
うなぎの様に逃げまわれとハ　笹裏鈴成 E4-3
（妹＝芋で鰻に化す俗信がよく詠まれている）

I do not pray to have a little mountain yam=lass
slippery as an eel who would evade my grasp!

1814 ★逢ふて後いまハ命も長芋や
　　むなぎ等とは変わるなよ君　松彌佐守 E9-2

*After meeting you, I would live as long as those yams
that change into eels, so my sweet yam please don't!*

★ぬらくらとむなぎに成るか成らぬとも
　　とかく返事の長芋ぞ憂き　松風調　E9-2　同

*Whether or not they become slimy eels, need I mention
that replies long as a naga-imo are beyond redemption?*

芋は鰻に化する迷信は「寄鰻恋」を御参照に。中の歌は納得ゆくも、右は面白くなるまで馬鹿げているも、断然左勝。命が長くもがなを略して長芋になったらそれが歌腰を超えて鰻と寄せて、否や芋＝妹が変わらぬように、という心の温まる願望になる。英米で長芋を見ていないし long potato か long yam を一度とも聞いていないから、日本語のままに残した。敬愚好みの食べ物（とろりの芋や苦い肝の夢も）＋狂歌で『古狂歌ご笑納ください』に歌例は何倍ある。そう言えば、本書の「寄鰻恋」にも又ある。

寄黴恋

1815★逢わでふる夜の枕にむす黴の
　　白く咲くるや物思ひの花　真顔 E10-1＋不逢経月恋

*As months go by without a date, my pillow left alone at night
grows mildew and the blossoms of our longing bloom white.*

英米独仏などの美術界に多い狂歌掲載版画の摺物数奇には、後期江戸の狂歌の大師として大に敬愛される真顔の狂歌。天明狂歌純粋主義者が狂歌を殺した同然の気取り屋の小男と蔑視されがちという印象も受

けますが、古狂歌シーリーズによくでてくる真顔の首を詠む諸君は、その作品を一首一首読んだ上で、ご感想おられば。上記の苔の花を一見で、在日の頃の驚いた体験を思い出した。布団を一日疎かに置いたら二日目に、その枕ではないが古海鼠の畳に黴が生えた！それが、黒黴かと思うが、もしも更にほって置いたら早く老化して白髪になるか。その実験を残念ながらしなかった。真顔は奇麗好きかと思うから、敬愚みたいに本物の黴と無縁だったかもしれないが、月か灯火の光に見られたら、憂き人来ぬ枕上の光を黴の花と見做したか、単なる比喩か。

寄苔恋

　　参考　★敷栲（しきたへ）の枕動きて夜も寝ず
　　　思ふ人には後（のち）に逢はむもの　万葉歌＃2515
　　My fine pillow for rendezvous moves on me all night long
　　as I cannot sleep to think I'll share it with my lover anon.

　　　★敷栲の 枕に人は 言（こと）問へや
　　　その枕には 苔生（む）しにたり　万葉歌＃2516
　　If someone should ask about that fine pillow, I'm at no loss
　　for words to cover my shame, that pillow now grows moss.

先の真顔の黴は稀にしか詠めないを、日本人は苔を好む。『古狂歌 滑稽の蒸すまで』には寄苔祝ならば沢山有る。が、寄苔恋の狂歌は黴を凌ぐも意外に少ない。只今 2016.12.22 の 9:55 のワインも無用、まだ coffee しか飲んでいない頃でも一分も考えず「人はきぬぎぬのコッケコー惜しむころころ一人寝の苔枕かな」くらいは詠めるを。念のために、苔よりも敷栲の枕の方が困った。ネットにて日本語でイメージ検索しても、さっぱり。Yahoo 物知りは、敷栲を「床に敷いた真っ白な」布にするが、白妙ならぬ白栲もあるから、白いと限らない。万葉仮名で「細布」になるが、枕か床か脱ぐべき衣の内面か、はっきりしない場

合が多い（「の」の曖昧さも一役を買う）。古文学者の英訳は bark-cloth に hempen cloth に spread clothing に finely woven pillows 様々なる。

場違いなる寄泡恋？・寄豆腐恋　改造版まで直る

k11-1 1820★消ゆる思ひ種も豆腐の湯のあわで
気をも（「む」の抜け字？）計り何とせん濯　如意

（解読すら難しいで下記は我が当てずっぽうに過ぎないが）
Not meeting sounds like bubble-scum on simmering soybeans,
as both are awa – my fleeting relief is doing laundry it seems.

k11-1★風呂の中放せし仕掛けぬれ事も
泡となすかよ屁とも思わで　三巴　1820

（放せし仕掛けにシシも屁ともの慣用語句も英訳無用が）

If you wonder what's romance, automata in the bath show
wet=sex scenes are but piss & farts that in bubbles blow.

豆腐が大豆で植物の中が、この二首を本書の終わりに近い食物の章まで預かるべきだった。そこに、寄豆腐恋の充実した題もある。現在 2017.6.25 治す暇もないから、ここに一応残す。左は、風呂の中の一連の厭な事であくまでも泡＝逢わぬと云うつれない人を嘆くのみ？蒸気船のカラクリは日本が世界一が、これは？仕掛け濡れ事は、まさか川柳で有名の「小便組」の詐欺に、その次の偽癲癇症の発作を起こす新詐欺の泡吹きを合わせる通の狂歌か。右の筋の泡＝逢わない首が。気を揉むが洗濯を手でやる敬愚は五、六年引き続いて百％手洗い）。時間はかかるが、確かに慰みもある。但し、黒人のブルースでは洗濯するのが、命のそれではなく、交合になる。とは私的な話。原歌の最も優れた点が、豆腐の湯はとりわけ泡が目立つところにある。

１０ 恋の心理と過程１０

寄多忙恋

1793　★数々の思ひにむねの忙しさ
忍ぶ人目のひまだにも無し　大殿若持　どうれ百人一首

*Heart-felt feelings race about my mind – I've no room inside
for rest, while nosy eyes leave me nowhere to hide without.*

（↑誤訳ながら内外の多忙は質的に異なる比較より楽訳）

*So many thoughts of love pack my mind, there are no gaps
more than found in the gauntlet of nosy eyes I must pass.*

ネットで見つけた 1793 初版なる『年始物申どうれ百人一首』真顔編の 1835 再版より。かなり万葉っぽい。原題は、「恋物思」になる。英語に表現されていない物思ひ。二番目の英訳では、マインドにギャップつまり限無き。敬愚に暇あったら、space と race の脚韻訳も試みたい。

寄貧乏恋

★恋ほどの歎きの種は世もあらじ
貧法をさえ思ひ加えて　道増 T11　安土桃山時代

*There is no seed in all the world that bears blues like it – you bet
when poor you can take no more, but Love makes you bluer yet!*

原文の題は一語「思」。「寄辛恋」も可能かと思う。物思いが「よりも多く」あるを「思ひ加えて」と詠んだのが、これが初歌例かもしれない。心の優しい初期狂歌の闇将軍の貞徳の歌も思い出す＝「借銭も病もちくとあるものを物もたぬ身と誰か言うらん」。有無ではなく、相対的な世の中だ、人生においても、恋においても。

寄愛憎恋

> T12 ★愛しがり愛しがられて憎き時
> 憎まるゝさえ諸おもひ哉　不知　室町
> *Loving, you're loved, hating, you're hated right back:*
> *perfectly mated hearts are never out of whack.*

この古い首（詠百首誹諧）を鈴木の『狂歌辞典』で、夫婦喧嘩をしたり合い惚れを「羨ましい限りと言いたいであろう」と読んだ。合点ながら、従来の互いを補う陰陽か異質物のめでたき関係と大に外れた同質論理こそ面白いかと思う。寄被憎恋も寄双思恋も寄相惚恋も可能か。

寄無人恋

> 延文百首延文百首 1357
> ★月は誰が形見と無しに眺めつつ
> もの思ふことの増さる夜半かな　公清
> *As I gaze upon the full moon not seeing in it anyone's face,*
> *in the wee hours of the night my blues tighten their embrace.*

> 本歌は百人一首　★恋詫びる相手なければ我はたゞ
> 物や思ふと人を問うまで　門限四堂　栗花集　1785
> *As there is no one in particular I love what should I do*
> *now folk have started wondering if I am not just blue.*

敬愚の現在、つまり特定の相手がない孤悲のようだ。片思いも物思いするが、恋と関係ないブルースも物思い。両意味の混雑が面白いかつまらないか。よく分からない。右の後句は百人一首の歌 #40 とそっくり。その前句は「忍ぶれど色に出でにけり我が恋は」。そうですね、敵がないよりも相手がない方が淋しい。寄不特定の恋か寄孤悲恋も可能か。

寄自慢恋

遠近　★恋をしてのちハ仏と言わませば
我ぞ浄土のあるじ成らまし　ある好色の人 1539
*So what if there is hell to pay, if love's to die for ladies,
then I will die and be the King of Pure Land (or Hades).*
恋するに仏になると言はませば　拾遺集 1006 頃成立
*When in love, it is said we're beautiful in our ignorant-bliss,
which means I'll be the Lord of Pure Land because I am this.*

初期狂歌本に良く出る難解歌。1539 年成立の笑話集「遠近草」に前文ある＝「（源氏物語は）略中…六十巻を全部とせり、先ず始は恋をむねとして、後はみな仏道に基づけり、ある好色の人、この物語の始終を得心してよめりける、」。なるほど、『源氏物語』を持ち込むだけで歌の前句はなんとなく解るが後句は？「ある好色の人」は源氏か。

*They said after making love I made Buddhism, understand?
It means that I'm bound to go be the Master of Pure Land!*

密伝など無用。前置きを工夫し、「後は」と少々詠み直す遊心の功だ。『遠近』の序文にある「絃なき弓」に和歌と狂歌という二絃を同時に弾くと云う。などと言っても、まだよく判らない。

寄反省恋・寄鏡恋

★つく／＼と恋のかたきを尋ねれば
鏡に向う我が身なりけり　堂世暮気 1820 没
*Searching to find my nemesis in love, we finally
meet face to face – in the mirror, I see it is me!*

前提として恋の敵は異性の相手になるが、笑話に出そうな自惚れでなければ、自分の容貌か行動か心に問題あらば、敵は鏡にいるでしょう。

寄外見恋

1787　★見ずもあらず身もせぬ人の恋しきは
枕草子の咎にぞありける　つぶり光？才蔵集 E3-5
Holding one dear whose body does not demand to be seen:
count it with things Sei Shonagon calls sinful if not obscene!

美人でない方を妻にする事は、けしからん、醜いか肌の黒い人は暑日も薄着しては許すべきなかれ等を述べた清少納言は、空前絶後の容貌差別主義者だった。法師も美男子でなければ誰もお説教を聴かず、救わらない故、醜い法師こそ罪深い存在だ。そう書く自分もけしからんと反省も疎かにしなかったが。前句はわざと解りにくい歌体の好例。

寄煩悩恋

★一見みて振るひつきぬる俤が
はや煩悩のおこりとぞ成る　本也　T30　1672
One glance and I was possessed by that face and (no laughing
matter) before I knew it my quivering became fits of passion.
（敬愚は顔よりも体で煩悩の犬が吼えるから狂訳は中々）
One glimpse of her face left me enthralled, shivering afire
with lust and fearing the final throes of carnal desire.

馬鹿げた首。怖い怪物が憑き物と思われがちを、客観的に考えれば瞼を去らぬ美しい面影こそ、死に切れない幽霊となりやすい。原題は「見恋」。或いは、あの時の顔か。写真と動画前では、ノーでしょう。

寄可死恋

★恋の道あしたにきゝつ見初めては
夕に死すも可也とぞ思ふ　鼻毛長人 E2-1　1784

*I found The Way of Love this morning – the first time
I saw her and now think I, too, might well die by nightfall!*

天明中★いつとなく涙の川に沈みつゝ
命しらずの恋もするかな　金鶏　網雑魚
*As I feel myself sinking below a river of tears
in love I experience life and death without fear.*

儒学と恋愛の類似を指摘する左を「寄孔子恋」にしても良い。惚れたら、死んでも構わない。楽観すると一種の悟りか達観でもなる。悲観すると狂気の沙汰だ。右の原題が「寄川恋」。寄涙川恋と恋病の恋死の歌例と、これが微妙に異なるから別題に入れた。やはり体験ズミだ。

寄相思恋

★1820 我もおもひ妹もおもひてくれるにや
兎角おもひのかさなるぞうき　鈴成 E11-2＋寄重い恋
*So I love her, and she is good enough to love me, too –
but love piled up like that got so heavy now we're blue!*
（思い＝重いが同音が無ければ説明もやはり要る）
*Love and heavy are both "omoi," so when I love you
and you love me, the weight of two makes us blue!*

何ちゅう贅沢！相愛を体験する事が何十年ぶりの敬愚は、この鈴成の野郎を殺したくなるが、きっと美男子で丈夫の体に恵まれた自分の幸運を知らなかった。とは、冗談。同音は脚韻同様に自ら責任を負う。本書に「寄重恋」の題もあるが、相思の最好例ないし傑作でしょう。

寄因果恋

905 以前★われを思ふ人を思わぬ報いにや
我が思ふ人のわれを思わぬ　詠人不知　古今#1041

*Because I loved not she who so loved me, could my karma be
why she whom I now love just will not fall in love with me?*

1790★何の因果めぐり車のわがかゝる
かたおもい女夫するハものうし　橘洲著中 E15-4
（廻＝巡も輪＝我も片＝肩？も重＝思も憂＝牛も不可英訳）

左に類似は数多あるが、頭の回転がよくない敬愚は「思ふ人思はぬ人の思ふ人思わざらなむ思ひしるべく」(後撰)とか「忘られず思わましかば忘れぬを忘るるものを思わましやは」（玉葉)の類を人に任す。古今集の歌は我が限界を超えないちょどいい位の繰り返しになる。換言すれば小唄か歌謡になり得る範囲内でしょう。右は。天明狂歌の父の一人の橘洲の『狂歌初心』に拾ったあれこれの歌例の一首は皮肉骨が下手の出来で、詠人の名を載せなかったようだが、そんなに悪くないと思う。牛＝「憂し」のオチが最後の語で、その筋が荒くても許すべき。原文で「女夫」が「めを」だ。寄輪恋、寄車恋、寄牛恋にもなれる。

寄思恋恋歌ではないが

参照　★世の中を思ふも苦し思わじと
思ふも身には思ひ成りけり 本院侍従 玉葉 1312
（一二四の思は恋、三番目の思は think で不可英訳）

只の「思」の繰り返しではなく、逆説的で概念狂歌になる。恋よりも、いつか見た後鳥羽か誰かの述懐の本歌の心理を詠むかと思う。

寄振増恋

★可愛さが益す穂の薄ほかぜいて
猶振らるゝは恥招くのか　汝水 T58　1740
（穂風出で＝頬風邪？赤顔の恥？も振られる含蓄も英訳無用）

★徳利のように振られても慕うのハ
むまいなさけが受けたさ一杯　冬之　T58　1740
（情けに酒も、人と徳利の振られ意味も説明なく無用が）
Though you shook your head from side to side & turned me down
like that sake flask I'm trying to say, please fill me up once more!

両首は、原文が何と十二首連続の「寄振増恋歌」の上方狂歌より。分かり難い首が多かったから、わが取捨選択に自信ない。左が同じ仕草が可愛くも、やり過ぎたら困るという繊細な女流のちょっとした傑作であろうが、右の振られても手返しに、徳利という頭の代物で、その身振りが先ず駄目と示しても、横が縦になるまで好転燗酒には敬愚の頭も頷けます。「受けたさ一杯」は、いいキャッチにもなりそう。

寄恋病恋

★今はたゞ心もほれつ身も萎えつ
中風に似たり恋の病ハ　行風　T27　1666
Now all I know is my heart is bursting while my body wilts;
it resembles something called palsy, my lovesickness does.

1792　★恋病は段々重なる雪の竹
寝る計にて起きるせそ無き　麦原笛也 E3-10（生相？）
Lovesickness is bamboo oppressed by coat upon coat of snow:
you're down so long the answer to 'Will you get up?' is 'No!'

左 1666 年の初多人詠狂歌大集『古今夷狂歌集』の編集者行風の明らかに私的の詠みだが、恋風か恋病の描写ながら、題が無かった。掛詞が皆無ながらこの首は、狂歌に珍し再載（1902、T 絵 6、新撰百）が多い。正直で単純の新奇の詠みも名狂歌になりえた訳。「中風」の病名が多い。上記の palsy の他に apoplexy とも gout。Gout だったら、我が妹のダルメシアン犬のみは、恋の病する様です。右の江戸狂歌は、良い比喩

でしかない。しかも雪にバンと折らなければ、竹はいずれ雪女を撥ね除けて立ち上がる。左、行風の「恋の病は」で、ひょっとして単なる恋病か風邪ではなく「恋と云う病」を詠むかという気がしてならぬ。「寄恋恋」の歌にもなり得るからこそ面白い。

   1815★いかなれば恋に此身はやみながら
    思ひやむにハやまれざるらん　由刈　E9-3
  （百傑作入。病＝止が無ければ英訳無用が異訳↓）
  Me, lovesick? How could that be? I do not like sickness,
  much less love it – in fact, I hate it, as Jove is my Witness!

まちがいのない傑作だ。思ひやむのやむを弄ぶ、江戸狂歌ながら純粋貞門流の物名の同音による屁理屈の好例として名歌になってもいい。

   ★恋ヤミと等なりにけん見るは目の
    薬と思ふ人の辛さよ　橘丸木　E3-10　1792
  How miserable to find what I thought was "eye medicine"
  brought on the dark night of the soul called lovesickness!
  （病に闇がなければ、簡潔でない回りくどい英訳也）
  Blue love: you go for some eye-candy but rather than
  becoming fat and happy with her, you pine away!
  （目の薬こそないが英語に目のキャンデイ有）

   恋ヤミとなるもなるほど妹に目が
    なければ鼻の下も灯台の本　敬愚

   ★もるゝ声聞くにも息をきり／＼す
    壁に這いよる恋やみのみは　綾人　E11-2　1820
  （息を切り⇒キリギリスも恋病み⇒闇も平行歌体も）
  She crawled up to the wall to hear voices leaking in: hark!
  Katydid hold her breath, lovesick, she would stay in the dark.

左の目の薬の逆効果は川柳の陳腐ながら、いい。中は拙詠ながら解読の自信はない。右は。宮廷内は知らぬが、女性よりも男は善がり声や息を聞いて発情するが、千話か嫉妬する噂を聞きたがる者は女かと前提した英訳。キリギリスは一応 Katydid。女の名前 Katy が何か did やったと云う脚韻詩も幾つかある。正直いって、闇と壁だとこれは螽斯では無く、蟋蟀すなわち cricket コオロギかと思うが、それ以外は傑作。

   1792 ★恋病は真紅の紐よ憂き人の
 心の駒は繋がれもせで から臼音繁 E3-11
（しんくの紐は馬のそれながら駒の心は英訳無用）

Love-sickness is my true scarlet cord – that cruel girl's
heart-pony having slipped its lead – tied to nothing.
（心の駒上に真紅の紐の意味も通じ難いで異狂訳）

Love-sickness is when the cruel cowboy will not tie up
his heart-pony and your heartstrings are left hanging.

   1812★もの喰うて直ぐさまに寝る恋病の
 うしになりても君に引かれん 泉清風 E8-1
（世話の食て直ぐ寝れば牛になるも牛＝憂しも不可英訳）

Lovesick, I'll eat whatever you dish out and go straight to bed
sad as a cow, but do pull my nose for by you I'd gladly be led!

   1820★恋病の言わぬ思いの長枕
 交わされもせず離されもせず 出来秋 E11-2

Love-sickness is lying in bed with words stuck in your head
where you can neither do her nor be done w/ her, instead.

左の第三者の憂き人か自嘲か解らずには、読みが二通りなるが、勝ち首。比喩ながら、それを先ず発表、それから説明する歌体も好きで。とは云っても中の方の牛は微笑ましい。今度読めば、これこそ勝ちに意見を変えるかも。英訳のみ見れば、右勝になるが。

1193★玉はゝき手に取る程も思ひきや
かりにも恋を鹿のやまひと　家隆卿　六百番歌合

A feeling real as taking the precious broom in hand –
might not love be a disease that we catch from deer?

原文で「老恋」。老人でないと納得できない恋観か。玉箒を手に取ると云えば、現世を愛でる「寄恋天地」とでも称したい大伴家持の「初春の初子の今日の玉箒手に執るからにゆらぐ玉の緒」も掠るかも。問題は前句と後句の結びだ。「狩」が縁語なる「仮に」が不十分かと思って、家持の歌をネット検索すれば、「玉がゆれて音が立てます」歌に登場するその箒は「奈良の正倉院に保存されて」いるらしい。そこで、同じ鈴が箒にも鹿にあったか、と思えば更に調べたら、奈良の鹿に鈴を見当たらなかったし、鹿の町になったのも 1300 年頃からのようです。そして、吉田兼好の徒然草の149段の「鹿茸を鼻に当てて嗅ぐべからず。小さき虫ありて、鼻より入りて脳を食むと言へり。」を思い出して。鹿に角の茸っぽい新枝の苗みたいな部分から出来た次第の名称だが、二十数年前に「鹿の角の粉」という英訳で詠んだ時、ぎゃっと叫んで「狂牛病」じゃ！恋病の群症でも慢性消耗病と似るから、ネット検索したら、狂鹿病の存在と家隆卿の歌や徒然草の二百年も前になる宋の本草学の書にも同じ警告あった。吉田兼好よりは詳しくて、虫が目には見えない、そして脳を食うと直す薬はない、と。だから、乾燥させた鹿の袋角になる鹿茸の漢方薬を買った時、きっと当の警告も共に受けた。効能というと、やはり精力剤が一番。だから「老愛」という見出し！（愚考：「滋養強壮」の効能で「長寿不死の神薬」とは、栄養分より生えつつの部分で幹細胞か何かもあるで一か八で脳鉢の味噌を賭ける信天翁の治療か）。とは言え、歌の前句の玉箒と後句を結ぶのが何か。抽象的に双方とも玉＝魂をゆらぐ事か。校正中の2017.6.12。あああ、この千年の中の最大の彗星の凶悪を吉化した傑作の和歌（古狂歌 ご笑納ください）を解けた時の発見を忘れてはならぬ。

*The more I raise the precious broom the more I please to think
and my word-hunt while drinking asks: is love a deer disease?*

恋などの嘆きを払う玉箒は、お酒だ。掠りや縁語などは取り消しではないが、酔えば恋は狂った牛病と道程した家隆か？

寄哭兒恋・寄稚児恋・寄泣児恋

★君したふ心のうちは稚児めきて
涙もろくもなる我が身かな　　西行 1118-90

*Within my heart that longs for thee, I'm just a baby;
Love has turned me into tears, a study in maudlinity.*

題しらず★いとをしや更に心の稚びて
魂切れらるゝ恋もする哉　　西行上人 T30　1672

*A regretful thing it is to love so deeply that the heart
becomes a baby and you feel your soul, cord-cut, part!*

左、西行の名歌の狂訳より真面目の意訳は何通りも拙著 *Mad In Translation* にあります。右は、ここで初紹介。『後撰夷曲集』の「恋巻」の初首で、編集者行風自詠のおまけか、何らかの笑話集から拾った物か知らないが、西行も狂歌界に好まれた証明です。「いと惜しや」は「玉の緒」を仄めかす縁語掛詞で、魂の緒が臍のソレと一体化を見出しやすくなる。蛍の光に恋に乱れて飛んだ魂か霊の聴覚的な似に赤子の吠え泣きが全く別現象でもない。臍の緒と分かれることもある「旅巻」の直後で、細かい歌次だと思います。さて、本歌の本歌も見よ。その読み方が複数なるから、判り易い西行の名歌の後まで預けた。

本歌　★吾が背子に恋ふとにしあらしみどり子の
夜泣きをしつつ居寐かてなくは　万葉集 2942 女歌
吾兄子尓 恋跡二四有四 小兒之 夜哭乎為乍 宿不勝苦者

Have I fallen so deeply in love with you, my papoose,
that I night-cry like a baby and fight in vain for sleep?
（↑赤子を作者の比喩と見…とする説もある＝中西）
It seems to prove how deeply I long for you my papoose
that baby cries on and on all night sleeping not a peep.
（緑り子が父に甘えられて、来ないと泣く異端説↓）
Our baby, too, misses you, my papoose, and that is why
I have a hard time sleeping, for all night long we cry!

英米にも恋人を赤子 baby というが、「背子」とそっくり母に背負った在ニューイングランドの原住民 Narragansett 族の稚児の愛称 papoose も英語に成りました。当の族の間には恋人もそうよんだかどうか知らないが。さて、岩波文庫の中西の歌意訳は「わが背子に恋するとてらしい。赤子が夜泣きをしつづけて寝ないのは。」曖昧ですね。氏は「赤子の夜泣きに霊性をみる」のためか、赤子を比喩と見るのを異説とするが、敬愚は比喩を第一読みにする。中の英訳は中西に従う。Yahoo で見つけた三番目の、父を欲しがる子の夜哭をもって彼氏にアピールする現代っ子の異端説は、父を淋しがることを表すに「恋う」という語を使うのが、当時も不自然かと敬愚は思うが、すごく魅力的な読みで一応英訳しました。ただし泣くが諸共の we とは、我が新案になります。これも、読者諸君の皆さんも専門家もご意見を聞きたい。

寄飢饉恋

★いたづらに痩せし我が身ぞ恥づかしき
苦しむ民のこころ思へば　伏見天皇＋敬愚
Thin from frivolous love affairs, alas, your Head is a heel
when he thinks of how his suffering subjects must feel!

御日記に「元来更に、私無し。ただ万民の安全、国家泰平、万世のため益あらんがためなり。」とお書きになった時は、伏見天皇（1265-

1317）は何歳か。その心こそ皆と分かち合えたがる敬愚は、御製の本歌の「安き」を「痩せし」に換えただけで、恋歌に仕上げた。飢饉中に片思で苦しむ痩型の若い天皇を想像した次第です。世の為に尽くしたい敬愚は世の遠近飛び回りながら贅沢する輩（「いたづらに安き」過ごす我々の多く）と異なる高身の人々の存在こそ尊く感じます。

寄痩恋

万葉歌　★恋にもぞ人は死にする水無瀬(みなせ)川
下(した)ゆ吾れ痩(や)す月に日に異(け)に　無名　歌#598

*A man can die of love – a dry river below its bed I waste away
unseen as hope's thin trickle flows less w/ each month & day.*

水のない川の床の下にある流れまでも恋痩せ尽くすとは徹底的な暗喩で、概念狂歌と似通うかと思う。

1589★恋故に飯ハえ食わでわり粥の
思ひうちにあれば色や悪けん　雄長老　T13

*When love steals the appetite so all we can stomach is gruel,
our cheeks lose color right when we need our looks to duel.*

★思ひ寝のいつしか我も痩せノミの
さすが解かせじ君が下紐　里夕 E8-5　1813
（痩の身＝のみ＝蚤も刺す⇒さすがも不可英訳）

左、江戸時代直前の朗らかな狂歌師雄長老の皮肉だが現実的な観測は勝首。色とは相手を引き寄せる匂う外見だったら our looks のままにしてもいいが、交合その物と思えば we need energy 元気も要る。ただ思い内＝打ちで duel＝争いにしたのが無理？「割粥」と「悪い＝悪けん」は語呂合わせか。この哀れなる矛盾が本当で、片思ハ益々傾けてしまいがち。右の痩せ蚤。諺の蟻一匹で解けたから力不足は面白い！

★可愛いさの余りて肉の付く人に
見せたやかくと痩せし此身を　壁塗 E5-4　1799
*Call it perverse, but I'd like to show a girl cute enough to sin
(i.e. w/ meat on her bones) this body love has made so thin.*

変だ。夏にも肥えた小傾城を子規が羨ましがった句は解るが、自分の痩せこけた身を、人に見せたくなる男はないと思う。ミイラを抱きたい女は先ずない。で、英訳を「これは変態だが」と留保から始まるように直した。醜さを敵の顔に見せびらかしたい、潜在的な恨み歌か。

1792（数字抜けた様）★恋病の喉には粥も通らねど
涙斗り＿すゝりあけ？たり　中よし小よし　E3-10
*Not even gruel goes down a lovesick throat: nothing, alas,
but sniffled tears that enter the belly endlessly can pass.*

★恋病んで箸も捨てたるえも言わで
思ひにのみぞ腹はふくるゝ　鰕応　k18-1　1819
*Lovesick, he abandons his chopsticks, but as he cannot share
his thoughts swell his belly (let's hope he doesn't burst there).*

1822★恋病で箸は取らねど玉章を
封じるほどは隠す飯つぶ　己成　k9-4
*Lovesick, his chopsticks rest (no food until he's better)
but he does hide grains of rice enough to seal a letter.*

涙が邪魔で粥も喉を通さない左の発想も、中の喰わず膨れる腹も、右の飯粒の利用法も、皆も可哀相ながら微笑ましい。右の飯粒、かろうじて勝。参照に「寄飯恋」が題なる辻丸の「やわらかなひとつか？恋の仲断ちちょと付け文の封じめし粒 k29-2」という未解読の飯粒を封じ用にする後期上方の派生歌を追加。寄喉恋+寄飯粒恋にも。

1809 以前★恋病と云ひやる文の度毎に
段々痩せの見ゆる巻紙　沖乗　新撰百　＋寄紙恋
Each time I write that I am lovesick, it dwindles for you: observe how steadily my roll of paper grows thin, too!

1799★恋痩せる身は巻き紙の末ついに
反古と成ても君にすかれん　原成 E5-4 ＋寄紙
（紙が掬われる＝救れ又好かれとは、英訳無用）

左は良い観測だが、それだけ。右の方は絶望的な状況ながら、好・掬われる望みが残るが可愛いが、人は紙の様に溶かされて救われる物ではない。そうだったら、いいが。ともかく、諦めてはあかん。勝首。寄紙巻恋・寄影法師恋・寄反古恋も題になりうる。

1819★皮一つ包む思ひの苦しさよ
疲つれて骨の現るゝ程　蘭丸　K18-1
All that longing is so hard to hold within a bag of skin threatened by bones when love's burden wears it thin.

1815★思ひきや逢わぬ恋路に痩せ果てゝ
看病人と二人寝んとは　＿？石　k19-3　経月恋
（要の上扁が貝扁の頭字？狂歌千種園恋の第一番目の歌）
Here's a new thought: bone-thin on the trail of love, maybe sleeping with my care-giver, might be the thing to save me!

禅曰く美貌も排泄物を隠す薄皮の袋に過ぎぬ。汚さを堪える人も、ミイラ願望で清さを諦めない人もいるが、恋痩せは情けない。右は、大胆に先負なる肉体を口説く餌食に使う二人寝んとは、朗らかで良い。

1822★恋痩せし身に嬉しきは小窓より
忍びて通う事の自由さ　百文　k9-4 原題：恋憂喜

One thin from love has something to be happy about:
the freedom to sneak through tiny windows no doubt
辞典にない狂歌に珍しくない「自由さ」の為再訳
For me the joy of pining away is when you grow thin
you're free to sneak through tiny windows for love.

学者によれば明治の翻訳文学までに自由が悪い事だったが、古狂歌には自由を肯定する首は珍しくない。辞典までも狂歌を疎かにしたから「自由さ」の項目すらない。恋痩せにも利益ある！万歳！恋痩体験に苦しんだ数少ない現在人の数に有る敬愚は、気分も良くなってきた。

寄腎虚恋

★恋病めば逢わぬ先から痩せるほど
涙に水を減らす苦しさ　金鶏 網雑魚　天明中

How wretched to be lovesick and grow dangerously thin
losing vital fluid to tears by crying before you can sin.

★腎虚よりなお苦しさは逢わでのみ
涙の水を減らす恋病　四海雄左丸　E8-3　1812

Drying your kidneys from too much sex is not half so bad
as exhausting your tears while lying alone: that is sad!

ネットで見た金鶏医の評、曰く「狂歌そのものは概して平凡である。之（これ）といふ秀詠も無い」。敬愚に言わせれば『蜀山家集』掲載の金鶏詠「網雑魚」には、傑作がなくとも素朴ながら秀る歌がむしろ多い。「腎虚」という病名を口にせず、七種（くさ）叩き歌も思わせる「〜ぬ先から」の渋い言葉扱いは、けっして平凡ではありません。右の後期江戸狂歌本にある首こそは平凡。腎虚は川柳の好題でセックスの狂歌集向けになるが、嬉しくない涙もあるから寄腎虚恋歌。

寄恋風邪恋

1649★襟うすき身には殊更恋風の
引きやすくし胸ぞせがるゝ　未得　T30 又 K15-1

*Poor men in thin clothing can catch love-bugs just like that
in through hungry eyes, then their breasts consumption racks.*

★恋風を引いたればこそ こつ／＼と
乞食となってせき寺小町　信海　T34　1770
（恋風は本来英語でないが関に咳も不可訳）

1679 以前★恋風を引きて患ひ暮らすこそ
薬も君もあわぬ故なれ　鹿島貞林　又 古今狂歌袋 1787

*A love-bug caught 'cause I couldn't catch you is ruining my life;
I can't keep medicine down, nor get up without you for a wife!*

俳諧にも大御所だった未得は、たぶん恋風邪をそこから借りたと思うが、三十一音字詩には、まだ新奇なる比喩で風と風邪の本来の姿が詳しく描かれている。中の原題が「関寺小町の賛に」なる信海の首もそうですね。咳まだ出るとここに置くしかなかったが、「寄小町恋」が題で恋の過程の一つと思えばいい。右、貞林の恋と薬の「合わぬ＝逢わぬ」掛詞は狂度が高いが金言の如く単純で余韻ない。因みに、風邪が英語で cold 寒だから風 wind が無用。運よく Love-bug という語義が幾つもある語のおかげで、なんとなく恋を引く概念は可訳になった。

天明★憂しや君 恋風の手は有りながら
我が言ふことを取り上げもせず　金鶏 網雑魚
（恋が風でないし、手もないから英訳の先負甚だしが）

*I'm blue, for I know a good cure for your love-bug, dear,
but how can I tell you, who won't even lend me an ear?*

（↑は 2016.11.29 の校正。前のが↓勝手に現代医学持込）

How depressing, after I caught that love-bug to find it's just me:
I can't pass it back to you to save my life (it must be immunity)!

片思いが恋風の片手落ちになるか、ごく変わった読み方が要る。赤良の友なる詠人の金鶏がお医者さんで敬愚が時場も構わず免疫を持ち込んだ古狂訳にいい気分になって、理屈に合う片思いに捏造しましたが、本当の歌意は、第三者が原因の恋病の女を医者として助けたいを、ご本人も彼女に惚れているから彼と仲良くなったら直すぞと口説いてみたが駄目だった。いかがでしょうか、馬鹿な解読かしら。

★見しよりもそっとそゝかみ忽ちに
身にしみ／＼と引くや恋風　鈍永 K15-4　1767 没

The moment she saw him she felt strange tingling down there
as if she caught a love-bug blowing through her pubic hair!

Seeing her, the instant goose-bumps meant I was chilled
to the bone and sure enough, a love-bug is killing me.

天明★たゝ一目見しは初瀬の山嵐
それからそっと引きし恋風　智恵内子
（恋風邪ない英語で別の嵐と比べても無理）

初耳の毛がよだつ意味の「ぞぞがみ」に「そそかみ」を見て、寄陰（そそ）毛恋かと早合点した。「そそ」は開（ぼぼ＝女陰）の丁寧語で、貞徳の「さほ姫の裳裾吹き返しやわらかな景色をそそと見する春風」でずっと前から知っていた語。「そっと」は「ぞっと」で鳥肌。この恋風の雰囲気は怪物物語風。右なる名美人狂歌師智恵内子は上方の大御所鈍永の首をご存知だったか。風邪は鈍永の「ただちに」と反対に「それからそっと」引く。恋の愛に成熟する過程とも読みうる。

1813 没 1820★治まれる代にも一たび吹き初むる
この恋風のいづか止むべき　岡持　E10-3（初恋）

Even in this well-ruled time, once the love-bug blows in;
good luck ever finding a cure or some way to kick it out!
（泰平だから恋がいなければ、心配する事もないの派生）

Even in our well-ruled time, when a love-bug hits, whack!
Can't we ever find a way to stop it in its track like that?

岡持の御代の泰平を祝う歌の語句をこうして利用されていることもなぜか中々楽しい。この首は、治まれて平和すぎる中で恋がなければ退屈だという本書の前書の辺りにご紹介した首の主旨の裏返しになる。人と人の間の恋心までも泰平にする手がないかという（笑）願望。

1810★枕なる塵吹き払う夜半もなし
我が恋風は絶えずあれども　菊一本 K16-1
（恋風の風邪が Cold になる英語には吹くと無縁）

The dust never got blown-off my long un-shared bed,
though that love-bug may flap its wings inside my head.

★つれなさに憂き恋風や引きぬらん
ああ鼻紙の乾く間も無し　五風　K8-1　1814

What misery, catching a real love-bug now I sniff & cry;
there is not one moment when the tissue paper is dry!

左は原題が「無題」だった。右は「寄鼻紙恋」に先ず題を付けたが、そうすれば、後句の既に弱弱しいオチは死ぬ。左が面白く、楽勝。

寄死恋

後撰集★恋わびて死ぬてふ事はまだ無きを
世の試しにも成りぬべきかな　忠峯　920 没

As no one has ever really wasted away and died for love,
should I try to be the first in the world to do it, my dove?

★恋に身をゆきても捨てんここになど
虎住む野辺の無き世なるらん　正徹 1459 没

If I would throw away my life, then love is my best bet:
I mean, is not our world one where no tiger may be met?

左、ただみねが「つれなく侍りける人に」と前詞にした方を my dove とするのが皮肉。言葉と実践のギャップを弄ぶが狂趣。右、虎が無ければ、恋死だ、我は。中世の正徹の歌は恋無かりせば心配はないと云う徳川の幕府の泰平を予言する感じもするが、998 没なる実方の扇が女中が無断に取った時に「誰がために惜しき扇のつまならん」と詠めば、奥の方から「取れかし虎の伏せる野辺かは」という答えも正徹の記憶にあったかどうか、知りたいものです。或いは又、花の本を妹の家かと思えば、『夫木抄』に再載された清輔（1104-77）の歌「唐国の虎伏す野辺に匂うに匂ふとも花の本には寝てを帰らむ」も参考になったか。

1679★つめる程ぶつゝり君に捨てられば
いつその事に死ぬるともかな　太女　T37

この太女には好きな首もあるが、きっぱりと捨てられるよりも死は益しだけで、つまらぬ。同本に近い伯水詠む「髪の毛も情なくして捨てられば捨坊主とぞ身を放さまし」も有。

巴人集★初物は七十五日とは云えど
逢う夜はしぬる心地こそすれ　四方赤良　天明

Maidenheads & other first-time things add 75 days it's said;
but the nights we meet, I feel that I die and go to heaven!

が、川柳によく出る処女奪う時の得物に触れて逆説を醸す。四方赤良の寄初逢恋歌も上出来。

1792★白雪のとけぬ肌えに恋死なバ
我河豚汁の亡き名負ほせん　杓子定規 E3-10

*Should I sink into your snow-white flesh and die for love,
would I be recorded with those who puffer soup did in?*

1820★恋死んで冥土の道は一人旅
つれなき君を思ひ出しつゝ　布田川近 E11-2
（つれなきの心に連れてゆく皮肉か矛盾は英訳無用）

左のどうけた可笑しみは旨い。雪降れば身を暖める為に食われた鰒の肉は雪片のように見えるから縁語だが、勇気が無ければ抱くべきも無い艶やかなむっちりとした体は、男を狂わす目の毒。或いは、芭蕉の如く目覚めずとも福と知る。右は「つれなき」だけが面白いかと先ず思ったが、死出の路は一人なるとは道歌か釈教歌の通常で、恋死だと代わりが無いはずを、一層一人っぽちになるという感じは確かにある。

寄自殺恋

★仇人は石より固しいしならば
抱いて涙の淵に沈まん　きゝら金鶏 E3-10　1792

*As my cruel lover's heart is harder than stone, I'd kiss
and clinging together sink in our own teary abyss!*

石を袖に一杯詰み、大石を抱きながら自殺する行為が一遍が死んだ跡を追って海に身投げした「阿弥陀仏ぶっぶっ」と沈んだ七人の弟子と敗戦者の海や川に身投げしたりした偉大の話も、女性の井に身投げしたりした惨めの話も昔からあった。川淵は恋歌に限る様です。山から身投げも古歌にあったから「寄谷恋」も「寄自殺恋」歌をご参考に。

寄義理恋

★義理にのみ交わす枕をとてもなら
猶頼もしの末かけよ君　　貞旨　K19-3　1815
If you feel sleeping with me from obligation is not right,
you can always bet upon that mother-child-fund afterlife?

原題「頼恋」。頼母子は、集団型の積み立て貯金で自分の方に大金がめたに回らないが、ことによると代々も存続しうる講。夫婦の営みを嫌がる奥さんに対する鼻の下が長い夫の不満歌か？来世までの誓いだったことを仄めかしながら、離婚してもいいよ、という毒々しい恋歌。

寄夢恋

★夢にだに見えばこそあらめかくばかり
見えずしあるは恋ひて死ねとか　　家持　万葉集
If I could but see you in a dream, but, no! So tell me why:
are you trying to say that for love of you I should die!?

古今集905年以前★恋ひ死ねとするわざならし
むばたまの夜はすがらに夢に見えつつ　　読み人しらず
Was that a trick to make me die of love, for so it seemed
as you spent the whole dark night with me in my dreams!

夢に関する数語。万葉の頃、人を思えば夢見がちと云う現代の常識と、相手が我を思えば、我が夢に登場すると云う迷信の夢観が二つあった。家持等の識者が後者を信たかどうか疑問ですが、あたかも信じたように相手を責めた。少しでも気あれば、このように訴わる叱られる事を読む相手は喜ぶ。右の古今歌は反対に夢に見た相手をあたかもそのせいにし、叱る。これも恋の知的な操りですね。歌を受けた人は笑ったに違いない。善がり声だけ聞こえない恋「死」を仄めかす。

上方★夢にもといかに寐れとも見えざれば
北枕にて恋死にてまし　　天地根　k7-5　1821

'At least in my dreams,' thought I; but, if no matter how I sleep
you don't show, I'd as soon put my pillow north & let you weep!

"At least in my dreams..." thought I, but you still stayed away;
so, I'll just put my pillow North and ala folk-song pine away!
(恋死に等しい古英語の表現でいけば上になる。↓最短訳)

'At least in my dreams –' yes, sleeping was something to try,
but you did not show, so I'll put my pillow north and die!

この狂歌を古典と合わせてみれば面白い。迷信の夢観上に恋死すれば君のせいと仄めかしながら、常識の夢観で絶望の自白にもなるか。

業平の朝臣の伊勢の国にまかりたりける時、斎宮なりける人＝英語なら Virgin of the Shrine＝にいと密かに逢ひて…明日に人やるすべなくて思ひをりける間に女の本よりおこせたりける

古今再載#645★君やこし我や行きけむ思ほえず
夢かうつつか寝てかさめてか　斎宮　伊勢物語段69
I cannot tell whether it was you who came or I myself went
within a dream or real when I was asleep or waking present.

#646 返し★かきくらす心の闇に惑ひにき
夢うつつとは世人さだめよ　在原業平 825-880
As I wandered, groping in the dark of my heart also lost,
other folk will have to judge whether this is real or not!

「文徳天皇の皇女で惟喬親王の妹の恬子(やすいこ)内親王とされている」ようですが、斎宮と交合する事は許されなかったから、物語ながらも寝たぞと詠めば困るを、夢だったら…。夢を間接的に弁護に使う新奇も、返しの「世人さだめよ」の新案も、狂度の高い偽？相聞にする。

古今#657★限りなき思ひのままに夜も来む
夢路をさえに人は咎めじ　小野小町 825-900

Led by the torch of my boundless love at night I'll come to you
on paths within dreams where we will be censured by no one.

同#690★君やこむ我やゆかむのいさよひに
真木の板戸もささず寝にけり　詠む人しらず
Unsure if you were to come or I was to go last night
I fell asleep with my pine door open in the moonlight

業平と同じ825年生の小町が双子か。江戸時代のいう「ふた業平」は、生まれ前に彼女の穴を盗んだよう。敬愚の空想はともかく、「思ひ」の火が限りなければ日の如く光るから、さぞ闇夜も自由自在の小町。こう思えば、狂度の高い「寄火恋」歌にもなる。さて右の十六夜は掛けては、いざよひは中々決めないが、松＝待つと言えば、朝早く目覚めたら十六夜で有明はまだ鞠の用語で言えば「アリ！アリ！」という話は、貫之の歌次も考慮したがそこまで読みたければ古今集を引けばよい。来るべきか行くべきかとは、片方か双方も夢かと思ったから。

堀河百首★なかなかに浮世は夢の無かりせば
忘るる暇もあらましものを　　源国信　1069-1111
If just we didn't dream in this world of woe, lovers might
find time enough to forget all their troubles ev'ry night!

恋昔百首★はかなしと思ひ知るとも今はただ
命は夢にかかるなりけり　源国信　1069-1111
How well I know they are fleeting, but, if truth be told,
today, my very life depends upon these dreams I hold!

左。憂世は恋と限らないが、一応そのように扱った。桜なくば花が散る心配もなく人は安心できる云う伊勢物語の名歌の数多派生歌の中で、夢の記憶に対する機能まで考えた源国信の歌は、よくも名歌に成らなかった。夢には、日常の絆しを外して自由自在に飛ぶのが良い

が、恋や病や貧困に苦しむ人は、夢にも苛められがち。夢は、一日中の大切に思って覚えた事を繰り返し心の中で練習しながら、つまらない些細な事は沙汰されるが、恋病は残念ながら大切だから夢は、源国信が詠んだ通り逆効果になる。右の同人の歌も「恋」と「思ひ」という語こそないが、反対に生きなければ恋も何も渡らないから、生き甲斐もないと思う時に、夢の有難さも詠む。只今、夢を食って生きる者の一人として敬愚は、これにも賛成。「儚」という字説歌にもなる。

905 以前★夢にだに見ゆとは見えじ朝な朝な
わが面影に恥づる身なれば　伊勢女　古今集 875 -
(「あの人と逢うとは見られますまい」＝久曽神昇)
Even in dreams meeting is out of question as I'd not be seen;
morning after morning, my own reflection makes me wince.
(見ゆとは見えじは、↑本人の意志か？↓相手の意志か？)
You don't even want to see me in my dreams? Well, that's alright,
I'm ashamed to see myself – in my mirror I'm not Snow-white.
(若いのにそれ程嫌になり自信が無くなり夢にも出ない狂訳)
We can always meet in dreams? Not when you're invisible like me
for when I face the mirror each morning, I cannot bear what I see.

様々の微妙に異なる読み方の正解は知らないが。恥づるを直訳せず鏡に自分を見ると嫌だ！と思う時の仕草の動詞 *wince* を Rodd と Henkenius から借りた。内容が面白いと何通りでも喜んで意訳する。

新撰和歌六帖題夢★見ぬも見え聞かぬも聞きつ世の中に
夢こそ恋の悟り也けれ　信実朝臣（1176-1265）1243 年
(前と後句の関係と恋の悟りの意味にも自信なく英訳四通)
In a world where we cannot believe our eyes and ears, forsooth
only dreams can enlighten us about our love, ie., tell the truth!
In a world where we can see the unseen and hear the unheard,
only dreams save us from love by showing 'what is' is absurd.

Only dreams, in a world where we are fooled by eye and ear
can bring even lovers to their senses and make things clear.
In a world where eyes and ears do not know but feel,
dreams alone can reveal whether or not love is real.

夫木抄再載の歌は、単語が単純ながら英訳を試す度に本音が微妙に変わった。問答みたいな難歌になり変わった。英訳は、面白い方が正解になりがちを、今度はどうでしょうか。で、数多英訳が残る。拙著の下手な日本語を今までに堪えて読み続けて下さった英語も苦手の読者にとって殊に申し訳ない。結局、短い意訳の四番目もできた。一番目と意味が同じで、恋は真の恋であるかどうかを夢で悟る。

宝治百で寄雲恋★ 儚しや夢の面影消え果つる
朝の雲は形見なれとも　御製か　未入力　1248 春
I barely saw her face in my dream when it vanished, so
too, the morning clouds – are they not the memento?

自白すれば、敬愚は雲に見えるものの殆どが、動物とふさふさした白い髭面の古代ギリシアの神だけ。日本人はどうなるでしょうか。調査をしたくないか。平仮名だった「果つる」を読みかねて歌の腰を勝手に折って、顔を雲に見出したと先ず誤訳した。そのお陰で面白いイデアも得た（だから上記の見せ消ち）が、正解は、朝の雲も儚く消えてしまった過程が夢の顔のそれと同じ。これは「形」ではなく、活動的な類似による形見です。詠んだ人の名前も知りたい！因みに、住む状況次第に、朝の雲があっという間に消えると晴れが困る。一日も退屈でいられない。空に雲がないことは、寝に夢見ないと同じです。

★打こけて取り乱したる思ひ寝の
夢に逢う夜は一人相撲か　李郷　1679
On a night I went to sleep thinking of her, I got tossed about
in my dreams of us meeting – could this be one-man sumo?

1730年の再載 T47 に「寄相撲恋」という題もあるが、恋はともかく夢を独り相撲と見なす発想こそ面白い。起きては独り相撲は誰でもするが、夢はと言えば…。単純ながら、新奇で傑作。英訳しかねた事は一つある。相撲という語に相手の「相」あってこそ一人相撲は可笑しい。

1810★妹が手にイモリの血潮ぬると見し
夢も跡無く消えて（た？）儚さ　尽語楼内匠　e7-4

*How fleeting life that this dream of my girl with the blood
of a salamander on her hands also vanished without a trace.*

1820★泣く目より耳をいぢりし蚊の声に
夢も別れのぶん／＼となる　鬼貫（？）E11-2

*Less our tearful eyes than ears are piqued by the whining
'squitos' bun-bun at the dawn goodbye of lovers in a dream.*

左は、夢「も」となるが怖い。その内容が妹も消えてしまったミステリー解決の鍵か。日本のイモリには腹が赤いのもあるが、それを「火」と見做されて、血ではなく。因みに E11-2 の転載で「不知」詠みで前句の七五は「守宮のしるしぬると見し」となるが、夢解説が好きな人にはさらなる読みを任します。右は。その「ぶんぶん」は、後朝の文の交換を仄めかすか。環境より取り入れた音を掛詞で夢の筋と一体化する事も珍しくない。鬼貫は、まさか芭蕉の友の狂歌の再載か。それとも誰かが其角の蚤に指された戦を夢見たのを鬼貫の句と勘違いして、その名を一首の狂号にしたか。

★胸に手をあてゝ寝る夜はうき人の
落ちたる夢を見るぞ嬉しき　琴成　E11-2　1820

*The night I fell asleep with my hand on my chest, s/he, who never
fell for me, did in my dream. Did that make me happy? Did it ever!*

★乳の下に手をや置きけん思ひ人の
魂が帰ると驚きし夢　弄花　k18-1　1819
With my hands placed below my bossom, I was astonished
to feel it return, the soul of him I love within my dream!

左は、歌にならぬ歌の好例。江戸狂歌の師か月次会の主か誰かが、なんでもかんでも恋と夢の思い出を、三十一文字にさえ書いたらOKだぞ、と奨励すれば、それか。右は、上方になるが、同じ。歌よりも証言に過ぎないが、江戸と上方にほぼ同時に同じ体験だと人気の劇か書物の概念源を求む。歌鑑賞よりも、夢心理学者のためにも本書に載せた。

1809以前★抱き付いて君に添寝のまさ夢は
三日過ぎてもはなさじと思う　松英賀　新撰百#97
（話＝放さじの掛詞も良夢を三日話さない迷信も英訳無用）

★夢に知らば覚めざらましを覚めて後
夢に知りつゝいや増さる恋　星丸 E11-2　1820
Had I known it was a dream I wouldn't have woken up
but knowing that it was, my love for her grows more.

「良い夢は三日人に話すな」という警告はあったし今もあるみたい。松英賀、別号琴通舎の「三日過ぎても放さじ」は、微笑ましい。右の本歌を知らない人はおられまい。その本歌取りや派生歌が山ほどあるが、「知り」が「尻」となりがちで『古狂歌　色好むさし男』に預けます。江戸狂歌本ながら、上方狂歌の狂号の星丸の後句のオチが当然ながら、素直に詠んだ新奇の発想で、夢の価値を示す右勝ちになる。

1819★思ひ寝の枕だこのみ知らば知れ
引きつゞき逢うた夢ハはなさじ　方孝 K18-1
（良い夢がまさ夢になっても話＝放さじは英訳無用も）
With so much love in mind, my pillow has callouses, and just
they know, for I stay mum about our endless dreams of lust.

1820★しっかりと抱き寝の夢は覚めてのち
　　　　はなされぬゆえ独り焦がるゝ　松風　E11-2
　　　（離され＝話されぬ掛詞が無ければ、英訳無用）

「夢中恋」が原題だった後期上方の右になる首は、同じ「はなさじ」掛詞ながら空前絶後の枕タコに吐くべきか脱帽子すべきか分からないが、夢精と自慰の中のような睡眠中の発情の描写か。右も、若い頃の体験で言えば、床か衣装を汚したくなかったから夢精が手前に眼覚めたり、余計に焦がれることも、確かにあったが。

　　　★しら歯をば見そめし夢を覚ましたり
　　　　憎や夜明のカネつける人　己成　K9-4　1822
Woken from a dream when I saw her white teeth the first time,
how hateful whoever dyed her teeth black (=struck that matin)!

掛詞「鐘＝鉄漿」を読めば、前句の見初めしに「染め」が前兆らし縁語かと思ったが、歌意は難しい。関心の人娘が、鐘に起こされた瞬間に他人の嫁に化けたか。毎日同じ時間に起きると、目覚め時計の鳴らぬ先から夢の筋がそれを含めるように調整されるという不思議な現象は在る。「覚ましたり」という活用には、そのような因果を超えた複雑な現実を許す余裕ないし遊びを感じる。大寺の鐘か、本人の本妻でも何らかな鐘を撞けて、さあ、起きましょう、仕事ある、とか。読者の読みは？※「寄夢恋」の首には、一貫性のない本書をしても例外になる、その連歌を四人が詠み二首ほどを下記にご紹介します。

★『拾遺集』歌♯2183。村上天皇が眠くなって滋野内侍という女との約束をサボるも御製の言訳が５７５調「小夜更けて今はねぶたくなりにけり」。それを聞いた内侍は「夢に逢ふべき人や待つらむ」と即時に完結する。その玉の答えを日本人の皆さんに今も知られていない名言でない事は理解できぬ。既に述べたように夢に見る者は、相手次第

という夢観もあったが、待っている夢客がまだ寝ていない人を眠らせるという発想は新奇。眠さの原因にして、気持ちの良いお許しになる。

★『拾遺集』歌♯2184（本来大和物語）。その後、馬から女郎花に落馬した遍昭又遍照法師になった良岑宗貞が本名で当時、少將という位で「良少將」と呼ばれた好色の男が同じ内裏の恋人と逢う約束の宵に中々現れなければ、ずっと待ってもなんの音沙汰もない彼女は、彼の居所へ行って「丑三と時を申しけるを聞きて」と確認した上に、こう詠んだ：「人心うしみつ今は頼まじよ」。掛詞に憂しだは人を見ず、丑と言えば寝て起こらない人は牛に生まれ変わるは、と彼を叱った。最初の言葉に驚いた（目覚めた）彼、後句をこう詠んだ：「夢に見ゆやとねぞ過ぎにける」。子＝ねの時刻を寝過ぎた理由は、彼女の夢を見ていたからと云う言訳ですね。いずれにしても、寝すぎて信頼もできないという本人ではなく、寝すぎが夢に訪ねた彼女のせいだと迫る馬鹿げた弁護アタックは、きっと恋の敵の心を暖めた。高校の頃、毒舌の我と毒舌の彼女の二人毒舌のにゃり合いの楽しみを、今も覚えている。片方毒舌は駄目です。二人おられば、毎日は漫才気分で最高！

寄口説恋・寄砕け恋

A Grave Proposal★事しあらば小泊瀬山の石城にも
隠らばともにな思ひ我が背　　娘子　　万葉歌♯3806

*Honey don't fret if things get bad, I know a pleasant place
high on Mount Obatsuse, where we forever can embrace!*

天明中★憂き人の心くだけよ砕けよと
われのみ口をたゝくつれなさ　　金鶏 網雑魚
（口説:砕も我＝縁語の割ものみ＝鑿も口叩も英訳無用）

*Beating away on her hard, hard heart with just one tongue,
tired of hearing myself drum (some response would be fun)!*

左、珍しく娘の方からの口説き。両親が怖いとうじうじする少年に、万が一の場合よ、心中もあるから心配無用という無敵ながら機知も感じる万葉娘。惚れると伴う勇気を見事に捉えた万葉歌。蛇足：岩城は墓。英訳の見出し A Grave Proposal は「墓＝grave＝真剣な提案」の同音同綴の掛詞。右は、英訳できない「口説く＝砕く」。初案で他人同士の間の氷を舌で割ると英訳せんとしたが、舌で氷を触るとやばいことになるから、結局、ドラムの方にするしかなかった。

1767 没★手をとつて思ひ机により添ひつ
教えてやろうか恋のいろはを　鈍永 K13-4
（思いつく⇒机も、いろはの事も不可英訳）

★さとり得ぬ妹に教えん遣る文を
繰り返し見よ読書百遍　清澄　E7-5　1809 以前
For my lover-to-be, yet to find enlightenment in me,
read my love-letters 100x over and maybe suddenly –

同？★今宵是非こねば此まゝ恋死んで
印に松を植えて貰わん　古渡（1809 新撰百か）
Tonight, if you fail to come I'll simply pine away and die
in memory of which I'd have you plant a pine for me.

左の思いつく⇒机が良い掛詞が、源氏の小紫であれ、江戸以前の稚児恋であれ、現代人にとって気持ち悪い歌。中は、中国に多い唱える呪いを思い出すが、三遍で納得できても百は成仏になる程の経題読みは日本的かもしれない。失礼な口説き方と思う。右。片思歌ながら口説く要素もある。松を植える事を只もろいと思った冷たい相手には効かないが、万が一、それを可笑しく思ってくれる人だったら、右は勝。

寄不聞恋

★糠に釘うつけに君をくどけとも
きかぬ心がこたえさえせぬ　重丸 K26-4　1794
（聞かぬと効かぬ掛詞がなければ、英訳は無用が）
Trying to win you with words is like driving nails into bran,
or, is your heart a duck so they're but water off your back?
（↑聞く＝効くも答え＝応えも英訳無用で誤魔化したが）
Words to win you are but nails in bran – pounded in,
they find no purchase and I never get a sound reply.

お返し　★糠に釘うてば主こそうつけなる
槌の子にきく答えあるまい　敬愚　2016.12.26
（うつけは近畿で痴呆者が己が首も英訳無用）

寄命恋・寄生死恋

1672★君が今宵落ちたればこそ恋死ぬる
命を我は拾いぬるかな　未得か貞富作　T30
It sounds deadly, but if you should fall for me tonight,
know that a love-sick man will gain a new lease on life!

★命迄やろと言いしもいつしかに
生けず殺さず逢わぬ君かな　町丸 K19-3　1815
When was it you told me you'd give me your life? Why
do we not meet and you will neither let me live or die?

★思わずよ頭さえ上がらぬ恋病に
君が頷くように成ろとは　歌鼠 K19-3　同
What a pleasant surprise for me, lying on my love-sick bed,
to see you nod 'OK', when I'm too weak to raise my head!

左は、未得作としたのが宿屋飯盛（狂歌初心）の間違いかも。「ひらひけるなれ」と終わる T30 では、貞富作。E15-1 で定留詠。中の首の原

題は「逢不遇恋」。米カントリーの偉大歌手かつ歌作詞家 Willie Nelson の名曲の一つ「If you can't say you *love* me, say you *hate* me 好きと言えねば 嫌いと言ってくれ」を思出だすが、ウィリーの勝ちだ。右の原題は「及病諾恋」である。互いに勝つ所がある左右にも「持」にしておく。

寄落よ恋

★落ちよとぞ祈る結ぶの神なりや
君に命は捨つるとてしも　貸童　K3-3　1782

*Why do I pray to gods that she fall in love, when I'm so lowly
my life might end should she drop from such heights on me!*

1800 頃★雷の神に祈しかひあらば
踏外しても落ちよ仇人　俊満　E 狂歌一万集.

*Had I a conch the Thunder Gods to call, I'd pray my nemesis might
miss-step, falling off Cloud Nine . . . right into my arms tonight!*

1814★あらコイシ／＼斗りの恋の山
辷べりてなりと落ちよ仇人　春雲 K8-1

（恋し＝小石の同音が無ければ英訳無用）

三首とも「寄祈恋」でもいいが、左の「とてしも」に「下」を見つければ「寄上下恋」で、中の俊満は浮世絵師で戯作者で落ちが良い！「寄鳴神恋」の甲斐＝貝で法螺貝も思えば「寄山伏恋」か。右は「寄小石恋」にもなる。左は、我が英訳通りの歌意（恋敵は雲井で低身の詠人の上に落ちそう）なら勝つが、原歌はそこまで考えたか。で、上出来の寄恨恋にもなる中と右の二首の争いか。小石＝恋しの系譜あるが、それに滑るところが新奇で、右勝つにせざるをえない。斗＝計り。

寄多言顕恋

1807★枝咲かすことばの花の唇に
ほころばかした己が恋風　半月 K14-3
A bough full of leaf-words leaving her blossom lips
was what released the love-bugs to become epidemic.

恋風の病原から爆発的にも、あるいは花が咲くように放した訳でしょうか。女流の和歌に惚れてしまった男の嘆きか。風が花を滅ばすのが通常で、狂歌では、恋風邪は逆に花の本から成る過程が可笑しみか。「己が」やはり前句と同じ女＝花でしょう？英語に風の含蓄ある風邪はないから love-bug にしたが、読みが正解かどうか確信もない。

寄盗恋

★恋風に連れて出舟と走らばや
跡白波の名には立つとも　花夕 K19-3　1815
（白波、つまり恋を奪ったか盗んだ者は、英訳無用が）
Wherever the tempest of my love heads I'll run before the wind
and though my boat leaves my name in its wake I won't rescind.

★野荒しの杭に此身をくゝられよと
恋しきイモは盗み出せばや　茂喬　K19-3　同
Though I were bound to the stake reserved for crop thieves, mam
I would still try to steal off with my beloved=tasty girl=yam!

左の船言葉の比喩は悪くないが、右の比喩がよほど力強い。そした杭に縛られた野荒という農業生産物を盗んだ者の恐ろしい殴りを一茶日記に読んだは、約二十年前が、今もその恐ろしさを覚えている。右勝ち。因みに、ネットで「野荒しの杭」検索の当たりは、ゼロ件。

寄待恋

　　　　　天明★約束の夜は恋風のそゝふくべ
　　　　　ぶらりと君を待あかしぬる　金鶏 網雑魚
　　　　（恋風もそそ＝女陰も吹く⇒瓢＝男根も英訳無用）

　　　　　1815★待ち侘びて欠伸の口を明かす夜に
　　　　　又その上の鼻な明かせそ　見鷹 K19-3＋口＋鼻恋
　　　　（あくにあかにあかの頭韻も鼻明かす慣用も英訳無用）

左の原題が「秋待恋」。風がそそ（擬音ながら女陰）を吹く貞徳の春の地形を女陰と見立てた傑作を思わせる、そそとふくふくべは男の物。お馴染みの恋人を落ち着いて待つか。変な恋風邪。未解読。右の口に鼻の表現は見事に繋ぐ、待つ人に尤もの望みで、一応、勝首。

　　　　　1820★石の上もあたゝまるほど待ちし
　　　　　身を尻焼け猿と思ふつれなさ　不吉 E11-2

　　　　I waited so long even the cold hard rock on which I sat
　　　　got so hot that I became jumpy as a burnt-ass macaque!
　　　　（日本猿の例の真っ赤な尻もこの慣用も英米人知らぬが）

　　　　　★約束を待つに来ぬ夜のふけ過ぎて
　　　　　もう鳥もなき我もなき　無筆文裏 E3-10　1792
　　　　（もう鶏か我も「なきなき」か？つまり二音字不足）

　　　　We had a date, but waiting up, no one came so I went inside,
　　　　as rooster crowed, I ate crow & you might say we both cried.

左の誇張方も微笑ましいが、右の共ナキは素朴ながら良いでしょう。

寄契恋

　　　　　★変わらじとこなたに言えばあなたにも
　　　　　同じ答えや恋の山彦　百年　k9-4　1822＋寄山彦恋

Vows of forever and ever repeated over here and over there
sounds the same for Echo, patron saint of Love, fills that air.

英訳の patron saint を文字通りではなく「守護神」と理解すればよいが、神話に通じる人はこれを見たら苦笑いして、へっ！？と反応する。というと女神ないし仙女ないし森のニンフでおしゃべりが大好きな木霊のエコー女は契るよりも片思いの記号になってしまった。何故かといえば、彼女が惚れた美少年はナルキッソス！自惚れのナルシス。

寄初見恋

★聞く程は見て無き物を我ながら
果報の者じゃさてもみめ良し　貞徳　T20

What we hear of usually beats the sight, but now I see
& must admit fortune smiles on me – she is beautiful.

貞徳の原題「初逢々」の「あふ／＼」が善がる声か、ようわきまへん。大した詠みでもないが、嫁が良かったに違いない。貞徳の長生きの原因の半分が狂歌詠みだったら、妻に恵まれたのも半分になるか。「寝ては果報」の貞徳にご馳走さまとしか言えない果報もない敬愚。或る万葉歌を思い出す。第二巻早々の歌#95。「我はもや安見児得たり皆人の得難にすと云う安見児得たり」(*I'm the one who won Miss Easy-on-the-eyes who all said was hard to get, Miss Yasumiko I got!*)。頭がよくない美男子の歌であろうが、これを載せた『万葉』の編集者の批判ではない。そう云うつまらない歌もあればこそ歌集は読み物になる。秀歌だけ並ぶと面白くないし、達筆でない者は書くのを諦める。敬愚の下手糞な文章をご覧になる間も、ご自分でやって見たい。でしょう？

寄新枕恋

初逢恋★しばらくハむな騒ぎしてしわしわと
ふるひ声なる新枕哉　雄長老 T13　1589 頃
（皺=しわ=じわじわ振るい=古い＜対＞新）

1729★新枕今宵いろはのお相撲は
四十八手をとりや初めけん　桴雪 T46
（四行詩でなければ「いろは」の意味は英訳無用）

左の評詞「彼禅門のふるまひ思ひやられ候」がよく解らぬが、又波の騒ぐ皺が清濁点無用の古綴り方を活かして腰をよみすぎたらじわじわになるスローモーション掛詞がいい。右は、一見して単純過ぎるが、遊楽を出でて四十八手を家内化する情報がいい。西鶴の『色里三所帯』にある「いづれも四十八手の外、よい手を知なる女」が本来相撲界の仏教より借りた手数だ。四十八は沢山ながら七ｘ七で縁起物でもなるから、色の四十八手が新世帯の枕草子ギフトにもなったが、桴雪の狂歌が詠まれた頃か。思えば、「寄いろは恋」ともいい題になる。因みに、カマストラは六十四です。縁起というよりも、八ｘ八＝無限。

寄初逢恋・寄初瀬恋

★恥づかしさ怖さ二ツを一ツ夜着
袖を比翼にかわしてぞぬる　撫彦 一萬集 1783?
Braving shame & fear, the twain became one night-dress;
each sleeve a wing, a singular pair, now flies in happiness.

★むつ言に比翼と云いし印にや
一つ夜着から二つ出る首　村住　E11-2　1820
Two one-wing birds united fly in love, but is it a fable or truth?
In the mirror, two heads pop out from one night-robe: proof!

左、撫彦の首の情報の多さに口語の縁語掛なる「交わして」も悪くないが、右、村住の比翼の「出る首」と云う脳みそに残るオチは、勝ち

なる首だ。英訳はどうしても説明っぽくなる（とは言え、それなりの面白さ有）が、和文のままで傑作だ。＋寄比翼恋＋寄夜着恋

★ねぎ事も叶いし恋の初瀬山
嬉しや夜着に二人籠りつ　三笑　e7-4　1810
My wishes were granted and there we were, high up Lover's Peak,
holed up in our shared night-dress, snug & triumphant of our feat.

初瀬を山にし「事しあらば」岩城に篭ろうよ、という万葉歌の少女の勇気のある歌（口説恋）と妙に響き合う、世間向けの柔らかい夜着を着ながら（さもないと裸に）篭る二人の恋人か新世帯の心理を描くが、二人さんの顔まで見えてこそ、この詠みに力ある。英語で「初瀬」の慣用がないから Lover's Peak「恋人岳」に替えた。＋寄山恋＋寄篭恋。

1821★行燈に羽織を着せて今宵まず
手に触れ初むる吾が妹子が乳　天地根　k7-5？
Clothing the lantern in her feathery shawl, the rest starts
tonight with my touching for the first time . . . her breast!

★恥づかしと閨のあかりを吹き消した
妹の息こそ恋風ならめ　百年　k9-4　1822
（英語に恋風はないで love-bug で間に合ったがここは無理）
My girl's breath that out of shyness blew out the bedroom light,
is the same as the koi-kaze blowing about within us day & night.

上方狂歌の大御所天地根の首には掛詞も逆説も世話も本歌もなにも機知たる要素はないが、優れた繊細なインプレッションイスト画家や若きカントリー歌手の Loretta Lynn ロレッタ・リンが歌った処女の羽衣を愛人の角にかけておいた間の初瀬を描く古典名曲 Wings Upon Your Horns 思い出させる力ある。＋寄触恋、＋寄羽織恋、＋寄乳恋」。右の、上

方狂歌の恋風の含蓄を拡大する百年のエロ感覚は、絶敏か陳腐の情緒か、よく分からない。＋寄息恋、＋恋風

寄逢夜恋・寄連理枝恋＋寄片翼恋＋寄仮想物恋

★逢う夜半は連理の枝ひぢ枕
袖も比翼に重ね合つゝ　越酒屋千里 K17-3　1834

On the night we meet our arms as pillows do the twined limb thing,
while half our robe-sleeves overlap to form that double single-wing.

（唐故事の比喩ながらも今は昔と程遠い単調の状況ルポの歌体）

寄夜這恋

★うば玉の夜這の道も絶えなまし
あくる侘しき部屋の掛けがね　方碩 T37 1679

The pitch-black path of my night-crawl, it came to an end
at dawn when the latch on the bare room's door opened.

暁の鐘ではなく、掛けがね。同じ小屋に部屋が二つ以上あるか、侘しきと文字通りにも受けたら貴賎恋で後者の方は詠む本物夜這。しかし、月経の離れ屋も侘しい。だったら、物質を超えた恋物語で良いが…

★有明のつれなく待ちし安堵より
夜這人計り憂きものは無し　月洞軒
（「よばいと」に等しい英語は知らないが）

Waiting safe within, that dawn moon may be her bane,
but no one is as blue as we who crawl all night in vain.

「題しらず」元禄時代の狂歌。「百人一首」にある壬生忠岑の「つれなく見えし別れより暁ばかり憂きものは無し」と女の観点を代詠した

素性の「いま来むと言ひしばかりに長月の有明の月を待ちいでつるかな」の二首本歌へ男の観点を返歌。月洞軒は、一茶同様に本音派だ。

★寄言い訳恋？　腹の立つ事こそ無けれ世にふるを
をさな心に這ふて遊べば　問屋酒船　古今狂歌袋 1787

'Twould be no cause for your hackles to rise if this old man,
an infant at heart, were to crawl out to play once again?

この問屋酒船の天明狂歌？は夜這に限らなかろうが、ともかく遊びたくなった。老人だと遊びはお金がかかると思えば、妻も子も心配して腹立たしくなるも当然。言い訳の理屈からして、六十で愚に返れ六十一で這い出したくなるか。英語で怒れば、腹ではなく動物の如く背と首の後ろの毛 hackles が rise。這いとの対象を守るように怖さで立つ毛に使う語 stand を一応つかったが、真似すべき英語ではありません。

寄闇夜恋

★親／＼にかゝれぬように忍びあう
鼻つまむさえ知れぬ宵／＼　筌丸　K14-2　1803

Sneaking in and out to see her without her parents knowing
night after night too dark to see as far as my own nose . . .

★つまゝるゝ事もや見えず闇の夜は
汗に汗あう鼻と／＼も　陽枝　K14-2　1803

On a pitch-black night, when you stub before you see your toes,
sweat does run into sweat as one nose meets another . . . nose.

同じ狂歌会の鼻の視座が段々変わってゆくところが面白い。汗に汗の鼻と鼻の闇の描写がいい。いずれも「寄鼻恋」にもなる。

寄通ひ恋

1812★吠え付きし犬も馴染みで通い行く
君が軒まで道しるべする　蜘丸 K28-1　＋寄犬恋

*The dog that used to bark when I passed and get in my face,
now helps guide me in the dark, until I get to . . . your place.*

墓地へ案内する一茶の犬も思い出すが、犬の心の変わったこそ面白い。

寄一夜恋・寄一夜鮨恋

★木まくらのをしや契りも一夜ずし
なる〻間も無き旅の別路　金鶏　天明
（惜＝押しと慣＝熟れるの掛詞ないと英訳無用）

1815★逢い見るも今宵始めが終りぞと
思えば是が縁のよい首尾　山鳥 K19-3 原題＝限一夜恋

*Tonight our start can be our end even though we rendezvous;
Alpha & Omega, this one-night stand may be good luck, too!*

左、原題が「旅恋」だったが、寄鮨のちっとした傑作で。因みに寒ければ、納豆同様に鮨の上に寝たもあったようです。2017.6.13 の構成中で読むと、唾だった飯盛と契り事を交わしたかではないかと更に複雑な読みになった。医者の金鶏 の本当の一夜妻の自白かと。右。現代アベック用語のアルファからオメガを狂訳に持ち込むのが悪かろうが、一夜でも完成すれば円＝縁がいいと云う口説きか、後朝のサヨナラか。

寄尋恋

1820★磁石もて待つ方角ぞ尋ねれど
兎に角妹はウシに当れる　鯉鮒 E11-2＋寄磁石恋

日本が米国の金持に譲ったYahooでは「丑の方角は鬼門だ。「鬼門は霊界への門として現世と黄泉の国の境目のある方角です」。Yahooが日本でない携帯に売られた日は、敬愚は泣きました。日本語は主になる検索HP一つ位を我が物にしなければ、終わりですよ！日本には、男でも女でもいいが、ふぐり持ちは、一人もいませんか！？

寄沈黙？恋

1815★逢う首尾もかりなる葦の節の間は
なにはの事も語り得ざりき　子方　K19-3
（難波＝何も話せぬも刈＝仮も英訳無用）

原本は手元にないから、寄なんだかは解らないが、刈る葦は水の下。

寄忍恋

c1005★世の中の憂きもつらきも忍ぶれば
思ひ知らずと人や見るらむ　よみ人 しらず
When I hide things that hurt and make me sad, my dove,
they look at me as one who knows not what it is to love.

この歌は拾遺和歌集『定家八代抄』の「恋」部に見つけなければ、ただ詠む人の一の字の口のために感情も知らない人と誰かが言うのを聞いて、反発した歌としか読まなかったが、思ひはloveになりがちでこれを求愛せんとする女性に心ない人と勘違いしないでくれよ、繊細だからこそ感情を隠す男です。Doveで相手は女の子。Theyは人々か世間。とは言え、どう言えようか。

★君に心かよう息にも知られじと
出入の口を忍ぶせつなさ　安丸　k18-1　1819
（出入の漢語も人体と建物共通の口も無い英語不可訳）

★恋風を引くとも言わず人の目を
　　咳払いして忍ぶ苦しさ　尾花浪丸 E8-4　1813
　　（恋は風邪にならない英語の見立てに尾鰭付けて）
*It hurts to catch a love-bug and try to hide it while wishing
they'd bug-off when you sneak her way to do some fishing.*

　　1811★忍ぶ夜はあかしをふっとけし人形
　　逢うても顔のしかとわからぬ　多喜丸 K16-2
　　（ふっと消し⇒芥子人形の転掛も無き英訳ながら）
*Sneaky swiving is when you douse the lamp at her place
and, though she's cute as a doll, can't even see her face!*

左安丸の類似は旨いし、中は好出来だが、右の考えさせる皮肉を買うから勝首。日本国語大辞典では、芥子人形は「極めて小さい」としか教えてくれない！敬愚の想像では細かい目鼻立ちであろうが、その人形が小さいから、目鼻画けないか、あっても見えない闇の中に変わらない、という仮定的読もある。＋寄息恋、＋寄恋風邪恋、＋寄人形。

　　天明★不思議にも痺れのきれぬ年月や
　　忍ぶあふせをかしこまり居て　金鶏 網雑魚
　　（忍び逢うと動かずに隠したり正座をかけたり？）
*Sneaking for love, we should get numb all over and fall asleep,
what w/ years of sitting on our heels and freezing on our feet!*
　　（あららっ↑原題は「久忍恋」。すると↓になるかしら）
*How odd the years that never fall asleep find me on my feet
still able to sneak about so we may properly meet.*

「しびれ」が手枕の縁語ながら、ここの痺れずとは年の矢がずっと飛ぶから老化しても、忍ぶ恋できると自ら驚いているが正解か。題が正しければ誤訳になる読みが好きが、「忍び」という一応素直でない行

為が「かしこまり」というところが面白い。忍ぶのが作法だったとは言え、そう詠めば考えてしまう。和文のままですらりと詠める。

1802★盗人に見とがめられて恥づかしや
忍びてハこう恋の重荷を　橘洲　酔竹集 E6-3
（乞うでも請うでもせずに恋も盗むべきだぜとか？）
Being told-off by cat-burglars, now, that is embarrassing:
as I sneak, I guess they see me begging for love's burden.

1809 ★忍び逢う夜半は蚤蚊も厭わねど
人にさゝるゝ指ぞわりなき　喜多藤丸　E7-5
On nights I sneak about for love I don't mind 'squitos and fleas;
but when it comes to being poked by spiteful fingers, p-leease!

寄名立恋・不厭名恋

1679★恋すと云う我が名はあしく立ちつてと
人笑ってや指さしすせそ　　顕興 T37＋忍恋
（abcd 等で何か工夫する暇なく申し訳ない）

1820★君故に神へ茶たばこ酒までも
たてば憂き名も共にたつなり　占正 E11-2
Because of you, I gave up my tobacco, sake and tea
to petition the gods and lost my good name with them.
（上記は原文に近いが、君に送る歌なら下記はどう）
With tobacco, sake and tea I gave up my good name, too,
all because I petitioned the gods to win my love . . . you!

名立つ嘆き。江戸時代になって和歌ながら少々古臭い。それでも新奇の寄名立恋歌が少ない。左の初期江戸の狂歌は、我が名立つ嘆くも弁護もせず、全く無心に言葉遊びする朗らかさには、脱帽子。五十音の言及をＡＢＣのそれに変え難いから英訳を控えたが、心の中では拍手

しました（事実、和英不等の為 syllabet という字と音節を組む語創った）。右は、後期江戸狂歌ながら又も新奇。志願が叶う様に、男自慢の悪癖を手放すか。仕事の邪魔になる煙草を、ずっと止めたらいいが。

　　　　1802★雷に押さえし臍を嚙むばかり
　　　　憂き名はたつの雲に昇りて　橘洲 E6-3 酔竹集
　　　（臍を抑えたり嚙んだりするも立つ＝龍も英訳無用）

　　　　1820★恋の道ぬからぬ顔も我が口の
　　　　辷りて洩らす憂き名苦しき　物成 E11-2＋口恋
　　*She took such care not to be outed on love's path, but my mouth
　　slipped and it hurts me, too, that her good name is heading South.*

　　　　1820★錦木の朽ちて羽蟻になればとて
　　　　ぱっと立ちたる名やいかにせん　鯉鮒 E11-2　＋錦木
　　*My brocade sticks for her rotting, now, into white ants turn
　　and our names suddenly fill the sky – that is odd to learn!*

　　　　1820★逢いてまだ三日四日も過ぎぬ間に
　　　　憂き名ばかりハいつか立ちぬる　不知 E11-2
　　　（数字尽くしの遊びを日本語にお任致します）

左、橘洲の慣用語尽くしに龍雲の特徴も旨く活かす秀歌。中上のぬからぬ顔の女の子は可哀そう。他人を責めることなく自白する事も珍しく、咎める良心の報いとして勝首にしたくなるが、後期江戸狂歌の大御所鯉鮒の中下の首にしなければならない。偶々、オアフ、マイアミ、そして是政の満月の木製貸家の白蟻を体験スミで、敬愚にはその眩しい比喩こそ勝たせるしかない。とは言え、女の子の家の前の土に挿した「立ちたる」までは全てが「名」の珍枕でしかないかも。右の数え歌の「いつか」で狂歌になるが、それだけ。

　　　　★逢う事を売るにし替えばよしや名の
　　　　立つる市場の沙汰も厭わじ　何虹　K19-3　1815

Could rendezvous become goods for sale, exposure would be fine:
the market for my name would rise and the profit would be mine!

ああ、これは反対なる不厭名恋の後期上方の何虹は名が立つ事を嫌がった千年以上の嫌味を逆様に捉えて利子？を想像したが、偉い詠みか。

寄濡絹立名恋

後撰集　なき名たち侍りける頃
★世と共にわが濡れ衣となるものは
侘ぶる涙のきする也けり　読人不知 956 以前
（濡衣は無罪に罪を積もる意味は英訳無用）

T1672★釜の湯の沸き返る程名は立てど
賤がこひ茶のあわぬ辛さよ　知秋 T30
（泡＝逢わぬ掛詞なければ英訳無用）

忍親目恋

1740★恋しさに玉のも抜けて出やせん
親のめがねを忍ぶ憂き身は　冬之　T58
（魂の掛けない英語は玉の裳の腰巻を派手に活かした↓）

For love, she left behind her clinging wrap-skirt, a lizard's tail
to fool her parents' eyeglasses while she visited her male.

或いは、玉の裳の玉は親のメガネで、それを隠して置いたか。本歌にはならぬが、沖風の古今集歌#475 の「涙に浮かぶもくづ」の歌とその前文を読めば、玉の裳の有無の役割が何となく解るかと思うが…。

寄涙忍恋

元禄★朝な／＼枕ふとんに包むかな
忍ぶ涙もよるはせきあえぬ　月洞軒　T40

At daybreak, I stuff 'em in my pillow and fold 'em in my bed,
for even tears of love held in, cannot be dammed at night.

★人の目をまぎらかすべきよしもがな
落つる泪を品玉にして 　申年成　E4-3　1794

Wishing for a way to camouflage my affairs from prying eyes,
like using my falling tear-drops for some sort of sleight of hand.

身分ある男も、三百年も前に自分の布団をちゃんとに始末した。当時も洪水を堰くに枕懐などに砂を入れたならば月洞軒の歌はもう少し面白くなるが、右の江戸狂歌の「品玉にして」は、しく詠みはない。寄恋歌でもないが和歌に本歌に近い、ともかく涙を積極的に手に取る和歌を四つも覚えている。一つは、ある親王がかろうじて年越しになる身が行年に差し上げた涙の玉を手一杯差し上げた。それから、和泉式部の歌二首もある＝「★数ならぬ泪の露をかけてだに珠の飾りを添へんとぞ思ふ」とは、涙を身の飾りと詠む。そして「★瑠璃の地と人も見つべし我が床は 涙の玉としきにしければ」とは、涙を自然の現象、それも借景に祭り上げた。又は、式部を読んだかどうか知らないが、源俊頼（1055-1129）の「★嬉しさにたえぬ涙や積もりゐて我が身を飾る玉となるらむ」も似通う。涙にアクセサリーを加えるところが、さすがに式部！いずれも、恋の歌ではないが、遊び心も自意識も強い個人が自分とその周りの外見に気を配れば自然に出てくる狂歌ないし原題短歌のようなもので、恋の涙尽くしの参考にもなるかと思いました。

1794★かく斗り暑き泪のこぼるゝを
若し人問わば汗と答えん　堂伴白主　E4-3

W/ such hot tears pouring down my face, if asked why
I am so wet, my answer will be simple: it is sweat!

1799★片敷の袖の涙を人問わば
涎と言ふて口や窄めん　阪上登　E5-4

*If tears soaking one of my sleeves put my heart in doubt
I'll call it slobber, and suck-up the corners of my mouth.*

**1810★苦しさを忍ばゝまして出る涙
　たゞ我ばかり呑み込むぞ憂き　桜雪繁 e7-4**
*Enduring pain in secret, tears only multiply in stealth
and, saddest of all, you must swallow them yourself.*

左は出来がまま、右は尤も、中の涙を涎と欺く度胸は気に入り勝首。

**1813★流行目と言わばや紅の下染の
　気になる斗り泪ぬぐいて　瓢箪園 E8-4**
*Let them think I follow that new fad, crimson eye-shadow
as I rub away tears that catch others eyes lest they know!*

**同★はやり目と泪隠せば世の人に
　睨められるも忍ぶ苦しさ　便早記 E8-4**
*Hide your tears behind faddish eyes and then they'll glare
at you for that and you'll just have a new trial to bear!*

**★何ゆゑに泪くむやと目のうちの
　仏も知らぬ胸の苦しさ　鈍々亭 E8-4**
*Why must you turn tears into make-up? It is no surprise
you suffer by not knowing the Buddha within your eyes.*

ここも、勝負よりも三首とも一つ作品と考えた方がいい。蛇足無用。
ただし、外国人には右の「仏」は瞳の事だと説明しなければならん。

寄悋気恋・寄嫉妬恋

**1679★悋気講結べる中を誇れとも
　隣のかゝが鼻もひぬ哉　伯水 T37**

Discussing their extra-marital affairs around the well,
the neighbor's old lady blows the snot from her nose.

悋気講は井戸端会議の祖先か。庶民の女房らが集まって夫の浮気話などを言い合う。噂という漢字を見ても、鼻と無関係にはなりかねるが、誇るのが立ちびく男か。それとも講内で噂が出たら、鼻ひる方が浮気した証明か、逆に講の話が嘘だったか。諸君に任す。お手上げです。

1740★悋気の錐こらえ袋を突きぬくや
　　角くむ芦のねよげな顔じゃに　　木端　T58＋角
（上方はなんでもかんでも芦だが英訳は難破の難だ）

1740★悋気には蝸牛の角やはえぎわの
　　よい顔をして妾と争ふ　　冬之　T58＋角

Envy means war for snail-horns on pretty women will sprout
by the hairline: as her face matches his mistress's, both pout.

左。角くむ芦は、蘆の新芽だが竹同様に下敷ないし自然の整備があってこそよく出るが、「ねよげ」は床の中に旨そうに見える方。顔の表情も芦＝足の曲線も他の女性の悋気を買うか。右は。艶やかな女の額の角あらば生える所は確かに蝸牛の角を欺く微妙な変化もする。肉付か脂肪付かともかく、痩せ女にない艶やかなゆっとりが額にも感じます。それと傾城と同じ傾国とも称されている二人も蝸牛の角の上の天下を戦う軍勢と思えば、いかがでしょうか。自分の書いていることをよく判らないが、美女にはスネル特権あるから英訳は、*both pout*。

1740★めしならでむまい菩薩の様な顔で
　　悋気にやじゃ／＼煮え返りけり　　栗芳　T58
（菩薩という米のない一連の比喩は英訳無用）

1806★弱りつる思ひのたまの抜け出でて
　　覗くや蚊屋の色も真青に　　もり近　K25-3

（活用つる⇒吊るも思ひ⇒火の玉＝魂も英訳無用）

左の原題は「美女悋気」。その煮え返りは眼付に、また額に、声になるか良くわからないが、いかされた比喩じゃ。右の原題が「寄嫉妬恋」。シュール描写でしかないが、思ひの「火」の系譜の枝葉の珍華。

x2 美しき女の悋気深きこそ錦の袋糞を包めれ　17c
That Beautiful Women are strongly jealous, to be explicit,
makes them like brocade bags each of which is full of __it.

1666年の古狂歌大書の夷曲集には「八重の錦に糞」。錦に糞を包む世話＝成語の身を美女に限らない。人を糞の袋と見なす禅観に重ねた訳。鈴木の狂歌辞典から可笑記の変種を借りた。寄糞恋に単数女の英訳也。

寄怨恋　寄恨恋　寄浦見恋

kks#727★海人のすむ里のしるべにあらなくに
怨みむとのみ人の言ふらむ　小野小町　850頃
（蛇足：しるべハ今云う案内人。英訳無用が狂訳は）

I am no guide to fishing towns so, tell me, why such rancor
from men who wonder why I do not show them my shore!

この小野小町の半ば無心なかば有心の本歌は序にある。狂訳は「古狂歌 ご笑納ください」から借りた。何回も掲載する甲斐ある傑作です。

後撰集　男の久しうとはさりければ、
★訪ふことを待つに月日はこゆるぎの
磯にや出でて今はうらみん　右近 956年以前
（越ゆる⇒小揺るぎも浦見ん＝恨みんも英訳無用）
千五百番歌合★知らせばや恋をするがの田子の浦
うらみに波の立たぬ日は無し　良経（よしつね）1202

　　　　（地名も重ねて、恨み＝浦見も立つ含みも英訳無用）

九世紀に恨まれては浦見を掛けて憾みむユーモアセンス抜群の小町に学んだか。十世紀女流和歌で名ある右近も、同じ恨み＝浦見んの掛詞を有心の歎きのオチにした。狂度も高い、万葉に遡る待つ＝松と磯の縁語もその枕にした。傑作だよ。小町の傑作と共に著名歌でないと和歌の浦の損だ。良経の歌は小町の歌に負けない掛詞あるが、恨まれるを恨む小町の状況に比べては、平凡の文句。ともかく、女だけではなく、男も恨む（現在の米国もロシアもトルコの大統領のいずれも性悪の恨み屋に違いないが、天神のような正義ある恨みこそ認めたい）。

　　★津の國の誰とふしやのふし帰り
　　　其はらさへや高くなりしぞ　　実方 958?-98
　　（伏しと伏し屋と富士と原＝腹の地理など不可訳が）
In the Land of Tsu, who knew you on the moor not less than when you left, so now your belly is high in the air?

これは、本人でも難破したかった子の妊婦姿を恨んだか、怒ったか、たんなる好奇心を持って面白がったか、よく判らないも悪くない。

　　★恨みての甲斐もあらしがふいて来て
　　　葛のうら葉の露も御座らぬ　　月洞軒 T40　元禄
　　（あらじ⇒嵐も葉の裏と恨みも露の含蓄も英訳無用）

清濁点無用の古綴り法の視覚に頼る歌。「あらじ」が転じて嵐の一過也。その風のおかげで吹＝拭かれた露ないし涙も葉の裏、即ち恨みの跡も無き。一時、怒り狂ったが、元気を取り戻したぞ、と。感情官能派歌人月洞軒ならではの歌でしょうか。そういう自制力もない人は、PC の故障とソフトの欠点を除けば中々怒れない温和そのものの敬愚にとって、怖い。けれど、この歌は真ならば、この怖い人々は敬愚よりもうまく怨みも完全に解す。道草ですが、風が無ければ、あらゆる葉

の中で、葛の葉ほど平方センチ多数なる露玉が他にない。極めて小さいが、数えてみれば数え切れない。写真家に頼む露のリンネシステム

★白玉と見えし泪も恨みては
礫と成して君に打たばや　真風　E9-3　1815
Even the white pearls called tears, now that I'm bitter
I hope they turn into stones I might throw to hit her!

x2　1820　お止みなく落ちる涙の玉水に
石のゑくぼも見せぬ仇人　筒楽亭長根 E11-2
Though drops of water, that is my tears, ceaselessly fall,
my stone-hearted nemesis shows me no dimples at all.

左は。涙が霰になる和歌もあるが、石礫だと雹としたらいいかも。涙を水と思えば、石がよき対。怒りを言葉で解すもいいですね。真風の歌には掛詞のかけらもないが、後期江戸狂歌ながら古き良き狂歌の朗らかな悪さが残った証です。涙を恋の重荷を運ぶ棒にした、初期狂歌の最後の人である元禄の月洞軒も、これを読めば脱帽したに違いない。パラパラ絵本にもしたくなる。男は女を恨む右も小傑作。人体の部に「寄笑窪恋」の単一歌例にもなる。そこに四通り英語もある。タイトルも上げたくなるが＝ *Do I Make No Impression?*（と語は、印象＝凹み）

1811★寝取られた恨は尽す百合の名の
姫御前の身を鬼と呼ぶとも　季隆　K15-5
（名に百あるから尽くすも鬼も男根を一口か）

口を広く開けてパックと食う鬼と艶やかに歩く方の女陰の合わせ悪口。

寄互恨恋

★憎いとの口舌に余るか愛しさを
表に出さで恨みあう中　芳水　K14-3　1807

With resentment always on the tips of their tongues, any love these mates have cannot get out mouths preoccupied by hate.

寄恨化惚恋

★うら無しと書きやる文を思ひきや
紙屑買に売らるべしとは　水紋舎 E9-3　1815
Now he wishes the love-letter written "straight from the heart" had not been sent, but sold to the man who buys scrap-paper.

★松島のうらむのみにてうき人の
景色も今は変わり果にき　為持　E9-3　1815
（浦＝恨むも島の評判も不可英訳が松＝待つも英訳無用）
Matsushima, or Pine Island, pining he waited and wishes he didn't, bitter at his babe even her bay, once a sight for seeing, now, isn't.

左は簡単過ぎて余韻ない。右勝ち。ただし考えてしまう。対照ばかりか、松島は。当時も大津波でやられて、観光たる sight-seeing に甲斐もない時期は、他にもありましたか。英訳は長すぎてクドイ。

寄憂恋

1815　逢う邪無き我が命をも何にせん
★憂きに換えては生き甲斐も無し　琴葉 E9-3
No pain in the ass blocking me from my love, so what can we do to make life worthwhile without a replacement for the blues?

一見、後期江戸の琴葉の首は、諸々寄恨恋の中で題を逆に取った新奇ながら、どこかで見た覚えもあった。それが、数十年前に渋谷の警察省？に近い、ゲイバーの真上のカントリーミュージック・レコード店のヒルビリーの貫禄抜群のパイプのみ主竹内氏がこの米人に紹介してくれた Kinky Friedman and his Texas Jewboys の一曲とそっくりではない

が、似通う。即ち、素晴らしい恋人に恵まれて幸せの毎日を過ごせば、収入源だったweepers涙頂戴曲の歌詞を、もう書きかねて困るぞ、と。

古代寄恨恋の道草に＝寄不信恋＝の四人尽くし

『古今和歌集』にないから、殆ど知られていない当集に関わった四人の怨み、ないし女不信の比喩を尽くす歌合わせをご紹介する小章ですが、まず我が関心を引いた、つまり極めて私的な恨み歌の小史を見よ。万葉歌#3270は、狂歌を含むどの和歌より凄い。「さし焼かむ小屋のしこ屋にかき棄てむ破れ薦しきて打ち折らむしこのしこ手をさし交へて寝らむ君ゆゑ・あかねさす昼はしみらにぬばたまの夜はすがらにこの床のひしと鳴るまで嘆きつるかも」。夫の浮気の相手の小屋を見て、その悪口を連発してから、自分の床中でうねうねとしながら苦しんで嘆きわめく間、床がまるで交合の如くに鳴る皮肉も加えたら、もう解されていればいいが、敬愚の知ったことではない（蛇足：三つの「しこ」は「醜」。ひょっとしたら小便のニュアンスもあるかも。捨むは「うてむ」破れは「やれ」、交へては「かえて」寝るは多くの狂歌もそうであるように「ぬる」だ。むろん作者未詳。その直後には、驚いた「返歌」もある。「我が心焼くも我れなり愛しきやし君に恋ふるも我が心から」（蛇足：愛しき＝はしき）。作者未詳は別な人であろう。怒る恨歌で解されても、そこまで浮気した相手を恋う自分の問題にするかという歌の並び方は注目に価する。さて、英訳する価値もない万葉集のごく私的な、短時間にできた例外的な恨みと云っても怒りなる、はれんちな歌を後に、半ば無心で、その概念性と新奇も考慮すれば狂趣ある『新撰万葉集』の一首を見よ。

893頃★言の葉の頼むべしやは秋くれば
いずれか色の変わらざりける　詠人不知　歌#155
How can we in words, our so-called leaves, believe, when fall
shows us that color changes, then leaves us, at Nature's call!

ことばの「葉」を漢字通りに受けて理屈で弄ぶところに狂有る。古今集歌#712「偽りの無き世なりせばいか計り人の言のは嬉しからまし」、#713「偽りと思ふものから今更に誰が誠をか我は頼まん」、歌#714「秋風に山の木の葉の移ろえば人の心もいかがとぞ思ふ」の、最後の一首の「秋＝飽き」風の同音の縁語を別にして皆も真面目腐った断言に過ぎず、狂歌には失格だが、これから見る同じ時代の四人の人不信歌を見るに用意だ。或いは、時間あれば、同時代の伊勢物語の恋の遣り取りを見るもご参考になると思う。さて、或る日、四人組は、紀友則（とものり）、紀貫之、在原のときはると凡河内躬恒（みつね）の四人が他人への不信の限りを誇張で伝える恨み歌に専心した歌会に十首ずつ詠んだ。或いは、郵便で集めたかも知れない。『新編国歌大観』にある前詞は只「女をはなれてよめる　きのとものり」としかない。980 頃の『古今和歌六帖（歌#2194－2233）』に遅れて出た。

紀友則の十首の中から七首

★たぎつ瀬に浮き草の根は止めつとも
　人の心をいかが頼まん　　　紀友則
When floating plants take root in the rapids, brother,
only then I'll put my trust in the heart of another!

★朝顔の昨日の花は枯れずとも〜
When yesterday's morning glories aren't shriveled, brother,

★刀もて流がるゝ水は切りつとも〜
When we can cut apart flowing water with swords, brother,

★蜘の網に吹き来る風は止めつとも〜
When spider webs stop the wind from blowing, brother,

★降る雪を空に止めてはありぬとも〜
When falling snow can be stopped in mid-air, brother,

★入る月を山の端逃げて入れずとも〜
When ridges flee so that the moon cannot set, brother

★置く露を蹴たて玉とは成しつとも〜
When dew-drops kicked up turn into jewels, brother,

※瀬に生えない浮き草が袖の涙川の類のそれとどれが先か。※月を逃げる山端＝七つ首の超自然的ないし不可能（あったら奇跡）現象の中で例外に巨大（？）は、月入無用の山端だ。そう願う伊勢物語149段の歌は、同時代だから、どれが先か、専門家のみ知る。

在原ときはる又しげはるの十首から択んだ七首

★毛の末に羽付く馬は繋ぐとも
人の心をいかが頼まん　在原時春

When I tether winged horses to the end of my hair, brother,
only then, I'll put my trust in the heart of another.

★袖の内に月の光はつゝむとも〜
When moon-light can be stuffed into our sleeves, brother,

★散らずしてこぞの桜はありぬとも〜
When last year's cherry bloom remains on the tree, brother,

★水の泡を白玉とてはぬきつとも〜
When foam bubbles in water can be kept as pearls, brother,

★劫の石を蟻に負うせて運ぶとも〜
When an ant carries the Rock of Ages on its back, brother,

★蚊の眉に国郡（こうり）をば建てつとも
When a province is built upon a mosquito's brow, brother,

★火を打ちて水のうちには燈すとも
When we can strike sparks underwater to light a lamp, brother,

※翼馬毛繋ぐ＝万葉の坊主らの毛の杭に、馬頭琴の説話のモンゴル物語の飛馬に、鼻毛につなぐ蜻蛉の、女の髪の毛に繋ぐ象の変わりに、と色々と連想が。※月光包む袖＝紀友則の風は半ば物体で蜘の巣に止められるかどうかは相当的な問題だが、光まで包み置く発想は珍しく抽象的で新奇として抜群。※朝顔の咲き枯れ時間は手に取りやすいが、これはまるで造花の人工。※泡の白玉＝万葉集にも或る注文ないし試しになるが、貫きつが玉の緒のみ。※蟻運ぶ劫の石＝それが万年一度あまだぶ乙女の羽衣の羽に触れば、無に帰すが万劫と云うえらく永い時間単位で、それが大山より膨大なるまさしく常磐の石で、蟻が一匹であろう群れであろう、これ以上に無理の神業はない。※蚊の額に国＝縮み志向誇張は中国に珍しくないが、中国を征服せんとした拡大志向の秀吉も超小物誇張の歌比べを主催した。この前例はユニークか。猫の額に蚊ほどの量に蝸牛の角の上の王国の合併で可笑しみ抜群の概念。※水下火打ち＝古今集にも思ひの火が涙の海の下に燃える歌例を本書で見てきたが、火を打つと言えば、新奇。やはり、この人の日記とか歌集を見たくなります。蛇足：ときはるは又しげはるにもなる。

紀貫之の十首から択んだ六首

★陽炎の影をば行きて取りつとも
人の心をいかが頼まん　紀貫之

When I go out, catch a mirage and bring it back, brother,
only then, I'll put my trust in the heart of another.

★花すゝき穂に出ぬ秋はありぬとも
When saw-grass plumes all fail to bloom in Fall, brother,

★わたつうみの波の花をば取りつとも
When we gather bouquettes of wave-spume flowers, brother,

★こぐ舟の棹の雫は落ちずとも
When not a drop of brine falls from the oar we scull, brother,

★ゆく水に降り来る雪はとまるとも
When falling snow settles upon swiftly flowing water, brother,

★我が袖の涙にいお（魚）は棲みぬとも
When fish live in the tears that soak my sleeves, then, brother,

※陽炎の持ち帰り＝同じ古今六帖の無名の歌#828 を「寄陽炎恋」が題で本書にあるが、どれが先か、双方とも無名の民謡か唐詩からか。※波の花束＝金沢大でカントリーミュージックと演歌の比較歌詞の講演するに招かれたら、海岸を訪ねたら洗濯に石鹸を入り過ぎた様に、或いは海が狂犬の口の様に、岩の間に泡が毀れ、盛り上がって風に吹かれて飛んだの見たら「波の花」だと教えられたが、それを持ち帰る人は。この空想が初めてなるかどうか、知りたい。※袖の涙川に魚＝これで、涙の池に蓮も植えた西行の先輩ですね。袖の涙に魚の初出かどうか、それも知りたい。全体として傑作が少ないが詩的でしょう。漕ぐ時の雫まで思い出すと、貫之が男性として良しかれ悪しかれ繊細。

　　凡河内みつねの十首から択んだ七首

★ます鏡主無き影は映るとも
　人の心をいかが頼まん　　凡河内躬恒

When good mirrors reflect things not even there, brother,
only then, I'll put my trust in the heart of another.

★佐保山の紅葉ぬ秋はありぬとも
When Fall comes yet all stays green on Mt Saho, brother,

★かる茅を蛍の火には燈すとも
When sheaves of thatch are set ablaze by fireflies, brother,

★一つ毛に虎の斑は分きつとも？
When we can see a tiger's coat in just one hair, brother,

★春帰る厂をば皆とゞむとも
When geese that go North in Spring all stay put, brother,

★年の内に月無き月はありぬとも
When the year has a month with no moon in it, brother,

★わたつみを掬びて底は見せつとも
When I can, ladling, bare the bottom of the sea, brother,
only then, I'll put my trust in the heart of another.

※無き物を移る鏡＝居ても映らないと比べてどれがより不可能か、と考えさせてくれる。※毛一本に虎を見る＝額の「王」の字を除いて虎には縞あるから斑（まだら）は、どう見るべきか。当時、模様の意味だったでしょうか。豹も虎だったか。※どうして判らないが、このみつねの不可能の歌例を読みながら、大自然をとりわけ好んだ野外男だったかと感じたが、名歌人と官僚でどう説明すればいいか知らない。全体として躬恒の詠みに感情が深いかと思う。　※　人不信考。*On Top of Old Smokey* という名米フォーク・ソングでは、貧乏の男は百人に一人の女の子しか信用できない。しかし、たとえ紀友則が恋人か妻に裏切られたとしても、高身分の男にとって、それほど大した問題ではなさそう。そこまで人不信用を詠むには、他の理、たとえ無意識の動機でもないでしょうか。王朝の税金制度などの発生期なる時代では激しい競争やそれに伴う裏切りが絶えなかった当時の情けない実況への不満を解す歌と見做すべきでしょうか。或いは激変の中で女性が負け犬を捨てて、勝者に添う傾向が現れになったか（女性は「そのことはないよ」と言うが、無意識にも勝者に惹かれる事を立証した生理学＋心理実験済みです。）。などの仮定しても、恐らく紀友則が企画を提案したら、彼を慰めるために他の三人も乗り込んだ。そして、誇張を競り合う歌を詠むと、対象はどうでもいい。まっともの人だったら、純粋なる理屈遊びに乗ってしまう。やはり、面白い。全歌の惨めなる

下句「人の心をいかが頼まん」が定めた上に、心にのこらない。上句の不可能事尽くしで一心不乱に勝負した。いや、勝負と云っても、判事の存在を知らない。文脈は全く異なるが、我がもっとも気に入った英語の不可能事のオンパレードは、サミュエル・Butler の長詩 Hudibras の 345 行目の辺りにある、*Quoth he, To bid me not to love, / Is to forbid my pulse to move* 恋せぬと頼む事は、血脈の動くも、*/ My beard to grow, my ears to prick up*, / Or (when I'm in a fit) to hickup* 顎鬚を生えるも、耳をぴっくと立つも、発作中のシャックリも、禁止する如く。*Command me to piss out the moon, / And 'twill as easily be done.* それ出来れば、月の光を小便で消すようにも命令すれば、いと簡単に出来るとも。（*兎年のためか耳うごかす人を羨ましく思う。）

寄徒者・仇人恋

女の本よりあだに聞こゆる事など云ひて侍りければ
後撰集　雑三★あだ人も無きにはあらず有りながら
我が身にはまだ聞きぞ慣らわぬ　実頼左大臣 956 以前

*Not that there are no false-hearted lovers, there are, we agree,
but I must say, I am not yet used to hearing it said about me!*

相手が彼と他の人と勘違いをした可能性もありうるが、直接に「間違っているぞ」と言わず、このように詠む方が親切で、説得力ある。

寄別恋・寄後朝恋・寄衣々恋

★あかぬ夜を月ぞ／＼と言ふ程に
げに白むまで別れかねつゝ　為家　1198-1275
（飽かぬ＝明かぬも月＝好き？も兼ね＝鐘も不可英訳）

*Not tired in the least and not wanting to leave until noon, I said,
"It's just the light of the moon!" & day broke with us still in bed.*

再載 E7-5 ★帰りつる今朝こそあらめいかにこは
ひる間も知らぬ袖の影色ぞ　兼宗　1163-1242
(いかに子⇒日光？も昼間＝干る間も未解読)

かさぬ草紙★別れゆく身には名残も惜しからず
心をそえて遣ると思えば　「和泉式部」桃山以前？

I have no regret with respect to my lover after we part:
did I not send with him what matters most? My heart.
(概念狂歌の好例として、せめて複数の英訳トライ)
Why should I feel regret if he and his body leave mine?
I sent my heart along w/ him, so, believe me, I'm fine!

★借り着せしさゝの一夜の帰るさハ
ぬく時をまた衣々にして　道増　T11　室町？
(笹の一代⇒夜も抜く＝脱ぐも？衣々＝後朝も英訳無用)

Wearing a borrowed robe for a one-night stand I must return
by stripping as we part brings irony to parting time I learn.

左は「夫木」再載の『六帖』歌。「月＝好き」かどうか知らないが、無ければ狂度は今一つ。中上は、飯盛の狂歌集より。昼＝干るは貫之の好む掛詞だったが、その類の屁理屈が中下の笑話の本『かさぬ草紙』に拾った式部の歌の特徴でもある。心を添えて遣る「だから」は立派の概念的狂歌。右の未解決の抜く可能性を捨てて、脱ぐを選び、皮肉の読みを択んだ。日本語に弱い方に、後朝の当て字「衣々」を教える必要がある。結局、我が心の中にも生きる式部の中の首を勝つ。

★逢う時の寝巻につゝむ嬉しさを
今朝は跡にも置みやげ哉　伯水　T37　1679

All my delight I leave behind this morning for you as a present
wrapped up in the night-robe in which we shared refreshment.

★死にますと言うて夜すがら抱いてねて
　今朝の別れハよみぢ帰りか　月洞軒　T40　元禄

*A night spent in embrace 'dying! dying!' dawn is, instead
of just a parting, a return from the Land of the Dead!*

　　蜀山家集中★別路は鞠の稽古に似たるかな
　先へ一あし後へ一あし　金鶏 網雑魚　天明中

*Our parting resembled nothing so much as kickball
one leg moves forward, one moves back, that's all.*

左の置き土産は少々陳腐で英訳にマーク・トウェインが交合を肯定的に言い表す refreshment 御馳走（こんなに気持ちの良い婉曲は珍しい）で改良訳させて頂きました。中の月洞軒の傑作は、無敵。寄黄泉路恋、寄死恋とむろん寄後朝恋の最高の歌で多くの本にも紹介するつもりです。右は。空間の前後で時間と心理のそれも描く。後朝と無関係が、若き頃の棒高飛び競争で、後五分又五分で宵が一分一分暗くなりながら一時間も遅れて家へ戻った事など思い出す。暗さの中での棒高跳びが危ない。しかし、相手が勝っていると、もう一番…。

　　★はぐゝみを返すには似ず明からす
　噂に孝行な我につれなき　幽山　k7-3　1813

*For a crow supposed to repay parental kindness, this noise
at dawn is bad and makes one who loves his/her mother sad.*

　　★せなを遣りし明のカラスか雁ならば
　言伝まじを今朝の玉章　百丈 k8-1＋寄鳥　1814

*Is this noisy dawn crow sent to me from him? A flock of geese
would be better than an oral message, I want a letter at least!*

寄孝行恋と思えば通じやすい右の首は。恋がバレたら母も泣く。よって、同じ孝行類同士の烏にアピールする。右の「言伝まじ」の濁点は我が選択。理屈は、右が複雑。左は暖かい。勝負は、どうしよう。

★逢ふ時に心のやみは晴れぬれど
明るく帰る後朝もうし　金鶏　天明

*Upon meeting, the lovesick/darkness in my heart cleared up
but the trip home after parting in the light brought me down*

★E9-3　1815★出て行ん人を留めんよしなきに
隣の方にはなもひぬ哉　作者不知　或云　猿丸太夫

*I thought to stop him from leaving, but that's the way it goes –
he couldn't stop the neighbor from suddenly blowing his nose.*

同★言い尽し語り尽して別れ路は
あらためて事の出来し心地ぞ　琴葉　E9-3

*You tell her all, then, stories exhausted, hit the road,
and you feel that things have just started all over again.*

この後期江戸狂歌は、俳句に負けぬど現実主義、そういう感じですね。これは一流の小説家でも書きそうな詳細だが、良くても狂度がたしかに低い。右は好きで持ちか。とは言え、後になる題はそっくりだ。

寄離別恋・寄絶恋恋

★いつの間に手の切れたやら音信は
無しも礫も打たぬ也けり　伯水　T37　1679

*Eventually we parted our ways and though losing touch,
have not resorted to rock-throwing and such either.*

『日本国語大辞典』に「まるっきる音無沙汰がない」が義なる慣用語「梨も礫も打たず」の用例が、近松の 1703 年の世話物浄瑠璃『曽根崎心中』と 1787 年初版の『譬喩尽』であるが、1679 年の『銀葉夷歌集』に出た上記の狂歌というもじりが既に出ていた。しかも狂歌の「〜も〜も」慣用語で音信無しは無害で礫は困るで、一茶が何回も句にした「香も立てず屁もひらず」ような語句を覚える。解説は少々やり過ぎ。狂歌の魅力は、その恋歌に期待しない素朴であることでしょう。

★物種となるよしもがな恋の根を
絶えて頼みのあらぬ命も　度水　k15-5　1811

*Could it but become the seed of something – wish I knew,
but with love's root dead, all hope in your life dies, too.*

★契り末し連理の枝も枯れ／＼に
片翼の鳥の宿りなき身ぞ　貞旨　K19-3　1815

*When fused limbs wither away, vows are left in the lurch
and our double one-wing bird – it no longer has a perch!*

左は、子供も残らない絶望か。命という語に「居＋後」と云う掛詞がオチになるか。誰でもを your に英訳したが、my か one's か a man's になっても OK か。右は。契りの空想化も枯れてしまうが悲しいか？

★妻を捨て山に入りぬる御仏の
跡したいゆく君ぞ恨めし　夢庵　1768

*He left his wife for a pleasant plot up in the temple-filled hills,
and she, who would follow her lord, resents her 'hotoke' still!*

1820 ★旅ならで君に別れて只ひとり
とまり所もなき我が涙かな　便聞舎物成　E11-2

*This is not a trip, separated from you, I am all alone
without a place to stay even my tears cannot stop.*

中下の天明前の江戸狂歌で原題は「仏によせて恨む恋」。尤の内容だが、只の描写という歌体は、今一つ。右にある「泊り⇒止まり」の転掛だけで勝つみたい。離別と絶恋の歌は、どちらかと思えば面白い首が多い。或いは愉快なる歌に目がないから、悲しい類こそ傑作しか拾わなかった為にそう成ったか。撰集は、編集者の心を様々のところに映る。逆に好む題に甘いから、駄目になりがち例もあるかもしれない。

寄我死恋・寄生変恋？

★我死なば火桶の土と成してだえ
冷たき君がぼゝへ入るかに　貞富 T30　1672

*When I die, I'd become earth for a brazier and to be blunt
with the glowing heat I'd rise and warm your chilly cunt.*

貞治の死なば酒屋の桶の下に、と云う 1666 年の『古今夷曲集』の歌の焼き直しか。万葉集の旅人同様に酒樽に生まれ替わりたかった派生歌だが、変種が多い。「★～備前伊部（いるべ）の土となり・徳利となりて酒を入れたい」爺と「★～同前句で・尿瓶となりてちんぽ入れたい」婆の歌と組む。書留めなかったが、すり鉢に成りたがったお婆さんもあり。最高の例は、恋と全く無関係の辞世。ご参笑のために「われ死なば酒屋の亀の下にいけよ若しや雫くやもりやせんあん」。掛詞が不可欠で英訳は守屋仙庵を韓国人名に化けざるをえなかった。*When I die just bury me with a keg above my head! One thing ／ I'll be a grateful dead if we can also be ... Lee King.*（お解かり？ Leaking＝漏りている）。

本章もちょどよかったが MicrosoftWord が勝手に全てを変えてしまったから、急いで、行と行の間の丹念に調整したところを消したり、泣きたくなるんですよ。こんなにソフトに苛められては良書は作れまい

品々

寄紙恋・寄文具恋

★頼むなり 此世で逢わずはあの世でと
思ひすぎわらのカミも仏も　月洞軒 T40 元禄
（下記の英訳は思ひ過ぎ⇒杉原も紙⇒神抜けたが）

= on paper meant for two in bed, I write this poem instead =
*Do we not meet because our prayers for love were so strong
we overshot this world and got bound together in the next?*
（↓神と仏は思い過ぎる人々がこの世に合わぬと思うか、と）
*Do gods and buddhas want those who love too much not to meet
in this world for such might defeat the idea of heaven in the next?*

常世ならぬ床用の杉原紙に書かれたが、ただ理屈で逢わぬ恋を慰むか、神と仏への憤慨も込むか、日記のみに向くか奉納用歌であろうか、敬愚には判り難い。専門家のご意見下さい。別な読みもありますか。

寄筆恋

★うき名をばゆひたてられし筆の毛の
しかと逢う夜は未だなけれど　月洞軒　T40　元禄
（結立ては筆毛か結ひか指断てられ？鹿＝しかと又未解読）

*Our names are out, but while I'd be thy sweet-hart my deer
brushes are bound hair, and ours has yet to tangle at night.*

色々と考える中に、指を四つ立てば鹿の筆も造る非人の方との浮気の歌かとも空想したが『古狂歌 色を好む男』を書く前に解決したい歌。

1813★舐められて心嬉しき鹿の毛の
筆に思ひのたけを言わせつ　酒倉足住　E8-5
After a good licking, the hair of the deer has a happy heart;
the tip of this bamboo brush is so full of love to impart.

1811★かなう迄おくる文かく筆先の
坊主になるかと思ひ乱るゝ　三津丸 k16-2
（叶一語の意味も坊主が禿げになるも英訳無用が）
This brush-tip writing letter after letter until she falls plunk
even a love-crazed mind notes it may first become a monk.

左の思ひの丈＝竹が英訳無用が、最好は「舐められて嬉しき」という語句だ。鹿であろう、猫であろう舐められたら嬉しくなるし、鹿の縁語のそれで柔らかくなる雰囲気も醸されている。右を bald as a monk 坊主ほど禿ると先ず英訳したが、音字の余裕がなくて、英語で禿と限らぬ monk にした。日本語の解らない人に英訳を見せたら蛇足も要る。

1811★そも君ハしんに一物有馬筆
われを人形に出したり入れたり　蛙慶 K16-2
I'd say you've something hidden in your heart like an Arima pen,
to use me like that doll, displayed then dropped time and again.

有馬のからくり名物は、有馬で遊んだ貴族が多かった初期狂歌にしょっちゅう出てくるが、中にある隠し人形を自由自在に出入させる事を、こんなに適切な見立てと云うか比喩にした狂歌は、一首も知らない。詠む蛙慶の狂名の直前に「江州彦根不知哉連三五亭」とある。

或女のもとより古き筆送れよとありしに寄古筆恋、
1729★玉章に書き尽くせともつれなくて
我が身も共に絶えむ命毛　幽松　T46
（筆の命毛という芯もなく英訳無用）

1803★焦がれ／＼今は胸をや焼き筆や
先に靡く毛ちともないから　琴之　k14-2
I burned for you but now my breast is a brush ready to burn,
sans hair for a heart that might do what your's won't: bend!

★かくばかりぐにや／＼と腰のない
君はしんじつ真なしの筆　笑馴　k14-2
Like all you write, not limpid but limp as hairs lacking a hip,
you are a heartless brush and too spineless to even be flip!
（筆の腰は英語にないから他の通じる表現色々と思えば）
you're a heartless brush who can't hold ink, in short, a drip!

左は幽松の辞世か絶筆でなかったら、通じなかった。中の男に「んもう、遅すぎるぞ。手紙交換は無用」と伝えるに「毛＝気」もない掛詞も中々いい。右の連続悪口は、好きにはならない。という敬愚の裁きは公平か。Wait! 筆―不出、現れなかった掛けだったら…？

寄無筆恋

1812★恥しや筆持つ術もしら紙を
丸めて人にぶつつけるとは　浅草干則　E8-3
The shame of it! Not knowing how to use a brush she draws
a blank, then, crumbles it up and . . . throws it at him!

冬恋★或いはわらわべの雪礫ほど遣る文を
丸めて投げる君ぞ辛けれ　雪翁　E11-2　1820
I'll be curt: to crumple up and chuck as many letters
as snowballs thrown by children must hurt the thrower.
（↑相次ぐ失敗作が遊女か↓翁の玉章を投げる女か）
To know that you crumple up and chuck out as many
of my letters as snowballs children throw hurts me.

1785 ★思わずよ世にうかれ女の八文字
その駒下駄もふみかゝぬとは　銀杏満門
（浮＝憂かれも踏み⇒文も英訳無用）

左は楽しいが「無筆下女紙を丸めて投げつける」ような川柳の二番茶かと思えてならぬ。中の雪礫も出ると新奇ですが、辛いのがどちらかと外人の敬愚は判らない。右の原題「傾城無筆」の出典の記を失った銀杏満門の練り歩きが難しいくせに、という可笑しみも有る右は勝。

寄硯石恋

元禄★返り事すゞりの石の海の底の
深くもあらぬさまがことの葉　月洞軒 T40
A reply letter straight from the bed of her ink-stone sea
yet the words are too shallow for a guy as deep as me.

1713★哀れしれ筆の命毛きれやせん
硯の墨のくろうする身を　藤本由己 T41
（黒＝苦労で人の為に恋死しそうな筆を意訳）
How pitiful, that innocent brushes must wear out and break
their hearts upon the ink-stone to further our love-making.

1768★沖ならで海と云う名ある硯石の
濡れてかわかぬ恋もする哉　山之 K23-1
Though not offshore, it is called the Sea; for an ink-stone
can be so wet it never dries when one in love lives alone.

三首それぞれの硯の比喩。左の微妙な掛詞「さまが如⇒こと葉」は見過ごし易いが、硯は海ながら浅いと言うどうけた理屈ですね。とは言え、月洞軒の批判と右の定義よりも、中の中期江戸の由己の文具の方

を哀れむ心は気に入りました。右は海の濡れない時もない岩は、和歌の陳腐で川柳だったらクリトリスになるが、狂歌は和歌に常。

寄墨恋

元禄★胴欲におしゃれど恋をする墨に
書き黒めつゝ文は遣り候　月洞軒　T40
Call it lust if you must but rubbed for romance, the ink
from my stick blackens-out passages in my love letters.
（↑書き黒めは猥褻を自ら消すが↓は手紙自体は罪）
Call it lust, but I use the ink I rubbing make to write her
love letters that are at heart blackening white paper.

この狂歌は文法音痴の敬愚にとって両義的で歌意の選択に困るが、諸君は？江戸文学の専門家は？※寄文恋と寄手紙恋と寄絵恋は後にある．

寄人形恋

1776★かみかけて見せても君がうつり気は
影絵人形の返す手のうら　素可　k12-1　PIC
（紙＝神も、移り＝映り気＝影？も英訳無用）

★約束も土人形のかた思ひ
妹と背中もわれ／＼となり　塵積　K14-2　1803
Our promises became mere molds of mud dolls, one-sided love
where what was 'us', crumbling, broke apart into me and her.

★あだにのみ立つ雛形の堂よくや
我が十分の一君は思わで　吐虹　k14-2　1803
I hate to see your palace of cut-out dolls reflect the truth
that you care for me but a tenth as much as I do for you!

左の比喩は大体わかるが、影人形の返す手の裏の具体的なイメージはないから蛇足ない。ご免。中を読みながら覚えた：I＋U＝WE という一体化した二人と、と我＋我が我々という個々がそのままに残る日本語の複数一人格の違い（日本人論の日本人対外人＝欧米人の対極的な通念と反対になるから、拙著に面白がった）を、その違いを知らずも活かしています。というと、片面しかない人形も組み合わせたら We になるが、その二人が「割れ」離れば、我＜対＞我の I と U へ戻る。概念遊びはご免。考慮させる所もあった歌だ。片思いはまだ恋人になっていない方になる。少なくても歌の中の 99％は。ここは婚約か。相手が別な人に惚れて、結んだはずなカープルが、われとわれに…。右の歌の人と人形の大きさの違いで恋を比べる事が明瞭ながら新奇で勝首。ただ、堂よく⇒胴欲つまり相手の浮気も仄めかすか？

1812★しほらしい君が目もとゝ言いよれど
返事さえまだおぼこ人形　蔦江（女）k29-2
（ぴんと来ない未解読が、おぼこ人形は丸い顔か）

自分のことがまだうぶで、ご返事を慎むことでしょうか？

寄大津絵恋＋街道鶯

1776★妬ましい君は心の大津絵に
わしや鬼となり独り寝ん仏　芹汀　K12-1
Jealous your heart turns ugly as a woman in an Otsu-e;
I become hard as a demon and sleeping alone just pray.

1776★喰い付いて引く褌の誰々も
恋に目のない人ぞ大津絵　潮月　k12-1
Clamping his teeth on the loin-cloth, desire's cur pulls him along
and when it comes to love we're all the blind man in this otsu-e.

左の鬼になたら念仏するという概念は、判り難いが、右の絵を見たためか、判る。盲の褌を前から引っ張りゆく雑種犬が意外に小型だった。

寄張子恋

1803★離れじの身の煩悩の犬張子
たとい二つに引き分くるとも　英雅 K14-2
（張子の英語はないからこう英訳しても通じるか）
*Our bodies bound like paper-meché hounds of passion
split into two parts will still remain in that same fashion.*

1803★ふり捨てて一夜も内にいぬ張子
我が身を閨の飾り物とも　可呑　K14-2
（居ぬ⇒犬の転掛詞は無ければ英訳無用）

同★飼い付け？りや君が心の犬張子
顔の作りが人らしいのみ　虎渓 K14-2
*That dog you keep, thy own jittery paper-meché heart,
only the face on it seems a somewhat human part.*

同★忍んだを咎められしが犬張子
今は二人が側に寝させて　其風 K14-2
*Sneaking in, my sole reproach was this paper-meché dog,
he wagged his head but now, sleeps next to us like a log.*

中上の可呑の英訳しかねた憤慨の首の「いぬ」の動詞化が上出来が、右の其風のハッピー・エンドが何よりも。現実的な「咎められじ」だったら誤訳になるが、情交終わった二人もぐっすりと寝ている傍に張子も停止でしょう。張子も人形同様に上方狂歌に殊に好まれた。抜：「張抜の頷き女夫仲の良さ牛と寅との一ッ違いて」貞国 K9-2＝1801。

寄口車恋：改造版は人体章寄口恋へ！御免

1794 ★偽りの口車とは知りながら
つい乗せられて心ひかれつ　三方長熨斗 E4-3
（口車の語源も知りたいが、英語にない事です）
Though I knew his/her tongue-powered cart was faux
I still jumped on and now my aching heart drags in tow.

1799 ★などで君はや呑み込みの口ぐるま
今日もくる／＼明日もくる／＼　道有 E5-4
（口車も繰る＝来るもなければ英訳無用）

1819★向こうより乗せくる恋の口車
うしや心を引かれぬる身ハ　玉盛　E11-1
（口車も憂し＝牛もなければ英訳に乗らぬ）

★九十九夜榻に通いし思ひより
辛きは君の口車ぞや　花イ　K16-1　1810
Going to the diva's place 99 nights in a row driving an ox-cart
is less travail than being tossed about by your rough mouth!

口車は面白い言葉で直ぐに乗りたくなりますが、等しい英訳がなくて、悔しい。牛車の乗り降りの踏み台なる榻の通いは可笑しくも九十九夜も堪え死んじゃった少将。それよりも人の口車が大変という花イの上方狂歌は悪くないが、中の首に余韻あるかと思う。

寄車恋

★いかにせん願いし神の力にも
引かぬ思ひの片輪車は　実鈴 E9-3　1815
（せん＝千も思ひ＝重いもの片輪＝片思も英訳無用が）

*One-sided love is like a one-wheel cart and there is no way
even the gods can pull that though they must know I pray.*

寄風車恋

★風車の風のたよりもないぞうき
　口でふうふと言うた斗りで　芦丸 K26-4　1794
*Even the windmill is no help, for all that leaves the mouth
of the wind, is fuufu(man and wife) so our love is left out.*

夫婦というばかりで、夫婦と限らない浮気にとって役立たないと云う
解読は正しいか。この題、改造版では人体の寄口恋の直ぐ後にしよか。

寄舟恋

★問へかしな（？）沖の白石しらずとも
　物思ふ舟の無きこがるるも　俊頼朝臣　夫木
（船⇒寝もなき？漕がれ＝焦がれもなく英訳無用）
*I would ask, but the white rocks offshore tell us nothing:
with no boat for love, how can I be yearn(row)ing so?*

天明★今ぞ知る胸は涙の大海に
　不断浮かべる君をふねとは　酒月米人
（舟＝不寝が英訳が不可能ながら意味が通じる）
*As my breast has become a sea of tears, now I know you
who always pop up in it must be my fune* (boat=insomnia)!*

1812★ござったと是は思ひのほかけ舟
　いつの間にやら風が変わった　鼻垂　E8-3
*You think you've got it, but Love's a sailboat called the Blues,
before you know it, damn if that wind hasn't shifted on you!*

左、俊頼の和歌の歌意には自信ない。右の鼻垂の思ひの他⇒帆かけ舟ほど楽しい前句こそ御座らまいが、概念は平凡。明らかに中の天明狂歌米人の「君を舟」の可笑しみ有る歌の大勝。ただし、「舟＝不寝」という発想は、敬愚の一人合点か本当に原文にあるか、判りかねます。

寄釣具恋

1777★一筋にあらで恨めし蛸縄の
あちこち結ぶ君が契りは　山居　K13-5
（恨めし⇒飯？蛸縄も筋と結びの含蓄は英訳無用）
How hateful to find she cannot stay on track but like a line for catching Octopus the naughty girl ties up right and left.

1811★締め？あうた手縄も延て鼻毛とも
いわるゝ程に打ち込みし綱　季隆　k15-5
（鼻毛の含蓄も英訳無用が誰かこれを絵にして！）

左の云う「蛸縄」とは長い縄が縦に横に一定しない配置と長さの副縄に蛸の餌ある。大辞典になかったらネットで見つけた。やはり辞典を作る方はもっと狂歌を読まなくちゃ。英語で「結ぶ」とは結婚の **nuptial ties** があるを、犬のそれ以外には、交合を指すにはめたにしか使わないし、naughty に knotty に knot を見出す読者ももないから、狂訳は今ひとつです。右は面白そう。鼻毛歌の大ファンだ。綱、つなであろうか、誤植で網、あみであろう、ぴんとこない。ＳＯＳだ。

寄網恋

四生歌合　1643★我が思ふ心ばかりをかけ網の
〆に見ぬ世にもすみ田かわかな　いつかみやことり　T17
（心かけ⇒掛網の目⇒眼に見ぬも住み⇒隅田河も英訳無用）

My love lives in a world seen only by the eyes of fence-nets
above and below the Sumida River by which we met.

原文は鳥巻で「網による恋」。かけ網は、引き網 dragnet か垣網 fence-net か解らないが、後者にした。泥湿地だった隅田河を見た業平が読んだ名歌「名にし負わばいざ言問わむ都鳥わが思ふ人ありや無しやと」から長嘯子は、詠者の名を借りたか解らないが、目に見えぬ世は 1617 年よりできた吉原かと思う。河を見下す檻（？）は確かに垣網と類似する。調べたら貝と蟹が主食で Oyster-catcher とも云う鳥で、貝を女陰と思えば。出鱈目の貝説か。専門家の解説を見たい。

★打ち網のいわねど目には洩れ出でて
　深き涙に沈む思ひを　鈍及び　K13-1　1753
（思ひの火の、辞典にないが表氷魚に化ける比喩か）

後になるが、岩の鼻に立ち網を打つ北斎の富士画もあるが、思ひを火ではなく、氷魚という細い小魚で網目から落ちると涙っぽく見えるから涙の淵に沈む涙その物でしょうか。この狂歌にも参ったかも。

寄杖恋

★寄世話恋　恋の道転ばぬ先の杖もがな
　口の滑りし跡のくやしさ　智恵内子 E4-3　1793
For Love's Path, I wish I had a cane like the proverbial one
to prevent a slip of the tongue before the deed is done.

「〜ぬ先の」言葉扱いは、我が好む日本語だ。英語だったら、「転ぶ先に何とかすべき」（before you fall）という一通りの文法しかない。そのために、飛び渡らぬ先の唐の大鳥の七種叩きの歌も気に入る。あれを聞く子供は文法に対する寛容と云い、遊びも身につけるかと思います。天明狂歌の Diva 智恵内子には同天明狂歌の大御所の旦那さんもお

られたが、やはり題詠みになると私事と受けなくてもいいから詠む自由ありました。＋寄用意恋、＋寄杖滑転恋。

1776★恋に目がなければかもの杖もがな
何ごと口解かむ道の知りたさ　やますみ　K12-1
（↑誤りか。鴨長明か、加茂かなければ⇒馬鹿者か、
ごとよりも何字＝汝？くどかん＝口説んの誤打か）
If Love is blind, what this fool wants for said Path is a smart-cane:
for having to win thy heart without such assistance I am lame!

ネットで加茂と云う町で怪力の大男ずんど坊が杖にしたと云う岩（！）がある。唯一の写真では陽物っぽい感じもしたが、その杖だったら「岩＝言わ」の掛詞なければ手落ちになるから、鴨長明の杖に傾いているが、その検索では、彼の「君がために」神山に切った白玉椿卯杖を献上した歌もある。当杖は宮中で正月初卯の邪気を追い払う用らしいが、どうも恋のための物知りか予見できる霊気杖のような感じではない。参った。英訳の言う通りでしょう。恋は見えない馬鹿で杖の助けなければ口説くには、よく進めない。

寄杭恋

★言い寄れどたゝくにゃ／＼と返事さえ
水はね杭のかむりふる君　丸幸　K11-1　1820
（寄るも叩くも波用語で水＝見ずも振る慣用も英訳無用）

1820★打ち込みし君が心も腐り気か
ちかいもみずにかむり振る杭　存架　K11-1
（誓＝近い＝誓いも見ず＝水も杭＝悔いも英訳無用）

上記は、「一門の月次狂歌会の刷物を合わせた」「ひなぶり歌」の1820（文政三年）成立『狂歌あさみとり』にある20首「寄杭恋」より。

寄鎚恋

　　1679★変わらじと誓いにかねを打つ槌の
　　ちんからころり死なばもろとも　伯水　T37
　　（擬声語のちんからころり⇒ころりと死も不可訳）
*Striking a bell, we vow never to change as it rings long
and to cling-clang together until the day we are gong!*
　　中国の大皿みたいな鉦 gong が gone＝去りにけり↑
*We vow never to change as a bell struck goes ding-a-ling
and to hang together until our death completes the ring.*
　　小型で原文のような可愛いさを求めたが失敗作の様↑

擬声語擬態語集（明治 43-5 年）で、鍛冶屋の槌の音、また合槌の音が、からり、ころり、ちんからり（長唄、木遣）、又、薄田泣菫の短編「小壺狩」に「鈴を振るやうな美い声でちんからころりと鳴いてゐた小鳥」もあるが、狂歌は、その二百年以上前。愛嬌ある相槌っぽい小鳥か虫の擬声語が理想的な共なる即死へ転じる掛詞に良訳は無理。

寄釘恋・寄鎹

　　★離別せんいやのかちゃれとやかくと
　　思案半の子はあいの釘　意楽 T37　1679
　　（思案半ばとはその鎹まだ産んでいない妊婦の歌か）
*Fearing to hear "Let's separate, do as you like, I'm on my way!"
she hopes their baby on its, will be the clasp to make him stay.*

赤ん坊を身ごもる女体、ホルモンなどが血を満たす。喜びあれば、心配も盛る。そういう妊婦が詠んだ物思。「勝手にやれ！」という男が女の観点を代詠したか。あいの釘は、かすがいの事と読んだが、「子は鎹」という諺の英訳に苦労した思い出もある。間違いない「鎹」と

いう意味を伝える一語は英語にない。Fencing nail, carpenter's clasp と云々なる。

★昨日まで術を祈りし神の木に
今宵は釘を打って変わりぬ　落丸 k29-2　1812 か
Into the same tree of the gods she prayed for skills that failed
to save her love, this evening she will drive in six-inch nails.

機知不足で片手落ちの狂歌になる。天明狂歌には狂歌数首もある狂文もある。釘打つ魔法使いを止めさせんとする何千字の実話だある。タイプ打ちが遅いでなければご紹介したかったが、本版に入り損なった。

寄塩竈恋

元禄3年★思ふ若衆又その若衆思ふとて
身を焦がす我や八重の塩竈　月洞軒 T40 題不知
The gay youth I longed for, well that gay youth was my fan,
so my body started burning like an eight-layer salt pan!

若衆は決まって塩尻。月洞軒の師信海のおやまの冨士も、塩尻。拙著『古狂歌色を好むさし男』にも入る首だが、昔の日本には両色が多かった。月洞軒は女色を男色よりも好きだったからこそ、これは面白い。

寄香恋

1524★後朝の飽かぬ匂ひを形見にて
独りふせごの床ぞ寂しき　藤原実隆？T8
This scent I never grow tired of remains from parting at dawn,
but how lonely the sight of an incense basket in bed alone!
（女の代詠みとおもえば、火葬舟の跡の寂しき異狂訳は↓）
His memento the next morning is this scent of which I tire not
but laying in bed this incense basket recalls a pyre no longer hot

明く伏籠は、火鉢や香炉を中におく竹製か金属製の籠で、布団を上に置くもあれば、その中に入れる小型のもあったか。或いは、己が身が伏籠になったか。英訳にその可能性も生かそうとした。読者諸君、本当の伏籠が捨てられた小船の如に床の海にあるか、詠む人はふせごか。

★忘られぬ香のつく袖をきぬ／＼の
涙に洗い流す苦しさ　紀寛　E8-3　1812
*How sad that when we part, the perfume so quickly disappears
as our sleeves gets washed out with these streams of tears!*

変恋★仇人の魂しゐ変えるかもあらば
我が胸の火にくゆらせて見ん　方雅　k8-2　1818
（可＝香の掛詞が無ければ、可笑しみは減るが、英訳）
*If incense might by any chance reach one who won't love me,
nonsense or not, I'd burn it in my flaming breast to see.*

左の perfume という英訳を非難する前に、本来、即ち語源は「通煙」ないし煙を通して香を布やら、空気（病魔払い）やら、膣内（古代エジプトなど北アフリカで器に入れて、上にしゃがむ）で香に通じる。

寄薪恋

1649★明け暮れの燃ゆる思ひにくべてだに
焚きも尽さぬ我がなげきかな　未得 E15-1 再載
（古代よりあった嘆き＝投げ木は英訳無用ながら）
*My yearning blazes day and night yet the fuel will not run out
for I've memories to burn in a blue forest full of heartwood.*

英訳は成語句に新造語に木の一部。Heartwood は脂一杯の芯？になる。

寄焼印恋

1811★こひ詫びて苦しき胸の火をたくも
手を焼印のかた思ひから　季隆　K15-5-60
（焼印の型⇒片思ひは英訳無用が、なぜ手を？）

寄蝋燭恋

1649★こぬ人を待つ夜にともす蝋燭の
思ひ焦がるゝしんのくるしさ　未得　T24 又 T27

How painful it must be for the yearning heart, i.e., wick
of candles burning all night in vain for one far from quick.
（上記は説明訳。脚韻で狂訳をさまにしたければ来ぬが女）

It truly hurts for a heart that yearning burns down like the wick
of a candle on the night you wait in vain for an unfaithful chick!

漢や韓詩には蝋燭の涙数多。「馬鹿げた擬人法だよ」と文句つける者
おられたら未得は「蝋燭が流す涙の暖かさも恋しいと思わないか」と
答えたかも知れないが、世界に珍しい大頭なる和蝋燭に人の風味ある。

寄灯恋

★行灯に寄せて不逢恋、
いつのよに閨のともし火かき立てゝ
二人の影を並べても見ん　夢庵　E1　1768

In the bedroom, one night I shall light a lamp just to show
our shadows side-by-side . . . but, first, you have to show!

二人の影を見たければ、灯火二本で自分の影の二重を見たら、いかがでしょうか。夢庵も坊主ならば影法師にちょどいい。いや、温かい歌だ。閨用の灯火の後ろで鏡っぽい金属の反射板？あったら陰と限らぬ。

1799 ★ 恋やみと云えども胸にともし灯の
更に思ひの消える夜は無し　日出亭鍋鶴 E5-4 寄火恋
（病＝闇も思ひ＝火も無いが胸以外に説明的な意訳では）
Lovesickness sounds like the dark of the moon to us but, hey,
longing burns and fire is light, so my nights are bright as day!

1799★灯火の口をもとめて君と寝ん
戸の節穴の光はなせば　日暮里　E5-4
（灯火を求む夏虫の妻が詠む歌でしょうか）
I'd seek out the mouth of thy lamp to sleep with thee
should knots w/ holes in the door emit light for me.

左は。確かに物思ひすれば、よう寝ない。あったかも夜が明るい。例え絶望が闇であろう。恋病の闇の掛詞を言わずに弄ぶ理屈より頂く望みの明るさ。百薬の長は、お酒ではなく言葉なる。とは言え、狂訳は単なる単語を笑う物思いの確認する歌を微妙に肯定的に曲がった。これは気の薬を売りたがる敬愚の勝手ですね。右の歌意には自信ない。寄灯火よりも寄夏虫みたいな大筋だ。又、君が灯火は天照の女神だったら無視夏虫の妻は男になる。

寄行燈恋

1803★指までも切り売り店の行燈や
粋と西瓜の巴に添う身は　量太 K14-2
Even fingertips cut & sold at the sell-by-slice grocery
with red lanterns round as melons & her cool body(?)

上記の題が以上の通り。遊楽街のそばの八百屋か。まさか、そこで買い物がたりに、指切りを頼む遊女か舞妓かなんだかの嬢らもおられたか。そういう通ではないが、切り売りと云えば、敬愚にも話がある。来日して間もなく、八百屋に切り売りの無さを嘆いたら「日本は個人主義じゃないから」という日本人論を喰わされた。昔の江戸こそが世界の切り売り京だった事を、あの情けないお爺さんが知らなかった。当時、日本人の出稼ぎの独り者が多かった。残念ながら、『反日本人論』書いた敬愚はまだ江戸の切り売りを知らなかった。理屈が道理でも聞いてくれない。歴史の先例は、効く。恋と関係ないが、寄恋歌でない「雨後西瓜」と題された可由の中期上方の首もご参照に＝「切売に降る夕立もさっぱりと西瓜の後ぞこきみようてる T59」（売てる＝照る）。江戸に限らなかった。量太の「指まで」も上方だったし。

寄火取恋

★思ひあつく顔もひ入にくどく身を
せめて返事のハイと言えかし　令風草成　E5-4　1799
（思ひ＝火も火＝日入も yes のハイ＝縁語灰も英訳無用）
Thinking of you, my blushing face burns up and wooing you
only I crumble into ashes, be kind enough to reply, "Hai!"
（口説くに砕く灰になる身が詠人↑か相手↓判らぬ）
Passionate me, my face ablaze, if burning words of love
by and by reduce you to ashes at least reply w/ "Hai!"

寄緒恋・寄魂の緒恋を、改造版で人体の頭へ？

時有娘子 夫君見棄と贈歌★白玉は緒絶えしにきと聞きしゆゑに
その緒また貫き我が玉にせむ　万葉歌 3814 当男は不知改適で

その女のご父母の答は★白玉の緒絶えはまことしかれども
その緒また貫き人持ち去にけり　即ち改適之縁也 3815

<offer of man to a young woman abandoned by her mate>
Hearing the string through thy precious soul was broken,
I'll gladly rethread it to keep this pearl as my own gem.

<reply of her parents guessing he did not get the news>
Our pearl's soul-string did break but she is not forsaken
another has already restrung it and she left with him.

玉は魂で白いのが命で緒が息かなんとかも読んだりするが、確かなことはその白い真珠は心身も美しい皆も宝と思われた玉の娘で抜けた緒が男であり、英語でいう恋人が我が heart-strings（複数は操り人形？）の様であろうが、日本のそれをいつも玉が一つではなく、数珠みたいなもので魂も神に学んで沢山あったかと想像したが、この万葉歌では一玉だ。思えば、妻や妾何号もある男の方だったら、その魂の緒が切れたら数珠のそれか滝の水が岩に砕くように玉霰の散る感じになるが、万葉歌の男はきっと妻が多かった。あの歌の初英訳を might I という？調より I'll gladly になおしたが、それも丁寧過ぎる。原歌はずいぶん無礼か失礼。万葉#1 歌に、あの残虐の大王雄略すら丁寧に娘を求愛した。「我が玉にせむ」。これは野暮。だからこそ、ご両親の答えを読むと万葉集の編集者を含めて、皆も「良かったね」と思いながら笑ったかと思う。そう云えば、昔々敬愚にも婚約者いた。健康もままで初出世もまだ。一方彼女に名声あっても指噛みの先を不安する人で、出世次第の仮定的な婚約と承知しましたが、いきなり結婚なさったとラジオで聞いた伽が朝早くわざわざ知らせに来たら、彼はダイヤル回さないように自分で確認を取った。喜ぶお母様の陽気な答え「そう、よ！」は「人持去家有」の声であった。

後撰集★魂の緒の絶えて短き命もて
年月永き恋もする哉　紀貫之　945 没
With short lives and soul-strings that are bound to break,
we seek long-lasting love – so I must ask for whose sake?
（↑恋と命の矛盾を示すバター臭い意訳。↓有心の意訳）

Here I am, my soul-string bound to break with one short life
yet I would love this woman for years and years as my wife!

古代ギリシアのヒポクラテスの *Ars longa, vita brevis* 学芸は長し、生涯は短しの和版か。但し、古代日本人は学芸よりも、恋する時間の不足を泣いたようです。のちなる百人一首 89 番のプリンセス式子内親王が詠んだ「玉の緒よ絶えなば絶えね 永らえば忍ぶることの弱りもぞする」の気持ちは大変尊いが、七夕の人気を不思議がったか、いつまでもの恋を願う矛盾を指す貫之の首の方が狂趣あり。
<

★うき恋のならぬをならせ給えよと
一筋にねぎかくる鈴の緒　吟之 k18-1　1819

W/ my petition writ on your cord, bell, ring through the air
that I not suffer the hell of even one more hopeless affair!

★焼鳥にめをとは成さし死んでから
後も比翼と結ぶ契りハ　半月 k18-1　1819
（「へをと」だったが誤植で「め＝女夫」だったら↓？）

The couple turned into yakitori after death, sparrows strung
together as they vowed ever to be a double one-wing bird.

左は蛇足無用が、鳴子にも鞭にもなんでもに禰宜を書いてもいい。ネパールで経を回るか風に振る物に書く。右勝。「死んでから」雀＝からのぎっしりと並ぶ串の焼鳥に比翼鳥の恋焦がれた姿を良くも見た！

寄棒恋

★寝とらんと互いの中に挟み棒
仇な恋路や両掛けの棒　枝風　失出典
（挟棒も両掛棒もない英語は道具なる棒語少ない）

Cuckolded means there's a wedge-pole 'tween you & her;
cruel love burdens both ends of a pole that you shoulder.

1820★つくが先に有るから君が荷ない棒
　　かるいわたしをふりかたにして　正化　k11-1
　　（結婚に着く⇒突く？の掛詞ありうるかどうか）
*We're not quite there yet, but you're the carrying-pole,
so put me on your shoulder, I shall test you for the role.*
　　（どうみても原文もへんだが、はっきりしない頼みも）
*We are yet to get there, but the pole that you shoulder
should have no trouble carrying one lighter and older.*

正化の首の「軽い私」という語句を、どのように受けて良かろうか。

1820★二世までもかことばかりの相棒や
　　かいてのくような嘘に乗せられ　坂道　k11-1
　　（清濁：駕籠とばかり相棒？買手のなに？未解読）

1820★口解くわい我のみ思ひおもる棒の
　　かた荷すりなどして落ちよ君　天足　k11-1
　　（「わい」は駕籠屋方言か？重ろ、肩＝片荷）
*Wooing is hopeless, but this is so one-sided, the pole all mine:
but if my burden slips off & you fall for me, that too is fine.*

残念が、女が詠んだ可愛い歌でしょうか。天足の「落ちよ、君」の君も入る音字的な余裕がなかったが、面白い狂訳でしょう。

寄棹恋

1005〜06頃★大井河くだす筏の水馴棹
　　みなれぬ人も恋しかりけり　よみ人しらず
　　（水馴＝見慣れぬ掛詞なければ英訳無用が）
*Down the Big Well River we go as our rafters boast poles
already well soaked, but I hold dear those not broken in.*

拾遺和歌集『定家八代抄』の恋部では「題しらず」が、見なれぬだと、人妻も雑魚寝の珍味を喜ぶ自白では？或いは、水馴れつまり体験のない処女か少年との恋か。前者かと思う。『古狂歌 ご笑納ください』で万葉歌#2651 の「難波人葦火焚く屋のすしてあれど己が妻こそ常めづらしき」を、通釈と異なって我が妻も煤のおかげで常に人妻の味がする珍しさを愛でると勝手に解釈したが、この歌と心が通う読み方です。

寄曲尺恋

E2-3★恋死なば鯨となりて物差しに
つもる思ひの丈や知らせん　北川北川　1784
If I die of love, may I become a whale and on that scale
let the whole world know the full measure of my yearning.

ネット検索で「元来クジラの鯨髭で造られたことに由来すると云われるが定かではない」となるが、「鯨尺」を聞くとやはり口の中に髭あるbaleen whale の十五インチ程の濾過器の縦何だかでしょうが、鯨はでかいで、なんとなく我が狂訳の通りでしょう。鯨大の規模で計る恋。

寄口笛恋　改造版に寄人体か寄楽器へ？

★さむろ（？）ならで見ぬ人を恋う夜もすがら
吹く口笛の寝られぬぞ憂き　月洞軒　元禄 未解読
To love some one only attendants may see is depressing
as it means you must stay up all night long whistling.

★口笛の合図うれしく戸を明けて
みれば按摩を取り違えたり　春雲　k8-2　1818
Joyfully, I heard our whistle signal and I opened the door
to let in what I recognized (oops) was the blind masseur!

左、月洞軒の 1688＝元禄元年の首が「聞恋」。口笛に関心あるから歌を一応拾ったが、「さむろ」を侍と当ててみたが、同定できず、歌意は良く判らない。月洞軒は、武士ながら侍らうような人ではなさそうで、そう読んだが。右は、戦前の風俗諸説みたいな微笑ましい場面。

寄頭巾恋

1736★こがれてもかひなき黒舟頭巾のちょと
逢ひましよとも言われざる身や　木端　T54
（焦＝漕がれ、甲斐＝櫂なきは英訳無用）

別本「逢いませと」。黒舟が櫓だけで櫂が無き。刃（？）が水面を出入りする Rowing と水面下にずっと残る Sculling も同じ漕ぎながらも、異なる。どれかが何かに良いという討論は、大好きで駄弁を直ぐ止める。後句の意味が難解。忍ぶが外国人との社交に等しいか。山島へ通う白拍子に惚れたか、木端には又、狂歌よりも和歌みたいの寄頭巾恋歌もある「★ふみ迷う恋の山おか頭っ巾の出来こゝろせじ昔くやしき」（主に天明-後期江戸の狂歌ある明治成立の本の pdf で見た）。

1737★この頃は君に心を置頭巾
うなづけばつい落る物をば　李郷　T56
*These days I tell myself if by chance I nod and the cap drops
from my head, it means that you have finally fallen for me.*

頭巾に寄せて不逢恋★我が恋は禿し頭の置き頭巾
うなづくならば落ちんとぞ思ふ　夢庵　e1-1　1768
（題と矛盾する自信というより気の薬になる対策ですね）
*My love is this: an untied head-scarf resting on a bald crown,
all I need do is nod and it will drop down.* (*she'll fall for me)*

寄枕恋

古今集★知ると言へば枕だにせで寝しものを
塵ならぬ名の空に立つらむ　詠む人知らず 905 前
*As it's said they know all we do, we did it without a pillow,
so why is my name not dust in the sky: how do they know?*

★涙のみしる身の憂さも語るべく
人の心を枕にもせよ　伊勢女　872-938
*I would tell him just how sad it is to live on tears alone;
if my heart might become his pillow, I'd gladly loan it!*
（誰が誰の心をと言えば、敬愚外人には分かり難い）
if only I could make another person's heart my pillow!

左の「塵ならぬ身」が「〜名」に化けたようが、枕のせいにした古歌あるらしい。相手がおしゃべりではないかと疑いながら、このような枠に入れて、或いは前提をすると歌謡に歌われても面白い。右を読むとお解かりになるが、枕には録音機が備えたように思われていた。録音機の発明の千年以上まえになると思えば凄いですね。伊勢女の詠む「心を枕に」とは面白いが、桜の花弁似のハート印が今すら日本の四コマ漫画にしか見えない、PC やネットに登場しない事こそ困りますよ。

985 以前★わぎも子が来ざりし宵の打ち侘びて
我が手枕を我ぞして寝し　無名　古今六帖＋寄手枕恋
*The night my man failed to show was a miserable time;
the arm I used for a pillow when I fell asleep was mine.*

正集★せこが来て臥しし傍ら寒き夜は
我が手枕を我ぞして寝る　和泉式部　1030 没
*This cold night my man came and passed-out – fine,
the arm I'm using for a pillow as I lie in bed is mine.*

簡単ながら新奇抜群。自分の手枕で寝たという台詞は有名にならぬも可笑しい。この古今六帖歌の Cranston 教授の良い英訳もあるが、原歌意を百％活かすは我が狂訳に限ると思います。右は、せっかく人が来ても上記なる我が英訳もある、二人ながらの独り寝より淋しき夜半はあるぞ、と詠む。本歌取りながら式部の勝ち。英訳のファインは皮肉です。寝るという現在形は、珍しい。おそらく、十代より馴染んだ本歌と差をつけながら頷きになるかと思う。寝る前に歌を詠んで、紙に書いて、にゃっと笑いながら夫が朝起きれば見るところに置けば、布団もう一枚加えて、良い気分でぐっすりと寝た式部ではありませんか。あああ式部と寝たかった敬愚です。

E5-4★払い来し床の塵もてまじなわむ
枕に貸して腕の痺れを　橘洲　1808 以前

~~I'd exchange all the dust on my bed in one sweeping throw for numbness in my arm after I lend it to her for a pillow!~~

~~W/ one sweep of my hip, I'd throw her on my bed to clean that dust off while we mix it up, if you know what I mean!~~

Our bed brushed-off, let us take that dust for a spell to keep the arms we lend each other for pillows from falling asleep!

橘洲が武士で先ず「払い腰」で「まじなわん」を「交じる」の変形かと早合点、原文は恋の一本勝ながら、英語で二通りの翻訳も要れた。しかし、前句と後句の繋がる筋が弱く、助言を FB で頼めば某大の教授は「塵をおでこに貼ると痺れのまじないになる、という俗信がありました」と教えて下さったら、PC の大ファイルを検索すれば、証拠になる下記の里近の首も直ぐ見つけた！仕上がりほやほやの英訳脚韻詩を捨てるのが惜しかったが、やはり「払い来し＋呪い」が正解だった。

E7-1★払うちり額へ付けん手枕に
痺れきらせし君と我が腕　里近　1812

Who wants numb arms from using them for pillows, instead,
why not let what we dusted from bed stick to our foreheads!

1812★そら鼾するのも恋の肘枕
痺れきらして待つぞ苦しき　三津門 E7-1
Fake snores as my elbow pillow for myself is really sore
and makes all this waiting too painful for me to ignore.

左の狂歌は明白。床払いは恋歌の常になる語だけれど、今までに知っていた呪いは、勃起したままに死ぬ腎虚患者の俤を寝させる為に蒔いた細かい砂と、食用ナマコを軟らかくする藁の塵、盗人の人を寝させる薬埃で、逆に英語で asleep という痺れを防ぐ可能性を夢にも考えなかった。右の首は。一応判った顔の英訳だが、本当は未解読です。自分の肘枕を痺れ切らすか。春画で見た寝る二人が第三者を待つ事か？

忍恋★我が恋ハ知る人もなしせく床の
涙もらすなツゲの小枕　式子内親王　新古今
（枕材料の木のツゲ＝堰に役立つ黄楊＝告げ英訳無用）

1812★逢う夜半のくゝり枕もいつとなく
そばからもれる憂き名苦しき　八重垣　e7-1
（当の枕の有無はともかく、傍＝蕎麦なくは英訳無用）

★なぜ来ぬかとかこつ枕の綴じ目より
蕎麦殻ばかり見ゆるつれなさ　占吉 e7-1　1812
As she waits, wondering what keeps him, how miserable to see
buckwheat husks spilling from the eye-like seams of her pillow!

1812★塵肘に朽ちし枕は跡先の
締め括りなく人の恋しき　湖鯨 e7-1
（括りなく⇒なく人＝亡くか、ただ居なく？）

左は、比喩上に漏る心配のある枕。中上と中下が観測の上の比喩。蕎麦が漏る枕を見たし肌で感じた。右の肘の汚さや枕の跡先とは、長い抱くような枕でしょうか。竹婦人と抱き籠ほどよく知られていないが、例えやもめが亡き妻の代わりに…。両端が締めくくらない頭用の枕ならば中身は直ぐ漏り尽くすし。別な解釈あれば、教えて下さい。

1812★よし耳は無くとも君が膝枕
人の異見も聞かじと思えば　千枝人 e7-1
（英語では、枕であれ豆腐であれ角は耳ではないが）
*Well, your lap may not have ears, but I'll make it my pillow,
and all the better, for do I care what others say? "No!"*

★憂き人の夢にもしばし見えよかと
枕かみをもかけて頼まん　内成　e7-1　1812
*Wanting at least a glimpse of one to whom my love isn't real
I deck my pillow with new paper=gods and make this appeal.*
枕かみかけて頼まん憂き人をせめて夢見るよはかみ芝居

左の膝枕の耳のない事。日本語の解らない人には、説明なければ、拙英訳もノンセンスになる。右は、単純すぎる。で紙芝居を加えてみたが、駄目ですね。兎も角、他人を気にしない無敵の態度が好きで、異見無用の左は、軽みの傑作で、勝。

1812★並べたる二つ枕の塵をだに
掃かなかりける待つに来ぬ夜は　宿成 e7-1
*Late that night, when your pillows lie side by side and waiting
for one who doesn't come even though you didn't dust them.*

1812★並べたる枕も今は恨めしや
二つに成りし君と我が中　為俊　e7-1
*Our pillows lying side-by-side are now a bitter sight
now, we are not one but two, you and I each night!*

1812★中絶えし枕の塵はさもあれば
あれ積もる恨をいかに払わん　咲千枝（越後）e7-1
*After the split, our pillows grow dusty, but if I may digress
the real problem is how to dust-off the building bitterness.*

1812★人知れずくゝり枕の中も良く
ふっくり寝たる夜はぞ嬉しき　鵬丸　e7-1
（くくり〜中もよくも、ふっくり寝たるも英訳難）

全首が江戸後期の同じ本から。もとの順番を忘れたが、何回も再整理しました。結局、一茶のむまいなるふわりふわりの雪の句を思われる大和言葉を生かす、御馳走としか言えようがない鵬丸の英訳無用の首を最終に置いた。左、宿成の首は。蜘の巣を払えばよくないと同様に枕もそうだったか、その埃だにすえじ床夏の花の名歌を掠りに、〜たり調のなんとなく詠まれた雰囲気は良いが、右の「くくり枕の中」と「ふっくり寝たる」表現の暖かさは、読者として更にいい心地になる。中の二首の枕に蛇足不要の凡作でしょう。

★海となる涙の床は舟がた枕を頼む夢の通ひ路　真顔 E10-1
*When my bed is a sea of tears even dreaming I must float
to my lover: so why not pillows shaped like a boat?*

1815 年に出た本には、本題が「憑夢恋」だったが、手元にないから第三句の字不足を今のところ直せない。「さ船」か「舟形の」か「舟型の」に、とか。しかしネット見ると通気性バツグンで海民ならぬ快眠と云う「籐舟形枕」に「の」がない。「の」を入れたらゼロ件の当たりだった。敬愚が自分の想像に任せると、声を出して読めば、舟の前に「お」の字を入れたら良い。真顔には秘蔵の下女「お舟」という可愛い子がおられたら、敢えて「お」を書けなかったが、その「お舟が手枕を頼」んだ意味も重ねて読みうる。空想珍説御免。

★夜もすがら番する計り居寝るき
人に逢うては楽な木枕　小萩（女）K28-1　1812
*The more you'd stay alert all night the sleepier you get in bed
when waiting, a wood pillow is best (for it raises your head).*

木枕は頭が高いと横に居ながら来る人は見やすい上に、窮屈か痛ましいで眠気を防ぐにも利くか。確かに、夜中に油断してならないと頑張れば頑張るほど眠くなる。居眠る気⇒貴人？来人？の腰掛詞の有無にたいして自信ない。

寄濡衣恋

1007★濡れ衣をいかが着ざらん世の人は
あめのしたにしすまん限りは　無名　拾遺集
（濡衣の慣用も天＝雨下も住まん＝済まんも英訳無用が）
*Must I "a wet robe" wear for something I never did, this blame,
as long as I live here for "under Heaven" sounds like rain?*

小野小町の雨乞い歌と同じ天＝雨の天下の掛詞。小町のが本人のものかどうか知らないから、ひょっとしたら、これが先になる本歌になるかも知れない。拾遺和歌集の次の首は「流されはべりける時」と前詞ある贈太政大臣詠んだ「天の下逃がるる人の無ければや着てし濡れ衣干るよしも無き」。ご参考に入れたが、意味はさっぱりだ。

寄袖恋

★打ち絶えで嘆く涙に我が袖の
朽ちなばなに月を宿さむ　西行　山家集　1118-90
*If teardrops of lamentation strike my sleeves without stop,
after they rot away where, then, will I lodge the moon?*

1157 生★つれもなき人ぞ情けも知らせける
濡れずは袖に月を見ましや　建礼門院右京太夫

*A heartless man has done me good, teaching me to be aware –
for were my sleeves not soaking, would I see the moon there?*

濁点のない文庫に見つけた左を「打ち絶えて」と先ず読んだ。「家」が絶えた掛詞かとか、夜半の砧の音かと思ったりしたが、濁点に直して見れば、袖に打ち当たる涙と読むことにした。西行の嘆きは恋と限らないと思うが、右、右京太夫の歌の参考になる。彼女が西行の歌を読む機会あったかどうか知らない。「情け」とは風情を感賞する心であろうが、可笑しい和歌の傑作で名歌にならねばならないと思います。

千載集　初逢恋の心をよめる、

★こひこひて逢ふ嬉しさを包むべき
袖は涙に朽ち果てにけり　藤原公衡朝臣 1187

*Come love, come! At last we meet and I really should hide
my delight, but long ago tears rotted my sleeves away.*
（↑男も嬉しさを隠すべきか、代読か。↓形見として！）

*Come love, come! Meeting at last, I ought to wrap up & keep
our joy in my sleeves but years of tears rotted them away!*

1812★恋衣袖は涙に朽ちしより
袖なき事も恨てぞゐる　立吉 e7-1
（袖無き＝尤もでないことが英訳無用）

左は男が詠んだ、しかも包むの第一儀で第二英訳の喜びを形見に持ち帰りたいが…ずっと逢い続けるしかない。右「袖無い」は「然るべきもない」ことだと日本語大辞典にあるが、同腹の義が詳しくも、比喩の方の説明不足だった。その為にも英訳を改造版まで控えます。

1820★身にしみる涙は袖につゝめども
滲つく袖や何に包まん　渾屋湖鯨 E11-2＋寄忍恋
I stuff the tears soaking my body deep within my sleeves
but what do I find to wrap up those stained sleeves in?

★から衣うらみて袖を引き裂くや
思ふが中のつゞり諍い　未得　T24　1649
（諺「思う仲のつづり諍い」は了解が、唐衣の裏に文字？）
How can a Chinese-style robe provoke a row & be torn apart?
It was a quarrel over spelling by lovers who took it to heart.

1811★恋衣破れやせんと貸しものゝ
かりの契りも案じ過ぎしつ　きせい K15-5
（仮＝借りも英訳無用が、貸し先への借金もと？）

左は蛇足無用。中の諺は。睦ましい恋人は遠慮せず喧嘩を楽しむが前提。しかし、文字は唐衣よりも浴衣に多い。絵も見たい。

★寒き夜に着あたゝめぬる心地して
恋の衣は脱がれざりけり　月洞軒 T40　元禄
Wear them on a cold night and the warmth is tangible;
who can take off the robe of love once you're in it!

★鶏がねに別れし跡の小夜衣
かえして又も夢に契らん　喜の高 e7-1　1812
After s/he parted at the cock's first crow, I turned the robe
inside out, for us to meet again in dream before day broke.

★一夜ねてかさねて合わぬ恋衣
うすき契りの肌の寒さよ　雄蜂　k8-2　1818
Naughty together once but now you wear love-robes for naught,
waking up with cold skin for the vows you made proved thin.

445

左を読めば、中の云うように衣を裏返したら「孵す」となるも最初は寒いはずです。右は情けない。英語で thin は不自然が他の語は中々…。

1812★巌ほど堅い顔せば羽衣の
袖もて撫でん妹が肌えを　延人 e7-1
With her cold face as hard-set as a boulder, seeking love,
I might as well stroke it w/ the sleeve of a feather robe!

かの劫ないし kalpa の言及で、これは相手を口説くか砕く名案ではなく、無敵な絶望の比喩です。大きい硬い劫の石を天の乙女の羽衣の一羽が百年に一度軽く掠るだけで無に減らす時間単位。つまり宇宙一つの始終の時間単位に等しい。いつまでも無理のためしという訳ですね。

寄棲恋

妻の旅にありしころ小袖をくるに添へて、

1679★お小袖ハいくつ召すともとにかくに
かりにも妻を重ね給ふな　重勝の妻　T37
（棲＝妻という中心掛詞なければ英訳無用が）

1679★妻ならぬ妻を重ねば古紙子
のりの掟の破れ損せん　知秋　T37
（糊が法と重なるも英訳無用）

人妻見るもいいが、摘み食いは駄目という両首も行風編の『銀葉夷歌集』に出たが、左は桃山時代の方で、もう少し古い笑話集にも見た、ちょっとした古典かと思ったが、ネットでは、狂歌の同僚なる吉岡さんのサイト以外には、当首にはたった一件みつけた。念のため、和歌の聖細川幽斎の城を襲った為に重勝が切腹の羽目になったら、この良

妻は夫と共に死出の道を択んだそうです。右は、褄のみ重なる、浮気しないで清い隠居の卑下自慢と受けます。

1771★恋衣きた甲斐もなく帰るのは
我が身にあわぬつまうらみてや　抱臍 K24-5
（着⇒来たも褄＝妻も縁語裏⇒恨みも英訳無用）

愛衣どういう訳か合わぬつま
と成っても恨みこそつまらない　敬愚
（妻＝褄の掛け欠けたら英訳無用）

抱臍の歌は原題「行不逢恋」ながら、「わが身に」とは性器の格差が問題だったかと思う人は敬愚だけか。

寄重着恋

1794★うす絹の裏表なく思ひしか（が？）
又かさね着のつまの憎さよ　三芳野花子 E4-3 寄衣恨恋
（重ね着の比喩も褄＝妻も憎さよ⇒小夜も？英訳無用が）
I thought our love was sheer silk cloth, naught hidden inside or out,
but, again, double up thy robes and doubt not I'll hate you both!
（↑妻が浮気の夫へかと思ったが花子は十二歳とも読めば↓）
Wasn't love like sheer silk cloth, naught hidden inside or out?
Doubling up thy robes again and doubt not we'll hate you!

1815★相思わぬ人の分まで重ね着の
四つの袂をしぼる独り寝　真顔　E9-3＋寄袂恋
I'll wring four breasts of two night-robes, one for the gal
who not loving me wears it not, as sleeping alone, I shall.

左の歌を詠んだ三芳野花子はなんと十一か十二才だったらしい！妻を重なる本歌もありそうが、それにしても凄い。若く結婚したか、お父さんの不義を訴える良いっ子か、原文で判らない。右は大狂歌師真顔。袂を絞る事は袖より珍しい。四つ袂は日本の浴衣と着物は左右に切り分けてあるから 2+2 か。西洋では二人の衣には袂も二つしかないで四つに英訳したが、通じるかどうか。

寄襷恋

905 頃★ことならば思わずとやは言ひ果てぬ
なぞ世の中の玉だすき成る　無名　古今集#1037

If things have come to that, why, not just say it's over, love & sex?
Where we once went side by side, now we are tasuki, splitting 'X'.
（上下も襷の掛＝懸けているも交差する事は久曽神昇に従う）
If you don't love me you might as well say so, get it off your mind
why suspend & criss-cross our thoughts like tasuki, let's unbind!
（上の英訳は口語風の原歌より重い。試しに words にしたら）
It changes nothing, so if you don't love someone, spit them out!
Why leave words hanging or crossed like tasuki to breed doubt?

日本に来てスパーのお上さんか、乳一杯の母に着られた？巻かれた？襷を、実物で見るまで、概念としても存在しなかった着具です。多分、七侍かなにかで襷の助で試合した姿を見たが、それを何かの武具として見做し、いや、見過ごした。実生活と無関係で意識せずにすっかり忘れていた。手元の女教授二人の古今集全訳では our union has broken like bright-jeweled suspenders となる。ズボンは持ち上がる用になる suspenders の多くが平衡ながら後ろが X なることもあるが、broken と言えば、いきなり切れた魂の緒の陳腐と勘違いしたようです。敬愚は襷の掛＝懸けている事も交差する事も英訳に取り入れたが、万葉歌#2992 の「玉襷かけねば苦しかけたれば継ぎて見まくの欲しき君かも」は、もっぱら「かけ」論になる。ネットで十人十色。見かければずっと見

ねば。思いかけねば、かけたれば。その人の名こそ口に乗せ懸けねば。いや、気をかけねば、気を懸ける。要するに「かけて」も何にと問えば、そう簡単には言えないが、「継ぎて」は「いつまでも」なるから、かけたれば御めでたいよりも、文字通り「在り難い」が歌意。狂趣度は、古今集の寄襷恋の歌ほど高くないから英訳を遠慮したが。

寄紙子恋

ある人紙子を着てよな／＼しのび妻の
もとへ通ひければ女の母聞ゝつけて、
1630頃★恐ろしや思ふ中をもさけつべし
夜のふすまのかみなりのおと　編者不知
（裂＝避けつも下げつも？紙⇒雷も音＝夫も英訳無用）
Better for us you tear up your vows: such a terrifying sound!
Thunder-clapping paper robes! I'd rather he not come around.

元禄★あなたより嫌がらるれど古紙子
きるゝも知らず袖しぼるかな　月洞軒 T40＋片思
（切るるに縁を切るも、染める絞るの縁語不可訳が）
You may hate this old kamiko and me but note, dear, please
I need not fear paper-cuts when wringing my teary sleeves!

左は、1619頃か1636頃かの成立はやばやの小集『新撰狂歌集』T18-38より。紙子は老人か貧乏に着られがちが、堂々と夜這いするが意外ですね。T参14では「夜な／＼」の後は前詞は「ある娘のもとへ忍び／＼物言ひければ」となる。桃山時代の雄長老編集説もあれば反論もある。右、月洞軒の狂歌に、片思にもめげないやる気満々の月洞軒の求愛振りを伺うという気がします。

寄帯恋

1819★解馴し帯の昼夜に片時も
君を思ひのゆるむ間そ無き　半月　K18-1
Naturally, I must untie my obi every now and then,
but my loving thoughts of you slacken not one moment.

上記は、書名の首かどうか覚えていないが、出典の『狂歌俤百人一首』の書名にある「俤」の字、万が一知らぬ読者おられば、面影です。ずいぶん変な比喩と思いませんか。

寄下紐恋

延文百首延文百首　★いつまでか心永くも下紐の
解けぬ思ひに結ぼほれまし　通相　1357 年以前
How long must I wait for undies to undo as twine ought,
were it not tangled up in hopelessly lovesick thought!

新千載集 c1360 ★下紐の解くるばかりを頼みにて
誰とも知らぬ恋もするかな　躬恒　/　馬内侍？
While hoping her undies knot comes undone, perhaps
she knows not of my love as it too is kept under wraps!

左は。結ぼほれるには、乱れありながら引っかかってしまうと云う左は、結びたい念が解きたい念と矛盾する「寄神祇恋」によく出会う嘆きと似る。右は、英訳しながらユーモア解った。恋を忍びながら、そこだけ開けたがる心ですね。

1818★下紐のそこら処か遣る文の
封〆さえもとかぬつれなさ　方雅　K8-2
Undo her loincloth? That's nothing my friend, if you but knew
I haven't even got her to open my letters, that's why I'm blue!

1820★一筋に思ひ込んだる恋中を
結ぶは契り解くは下紐　強志　E11-2
*Though you call your love a single straight line, the odd thing
is how you vow to stay bound, then, undo her undies' string!*

左の解かぬを紐にも封筒にも応用し難い英語の駄弁訳は失礼。右の演歌に先ず気づいた語「一筋」も英訳し難いが、そのあたかもの矛盾は面白い。神に結ぶを頼むを、中々解けない陳腐になった嘆きを異なった純粋語学的な方から焼き直したが、下帯か下紐と手紙を寄せた「どころか」の解けぬ文句の方が新奇で、左勝。注、上記「下紐」四首に英語は同語でない undies+twine, undies+knot, loincloth, undies' string。

寄障り恋

★今更に雲の下帯ひき締めて
月の障の空ごとぞ憂き　唐衣橘洲　盟和か天明
*Now of all times, she cinches up her cloudy loincloth tight;
the moon's indisposed – or is it a pose? Regardless, a sad night.*

1807★待つ甲斐もなう明けぬるは穴つらや
緒〆のたまの丸寝かちにて　蟹丸　K28-2
（穴＝あなの助動詞も玉＝偶にも英訳不可能）

左は橘洲の名首になった。天明狂歌の暁直前、赤良と皆さんを共に狂歌を勉強しましょうと呼んだ頃、その和歌と詩の先生内山賀邸が「臨機変約恋」の歌を詠むように頼まれたら、橘洲が即に詠んだとされている。橘洲の『酔竹集』にも出た。寄障恋の名歌というより、式部のそれ以外には、唯一の首であろう。「臨機変約恋」のよりぼやけた意味を思えば、*Mad In Translation* で、訳の歌名を Bloody or Just Blue? とした。橘洲は誹風狂歌詠みとされたが、そのためにも、寄月見恋歌と同

様に寄恋月見歌にもなりうる中々いかした首だと敬愚は思います。いずれに受けるように狂訳しました。右は、後期上方の蟹丸Ⅰか江戸住いの蟹丸二世か、よく分からぬ。月経の歌ではないかと思うが、いかがでしょうか。着物着たままという情報は有り難いが、まだ半ば未解読だから左の大胆ぶりを勝つにしたくても、きちんと読めるまでは…。

寄紐恋（十二支も）

★引き綱も思ひきれがしへら／＼と
恋に涎を流す身ぞうし　栗毬　k4-2　1780
（牛＝憂しの掛けなければ涎も無意味で英訳無用）
My bovine slobber leaves me cowed for love – I cannot take it.
Dragging along like your ox on a lead: let's make it or break it!

だらしなくあいまいに笑うか喋るが「へらへら」。べらべらもわるくないが、いずれもよく分からない。狂訳の文法も怪しいが、恋は駒の如に勇むべしを牛の涎は、耐え難い男の歌。

寄帷子恋

1776★恋衣もしや人目にたつしまと
忍ぶ夜は身もちゞみかたびら　麦介　K13-3
（立つ⇒立縞も縮み⇒縮織の肩⇒帷子も英訳無用）

麦介の上方狂歌はそのままで充分だが、立縞は『好色一代男』で立嶋となるから縮みに蜆という近語呂合わせ的偽縁語もあるかと思ったが、当名の嶋で蜆名所がつい見付けなかったから、諦めた。（桃三の未解読なる1813年以前の「脱がしたり脱ぐも互いのかたらひや君が為ならうち殺されても K17-2」の「かたらひ」は帷子の誤植か。）

寄織物恋

1776★愛しいと表は艶なビロウドや
心の裏は実の毛もない　芹子　k12-1
*Adorable she is sensuous velvet on the outside bare
but within her heart you'll find not one genuine hair.*
（か not a hair of the truth? いずれ「毛もない」は英訳無用）

ビロードは何故対照されるかを調べたら、綿などが材料を天鵞絨とも綴る **velvet** は添毛織物で、経毛ビロードと緯毛ビロードの二種に大別されて、切断して羽毛のようになる云々と、やはり「毛」ありあり。

寄踏物恋・寄袴恋

1809★音信も長袴にや引きずって
フミ付けるとは二股な君　千代美　k12-4
*Not a peep for as long as the hakama dragging behind thy feet;
a double-crotched love letter may trip you before we meet!*

足の下を折れて曲がるのも又股か。袴しらぬ外国人には、蛙の足に相応しい、人がよく歩かせないズボン。穿くのが正式の場でしんとした周りには、長袴がボアの大蛇が引きずるような音も発したはずだ。千代美の相手が本当にお偉い方だったかどうか知らないが、中々楽しい叱り歌ではないか。「文＝踏み」もない英訳はくどくなったが、原歌は傑作。やはり、恋文を二人にも遣る男への投げ詠み。と思う理由ある。翻訳会社の社員として 1978 年に第二来日。初依頼は確かに生牛糞の肥料実験の広告でしたが、その御めでたいうんの良い始まりの数ヵ月後、同じ熱々ラブレターを二枚にして、それぞれの海外の女性の名前を入れる依頼も一生忘れない。「この野郎」と思いながら英訳したが、当時、小生はタイプが苦手で、日本人のタイピスト達の方へ手書

きの英訳を回わした。大騒ぎになりました。タイピスト達がかんかんだった。そういう二股男はいる。そうか。その半年後に、自分の大便が体に大切な栄養を捧げたから結晶のように完璧に無事便器に出たというWC内の掛け物にするための感謝状を英訳せざるを得なかった！

寄雨具恋

1193★下通る泪に袖も朽ち果てゝ
着る甲斐もなき雨衣かな 法橋顕昭 六百番歌合
With my sleeves utterly rotted from tears passing within,
I no longer wear a raincoat as nothing needs protection.

★しっぽりと濡れて逢う夜は肌と肌
袷合羽の水も漏らさで 左文 k12-1 1776
（水を漏らすか漏らさぬ慣用ないから英語は異狂訳）
On that night we met to get as wet as a drake and duck,
skin-to-skin like a kappa rain-cloak water-tight all night!

左は「寄雨衣恋」右は「寄合羽恋」にもなるが、後者の雨具はポ国のcapoで古歌になかった。明白で言わなくてもいいかどうか知らないが、涙の場合と甚だしくも異なる濡れ場の濡れる水を全てを、二人っきりに溜まり、合羽同音の河童のようにその中で遊ぶ。超短動画にする！

寄伽羅恋

T34★ちぎりこそげにも長屋で君に逢い
朽木の伽羅をめでたくぞかし 信海 1688没
（永（い）⇒長屋も目出度く＝焚くも英訳無用が）
Meeting in a worker's dorm, our long love was pledged
burning rotten wood for incense . . . and I felt blessed!

前詞が「長屋にて伽羅たくというに」になるが、自伝歌の可能性もある。信海が女嫌い（男色）だった。若しかしたら、まだ若い頃、高身分の男の念者は、こうして彼の長屋を訪ねたか。朽木は長屋に相応し木材に聞きそうが、香ききの通は、むしろ朽木の内部から掘り出された伽羅が高級の「沈香」と同定。やはり、飲み物同様に黴菌の作用なければならない。 会話にちんこと沈香の駄洒落も想像します。

好める男と居寝て様々の無心のかれかたきをすひして、

★しっくりとたきしめてきく伽羅さまの
無心を鼻に当てゝ聞きする　幽楽 T46　1729
（抱き＝焚きも香を聞く発想も伽羅⇒客も英訳無用）

かの「狂歌大観」にある万笈斎桑魚編の早期上方狂歌本『華紅葉』の数多あれこれに寄せる恋歌の中にあった幽楽の、この一首は清濁無用の古綴法に頼る掛詞から語呂合わせへ続く前句は見事。詠み人の幽楽ならぬ遊楽街の遊女が法師と寝た観点でしょうか。解読に自信ない。

寄便恋

★たよりにもあらぬ思ひの怪しきハ
心を人に着くるなりけり　もとかた　古今 905 前

What's strange about Love is that it is no messenger
yet, can still deliver my heart full of love to her!

原文に題もないが、「寄以心伝心恋」も、いかがでしょうか。文という意味の便りは「頼り」にも掛けているかどうか知らない。

寄草紙恋

★思ひきや日向の人にあひ慣れて
いせ物語いねてせんとは　玄康　T27　1666
（本来の日向の国は徳島だったら「いねて」は寝て）

*So, did he get used to being the Himuka man, and to keep
his wife, decided he'd write the Tales of Ise while asleep?*

英訳は、「伊勢や日向のこと」即ち蘇生した伊勢の国の人がその魂が同じ日に死んだ日向の国の人の身体の中に入たから、双方の妻子と仲良く住み通った鎌倉時代の『和歌知顕集』の話をネットに見つけて捻り出した試しに過ぎない。1666年の「古今夷曲集」の原題のままです。

文

参照　世の中はかくこそよけれ眤話文を
読み得ぬ人もしんきなりけり　満永　T27　1666
（斯く＝書くも眤は実だが、しんきは心悸？心機？）

*The world is so: to write is not wrong but even a person
who can't read true accounts is as moved as one who can.*

「寄風恋」に入れた紀貫之の「★世の中はかくこそありけれ　吹く風の目に見ぬ人も恋しかりけり」は本歌か。眤の字が「じつ」で意味が「ちょっと見る」、そして「眤懇」（じっこん）が「慣れ親しみ」「そのさま」になるが、解読に自信ない。一応、そこまで。

寄玉章恋・寄手紙恋

★かく文の仮名のみゝずを餌になして
釣りたる人の偽りぞ憂き　八藤縫方　E4-3　1794

*How depressing the deception of people who fish for love
using worm-like kana syllabets to write their letters!*

1799★鳥の子をかえすつもりの玉章も
ちと懐にあたゝめよ君　五条猶道 E5-4
（孵す＝返すも卵＝玉も英訳無用）

左右は同様に面白く読めるが、右の可愛い頼み方は勝つべきですね。

1805★玉章を山程おくり狼の
転びぬる夜を待つぞ嬉しき　千船 e6-7
（送り⇒狼も転びの慣用もぬる＝成る＝寝るも）

1809 以前★書きおくる文の表は見もやらで
うらみよとてか返すつれなさ　有竹千枝成 E7-5
（表裏⇒恨みは歌意の殆どすべて英訳無用）

関東百 1813★神ほとけ祈るも恋の一人旅
叶わぬ迄もふみ出して見ん　廻舟亭綱丸 E8-4
（踏み＝文が無ければ叶わぬまでの英訳無用）

左右の多量にも手紙で相手を責める（？）からこそ、中の首も当然。とは言え、在日だった頃、あるお相撲さんは何百か何千通の手紙でお嫁さんできた。敬愚は執筆で忙しく、しつこく女性を追及しないからまだ独身か。

1813★逢わで憂き恋ハ思案のほかけ舟
ひらきし文に走る仇し名　鈍々亭 E8-4
（思案のほか⇒帆かけ船も走らぬ英訳無用が）
*Sad love failing to rendezvous, hatches odd plans and writes
letters that open like sails and spread rumors far & wide.*

1815★文見れば来ぬと書きしも情けなや
紙はくる／＼巻いてあれども　薄墨 E9-3

(巻のくるくるに来るの掛詞ないと英訳無用)

残念ながら、左のような人もいるが、右の逢えなかった惜しさを手紙の送った形と掛けて表した可笑しみは相手の心を惹くはずです。右勝。

寄絵恋

六百番歌合★人知れず尽す心ハ甲斐ぞなき
こや絵にかける姿なるらん　正三位季経卿　1193
(こやゑにかけるは嬢や絵に描けるか。だったら下記)

*Thinking a lot about someone you don't know tells you
as much about her as a painting of her likeness might.*

★美しと見ゆればげにハいたづらに
心を留むる床の浮世絵　月洞軒 T40　元禄

*If you find them beautiful, they can really waste your time
the ukiyoe prints on my floor now own this heart of mine.*
(同じ床はとこ↓とゆか↑になる又概念歌↓と私的詠↑)

*What you find beautiful can captivate: if thy heart lies
with ukiyoe prints on your bed, then it's too late.*

天明中？★絵にかける女手柄がいたづらに
動くと云ふハあゝお恥かし　山岡明阿　古今狂歌百？

*Pictures of women? I'm ashamed to say so, but on my part
a glance at their handwriting suffices to move my heart!*

三首にも甲斐ある。左の「こ」は、求愛する女の子でしょうか。物の思ひの九割も一人相撲。夫木抄にも再載。絵を心に描く相手の比喩にする初歌例かどうか知りたい。右の月洞軒の首も又「寄自慰恋」とでも称したいが、ともかく絵論か、心理学の教科書にも言及すれば良い。

右、国学者山岡明阿の詠み。遍照が歌の魅力は、心をいたずらに動かす絵に画かれた美女に等しいと評価した古今序に因んだようです。敬愚にとって、決して他人事ではない。女の良き筆跡とか、ラジオに聞く声にも惚れ惚れになる。「お恥ずかしい」どころか、情けない。

寄文字恋・寄釘恋

★必と書いた誓紙を反古にした
男の心に打つ五寸釘　貞国　K9-2　1801

*Into ye heart 心 of the man who crumpled their written vow
of commitment 必 she pounds in a five-inch nail, right now.*

所謂 Poetic Justice 詩的果報ならぬ綴上果報か。英訳せんとすれば、「必ず」という日本語を一語の英語にする難しさを思い知らせた。ノの字をボウフラにする歌句が多いを、必ずにあるのを頭の中で抜いて藁人形の心に打ち込む発想は、初めて。天明狂歌にも男女四、五人も釘撃つを非難する狂文＋歌あるが、散文に苦手でここに入れなかった。

寄文字分恋

★捨てられて鬼とも成らん念の字は
誓いし人の二心から　花夕　k12-4　1809

（仇人の今＋心の二心に対し我も鬼＝お二となる？）

漢字の掛詞、「念」の字は上に仮定したように今＋心は誓った頃のそれと別な心になるからだけか。少々変えたら念の字は鬼にも変身するか。この「愧」になるか、憂人に対して、その「心の鬼」になったか。

寄謎恋・不解恋

★むつ言にかけかわしたる謎々ハ
とけてもとけぬ心きのどく　言辰 T37 1679
All those riddles posed in their sweet nothings were solved right;
what a shame, s/he never could crack her/his heart that night!

★謎々のなんとや部屋の掛け金を
明けては入れどとけぬ君哉　伯水 T37 1679
Whatever the riddle was, I solved it so her door unlocked
and I was passed in – but hell if I could crack her heart!

寄歌恋

★天地の昔は知らずいかな事
君は歌でも動かざりけり　鷺下見 K25-3 1806
Heaven & Earth of old mean nothing to you – am I wrong?
Otherwise, how is it you just cannot be moved by song!

この上方狂歌を、宿屋飯盛の天地が動けばたまるものかという名歌の後に国語の教科書に入るべき歌。。やはり、異性を誘うために詩歌と音楽を道具と思う高校生だったら、大受けのはずです。或いは、又本書の帯の例歌にもしようかと、一人相撲をしながら校正（2017.2.17）。

寄昔話恋

★物真似のうき世の中や口説けとも
昔話のオチもせぬ君　岩守　E11-1　1819
In our floating world where things parrot things, old tales are history;
though I try to win thy heart, dear, where's that happy-ending for me?
（英語無用が工夫に工夫にしたら意訳が長くなった。一方）
In our woeful floating world of woe I try to woo
but old tales have an ochi – I wish you did too!

寄冗談恋

★われわれの恋を冗談という君
知らずや後句は必ずオチる　敬愚

男女は互いを「敵」という古き良き心を、直ぐ上の歌例と川柳で「必ず落ちる」下女虐めの句と、男を笑う女性へ仕返す心を合わせて詠む。

寄狂歌恋

柳門の恋の組題の各詠を見て、
1750★なみ／＼の物とは見えず柳門の
流れに遡るこひの狂歌は　偶然翁秋国 K2-1
（波＝並も恋＝鯉も柳の含蓄も英訳無用）

貞門は貞徳で、上方狂歌の大師貞柳のそれが「柳門」となった。「寄鯉恋」の題も考慮したが、この和歌と俳諧と異色なる新奇の寄恋歌の自画自賛は、恋に重みを置かなかった、後なる天明狂歌より少々お硬い、同門の自画自笑にもなるかと思います。状況描写の傑作です。

寄双紙恋・寄源氏恋

1821★長うなる返事わかなの巻かろき
恋は上下の隔てないのに　案山子　k11-1
（若菜＝判らないという好掛詞無くて英訳は）
I cannot catch your long reply but cannot let it pass
in the Tale of Genji's Wakana, love cut across class!

★口説くとも名にし草紙の枕をば
交わさぬ君ぞ憎い物の部　芳蘭　K11-1　1821

You I wooed, who still won't share with me the designate
Pillow of Grass, would surely fall under "Things I hate"!

★絵草紙の画空言とは知らでうき
本の慰みものとなされて　順斎　K11-1　1821
We don't feel that pictures like words are just made up
so books of the floating world are used for consolation(?).

1821★心空になりし思ひの竹取の
ふみにもかくや姫に送るは　胡角　k11-1
（竹＝丈も書く＝かぐの清濁無用古綴り無くは英訳無用）

上方狂歌のK11-1の『狂歌あさみとり』の21首から拾った四首とも勝たせたい。寄源氏か寄階級際恋、寄少納言か寄枕草子恋、寄浮世絵（春画）恋、寄かぐや姫か竹取恋の英訳しかねたは残念が。

寄看板恋

★ひそるのかこりゃ灸（やいと）屋の看板か
背中ばかりを人につきつけ　芳蘭　K11-1　1820
（乾反るの慣用はすねるも灸用語も思えば英訳無用）

1820★我が思ひかけし烏帽子の看板や
きて見るおりとくどくひもなし　近道　k11-1
（来て＝着ても口説く＝解く紐も？＝日もなく？未解読）

1820★騙されてよい見世物の看板や
中はかわってあると知らねば　撫石　k11-1
So, who minds being fooled by freak show signs, if, like me,
you don't know how they differ inside from what we see!

1820★誠らしうして見せものゝ看板に
偽りないかニセの絵にしも　順斎 k11-1
Sincerely aiming to portray freaks, what difference would it make
w/ paintings called 'look-alikes' – even for signboards called fake.

看板を詠んだ二十三首の鄙ぶりになりがち上方狂歌。その多くには、寄恋歌のはずを、恋との結びが弱い。結ぶのが難しくて。ご免。敬愚はお手上げだ。英訳できん。寄恋歌ながら恋を見出すことすら中々難しい。左は古看板の酷い状態か。それを人に背中ばかり見せる枕になるらしい。中上だけは意味明白。中下は恋との関係あったならば、もう忘れた。右も恋と無関係みたいが、「似せ＝偽」の掛詞にもオスカー・ワイルドの御化粧に対する意見に近い誠に面白い発想かと思う。

1820★人目つゝむ編み笠餅の看板か
つらるゝのみでいつちぎるやら　古道 K11-1
（噛むタバコだったら英訳可能が、ちぎる餅ハ）
Are you a sign for sweet-rice shaped like a hat to hide the face
good just for hanging to tempt me but nothing I can taste?

1820★塗師の外ぬるよしもがな看板に
かく迄かたち化けぬいたづら　思月　K11-1
I wish someone other than a pro could be paid to paint
these advertisement signs make things look real that ain't.
（成る＝塗るも描く＝かくの掛詞が無ければ英訳無用が）
If only someone other than a painter could make our signs
less likely to scare us with forms spooky for not changing.
（無用が、大切な内容だ。化けぬ＝化けるも掛けるか）
If only amateurs rather than painters made signs worse
for such resemblance is witchery to trick the purse.

左の笠餅の写真はネットで伺ったが、江戸時代の看板を確認できなかった。右は、化けぬの「ぬ」がプラスかマイナス古文法音痴は知らぬ。

形が本物そっくり、化けない方がむしろ怪しいと思われても判るし、そうだったら面白い。ただし、恋と思えば「ぬ」が「る」で、看板娘の看板が本人より美しい方へ化かした事になる。改造版まで正解求む。

★いたづらに惚れた杯とはしたゝるき
醬油屋とぞ思う壺也　有山 K11-1 1820
（壺の慣用もしたたるきも英訳無用）

★見るたびに心通わす（ず？）計りにて
結ぶ日もなき看板ぞ憂き　関堂　k11-1　1820
Some things can't be seen without dreaming, if truth be told
nothing makes me as blue as a billboard babe I cannot hold.

左醬油ならば show you という良い掛詞あっても「惚れた杯」は、看板代わりの宣伝か、よく解らないためにも蛇足も英訳も遠慮。右は、看板に描かれた美女か。英語の billboard babe がもっぱら頭韻の産物。A billboard beauty I can't hold、も可能。K12-1 に未解の看板ものある。

1776★見てぞっと振るいついたは看板の？
飲んで治らぬ恋の風車　元来坊 K12-1
（恋の風邪⇒風車で恋のシケ？も英訳無用）

1776★本玉のまことを磨く心中に
二世を看板にかけたる眼鏡　素交 K12-1
（何かの事件か宣伝か。中期江戸の専門家ヘルプ！）

看板には、呑めば恋風が直るという宣伝の上に美人の顔があったか。すると、毎度通りかかると看板の顔に惚れ直すから恋の風車か。或いは、貧の意味の風車か。我が書き止めに三音字不足。看板が題にあった。歌になかったから、看板という語の配置を当てずっぽうにし入れた。広告の絵までも、川柳よりも深く考える狂歌は、有難い存在だ。

寄輪恋

  1778★憂き名のみぱっと広がる煙の輪
  ふくむ恨みのつい口に出て 無流 K12-2

*Like a ring of smoke, how rapidly one's name spreads out
as soon as that resentment leaves somebody's mouth.*

  1778★手に余る君ぞやあわで恋痩に
  嵌めた指輪のゆるう成ったも 諸山 K12-2

*Is it because we do not match, or because we do not meet?
I'm so love-thin now the ring once tight is loose – I'm beat.*
（↑手に余るが逢わぬか？合わぬ？手に余るの慣用↓）

*Too much to handle, at least for me, my love grown so thin
w/ worry, the ring I crammed on is too much for my finger.*

  1778★我が恋はちろりの輪かや情けをも
  知らぬ若衆の尻にはまって 杣歌 K12-2
  （この所未解が『古狂歌　色を好む男』参考）

左の比喩は、一見でなるほど。再考で、噂と異なって煙が直ぐ薄くなって消えてしまうが、立つ名は…。中の首の手に余るは、精神の事か肉体的な物か。右の首の歌意を E-mail で知らせて下さい。面白そう。

  1820★又しても君は大きな空事か
  色も恋路もさめる虹の輪 芳蘭 K11-1

*You promised me a rainbow in the sky with its pot of gold
but thy high road to love led to naught but a fading rain-dog.*
（空言そっくりの語は無ければ英訳に空のパイ↓にした）

Feeding my hope you once again proved to be pie in the sky
that would be on my face were it not like your love, a lie!

★ちぎりかけ肌と肌とやべったりと
引きつく中を隔つ餅の輪　魚口 k11-1　1820
（契り＝千切りも搗く＝突く？も英訳無用）

二首は当本の同題 12 首より。左の空言の恋という幻想か望みか夢か酔いから醒める事を、虹に寄せるシュールさが面白い。右の魚口の「べったり」感覚がいいが、餅は輪（臼の端？）よりその凹と別けるでしょう？それは「中を隔つ」？比喩の視化は旨くできない。まだ未解読。

寄鎹恋　改造版で釘にある鎹へ

★転び寝にしめて逢ふ夜は打ちかえて
をば枕に借りつカスガイ　繁雅 k15-5　1811
（一字抜けか、うち替えて⇒手をば枕に？）

寄棚恋

1820★よい中とおもひの外に捨てらるゝ
西瓜の棚の落ちた計りで　長望閣御風　k11-1 PIC

Here I thought we were going to make it, yes, we were on track
when like watermelons that roll off the shelf, suddenly, splat!

1776★わしが気とそりゃ上下の違いたな＝だな？
床を離るゝ事ハいや／＼　和文　k12-1　未解読

西瓜の歌には、好まない歌は一首もない。とは言え、左は何故わざわざ西瓜を比喩に借りたか。西瓜は肌が厚くて、棚は旦那さんとか。右

のわしはさっぱりだが、鷲の記憶ある。妹の農場から小鳥を食う鷲を追い払うように頼まれたが、殺してはいけない鳥で、見た大木に礫を投げたり大声で謝りながら他所へ行け！と頼んだ。鷲が「いや／＼」というよりをかんだかの声でF__k you!と小生を叱って、一本の木を去って、隣の大木へ飛び止める。膿場の境まで四、五本の木の下で繰り返さなければならなかった。鷲が意志の強い動物だ。未解読の狂歌と関係ないかも知れないが、床を離れたくないわしと読めば…。

寄鐘恋

1787★酔さめに飲む水よりも暁の
別れの鐘ははらわたにしむ　腹から秋人 E3-5＋別恋

*More than the water you drink on waking with a hang-over,
my guts smart at hearing the bell that means we must part.*

1804 以前★約束に釣りつけられて大仏の
鐘のねもせぬ妹ぞ恨めし　森羅万象　E6-6?＋不逢

（音＝寝もしなければ英訳する値こそありません）

1809★あかつきの鐘の外にも又ひとつ
耳についたる妹が口紅　清澄　E7-5 ＋別恋

（赤＝暁に着き＝撞きもないが、何か出来た）

*Besides the peal of the matin bell, my dear she too left
a last appeal . . . her crimson lipstick lingers on my ear.*

1814★待てと／＼更けゆく鐘のこんや又
こんと言いしも嘘やつきけん　百丈　K8-1＋不逢恋

（こん⇒今夜⇒こん＝来んも嘘付き⇒撞きも英訳無用）

1815★鋳師等がふきにし鐘は湯になれど
ゐるにゐられぬ暁の鐘　難歌免？E9-3＋別恋

（湯になれ＝夕に鳴れも縁語鋳る＝居るも英訳無用）

右のいるにいられぬ鋳師用語尽くしも気に入るが、複雑過ぎる。宿屋飯盛編集の『新撰百』より拾った耳の紅つく中の首を勝にしたい。

寄鏡恋

延文百首延文百首★古を照らす鏡の影もがな
なれし情けを映しても見ん　通相 1357 年以前

*If I only had a mirror that would reflect the distant past
so i could see a certain someone's kindness once again!*

e7-72 ★髭抜きのかゞみを見る如うき人に
向えばつらやつらの大きさ　三笑　1812

（面＝辛も面や面又奴等か掛けて英訳無用が）

*It is like when I look into my whisker-pulling mirror,
meeting that cold fish face-to-face, how huge so near!*

左は、恋に限らないが美しく恨むカントリー曲の歌詞みたい。後者は、ごく感覚的で不信になったお互いの醜さのアップクロスか。英訳に何となく冷たくなった人を cold fish とよんだが。双首ともいい。

e7-1★逢う夜半は合わせ鏡の夫よりも
うしろを見せる妹が気つよさ　浦人　1812

*Even the double-mirror we love to use when doing it to see,
can't reflect her will-power when she turns her back on me.*

1812　E7-1 ★我が胸は曇のとれぬ古鏡
うつりかねたる女が心ね　青竹　未解読、御免

Is my breast like an old mirror too cloudy to wipe clean,
or, is her heart up a peak so no reflection can be seen?
（or just a woman's heart rooted too deep to reflect?）

E7-1 ★今一度合鏡ととゝむれど
後を見せて別れ路ぞ憂き　延人　1812

An image may be held fast from the rear by double mirrors,
but when we show the same on leaving, there is no cheer.

上のが、気にかかる。まさか、俺が大変いい男だからと云う自慢か。中は、前句が男で後句は女か双方とも女のか？まだ未解読が変な恋歌。

寄風呂恋・寄銭湯恋

1783★乱れ逢う君に心や柳風呂
身の垢までもよれつもつれつ　竹林 K12-3

Our wild swiving leaves my heart as rich as a willow bath
where all the lint and scum of bodies float up and tangle.

若葉集 1783★うき涙ながし逢うたる妹背中
互いに湯屋のあかぬ別れに　もとの木あみ

（妹背⇒背中と垢⇒飽かぬ転掛詞なければ英訳無用）

左は、何という汚い比喩！京都にも「柳風呂」とよばれた私娼街もあったらしい。『古狂歌 色を好む男』へ送りこむ。右の詠人、もく網は天明狂歌の名人で江戸の銭湯持で、上記は写生ともなる。妻が美人狂歌師の智恵内子で恵まれた男でしょう。ここもやはり勝ち首だ。開国

まもなくの英国全権領事サー・ラザフォード・オールコック Sir Rutherford Alcock の本に銭湯の最高のシュール描写（湯の暑さで人がロブスターの如くに真っ赤になったり、男女老若楽しい宴会のように蒸気の中で不可思議に出入りしたり別世界だが、拙著 Topsy Turvy 1585 に引用）あるが、Lewis Carroll 著『鏡の国のアリス』の雰囲気に貢献したと仮定を述べた。

寄形見恋・改造版で恋の過程の後朝の後へ？

箱入娘と密かに逢ったら、親のお呼びとの伝えに応えて娘が急いで奥へ入って脱だ裳という腰掛を庭に置いてしまった。沖風が裳を戻した折、次ぎの歌と一緒に送った。

905 以前★逢ふまでの形見とてこそとどめけめ
涙に浮ぶ藻くづなりけり　おきかぜ　古今集歌＃745

（裳＝藻という中心的掛詞なく英訳には意味はないが）

Thy trailing skirt left as a keepsake for when again we meet
became a rope of duckweed floating on a sea of tears.

藤原のおきかぜの藤原がなければ、藻に合うように作られた名前かと思った。最初は「my わが」涙の海にしたが、考慮すれば戻す理由は男と一緒に住む妻か母の涙も問題になったかという状況も浮かんだ。又、彼女の家でばれたでしょう。さもないとそう簡単に返さない。お裳が涙の海に浮く藻くづになるだけでも狂趣あるが、カタミと称する物がぐんやぐんやなるところも、沖風がそれを持ち帰ったら又返えすのも可笑しい。

12 寄建築・寄家具恋 12

この章を校正すると、先の章の品々との歌は重ならないが、家具と品が下手に区別されていると気づきました。小さなＰＣの画面に目と記憶が弱いで整理する能力はない。プリントするインクもやり直す時間＝お金＝もないから、改造版つくるまで、このままです。拙著 *Cherry Blossom Epiphany* に三千古句を 65 章に細かく区分できたから、この仕事する能力あるが、現在の状況は許せない。お詫びします。2017.6.25

寄建築恋・寄屋敷恋

1810★両方から互いに心かけ屋敷
むねと／＼は隔たれとも　吟楽 K16-1
（棟＝胸の掛詞なければ英訳は始まれまい）

参照★あれば厭ふ無ければ偲ぶ世の中に
我が身一つは住み侘びぬやは　好忠　平安

I hate her here, but miss her when she's not – such is life,
if I can claim one for a man living alone without his wife!

掛け屋敷は中に垣根がなくても自分の居所を守るが、通じ合う心あると更に進めば、隔てても構わないと面白い。寄遠眼鏡恋の蛇足中のピートハインの居ても居なくても又どちらでもいい君への grook も参照に。

寄空家恋

★憂き人に添える心はお留主にて
我と我が身を明家同然　友野由躬　K16-1　1810

My heart is with my heartless sweetheart, not with me,
so my body and I are nothing but a vacant house.

寄茶屋恋

1815★尾の先の玉の出合に来まさねば
舞々してぞ待つ孔雀茶屋　山鳥 K19-3＋待恋
（玉＝たまの掛けがなければ英訳は無用）

これは、もしも水茶屋だったら、在日だった頃（今は知らない）のラブホテルに近いが、可能てきなお客さんへの宣伝みたい。

寄屏風恋

★うき涙ふるき屏風の蝶つがい
はなれ／＼になるぞ悲しき　糟句斎よたん坊 E 吾妻 1786

（英訳こそ言葉が離れ離れ、名歌の原文ほど上手く筋が続かぬ）

Tears to see an old painted screen's butterfly hinge torn apart
(a pane here a pane there) separated wings on a broken heart

寄隔建具恋

★鴛の契りに喩う襖（ふすま）をや
我はうき寝に隔つおもひ羽　鷹羽 K14-2　1803
（襖か衾＝臥す間でしょうが、思ひ＝＞比翼？）

寄障子恋

★親の目を外しかねつゝ来ぬ君ハ
明かり障子の腰がないのか　蟹丸 K28-2

（腰は障子の下にあるが spine 背骨は無理で英訳無用）

寄壁恋

★忍べども下地よわなる古壁の
たゝこぼれなる我が涙かな　壁塗 T1　1214 年

*For love I sneak by the unstable foot of that old wall
but I just cannot stop my tears, they keep on falling.*

にわかの涙雨だったら地固まるが、続ければ恋の道も泥になる。狂歌大観最古の狂歌集『東北院職人歌合』の壁塗同士の番の勝首。忍恋。

寄雪隠恋・寄厠恋

★雪隠で忍び逢うのは闇夜かな
鼻つまんだる臭い恋中　貞湖　k10-2　1783

*They meet at the WC in the dark of the moon – sneakily
pinching their noses for this stinky affair we need not see.*

1783★踏み板を跨ぐ心をば背折りあげて？
天のかわやに逢う瀬をぞ待つ　橘洲　若葉集
（便器用語も河⇒かわやもなければ英訳は無理が）

*Straddling the squat-boards, heart bent as back, but eyes raised
to see the ford=rendevous of Heaven's River[=WC] as she waits . . .*

双方は同年。左は、ギャッ！だ。小生も日本の汲み取り便所を、小を含めて万回も体験しておる。あの臭さには、慣れない。鼻に洗濯挟みをつけて口から息をしながら堪えたが、そいう所で逢う事は想像も絶する。右は待恋。橘洲は便秘かと思わせる。七夕の年一度は大変だろうがね。本人の恋というよりも、星合の逢う瀬かと読む可能性もある。

1812 ★恋病を腹のくだりにかこつけて
厠にこよい待つも臭きもの　(南)藪居 k16-3＋恋病

*Pretending my love-sickness is a case of the runs I wait
for nightfall by the WC where it stinks to high heaven.*

「南」よりの上方の藪居は、待つに恋病兼ねて詠むようです。厠に人を待つ体験ないが、若くより胃腸が悪かったから、今も独身だ。恋は、やはり臭くては、駄目。現在はやっと元気で、いつでも結婚してもいいと思うが、執筆に多忙で部屋すら出ない…。

寄箱恋

1753★打ち明けてさても悔しき玉手箱
かくつれもなき人の心に　鈍永　K13-1

*We're sorry when we open it, that legendary treasure chest
so, too, a no-count lover whose heart is best just left to rest.*

浦島太郎に因む。凄まじい比喩。玉手箱が狂歌に人気有る題。もとの木網の 1785 年の「又ひとつ年よるとも玉手箱あけて嬉しき今朝の初春」は、一休の無情の正月の道歌より怖い。1807 蟹丸詠「玉手箱の玉は名のみよ其箱のあけて悔しき白髪親父ぞ K28-2」は、鈍永の狂歌の英訳同様にくど過ぎる。つれなき＝cruel lover は常訳、no-count は不頼漢。

寄瓦恋

★厭われて玉の高殿（うてな）に住まんより
瓦となりて君と砕けん　呉竹世暮気　古今狂歌百
（代の東西や時代を問わず無責任の英訳はご免なさい）

*Rather than live in a shiny highrise hated by all the poor,
I'd be a tile until we crumble together on the floor!*

1787年の本で天明狂歌。元気の内に潔く玉砕するのが平凡の長生きを勝るという唐代の史書『北斉書』にある「大丈夫寧可玉砕何能瓦全」を逆襲する様な口説きは微笑ましい。瓦がその凡人の存在になるが、同音のかわらは骨で骸骨にもなる迄という連想もあるかどうか知らぬ。

寄戸恋・寄天戸恋

★天の戸を我が為にとハささねども
怪しくあかぬ心地のみして　実方　958?-98
(対照の開かぬ＝飽かぬ掛詞なければ英訳無用が)

Heaven's portal was for my sake left ajar; but odd to say
I am still far from through longing for you, today.

実方の和歌ほど情熱に肉体的な恋を詠んだ者は少ない。機知も抜群！実方は伊勢物語の業平に等しき好色ないし精力絶倫の歌人だったかも。

後撰集　女につかはしける、

参照★天の戸を明けぬ明けぬと云ひなして
そらなきしつる鳥のこゑかな　読人不知　956

Heaven's Gate is open! Open! Cockadoodle-doo, it's day!
Is that not the voice of one who crows w/ naught to say?

みつからまで来て、夜もすから物言ひ侍りけるに、
ほとなくあけ侍りにければ、まかり帰りて、

後撰集　★憂き世とは思ふものから天の戸の
明くるは辛き物にそ有りける　読人不知 956 以前

The woeful world is what love makes it — how we hate
this painful opening, that light from Heaven's Gate!

Love makes the world woeful – is it not why we hate
& find painful the light from opening Heaven's Gate!

What we call the woeful world comes from the loving mind
which even in the land of the rising sun finds dawn a source of pain.

双方は後撰集の恋部中。左は恋人の敵なる鶏が既に明けた時の我が物顔「おれがやった！やった！」を囃しているか。右の「思うものから」とは、伊勢物語の桜のために皆は辛い替わりに、恋する人の思ひにする。世は心次第。名歌になってもいいから、先ず英訳と狂訳三通り。

寄妻戸恋

1672★妻戸をも妻が叩けば内よりも
おっと応えて開けて入れぬる　満永 T30
（夫の掛詞一つで俗語を生かすも不可英訳）

★鼻に手をあつるも知らずかゝぬると
忍び妻戸を開けて手招き　月洞軒 T40　元禄
A wife who doesn't even know to hide her face w/ her hand
just opens her secret back-door wide and waves me in!

左。「おっと」驚くよりも、自然に反応する夫が外だった妻を通すこの首を読めば、桃山時代のイエス会のバテレンから明治時代の英米人までも、来日の西洋人は、夫の許可も聞かず出入りした日本の女性がアジア他国に比べて、どんなに自由だったか、という書き止めを思い出した。おっとの掛詞一つ以外には腰のすわった長年の落ち着きが伝わる初期狂歌。右。原文は英訳の face 顔ではなく「鼻」になるが、かかハロに鼻の字（嚊）だと、ふっと思い出した。この首は、寄かか恋か、寄人妻恋か。

寄畳恋・寄古畳恋

★なまぬるい野郎畳と言わば言え
あの女なら尻に敷かれん　呉竹　E1-9　1783
Call me old tatami in a footman's flat, lacking real spine:
but were it that dame, 'under her arse' would suit me fine!

★我が恋は京間にたらぬ古畳
並べて見ても合わぬとこ哉　失名　多分上方
My love is an old-style tatami, too small for a Kyoto space
seeing us side by side, it's obvious we'll never be mates.

京間は大きい方だが、御所のほど大きくない。上記の古とは京間より小さい田舎畳か？すると卑下ではなく、相手にとって失礼な指摘になる。前句の生ぬるい野郎畳のニュアンスに自信ないも、左は気に入る。どうしてもヒゲは鼻の下だから、いい女の尻の下に敷かれても宜しい。

寄筵恋

1666★見る度にいとゞ心気の花筵
しく／＼なきて独り寝ぞ憂き　元安　T27
（敷く⇒しくしくの転掛詞がなければ不可英訳）

1813★しだらくに身を持ち筵めをつけて
居るとも知らぬ君が間にあう　栗標　k7-3

Meeting just in time to see the weave of the mat
on her skin, she too slovenly to even notice that!

（間に合う＝部屋の間に逢う又↓しだらくを肯定）

Meeting in the room of my easy-going girl yet to notice
how her straw mat leaves its mark in beautiful intaglio,

左の原題「見不逢恋」はままだ。男はしくしく泣くのが初耳だが、言葉の縁と思えば当然になる。「間に合う＝逢う」という珍しいオチが面白い。肌（尻？）の intaglio の消える時間が歌に出会うだけでも版画作る敬愚の心を温まる。その細かい所も好きで右勝。

寄円座恋

★引きつゞいて君と円座にすわりたや
一つ蓮の後の稽古に　弄花　K19-3　1815

*I'd keep sitting with you in a circle and not just for fun –
call it practice if you wish for when our lotus pad is one.*

寄四季道具恋

拾遺集 1006 寄道具恋★夏は扇冬は火桶に身をなして
恋しき人によりもつかばや　読人不知 T 参 16　1574 も

*I would become a fan in the summer and, in winter, brazier
if that would let me stick by the side of the one I hold dear.*

1822★女房はうちの道具と思いてや
棚へ上げおく主のつれなさ　渓雲　k9-4

*Thinking of his wife as naught but a household tool,
she's shelved by her master, that cold-hearted fool!*

左は、名歌。「遠近」笑話集で「ある人」詠み。右も名歌になってもいいと思う。相手を take for granted 我が身同然で感謝しない事。原題が「悋気」となるが、女房が棚上げされたとは、主が若い子と遊んでいる為か。一見では、女房が旦那＝主を壮大ゴミと思っているから、彼の方が辛いかと思ったが、次首の百丈詠「余所に寝し其うつり香を女房がきて胸をばむかつかしけり K9-4」を読めば、やはり男が悪い。

寄井恋・寄井戸恋

K24-1★ほれたとてちよつとつめつたおいどより
其恋中の深うなりぬる　時風　狂歌気のくすり1770
（御居処（臀部）＝お井戸ないが惚＝掘れ有る下手な英訳）

*Saying you dug me primed the pump, so I pinched your tush
and you kept digging me so now our love runs deep as well.*

T46★つゝいつゝ井筒の縄に手をかけて
汲めどつるべの片おもひ哉　寺田正晴　1729
（突くも、釣瓶の片思い＝片方の重石は英訳無用）

左は『近世上方狂歌叢書』二十四にある1770年以前の狂歌本より。とわざわざ書くは、ちょっとした傑作いなや尻作だからである。御居処は尻の丁寧語と知っていたが、女性語であるから「女が男の尻を抓った」という吉岡生夫の指摘を拝見しなければ、抓めると抓められた方の性別を逆に思った。いずれにして狂訳は中性。又、五十年前に流行った米語 dig（掘れ＝惚れ）と、井戸用語の呼び水 prime the pump、しかも as well に井戸を潜む。右の少々古い首は、セックハラ色の求愛が手だけかバレ歌の釣瓶と恋の片方の重さは悪くないが、左,おいどは勝.

寄鍵恋・寄鉤

★変わらじめ（目？）口には錠をおろすとも
胸の合鍵はなされぞせぬ　まさ雄 K25-3?　1806
（錠をおろすと放す動作もあるが英語で不自然ながら）

*My eyes I'll let fall down and drop a deadbolt on my tongue,
but the master key to our hearts I won't release for anyone!*

また、寄疑恋に応えるような誓い。この他にも寄合鍵恋の歌例求む。

13　品々 2　13

又、も道具などの物。自然の現象ならば上から下か、大から小か、四季の順もなく、その理想的な整理には、もっぱら自然科学にしか感心がなかったから、直すためには今もない暇をみつけなければならない。辞典として駄目とは言え、個々の品ないし題は互いに面白く触れ合う（？）ように集めたから読み物として、そう悪くないと思います。

寄遠眼鏡恋

★ちょっと見て心動かす遠めがね
古今の序にも似た君の顔　東陣　K3-2　1759

*A glimpse of you through a telescope and my heart is moved:
your face would seem to be like the preface to the Kokinshu.*

遍照（か昭）の作品が絵で描かれた女みたいに、との評。絵ではないが遠眼鏡を通しても惚れる詠人の心には、似通う何かがあるみたい。

1820★逢うことハさて長崎の眼鏡にて
近くは見れど遠ざかる君　谷川澄丸　E11-2

*It doesn't let us actually meet, but a Nagasaki glass
brings you close to view, while you keep me away.*

原題は「遠恋」で対の「近恋」は真萩の「あだ人は近しき中の礼儀だに言葉もかけず顔出しもせず」。デンマーク数学者に grook という愚句脚韻詩人 Piet Hein 曰く、「目前と可愛いが去ると忘れちゃう子いれば、遠ざかれば恋しいが近づけば気の減る子もいるが、君だけは愛する子だから居ても居なくても同じで、平気ぞ僕は」。言うまでもなく、文通も交わしたりした故博士の屁理屈は、狂歌に通じる。

寄眼鏡恋

　　　1778★眼鏡にもかけて誓いを忘るなよ
　　　　耳と鼻ともあらん限りは　京孝　k12-2
　　　（眼鏡を掛けるの慣用か懸ける意味も英訳無用）

*As eye-glasses on my nose & ears rest=attest we're wed
so long as these odd appendages decorate my head.*

　　　1778★口解くとも耳にはかけず鼻あしらひ
　　　　我をつまんで見るめがねかや　湖素　K12-2

*Opening it's hung not from ears but on stuck-up nose
am I spectacles for pinching just to see, who knows!*

　　　1792★傾城と見たる眼鏡は違うまじ
　　　　我をかけたり又は外したり　負勝成 E3-10
　　　（かけるの多様の含みも傾城が笑婦かどうかも）

*A pretty harlot is a lot like a pair of eyeglasses you may
pick up and try on only to take off and say "good day!"*

左と中。貞也が主の月並会撰が「寄目鏡恋」を尽くした。首数こそ忘れたが、前の題が「磯霞」で霞の縁語から寄眼鏡恋へ移り、その後題内の歌も俳諧の連歌風の連想あった事を覚えている。二首のみ個別に紹介する事を侘びるしかない。左は蛇足無用。摘むは柄になる細い棒が、同時鼻橋に当てる。右の「見たる」が過去で眼鏡を店で試したが、高いで置去ると丁寧に言い捨てる Have a good day と想像した。

　　　★余の人にあひハせまじと恋ふ君に
　　　　誓ひをかけし近目がねや　繁雅　K12-2　1778
　　　（懸＝掛ける、もメガネや⇒閨も？英訳無用が）

*A vow to meet no one but you whom I love is, to wit
making myself wear only eye-glasses to stay myopic.*

　　★見る毎にあれの是のと移り気は
　　　七眼鏡の多き玉しゐ　文丸　K12-2　1778
*Whenever we meet I start dreaming about this and that and you
know I feel I'm looking through the glasses they call seven-view!*

左、近眼鏡は遠眼鏡の反対がマイクロスコップを掛ける訳無いで近視を強める眼鏡にした。右は。「七つ眼鏡」だったが、辞典では「七眼鏡」。一つレンズに斜面が多くあって対象が多数に見える玩具ですね。

寄毛抜恋・寄毛貫恋

　　★君と我が中ハよくゝふ物なれや
　　　上手のしたるケ抜きにあらねど　延之　T30　1672
*You and I cling together tight to the end, a well-matched thing
which is not to say we are tweezers good for hair-plucking.*

　　★あう事は南方具合が違ふとも
　　　ほれたが正銘鼻毛笑ふな　其山　T52　1734
（合 match と逢 meet が違うし惚れ＝彫れもなく英訳無用）
*We don't match as well as those Portuguese tweezers but, hey,
brand new love beats any brand, whatever your nose-hairs say!*

　　★移ろえる人の心の鼻毛ぬき
　　　なんぼうくいても今更かえらぬ　木端　T54　1736
（鼻毛の意味も何本＝南方、食い⇒悔いても英訳無用）

左は、毛抜プロの床技こそなくても道具も心もよくかみ合えば、交合は旨い！中は、惚れた状態では道具も心も完全に合わなくてもいい。

下は、道具はよく合うも、浮気する心だと困る、気づいたら遅い。見立てか比喩かともかく、中が上の派生歌、下が中の派生歌のようです。

寄鈴恋

1834★妹がもつ鋏に付きし鈴だにも
忍ぶ中には夜半のなる神　菊丸　東　K17-3
Late at night, when I sneak over to my love even the bell jingling on her sewing scissors sounds like a thunder clap.

原題は「忍恋」。鈴に鳴るもあれば、寄鈴にしてもいいかと思った訳。しかし、何か見逃しているか。あの鈴が何かの暗号か。

寄針恋

★御物師が身は君ゆえにほころびて
針とめもなき色いとの道　貞雅　K10-2　1783
（色糸の道の直訳は英米人などに通じないが、一応の意訳）
Due to his love, even the notions man comes apart at the seams, for no thimbles stop needling eyes on the road of colored thread.

★恋痩せて細りゆく身に比ぶれば
斧をも針にするは物かハ　文之　K19-3　1815
Thinned by hopeless love, my body can no more be compared to its former state than an ax may serve for needle work.

★ちょと握る手妻の針がいともよく
人眼しのんで繋がる〻　如意　k11-1　1820
（握る手⇒手妻もその妻も糸＝助動詞のいとも英訳無用）

左の御物師の恋。「御もの師」という語は面白い。英語にもある。主に、女性が買う針や石鹸や薬品などを巡り売りする者は notions man と称された。中は滑稽な比較対象でしょう。右は、20 首の一つになるが、忍び恋の比喩になる手妻は、カラクリと手品のことになるが、どういう物が針を利用するかまだ知らない。左のままの職業的比喩が持ち。

寄釣針恋

1679★是や恋の釣針と云う物ならん
おめにかゝれば猶思ひます　太女 T37

I must call you "love's fishing hook," as you are that to me:
whenever you catch my eye, I just cannot shake you off!

ただならぬ初期狂歌の傑作。目に針ほど凄まじいイメージは他にあれば知りません。『古狂歌 ご笑納ください』の百章頭歌の一首です。漢字の「目」にしようかと考えたが、「め」の字に針が刺している事を見たら、そのままの仮名にした。直後の首は、方碩の「不厭恋　君はたゞ伊勢白粉と同じこと幾夜ぬれ共あかぬ皃はせ」。顔ばせで太女の歌尾の「ます」＝鱒に鯊又沙魚＝「はぜ」で答えたようですが、その歌次の上手さも初期狂歌の洗練を物語る。様々の魚に寄する恋の歌は生き物の部にある。

寄罠恋

★尾の生えた様にひらつく後帯を
見初めてかゝるわな帽子哉　一好 T56 1737
（かかる罠＝輪奈ビロードの帽子は誰被ったか？）

Seeing the fin-like back-tied obi flutter like real tails
for the first time, the felt-hat wo/men take the bait.

上記の「わな帽子」は、同時代の一冊の本に他何十帽子名に「びらり帽子・わな帽子・さくら帽子・綿帽子」をネットで見つけたまで、綿帽子の誤植かと思った。輪奈天がビロードと判って、辞典に存在しないビロードの帽子と同定できた。罠との掛けあらば帽子の罠も昔、絶対みた鼠を捕るように小さな枝で斜めに掛けた帽子のイラスすら見当たらなかった。それはともかく、わな帽子を被る者ないし類は誰か、それこそ改造版まで知りたいことだ。まさか若衆か南蛮人だったか？

寄磁石恋＋寄鉄物恋

1812★待ち明かす胸は磁石の狂いにて
　　きたと落ち付く方角も無し　田面近住　E8-3
（北＝来たという単純の掛詞一本で不可英訳↑も↓）

1820★磁石よりふれる心の君なれや
　　キタ計りにてこゝとまらず　升隅　E11-2

1812★吸い寄せるように君をば思いこみ
　　磁石の針のつけつ廻しつ　　　騎丸　K29-1
This love is sucking me toward and into you, dear,
a magnetized needle I'm spun around & pulled near.
（或いは逆に、自分が磁石で君が寄る針になるか）
Loving thoughts sink into my sweetheart sucking her near
a magnetized needle she spins around and comes here.

鉄物は磁石に引けるが、右は本来「寄鉄物恋」。そのおかげで、なるほど鉄は、そういう物と同定されたかと判った。磁石に引かれている思う人の観点は鉄のそれになる。文法音痴の敬愚は、右の首の詠む人と君に関わる動詞の活用などで前句と後句の関係をうまく整理しかねて、二つ全く異なる読みのどれを択ぶか。恐らく前者だが、決めない。

寄俎板恋・寄料理道具恋

1783★俎板の面痩せしたる恋の身を
切り刻みても 逢んとぞ思ふ　中道　失典
On my face as flat as a chopping board I'd make mince
of my own love-sick body if it would only help us meet!

痩せぎずの Meet=meat の掛詞。ビデオゲーム顔負けの自害。歴史を遡れば痩せ身や痩せ顔の自憎は常。今は異常。相手の女性は多分ぽてりとした顔にむっちりとした体。よく肥えていることは本来の元気だ。

寄箸恋・寄箸片思

★是ほどにくどけど心太箸や
折る気もなう手に余る君　東端？1783
（心太⇒太箸の資格転掛けも手に余るニュアンスも無理が）
Though I've wooed you as long as chopsticks for tokoroten, alas,
you won't give me a break and just keep eluding my grasp!

★ちぎられぬ物とは今ぞしるこ餅
一本箸の片思ひにて　手柄岡もち 1785
（契る＝千切るも知⇒汁もなく英訳無用）

★箸持てくゝめる様に言い寄れど
答えん口を閉づる憂き人　貞旨　k19-3　1815
I approached with chopsticks in hand while tweeting my pitch,
but she closed her mouth making no reply: this bird is a bitch!

左の折るに余る比喩は悪くないが、中の今ぞ知るが良い。餅を千切るは箸ではなく手力で、関係ないが、その一本も妙に可笑しい。右です

が、カップルになったと早合点し、小鳥に学ぶ相手をサービスせんと「憂き人」は。無理にせんとする人こそ憂しと思うが、中の首が大勝。

寄時計恋

1810★塵つもる枕時計があう時も
あわで心の狂う恋病　磨千舎友鳥　e7-4

（面白いが時は合うも狂うもしない英訳無用）

寄振り坊恋

★いつもこちハ常ふり坊となさるれば
泪の雨のはれう様なし　伯水 T37　1679

（降れ降れ坊主の方言の変種かと仮定上の英訳）

*I guess I am like a farmer's weather-doll except my head
remains down so tears rain & it never clears o'er my bed*

農家が雨を望めば、照る照る坊主を逆さまにかけたら、降れ降れ坊主と云う。降れば目鼻を描いて上げるかどうか知らないが、もう降り染めたら「降れ」ではなく「降り」坊となるか。辞典もネットも no help だった。寄ふれ坊主恋か。

寄馬具・牛具恋

★寝る君の鼻にこよりを入れるさえ
願いからなる己が身はうし　松青見 E8-1　1812

（狂歌のオチとして、牛＝憂しに変わる手はなく英訳無用）

★手綱をば許せど人に慕われて
堅い心の駒もつまづく　芳水　K19-3　1815
（駄目の不器用はしくじると？原文は被恋人恋か？）

左の紙縒りを彼か彼女の鼻に入れても本人の方が嘆くウシながらの自嘲か。ただし「お願いから」というと、どれかが願った。右の駒の方が勝首。足がウシよりも速いも、恥かしがりやとは、慕われてこそ躓くようだ。しかし「手綱をば許せど」は誰に？両親か。若者の詠みか。

寄重荷恋

905 以前★人恋ふる事を重荷と担ひ持て
あふご無きこそ侘しかりけれ　無名　古今集
*I carried the burden of my love for him, me, a girl without a pole;
how hard it was to bear that wait alone when he did not show!*

★おもひ余り外の人めも包むこそ
恋の重荷にこつけ成けり　未得 T24　1649
*My longing hard enough to bear without adding a rump-pack
of nosy people's eyes to love's burden already on my back!*

左のあうごハ天秤棒の事で「力＋木」の漢字にもなるが、「逢う期なき」の掛詞にもなる。古今歌ながら、やはり狂たる。『狂歌大観』の参巻 16 で「重荷に…悲しかり」となる。男詠みにもなりうるが、水のような重い物を運ぶには女性も棒を使った。右の初期狂歌の天才未得の云う「こ付け」は、荷物に追加の小荷物。「寄重荷恋」「寄こ付恋」「寄人目恋」等と成りうるが、人めが「罵り」と云う視覚的な掛あると思えば、狂歌として古今集の歌よりもかろうじて上なるが（？）

T29★そちや高くこちや背も低し中担ふ
恋の重荷の片思かな　如竹 1671 堀川狂歌集

Carried on a pole, the higher end is her's while mine is low;
with one-sided love, the burden is uneven, you know!

或女を我おもふと人に知るゝまで褒めければ、

★我が思ふ人をかたげて褒めぬるや
恋の重荷と是も言わまし？　満永 T30　1672
Being praised by the one I love for not dropping but praising
her name: I guess that, too, should be called love's burden.

左は、背が低いのが恋を乞う曲げた姿。ちょど今日、Facebook で背の低い友は我輩の背高を羨ましいと書いた。それで女に持てるべきと。とんでもない。本を沢山書くも貧乏で相手は窓に来る小鳥のみ。何年も人を抱いた事すらない。とは言え、左もちび男の自画自惨とも読み得る可能性を加筆したくなる。右は。両義ではないが解読するに数回読んだ。恋を宣伝するのが普通良くないと思われたが、思えば男はそのことをすれば、他の女性と遊びなくなるから、相手は嬉しくなる。そこまでいいが、褒められても恥ずかしい。敬愚もそうで、勤め口で、わが顔を赤らませるために、わざわざ褒めた人数人もいた。右勝。

★捨られぬ衆道女道を担いなば
恋の重荷に棒や折れなん　春澄 T37　1679
If you can give up neither your longing for boys nor for women,
Love's twin burden will break the pole by which you carry them.

★世の中に恋の重荷といふ事は
子をあまた持つ人の詞か　且心 T37　1679
This thing they call "love's burden," well, I wonder if
it might not better describe people with too many kids!

★筆にては棒も引かれぬ悔しさよ
恋の重荷は担ぎながらに　和文 e1-7　1783

*My brush cannot draw a line through it, to my regret
as my burden of love is in the red: I bear a heavy debt.*

左の首は古き二本＝日本だ。男色女色を択ばぬ南欧州や中東や米大陸や中国を含む R F Burton の仮説 Sotadic Zone に属し。春澄は、その実践的な負担を詠む。中は、千年の系譜に「恋の重荷」の子沢山という笑うべき新奇の含蓄を足す。右、天明狂歌の恋の重荷を赤字と看做すか。棒の言葉遊び英訳しかねて悔しい。且心の中の首は、可笑しみ勝ちだ。

★膏薬を貼らばや貼らん片思で
恋の重荷を担ぎぬる身は　古着出来吉　E2-1　1784

*If I need an analgesic patch I'll use one as the burden
of this lopsided love is hard for my body to bear.*

★盗人に見咎められて恥ずかしや
忍びて運ぶ恋の重荷を　唐衣橘洲　E3-10　1792

*How embarrassing to be chewed out by burglars who see me
creeping out to swive with love's burden all too plain to see!*

★苦と楽は恋の重荷のうらおもて
忍び挑灯暁の鐘　紀定麿　E3-1　1785

*The ecstasy & agony of love's burden visible and not:
my nightcrawling paper lantern and the matin bell.*

★君がもとへ附て行かし駄賃馬（字不足？）
身に余りぬる恋の重荷を　壺琴楼　E8-1　1812

*I think I need to rent a pack-horse when I visit you, dear,
love's burden is getting too heavy for me, that much is clear.*

1813★見てしより荷になる恋のうき泪
はじめて袖の重さをぞ知る　藍臼舎 E8-4

Love's burden was just a word to me before I saw her beauty,
and crying first felt it in the weight of my tear-soaked sleeves.

五つとも恋の重荷という題に乗っているようですね。左右の膏薬を貼る首に袖の重さの発見、即ち身に感じる二首の双勝か全五首勝か。

1810★夢に見し恋の重荷の疲れにや
汗になりたる独り寝の床　少々成増 K16-1＋寄汗

Could dreams of love leaving me exhausted from said 'burden'
be why my bed is soaked with sweat though I sleep alone?

1814★別路は坂に車のおもひかな
恋の重荷の跡へ引かれて　難歌免 E9-3＋後朝

Parting at daybreak is like hauling a cartful of blues uphill
that is, love's burden would drag you back to her still.

★我が身のみ背負う重荷の気強くも
投げの情の人は恨めし　寿 E9-3　恨恋内が、

As my body and I really feel love's burden, we cannot bear
to see how some simply chuck their hearts here or there!

左は、二十首ほどなる寄重荷恋歌の中で唯一の初期でない上方狂歌。比喩が夜汗の原因になるのが気に入るが、恋の重荷が濡れ衣。汗が、悪夢は胃腸などに毒される血が脳の中で引き起こされる化学的な変化に伴う現象。中の後期江戸狂歌は、古典和歌のお帰りの足引き山と足が重くなる韓国の名曲アリランを思わせる。右は、そう。自他の重荷を知らぬが仏の鬼もいる。又も全首勝。猶、最好の恋重荷狂歌は寄涙か寄棒に入れた元禄の月洞軒の「棒ほどな涙」で重荷を担う奇作だ。

寄鉋恋

1799★恋ふる身は削れる計り痩せにけり
千束の文のかんなづかひに　千客万来 E5-4
（鉋＝仮名つまり妹の手書き等は英訳無用）

寄鋸恋

1806＋後朝★別れ路に心引かれつ鋸の
目には涙の浮かむ切れ口　真武　K25-3
*After we met, my heart was dragged down the path by a pull-saw,
its/my teeth=eyes oozing tears like sap from the severed stump.*

死ぬ人の激しく沸く脳味噌が沸かなくなる過程などの残虐にも感じるほど凄ましく描いた米女流詩人エミリー・ディキンソンに見せたかった首だ。鋸に歯ではなく目が並ぶのが日本語だけか。Wiki で目歯半々。

寄梯子恋

1795★君にこそ思ひ重なる段梯子
あけていひたき胸の引出し　無口　K4-4
（梯子上げて⇒明けて慰撫たき？誤植か未解読か）
*My love for you overlaps itself like rungs on a step-ladder
climb it to open drawers in my chest and I'd be gladder.(?)*

寄小槌恋

★恋の世やうちて八子槌持ちながら
外しのぶ身の隠れ笠着て　友房　T59　1740
（打ちて＝内で子＝小も笠＝かりもなくとりあえず）
*In the world of love we've a wee magic mallet to pound inside
and outside sneaking to dates, we have hats that help us hide.*

原題は「寄宝々恋」。金のみならず宝。など打ち出せる玉の小槌は、英米にない。魔法使いは細い棒だ。亀頭を強調する日本＜対＞棒のような物を祭る欧米との差異か。仮にも、カリの同類語としての笠もないから英訳は物不足が、表層では小槌も隠笠も宝船の道具の仲間だ。

寄農具恋

1776★逢うからに末をたのもの春なれや
あちらからスキこちらからスキ　拾栗 k21-5
（頼も＝田の物か＝他の者も鋤＝好きが田植えの逢う瀬か）

冬に逢えば春の末田の田植えで男が女の畑で働いてあげるが、鋤を持って来た男性大勢か？米国独立宣伝の年に、遥遥日本で、こんなに自由の恋愛も…。時代の農業風俗に詳しい者と相談するまで英訳を遠慮。

★すきを見てそっと渡した玉章を
掘り返さるゝ事ぞ悲しき　虚雄 K8-1 1814
（隙＝鋤と掘りを英訳せんとすれば長くなったが）

How sad the letter I planted in your sleeve when I had a scoop
you'd pass by, was dug up & returned, exposing me as your dupe!

1820★隣から鍬を借りてもすきを見て
お返し申す文のつれなさ　正直 E11-2
（隙＝（縁語の）鋤を英語では見ない）

左は、せかく渡した恋の種を心に植えずに、戻してしまったが、なぜ「掘り」か。かなり時間が経ってからか。鋤は隙が同音ならば、スクープが鋤でありながら、ルポ用語で密告なる。密告あって、そっと恋文を彼女の袖に「植えた」という英訳も意味上のずれ。英語で無罪の人に罪の濡れ衣を着せるためにこそこそと身につけてやる。スパイ対スパイ合戦になっちゃった。右は、詠む人の名の通りだ。

★龍骨車の繰り返しやる玉章も
みずにつゝみのまゝで戻した　菊丸 K26-4　1794
（龍の縁語玉の玉章も水＝見ずも包み＝縁語の堤も英訳無用）

寄米臼恋

★うすなさけ契をこめのつき果てゝ
こぬか／＼と待つ程ぞ憂き　未得 1649
（薄＝臼も来ぬか＝小糠？も英訳無用）

初期狂歌の未得のこの首を、江戸狂歌の元木網は 1783 年の狂歌論に「米搗にかけ合の言葉をかれこれと案じて…心を得たり」した「言葉より入るべし E15-1」狂歌の好例にした。恋よりも交合そのものを思わす寄杵恋と寄臼恋の狂歌は、『古狂歌 色を好むさし男』に預けた。

寄俵恋

1820★魂がえりとは恨めしのよね俵
遊ばるゝたびに転ぶ習ひを　河童 K11-1
（踊り子が業で仕方ないで敬愚は返歌代詠）
達磨なん回ころんでも立たぬ名を
羨ましく思ふ米だわら　敬愚

米俵のよねは笑婦か、ともかく只で転ばない浮かれ女でしょうか。歌意を言い当ててみれば、踊り子は母に、お客をよく択び上手に転ぶ事を教えたようだ。「魂がえり」の第二儀なる気の移る事ながらとんぼ返りの大雑把な語呂あわせか。解読不完全も敢えて返歌を詠みました。

天明★ちらと見し君に思ひをこめ俵
大黒ならばふみやつけまし　紀定丸　万才 小学館

大黒ならでふみつけてみむ 福神里通 若葉集 0111web
（米＝込めも大黒の事も踏み＝文も英訳は無用ながら）
After catching but a glimpse of you, Daikoku's rice bale
makes me think of love letters, I'd stuff it with mail.

天明の同歌二変種。大黒は時代と地方次第、俵に腰かけたり立ちたり。

★胴しめてなわいとはしな君をのみ
添う俵のよねんないから　拾栗 K21-5　1776
（縄糸⇒厭わじな？添う俵の米⇒余念も英訳無用も未解読）

1814★洩らさじと深く心に米粒を
いかで俵の口はしりけん　六書園純筆 E9-2
（掛詞に自信ない。米＝込め？口走り＝口は尻？）

左は困る。胴締める、シナも唐も見出すが、辞典にない「はしな」も端なかとか、俵の胴は丸いが、など色々と考えても解読できず悔しい。助ける人はいないか。右、ネットで俵作る図を見たが複雑！水田の仕事よりもうんと難しそうで、これもまだ未解読にして置きます。

寄穂俵恋

★蓬莱のやまず恋するあだ人は
在原のわら穂俵のわら　契因 T59　1740
（山⇒止まずも在原＝藁＝我も英訳無用）

ホダラないし馬尾藻（ホンダワラ）また古歌の「なのりそう」で「名告（なの）る」に係る序詞。仇人は恋やまず自分自身の「わら」と名乗れば良いと？恋敵も自分になる。蓬莱でる寄新年恋ならば、反省もOK?在原とは恋狂の業平の罪も我が罪になると？有意義になりそうな一首で、研究家の解読を是非読みたい。

寄楽器恋・寄太鼓恋・寄鼓恋・寄小鼓恋

★我が恋は拍子もきかぬ下手つゞみ
あふ事無しにあちの悪さよ　雄長老　T13　1589
My love life? Call it poor drumming, the timing so far-off
we never meet and nothing is bad enough to beat that!

桃山時代の雄長老の嘆きは 1666 年の『古今夷曲集』で題は「不逢恋」。『雄長老狂歌百首』の他足軒中院通勝点の前置は「不遇恋　此歌尤工也。但あわざる先にあちのわろきを知りけんと不番に覚え侍る。但作者御無案内の故歟一笑々々」（か）。問題あるいは可笑しさは、古綴りの清濁はっきりしない「味」が又、「あち」即ち女陰になるかと？

★いつ迄か、かく打ち捨てゝ置きつゞみ
なるとならずとおとづれよ君　未得　T24　1649
（打ちの慣用も鳴る＝成るも音づれ⇒訪れも英訳無用が）
So how long are you going to leave this drum that you once beat
alone, my love – I say, whether you play me or not we'd best meet.

1649★音に聞く人を太鼓のうちつけに
かわよくなるは何のばちぞや　未得 T24 並行筋か
（皮良く＝可愛よく？も撥＝罰も掛けねば英訳無用が）
Beating upon her like a drum until it is loud enough to hear:
what's wrong with tanning hides to sound sweet to the ear?
（太鼓＝太古で打付が遠慮なく美少女を択ぶが宜しいと）
When you hear someone is cute, why hesitate? Celebrate
as men of old, who knew no sin in it did – be bold, mate!

上記の順が 1649 年の原本通りになる。左は英訳無用も敢えて狂訳したが、女の代詠でしょうか。右は、難しい。第一読は、英語の it は家内

暴力を含む恋。情交中に尻をぴっしゃり打つ遊びだったらいいが、妻を殴るロシア人の暴力弁護歌みたい。とは言え、まったく異なる読みもあり得る。第二英訳も創りました。可愛い子を娶るもいいじゃないか！万葉集などで可愛い子の為に争ったし、安見子を得た男子は遠慮なく自慢にした歌を詠んだし…。可愛い子を狙うも罪ないと。（？）

★鼓に八つ頭という事あれば、
打ち込んでねなまし物を来ぬ人に
八つがしら迄をき鼓哉　走帆 T47　1730
（芋＝妹だから？英訳どころか歌意未解読）

★合ひなれてしめつゆるめつ小鼓の
かわゆい君ハねよき物かな　清祇 T37　1679
*Beautifully broken-in to tighten or loosen up, my squeeze-drum
of a girl is patent-leather=cute and her sound=sex beats anyone!*

左、八頭は鼓の手になるが、そういう名の野菜を食べた体験ある（凄いでかい青野菜でシャワーの中で洗うしかなかった！あるいは、京菜の勘違いか）が、敬愚には未解読の首だ。右の首を読めば、敬愚の判詞はただ、ご馳走様でした！小鼓とは、アフリカの物喋り鼓 talking-drum の類が、それを可能とする特徴をもって「抱き鼓」squeeze drum と新造語狂訳にした。Broken-in という語は SM っぽく聞こえるが、そうでもない。皮の製品（靴も野球の glove は好例）は皆そうだ。狂歌を読めば終に気づいたが、可愛ゆっ子も、その中になるみたい。馴らせるものだ。留保＝毎日十六時間引き続いて椅子に腰掛けて執筆する敬愚は、血の巡りをよくするために、つまり健康のために己が尻をしば／＼ぴっしゃりと打つことがあっても、マゾもサドも性に関係ない。因みに、上記の英訳は、江戸時代の狂歌の解釈上での仮定に過ぎない。

1799★小鼓のかわりやすさよ人ごゝろ
うち絶えてより音づれぞなき　真垣恵澄 E5-4＋変恋

（この後句の音⇒訪れも掛けずには、英訳は無理が…）
How easily a squeeze-drum changes tone, once they pound
no longer, our hearts, too, are not visited = make no sound.

1806★斯ばかり身は痩せ馬の皮太鼓
胸をきさむと君は知らず　椋白人 K25-3
My lovesick body is a drum made from a starving horse's hide
though my breast were deeply scored you'd not know it if I died.

左は「寄無情恋」も題になりそう。右の胸を刻むは、又祈願・念の為か。16世紀にイエス会は、罪を滅ぼす為に自分の体を打ったり刻みたりするのを教えたら、日本人教徒は直ぐ乗った。やり過ぎて血だらけになったから、驚いた神父は彼を止めさせずにいられなかった！

寄琴恋

参照1787★やみぬれば緒の無き琴のね姿を
ただかき撫でて見るばかりなる　蜀山人 E3-5
（闇＝止み＝病みも寝れ＝成れも事の寝＝琴の音も英訳無用）
This sleeping form, lying sick and silent as a stringless koto,
I can only see if it helps not to fret but gently stroke her.

1809以前★琵琶和琴まつそれよりも袖ひいて
きゝたきものは君が挨拶　絵馬屋額輔　E7-5
（縁語松＝先ずか待つも縁語滝も弾く＝引くも英訳無用）
Rather than waiting for you to pluck that moon-lute and zither,
I'd feel a tug on my sleeve and hear thy greeting: come hither!

女の琴をひける爪音に聞きとれて、思ひかけて詠みける、
1802★ひく琴のねよげな君と思ひそめ
口説く台詞を胸にしらぶる　市人？E6-4

（音⇒ねよげ即ち交合に優れそうの古文語は英訳無用）
Just to hear my lady play the zither put me in a dither
composing and singing to myself lyrics to seduce her.

1806★しば／\は及ばぬながらいとみてん
　　たま／\琴のねも許すやと　若野道種　K25-3
（糸⇒挑みかもたま⇒玉琴＝事も音＝寝も英訳無用）

左、赤良＝蜀山人の歌は源氏に「琴の声もやみぬれば」薫が登場する闇夜の場面を掠るが、有心しかも優雅なる病みの姿を詠む和歌みたい。中上は、まだ若い絵馬屋額輔の「まつ」を入れたが琴の縁語のみならず、師だった節松嫁々の心も引くつもりだった為か。狂歌詠みの夫の朱楽菅江は1799年に、五十九歳の若死してしまったから、女史は…。中下の市人ですが、敬愚も聞き惚れが早い男の一人。声か引く楽器にせよ。ともかく、己が妹を「ねよげ」と詠んだ伊勢物語の兄さんの大変失礼な歌に比べて、このねよげは無害。「君」を直接に言うよりも、my lady と her で格調高くなる狂訳。四首とも秀歌ながら、右の男の卑下ながらアピールする潔さを勝たせたい。

寄笛恋

★我がいきの通える程ハ吹く笛の
　なるを限りに君をしたわん　未得 1649
So long as my breath goes in and out and the flute
plays on, i will adore you and all other love is moot.

1672★横笛はあな羨まし吹ク君の
　舌で舐められほゝに抱かれ　久清　T30
（強調のあな＝穴も頬＝ほほ＝ぼぼ＝開（女陰）も）
I am wHOLEy jealous of the side-style flute you play
licked by your tongue & embraced by your cheeks.

★あなしんきネあかぬ物をいかなれば
　君と逢う事ならぬわれ笛　昌恵　T30　1672
（音＝寝もあな＝穴も明＝飽かぬも鳴＝成らぬ我＝割れも）

左は、未得をして素朴が笛の本音をよく捉えた。中の猥褻度は行風編の本にをして珍しい。その返歌らしい右が、最長連の掛詞で勝ち首か。

寄琵琶恋

★四つの緒に想ふ心を調べつつ
　弾き歩けども知る人も無し　兼盛 990
（合点。心は四画。当時、袖に四緒もあったけ？）
*Not walking around with my heart on my sleeve but strung
on four strings playing as I go, but who hears me? No one.*

ありけながら琵琶を弾く彼は「しのぶれど」と言い詫びるが「色に出でにけり我が恋は物や思ふと人の問ふまで」は、当然！心を袖に載せる英慣用は気持ちを表に出す意味。袖の四緒で鎧を付けるのと無関係。

寄三味線恋

1672★三味線のいとし可愛ゆき君なれば
　駒つけてたゞ心引きみん　良因　T30
（心の駒つけてかつけで？いずれ英訳無用）

★引き寄するいとしい君よ三味線の
　こまいと言ふは何のバチぞや　粧色　1672？
（引きの慣用に糸の愛しいに駒⇒来まいに撥＝罰も）
*You, who are my heartstring, that I'd, like a banjo, pluck: don't say
your bridge is down you cannot play! – pick a day come anyway.*

1783★三味線の糸を心に引き比べ
君に任するみさお立てばや　小寺氏照女　k10-2
（糸を心に引くも、操＝御竿を掛るも英訳無用）

初期狂歌と共に人気になった楽器。だから、琴に寄する恋歌よりも三味線の方に上出来が多いか。左には縁語の糸も皮もコマもあり、バチは見当たらないが、駒つけ（ない）「で」ただ心のを引きたがるか？中は。粧色の「来まい」はうまい。何のバチかと続ければ、より古い猫の恋の狂歌が本歌であろうが、一筋もよく出来て勝つ首に価するを、右の女の子詠む純粋なる（又訳も解らぬが）心に引き比べ（駒比べか）を共に三味線弾く二人かと思えば、その御竿＝操を賭け＝懸けるまでなると、又、耳から惚れた歌例で、勝つと言って上げる他ない。

寄器恋

寄樽恋

★今は何と醤油樽ぞや切りあけも
ならぬ心の底の悪さに　魚口 K11-1　1820
（なんとしよう⇒醤油もなければ英訳無用）

樽の下がどうしても泥っぽくなったら、よく振って注がんとしても、酒樽の鏡開きならば判るが、切明けは栓を入れる奴か。何としようか。

寄杓子恋

★恋病みて死ぬる身ならば思ひ出に
杓子てなりと招き寄せてよ　砂長 K19-3 1815
（恋痩せて杓子の手形と死に際に招く事？未解読）

寄茶碗恋

★千金に換えたき物は茶碗より
枕を楽に君とわれ寝ん　松千世成 E11-2　1820

(〜たき⇒薫物も楽＝烙も我＝割の数奇縁語も英訳無用)

寄茶臼恋

1532？★ひく人の心かわらば同じ世の
契りものちゃうすく成るらん　ちやうす　実隆か T8

(古綴りの清濁：ぢゃう＝情⇒茶臼⇒薄くは英訳無用)

家具など物の詠む、主に恋の十番（二十首）歌合だが、ネットで拝見した三浦億の解釈に、ぢゃうの意味が。愛＝情＝定めになるが、和歌の三条西実隆（1455-1537 か8）。

寄摺鉢恋

1729★恋すてふ通う足さへ摺粉木や
摺鉢ならばわれてあわめや　成親 T46

(足＝お金も？我＝割れも合わ＝逢わめは英訳無用が)

*Commuting for romance my poor feet wore down to pestles
while the mortar cracked so we no longer have a match.*

寄塵取恋

参照 1243 年★払えどもむなしき床は偽りの
言の葉のみぞ数つもりける　知家　新撰和歌六帖

Though I brushed off the dust, my lonely bed is still a disgrace
for, now, a pile of false words=leaves has built up in its place!

1532 か　★訪われねばうちも払わぬ床ゆゑに
など塵取りの名のみ立つらん　ちりとり（実隆か）T8
Because my bedding is dusted off only when someone calls,
my nick-name, Dust Bin, is in the air as no one comes at all.
（↓京雛で伺えば、塵取りその貴族の女性の任務だった）
Since I never dust off my bed unless somebody is coming,
when I get a no-show, rumors still fly about Sir Dust-bin.

左が別部の塵と一緒にすべきだった。改造版前に移ります。床を共にする約束を守らなかった人への恨みかただ空しい気分を嘆くか判らないが塵に替わって言葉がという新奇で狂趣あるも可笑しみが無くて狂歌には今一つだ。右も、同じ不愉快なる体験を詠むが、和歌の名人藤原＝三条西実隆（1455-1538）であろう。日本国語大辞典の塵取りの初歌例になる。寄家具恋尽くしの小歌合の中の気に入った首だ（『狂歌大観』にある「お伽草子の異類物」の『調度歌合』）。敬愚も、人が訪ねるため以外には、掃除しないから、汚い寝床か閨で人は「塵取り」（英語なら pig-pen か）と囃す通常の読みも判るが、第二読みを加えたくなった。京雛には塵取りを持つ者はおられる。仕丁（してい）という宮中の雑用係で、高身分の実隆は常に掃除しなくてもよいはずです。しかし、常に掃除の世話を要らなかった彼には、仕丁は常に無かったら、お客が来る前に本人もやった。お客が結局、来なくても、公家ながら塵取り役をした噂だけは、名が立ちましたという訳でしょうか。

寄机恋

調度歌合　★袖かけて硯をならし書く文も
人に墨つくえとも成らなん　つくゑ　実隆か T8　1532 か
（を慣らし＝に親しむ？墨＝住み？墨付く⇒縁＝机も英訳無用）

ネットで拝見した三浦億の解釈では、袖は机の端にもなるし硯に親しんで墨がつく事がお二人の縁付く様になるが、机を使う女性が彼＝机と住みつくようになる掛詞の捉え方も可能でしょうか。藤原実隆＝三条西実隆（1455-1538）の歌か。超一流の狂歌を英訳すると敬愚は苦手。

    1802　★毛氈をかけてぞ契る唐机
    互いの足も四に並べて　橘洲　E6-3 酔竹集
Throwing a rug over it making love on a Chinese desk, well,
my legs and hers aligned to make us an animal pair-allel.

現代以前、毛氈というフェルト状の敷物は、獣毛を加工して作られたという意識が強かったし、日本では「四つ」と言えば獣（また、非人）となった。机も二人もそれぞれ足が四つ。人二人の交合と獣一匹が、なんとなく二匹の交尾に化けたが、well を bare に allel ない pair で充分。

寄葛籠恋

    ★人目のみ繁き深山（みやま）を分け侘びて
    行き来やすまぬ葛篭おり哉　つづら　T8　1532 か
Human eyes as dense as the mountain thickets I must part,
weaving in & out without rest, my poor wickerman heart!

葛篭と書かれてもネットで見る写真は全く異なる材料ですね。本来の葛藤で「九十九」とも書いたりごく乱れている混雑というか。籠が本来目だらけか穴が多いのが記号上の含蓄。それもネットでは織物ながら、空気すら通さないほどびっしりとなる。寄家具恋尽し『調度歌合』より。詠人は三条西実隆（1455-1538）であろう。

    古今★花がたみ目ならぶ人のあまたあれば
    忘られぬらむ 数ならぬ身は　詠む人知らず

With as many lovers as holes in thy flower basket harem,
you'd forget a tisket or tasket, who is not a very fair one.

花筐は花を入れる竹籠。メは当時も女に掛けたかどうか知らぬが「並ぶ」と妻の多い男は容貌と才能で見比べている感じ。数ならない身は卑下ながら、歌は男を叱るか断るか、双方か。へんてこの狂訳は御免。*A tisket a tasket* は basket も登場する恋の文を失う古い童唄から借りた。

寄皿恋

1649★色深く人をば思ひそめつけの
さらに忘れぬ我が心かな　未得　T24
（染め＝初めも関心の更に＝皿も英訳無用）

1776★かれにとけこれにも解る移り気は
絵の具のさらに呑み込まぬ君　先賀　k12-1PIC
（絵の具には色ある。色が sex と関係ない英訳無用）

左は、未解読。改造版まで解けたい。右の上方狂歌の絵の具の皿の枕は滑稽になるから勝。更に「呑み込まぬ」とは「おさらば」か。

寄土器恋

1792★我が為にあたこの山の土器や
ふわりと君が余所へ落としは　由慶　K15-4（ふられた？）
Making my wish, I threw from Mount Atago an unglazed plate;
it was wobbly and now you fly off to become another's mate!

1811★手も早う土器投げよくどきつゝ
落ちて逢うより直ぐに割れしは　亀井　k15-5PIC?

A fast-talker won her hand while throwing unglazed plates:
She did elope but as soon as they meet the romance breaks.

アベックで投げれば、土器はまだ毛のない少女の記号だから妙な雰囲気になる。左右は別冊、別詠人。皿の飛ぶ姿や結果はそれぞれも当然と思うが、左は私的体験で勝首。念の為に、1783年の本 E1-9 に「寄土細工恋」が題の一文字白根詠み「★いつしかに君が心の内曇ちぎりし事も嘘のかわらけ」もあるが、川獺とかわらけとの語呂合せ掛詞か？

寄陶器恋

1812★擂鉢の音信希にへだつるは
尻すぼまりと見ゆるわが恋　夕陽堂一朝 k16-3
（窄まる尻は稚児か若衆で『〜色を好むさし男』迄預け）

寄鍋恋

七十一番職人歌合★うらめしや筑摩の鍋の逢ふことを
われにはなどが重ねざるらん　なべうり　1500年頃
（観光に行くと何人と寝重ねる英訳がくどくなるが）

Envious, you bet! All those Tsukuma pots, which the likes o' me never get to go to see, much less do repeatedly! - Pot Vender

1649★あだ人の筑摩祭にかつぐと云う
なべての数に入るわれぞうき　未得 T24 再載 E15-1
（鍋⇒なべても我＝（縁語）割れも掛けぬ英訳無用が）

At the Tsukuma festival, my heartless love's face is not red, while I, but one among the many pots she bears, am blue.

伊勢物語と拾遺和歌集では、詠人が早くも当祭でつれなき人が担ぐ鍋の数を嘆く。羨ましいか恨めしかというよりも覗き屋へゆく気分だったが、左『七十一番職人歌合』の鍋売の歌は作ると楽しめる人の差異を詠む。祭へ行く暇もないか、蹴り轆轤も多妻を御馳走しうる足がないか、敬愚は分からないが。右は。約百年後になる初期狂歌天才未得は系譜を知ってこそ、我も鍋に入るも恨めしいという自白は新奇。

1814★割れ鍋のふたりぬる夜の嬉しさは
何かよってもにるべくもなし　虚雄　K8-1
（蓋⇒二人も煮＝似るも掛けずは英訳無用）

1820★憂き人は嘘をつくまの鍋ならで
仇に重ねし訪わぬ夜の数　始丸　E11-2
（をつく⇒筑摩の鍋（＝愚妻）も無く英訳無用）
As my cold lover is not among those bearing Tsukuma pots,
I just count nights she didn't show for she's not hot to trot.

左、虚雄の首は。「似た」ならない「煮た者夫婦」と先ず思付く。前句は「割鍋にとじ蓋」に後者は「縁は異なもの味なもの」になるか。掛詞ながら現にも頷くは、あっても割鍋を煮るべきもない事。で、歌意は？さて、右の恋人は、性悪じゃないが、中々逢ってくれないも辛い。本人は夜這して受けないよりも彼女の訪問を期待する甘えん坊みたいが。※拙著 The Woman Without a Hole に筑摩祭の章もある。

寄釜恋

1776★釜の臍の冷たい君が心には
燃ゆる思ひのいかでとゝかむ　如羅　k12-1
How can the burning mettle of my love reach clear
to your heart as cold as the navel of an iron kettle?

★ちゃん／＼と有無の返事のたぎらぬは
誰か水さして我を釣釜　拾翠　k12-1　1776
Do your replies coming or not, bubble-up no longer because
someone watered-down our love, so I'm on the backburner?

双方とも我が好む上方の控えめの（読みやすい）狂歌。臍の出る句と歌も好きが、「後釜」しかない英語の釣り釜という右の新奇は上。いずれも有心か無心か。

寄水入恋

1532？★口にさていつか漏らさむ思ひせく
心の水の沸きかへる身を　みづいれ　負け　T8
Worried lest it ever leak out I put a lid on my yearning
as my heart-water boils up from the depths within.

三条西実隆（1455-1538）著したかという寄家具恋の『調度歌合』より。日本語で水と湯とは英語のように同じ water には成らないと学んだが、思ひに例の「火」を見出して、水が沸けば tea-pot のような料理用の水入もあったっけ。一休の情熱を防ぐに心の水を堰き止める教訓歌は、めいはくで一度よめば判ったが、思ひ堰くとも心内の「身を」と掛ける水脈ないし澪という深い凹地の下流から沸き返るようなものは止められない。漏らさなければ爆発する。だから負け首か。

寄桶恋

1666★君が皃うつして欲しや水桶の
我が思ふその心一杯　よしたか　T27
I want to see your face reflecting in one of my tubs
as full of water as my heart is of desire, my love.

★べったりとわかぬ返事はぬらくらと
生海鼠の桶のキが薄いから　常守 K11-1　1820
（海鼠千句の本も出したが桶の造りの言及は初めて！）
That reply of yours, sticky and hard to parse or grasp,
a slimy seaslug as flimsy as its tub not made to last.

左は本来、職人恋歌合に桶工によせた。豆＝女陰を映す伊勢物語より次元の高い恋か。右は。なまこは生きていると「生」の字が海鼠に付けるが発音は、同じナマコだ。キは、気が薄いに違いないが器か木か。ともかく海鼠の比喩は日本に限るかと思います。

寄壺恋

★屎（はこ）壺の口の違うて逢い見ぬは
外に思ひをたれかけにけん　繁雅　K14-1　1800
（口は壺にも人にもあるし、誰－垂れも英訳無用）

美女への愛を免れんと箱中の糞を嗅いだら、誰かが先に箱に香を入れたと云う昔話もある日本。しかし、この狂歌の俗語は格別だ。お断りよ、外へ思ひを垂れかける表現は、中国なら判るが、日本にも？

寄遊恋・寄生活恋

寄碁恋・寄碁石恋・寄碁盤恋

★目にも今見る心地して乱れ碁の
うちも忘れぬ面影は憂し　碁盤　T8　1532
（縁語の目も乱れの含蓄も打ち⇒内も英訳無用）
I'm sad for I can't stop her face from getting in the way
i.e., between me and the board, how can I play go?

★あふ事は敵こいしの恋ゆえに
　　目を白黒としてうちも寝ず　信海 T33　1688 没
　　　（恋し＝小石も目を白黒も打ち⇒家も英訳無用）

左、家具などの観点から詠まれた三条西実隆（1455-1538）著かの『調度歌合』は悪くないが、元禄の一匹狼の月洞軒と江戸中期の上方狂歌の祖貞柳の師だった信海のごく自然な流れの中であれだけ高い表現と掛詞の密度が技術上の所すべて得たが、興奮の比喩に過ぎない、一方、

　　1730★かけごなき賤が心の白黒を
　　せめてのこうに打ち明かしたや　流水 T47
　　　（賭＝懸けも白黒の含蓄も劫＝恋う英訳無用）

走帆編の『狂歌乗り合わせ舟』の「恋」部の真ん中に見つけた流水の首の歌意。貧乏なら判る。「賭碁」は、勝負事にお金は要るし、お金持ちも相手になるプローも時間を大切にした一方、貧乏は劫の永遠に続きたい、微々たるながら楽しさを長引きたい。という訳で、恋との歌意は５７５につづれば、こうなる＝「そのうちになんとかなるは恋の劫」。プロポーズという勝負は、延期するしかない。その間に負けてしまう、つまり相手は金ある人と結婚しちゃうのが、賤の敬愚も体験あるが、仕方がない。蛇足の大半がでたらめかもしれないが、コウに打ち明かしたい肯定てきな姿勢で先に見た信海の歌よりも好きだ。

　　1768★我恋は面白くろふ打つこいし
　　よし死ぬるとも思ひ切られぬ　夢庵 E1-1
　　　（面白⇒白黒うも小石＝恋しも英訳無用）

　　1768★思ふこといやと言われぬこうを立て
　　先（せん）を取る手に打ちつめて見ん　夢庵
　　　（囲碁大好きが、用語をどう英訳すべきか？）

To forestall a "yuck" response when confessing love, I set up
a ko to force her hand & when she's ahead make my move.

夢庵は「江戸狂歌本」の最初になる本の本人ながら、天明ばかり取り上げられて、広く知られている名前ではない。しかし、よく出来ている読み易い狂歌を沢山残した。坊さんっぽい名前ながら恋も例外ではなかった。思い切る・切れない心の自白の秀た譬喩。決定を避ける手としての劫を立て、先手を促せば打ちつめる事は具体的に言えば、なんのシナリオか。小説をとってい書けない敬愚は、そういう社交的な戦略を一日考えても思い浮かべない。

★はねられて思い切れとも切れぬ碁の
死ぬるもとめぬ君がつれなさ　鶴子　k3-3 1782
Trapped but still not ready to sacrifice those go stones to escape
the death that cannot be checked: thanks to you my cruel mate.

鶴子の、天明ころの上方狂歌は、信海の嘆きを思わす。又、碁用語で英訳が無理が、一応トライしたら結構やばい感じになってしまった。

寄蹴鞠恋・寄鞠恋

★蹴上げぬる鞠のかわゆくなるままに
駒よこいこい恋とこそなれ　月洞軒　T40　元禄
（皮行く⇒可愛ゆに（鞠の事に心の？）駒が来ま（い）？）

鞠は鹿の皮を内側に周りを馬の革（中に大麦の穀粒が一杯と思えば、蹴られても満腹か）。物を百っぺん落とさずに蹴り上げられたら、恋は叶うとかのようなまじないならば、敬愚もやった事がある。

寄子供遊恋・寄隠れん坊恋

1760★見えぬようにとかく人目を隠れん坊
　モウヨイと言う首尾を待ちゐる　木端　K1
（英米で探す鬼の方が「用意か否や行くぞ」と云うが）
In our game of Hide and go Seek, the first from others' eyes
you did – now I await your "OK come find me!" to open mine!

1815★憂き人の我を見付けて隠れん坊
　もうよいと言う相図しもせで　先賀　K19-3
That heartless girl catching sight of me just plays the HIDE
and not calling out "Come find me!" there is no GO SEEK!
（↓それとも、警告無しで見つけてしまった嫌味か？）
He found me in our 'hide & go seek,' that heartless bum
who neglected the warning "Ready or not here I come!"

1834★妹と我が隠れん坊するこのひまに
　ならば目隠し人にさせたき　庭守　東部　k17-3
If my girl-friend and I had time to play Hide & Go Seek,
'tis other peoples' eyes we'd mask so they won't peek!

寄隠れん坊恋は。「もうよい」と異なって英語圏では Ready or not で It 即ち鬼が呼び出すから、英訳するに甚だしい工夫が要れた。左右の読みやすい首よりも、読み方を二つまでみてしまった中の方が面白いという気もします。とは言え、子供時代の遊びあると歌はどうであろう面白く読めるという気もします。敬愚は更に有線の琉球音楽と一弦を引きながら必ず童唄を二、三本を曲の中に織り込んだ。＋寄隠恋

寄竹馬恋+寄手車恋

★いとけなき心の道連はかどらぬ
　わが竹馬や君が手車　浅竜菴 E8-1　1812
（人工高足は馬にも風車は車にもならぬ英語が）

Two innocents on the road, together we won't get far –
me on my bamboo stilt-pony, you with your yoyo hand-car.

捗らぬ道づれの初心者か、ロリコン願望の反省か、実生活に苦しむピーターパン夫婦か、愚に帰る出家の老夫婦か、よく分からないが、狂歌流軽みの傑作。新規度が高い。かちで道ゆく、一本勝ち。江戸中期から人気になったヨーヨーですね。英語で walking the dog（犬を歩かす？）と云う手は「カケオチ」だったか。一好の 1771「おどけ画」の狂歌「南から吹きぬる風の手車はヌクスケと云うこれゃおれがのじゃ K20-2」は精神異常の画廊だが、手車の横にのみなる動きを示す線で宙回中だ。だったら、その手が「ぬくすけ」とも呼ばれたか。道草ご免。

寄紙鳶恋

★おちるようで又ふるようで生き方か
いかにとしても空頼めなる　木端　T54　1736
（いかに中に紙鳶＝烏賊も振る含蓄も空頼も英訳無用）

恋に落ちるか振られて下さるかというのを、紙鳶の激し動きに見立てるのが日本語で良いが、「生き方」と恋を哲学まで延ばすも面白い。

寄山登り恋

1679★しんの闇鬼一口の雨の夜も
恐れず通う恋の山さか　重次　T37　+寄山坂恋

Rain like a demon can swallow one whole on a pitch-black night
but high up the slope of Mt Love commuting knows no fright.

1818★恋の山登り疲れて尻がくる
いわで物思う頃にも有る哉　春雲 K8-2

（言わ＝岩も come to an end＝尻もならぬが）

You boldly climb Love's Mountain, then, exhausted sit
on a boulder contemplating the melancholy end of it!

左の初期狂歌はにゃんとなく恋猫の描写を思わせる。山坂に滑て落死か泥崩れに合うか判らないが鬼一口の雨は面白いが、右の春雲の「寄岩恋」か「寄反省恋」にしてもいい、リリカルな上方狂歌は傑作で、争いかねる。否やリリカルよりも物思ひが人を哲学者に化する描写か。

寄釣り恋

★我が恋ハ魚無き淵の釣り成れや
うけも引かれてやみぬべらなり　兼盛　990
（浮子＝浮 love も引かれで止み＝惹かれで？病み？）

My love life is fishing in a gulch with no fish to catch
where float and heart-strings, untugged, are slack.

1740★網せずに釣物したり悪性な
夜這に寝取をよくする人也　木端　T58

Night-crawling of the malificent type uses no net
to poach: a fishing rod and bait catches them yet.

★つりの糸だれぞ頼んでくどき見ん
うけひく迄は心長うに　魚丸　K29-2　1812

A fishing line: counting on her to bite, with words my bait,
trying not to think of now – for that float to pull . . . I wait.

左の解読に自信ないが、小野小町の名歌の色が変えて＝肯か変えで＝消の両義性の様にか。中の原題は「悪性非一」。ある一定の餌用の小魚を狙いがちなる網釣りと異なって、一本釣りの間男は、釣りたい魚

に適当な餌と時間帯なども知るから、無敵だと？悪性では、酒場で泣いている女性を狙うとか？右は勝。長生きするにも良いアドバイスだ。

寄揚弓恋・寄揚屋恋・寄弓矢恋

1737★狙い付てゐるとは露も君しらず
　　矢がてわが恋かな貝をまと　易卯　T56

（付けている＝射るも矢がても英訳無用）

原本は恋部中が、楊弓は恋と言うよりも風俗臭い。数十年後なる川柳に楊弓の矢取り女の尻を狙った句が多い。「連日遊芸」という上方狂歌にも名風俗歌になるべき道楽の「楊弓の矢の根も尻にはゆる程きのふもきょうも射つつけ居つつけ」の首を読むと、矢取の子の「いやよ」を聞かぬばかり。恋よりも単なる欲望か変態ぶり。売るとお金になる貝の称の金貝は未解読。的はお金になる開＝女陰？常若開？他？

寄狩り恋

★手引き網鳥もち竿も欲しくこそ
　妹が姿は沈魚落鷹　飯盛　K17-2　1813

*I wish I had a pole with bird-lime and a throw-net –
my girl, elusive as "sinking fish dropping geese" is hard to get*

宿屋飯盛編集の『新撰百』には栗下園季成詠「雀さすもちの竿にはきらせねどねばりの強き千代の若竹」という恋と関係ない鳥もちの秀歌もあるが、鳥もち竿は落雁に効くかどうか…。寄恋歌の場合、下手糞も上手。天明狂歌の大御所飯盛は上方の狂歌出版にも時折出た。

寄依芸惚恋

1814★よしや人笑わば笑え物真似に
惚れまいものかこわ色の道　勇車　K8-1

When people laugh, we laugh, so why not fall for me
if nothing less from mimicry – are we not mimics all?

（笑わば笑えの妙も物真似の芸も人になるを再考）

Who cares if others laugh, can't you just mimic me
and fall in love? Call that the Way of Mimicry.

声色を遣うは、俳優のように人の声を真似る。論理筋がやや弱いが、発想が抜群で頑張って英訳も二通りを用意した。

寄糸車恋・寄糸恋・寄絹糸恋

★待つ夜半の心ハわく／＼わくの絲の
くるか／＼ととり乱しけり　木端　T54　1736

（わく＝枠も繰る＝来るも無く不可英訳）

★片いとの合わずば何をとばかりに
わくわくものを思ふ苦しさ　金鶏　網雑魚　天明

（糸＝意図もわくわくの湧く＝枠も苦＝繰るも英訳無用）

Why should love so painfully keep weaving through my head,
when our heartstrings don't match and we lose the thread!

天明以後★おさらばと背けし顔をむき玉子
きぬぎぬ糸の切るに切られず　蜀山百首＋寄絹糸恋

（剥き卵の無表情も後朝⇒絹も切るの含蓄も英訳無用）

三首もわくわくするが、右、天明狂歌の聖の寄後朝恋歌の背ける二人の顔の観測は新鮮だし、剥き玉子の絹糸で切る新奇のイメージは傑作。

寄算盤恋・寄十露盤恋

1768★たま／＼にけた／＼笑ひはぢかれて
　逢わぬ限りはくし／＼思う　　夢庵　E1-1

（全首も算盤の用語の掛詞は不可英訳也）

天明★君をのみ思ひ参らせそろばんの
　たまさかにあふ中ぞ割りなき　　紀定丸

（用語が慣用語と交じると更に不可能）

1810★言ひ寄らばはぢかれんかと算盤の
　けたかき人を思ふ苦しさ　　豊梅園船主　K16-1

（弾かれの感覚も桁掻き＝気高きも英訳無用が）

How hard to love an accountant so conscious of status
s/he'll flick you to the side like a bead on an abacus!

天明★偽の数はいくつと十露盤に
　かけても見たり割くどいたり　　金鶏 網雑魚

（multiply と divide に色々と掛けてみたが駄目）

1810★十露盤のたまにあうからわって言えど
　かきつま弾きけたゝましやな　　清水久楽　K16-1

（玉＝偶に逢う＝合うも掻き妻？桁⇒けたたましも）

左、夢庵の「算盤によせて被厭増恋」は他の首の幾つかにも通じたのも面白いが、同夢庵の最初の首と清水久楽の最後の首の活気ある擬態語も紀定丸のあっさりとした纏まりも愉快。勝負は無理。

寄秤恋

★目にかけておもひますれどかなわぬハ
　つれなき君と恨む計りぞ　故白　T46　1729

（思い＝重いも連れ＝釣れもばかり＝計りも英訳無用）

寄長短恋

★逢う事の延びゆきしより恋病みて
　縮まる物は命なりけり　以文　k19-3　1815

The longer this delay in meeting her, my future wife,
the more love-sick I get and what grows shorter is my life!

1815★長々と書きし起請も疑えば
　手短にこそ切ってやる指　休斎　K19-3

（指は切られるが手短にの手慣用は不可英訳だが）

If a long written appeal only makes them doubt you,
just cut short one finger to point out what is true!

1815★方朔の齢ほど待ちて逢う妹がもゝ
　ひねるのも惜しきちょんの間　弄花　K19-3

After having waited as long as Dongfan Shuo to meet you
am I but to pinch your thighs/peaches for so short a time!

長短は、清少納言の物尽しと後なる犬枕の品々にあるが、物は寄すれば、各物にもその可能性ある。校正中別章より、もう一首：★「おも長き返事待つ間の苦しさに短くならむ己が玉の緒」は百年 K9-4 1822。

寄武器恋・寄鞘恋

1666★忍ぶ夜の太刀や刀のつかの間は
鞘の中にも身を隠してむ　民部少輔嘉隆　T27

（鞘＝女陰又隠語で家、剣の縁語や慣用も英訳無用）

『古今夷曲集』の題は「職人歌合の中に鞘師に寄せて忍恋を」だった。詠んだ人は 1664 没。太平で武器は鞘にある事を祝う徳川時代になる。

寄鉄砲恋

★鉄砲のたま／＼きても話さねば
結句おもひの種が嶋かな　未得　T24　1649

Like a random shot, you flew my way but I just could not say
a word about the fire in my breast: call it Love's Tane-ga-shima!

★胸の思ひはなしてもならね（「ぬ」の誤植？）種子島
たまられぬ程うち込んで居て　完栗　k3-4『華紅葉』1739

（思ひ＝火に話＝放し、種子島の事、縁語玉⇒堪ら、打込み）
The fire in my breast can't be discharged=discussed: Tanegashima
I'm so mad about her I feel like a full magazine ready to explode.

1790★いつわりの言葉が実の種が島
はなしも今はうちとけて来た　流水　k19-2

（用語の放し＝話も、撃ち＝打ちもなければ英訳無用）

左は、十七年後の『古今夷曲集』で「来不逢恋」、「はなさぬは結局」となる。上方と江戸の狂歌本を問わず再載も多い。鉄砲が来日した種子島は最初の何年か銃の秘密を守ったから、話せ＝放せない掛詞も合点。中の中期上方狂歌は縁語の密度を更に強化しながらも筋が良い。「打ち込む」義の一つ惚れるを mad about に意訳。Magazine は雑誌ではなく、鉄砲や弾薬の倉庫だ。全首も又「寄種子島恋」にしてもいい。

1729★あひ見てもはなす間もなき鉄砲の
たまりかねたる胸の思ひを　故白 T46 華紅葉

（放＝話すの掛け無く英訳もつまらない。下記同様）

This fire in my breast puns love (in Japanese) though we meet
I've no time to speak, pun shoot that musket so I'm still beat.

1788★息をつめ狙いよりとも鉄砲の
人の目玉みてはなす間も無し　巴立 e1-6

（源頼朝は種子島を治めたが数世紀早すぎる＝冗談）

1806★狙いつゝはなして見ばや鉄砲の
打ちこみし人に胸の火蓋を　道広 K25-3

1806★鉄砲のそれかあらぬか探りつゝ
咄すうちにも玉しひの飛ぶ　深樹 K25-3

中上の江戸狂歌はライブ報道みたいの焼き直し。中下の「火蓋」は、火縄銃の火皿を覆う蓋。弾を撃つ用意にそれを開く・切る・外すのが開戦だ。右の後期上方の鉄砲の玉＝魂が飛ぶ比喩もとんでるし「それかあらぬか」の留保も会話中に惚れるが最好。

1787★鉄砲のあての外れし玉つさを
見るぞ恨の種が島なる　ものごとの疎キ E1-7

（四首の玉＝玉便さも玉＝宝石も玉＝偶然も英訳無用）

天明中★鉄砲のこんやあたりの約束を
　　　外すハ君が玉に疵あり　千枝鼻元　Ex5？
　　（初期鉄砲の弾は球 ball とも玉に瑕の gem ならぬ英語）

　　　1819★鉄砲の玉も欺く我が思ひ
　　　胸の火蓋を切ってはなさん　成喜　E11-1
　　（火蓋も鉄砲と同じ、放すも離すも話すにならぬ英語）

　　　1820★たまに逢えば咄事さえ狙いくら
　　　涙は恋の種子島かも　水也　E11-2
　　（偶にが弾には掛けないし種子島と玉と無関係の英語）

上は、明白ながら、かの島のポ船が訪ねた浦見も掛けているサービスもいいが、中上の無題だった同じ天明狂歌は、単なる描写ではなく、君を責める所がいいから、勝たせたい。千枝鼻元は上州の人らしい。中下の原題は「寄玉恋」。火蓋を切って放すと会話よりも開戦みたい。下の原題は「恋泪」。つまり「寄涙恋」にもなるが、涙を銃の弾に喩えるのが凄い。狙い蔵は、つまり涙流すでお金を狙う？　未解読で訳は済まぬ。種子島にポ人が鉄砲もって来たら、五十年もかからず世界一の鉄砲大国に成った日本。徳川時代には鉄砲を止めたが、その代わりに狂歌に益々普及した。寄恋歌と限らず鉄砲の狂歌は、極めて多い。

寄弓恋

　　★フディブラス　求愛は弓道の如片手弓を
　　押し退け片手身に引く矢尻　醒得罵虎　1612-1680

*He that will win his dame, must do as Love does when he bends his bow;
with one hand thrust the lady from, and with the other pull her home.*

Samuel Butler の名詩 Hudibras の四行（do/bow, from/home が弱韻語）の抜粋をそのまま狂歌にした理由は、万葉集かどこかで読んだ和歌に同じような概念あったという記憶あるが、一時間もネットに検索してみても見当たらなかった。好きな詩人で狂号「醒得罵虎」を創ってあげました。この方の名詩は、千首の狂歌が連なる酔った独吟みたい。

元禄★片おもひ弓と弦ほど違うとも
又もお袖を引いて見よもの　月洞軒 T40

One-sided love has us two as far apart as a bow and string,
I'll still try pulling her sleeve to see if I can get something.

1813★ぴん／＼という木娘を唐弓の
弦にかけても打ち綿にせむ　栗標　k7-3

A sassy virgin as high-strung as a taut Chinese bow, darn,
the string of that I'll use to beat or spin her into cotton yarn!

左、月洞軒の歌。醒得罵虎と日本古来の引・押一人が互い違うところをどうしても誘う為に生きた好色の月洞軒だと微妙に変わる。右、身勝手過ぎる男の願望は弓の弦が小枝を回すと火を焚く米原住民の方法しか思い浮かばぬ所、綿打弓で、綿打、綿を柔らかくした事も学んだ。しかし、綿の用語は意外に難しかった。

1812★抱き付く妹は案山子の弓なれや
はなしもやらで明かす夜すがら　下吉　e7-1

The girl to whom I cling in bed is the bow of a scarecrow
I don't shoot nor talk nor let her go the whole night long.

★今さらに恥をかゝしの弓なれや
はり合いの無き妹が挨拶　蔵人　e7-1　1812

（動詞かかし⇒案山子も張合いが挨拶に良も英訳無用）

江戸狂歌本『狂歌浜荻集』の「寄弓恋歌」57 首の中から択んだ解り易い方。自由弓が好き（拙著『反＝日本人論』参考）で、弓道を審美学以外に興味ない。左の「はなしもやらで」の英訳は無理だったが、上のトライをご笑納ください。右の「張り合いのなき」は、英語なら limp 握手も良くないが、他の挨拶では最も近い語は unenthusiastic つまり「元気ない」。人の機嫌と弓の張り或いは張りのなさを掛ける言葉を見つけなかった。

1787★我が恋は人目の関の飾り弓
手づるはあれどはなす間もなし　釈氏定規　古今狂歌百
（放す＝話すの掛詞なく英訳無用が下記の応用はそれ縁故）

My love she is a decorative bow hanging in the public eye,
I have some pull with her but lack opportunity to try.

寄脇指恋

★君と我あひ口ならば脇指の
つかの間もた〻離れざらまし　未得 T24　1649
（↑合口の友＝匕首も柄＝束も、↓思ひ切るも英訳無用が）

★脇指のくさりあひたる中なれば
思ひ切るにも切られざりけり　政長 T30　1672

Call us a dagger rusted in its case though we may ponder
splitting, neither we ourselves nor others can sunder us.

短剣と話もよく合う二人が同じ語で表す英訳は困る二首だ。「思い切る、〜切って」も、常に良い英訳がチャレンジになるが、一つ仮定ある。理由はどうであれ、本人は指の節を切り落とす習慣ある民族は皆も「思い切る」という表現の有無を調べたら面白い。相関性あるかと。

寄刀恋

1672★恋に心乱れ刃がつかの間も
離れがたなや君が腰本　貞富 T30-856
（束の間も離れ難⇒刀も腰元も不可英訳）

1811★つかの間も離れがたなの身より出た
錆程くさり合たこひロ　米の屋雪也　K16-2
（上記の掛に身の錆びもこい口も又不可英訳）

束の間よりも百四十年も別ける初期と後期上方狂歌。左は良い。曲線も好む敬愚は乱れ刃に腰という組み合わせだけで涎が出る。右の「つかの間」から始まる首の錆で離れ難い刀は理屈によく合った歌筋。前題の政長が詠んだ「合口」の腐り合った「寄脇差」首の場合、二人とも互いに「腐り合いたる」となったが、今度はこい口。鯉口は寄鞘恋の首を焼き直おすより、改良になります。客観的になって裁げば、左右それぞれ妙に所得たかと思う。勝負無用、同じ現象を祝うと嘆く対。

寄剣恋

★腰元に手をかくるかとつかの間も
妹が心につるきたへせぬ　油煙斎＝貞柳 1735 以前

（心に剣とは危害をでも与えそうが、これはやや異なる？）

Thinking to lay a hand on her hip/waist she doesn't let her guard drop for a second: the sword within her heart is never sheathed

男は女性を掴むと waist になるが、刀は hip に差す。長剣の縁語「とつかの」掛けで女は古代のそれを waist から横に下げたお姫さんの如か。

寄剃刀恋

★人こゝろあら砥に当つるかみそりの
あふことがたくぬるゝ袖哉　未得 1649 年

（剃刀⇒反りの合う＝逢うの中心掛詞なく英訳無用）

Hearts are like razors hard to find the right angle to meet
coarse whetstones – not that wet sleeves makes us sharp

涙で濡らされる袖が砥の水に濡らされるまでの縁語一連並べた比喩の切れ味がいかがでしょうか。袖を砥と一体化せんとして濡れてもそれで我々は鋭く（頭よく）なる訳でもないが、と最後に可笑しみを入れたが、その前に既に英訳は、失敗作になった。やはり、そりに合うという表現がなければ…。

寄山鉾恋

1809★楽書にまでも相合傘山鉾の
立ちし憂き名や人に囃され　花夕 K12-4

Graffitti showing two under an umbrella or parasol
just like a halberd on a float: now my name is LOL!

狂訳は、御免。現在ネット語 Laughing Out Loud（大声で笑う）の頭文字で脚韻を踏んだ。相合傘は、その形が京都の山車のてっぴんにある山鉾とよく似合う。山鉾はなぜ傘の形になったか、まだ解らない。山車の上に立つ人に陰をさし上げるか。ともかく山車の上だと多くの人に見られる。落書き（楽書は、素晴らしい当て字だ。やはり庶民に楽しまれた！）同様に、名が囃されると思えば、形のみならぬ機能的に良い比喩だ。

14   寄飲食物恋   14

寄酔恋

★思ひ乱れ色に出にけり我が恋は
酒にゑふかと人の問うまで　未得　T24　1649
*Flush, then, pale w/ dishevelled thought, my affair is such
that they ask if I'm drinking rather than loving too much!*

人の外見か行動から「恋する」診断を下すか下さない古典和歌の系譜にお酒の酔いを加える未得。飲めば眠くなる人も、物思ひの如く心が乱れて酔い狂ふ人もいるが、「百人一首」の本歌は忍ぶから疑われる。どれが多いか、時代次第でしょう。

1814★いざさらば恋しき時は酒のんで
泣上戸ぞと人に言われん　みつあさ　E9-2　？
*It so happens I drink when I miss her, my saucy dish,
and as my eyes never dry, folk say "he cries like a fish!"*

★待つ夜半の憂さをはらしに呑む酒と
共に恨みを重ねこそすれ　白園枡芳　E9-2　1814
*Drinking to kill your blues from waiting for nothing, you might
as well chase them down with your grudge and call it a night.*

後期江戸狂歌の『評判飲食狂歌合』より、二首。左の「泣き上戸」が万葉集の十三首の酒賛の好焼き直し。大上戸の意味の「魚の如く呑む」を「魚の如く泣く」にもじる工夫まで狂訳を尽くした。右のうさのみならず恨みも払うとは、あまり狂たる発想ではないが、心理上、当然ながら歌でわざわざ述べるのが新鮮と思う。英訳の chase down は物を飲んだ上に又何かを飲むが、ここはなんとなく飲み祓うという感じ。

寄酒飲恋・寄酒呑恋

1679★宵の間にちくと来よとのお情けを
うけて一杯呑むよしも哉　よしたか T37-599

（縁語宵＝酔もちくとも情けに酒も掛けぬ英訳だが）

*How I wish you might ask me over in the evening for just a sip
which I'd accept and for your sake and mine have more sake!*

（一杯とは杯一つだけながら同様にいっぱい＝沢山＝になる）

*'Ere the eveningtide is run have a sip with me, then let's be done.'
Thanking you, here's my toast: to drink our fill would be more fun!*

天明の四方赤良が雀どのを「ちよっちよとござれのささの相手」にした名首を思い出すところもあるが、『銀葉夷歌集』にあるよしたかの初期狂歌の側に「寄酒恋」という題を見なかったら、寄恋歌と気が付かなかった。酒好む男同士の友情かと見做しただろう。なるほど。男同士ならば「ちくと」だけの招待は無礼かもしれない。酒を情けに隠すも、恋を乞うに相応しい言葉扱い。或いは男同士だったら、その情けを酌むというが、情けと酒そのものに絞った恋歌もある＝

1729★ぴんとして又どこやらは甘口で
なるよでならぬハお情けそなや　桙雪 T46

（情けに酒がなければ、なるも難しい英訳無用）

なる（成る・生る・実る）は、酒の具合と口説きの具合の双方に使われたが、甘口だと酒のアルコール度まだ不足で互いに酔っていない、即ち惚れていない。情けに始まる、つまり酒のようになれる恋もあるが、惚れが一目惚れに限りがち。

1767 没★ぴんとした君が情けの色上戸
なる口なれや強いてくどかん　鈍永　K13-4

Tonic as a dry one, you hold your sweet sex as well as wine;
yet one sip leads to another, I'll push you to be mine!

（どういう訳か「もう一杯よもう」気分になった）

Bracing as a stiff drink, you also hold
your sex well: so, to win you quicker
I'll push for your love with liquor!

強いて人に酒を呑ませたら、五百回も手無しで生まれ変わる大罪であった。色の場合、不思議な事に罪になるかならないかという話は、見当たらない。この狂歌の解釈はどうであれ、色上戸は新奇。

1667★むっくりと色なら香なら口あたり
よい／＼ごとに抱いてねり酒　鈍永　K13-4

（宵毎＝酔事も良いも酒で練れば女ねよげ成るも）

Rich of color, scent and full-bodied on the tongue, divine –
night after night, drunken we'll sleep hugging moonshine.

ねり酒。先ず蒸した餅の酒に加えた又醸した白酒の一種、又玉子酒に白砂糖を混ぜた勢力材になる。が、練り歩くのねりもある。男と異なる女性は、運動とお酒などでよく練れた方が交合に具合が良いと思われたが、科学実験せ確認スミで事実。

寄酒屋道具恋

★手に余る君にはいっそ抱き付いて
ねさすが一もと入の酒桶　無流　K13-5　1777

You, too much for me to handle, I can only hug tight,
lay down & leave to sleep like a tub of sake over night.

寄徳利恋

1777★わが中は振られてばかり徳利の
こいし／＼とおもふ甲斐なや　松元　K13-5

（小石＝恋し＝いしが美味しい京弁も酒の温める小石か）

江戸狂歌の飯盛編・判の評判文化十一の『飲食狂歌合』にも再掲載。

寄寝酒恋

★打ちとけて君と寝酒はこれまでの
恋の病に百薬の長　暁深寝父 E9-2　1814

*My sweetheart melts as we have a nightcap so what had been
wasted on lovesickness finally proves it is chief of medicine.*

★嬉しさは二人寝酒のつけざしや
互の口を吸物にして　似顔悦気　E9-2

（吸物の汁なき吸いを kiss にすべきだったか）

*Happiness is two sharing a nightcap passing the sake
from mouth to mouth as a sort of kissing=suimono soup.*

桃山時代来日したイエス会の方の驚いたことの一つは、食事が終われ
ば、食椀にお酒がデザルトになるように注がれた。右の吸物で勝。

寄一口酒恋・寄利酒恋・寄聞酒恋

1814★言い寄れば一口酒のよくきゝて
腹の中まで踊る嬉しさ　出雲酒落柿　E9-2

（一口の概念も利き＝効き＝聞きもなく英訳無用）

★返事さえついきゝ酒の一口か
　　　人に知られて顔赤めぬる　門喬 k29-1　1812
　　When her reply finally came 'twas like wine, just one taste
　　then reading others knew of us, my face, too, turned red.

左は又「寄初耳恋」にしたくなる。繊細で女詠か。右の解読に自信ない。噂一口でも漏れたら大変と思えば、下戸の如く直ぐ赤らむ事か。

寄玉子酒恋

　　1814★恋風の薬にもとて呑めば猶
　　　なみだの水を混ず玉子酒　不尽亭員俊 E9-2
　　If you drink it for a love-bug you caught, you ought
　　to stir some salty teardrops into the sake eggnog.

　　　1814★玉子酒つもる枕の塵も今？
　　　夜着をふわ／＼させて払わん　一樹園久澄 E9-2
　　Sake eggnog help us whip up our nightrobes into a soufle
　　dusting off the pillow and fluffing the bed for a new day.

　　　1776★胸の火に燃ゆる思ひの玉子酒
　　　とけたる中も淡と成ては　芹子 K12-1
　　（おも火の玉か淡は沫で逢わぬかたんとなるか英訳無用）

卵酒をずっと前から瓶入りかと勘違ったが、生卵かその黄身が生のままふわふわとして酒と砂糖と茶碗に作って呑む様だから中の首の「払わん」の「わん」が縁語だ。左のレシピーは英訳の方がいい。塩梅にはやはり水ではなく塩がなくてと思えば。とは言え、生卵呑んだ直後水は凄く甘い味がするから、少し水加えたら砂糖も節約できる。現在は、男を強くするよりも、風邪用だが、その習慣はいつから始まったか。右の「淡」の歌意に自信ない。

寄酒造恋

★我が恋は偲ぶとすれどさかへいし（酒酔し）
口こそつゝめ色に出でつゝ　さかつくり T10 16c

七十一番職人歌合。酒飲んでも赤くならない九割以上の白人には「寄酒恋」には色の連想は？酒造りが酔ったと思われば、恋より恥ずかしいかもしれない。面白い英訳しかねたが、原歌は面白くないから？

寄二日酔恋・寄酔覚恋

★我こひ湯しほけも見えぬをき／＼は（湯塩気も？起き＝沖？）
人こそ知らね酒の酔覚　正定 T27　1666 未解読ながら英訳

My love is a hangover and as we wake alone no one's aware,
like salt in hot water or tides you only know if you are there.

1814★呑み過ぎし二日酔よりやる文を
つき戻さるゝ胸の苦しさ　順風舎積業 E9-2

Worse than any hangover is the pain in your breast
when that letter comes back unread who can rest?

寄茶恋

天明★うき事を語るは今が初昔
のち昔まで別儀あらじな　大屋裏住

To share our blues the thing to sip now is First-Past,
not that I would mind tea called Later-Past, as well.

（この茶の名が好きで後句は未解読も何通りの狂訳）

For discussing our sad affairs the First-Past starts right now
as for the past yet to come, we have no beef with it anyhow!

寄食恋

16c★見初つる今朝より物の喰われぬハ
人は我をやコヒと云うらん　道増 T11-71
*Since first meeting her this morning, I cannot eat,
now people say "it's love" whenever they see me.*

1730★喰初めし互にうまい一杯が
つもりて腹が大きにぞなる　我童　T47
*She had a bite, then the single serving they found so good
led to more and soon her belly was big . . . understood?*

★ふと人を恋うと云う味を知り初めて
此頃ハはや食も進まず　花夕 k19-3　1815
（はやはもうの意味が武士の早食を掛けるが）
*Learning the taste of what it is to love someone at last,
these days I can no longer eat much, much less eat fast!*

浮かれた主人公を心配する者の会話（「彼はどうした」「恋だ」）まで聞こえる左の室町時代の狂歌の新奇は、古代和歌の擬人化「恋の奴」と異なる面白さにある。天明狂歌の元木網が「詠み人知らず」首とし再載「見初めつゝ今日より物の喰われぬは人は是をや恋と夕めし」E15-1 の変種もある。中と右の首よりもその古き狂歌は面白いと思う。

寄握り飯恋・寄お結び恋

1768★ちっとした言葉のしおをつけ込んで
口説きつ君が手を握りめし　桐枝　K23-1
（塩＝活用の「しよ」握り飯も英訳無用）

1812★行き合いに男は手をも握りめし
女は縁やむすびなるらん　朶雲　k16-3
（お握りとお結び又動詞の含み無く英訳無用）

左は求愛の比喩。素朴ながら動きもある。言葉そのものをよく詠む。右は性別の趣向というか哲学というか。お結びに海苔＝法も巻く狂歌きっと存在する。娘日の縁も？いずれもいい塩梅で、勝負ない。

寄蕎麦恋・寄饂飩恋・寄麺類恋

★只われは？すいた風味の品のそば
二八の君に心かけしる　志染　K23-1　1768
（蕎麦の値段も十六歳も好い？粋？酸いた？掛汁？）

*Simple, for me the clean uncloying flavor of craft soba;
my heart is set on a 28-bit serving with a girl of sixteen.*

1814★あしとあしからみかけつゝ新蕎麦の
つなぎのいもとぬるぞ嬉しき　裏行　E9-2
（絡み＝辛味も寝＝成るも芋＝妹も英訳無用）

左の狂歌は、それほど技巧もない首ながら、純粋恋の風味と蕎麦を一体化。二八の字も娘のクッキリとした性格を仄めかす。勝首に値する。右は、飯盛判者曰く「左ふとんふウわりぶつかけそばかたみに汗をしほりしる命ともいふへくや」。高齢なる男の命になりかねない辛味＝絡みか。「嬉しき」と終わる首も好きが、左ほど好まない。

寄赤飯恋

1768★親の内で文をこわ／＼取り交わす
忍ぶに辛き人目のせき飯　七百貫　K23-1

（こわごわ又当飯の腰も関＝赤もなく不可英訳）
Parents quietly exchange notes for they know what it means:
how trying a task to hide from the world rice with red beans.

寄味噌恋

★一夜ねし納豆みそのなまなかに
なれて悔しき物思ひする　未得 1649
Soybeans fermented over-night in miso lose their charm;
with human beings, too, I regret things getting so mushy.

1806★くし／＼と思い焦がれつ田楽の
角のくどけぬ君をみそめて　適朝起 K25-3
（助動詞に串も角の含みも見初めに味噌も英訳無用）

左、狂歌の初期的天才未得の描く慣れて惜しきの態度について気持ちは複雑が、臭ければ臭いほど納豆を好むし、腐ったような韓国の味噌こそ旨いと思う。遠慮は良いが、慣れて惜しいは冷たい。右の田楽の後期上方狂歌は未得の生仲と正反対に崩せない相手。味噌がオチになる動詞に隠す掛詞が高く買いたいが、反感を抱きながら、未得勝。

寄汁恋・寄粥恋

1722★逢わぬ夜は身もあえ物にほえみその
とこも涙にうかし汁かな　入安T参古今狂歌仙
（物に吼え⇒匂え味噌に身も浮か⇒し汁不可英訳）

1768★とろゝ汁山のいもせのえにしゃりゃ
言い懸けて見ればする／＼やったり　百貫 K23-1
（とろろ知ることも無く此の汁英訳するするも無理）

左、浮かし揚げ汁だが、逢わぬの身が涙に溶かす情けなさと右の「ご馳走様でした」としか言えない二人。右勝。とろろの感覚やするするのスムーズに進む歌筋を英訳しかねるが惜しい。

1768★水くさき君が心としら粥の
しらけて今朝は物をこそ思え　里子（女）K23-1
（水臭きも白＝知らもシラけるも英語にないが意訳）
Your feelings for me seem as weak as watered-down gruel;
how blank your face this morning, must love be so cruel?

1803★べったりとしかけてねばやいも粥の
する／＼／＼となる口あたり　貞也　K14-2
（ねばねばと寝ばや芋＝妹とする含みも英訳無用）

左が先に見た同じ上方狂歌本で、するする翌日にしたしたか。若い子のしらけた顔か。水臭くも比喩のぐが腹一杯の有心の恨恋歌のようです。右も先に見たものと同じ「ご馳走様でした」を言うかどうか。寝ばや、は望み。当の粥を食いながらの求愛か。

寄田楽豆腐恋

1750 頃★やる文の返しもせねば田楽の
くし／＼胸をこがす我みそ　卜柳 T 失出典
（串の助動詞化も古綴無清濁の我が身ぞ＝味噌も）

寄鮓恋

★おしかけて口説きあふたる一夜鮓
なるゝも早きいもとせの中　青人 K23-1　1768
Pressing her like sushi, a one-night stand won her heart in bed
& like fish that ferment fast, already close the two seem wed.

1809★身は鮓と押されて一夜君とねば
石の枕も何厭うべき　青眼堂玉丸　E7-5　新撰百
（重石の知らぬ外国人に説明も必要が、一応）
Pressed tight as sushi for one night sleeping with you
I found even a stone pillow was nothing to rue.

寄饅頭恋

1649★つゝめども外にもるゝハ饅頭の
あんに相違の我が契り哉　未得　T27　再載
（英語で餡＝案ではないが洩れるは豆をこぼすで）
It was stuffed in, covered and baked, but my sweet bun
spilled the beans & suddenly our affair was done not fun.

1768★むっちりと旨い契りや饅頭の
かわらんすなど物あんじ顔　十茎　K23-1
（縁語瓦＝変わらぬ遊女弁も餡＝案じも英訳無用）

左、豆は女陰の俗名だったが、連続比喩が首尾よく繋いでいる見せかけ猥褻。♪「下女を追い駆ける／＼」のが「春掃除」♪でしかない数え歌と似通う類ですね。右の「瓦饅頭」というお菓子の存在をネットで確認すれば、中々面白い！そう言えば、本書に登場しない舟饅頭（笑婦）は、饅頭も売れたし、川の上で「皮」も縁語なる。あの「〜す」が吉原に限る方言と思ったが、狂歌同様に上方出身になるようだ。

寄焼饅頭恋

1688 没★我をちと焼き饅頭の可愛ゆさハ
あんの外なるものにぞ有りける　信海　T33
（我を？かは＝革＝可愛ゆやも餡＝庵⇒案も英訳無用）

1768★返す／＼世話を焼きつゝ饅頭の
あんの外にぞ可愛がらるゝ　夢庵　e1-1
（慣用の世話を焼きも餡＝案もなくと英訳無用）

左の直ぐ前に何だかの友の会の発句と関連ある「四角月」が題で「四角みるというや月影の窓の内」という句を見て、芭蕉の 1684 年の「わが宿は四角な影を窓の月」を思い出した。信海の狂歌集の中の首が一々年付されていないから前後関係をなんとも言えないが…。「我を」の「を」が稚児愛や男色の女嫌い信海坊が、どこかで女性から案外に愉快なサービスを受けた自白か。ならば、このアン喩は、本書よりも『古狂歌 色を好むさし男』に相応しいが。右、返し／＼世話を焼く歌例は、他に知らぬ夢庵の「焼饅頭によせて逢恋」歌は気持ち良い勝首。

寄肉饅頭恋

1735 没★色里の橋を渡せるあたりとて
米饅頭を出してこそ置け　貞柳　T絵7
To mark a bridge crossing o'er to the red-light zone
pull out and leave a rice-skin bun, just that alone.

1814★太腿の肉饅頭は毒なれや
痺れて立てぬきぬ／＼の床　弘器　E9-2
Was this tenderloin meat-bun poison? My whole body
has fallen asleep and I can't get up from bed to leave.

左の米はヨネ。よねは娼婦の異称。「評判飲食狂歌合」より出た恋歌で渋い。右の肉饅頭も meat と flesh 即ち獣肉と人肉が別語なる英語だから、柔らかい太股か下腹が意味の tenderloin の牛肉食用語の形容で狂訳。念のため、肉饅頭が老人にとって毒だという川柳もある。左勝。

寄餅恋

T24★逢うて後猶おもひつく砂糖餅
ちぎるにつけてあち良ければ　未得 1649
（餅も契＝千切るも味＝アチも英訳無用）

T30★来ぬ人を待つに遅しと世話をたゞ
焼くや勿論身も焦がれつゝ　顕興 1672
（世話を焼くも餅⇒勿論も無く英訳無用）

T47★乙御前の思ひつきたる尻餅を
條々撫でてひっちぎらばや　走帆 1730
（條々は「そろそろ」。つきとちぎるは英訳無用）

左の未得の砂糖餅。四十年前に韓国の山寺で砂糖つけて食べた柔らかい餅を、今も忘れないが、未得の首は少々怪しい。視的でしか読まれない異音的掛詞のオチ「あち」を思えば。恐らく味(あぢ)が女陰(あち)になる。中の首は、全体的な調べも掛詞も、もちろん優れているが、餅だとやはり肌も想像する。右、上方狂歌の大御所の走帆の首が未得のと同様に、いや、その上に肌の触りある詠みです。乙御前は美しい娘の儀よりも、餅と縁もある顔の醜いお多福でしょうか。後ろから契る尻餅に応じて。「ちぎらばや」の一筋の描写の大胆さに脱帽。是も勝たせたくなるが、ここにない天明狂歌の岡持の一本箸でちぎられぬ「寄箸恋」と云う題の項目に置いた「汁粉餅」に携わる首は、最好。

寄牡丹餅恋・寄鶯餅恋・寄山椒餅恋

★文は棚へ上げて見もせず牡丹餅の
怪我にも落ぬ妹は恨めし　裏襟
（棚上も落ちる牡丹餅も英訳無用）

★書き送る文の返事にきなことの
　鴬餅の初ね嬉しき　高砂松成
（黄粉に来なも音＝寝も英訳無用）

★妹と寝て帰るあさくら山椒もち
　旨く人目の関は越えてき　梅麿
（洋胡椒に痺れ効果なく英訳無用）

上記の出典は、多分 1814 年の『評判飲食狂歌合』E9-2。左の怪我にも落ちぬ餅も、右の人の目に山椒の粉も旨いが、中勝。鴬餅の「きな＝来なさい」に「初ね嬉しき」の音＝寝は、なんと喜ばしい。

寄鏡餅恋

1814?★かえり見れば影にぞしるき鏡餅ゐ
　いわれながら砕く心を　全亭正直　E9-2?
（知る＝汁き？岩＝云われ＝割れ？＋も？）

寄大福餅恋

1812★憂き人はみな言うことを潰しあん
　大副餅の焦がれゐれども　魚丸発起？　K29-2
（潰し餡＝案？福あるも楽観でなければならぬと？）

寄のし餅恋

1814?★のし餅ののしかゝられて手枕に
　つく筵目を人に隠さん　滝濤舎堅仕　E9-2?で歌？

Trying to hide the marks that woven straw-mat made
on my arm pillow just like flattened sweet-rice-cake.

寄幾代餅恋

1787★つゝみぬる心のたけのかわらずは
君と幾代もちぎり重ねん　峰松風　才蔵 E3-5
（竹の皮⇒丈の変わらずも節＝代も餅⇒も契りの英訳無用）

江戸両国名物の餡餅で包むが心込めた連想で心へ？元禄で或る方が妻にした元遊女幾世の名をつけて売り出し時、竹の皮に巻かれたかどうか知らないが、吉なる品名もいいし代々売れた末にこの愛でたい恋歌。

寄煎餅恋

1814★せんべいの焦がれ死ぬべき恋病に
まきつく程の文ぞ嬉しき　天津房御空 E9-2
（文法構造を守れず嬉しさが前行に火葬がオチに）
Thin as a senbei, burning with passion, lovesick yet elated
to die with letters enough for fuel – I'll be cremated!

★わが思う壺へ入れんとせんべいの
かたまきにしておくる玉章　清澄 E9-2
（せん⇒煎餅に、型⇒固巻は不可英訳）

左は初期狂歌を思わせる恋死の自嘲。火葬費が高かったし。と勝手に読んだ（誤訳も可能よ）が、薪つくで火葬まで考えるべきかどうか知らない。ミイラあっても遺体を巻き着くことは日本になかった。結局、巻きが煎餅の一種類でその縁語になるだけか。右はその反歌と見做しながら細かい。固く捲いた玉章の巻「かたまき」は前の首の薪「まき」の尻取り掛詞かと思う。

寄枝豆恋

1814★誓いてし君と連理の枝豆は
味噌になりても変わらじと思う　茂葉 E9-2

（連理の枝⇒枝豆も味噌の含みも英訳無用）

エダマメはそのまま英語になるが、連理の枝と結ばないし「みそになりても」難しい。熟女になってもか、老化し弱くなってもか、年齢として「三十になっても」か？とお手上げだった所、見つけた！大辞典の味噌と別な項目なる「味噌男」は「役に立たない男を罵っていう語」。江戸時代の「壮大ゴミ」の老男か。大辞典の「味噌」の親項目の語義を多少拡大せねばならぬ見たい。念のために言っておくが、「味噌女」という語がなかった。ゴミ太郎いるも、ゴミ姫はない。

寄空豆恋

★打ちあけてはなすはなしもミの入らぬ
妹が心はうわの空豆　琴高　狂歌初心抄 1783

（明けて＝上げても放す＝話も実＝身も上の空⇒ソラマメも）

本来「寄青物恋」だったと思うが、ロケットもなかった江戸時代で、打ち上げる空豆とは！ソラマメは子供の女陰の称だったが、心は違う。

寄豆腐恋

★口説くとも耳をつぶして聞き入ぬ
固い娘ぞ石焼豆腐　潮素　K12-1　1776

（耳と豆腐が関係ない英訳無用↑↓が）

★くどけともぐにやら／＼と聞き入りぬ
豆腐の耳の削いで遣りたい　度水　K12-3　1783

I've tried words, but blank as bean curd, you heard not a word –
maybe I should try slicing off your useless tofu ears (=corners)!

★腹ハはい（いぱいの誤植？）人に口説かせ聞き入りぬ
豆腐の耳の有甲斐はなし　知州　K12-3-45　1783

英語にならぬ豆腐の耳。耳鳴りに苦しむ敬愚は、ならぬ方が有難いが、さて、左の後句の石焼豆腐が縁語聾石をも仄めかすか、右の憤慨も良いが、中の耳を切り落としたがる怒りにこそ、狂趣あり、勝首。

1768★音信を何ととうふや玉章を
うばから伝う箱入り娘　浮石　K23-1
（問う⇒豆腐屋も玉も豆腐うばも箱も縁語で英訳無用）

1783★誓いてし火の中水の底までも
変わるまいぞとさゝやき豆腐　柳坂　K12-3

We vow this, not to change though passing through fire
or lying underwater: hear the sputter of roasting Tofu!

1814★憂き人に豆腐の殻と捨てられて
元の豆には成らぬ恋病　　影住　　E9-2

Discarded like soy-bean skins, you know what that means?
After being love-sick, you're never again so full o' beans.

左の姥あっぱれ。湯葉の別名が豆腐うば。元気に笑う狂歌で勝首。中はなるほど、ささやき⇒焼き豆腐は、焼くと確かに音を立つ。しかし、誓いを囁く訳ないと思う。右の豆腐の殻は、日本で豚に食わす。米国人は人工的な自然主義の誤解から全豆でないと駄目と誤解し、本物の絹豆腐を作らない。影住は「捨て」というも、そのはずがない。当時

も豆腐の殻はきっと用があったと思う。珍しくも英語に等しい慣用語
あった＝full of beans は、馬鹿な事を言ったりするもはちきれた元気だ。

寄奴豆腐恋

1814★あだ恋の奴豆腐と身をなせど
歯ごたへのなき君の挨拶　倉積　E9-2
（恋の奴⇒奴豆腐も歯応え＝答えも英語無用）

寄干瓢恋

1768★結ぼれた恋のはじめは干瓢の
ほそ目に心よれつもつれつ　湖舟（女）K23-1
*When love that is a crush ties-up, at first, your heart feels
like fine dried strings of spaghetti squash all tangled up.*

日本での干瓢の出し方よくわからないが、「よれつもつれつ」と我ら
英米人知る瓜は、スパゲッティ南瓜でしかない。恋初めて心はそこま
でなると詠む人も与謝野晶子のように子十人も生み、生涯乱れ髪にな
ったかどうか知りたい。

寄粉恋

1820★黒ん坊のしらみかゝれる衣／＼に
あかなき逢うせいつかあらひこ　案山子 K11-1
（夜白み＝虱が衣／＼が後朝も垢＝飽かも瀬＝背？も…洗粉か）

面白そうな、否や面黒う首ながら、意味が通じない敬愚の首こそ傾ぐ。
黒ん坊は寄る＝夜も良い。曙の白む頃のちなる、飽くことなくその垢

を分かれてから朝湯か将来の共湯を望むか。こんなに（参った程）詰まった珍しい掛詞を作った案山子は戯作と浄瑠璃に携わった大阪の人。

★餅ならばちぎるもあるを頭から
　ふるとはむごい君がきなこぞ　撫石 K11-1　1820

（千切＝契るも頭の慣用も振の含蓄も黄粉と餅の関係も）

★言う事を聞け／＼と声からしの粉
　こわい顔してくどいてぞいる　砂流 K11-1　1820

（からしの粉は「こんな怖い」と続くが現代英語で）

*"Hear me out!" sez he, w/ voice harsh as pepper-spray or mace:
some men try to win hearts with such words and a scary face.*

1820★人目せき涙にむせぶ思ひより
　憂き名は外へぱっとちりの粉　芳蘭 K11-1

*Rather than choke on tears building behind a barrier of eyes
I'd just give our names a dusting to fly wherever they fly!*

餅とちぎりたがるを、食わぬ嫌いで頭からふる黄粉の相手まで一筋が嘆きながら愉快になる左は、勝。中は現在の警察が使う唐辛子スプレーを一応、狂訳に使ったが、気持ち悪い口説き方を描いては偉いが、ちょっとした描写に過ぎない歌体は今一つ。右の涙にむせ返るより、浮き名をあたかも開放する解しの選択の滑稽に脱帽子。

寄松茸恋

★思ひ寝の夢にも君をまつたけの
　それぞと似たる姿だに見ぬ　其律 K3-1　1748

（清濁なく待つだけ⇒松茸の転掛詞なくは英訳無用）

★夜な／＼ハ夢にも見えてほれ／＼と
人まつたけの思ひねぞ憂き　鳩口　E1-6　1788
（松茸＝待つだけも惚れ＝掘れも思ひねの（男）根？）

左。其律の「それ」で男根似の仄めかしが「見ぬ」で、帽子被る姿に化ける展開は天晴れ。右の憂く男根の余韻も、左の鄙ぶりには勝てまい。松茸は又『古狂歌 色を好むさし男』に登場します。

寄浸物恋

★外に色があるときく菜や仲立ちに
けしかけられて袖ひたし物　貞右　K27-2　1814
（菊＝聞くも浸し＝漬しも菊漬に芥子の実もかけたか）

寄蒟蒻恋

1815★立ち帰り又こんにゃくと作り事
かたの如くに抜るゝぞ憂き　任蹄　K19-3
（今夜来＝蒟蒻も抜かれるが空しいも英訳無用が）

*You come, then leave as fast as jello drops from a mold, saying
"I'll be back!" but the night grows old and where's your "hello!"*

1815★我は身を刻む思ひに蒟蒻の
ぐにやつく君が末もしらあへ　茂喬　K19-3
（白え＝知ら（ぬ）も蒟蒻も身を刻むも英訳無用）

左の型の如くに抜かれては空しい連想か。米中部の発明という Jello が歯応え上で同類という理から、狂訳の為に借りたが Hello も脚韻を踏ませた。右は後期上方の大御所の自然体詠み。蒟蒻の英訳 devil's tongue も役に立たないし、掛詞のいずれも、お手上げ。左が新奇勝ち。

寄塩恋

★水臭き返事せよとは祈らじよ
辛くも我は塩断ちをして　鮒麿 K16-1　1810

（頑張って英訳しても塩断ちの意味も伝えねば）

*An insipid watery reply, for that I swear I did not pray –
I can abstain for you but how bitter to skip salt this way!*

★塩壺のしょうと濡れ気の底ごころ
君はちかいも水に成す気か　細道 K11-1　1820

（塩＝しお＝しようも濡れと水の含蓄も誓い＝地界も？）

改造版作るまで知りたいが、塩が尊きで塩断ちをして志願した事を英訳よむ人も知らなければならないと言えば、時代劇か時代アニメのために現在の日本人の皆さんの為に説明しなければならないか。英訳かろうじて出来た左は良いが、右の細道の細い詠みに驚いた。塩壺の尻に見る雫にあれだけ意味ありげな事を。馬鹿げたの考え過ぎと思いながらも、西洋のイマジスト詩の単純の視覚性より百倍も面白い。

★悋気から燃え立つ胸も焼き塩や
こっぽり我は壺に嵌って　魚口 K11-1　1820

（塩と恋も壺の慣用など譬喩の連続は英訳無用）

★さし引きの有りて外へも気の迷ふ
尻目の塩のしたゝるい君　友之 K18-1　1819

（尻目も塩造り用語さしひきも英訳はしょうがないが）

*Your eyes overflow with brine yet glancing side-to-side you
see fine, as your affections swim here & there like fish do.*

焼く塩の煙が古典和歌の思ひ焦がれの比喩によく出てくるを、英米文学には塩が塩味ある涙でしかない。で、左の魚口の精密しかも面白く引き続く比喩はお手上げ。右の方も、半分しか英訳しかね、尻目としたたる代わりに魚だ。（読み直すと後は？＝等を考慮する心の中で敬愚はもう一塩の案が。お嫁さんの家族に遣る塩を買うお金もない貧坊の独り者の嘆きだ。失敗作かという気がします（このような事から日本語を敬愚から守って呉れる大和撫子の妻を早くとりたい）が、「あし無きや嫁を摘めるも高ねの花より此の団子どう塩もない」ようです）

寄塩辛恋

1815★よい首尾をうるかの味にかろうじて
　　やう／＼君にあゆのこのわた　　山鳥　K19-3
（ウルカは鮎の腸、鮎＝逢も腸＝この私も英訳無用）

同★したゝるき君が目もとの塩からに
　　咥える指もなめしとな見そ　　砂長　K19-3
（塩辛のしおは涙も舐/嘗め⇒なめし＝無礼も英訳無用）

天明狂歌に負けない、あるいは更に良い上方狂歌が江戸後期にも残した例証。左の「うるか」には掛詞もあるか。いや、良いと思っても未解読だ。一方、右はなんとなく判るも、英訳は無理。因みに好物だ。

寄干物恋

1768★骨身をば粉に砕いても青苔と
　　思うほどなお君にふらるゝ　　三鳥　K23-1
（青海苔で逢わんと思えば振られるが英訳無用）

寄乾鯛恋

1814★我が袖はいつか乾鯛ぞ恋病の
骨と皮とて楽しみは無し　貞右 k27-2
（袖の含みも楽しみ＝身のないも英訳無用）

寄酢蛸恋

1792★我が口の酢となる程に口説けとも
つれなくきかぬ君が耳たこ　万代数成　E3-10
（酢で蛸も固くなる逆効果だし、耳たこは英訳無用）

寄かまぼこ恋

1810★厭うほど胸は焦がれてかまぼこの
身のいたつきも君ゆえぞかし　目波栄若水 E7-4-230
（蒲鉾という品も身＝自分も板付に潜む痛みも英訳無用）

寄飴恋

1812★おもてつきがたい様でも口先で
うもう喰わせばとけてくる飴　興道舎継風 K16-3
（面＝表付き難＝堅いも溶け＝解けの含蓄も英訳無用）

*She may look hard as a rock, hands-off – but wag your tongue,
feed her a sweet line and, like a sucker, she'll melt & give you some.*

1814★疑いの心溶けよとあめならで
ぶっ切ってやる指の一本　門益　E9-2
（英米の舐める飴が平たいから一本になり難いで）

*While it is not made of candy, to melt his doubting heart
she cleanly chops off a tootsie-roll-sized piece of finger.*

★とても恋の盗みなりせば飴をもて
君か心の錠や開けてん　折形　E9-2　1814
（飴＝天で開けてんの変な活用掛け不可英訳）

*If I must steal her love, I'll bring along something dandy
to pick the lock to open her heart: a hard stick of candy.*

寄飴恋の三首とも凄い。左の「うもう」の意味は「旨く」。狙う（？）子を口説くが砕くよりも溶かせるべきだというアドバイスみたい。中は「ぎゃっ」と驚かす「恐歌」に対する宿屋飯盛の蛇足「左今川橋の渦巻を小指の先の筋に見せて押しつゝんでやる一袋一本の文字よく結ばれたり」は、敬愚に半分しか通じないが面白い（評判飲食狂歌合 58 頁）。右。口説くと思えば、米詩人 Ogden Nash 曰く Candy is dandy / but liquor is quicker 飴は効くが、お酒こそ早道。しかし、飴は飴のみ成らぬ。ブルスの candy man のソレが古事記曰く「有り余る物」の別名。飯盛は盗人の「淀橋の水あめを以てこじはなさん」の評も解らない。誇示は成さん？固持なさん？故事は成さん？淀橋の水飴の特徴は？

寄菓子盆恋・寄菓子恋

★恋しなば菓子ぼんのふの犬と成りて
喰らひ付かんと思ほゆる也　伯水　T37　1679
（菓子盆⇒煩悩も思ぼえる＝吼えるも英訳無用）

江戸初期の狂歌。天明の東作の煙草ぼんのうの犬の名歌の本歌となる信海の寄煙草盆恋の歌の対と思えば良かろう。いずれも本書に入るが、菓子盆はこれだけ。甘口の人か菓子屋の貞柳の父貞因の知り合いか酒より餅派の信海と関係あるか。どれが先に詠んだか知らない。

寄カステラ恋

1688 没★若衆に宿かすてらの坊主こそ
契りの数のなんばんの菓子　信海　T35
（宿貸す寺⇒カステラも何番＝南蛮も英訳無用）

信海の題は「かすてら坊主に寄する恋」だった。1748 の上方狂歌本 K3-1 の再掲載に「数ハ」。外来語を動詞＋名詞に掛ける言葉遊びは愉快。若衆にお寺の坊の男色を読むも気持ち悪いと思う人も楽しめる首だが、南蛮菓子は当時、和菓子より多様だったか。日本でそう知られたか。

寄辛物恋

★待ち詫びる憂さは泪にこぼれけり
遅い辛子の君の来るのか　可慶　k12-2　1778

The pain of love held in just gushed out tear after tear –
is my dear, the late-harvest chili pepper coming here?

遅いから⇒辛子とは「彼氏」の事か。約五十年前に学んだ Mexico の民謡 *La Llorona*（ザー泪）を思わせる。一行は、「皆に黒唐辛子と呼ばれ、辛いが旨いだよ」。あたかも相手の男が詠む歌ですね。今も歌える。

寄薬恋

★ともすれば生けつ殺しつ気の毒も
気の薬もや君の配剤　未得　T24　1649

Bringing me life or death as poison to break my heart
or medicine for my soul, the Rx is thine to make!

1812★君をのみ思ひに沸かす薬さえ
上がりかねたる恋病の床（津）亀浦方鶏頭花　k16-3

（のみ＝飲みも思ひ⇒火に等しい英語の掛詞はない）

初期狂歌の天才未得の歌は諺辞典の「気の薬」の歌例になってもいいが、右の後期江戸の上方狂歌の重病に終わる軽い掛詞の組み合わせに読み応えは少々上。思ひの「火」のおかげで、同内容の川柳を凌ぐ。

寄薬＋毒恋

1672★蛤の玉のようなるお姿を
見るは目薬気の毒にこそ　正盛 T30
（目薬は蛤の箱に売られた情報はともかく）
Plump and white as a fresh clam, your figure is tonic
for my jaded eyes but for my heart the word is toxic.
（蛤の玉締しか語はないが 小型の蛤は玉の様な粒）
Your figure, plump and white as a sweet clam, is art
as easy on my lucky eyes as it is hard on my heart!

天明★見るは目の毒と厭ひし憂き人も
逢えば変じて薬とぞ成る　金鶏　網雑魚
My nemesis who was toxic to look at but not touch,
after we made love became a drug that helps me much.

1820★見し人は我が目の毒か薬かと
思ふたび／＼涙こぼるゝ　猿衆堂村住 E11-2
Is that girl I saw eye-medicine or poison, I don't yet know;
but when I think of her, one thing is clear: teardrops flow.

左の初期狂歌の蛤の玉は、貝の中の実の丸身。女陰の比喩でどこかで読んだ古唄では、山の女性は蛤は浜のみならぬ己が山の栗も旨いぞとアピール。後なる川柳の薬と毒の対照と共存よりも、薬と毒の複雑な関係を繊細に詠む中の首は、気に入る。が、両方とも、右の後期江戸狂歌の、ともかく涙だ、という見事のオチには、負ける。右勝。

元禄★目の毒と思ふものから見しまゝに
もはや泪の絶える間ぞ無き　　月洞軒　T40

*They say she is poison for the eye: could that be why
I still see her as I saw her and my tears refuse to dry?*

寄膏薬恋

1649★物のケにつく程ならば内股の
膏薬のごと我も離れじ　　未得　吾吟我集 T24

*Could I stick by you close as a spectre, you might find me nigh
like ointment but plastered for good to your soft inner thigh.*

1672★はれ物の膏薬なれやよき仲は
離れもやらず口を吸うと云う　　正盛　T30

（口を吸うという表現はないから不可英訳だが一応）

*Call it plaster for flare-ups before they happen: lovers, it's said,
never ignore open mouths, but treat them by suck[kiss]ing instead.*

左、未得の膏薬の首は、離れじか鼻血か分らない猥褻度の高い首。英訳の soft という一語は、敬愚。右は左ほど楽しくはないが、新奇度は上から、かろうじて勝つ。双方とも後世に珍しい朗らかな古き良き首。

寄碓恋

1740★からうすの踏みて数々くどけとも
糠に釘かやこたえさえ無し　　白水　T59

（口説く＝砕くも応え＝答えも無ければ英訳無用）

蛇足。小車輪が実の上を回りつぶす時の音は、杵が臼をする時のそれほど響かないからなる見立てか。念のため、ごく効率の高い潰し方法で、よくも世界中に普及しなかった！中国人は新案に強かったようだ。

寄煙草恋・寄たばこ恋

　　　1672★恨みのみタバコの息もつきあへず
　　　　物思ふ身のしんきざみ哉　　　夏虫妻　T30

(のみ＝呑みも付き⇒付き合えずも心機⇒刻みも不可英訳)

It just makes me bitter, for I cannot bear his tobacco breath
but chopped up like those leaves feel love as a living death.

　　　1672★人前を思ひの火入取りよせて
　　　　タバコと吹かむ胸の煙よ　　　友信　T30

(英国の Raleigh 爵もそうしたから大意の英訳可能)

To prove to her my burning passion, I pulled out my lighter bag
and for the smoke (See, I'm burning in my breast!) took a drag.

二首とも行風が編集した初期狂歌大集より。内容の蛇足無用が、駄弁ある。当時の煙草は臭くなかったはず。いい香りもした本物だったから。現在「タバコ」という物は燃料促進剤がいっぱいで、毒々しい臭みがある。それを吸う人は中毒者に過ぎない。が、夏虫妻は古き良い煙草も厭だったよう。この頃、東西問わず怖がった人の記録は多いが、嫌がった人は、珍しい。片仮名にした。時代に合わないと世の先生に叱られそうが、一般人の意見も聞きたい。読みやすいと思う。本当は名が極めて多様だった。で、寄タバコ恋に寄莨菪恋に寄芬恋に、等々

　　　1846★一と引きの多跋妃を口へ吹き出して
　　　　胸の烟と君に知らせん　　　橘薫　E12-6＋不言恋

Drawing in a full breath of tobacco, I blow it out my mouth:
to let my sweetheart know I burn for her so she won't doubt!

（↑第三者に見せて彼女にそれを伝えてくれと、下記は直訴）

Drawing in a breath of tobacco I blow it out, my visual fart:
"You see how I burn for you" is what I tell my sweetheart.

「古狂歌 気の薬」にタバコ別冊も作るが、寄煙草恋歌を数十首も見よ。

元禄★姉いもと美しとのみ見初めけり
げにもタバコの一腹にして　月洞軒　T40

（助動詞のみ＝呑みも束子＝煙草も一服＝腹も英訳無用）

1790★くゆらする胸の烟に恋死なん
かの少将のしちの煙草を　雪山 k19-2

（艾の代わりにと又、私地＝指似か七か）

左は、一見して姉も妹も惚れた瞬間の一杯飲み込む煙草の満腹感と、二人が双子みたいに一服から生まれた事も同時に詠んだか？右の原題は「寄芬恋」となったが煙草も出たかと思う。深草の商品ブランドあったら、小野小町に振られた少将の私地を指似という子供のようなチンポで、これは日本の cigarette つまり現在いうタバコの発明か。言い換えれば、原文の意味はさっぱりで、でたらめの解説。右は未解読。

寄煙草盆恋

元禄　★薮入に胸の煙をはらすとは
是やタバコの盆過ぎにこそ　月洞軒 T40

It is high time to vent the breast of smoke from love's fire
on the servant holiday after 'tobacco Bon'(ash-tray) day.

1726-89★引き寄する煙草ぼんのう犬なれや
君があたりを立も離れぬ　東作　又寄煙恋

（煙草盆⇒煩悩を古歌に掛けたが ash tray は通じぬ）

No Old Dog Tray, but the hounds of my passion like smoke
about you run, teeth gnashing, they stay & that's no joke.

左。信海の高弟子の月洞軒は、その高身分ながら藪入を同情したところが偉い。出稼ぎは、七夕の年一度のようにめたにしか古里の妻か恋人に逢えないから、胸の思ひの火の煙が心を燻製してしまうほど詰まっているはずです。英語に気持ちいい bonfire というのを掛けて英訳出来たが、bon は又 tray 盆でありながら祭にもなる説明もしなければ日本語知らない人に歌意の半分も通じなかろう。右の名天明狂歌は。脚韻できても煙草盆と読み得るかどうか疑問だ。季語を活かす左より私欲を完璧に描く名歌の方がかろうじて勝つ。

寄灰吹恋

1688 没★恋風に灰ふきたてゝ身をけがす
是ぞ莨菪のぼんのうぞかし　豊蔵信海　T33

（恋風も、盆⇒煩悩＝もなく英訳は無用ながらも）

When the cough of a love-bug o'er the ash-tray blows,
we are sullied by our passion that burns like tobacco!

行風編集の『銀葉夷歌集』の「寄菓子盆恋」は少し前にみたが、その対となった上の信海の歌は「寄灰恋」が題だった。思えば、木造建築ばかりの江戸時代では煩悩よりも、火事が問題だったが。

寄煙草入恋

★こひしさをかく玉章のたばこ入
むねの烟を包む成りけり 信海　T33　1688 没

（こひ=火さもかく＝書く脱清濁の煙草⇒箱も英訳無用）

Sweet thoughts on letters carried in boxes like tobacco chests
hold what amounts to smoke from the yearning in our breasts

前文は「玉章の形にしたる莨筥入に恋によせて歌をと有ければ」。煙草と玉章の箱 box が脚韻を踏むためにもう少し大きいな chest に化けた。

寄莨筥の煙恋・寄煙草烟恋

★君が方へゆかん門出にのむタバコ
煙より猶たつはそゞがみ　正信 T27　1666

I took a puff by my gate on the way to your place: no joke,
the hackles on my back rose higher than that smoke!

行風編集の古今夷曲集で「題しらず」で謎めいた首だ。現在っ子には通じないかも知れないが、ソゾガミが立つ理由は、これぞ恋の敵との初合戦だ。結婚相手か一生愛する不義の相手にせろ。死刑前の一服ではないが、運命も怖い。寄敵恋か寄予感恋にした方がいいか。

寄煙草烟恋＋寄刻み煙草恋

1731★寝たらぬ夜むせぶ思ひに比べれば
刻みタバコの煙うす色　白玉翁 T48　雅筵

Compared to the love choking me up on a sleepless night,
the smoke from my pre-cut tobacco seems pale and light.

1741★すんとよい中葉なれどもきさまれて
おもひの煙たゝぬなりけり　　其翁　K20-5

（仲⇒中葉も刻まれ＝気冷まれも英訳無用）

左の初期上方の狂歌の原題は「寄煙恋」で『続拾遺集』忠信詠「比べてもしらじな冨士の夕煙なお立ちのぼる思ひ有とは」は骨と肉は身を刻む縁語で切なる恋だと寝られぬ恋は「空蝉の巻」、と原文の後記にある。煙草のみながら思「ひ」が。寄煙草恋歌に置いたが、比喩と現実の比べ。咽ぶ choking と直訳したが、鼻血同様に日本人独特なる恋感です。米国では反吐気かお腹が痛むことになりがち。右は。本来「寄煙草恋」の後期上方狂歌。掛詞が古綴り法の清濁無視に頼る。昔は和歌や狂歌には、オラルに凝る現代詩にない視覚の味わいもある。少々古くなった刻まれた煙草は、青葉のきつい味はしないが、逆に味気なくなるぎみ。達観か悲観か判らないが、まだ未婚の敬愚は一生の相惚を今も夢見る。やはり生々しく感じる、羨ましくなる左の門出は勝。

1812★衣／＼の袖引くタバコ今更に
胸の烟と成ってもの憂き　　田舎　e7-1

*It made me blue to still feel the smoke from the tobacco
she gave me within my chest after we parted and I left.*

1812★タバコさえうかと呑まれぬ恋中や
おもふ烟を人に見せねば　　作義　e7-1

*Even tobacco cannot be smoked without thinking first
when you're in love and would hide your burning passion.*

1813★待ち詫びてのみし煙草の煙より
ふける夜床に胸をくゆらす　　紀静　南紀　k17-2

（吹＝更ける無く煙と燻らすは同じ smoke で英訳無用）

左は、遊女などが客の気を引くために，吸いつけて差し出す火のついたタバコのようです。どう見ても中の後期江戸の作義が勝首。こんなに単純で掛詞すら皆無のいい狂歌は少ない。繊細は良い事です。因みに頃はほぼ同じ一茶に「小便もうかしてならぬ今朝の春」みたいの句も確かにあった。右は筋が平凡ながら中々いい縁語尽くしです。

1846★待ち詫びて淡に吹き込む煙をば
憧れ出づる玉かとぞ見る　橘薫　E12-6

*Waiting in misery I come to see the smoke that I blow
into bubbles as souls born from my burning passion.*

吹き込むというとシャボン玉にか。思ひの煙の系譜の拡大か派生ないし変種として、これは離れ魂＝玉は空のシャボン玉の澄んだ、透き通った美しい玉ではなく、濁ったか曇った感じでしょう。

1846★袖袂かわく多葉粉に吹き加減
しのび逢う夜のほっと言う息　橘薫　E12-6

*As my sleeves and bosom dry faster when I smoke I use the leaf;
-- on the night we finally meet my breath puffs out with relief.*

同★烟草にもむせじと包む涙かな
心を焦がす下の思ひに　橘薫　E12-6

*I hold in tears not to choke while smoking in my fashion,
as my heart is roasted by the flames of repressed passion.*

1846★きぬ／＼の袖引くタバコそのまゝに
指切るときの血止めにやする　橘薫　E12-6

*The tobacco used to try to keep him from leaving,
still lit, served to stop the cut-off pinky's bleeding.*

この三首と前の一首も同じ橘薫詠み。左の原題が「逢恋」だった。煙草の利用はとても新奇。あまりにもリリカルで詩人でない敬愚の英訳がもの足らぬ。中の原題が「忍恋」だった。歌体はぎこちないが、「下の思ひ」は秘めた恋心ながら、それで下から心を焦がす火になる発想も新奇。右は。原題が「契情」。小指を切るのが陳腐を、血止めまで進むと新奇になる。しかも凄まじい。狂趣度が高いで、勝。後期江戸の狂歌は既に死に体と書かれているくせに、こんなに旨い三首の存在は注目に価する。

寄葉煙草恋・寄刻煙草恋

1783★埋火の下にさわらで和らかに
言ひ寄らん言の葉タバコもがな　四方赤良　若葉集

（言葉の葉と葉タバコの関係ないと英訳無用、↓も同じ）

1783★こまかけて身を切り刻む思いあれど
言い出ん言の葉たばこも無し　山手白人　万載狂歌集

左、赤良の首は我が好む「もがな」調。ただし埋火の下と葉煙草がどういう関係か。一番湿度が低いから、そこに物入あるか。しかし、なぜ葉たばこがとりわけ言の葉に人を誘う力と結ぶか。右のコマは、煙草を刻む時に、指切らないようにも葉を押さえる板だったそうです。

1806★相思ふ草と此身を刻まなん
恋しき君にひねらるゝなら　竹とも　K25-3

*To make a mutual-loving-weed, I'd be chopped up happily,
my dear, if you'll but put a pinch into a pipe & smoke me!*

どこかで見た煙草を刻むのが腸断つの比喩になったが、英訳すると面白くない。が、この竹ともの尻に敷かれてもいいという卑下流口説きよりも更に惨めなる提案（？）は、英訳しても面白い。しかし、芳賀矢一（1867-1927）の一冊の珍本にある、この同じ上方狂歌の他には、「相思ふ草」の用例をどこにも見当たらない。ああ、「思ふ」を「思う」にすれば「相思ひ草（あいおもいぐさ）」出た！タバコの類語だった！なるほど、東南アジアでタバコを何南蛮人から学んだら、水ギセルに「喜喜」とか円輪の「和」の字を飾る。やはり、いいですね！片思ひと正反対で、tobacco ならぬ twobacco か。ネット検索すれば、自分の新造語かと思ったのに twobacco も 711 件の当たりだ。

寄吸殻恋・寄恋吸殻

1784★いっぷきの風にもなびけ烟ぐさ
口吸ひからのゝこり惜しまば　酒盛入道常閑 E2-3
Just one puff of wind and the tobacco smoke bends over
as I regret the loss of this memento of the butt I kissed.
（いや、シガレットまだで、吸殻は butt とは別語）
I feel sweet regret for the dottle I all but kissed.

★待ち侘びて胸くゆらすと来て知れよ
行燈に残る吸殻の数　河丸 K29-1　1812
Know that I came and waited in misery smoking my chest!
Look inside the lantern, count the butts they prove it best.

左はリリカルならば、右は前衛。前者は恋歌ではなく、煙草歌で恋の方が喩えになる。要するに「寄口吸煙草歌」だ。一茶が自分と寝た蚤がその為に可愛いと云う句が「寄逢恋蚤句」と、方向性は同じ。歌体は大和言葉が得意なる未完成流と云うか。清濁不可分の古綴りならば、吸「がら」に付けるも、口吸い「から」にも成りうるかどうかは文法

音痴敬愚は分からないが。右の首の原題は「待恋」。行燈の中に消す用の水入る窪みか壺が無ければ、危ないんじゃないか！それも新奇。

寄煙筒恋・寄キセル恋・寄煙管恋・寄後家張

★夜被(よき)きせるしたて雁首引しめて
　口すひ口の縁もあれかし　豊蔵信海　T33　1688没
（雁首では、ウワゾリの男色小説などに出そうな用語か）

元禄★節々に言ふて逢ふてもとけやらで
　恩にきせるの竹のよすがら　月洞軒　T40
（着せる＝煙管の竹の代⇒夜すがら＝吸殻も英訳無用）

同★二人のみキセルの竹の夜は明けて
　あれ見さんせの窓に日が出た　月洞軒　T40
（のみ only＝呑みも竹の代＝夜も遊女語も英訳無用）

左、男色を堂々と詠んだ月洞軒の師の信海の笑歌か、ゆかり有れば煙管の伽になる若衆と口吸いしたいのみか。1679年の『銀葉夷』に載るが、編集者行風の工夫で締めくくる「〜かし」のためか菓子の歌の側に置かれている。中の首の内容が江戸後期の「行燈に残る吸殻の数」の首と似る。「よすがら」に「吸殻」も掛けているか。惨めそうな夜かと思えば、月洞軒の『大団』を八首進めば、右の首では御めでたくゴールインしたようだ。単純が、二人の日の出も良くて、右勝。

1740★吸い付けてくれる頃より待ち刻み
　思ふきせるの気では無けれど　可由　T59
（呉れ＝暮れる煙草用語＝刻みも時間も着せる＝煙管も）

1740★待ちしかひなき思ひのみ多葉粉盆
　一人きせるの皿も焦がれて　　二酉　T59

（甲斐＝縁語貝も着せる＝煙管も焦がれが恋縁語も）
That's the wrong shell, I feel like hell waiting for naught so long,
smoking a pipe on the house, the ashtray as black as this song.

二首とも遊女を待たせたか。左の「気ではなけれど」の留保は可愛い。右の貝は灰盆の縁語というより描写が、女陰も仄めかすかと思う。灰からで黒くなった盆を見ても情けない。古英語では naught＝無・零も女陰の意味で、無駄に待つとあれを待つ掛詞だ。英訳しかねた左勝。

1803★やにこいのいや通すのと吸口や
さらでも憂き名たつる後家張り　倚泉 K14-2
（脂濃い＝厭に恋も皿＝去らでも後家張＝転張も）

1803★恋衣誰にきせるやあと前の
揃わぬ返事ばかり後家張り　肝之 K14-2
（恋衣も煙管＝着せるも後家張其の物も不可訳）

1803★タバコよりくゆる思ひの煙かな
行き詰りたる細いキセルに　素父 K14-2
This thread of smoke looks more like joss than tobacco
through that thin stuffed-up neck of the widow's pipe.

左と中に云う「後家張」は対のものが一方欠けているから吸口と雁口が材料が違う煙管と辞典にあるが、上記又後記の狂歌を読めば、欠けていたら工夫して接ぎたいか接いだもので、後妻を試む後家のような気がします。左は読むにも敬愚は詰まるがオチなるこけばり（転んで悪名がぱっと広げる）のルースな掛詞は超一流。中は、後妻求活動に当の煙管の特質の説明も織り込むがいい。右の joss は故人への線香（Kipling の詩に、主人公は死ぬと我がために遥遥なる吉原の遊女に線香一本 *a stick of joss* に火を付けてくれと望む所を、Maryland 州で臨終の父は数日後に日本へ戻らなければならぬ我に大声で読ませたが、遊女

でないが線香を何本も忘れずに…）。後家張こそでないが後家の心と
状況を優雅に描く右勝。

★やに濃くも替わるキセルや今更に
唾はきする君の苦口　梅挙　K14-2　1803

A fine resin build-up for sure, but I'm changing pipes at that,
for in my mouth I can still taste the bitter words she spat.
（文法上↑も↓も可能か？誰が唾を吐くか分からない）

The resin build-up is good but changing pipes is for the best,
as i am still spitting out the bitter taste that she left.

1803★思え君恩にきせるじゃなけれども
わしが誠の三分か四分一　巴竜　K14-2

（着せる＝煙管もその寸法の割合も英訳無用）

1803★晩の首尾吹き込めば口ハぽん／＼と
今さら煙管のつまらぬ返事　其遊　K14-2

（オチになる詰らぬ＝つまらぬは英訳無用）

嘆きばかり。左右も煙管数奇も喜ばせる、秀でる歌。中は煙管の金属
の部分と竹の部分の割合。外人として言えるが、日本人は分数と少数
（など＝同類語も多い！）を英米人の百倍も好き。分子が分母の前に
なるためか。One third か one quarter 等が詩的ではないから英語は駄目。
左右の首へ戻るが、新品よりも脂あった方が良さそう。楽器の弦か弓
の毛みたい。後は双方が蛇足無用の傑作で勝ち負けもない。同本のも
う一首は百％未解読で外した清巴の「張り強き君がキセルや灰吹きの
口を叩いてひたくどけとも K14-2」の読みをよろしくお願いします。

寄古烟管恋

1770★通らねば猶ます恋の古キセル
　　せめて一口なりと吸いたや　八朔庵米因 K24-1
　　（通らぬに通わぬを連想も恋に濃い味も吸いの両義も）

先題に述べたように新品より脂にある程度詰まった煙管が良い陳腐を、前向きなるせめて一口の姿勢か歌体に詠むとつまらなくもない。英訳したかったが、キッスとキセルを同じ動詞で活かせないから止めた。

寄吸付恋

　　★吸い付てくれしタバコはうかれ女を
　　　恋の煙の立ち初めにこそ　休昌 T30　1672
　　（誰か誰をともう少し判ったら改造版まで英訳を）

出典の『後撰夷曲集』では「寄傀儡恋」となる。操り人形の如く人を利用するか。吸いつけてやれば、もう遅い。煙という幕の後ろに恋のからくり…。しかし、誰が誰を？浮かれ女「を」と？笑婦は男「を」ではないか。貧少女ならば、男にああという間に誘われてしまうが、吸い付けキセル出す遊女はマッチ・ギャルではあるまい。未解読

寄唾恋

　　★口解くともキセルの脂の図があると
　　　唾吐きする君の難面さ　無流 k12-2　1778
　　（図があると唾吐く関連は知らないが一応意訳を）
　　Reading the resin marking her pipe tests the wooing heart;
　　but what can I do with a spitting girl? That's the hard part!

脂の図が読めないと心も通じないかと？しかし、原題「寄辛物恋」もさっぱり通じない。芭蕉句「あかあかと日は難面もあきの風」が出典『奥の細道』より細くて、あかあかは赤唐辛子食う君もあかんか。

15　　旅と名所恋　　15

寄旅恋　1589頃 ★旅人と又たび人と行き逢ひて
道のはたにて恋もする哉　雄長老　T13　1601?没
（又旅人＝マタタビならば、遊女は猫で？英訳無用）

桃山の雄長老の首は。遊女の可能性も推したが、赤の他人との恋はマタタビのような効果もある。旅人ながら度々というよりもしばしばにあるかと思う。身に近い者の悪癖とものの見解の相容れない所が知り過ぎては心こそ遠ざける。旅に出会う遠国の人に対して心はまだ開いているから身と身が近づけば瞳と瞳の初恋の童になり易い。旅人同士で相棒だから、不思議な親しみより安心もある。とは言え、思い出すは、スコットランドのロバート・バーンズ（1759-96）の民謡『Comin Thro' The Rye（ライ麦畑で出逢ったら）』。原歌詞で男女のやりとりないし営みの始まりは、ライ麦畑を抜き通る時に a body meet a body 身と身が出逢えば、である。他人は中へ見ないから何をしても恥じることはないと。雄長老の首の「道のはた」は、端ながら藪であろう畑であろう、同じような世間の邪魔しない自由恋地帯ではありませんか。

寄旅恋 ★我もせじ留守の間をたしなめと
言ひて別れし妻ぞ恋しき　貞徳　T-20　1571-1653
"I won't do it, so you, too, behave yourself while we're apart!"
My wife who said that as I left is closer than ever to my heart.

寄旅恋 ★あとづけを枕にしたる旅寝には
つねに嫌なるかゝが懐かし　月洞軒　T40　元禄
A traveler's sleep – rump-luggage for my pillow I found
myself missing the Mrs. I was tired of having around!

いずれも寄妻恋ともなる。左、貞徳の首は男女平等の近畿を映るか。右、色好む月洞軒には妻を懐かしがる歌は有り難い。蛇足：後付は、尻の直ぐ後ろの軽荷物（刀箱、三味線等）。月洞軒が武士で馬乗り旅。初訳は荷馬に乗りながらの居眠り Dozing as I went,〜になったが、後付を宿に持ち込み枕にした可能性も考慮し、ただ旅人の寝に変えた。

寄旅恋 ★旅にして妻恋しきの焼鳥の
飛ばむ羽根無き身を歎く哉　真顔 E10-1　1815
（恋しき⇒鴫も飛ばむ羽根⇒羽根無き身も英訳無用が）
On the road, missing my wife even as I eat roasted snipe
that sadly remind me I, too, lack wings with which to fly.

真顔の歌腰を過ぎた転掛は、英語は追付けないで「我も I, too」にせざるをえなかった。真顔は、焼き鳥を美味しく食いながら、いきなりそれを留守の妻にも分かち合いたくなった所が歌の作為になった。古綴り法の「恋しき」で「鴫」へ渋くも転掛した歌は、季節の寂しさまでも取り入れずに取り入れたが、羽根無き嘆きも新奇で右、真顔の勝ち。

1815★馬の背に及ばぬ恋の重荷をば
胸に持ちたる旅ぞ苦しき　鴫立　E9-3
With the burden of love in my breast enuf to break the back
of a packhorse, travel is indeed travail if not a heart-attack.
（原歌は素朴で上記はやり過ぎ。下記は原歌同様明瞭）
As my burden of love cannot be carried by a pack-horse
I must lug it in my breast so travel is painful, of course.

恋煩った上なら既婚も独身も旅は苦しい。旅中ならではの一期一会は台無しになるし、自分を見守る知人もないから自棄酒すれば、命も危ない。英語で travel は本来 travail 即ち苦労。語源は獄門用の恐ろしい道具がココナツを開く機械と意外に似る。先端が一本の太い槍先の様で、刺し込むからペダル踏むと実の厚い皮を、即時、三つに分ける。

寄旅宿恋

1790★旅宿り振り切る袖をとめ女
情け一夜で追い出しの鐘　湖秀　k19-2
*A Traveler's Inn: the sleeves of a pretty wench, waving, bid me stay,
then, after a night of tender love, merciless Matin chased me away.*

1792★世は情け一夜の宿をかり枕
重なるたびの恋の道連れ　鈍永　K15-4
（借＝仮も旅＝度＝足袋もなければ英訳無用）

1815★飯盛に残りし心一杯も
宿たつ時は何くわぬ顔　友風　K19-3
*For the serving wench, my heart, left on a platter with my soul!
So, why, as we go, does she look like she holds an empty bowl?*

左は、暁の鐘の擬人化（大文字の Matin）で悲しい時に微笑みを許す点が良い。中は、上出来ながら興奮はしかねる第三者の描写風か定義。原題が「旅路恋」だった右は、痛ましい。心一杯ではなく、お金一杯残さねば？それとも友風に惚れたか。自白と思えば、勝ち首にしよ。

寄道恋・寄路恋

★あな侘し人目の関を超え分けて
道を忘るる時の間ぞ無き　藤原仲文 992 頃
*Crossing & parting barriers of eyes, what makes me glum
is never knowing the joy of forgetting the way I come!*

この寄道恋と次になる寄山路恋の題も正しくは、次の「寄地理恋」の部中に入るべき。しかし、いきなり旅に合わせたくなって、ここへ移った。詩経か万葉集か。恋すれば有頂天で来た道をすっかりと忘れて

しまい帰宅に困る。困るか、それが贅沢ぞ、と笑う仲文の首は見事の概念狂歌だ。通う路があまり面倒くさければ、嫌になるほど道筋が覚えてしまう。原歌はそれをごく簡単に、あるいは渋く詠んだが、狂訳は、行間を読み、その心にほんの少し尾鰭をつけた。

★悲しきハふみ迷ふたる恋の道
いかにと問わむ辻番も無し　金鶏　天明中
The sad thing on the Road of Love is when you lose your way
there are no police boxes at the crossroads to save the day.

無題の恋歌だったが、「寄辻番恋」かな。同じ頃、師の四方赤良が辻番が酔っ払いに親切だと云う日本のめでたさを詠んだ（『古狂歌 苔の蒸すまでも』参照）。十代の敬愚は方向音痴で初アベックの御自宅へドライブする為、妹を道案内に乗せた記憶もある。マイアミに交番あったら、妹を連れずに済んだかと思えば、交番ある国は羨ましい。

★ぬかるまいと思ひながらも踏込で
足のぬけぬが恋の路なり　袋町　1783
Thinking, "I shall not get bogged down!," you step in it at last,
and if you can't pull out your feet, you're on the Path of Love.

★おやまんとすれども雨の足しげく
又もふみこむ恋のぬかるみ　蜀山人　天明
I tried to quit but the rain of tears kept pouring down;
so, once again, I was up to my crotch in love's morass.

左は。袋町の恋路定義は、この上もない上出来で蛇足も無用。右、蜀山人は、四方赤良と知られた頃の「妾お賤は死んで六年後に作った歌とあり」自筆三保の松（「遊戯三昧」？）と膝上胡糊（古今狂歌袋1787）も同然。「お止まん」と云う言葉で小唄を歌う百拍子かなんか上がりのお方に惚れたか、或いは二人の涙が泥濘の原因とした大河ドラマか。さすがに狂歌の聖、踏み込むに「文」もきっとありました。

1814★振り返り見惚れるうちにいづこへか
　　行方も知らぬ恋の道筋　（女）住江　K8-1
You glance back falling in love and wonder just like that,
"So, where was I going?" This not knowing is love's route.

1815★手かゝりのある方角を探るのは
　　迷う恋路に目のないが故　花鳥　K19-3＋尋恋
Of course, we must grope for clues to find our way –
staying on the Path is hard, for Love is blind they say.

左は。夜起きると、一瞬間どこにいるかと不思議がる事は誰にも時折にあるかと思うが、巷で歩けば面白い事に出会う時も敬愚には又ある。あらっ、何処へ行くつもりでしたっけ？物に凝る性で仕方が無い。惚れてそうした覚えが無いが、何となくその心わかる。英訳は結局、定義っぽく締め括ったが、原文はもう少し微妙ですね。大学時代から引用辞典創りたくても適わなわず夢だから、その代わりに定義っぽい翻訳もする。わざとではない。脳みそは自らするんだ。右も然り。好む物か者に対して「目がない」という慣用句を文字通りと云う屁理屈は尤もでよき金言か世話風の狂歌になるが、左、住江女の私験は、勝首。

1731★一筋に溺るゝ人よ恋の道
　　ふみ見てかゝれ天の浮き橋　白玉翁　T48
All men drown along the way that is the Path of Love,
reading letters as we tread on heaven's floating bridge.

原題は「寄橋恋」。白玉翁の長い蛇足の一番解り安い部分を見よ＝「此道に迷うは、日本も唐も古も今も皆同じ…恋の道淫に溺れ流るゝ事さえ無ければ、天地万物みな夫婦和合の道はなるゝ…」を読めば、恋は今のように結婚の入り口ではなく、その最大の敵で、恋の道を邪道だと教えているようです。

寄山路恋・寄栞恋

k8-1？★逢わぬ間も文だに見えばふみ迷う
恋の山路の栞ともせん　栗標詠か？　1795 没
（踏み＝文無ければ、それだけでも英訳無用が）
*If all you do is re-read letters when you don't meet, then rip
them up to mark love's mountain trail on your next trip!*

1812★迷ひやすき恋の山路のしおりかも
切った小指にちょとくゝる紙　水丸 K28-1
*Maybe it's a marker for the easily lost mountain path of love
I mean that paper neatly wrapped around her pinky stub.*

左の踏みと文が掛けないから、せめて脚韻が踏む必要あったが。そのために「迷ふ恋」が躓くか転ぶ恋路に成らざるをえなかった。『古狂歌 ご笑納ください』にある恋と関係なく鹿に栞が食われて紅葉狩の道を迷ふ秋狂歌の方が上が、逢わぬ間を凌ぐに玉章を読めば良いという常識を馬鹿にする事自体も面白い。右は、陳腐の指切ながら、ぎゃっとしか言わせるが、それよりも、左は、かろうじて勝つ。

寄地名・寄名所・寄地理恋

寄住之江恋

★なにふりて世にすみのえのカミも無し
恋しき人の影も見えねば　兼盛　990 頃
（住之江の神＝墨の絵の紙＝髪？も英訳無用）

寄島ヶ原恋

★いつとなき思ひは富士の烟にて
おき伏す床やうき島が原　西行 1118-90
At any time I may burn with love and, smoking like Mt Fuji,
my bed, or rather haunt, recalls the Floating Island Marsh.

寒い部屋かと想像するが、煙が湿地帯の特異の低い霞を思わせる。西行は、一首に数種の地理を一連の比喩に組み合わせた。「寄富士恋」の題で少々異なった英訳になるかも知れない。狂訳の haunt は無頼漢でも動物伏せる様な所と霞も仄めかす。

寄出雲恋

1812 ★出雲なる神に祈りて逢ふ夜半は
日本国が一つにぞ寄る　宿屋飯盛 E8-3
We all pray to ye gods of Cloudbearland when we would meet
in the wee hours of night, the country of Japan becomes one.

江戸狂歌本のかなりの部分が NYC の悪状況の宿に住んだ頃に読んだから見逃した首が多過ぎる。万代狂歌集が出典が、鈴木の狂歌辞典で見つけた。出雲と結婚の縁の関係について、皆さんは敬愚より詳しい。

寄唐恋

★我ばかり物思ふ人や又もある
と唐土までも尋ねてしがな　西行 1190 没
'Alas, no one is as melancholy as me!' – If that's what you
think, you had better check-out a place called China, too!

寄恋歌「か」とは、物思いは恋と限らない述懐歌にもなる可能性ある。

寄須磨明石恋

★わりなしや思う二人も須磨明石
　ならぶ夜床を這いわたる身は　橘洲 1790
（理無しの微妙に仄めかす割り無しは不可英訳）
*Oblivious to the outside world, two lovers whose beds
touch like Suma-Akashi tumble from one to the other.*
（若しも追放中の源氏の夜這が須磨と明石を渡れば）
*Happy lovers, out of it all, their beds side-by-side recall
Suma-Akashi when back & forth at night they crawl!*

羨ましかいじらしいかとは、読者の心次第が、無分別までも相惚れ二人の原題は「等思両人恋」。天明大御所の橘洲はその私版詠本『狂歌初心抄』の「狂哥」の例にした。理無さと可割・不可割（可分・不可分）と合わせる発想本歌は恐らく右大臣の「いつかたもよかれん事のわりなさに二ッに分くる我が身ともがな」という、分かりかぬる和歌。

寄明石潟恋

1806★中絶えし身をうらなみのひるとなく
　夜をうつゝに泣きあかし潟　なか江　K25-3
（恨＝浦も干る＝昼も無く＝泣くも打つ＝現も明石潟＝明かしも）

なかだえという語は『源氏物語』にあるが、この音の風景になった悲しさは新奇のみならず、恨みの歌をして中々美しい。＋寄中絶恋

寄有馬恋

古今和歌六帖★あい思わぬ人を思うぞ病なる
　なにか有馬の湯へも行くべき　詠人しらず　983 頃

*To love someone who does not love you – well, that is sick
& if you've something, a trip to Arima spa is how to heal it.*

狂歌詠みには、有馬に対する意識がどんな文学ジャンルーよりも強かったが、こんなに早く、後代の狂歌の十八番になった有馬をこうして詠んだ！江戸時代だと、主に歌の腰折れの病になるが。本歌は万葉集の名歌「相思わぬ人を思ふは大寺の餓鬼の尻べにぬかつくが如」か。

寄磯恋

1819★さを枕ならべて沈む恋の海
首たけなどは磯とこそなれ　初三　k18-1
*Side-by-side on pretty pillows they sank in the Sea of Love:
are low-tide reefs not the tops o' their heads above it?*

拙原稿に棹枕だったが当語は校正で見当たらぬから、我が綴り直しかと疑って、さ小船に習う「さ小枕」ではないかと思って、とりあえず平仮名（出典は手元にないで確認できない）。英訳は、或る磯の説話になる。引き潮に少しだけ海面を出る磯を沈んだ恋人の天蓋だと。

寄堤恋

古今#659★思えども人めつつみの高ければ
河と見ながらえこそ渡らね　詠む人しらず
*I cannot help but feel dikes of human eyes so high
make a river, elsewise fordable, impossible to cross!*

ここに縦横の邪魔の比喩の面白い混合だ。人目の堤ならば、それを草茂りを分け入るように進まねば（英語 running the gauntlet 同然）。が、川渡るのが横！堤は川をより深い物にするから矛盾ではないが、この首の概念歌としての面白さを判る人は意外に少ない様です。

寄名取川恋

★みなかみの露の情けを恋しのぶ
涙流れてうき名取川　有斐　K19-3

Upstream dew born of a lover's once kindly kept secret
spills out my name in a flow of tears: the River of Regret.

和歌に出そうな言葉「水上」を別に、狂歌よりも演歌じゃないか、これは。名取川の解釈無用で意訳にしたが、解読の確信はない。

寄島恋

1784★我心あけて見せたき折〲は
腹に穴ある島もなつかし　金埒　E2-3　又 1787

Sometimes I wish I could show my heart to her and that's when
I long to live on the isle where men have holes through them.

個々の島名別の題を止めて、各首の謎をもう少し長く味わうように大雑把の「寄島恋」にした。西鶴の色小説で有名になった男なき女護嶋以外に、腕長に足長、又この腹に穴が通せる人の空想小島もある。幾人も並んで腹の穴を棒で通し運ぶ工夫もあったが、この心を見せる発想は割って見せたい恋歌の陳腐よりもエゾチックで新奇。

1799 ★昨日今日むねに思ひの種子島
はづるゝ迄もはなしてやみん　唐崎夜雨 E5-4
（おも火も種子島の含みも話し＝放しも英訳無用）

Yesterday and today, my breast felt
like a magazine full of love on Gunland Key
bound to explode if I don't get it off my chest,
i.e., shoot off my mouth in her company.

鉄砲が 1543 年に来日した、かの種子島。早く話＝放さねば（鉄砲と弾薬の庫の古英語 magazine の如く思ひで一杯の胸が爆発しそう、と。Key は島 Island の類語で島名も勝手にも変えた（鉄砲国島）が、固有名詞しかも名所の新造語はよくないし、語数あまりて駄作ながら、通じる。

　　　　★君と我ゆきて棲まばや目をしのぶ
　　　人なしと聞く小笠原島　真顔 E10-1 1815
　　　（Hat 被っても目が見えるから英訳無用）

真顔の素朴のどうけたが同時に渋い地名遊びは気に入る。小笠原の母島の山を片乳よりも小笠みたいと思うが、その乳の山もない父島にて、フリスビーを片手に海亀のドーナツ形のタンクを泳ぎ回るのをじっくりと二人で見た、公園でフリーズビーの相手になってくれた 16-18 歳の娘に一目惚れ。当時は、がっちりなる六十五の今ほど元気でなかった痩せっぽち四十歳の男だったし、結婚する状況どころか、「痴人の愛」の主人公のように、人の生活費を賄う余裕すらなかったから、無論そのことを一語とも言わなかったが、数言葉を交わすだけで知性十分、センス十分、容貌十二分で、教育に協力すれば一生のパートナーに合格と判って、「十年後二人とも独身なら又会いたい」と頭の中で思っていた。変態の変な外人と思われる心配も、無論あった。いつか、「拙著をご覧になったら、いつか愛読者カードでも、よろしく」としか言わなかった…。やはり、葉書が出版社へ行ったとしても…。顔はそうはっきり覚えていないくせに、二十年も漠然と孤悲する敬愚にとて、本書みたいな「寄恋歌」を一人で書くことがどれだけ辛いか。

寄橋恋

　　　1184 か　★わが恋は細谷河の丸木橋
　　　ふみ返されて濡るる袖かな　越前三位平通盛
　　　（踏み＝文も返される＝転覆も濡れ袖の意味も英訳無用）

返事　★ただ頼め 細谷河の丸木橋
踏み返しては落ちざらめやは　女院

平家の大将平通盛が一見惚れしした小宰相へ三年も手紙を送ったり、そのまま返されたがラスト・トライは車の中へ使いが投げ込んだ。人の前に捨てては困るから、当分袴の腰に挟めて置いたが、始末する前にうかとして落として女中に拾われ、女院の目に入り、事が解ったら「これはいかにも返事あるべきことぞ」とて、女院は小宰相が恋を受ける様な答えを詠み下さった！小宰相が通盛の恋女房となった幸運と思えば、平家物語その九「小宰相身投」。戦争の犠牲者になる悪運に…。

誹諧歌　山寺に篭りて侍りける時、心有る文を女の
しばしはつかわし侍りけれは、よみてつかわしける

空人法師★恐ろしや木曽のかげ地のまろ木橋
ふみみるたびに落ちぬべきかな　千載集 1187
*How dreadful! Just because "read" is in the word, you love
to open letters treading a log bridge where we may fall in.*

参照　新撰和歌六帖★ふみ迷ふ山のかげ地のまろ木橋
知らずながらや恋わたるべき　家良　1243 以前

左は微笑ましい。木曽の陰地の詳細の代わりに tread=踏むに read=読むを加えながら恋に落ちる意味も仄めかす狂訳の試し。右の文迷いながらも恋が知らずに橋渡るが意外なるまろ寄木橋恋ですね。左、空人法師の私的なコメントする和歌に狂あるが、右家良の歌が概念新奇は勝。

1812★二つなき命にかけて渡らばや
君が言葉のはしに甘えて　鍔柄 e7-1
（かけても端＝橋も甘えても英訳無用）

★下紐もとくと渡りを継げんとて
中立欠けるうきが中橋　種成　e7-1　1812
If I can but untie your undies string to span that gap, I mean,
love's floating bridge is hard to cross without an in-between!

同じ後期江戸狂歌本 e7-1 にある「寄橋恋」49!首から択んだ。左の命を懸けて、又やはり賭けてお言葉に甘える心が好きで勝たせたいが、右の仲立の替わりに下紐で綱渡りの恋の大胆無敵の発想も脱帽子、勝首。

寄町恋

★待つ宵のかねてと言いし契りさえ
まち／＼になる時の拍子木　浮流雪　E11-2　1820
（かねてに縁語の鐘も町々＝待ちも成る＝鳴るも未解読が）
Told it wouldn't be long for my hot date, I wait for vespers
with some time-clink blocks making me early, some late.

遊楽街で約束とる契りもあったか。個々の部屋であるいは屋で、拍子木は、それぞれに異なる時刻を鳴らしたか。要するに未解読ながら、なんとなく相対主義的な時間を詠む心地で面白い。諸君にはお解かりになる者おられば、改造版つくる前に教えて下さい。拍子木は英米にないから新造語 time-clink blocks を。

寄関恋

1740★恋のふり二親の目をはゞかりの
せき面ぞするそれと見られて　如拳　T58
（関⇒赤の転掛詞は不可英訳だが関抜けば↓）
In love, she tried not to let her parents read her face,
but they already did: blushing was the checkpoint in her case.

1740★傾城の玉子というも理りや
二人麻巻のふわ／\の関　冬之　T59
（ことわり、つまり道理・条理＝断り？それとも双方？
玉子はオムになったらも玉でないから卵と呼ばない？）

左の親が憚りの咳きをして関の存在を彼女へ伝えたかどうか解らないが、彼女の赤面が親に「恋だ」と云わぬばかりであった。英訳で「顔を読む」が read でリード。「既にそうした＝already did」で過去の read でレッド。赤色の red を仄めかすが、already という語の中にも同じ音がある。脚韻と異なって英語に期待されない言葉遊びで「関」を紹介しながら説明もせざるを得なかった。右は関はふわふわを後から置く足枕と称してもいいか。換言すれば、不破の関が名のみの楽間になる。

★門口も人さゝぬ御代のことなれば
忍ぶ人目の関なくも哉　黒持　e7-1　1812
As gates are no longer bolted in this Era, why not dates, I say,
without those checkpoints of nosy eyes getting in our way!

生意気の「もがな」調は最高！これは『古狂歌 滑稽の蒸すまで』の中で丹念に紹介する大系譜の泰平国家の中の小系譜「戸ざさぬ」歌例です。ご参考に上方の柏木遊泉の「四つの海蝦夷ヶ千島の鮑まで戸ささで棲める君が代の春」も、後になる天明狂歌の金鶏の「戸をあけて寝れども更にいさゝかの風邪さえ引かぬ御代ぞめでたき」云々とあるが、その英訳と共に読みたければ、宣伝は以上です。泰平祝の系譜に微笑ましい首は意外に多い理までも述べた。さて「寄関恋」へ戻ります。

1812★みちのくは人目計よ妻戸口
妹があいつの咳を待つのみ　まねく　e7-1
（陸奥に道退く？あいつ＝合図も咳に関もないが↓）
In the hollars, there are no gates to pass, just human eyes;
go to the back-door, wait for her to cough, then go inside!

1812★よしやまだ許さぬ恋の関ながら
通れと思ふ憂きが念力　　際住　e7-1
（よしや、まだに縁語の山通す念力だが↓）
*Mind-power born of misery thinks naught of passing through
the check-points of forbidden love as if they were boulders!*

1812★我が心先へ通りて嬉しさは
とけたる君が下紐の関　皮人　e7-1
（心は先へではないし関も抜けたが、いかが？）
*What a joy to learn I could pull on her heartstrings to undo
those which kept her undies up before I even got there!*

左は「寄陸奥恋」。米語 hollar は、アパラチア山脈の人住みがちの山の窪。咳が関のの代わりになる事は川柳にごく一般な仕組み。しかし田舎と組むのが新奇。中は「寄念力恋」。念力は自信要るかと思った。憂きがそれと、又も新奇。憂きを必死と思えば…。右は「寄下紐恋」と題してもいい。三首を次々と読む方こそ面白いが、一首択べば右勝。

★小夜更けてそろりと忍ぶ部屋の戸に
咳気の関も障とぞなる　むねます　T30　1672
（通さぬ所の関の咳でバレルも警告するも英訳無用）

1740★親の目を忍んで今宵あふ坂の
せきばらひにも驚かれけり　如拳　T58
（逢う坂の関⇒咳払いと払いの含みも英訳無用）

1813★戸一重の妹に心のはやり風
ハゝの咳して合わせぬぞ憂き　日和（東部）K17-2
（風邪と恋も流行りも関と機能する咳も英訳無用）

同じ咳は恋人同士の合図にも、関番の武器にもなるが、数十年前に読んだ武玉川の狂句に「色々と用もある咳」の様な言葉が記憶に残る。左のそろりとは下女の長屋にて？中の「驚かれ」は。いきなり傍に出ると犬も咳も怖い。右が流行り風邪で、近所の若者、皆も惚れてしまう可愛い子を間接に知らす腕前に関心する。勝首。＋寄近所恋

寄塚恋

1768★はかなくも思ひそめけん恋塚の
　　下に朽ちぬる身を忘れつゝ　夢庵　E1-1

*Transience is starting to have feelings for someone who died,
while forgetting that body lies rotting below Lovers' Mound.*

出典など失くしたが、より古い狂歌「その人の標しの塚はありながらはかなく落ちる我が涙かな」を読めば儚いという語の中に縁語もあるかも知れないが、脚韻を諦めて夢庵の歌の複雑な筋を再製せんとしても、儚く「も」が儚さ「は」に化けたし、スタイル上みとめない4回も現在分詞・進行形〜ing が重ねた。思えば、儚い human-being の常。

寄鏡山恋

1812★恨めしや鏡山とは呼びながら
　　隔つる君の姿映らず　象丸　K29-1　寄名山恋下記も

*How can I not begrudge it? What we call Mirror Mountain
splits us two without reflecting you: it needs a new name.*

寄富士恋

905 以前★人知れぬ思ひを常にするがなる
　　不尽の山こそ我が身なりけれ　無名　古今集

（思ひ＝火もする⇒駿河も不尽の意味も不可英訳）
A burning love none know that's always there means Fuji
while Suruga mountain is my body, in other words, me!

★けぶり立つ富士に思ひの競ひて
　　よだけき恋をするがへぞ行く　　西行 1190 没
（思ひ＝火も、恋をする⇒駿河の動詞化も英訳無用）
As I compete w/ smoke-belching Fuji in my burning passion
this love so monumental makes Suruga my destination.

右、西行の「争い」発想は、山と山が恋を争った万葉の名前を弄んだか説話した寄恋山歌にも借りあるが、自分の思ひの火を山のそれと争うは西行ならではの大胆の詠みだ。左の古今集の首と西行の首の「ふじ」と「するが」の出番の前句と後句が異なるも、山の火と自分のおも「火」を両山・地名と共に詠むが、同じ歌に二つの名も掛けると雰囲気は狂歌になる。「富士」と「不二」の当て字は、内容と合わせた敬愚の選択。西行の歌に「弥猛き」が語源らしい、かなり珍しい「よだけき」とは、「仰々しい」か「大げさ」ながら、ちょいとウイの感じ。自嘲ながら優雅なる。一方、古今集の歌の解り易さも素晴らしい。

★風になびく富士の煙の空にきえて
　　行方も知らぬ我が思ひかな　　西行　1190 没
As smoke from Mount Fuji drifts wherever the wind blows
fading into the blue sky, where my love goes I know not!

恋に限らない思いながら、煙が仄めかす火が恋歌を暗示する。Where there is smoke, there is fire という、先に煙に気付いて、なるほど火もあるという順番は、他の二首と異なる有心歌。このは『山家集』にも『新古今集』にもある、行方も知らぬためか「羇旅歌」ともなる名歌。最後を going where god only knows という慣用だったら調べがよくなった

が、やはりユデヤキリストイスラム臭さを避けたかった・にしたかったが、単数の紳は、かの God と勘違いされたら困るから控えた。

寄富士浅間恋

二夜百首御歌★消え難きしたの思ひハ無きものを
富士も浅間もけぶり立つとも　後京極摂政　1190
There's no love burning from below we cannot douse –
even Mount Fuji and Asama raise smoke by the clouds.
（あるいは万が一恋歌でなく、単なる火山の歌ならば）
With no hard-to-extinguish thoughts of love within, why
does all that smoke from Fuji and Asama fill the sky?

「夫木和歌抄」に再載された後京極摂政の和歌の解読に、二つ微妙に異なる解釈のいずれかになる自信だ。イ）、思ひは可消ならば、後句と合わせて読めば、煙りは物思ひの結果ではなく、それを消す時に多くなる煙りになりかねないと云う新奇で狂たる発想になる。但し、読み直せば、ロ）、前句を人ではなく山を形容すると考えれば、どうなるか。古代よりあった擬人山を拒否し、内なる思ひなんかない山のくせに、どうして思ひ＝火を消した時に煙りが出るのか。しかし後句は疑問調に読みうるかどうかも疑問から、前者らしいが、後者は寄恋山の歌。

1788★見ぬ恋をするがの富士の山ならで
思ひの煙立つぞ浅間し　行道久良喜　E3-9
I'm no affluent gentleman of a mountain like Fuji, alas,
the smoke from my burning love rises like mean Asama's.

右、行道久良喜の歌は。こそこそ恋してこそ、浅ましいと敬愚は思うが、狂訓（？）の複雑な構成には脱帽。英訳の mean は悪意ではなく浅ましいの意味だ。古歌には不尽と不二が多いが、ここは富士ですね。

寄浅間恋・寄信濃恋

★いつまでかせんなき恋を信濃なる
あさま夕さま燃ゆる思ひぞ　未得 1649
（信濃＝しないも浅間＝朝も夕＝湯？も他？）

百五十年後、一茶は何回も同じ「なにも信濃」の語を句に入れたが、朝も夕も「様」なる擬人かよく判らない。その夕焼けの様か。

寄不尽恋・寄不二恋

1621-3 頃★消えやらぬ不尽の煙や世の中の
人は絶えず恋やしぬらん　睨みの介　藪医竹斎歌 74
It never ceases, that smoke from Fuji-the-inexhaustible –
as people in this world, they just keep burning with love.

★二つ無き山となりなん片恋は
胸に思ひの烟絶えねば　直成　E9-3　1815
One-sided love makes me the mountain that is not two,
as my chest full of burning passion also smokes without end.

左、古代のふじ山の当て字の最も人気は不尽。『竹斎』に登場する藪医の狂歌師おとこの歌は、富士の煙りを神も恋する証にした古歌に反して、世の中、恋の火が止まぬ人間のせいにした滑稽と先ず詠んだが「世の中」から恋の「火」の間の人の事を除けば、大地中の火ともなる。ネットで検索したが、竹斎は芭蕉の一句の登場以外に酷く不人気で解説が皆無。右直成の狂歌は「不二」を詠まずとも示す。相愛は二つ、否や二人だから、片思は確かに不二だ！

寄女夫石恋

★書くならばこうこそあらめかたがたと
契りも朽ちぬめをと石哉　信海　T27　1666
If I dare comment, should it not be this – that no one mocks
two whose vows will never rot: these wife & husband rocks!

1814　K8-1★床の海並ぶ枕や女夫岩
嬉しい怖いのふたみなりらん　方雅
（二見＝二身も形＝也も英訳無用）

左の「書くならば」は各にも掛けるが、絵の画賛が男色の信海だから、どう捉えばいい？題「夫妻石の絵をみて」は、編集者行風の語。自由の詠みぶりが妙に面白い。右は、二見ヶ浦の二見興玉神社にある名女夫岩。片方が同姓愛ぎみならば、二形（ふたなり）という両性具に対する相応しい反応でしょうか、地名を弄ぶ川柳っぽい観測だ。

寄陸奥恋・寄みちのく恋

1740★夜這には誰も人めを忍ぶすり？
其みちのくはさし足をして　貞伸　T59
To avoid eyes, everyone else creeps about for love at night
… in Michinoku, rather than keeping low, they tiptoe.

一茶の日記よめば解る。雪が深くて屋根に窓ある。川柳よめば、しなの、つまり、その出稼ぎは隠し芸と言えば、平気で男根でも出した恥知らず。などは上の狂歌の説明になるかもしれない。

1753★にっこりと笑う目もとに塩釜の
近付きにけり恋のみちのく　漏月　K13-1
（目の塩⇒塩釜も恋の道⇒陸奥も英訳無用）

不可忘恋★陸奥のかねをば恋で掘れまなし
妹がなまりの忘られぬかな　頼政 E7-5　1809
（掘れ＝惚れも鉛＝訛もなければ英訳無用が）
In Michinoku, we dug for gold & dug each other;
how will I ever forget her accent, heavy as lead!

左は。仙台に塩釜の浦あるし微笑む人も多かった。単純の描写。右の「こいで」は恋と掛ける金鉱採掘用語か。それだけの言葉遊びが要る。

寄北陸道恋

1812★ふんどしの破れかぶれのちぎれ縁
いつかこしぢにめぐりあうべき　薮居 K16-3
（越路＝小指似だが稚児のものだと歌意は？）
Well, I guess our romance based on a loincloth w/ tears
has led to the birth of some little boys who boast theirs.

寄あおのうみ：蒼の海？恋

1740★うば玉の夜這に老の身も軽く
海月も骨にあふの海かな　冬之 T59
（逢う⇒青の海という固有名詞は英訳無用が）
Even old men out crawling for it feel they are light & likely
to meet jellyfish with bones in the sea of a jet-black night!
（隣のACが大変煩いでバッハの曲を聴いて英訳すれば）
This blue-black sea where oldsters out hunting for romance
feel light enough to meet a jellyfish with bones and dance!

海月の骨に合うのが古代よりあった、優曇華の花よりも珍しいものの比喩でしょうが、古代の物語りへ遡れば、その背後には何千万クラゲの観測でもした民族を想像します。そんなに食べたか。そんなに海月

狩でも行ったか。正しく用意すれば、鯨の脂肪と一緒に死んで天国へ行った歯応えもするが、確かに骨と言えば…。＋寄海月恋

寄奈良恋

★奈良の女を恋わたる身じゃ逢う迄の
人目にむねも轟の橋　季隆　K16-1　1810
（恋渡る含みと轟く橋の前後は英訳無用）

寄外国恋

★女気の絶えぬ狗国や又しても
我につれなき男畜生　楚雀　k12-4 1809

In the Land of the Dog People, women remain female
and think us unfaithful otoko-chikushou (male beasts).
（しかし、観点つまり主格が男畜生↑か女の方↓か）
In the Land of the Dogmen, we women are ever female
and I find the unfaithful beasts that pain us still male.

場所がイヌイットの北極から熊本県球磨まで色々となるが、当の国について大事は、犬と女の子供が、男の子は犬で、女の子は女の姿になる。と思いながら、上の歌の代名詞をどうすべきか、確信ない。

上記の犬国の画

16　人類・職業　16

寄大名恋

★ふところ子とは云われても思い人に
抱かれて寝ぬをとかこつ大名　砂長　K19-3

*Call me pouch-baby, but when I sleep cradled by my lover,
I become a spoiled daimyo, always demanding more.*

驚いた！Kangaroo を知る前に、日本で「懐子」という語あったか。しかも、託つ大名という大辞典にも見過ごされたか新造なる語！「かこつ」と大名の含蓄に対する自分のセンスを信用しないが上の英訳は？

寄仙人恋

1750★片恋は道具を持たぬ仙人や
こなたばかりでなげきをばこる　木端　K2-1

（あなたも小鉈も投げ木樵る＝嘆き凝るも英訳無用）

上方狂歌の貞柳の高弟子の注目に価する傑作の一つ。本書の寄神祇恋歌中に入る古今歌＃1055「禰宜ことを…なげきのもり…」を掠りながら「彼方こなた」の貴女いないと、山男は小鉈だけで営みの伐採をせねば、という暗喩は、片思い独特の辛さを描く。「空しさ」ですね。

寄夫婦恋

★夫妻のみ入りぬる風呂ハあかなくの
せなに向ひて猶もいもふき　直之　T27 1666

（垢＝飽かなくも背＝夫も妹＝芋拭き＝吹きも英訳無用）

No crud at all in the bath of this husband and wife so tight
that not just his is rubbed off but she has him do her right.

夫婦も人の類。二人もあかなく風呂に入る掛詞は英訳を儚くも消されるが、原歌は愛し合うめおとの描写。夫は妻の垢も拭き剥げるおかげで二人風呂が綺麗。「妹拭き」は辞典にないが、里芋が熱うちに垂れ味噌をかけて食う料理の「芋吹」を見つけたが、関係ないか。

日々に弱りつゝ頼みなくなり…

1821★いやらしと人な思ひそ脈やあると
手を握りつゝ見る妻の顔　橙果亭島天地根 K7-5

Deign not to think it disgusting so long as she has a pulse
for me to grip my wife's hand while gazing upon her face.

言葉遊びゼロ。屁理屈もない。私的ルポないし有心の川柳風の内容で、古文の「な〜そ」と口語の「いやらし」と「妻の顔」の狂歌独特の一貫性しない文法（はい、はい、文法音痴の敬愚にとって都合もいい）。人が嫌らしく思う事は動かない体を触る変態ではなく、英国にも男の恥になった uxoriousness 妻恋そのものです。宗鑑の、可笑しくも可笑しくない父の臨時中の屁を思わせるところもあるが、これは、もう少し、いや、うんと大人向きになるかと思うが、諸君はどう思いますか。

寄飯焚女恋

1784★思ひことまゝにもならずぶつ／＼と
釜のふたりの中の口癖　辺地間河成　E2-3
（飯焚女だと宿の飯盛だが蓋の掛詞であったかも夫婦）

Quarrels about everything, sputtering like man and wife;
poor cooks, they can't keep a lid on it to save their life!

脚韻を踏むために to save their life （なかなか〜できない）を加えたが、口癖はそういうものだ。Can't keep a lid on it は「治められない」という慣用句。二人を下手糞な料理屋に称する以外に異訳ではなく、意訳だ。

寄隣恋

1806★良い中の垣を夜な／＼押し分けて
　　隣へ通う恋の近道　　真常　　K25-3　＋寄垣恋

Night after night, the fence called "good between" pushed apart
by neighboring lovers, who favor a shortcut to the heart.

1815★隣とち隔ての垣の上越して（どち？）
　　まだ首だけに覗き合いの中　　度水　　K19-3＋寄垣恋

So far just their heads scale the wall between, so it's still green:
if peeking at one another counts as friendship, I mean.

同★隣とち隔て有るをも破れよがし
　　恋には仇なよい中の垣　　眠過　　K19-3＋寄垣恋

I'd say, when they part neighbors, we should let them fall:
this enemy of lovers said to be good between us, the wall.

寄美人恋

万葉 2355 ★美しとわが思ふ妹は早も死なむか
　　生けりとも我に寄るべしと人の言わなくに　　柿本人麻呂

It might be nice if you, whose beauty I adore, just die, and quickly,
so people will stop prattling on about how you should be with me.

（上の我が読みは恐らく誤訳だが下記の常なる方より面白い）

*If this sweet girl I think so pretty dies young it would be fine
for even if she stays alive no one thinks she'll ever be mine.*

1754★花の顔月の眉墨雪の肌
いつも眺めに飽かぬ色事　紫笛 K24-4

*Blossom face, Indian ink-black eyebrows, and snowy skin –
indulging in color[sex], one never tires of the sight without.*

左、三十一文字を何字も超える旋頭歌。「人は言わなくに」の意味は。チャンスが無さそうで早く死ねばいい、とは常の解説ながら、もう少し清少納言っぽい微笑ましい理屈あるかと敬愚は思う。そういう私説は最初の英訳。右の原題は「色多佳趣」。きっとより面白い、容貌の良きを祝う寄恋歌があるだろうが、美貌に恵まれていない方を描く狂歌がうんと多いと思えば、これも有難い。

寄醜男恋・厭不男恋

★置き去りにしてやいなばの露の間も
いやよ秋風ふきりょうな婿　木端 T58　1740

（稲葉＝居なばも秋＝飽きも吹き⇒不器量も英訳無用）

1740★ぶ男に誰がなびいてあをやぎの
いと厭らしいやよれつもつれつ　汝水 T58

（逢う＝青も助動詞いと＝糸もなくて英訳無用）

*Who gets blown away by an ugly man? To him, young willows
with their threads all dishevelled are disgusting . . . so it goes.*

1740　T58★恋風もよぎて吹く哉ぶ男の
湿で落ちたる鼻のあたりは　木端　本歌は？

*The winds [cupid's arrows] of romance blow past, or rather over
the ugly man's humid sink-hole of a nose – they bring no lover.*

左は八首の「厭不男恋」の導入歌で『狂歌続くます鏡』の編集人木端が詠んだ二首の一つ。「置き去り」される容貌に恵まれない男を詠む歌は珍しい。ぶ男を清少納言流に嫌がる中は、彼に靡かないが美男子に靡く青柳に「厭な気」を感じるか。後者に従う英訳を一応試みた。右、木端の第二首に本歌あるようだが、その同定はまだ。発想が面白い。窪にならぬばかりの鼻だったはずの辺りを、恋風も通り過ごすと。

★地合からつくって見ても賤の男は
顔の畑に出来ぬ恋草　貞国　K9-2　1801

*From the matter at hand, one cannot build-up the plot
of a poor man's face well enough to grow a crop of love.*

顔を田か庭と譬喩する系譜。地合といえば、藁などを貧土か硬すぎる土にに折り込む事か。又、寄畑恋を参照に。現在は容貌と階級の関係は比較的に曖昧になっている。美女はお金のありけへ行くだけは変わらないが、1970 頃までには階級の食事生活やストレスの違い等のためか、浮世絵ほどの差異でなくとも随分大きいな階級差が見えた。むろん地方や家族による例外はあったが、貧乏の大衆が鼻柱が無かった。

寄醜婦恋

★おいでくれよ身を白露の落ちそうに
恋風そよがせおふくが粧　木端　T58　1740
（白＝無邪気、お福＝吹くの掛詞は英訳無用し露と粧の関係？）

*Please bring thy chubby self here Ofuku, innocent as pearly dew
thy make-up and at the first puff of the wind of love, drop.*

上方狂歌の大御所木端編集『続ますかがみ』に入る原題「醜婦身嗜」十四首の一つ。けわいハそのたしなみの中。得持参もないブスが娵になれる為に神からの御褒美というお福も大事が、外見平等化の味方なる厚い化粧も不可欠。極まれば美人もブスも無くなる。お白いに関心ある英語得意の読者、拙著 Topsy-turvy 1585#2-15, 2-66 をご参考に。

★品やつて来るはいづくのよめ 遠目
みつちやに白粉ぬり笠の内　冬之 T58　1740
（諺はともかく嫁⇒夜目は不可英訳のが惜しながら）
Who can tell where from comes this bride like a pig in a poke
seen afar at night in heavy make-up and a hat – is she a joke?

★おしろいでかくしてもわらの出る顔は
ごもく場にふる雪でこそあれ　之信 T58　1740
A face where stuff breaks through even when hidden with white
powder like snow upon a garbage dump is almost a pretty sight.

★不器量な顔ぞ侘しきかつらきの
かみはそのくせ上手なれども　秋国 T58　1740
（桂木の神＝鬘の髪？桂の木材で髪結う道具＝櫛？）
It's plain to see her face is far from pretty, but instead
she learned to make beautiful the hair upon her head.

1740★化粧う程さりとは鼻につくも髪
いうに言われぬ悪いにようぼう　木端　T58
（結う⇒言うも匂う⇒女房に悪い容貌も？英訳無用）

左、かの諺に御化粧を加えた首は、新しい諺にしてもいい。自慢は悪いが、中の二首が余韻こそない凡作は、狂訳で少々よくなる。右の木端の十四首の最後の首は勝首でしょう。江戸時代にも、やはり容貌の有無と云い、差異と云えば、狂歌の中以外には、現在同様に触れてはならぬ誤魔化すべき事実であった。（追加：花国という人が詠んだ歌

に珍しい尻型の首も、その中にあるが、「ふご尻をふる川のべの杉がだて ふた本ならでふためと見られぬ」の３と４句は、未解読です。 読む度に、ふご尻は前後痩せたから札本茶道の道具でないから二見と見ないが伊達な杉と何の関係あるなど？に？に？だ。研究家 help！）

思醜婦恋★囲ふてぞ置くは心の奥深し
器量は御座へ出せぬ女かも　砂長 K19-3　1815
She is sequestered as her master is a man of deep feeling
and her attributes best not shared in the parlor partying.

★並べぬる枕のしんとしんみにぞ
厭わぬ妹が顔の蕎麦粕　芳水　K19-3
（枕の中の蕎麦は英語の freckles と関係ない）

左は。A man それとも woman of parts は才男、才女だったが、日本語にも器には「品」の含蓄もある。とは言え、容貌と性器と重なるようです。左は、醜婦の妾の器量のよい女陰を分かち合えたくもないか、容貌がないから隠しておきたい双方の読みもありうるかどうか。

寄娘恋

1740 娘有佳色★見とれては涎を流すうしろ帯
ちょい／＼と言うて誰も袖ひく　迎月楼暮嵐百 T58

（ちょいちょいに潜める蝶々なければ機知不足で不可英訳）

1740★そろ／＼と恋慕のやみに迷わすや
月に障りの有り初むる頃　幻塵栖暁夢 T58
Soon she'll wander lost in the dark of love and yearning
after the moon eclipses commence we will be learning.

1740★やさ娘情の道はしらむしの
こはいひといほと一口喰ひたや　巻懐室壺天 T58

（知ら⇒白虫＝蟻？怖い人⇒一庵＝言おうと？未解読）

三首とも原題は「娘有佳色」だ。左の涎が男なるが、半ば唖（おし）涎を垂らしながら元気で色っぽい十代の娘も日本で知っていた。子供で夢にも相手にはしないが、子犬みたいに人懐こい。昔の村だったら…、と考えた。中の月の障る闇に迷ふは偉い。英訳の commence＝初めるに mense 即ち生理が潜むが、原歌の蛇足無用。これから勉強 learning になるというオチは、脚韻を踏むように勝手に付けた。右の「やさ」は優しいか。白虫の後は、解読自信がなくて、英訳を控えた。

★色のけハしらは娘もいつの間に
筆の先から黒うしそめぬ　如石　k7-3　1813

（上の口から、知らば⇒白歯も黒くし初め＝染も）

Color, i.e. eros, for a white-tooth maiden arrives all too soon
from the brush's tip the process of dyeing black (for joy or gloom).

寄箱入娘恋

1740 以前★よき価ひを待て売らめやと親や思ふ
玉の様なる箱入娘　栗柯亭木端　T58　＋寄玉恋

The parents think that they'd best wait a bit longer and keep
their gem of a girl in the proverbial box to not sell her short.

原題は「娘有佳色」。寄娘恋も寄箱恋も、首が多い寄箱入娘恋は本書にあるが、物に寄する恋の中に入るべきかどうかは問題。Sell short 取るべき値より安く売れちゃうと longer の対象で英訳の方が原歌に勝る。

天明★箱入の娘の年はいくつぞと
隣の寶かそへてや見ん　蜀山人＝赤良
（箱入娘の語こそはないが仮に通じれば）

How old is their pretty daughter kept within a box next door?
If it brings pleasure, why not count your neighbor's treasure?

　　　1820★箱入の娘なれともいつの間に
　　誰かは穴を明けておきけむ　岡持　E10-3

（it か her を明白しなくてもいい日本語は羨ましい）

Their daughter may be kept in a box but, sooner or later
someone will come to open a hole in it and mate her.

　　　1792★箱入と人の言うなる君なれば
　　忍び逢う夜も息をつめたり　糸波繁伎　E3-10

If you, dear, are a daughter kept in a box as people say,
sneaking over, I, too, must stuff my breath in my chest!

（日本語なら息を詰めるが彼↑か彼女↓か知らないで）

My sweetheart, a good daughter kept in a box as they say,
must also hold in her breath, when I sneak over to play!

中は箱入娘ながらつまらないが、左狂歌の聖の年を数え宝とする達観の笑いもいいし、右の類似も可笑しい。恋っぽいという点で、右勝ち。

寄若者恋

　　★恋風をはや引きそめて涎垂れの
　　長吉もちとうわ枯れし声　桂影　k9-4
（題知らずが、うわ枯れしに「わか」ある？）

Catching his first love-bug even our spoiled Nagakichi,
drools like an ox and reveals a somewhat husky voice.

　　　1822★振袖も十七八の薮力
　　恋の重荷も持ちたがらまし　標山　k9-4

Sleeve-waving [to attract lovers] is part of being 17 or 18,
eager to test your wild power to raise & bear love's burden.

左の長吉は辞典にないが、猫で無ければ、きっと良き家族の恵まれている故に少々女々しい息子であろう。可愛い詠みでありながら、右の恋の重荷を試したくなるという、馬鹿な発想か尤もなる心理的描写か良く判らないが、歌にも新奇の藪力ある。大勝。

寄老人恋・寄老恋

1760★六十の手習いなれど美しい
　君がいろはにほの字とぞなる　華産 K1
（いろはにほの含みも字＝愚に返る爺も英訳無用）

1812★愚かにも恋初めにけり百の口
　三十ばかり足らぬとししして　飯盛　E8-_ ?
（百の口とは、世間の噂なども？英訳無用）

★祖父婆々と成行き末も可愛らしな
　今の浮名を昔話に　嘉桃　K5-3　1798
Grampa & gramma even near the end make a cute couple;
rumors of their affairs today are all Once Upon a Time.

豆は芋に負けない屁を養うも考慮すれば年の数も食うという節分は情けないと敬愚は思うが鳩の縁なる豆を喰うのが「変わらじ」と女陰の意味になる（川柳曰く「盗まれてあとの減らぬは豆泥棒」Y37）。中（E8-2 か 3 か）は、宿屋飯盛の伝記を書く人おられば、解釈を入れたい。七十は百を意識する年です『古狂歌　滑稽の蒸すまで』ご参考に。右は。昔話を物語と思えば「物」原題の「寄聞物恋」もいかされている。祖父と祖母でない、と「婆々」になるのもよく判らないし、後句の解釈に自信なくて誤魔化したが、オチが好きで右勝つ。

1818★ならぬと云う返事の文を噛みしたく
歯のなき老の身をぞくいぬる　方雅　k8-2
"No chance of it!" her cruel reply left me full of regret
that my old mouth lacks teeth to bite that letter better.

1818★しっかりと握れば妹にお危ないと
言われて老の手持ちぶさたさ　連雲　k8-2
Squeezed tightly, she warns "It could kill you, gramps!"
and I think, rather, old men have too much time to kill.

左はああ、一茶の豆腐で歯茎のみの歯固めも思いだした。それと、雄猫が歯無ければ雌の首を押さえぬ交尾もできないから入れ歯も作って上げた動物外科。かと言っても、もの拝む人はいいを、悔しい時ものを噛む人は本来、ふられても仕方がない。年とは関係なく。右のを情け有るか情けないか、解釈にも自信ない。

1820★其むかし見そめし人に寄り添えば
知らぬ翁と言わるゝもうし　折芳　E11-2
Sidling up to someone I first saw many years ago, leaves me blue
for she said "Who is this old guy?" rather than "How do you do!"

「昔見そめし」という語句は、見初めて惚れる恋ではなく、長い年月の過程を念に置いた方がいいと思う。オムツの姿で覚えている子かも知れない。因みに、「うし」と言えば、同本の直前の首に馬が出た。会の単語尻取りか編集の歌次の笑いか。又、この「うし」は「憂し」か「愛し」か、よう言えない。憎さも可愛いんだから。

1792★道たえし雪の肌えの恋しきハ
四十にあしを踏み込めばにゃ　銭屋金埒　E3-10
（四十は年と若さの分ける辻の発想は英語にない）

*Her skin white as snow obliterating even the cross-roads
of youth and age, at forty, I'd plunge in up to my crotch.*

1813★ひそ／＼とよめる眼鏡の玉章や
婆々の手前は鼻を挟みて　幽山　k7-3
（後句の意味よく解らず日本にないサンドも）

*Wearing eye-glasses, aunty secretly reads a love letter
with her nose literally crammed between the pages.*

★かいま見て腰を抜かしゝ我が身をば
老ぼれとこそ人は思わぬ　羅文　k9-4　1822
（love に fall も腰まで出ないし老いぼれ＝惚れも不可訳）

*Here I am falling for someone at a glance i.e., breaking a hip;
yet, who'd guess I'm an old geezer when love makes me flip!*

左と中は、この外人にとって読み難いが、全三首に余韻あるかと思う。左は、四十の辻で足を踏み込む X の点と感じるが（変？）。中は可愛い！とは云って、右の腰ぬけた恋上に老い惚れのダブルプレーは勝ち。

寄初物恋・寄初恋恋

★生のぶる日数のうちに言い寄らん
七十五日恋の初物　走帆　T47　1730

*For things that expand our lifespans, I'd add this in their number:
seventy-five days gained not from virgin sex but brand new love.*

常は嫌らしいお金持ちの爺が処女を利用するという毒々しい文脈で、川柳によく出た「初物」セックスを弄ぶ。それがラブに転じる所がまさしく狂歌。長引く片思いは毒が、相愛でなくても初物の内は気の薬。

寄未亡人恋・寄後家恋

1672★若後家の参る御寺の坊主をば
井戸の端なる童とぞ見る　貞因 T30

*Like a child sitting on the edge of a well, this monk
at the temple a young widow visits is halfway sunk!*

★ほら／＼と脚布のあかしのうら若き
君に立ちさす後家おしぞ思う　紫笛 K24-4　1754
（英訳には明石浦の例の淋しい島隠れの本歌も惜しい）

*Seeing young things flashing their skirts of crimson gauze
makes our lonely widows wish "if only there were laws!"*

左は、初期狂歌。解り易い。右は、中期上方狂歌。少々難しくなる。原題は「思寡婦」。江戸時代の娼婦にはコスプレがどこまであったかと考えさせる。船比丘尼と若衆も真似もしたが、未亡人なかったと思えば、男を求める後家にとて、赤縮緬の内腿をちらと見せて男を盗む若き君を恨むのも当然。狂訳は本歌を捨て、後家の心の意訳になる。

寄老女恋

1815★老の身を化粧うハ色気ありそ海
ひたいの浪にみるめくるしし　芳水 K19-3
（有りそ⇒有？磯も見る目＝ミルメも不可英訳が）

*Made-up old bodies attract us for they show the inner sea;
those waves[wrinkles] on the forehead break in sweet agony.*

★小町紅ぬり立ち化粧う婆々も気は
有りし昔に変わらざるかも　半月 K19-3
（立腐れの対の新造語だったら到底不可英訳）

With crimson lipstick & white puff don't think them cold;
these aunties look as hot to trot as in the days of old!

左は。原題が「老女身嗜（たしなみ）」。みるめが苦しければ困ると先ず見たが、それが声のよがりの視版として、むしろ色っぽいと思う男も少なくはなかろう。女性によるが、苦しそうに見える方は少なくない。苦し「し」に「しし」、つまり肉付のいい熟女を仄めかすか。右は、「立ちけわう」とは、立腐れの新対語だったら注目に当たるが。

1815★誰が為にふらつき出だすはじめそや
老いたる婆々の思ひ入歯ハ　輪田丸　K19-3

（オチの中の掛詞思ひ入⇒入歯が欠格ながら）

So whom is auntie starting to get excited enough about
to be digging up false teeth to improve her old mouth?

★黄金の肌みがく気はない婆々の
色故罪を作る生え際　如谷 K19-3　1815

（当の膚は仏の第十相で完璧の肌など不可訳）

Aunties without desire to do it still polish their golden skin;
taking such care with their hairlines breeds desire ergo sin.

内容上、前の二首に比べては、この二首は少々きついというか、情けない描写でしょうが、左の「思ひ入歯」は入賞級の掛詞だし、右の気の有無に関わらず人の美は罪をつくる事を老人にも寄せるのが新奇。英訳を見ても生え際と容貌どころか欲望と連想する者は日本通に限る。下記、英訳しかねるが、渋い転掛詞の連続が超一流。心の後の「は」も効く。体がどうであれ、心は捨てたものじゃない。姥あっぱれ！

1812★君故に心は病や老筆で
うば玉章を書いて送らん　馬丸 K29-1

（病や＝闇夜も姥⇒鵜羽玉⇒玉章も英訳無用）

寄盲恋

905 以前★包めども袖にたまらぬ白玉は
人を見ぬ目の涙なりけり　安倍清行　古今#556
While I'd wrap them in my sleeves, they overflow, white pearls
or teardrops from eyes as good as blind for not seeing her.

この古今集歌は、お寺で詠まれて、法華経の五百弟子受記品にある「衣裏繋珠の譬え」、即ち高価な宝玉を常に身にまといながら、その存在すら気付かない、というお説教の仮詞ながら、貫之が恋歌に入れたし、小野小町は「愚かなる涙ぞ袖に玉は成す　我は堰きあへずたぎつ瀬なれば」。伊勢物語の涙に濡れ袖をアピールすれば、恋が本当なら涙は川に増しお前を流しちゃったというキツイ返歌。白くなる水は、確かに滾る瀬もので、袖の浦には無いが、それが清行の歌の主旨を見過ごして返歌がすり違いになる。目が赤くなる悲しみに涙も血か紅の色になる伝統はあるが、涙が白玉になる詩的な新造理由付けが歌の鑑賞すべき所だった。人を見（逢わ）ないから盲人の目と同然で、その白い目から涙も白くなってもおかしくない、と。詩的で明白に説明しない理屈。小野小町と違って、概念に目が無かった貫之は「人を見ぬ目」と涙の「白玉」を合わせた、この歌の価値を十分判ったはずです。だから人を見ないと涙もその色になるが、それが真珠の色で白玉。

1776★聞いて次第見もせぬ君に惚れにけり
色には目のないむまれ付き哉　鈍永　K13-3
Not what we see but what we hear draws us near, sweetheart;
if, as they say, Love is blind, I was born to be your counterpart!
（↑題に出た盲人は前句、詠む人は後句が、盲女も後句↓）
for if, as they say, Love is blind, you were born to play the part!

求愛の歌でしょうが、「色」は英訳の Love よりも猥褻っぽい。上の英訳は卑下にもなるが、下の英訳は相手の色っぽさが生まれつきだろうと云う。Latin 系の口説きには効く手だが、日本では多分そうでない。いずれにしても「目がない」という慣用の好用ですね。思えば、英語の Love is blind よりも「目がない」の方が多様な使い方があって面白い。

寄座頭恋・寄盲人恋

盲によせて思恋★見ることのならぬ恋路にふみ迷ひ
杖つく／＼と思ひくらしつ　夢庵　E1-1　1768 以前

No eyes can make-out the Path of Love, and so we go astray;
I think that, as my cane rings-out ten-thousand times a day.

★めくらとも成りなばせめて憂き人も
手を引てたへ恋の山道　印籠紐長　E11-2　1820

Should I literally become blind I hope at least that cruel girl
w/ eyes might lead me by the hand up love's mountain trail.

左、夢庵が視力を失った話がなければ、杖の「つくづくと」は思ふ枕に過ぎないが、それも「踏み＝文」も英訳無用で、狂訳を勝手に目の見えない人の観点から詠み直した。右の後期江戸の狂歌は、恋の山道以外に世話もないが、なんと甘え！比喩にも実にも「目が無い」と憂き人は案内の相手になるどころか、崖から落とせるんじゃないか…と思いながら、歌を読んで腹に茶を沸かしたら、それもこぼさぬように。

寄啞子恋

1822★一言もいわでの山の岩つゝじ
おし黙りても色に出にけり　方雅　K9-4
（言わ＝縁語岩も押し＝オシの掛詞なく不可訳）

Though "mum's the word," Chrysanthemum is still a star;
light from love may bloom years later as now is never far.
（菊も躑躅も、その面倒を見た。匂いは菊が花は躑躅）

This is hard to say but mountain azalea that grows on rocks
silent rather than sexy, blooming will blow off your socks!

岩を言わないと掛ける狂歌が多いが、英訳の菊は岩躑躅ではない。但し、菊の略名の mum は、沈黙を守る閉口で花を替えた。おして科学的な名前 Aster が「星」であるが、星も音なく咲いている。狂訳のやり過ぎの好例か悪例か、ご判断に任す。唖は口にアジアの亜と思えば良いが…。同時に、躑躅の大ファンです。岩に育つのを見ると海底の珊瑚まで思わす、奇跡的なな繊細で多数の花を馬鹿にしたくない。脚韻とは言え、日本に無かった靴下の慣用語で更に躑躅を汚しては申し訳ない。度々…

寄訥恋

1768★つゝしみてなゝきそ人のみゝ近き
　こゝに忍びてかゞみぬる夜は　夢庵　e1-1
（今度、ご免どもりの英訳を控えます＋寄躑躅恋？）

どもりです。原題は「訥（どもり）によせて忍恋」。これより甚だしい訥の狂歌は、どこかで読んだが、夢庵の歌は温かくて薦めます。夢庵は天才。大和ことばの単語そのもののどもりっぽさを見せてくれました。

寄上戸恋

★呑む酒にかわき上戸と名のたてど
　君故袖は沖の石ぞや　輪田丸 K19-3 1815

(乾き上戸も沖の石が説明無く英訳無用だが)
I'm known to drink so fast my cups, as is proper, go dry;　か
I'm known to drink enough to crave water as my throat is dry
but, thanks to you, my sleeves are that rock offshore: I cry.

狂言鴬蛙集?★上戸なら鬼ごろしとも云うべきに
人ごろしなるなさけなき君　加保茶元成　1784?
(なさけに潜める縁語の酒を視的に入れてみた英語)
A heavy drinker might with right be called a "Demon Slayer;"
for you who do squat for my sake, "Man Killer" sounds fair.

左の「乾き上戸」の意味を当ててみたら誤訳した。本当は、喉が永くついた人の水をがぶがぶと大呑みするように酒のめる人だ。「乾き」は、恋歌によく出てくる「沖の石」の常濡れ状態を対照による強調。女性が詠んだ歌ならば、あの石がクリトリスになる川柳に化ける。さて、右は。鬼殺しって銘柄はあったか、後になるか。Do squat for my sake は米俗語。我が為に for my sake 何もしないと、酒の掛詞。左の込み入れた対象は好きが、君故よりも君に悪称する加保茶元成の詠みが大胆で、右勝。

寄下戸恋

★酒の燗ついに見たことなき下戸も
小指を役に立てし心中　未秀　K19-3　1815
A teetotaler who never even got to see sake heated
found a pinky useful – is that a fact? – for a suicide pact.

★麹車をば見て酔ふほどの下戸なれど
君に逢うては涎流しつ　任蹄（越前）K16-2　1811
This teetotaler reddens to see a hops-cart – who'da thunk
that, meeting you, I'd start to drool like a pitiful drunk!

★酒よりも苦しき胸を下戸のみの
赤らむ顔にくみて知れ君　吉丸　Kが、失典
（の身＝飲み、憎み⇒酌みても縁語が不可英訳）

*A non-drinker burns more painfully from love than sake
and, from my red face, my darling knows I am no fake.*

小指の持ち方は上戸も下戸も意識すると思う。しかし、下戸に寄せて切るに役立つ滑稽はいい。中は別冊で「麹車見てゑふ程　K19-3」。惨め。右の意訳は OK か。小指の切られて役立つという逆説的な展開から左勝。

寄馬士恋

1815★我が恋の重荷に乗せてくれんとて
むしろや君が口つぎのもの　鵝習　K19-3

*Love's burden – you want me to let you ride upon it?
Not quite, dear, you see, I'm but the bit in your mouth!*

「〜乗せてくれんとて」？　とは、彼女＝君の口に入れた言葉だとすれば、彼女は午年か？それならば、「むしろ〜」とは愉快！それとも、女が詠み、背子は馬士か。万葉集より髭顔の男の方が卑下に強いが、古文も江戸文学も勉強していない敬具愚だから、ご異見を歓迎します。

寄武士恋・寄士恋・寄武者恋

★寄せ合わせ組討まではなんとなく
武者振いする恋の初陣　朝三　K1　1760
（合戦用語だと英語は日本語を受け止め難いが）

*Until paired for jousts they dilly-dally calling out no names,
gallant knights about to sally off on Love's first campaigns!*

　　　　★斯ばかり見初めしまゝに痩せぬるは
　　　　早食ものも身にならぬ也　たる明 K25-3　1806
Love at first sight can make a man grow thin: so much is known,
like meals swallowed too fast such does not stick to your bones!

左の原題が「寄合戦恋」だった。何となく描写するのが江戸時代の歌垣か雑魚寝祭の宵か。とは言え、組討や武者振るいの英訳にはかの knights まで遡った。右の掛詞に蛇足要るか。現代の日本人は音に対しては固すぎるから「ものも」に「もののう」の掠りを見つけるかどうか。武士は早寝早食早糞ろいう情報を加えなければ、英訳は多くの英米人に通じない。左も好比喩だが、恋痩せと見初める「早恋」を結ぶ相関の新案で右の後期上方狂歌は勝。

　　　＋寄敵恋　1784 ★ものゝうの思ひ結びたる其お敵
　　　せめて一夜はうちもあかさん　鑿釿言墨金　E2-21
As a warrior, I would meet my enemy my love, face to face;
so, at the very least, let's spend a night in martial embrace!

武士の魂を恋にも祭り上げるのが驚かないが、気に入った口説きだ。昔、英語にもあった、日本語で現在まだ無事になる「恋の敵」という概念を伝える為に enemy＋love を重ねた。落語家で棟の上に働く大工の墨金が武士かどうか知らないが、女という「かたき」を歓迎するという名首ある赤良も友だった。

　　　1820★恋死ぬも刀の手前はづかしや
　　　我が魂ゐを人に抜かれて　不知 E11-2 ＋寄死恋
Dying of love I tried to kill, I'm ashamed for my martial art;
for she, instead, escaped with my soul as well as my heart!

交合戦に勝ちかねた自白と思えば、凄い。しかし、恋死ぬは恋止むがためにお逢いしたら、むしろ募ったという筋が古典和歌の遺産だ。

★士になるより嬉し遣る文を
取上られし恋の奴は　真金 1816-1863
*It beats gaining samurai rank, when she finally takes
my letter in hand to read, this joy of being Love's slave!*

武士になる事が男の最高の光栄が前提ならば、恋の奴の喜びを詠むのが一大胆。歌筋がやや難しかった。恋の奴に変身したオチを理解する為に、歌を二度読まなければならない日本人もおられますか。因みに、真金の本名は藤本鉄石で政変中に射殺された。明治時代の一萬集より。

寄儒者恋・寄学者恋

1679 以前★恋こがれ儒学もやめて千話文を
書くたりけんたり寝たり起きたり　宗意 T37-564
（けんたり？煙むたりで炙り出す？　それとも消ん？）
*Burning with love, I quit my Confucian study for sweet nothings
rule my life of writing, erasing, sleeping and waking to the same.*

儒学者にはリリカルの花蝶風月が詠まれても、恋はあんまり詠まれていない理由はこれか。一心不乱の勉強には、心の宿がなるべく空けて置かなければならない。恋の奴はその宿に物思ひという客一杯にする、勉強の甚だしい邪魔になる。勉学一筋の若き南方熊楠は、米国に渡っても男前で女性に追われし、千話の道に脱線しないように、その入れ歯を抜いて留学をしたと自伝に書いた。

万載狂歌集★集めつる蛍に焦がれ雪に消え
思ひに紙魚の家になる文　東作　1783＋寄文恋
*With fireflies they burned and, then, melted with the snow,
now nothing of my loves remain but letters housing silverfish.*
（日本語独特の歌尾になる主格一語の形容句に過ぎないで↓）

The letters we wrote by the light of gathered fireflies and snow melted by our yearning, now, home sweet home for silverfish.
（或いは恋ではなく長年の勤勉のおかげにできた文章か↓）

All I wrote by the light of gathered fireflies & snow, my wishes are now burnt, melted or tear-stained homes for silverfishes.

原文の思ひ「に」は「や」か「は」か「を」か「が」だったら？二番目の英訳では、和式の文法の文章ならない形容句の主格の「文」は尾から頭へと必然的に逆になる。紙魚の家に成語句 home sweet home の尾鰭をつけた悪趣味は申し訳ない。今日は誕生日でいい気分。汚き手拭をわざと部屋に鞭の如に― snap 打ちに部屋の空を通る朝日の横光線に埃の見舞ふのを数分もじっくりと観た。回り上がり外へ出る埃も…。Home はまだない借り庵は、冷えながら心が温まる芭蕉忌にもなる。
（万が一紙魚数奇の読者もおられば、ご連絡ください。胡蝶の羽の埃に出来ている様に感じる紙魚という虫の肌（？）感覚も、そのトンネルの形も、すべても面白いから資料を数十年も集めては、そろそろ単行本にしたい。もともと狂歌の良さを初めて悟ったも、紙魚のおかげだった。一茶の日記に出くわした＝「書物も残らず棒にふる郷の人の紙魚／＼憎き面かな」（『古狂歌 ご笑納ください』に英訳と解釈ある）

＋寄故事恋★親たちに油とられて恋のやみ
雪に蛍に文を見るかな　岡持 E10-3　1735-1813
（恋の病＝闇の掛けなければ英訳はつまらないが）

My parents hid the oil, leaving me lovesick in the dark, so how else could I read letters but with fireflies and snow?

1815★うけ引かぬ文繰り返し夜学の
蛍より我が身を焦がしつゝ　芳水 K19-3
Writing letters she won't look at over & over at night ... they don't burn as hot as I – the fireflies giving me light.

左は、後期江戸の本に出たが、岡持も天明狂歌の好人物の一人。思ひ出か概念歌か分からない。儒学の勤勉と同定されている貧乏学者の夜学の工夫を別な状況に合わせた「世話」狂歌の鑑にもなる。油を断っても油断しなかった親か。右の芳水の首は、左岡持の解りやすい傑作の相手にはならないが、相当冷えた夜学の蛍よりも「焦がし」恋は火に飛び込む夏虫と思えば、少々面白く読める。

寄歌人恋

1815★歌人も出かねん恋の初五文字
交わしてたへの枕こと葉ハ　　未秀　　K19-3
（恋交わせる枕⇒枕詞の掛詞こそ英訳不可ながらも）
Love's first line as offered by waka poets is for the birds,
better what lover's exchange, our precious pillow words!

「出かねん」はネットの現代語によく見えるが辞典にない。山兼ねるか「出来ない」の意味か。「恋の初五文字」もゼロ・ヒット。歌の第一句は枕詞になりがち。その枕詞が慣例で陳腐が、「恋の」が一緒と新奇。或いは、恋は恋歌に勝る。後者は for the birds ＝ つまらない、と。

寄役者恋

1790★若衆にこい紫やぬれ文を
野郎帽子の色とり娘　　鳰窓　　K19-2
（恋＝濃いも遣ろう⇒野郎帽子も色取りにやり取りか）
Young sexpots who put the make on actors with their make-up
send hot letters to gays who play women with dark purple caps

紙上の文学も映画も好むが芝居はちびっ子向きで関心ない。で、関心ある読者諸君のご協力も要る。Put the make on は、誘うとする。

1790★紫の若女形に命でも
やろう帽子の色深く染む　菟園 K19-2
（遣ろう＝野郎の掛け無くは英訳無用）

薄濃紫のグラデーションあったミニ当の月代を被る野郎帽子は調べやすかったが、「色取り娘」が用例一つしか見当たらなかった。1780 年の大通俗著「一騎夜行」で、「医者の真似を仕て女郎買いに歩行く摺子木もみな天霊（しゃれこうべ）…同じ事これが色男これが色取り娘と分りもせねど…人も行かぬ原へ骸（かばね）を捨てられて跡方もなく強い犬の餌食と成る」。大辞典でセックスが巧みの、この子と判ったが、役者の顔の彩りを助けたりしながら寄せたかと想像したが、敬愚は風俗の通にもなれないから左の首の英訳を止めた。右の方が判りやすいが…。剃り跡の濃紫も色取り娘に好まれたかどうか判らない。

1790★臍が茶をわか衆出立つ？の女形
かたホの笑みておかしい気に成る　雅園 K19-2
（やはり茶を沸か⇒若衆の見事の掛け無く英訳無用が）

*Laughing hard as my funny bone tickled stands at these gay
men playing women who smile away w/ half of their faces.*

野郎歌舞伎内かどうか知らぬが、瑠璃歌舞伎狂言に双面（ふたおもて）男女の合体霊あった。片方が怖い顔の武士で、片方が美人の微笑み顔。

★芸の外や又分別の外ならめ
恋の奴となる女形　笹丸 K29-1　1812

*The actor who plays a woman does not want and cannot save
himself from the faux pas of playing a new role: Love's slave!*
（↓解説的な意訳せんとすれば、こうなると思うが自信ない）
*The Onnagata: 'tis not his forté but faux pas to play the slave
of love when his role is that of Love's master, a sexy dame.*

古代は男が恋の奴となった性であった。江戸はどうでしょうか。歌舞伎に関心も知識ないから、誤解したら、直して下さい。この首は、前の首の「茶をわか衆」ほど面白くないが、概念狂歌として甲斐ある。

寄僧恋

★弘法に詫びても今は口説かなん
石ほど堅き妹が心を　窪俊満 E3-10　1792
（くどくの砕くっぽい語感なければ英訳無用が）

*While begging the pardon of our Great Monk Kobo, I'll try
to convert or break the rock-hard heart of this girl or die!*
（高野山の岩城の中で屍の中でまだ生きていると云う）

*Our True Word Founder may roll in his casket to hear this
but I'm fonder yet of a hard-hearted girl I'd lead to bliss!*

真言の祖 founder を「より恋しくなる fonder」と掛けたが二番目の狂訳。蛇足でしょうが、異性との恋は執着なりやすいから女道を避けるべき、その代わりに稚児ないし男の子を相手にした方が宜しいと教えられた。

寄虚妄僧恋

1815★吹き込みし思ひのたけも御無用の
声にすこ／＼帰る虚妄僧　　未文　K19-3
（丈＝竹もすこすこの虚っぽさも英訳無用）

これを上わまる求愛に失敗した虚妄僧の歌は有り得ないかも。さて誰か、その対に有頂天の虚妄僧か虚無僧の恋歌を見つけたら、教えて。

寄山伏恋

★ほら貝のねもせで君に山伏が
ふくれた顔も恋の息づく　辻丸 K26-4　1794
（音＝寝も息づく＝（慣用）生きるも不可英訳）
*They've not yet slept & that whelk horn is silent but his face,
puffed out & red, proves she blew the mountain monk away.*

★胸の火を消すと云う水の印ハ無くて
思ひに燃ゆる恋の山伏　貞旨 K19-3　1815
（水一字も思ひの火も無き英訳も無用が物語風なら）
*Lacking the seed letter for "water," the fire in his breast to quell,
our mountain wizard burns without rest for love he can't dispell.*

左の狂訳の逢う瀬と思い込んだが寝ずに終わった、ふくれた性欲の不満と恥ずかしさと怒り狂った山伏の具体的なイメージで勝首。右は九字護身法に火印があるも水印がないと云うかどうか。狂歌はなんとなく解るも密教は解ろうとも思わない。水の印が仮にあったとすれば、女を「見ず」、見ないように修行を続く効能と想像すればいいが。

寄出家恋

1759★黒染めの色に出にけり我が恋は
なむあみだ仏で人に知られた　仙木 K3-2
（なむあみだに潜める「なみだ」か祈りの為か）

1783★後朝のけさ衣さえぬれの所作
くる数珠玉もなくなみだ仏　坂柳　E1-8
（今朝＝袈裟も無く⇒泣く涙⇒弥陀仏も英訳無用）

寄あま恋

1741★あまのはらふりさけ見れば数積もり
みかさまさりて産まる月かな　草臣　K20-5
（天の原＝あまの腹も水嵩＝三笠＝御笠か未解読）

万葉集に御笠の山に「月も出でぬ」たり、「月の舟出づ」たり、万葉一の子ならぬ月沢山の山でしょうか。或いは月の子が産む時、御笠でプライバシーを、か？又、出産の歌は恋歌の中に入れ違いしたか。

寄農民恋

★年はちと老けたと言えど百姓が
すいた同士は水も漏らさぬ　菱丸 k29-2　1812？
（水飲百姓も鋤いた？＝水田＝吸いた＝接吻も水漏らす含蓄）

昔物語にも百姓の老夫婦の暖かい描写は事欠けないが、この水漏らさぬ狂歌の機知もある描写もいい。

寄馬鹿者恋

1810★君故に馬鹿の様にもなりぬらん
付ける薬のきかぬ恋病　錦才＋筬広 E7-4-193

Thanks to you, dear, I've become a fool or at least I seem one;
as there's no cure for the same, lovesick I'm as good as done!

★君ゆえなら命もやろうに打ち込んで
女房にしたいと思う馬鹿者　海丸　K29-2　1812

Drunk on his own words – "For you, dear, I'd give up my life!"
the fool starts to believe he'd like to take her for his wife.

いずれも、自分が馬鹿で卑下か自嘲と感じながら、男尊女卑の臭いも避け難い。どういう訳か狂訳のいずれも原歌より上品になった様です。

寄お針恋

1815★棒ほどに取りなしやして恋衣
お針が返事いとも嬉しき　茂喬　k19-3
（お針が称も糸＝助動詞のいとも英訳無用）

原題が「人伝恋」。どこかの宿でお針のサービスを受けたようで、棒と針の成語の対には、エロチックな仄めかしありながら、きれいに詠まれたから、お針も詠んだ人も可愛いと感じませんか。

寄遊女恋

1649★船遊び浮かれ女の棹の歌
聴けばよ節もなべて面白　未得 T24

The poling songs of the harlots who ply their trade by boat,
I heard them and note: trills et-cetera, all were interesting.

原題が「寄遊女恋」。が、私的恋というより、あんなに歌を褒めたら船女に目がない、否や耳がある証か。節はふいと微妙に動く音で、なべての中でお尻か、船上の料理か、お名前かなにかの縁語か。顔も面白いか。類として、集団的な感賞する恋の歌になるでしょう。

元禄★巾着になにも無ければまつち山
待つさま有れど通わざりけり　月洞軒 T40

W/ nothing in your purse that mountain might as well be dirt:
women wait for men up there, but one can't call just to flirt.

1812★君と我ちぎる誠は人知らじ
数々交わる枕よりほか　小萩（女）K28-1＋寄枕恋

*No one knows you and me, I mean the strength of our vow,
except for the countless pillows we have shared up til' now.*

左は、金なければ花の山（遊楽所）は真土の山でしかない。真土に「待つ」の弱い語呂も感じる以外には飾りもない半ば散文の歌体を、英訳で「そぞろ歩きで訪ねはしまい」と。小萩が詠んだ後期上方の右も可笑しみは今一つ。「〜よりほか」の切れ方は、可愛いらしいが。

寄相撲恋・寄角力恋

★下帯にまだ取り付かぬ我が中は
力およばぬあら相撲哉　未得 T24　1649
（粗＝新、たとえ新世帯も思わせるし相撲は交合か）

*Sparring when we've yet to grasp that lower belt, you know
our respective strength finds no purchase: call it crude sumo!*

★稀に逢て手を取る隙もあら相撲
なげの情と是や云うらん　走帆 T47　1730
（有ら（ぬ）⇒荒相撲の掛詞の手がなかったが）

*When there's no time for a proper match, a quick throw
may be the kindest move in love, if not in war and sumo.*

★抱きつけど憂しや女に負けずもふ
投げの情けに身も転げたり　金鶏　天明
（負けずも⇒負け相撲の極度の転掛詞は不可英訳が）

*We embraced – or, grappled – and now I'm blue to know
I lost in sumo to a girl, who only let me throw her.*

左、未得の首のオチになる「あら相撲」が定義っぽく読めるのがよいが、歌意に自信ない。中の走帆の投げの情けもいい。双方は単純の歌体ながら中の方の有ら⇒荒は難しい。右の天明狂歌の金鶏の負けずも⇒負け相撲も同じが、結局、明るい投げの情の定義を提供する中の勝。

★お屋敷へかゝえられぬる京の色は
褌かゝぬすまふ取かな　貞柳 T45　1729
*The matches brought to the mansions on the hills are soft
sumo with a Kyoto flavor, fought with your loincloth off!*

時代劇の腐った旗本が家族を助けるために尋ねる女を強いて物にする悪事も瞼にフラッシュしながら、江戸の遊郭と異なる京流情交の私屋敷も覚えながら、現実か夢か判らない歌。上方狂歌の祖師の貞柳には「頼めつゝ来ぬ夜はこちが負相撲手を取りぬれど力及ばず T47 1730」自白もある。敬愚同様に肩の狭い彼は、痩せ男で、もってなかったか。ともかく、自白もしたから皆に愛された大狂歌師だったと思う。

寄角力取恋

1810 以前★いかにせん隔つ人目の関角力
まだ一度も寝た事ぞ無き　一輪亭秋月人 K16-1
*In Sumo I'm champ, but will I ever sleep with so many
eyes between me and my fans, I've never gotten any!*

まだ異性と寝たこともない少年か少女の素直な文句か、若い関取の観点か。もう一通りの英訳 *Always surrounded by their eyes, I may wrestle in the ring, / but, I've had no matches in bed – never the real thing!* という事か。

1810★言いよれど熊の手取りのつよ角力
耳をつぶして聞かぬつれなさ　五国亭積保
（効かぬ＝聞かぬは不可英訳も良い意訳できた）

I approached, but bear-paw cuff sumo sure ain't kissin'
My ears are cauliflower but what hurts is she won't listen.

1815 以前★力者とて四つに組みたる床の中も
　取りの音聞けばわれと引き分け　斟流　K19-3
The wrestlers match-up and grapple on all fours in bed;
from the sound of it, I'd say, it's a tie called "well wed!"

同★たつ名乗忍ぶ人めの関取も
　下帯取られ転び合いぬる　芳水　K19-3
His name known, the sumo champ while dodging eyes still
meets and takes her lower belt and, grappling, has his will.

高校レスリングにも柔道にも参加したためか、相撲は他人ことでもない。これもこれもと皆も面白がってしまう寄相撲恋の首数が少々多くなりました。やはり、中成る引き分けが勝ち。早くも強い敵を見つけて、四つに成りたい独身の老ながら「残った！残った！」我輩。

寄貴賤恋

★悪性を賤のお手巻いやしきも
　よきも色には狂ふ物也　木端　T58　1740
（身分と道徳が同一単語に掛け難くて長英訳）

We are bad for this repeats & repeats whether poor
or rich – sex and sexiness make us crazy to the core.

1740★貴賤とて色にゃ隔はあら波の
　美しい顔には皆ぬれかゝる　如挙　T58
（あら（ぬ）⇒荒波⇒並みは不可英訳がともかく）

Noble & mean split not apart but splash alike for sex:
any beautiful face we see makes us all become wet!

「色」という語は有難い。英語には美＋セックスのあらゆる含蓄も合わせた英単語を思い浮かばない。左の色の翻訳に困った。右の掛詞を英訳できなかったが、「並みの美しい顔」が細かくては良い表現かと思う。偉く美しい顔ではなく、並みなる美人でも十分だ。両上方狂歌が同じ原題「貴賎泥色」だったが、それでは裸祭りも瞼に浮かぶが、泥まみれ皆は性的対象にはならないから、それがかの鼠色とフランクリンが曰く「夜は猫は皆葉灰色」のように読める。我が一応「寄貴賎恋」という題に入れた理由は恋も色同様に多義的であって、どの意味の恋かと言えば詠む人本人も定かではない場合も珍しくないと思う。

天明★しづが身も恋には心こがしつつ
胸に一ぱいむせがへり泣く　金鶏 網雑魚

A poor man's heart burns just as hot for love and that is why
it fills his breast with smoke and makes him, choking, cry.

身「も」で、寄賎恋のみならず蜀山人＝赤良の大変心の器の広い親友の医者の首は尤もながら、社会的な提言か教訓歌の様に受ける。同時により多い貴賎対比の客観的な詠みよりも賎への共感を感じさせる。

寄貧乏恋・寄貧者恋

T13★貧ぼうは肩につきたる片おもひ
思ひもつかぬ人は断り　雄長老　没 1603
（貧乏⇒棒も片＝肩に棒も思＝重いもない英訳無用が）

A poor bean-pole cannot carry the burden of love unshared;
so, we must refuse anyone who cannot help us bear it!

1815★金持も持たぬも恋の重荷をば
一荷になさば棒や折れなん　魚住 K19-3＋恋不依貧富

Whether you have money or not, Love's burden, to be droll,
cannot be one and carried without your breaking the pole.

貧乏を「棒」にかけて茶化す歌と句が多いし、棒と恋を詠む歌も少なくないが、貧乏の棒と片思いや重荷を組む歌が珍しい。左、初期狂歌の初狂歌師らしい朗らかで大胆無敵の雄長老の首。お金持ちは、片思ひをする余裕こそ有る。恋病で床を出ずとも食事などの慰みもある。貧乏だと大変。自分で片思ひを百％担う。だから、片思ひは勘弁だ。美貌にめぐまれている若い人でなければ、貧乏は恋を避けるしか生けられない。右は、逆に、貴賎自ら運ばざるをえない恋の重荷だから、片思は平等主義の観点を詠む。棒や折れという表現は良いが、貧乏として敬愚は片思の分配の階級主義的な不均等があると思う。雄長老勝。「男は辛い」ではなく、貧乏は辛い。雄長老万歳！室町や桃山や徳川初期には貧乏の貴人も多かっただけは、文学の救いだ。だが、その話は別な本。『古狂歌 貧乏神とザ・ブルース』を数年以内に完成したい。

1786★貧すればどんな事でも苦にせねど
　　恋にもかりの契りとは憂き　枝丸　K26-1

（結婚は稼ぎ次第か水茶屋かどこかでの仮寝だけか）

When you are poor all things are hard no matter what you do;
but vows that must be tentative can really make one blue!

★百貫目持ちも持たぬも変わらじな
　　裸にてぬる閨の契ハ　山鳥　K19-3　1815

Though you've 100 X 100 ryo or nothing to your name,
laying naked in her boudoir for your tryst, it's all the same.

左は、体験ある。その通りだ。契りは約束ながら、お金がなければ、近将来の約束は望みに過ぎない。結局、婚約かと受けて英訳した。貧乏で結婚できなかった敬愚も一首を詠む＝「おしどりの夢見ふたりを

独り寝はうきながら瀬に出るあしもなき」。右は、題が「恋不依貧富」になるが、内容は交合だけが平等。評詞の「身の程を観せられたるは尤も也」には、疑問です。貧乏に暇も栄養もなければ、平等ではない（とは言え、敬愚以外の貧乏こそ暇が多い現在の米国には又変わる）。

寄からくり恋

後期江戸 ★からくりのからりと変る心根は
外に糸引く人やあるらん　詠人しらず 一萬集

The way puppets can flip about just like that, I smell a rat!
Someone must be tugging on the heart-strings of my baby.
（もう少し深い内容に改良し、勝手に狂訳をすれば↓）
What is at the heart of why automata can change so fast?
One pulling strings from the outside makes present past.

1809★こと人の糸や引くらしからくりの
早変わりする君が心は　帯丸　新撰百 E7-5

Another person must be working those strings like a marionette,
for it to change that fast – I mean your heart, dear, that's my bet!

左は、からくり＋変恋の組題だった。カラクリは、新規に怖くない狂歌の好題になるが、これはいずれもからくり人形に限るという気がします。左が先に出たようだが、確信ない。いずれも凡歌と思うからほって置く。

※1500 年頃の『七十一番職人歌合』を七、八年前に読んだ時は面白くなかったが、2016 年に読み直せば面白かった。日本語解読力の上達か、狂訳しながらその味を鑑賞するようになったか。恋歌で、本章に追加（章尾ちょどだったが、~~Word~~ が行と行の間を化けたから色々と醜く逆校正せねばならなかった。悔しくてお金持ちならば ~~Microsoft~~ を訴える）

36b　　寄職人恋　　36b

寄壁塗恋

T10★我が袖のひるよも知らぬ生壁の
寄り添う人のなきも恨めし　かべぬり　左 1500 頃
(干る夜＝昼夜も「人」の曖昧さは英訳無用なる)
My sleeves do not dry by day or night as nobody at all
sidles up, I grow bitter and lonely as my wet wall.

生壁だと人々に遠慮を望むのが普通で、添わぬを恨むのが可笑しい。特定の「人」でしょうが、一人で働く職人はとりわけ淋しい。日本の歌句を二回読むべきと言われているが、この様に完全に平行なる筋の多い狂歌の場合、そうしなければ読み取れまい。単数・複数も要求する英語は真似し難い文芸だ。出典は『七十一番職人歌合』。桃山・江戸初期の狂歌のジョンル―化以前が「狂歌大観」の編集者同様にこういう歌合も狂歌の中に入る。これは俳諧の職人尽くしの祖にもなる。

寄ひわだ葺恋

1500 頃★軒つけを先づ葺き初むる桧皮屋の
又むねあわぬ恋もする哉　ひわだぶき 右 T10
(棟＝胸のオチになる掛詞なくて英訳は無用)

先の、つまり左の壁塗に興あっても、下句の力で上記の右も「少し勝るべくや」という判文は賛成。この合わぬムネは解り安いし、ひのきの血か少々暗いな火色は相応しい。恨みの全くない反省的自嘲が後味もいい。

寄塗師恋

1500頃★しぼれとも油勝ち成るふる漆
　　ひることもなき袖を見せばや　ぬし T10

（干るに昼も油分が多いと中々乾かないも英訳無用が）
Old lacquer, put it through a wringer but excess oil stays;
I'd show her my sleeves that never dry out, even by day.

1750★色と云えばせしめ漆の職人で
　　独りぬる夜は物をこそ思え　千樹　K2-1

（色の含蓄も塗る＝ぬる＝寝る＝成るも英訳無用）

左の塗師は「ぬし」。古くなるものは多くの場合、乾くなるが、漆の油が水より長く残る。右の上方狂歌の漆は。動詞にもなるせしめが「瀬〆漆」に掛けながら、逢う瀬の縁語を含むが、漆の枝からかき取った粘度の高い液で、早く干らないように湿度が高い夜ぬれば良かったか。独りぬる夜はの七音字で、右は勝首。

寄皮物師恋

1500頃★あふ事はそれぞ綴じメの桜かは
　　かはかりとこそ思わざりしか　ひ物し　左 T10

（綴じメ＝通じめ？と爺女？皮狩か＝蚊ばかり？樺狩？未解読）

桜狩が花見るために限らなかった。薬などのために一茶も句で嘆いたが皮を剥げる。しかし、皮物師は桜皮だけじゃないかも知れない。判者がその「〜かはかはかりとつゝけたるさま面白く聞ゆ」と迄のべて、古綴りの清濁無視の字を面白く見たらしい。在日だったら散文の解説あるならば、じっくり読みたいが、今のところ以上です。

寄草履恋

調度歌合★かちを絶え鼻緒切れぬと知らせばや
舟さし寄する浦なしにして　うらなし（草履）1532？
（舵⇒徒歩＝かち。浦＝恨みない事も草履で英訳無用）

★千はやぶるかみの鼻緒が神ならば
草履とりわけ恋を祈らん　由郷 T37　1679
（早振神⇒破る紙も神なら草履取⇒とりわけ英訳無用）

左は職人というよりも、寄道具恋。三条西実隆（1455-1538）の首であろうが、新古今などにある舵を絶え海岸つまり恋人へ寄れない比喩を連想＋言及しながら鼻緒切れ歩行で中々来られない。恨みなど夢にもないと恋人へ伝える。右は。低身分で寄職人も職人中にして場違いと思われる草履取りにも、草履を又造る人おられば、職人だ。「とりわけ」まで縁語続く転掛けの恋を祈る長い枕に過ぎない此の『銀葉夷歌集』の首は、天明狂歌のひじり四方赤良の見事にでたらめが読みやすい筋を思わせる傑作だ。由郷の狂歌私集あれば是非とも見たい。

寄町飛脚恋

★まゝならぬ恋にも首尾をまち飛脚
あさばん文の取りやりやせん　貞史 K10-2　1783
（待ち⇒町・街も取り遣りの courier の言葉遊び脚韻失敗）

寄笠張恋

★笠張の身の上ながら君こふる
泪の雨は防ぎかね候　方碩 T37　1679

（身の上の二義も恋ふる⇒降るかこぶるも英訳無用が）

Rain-hat maker though I am, for you, dear, I keep bawling
and my product won't keep my rain of tears from falling!

（↑原歌の高級の掛詞の月と鼇の英訳も涙也。新案↓）

Rain-hat maker I may be, but unless I stand on my head
my product will not help keep tears for you off my bed.

新案英訳は笠が上も涙の雨を防がないと嘆く首（本書に他にもある）
も考慮すれば、逆さまに立てば笠は床の上を涙の雨から守ると。

寄行縢作恋

1500頃★祈っても逢う瀬やあると町人の
　　　行縢かわの撫でものもがな　むかばきづくり T10

（逢う瀬で川＝皮撫でて祈る習慣？も向脛もなく英訳無用）

寄車造恋

1500頃★我が恋ハくさびもさゝぬ小車の
　　　巡りあふべき頼みだに無し　車つくり　右 T10

（漢字のくさび「楔」に「契」こそ打ち込まれているが）

My love is but a small cart with wheels lacking wedges,
not counting on it circling round, we made no pledges.

七十一番職人歌合はやるね！漢字遊びがなければ英訳に甲斐ないが、
好むダーウィン進化論の不可欠の見立なる楔の為に殊に頑張った狂訳

寄酒造恋（改造版で酒か恨みの題へ移るが）

★味飯を水にかみなし吾が待ちし
あいだに酒が酢に化けた君　万葉＋敬愚
（万葉集#3810 の後句を直し、英訳又変えた）
I chewed sweet rice and water to make our wine
now it's turned to vinegar . . . this heart of mine!

昔は、万人も酒造り。味飯は餅米か。職人の酒造りの面白い歌まだ見つけていないが、上記の半ば『万葉集』の歌は、いかがでしょうか。

寄酢作恋

1500頃★いつ迄か待つ宵ごとの口つけに
あすや／＼と云うを頼む　すつくり　左 T10
（明日／＼をあ酢あ酢に掛けては旨いが英訳無用）

伝東坊城和長（1492-1500）の『七十一番職人歌合』の中でも、軽み抜群。口付はまだキッスの意味ではなかった、口癖のようになるが、望みか前祝か、兎に角にめがない求愛。判者曰く「縁に聞こゆ」る。

寄心太売恋

1500頃★我ながら及ばぬ恋と知りながら
思ひよりけるこゝろ太さよ　心ふとうり右 T10
（心太ほど面白い当て字の食べ物はないが英訳無用が）

Even I who seek her love know my chances are not worth a fart,
but Devil's Tongue noodles tell me to bet on my own bold-heart!

先の酢作と「持」を守ったぽんとオチつける心太は江戸のみならず京にも夜店あった。いつから「こころふと」が「ところてん」に化けた。

寄炭焼恋

1500頃★炭がまも我には躍る思ひかな
消つこと知らぬ恋のけぶりよ　すみやき T10
（炭＝澄み＜対＞消つの晴の対汚も煙りが英訳無用）
Even charcoal makers like me find its dancing flames are no joke
love's kiln kindled can't be quelled & there is no end to smoke!

新奇も筋もないが、炭が澄みと掛けて躍る「おも火」に「こ火」の「け」煙も重なるが、それでも強烈な比喩だ。

寄草刈恋

1500頃★朝夕に君をばかれずミ馬草の
しかナ刈りそと人ナ咎めそ　草かり T10　職人七一
From dawn to dusk I see my dear as alfalfa, green to the eye;
Don't say 'Mow not!' or click your tongues at me 'Fie! Fie!'

詠み難い。原文は「君」以外に平仮名のみ。君を枯れずに見守るくせに、人々の刈らないでと警告する事は不公平。咎めないでくれ、という嘆きか。「な刈りそ」で伊勢物語の落合二人篭る所を掠るかと思ったが、判者は「岡の歌をよく取りなしたり尤も勝つべくや」とある。ネット検索で能に野守の話に本歌だ＝人麻呂の「この岡し草刈る小人（わらは）然（しか）な刈りそね 在りつつも君し来まして御（み）馬（ま）草（くさ）にせむ」。

1815★身の業の草をもかりの契にも
こぼしゝ種やはらに宿さん　芦舟 K19-3

（刈＝仮も原＝腹＝胎も業と宿の縁も英訳無用）

ずいぶん香りのお高い狂歌の後に、これを読むのがショックでしょう。まさか、恋歌中…。仮そめの契りながらも、草刈という身の業の常だから思わず原＝腹の中という中出しか、外出しても零したようですと。

寄白拍子恋

T10　1500頃★忘れゆく人もむかしのおとこ舞
　くるしかりける恋のせめ哉　しらびょうし　左勝

(男前⇒舞に繰る⇒来る？＝苦しかりにも英訳無用)

男前の「舞」が原文のまま也。七十一番職人歌合は明白に狂歌なり。「い」と「え」を混合す地方は今もあるが、他にも解説は？

寄早歌謡恋

15頃★別れ路に泣くか歌うか嗄れ声の
　絞りあげたる袖の名残ハ　早歌うたひT10職人歌合

*As we part, do we cry or do we sing? – our voices hoarse
wringing out song & sleeve (love's memento robes of course).*

(むろんweをtheyに、ourをtheirにしても構わないが)

十二文字目で分ける歌は心地わるいが、嗄れ声の絞りが濡れ袖のそれに変わる二重腰が悪くない。別れ際の早口が合わないから検索すれば、今は「宴曲」という、サイト次第に「そうか」「そうが」「はやうた」で中世歌謡の一つで、鎌倉時代に僧の明空が長編の七五調が基本とした無伴奏の歌。どれだけ「早いテンポに歌われた」か、又どれだけの「ユーモアに富んだ歌詞」だか、この耳で確認したかったがYou Tubeで歌例が皆無だった。インド人のラップ程早くなかろうが、どれだけ早いかを、まだ知りたいところです。

寄女盲恋

職人歌合 T10★いかにしてさのみ立つ名をおう鼓
かしら打つまで恋しがるらん　女めくら　1500頃

How did we become drums considered good luck in bed
to be spoiled with love until we are beat upon the head!

How has my longing grown so strong I beat my own head
while rumors about me drum through town as I lie in bed.

「おほつゞみに頭うつと云う事侍るにやざれと賤しく聞こゆれば負け侍るべし」という判文は有難い。長年、好運がつくように瞽女を殴る迷信あると勘違いしました。多く読んだ俳諧か川柳からそう覚えたと思い込んでいたが、「そのはずないよ」と学者などに言われたり、調べると句例歌例一つも見つけなかった。在日でないから、一件落着とは言えないが、狂歌の「頭うつ」の様な「卑しく聞く」表現を誤読したかと思う。と言うと、瞽女（ごぜ）と鼓と音楽を結ぶ用語です。掛け声「イヤー」と「タ」の音を打ちだすことを「一ツ頭」となる。

寄船長恋・寄船人恋・寄舟人恋

★はる／\と波路をはしる舟人は
月より空の星や見るらん　船人 T23　1682

Sailors who race to far-off places over the sea do not look
at the closer moon so much as the stars in heaven's book.

K19-3★千丘をかろく走らす舟にもうき
恋の重荷に沈む船長　佳静　1815（原文は舟長）

Running smoothly over a thousand hills yet still lost at sea,
sinking under love's burden, the captain of a sailing ship.

左。烏丸光広編集であろう短い職人歌合は、申し訳ないが「寄〜恋歌」ではない。旨い前置き用意すれば、近い妻よりも闇討ちの星みたいの遠い女を狙う比喩に利用する事なら出来そう。月が星の光を隠す美人とばかり理解したが、この歌で月が近いから粗雑に見えるが星は遠くにおられて心の目で美しく見える事も敬愚は空想する。右、後期江戸の上方狂歌は、れっきとした寄舟長恋歌だ。方向のマスターも、恋にハ当方にくれながら運ぶ重荷に沈む。陳腐ながら完璧の寄恋歌の好例。

★身の業に大きな磁石ひかえても
恋の海路に迷う舟人　石瑞　K19-3　1815

Though a sailor may keep at hand a grand compass, even he boasting such tools of the trade, in love, will ever be at sea.

★恋妻の風の変わるを見すまして
出す船長も知らぬ空言　百鯨 K19-3
（風の広い含蓄も空言の空も英訳無用）

左は、同書の先に見た首の変種ですね。狂歌会には変種を詠むのが珍しくない。もの真似という人もおられそうが、むしろ中々楽しい競り合い方の一つかと敬愚は思う。欧州の方は何時か述べたが、金言を最後に磨いた人は主だ。英語も磨いて自負できる狂訳できた。その at sea は「自分の知る範囲でないから迷いがちなる」慣用句。右は、もう一つ要素を加えて、新奇だから勝つが情けない余韻ですね。知らぬが仏で救いになるが、鎖国時代では船長が長い留守は無かったはずです。

★一口に突き放されて船人は
取りつく島もなき恋の海　三鶴 K16-3　1812

（「酔っ払い船人どうしょう」の英民謡に鳥も追加）

What can we do with the lovesick sailor cast away by one word, to float on a Sea of Longing, no island in sight, not even a bird!

★諺のいかり下ろして舟人の
君に逢う夜や床の内海　棹丸 K16-3　1812

（英語の諺が異なって碇を呑み込むから対照に）

To proverbially 'swallow the anchor' a sailor must first land,
but the waves we make in bed tonight evoke the Inland Sea!

この二首は先のより数年前になる。校正中に十頁後で見つけたら、同じ舟人と合わせた方がいいでここへ移った。どれが勝ち首かよく言えないが、左右とも掛詞皆無、比喩一筋。母国語にしかない海男の歌詞をもじたり諺と慣用語句で歌意をなんとなく守った下手な英訳でしょう。結婚して家に住むは、古英語では、「碇を呑み込む」という。

寄盗人恋

1532★主あるを忍び／＼の白浪ハ
立つ名にかえてうち込みぞする　釈三ト左勝 T9

（波も名も立つし物を奪うはずを打ち込み＝惚れるも）

She's married, so he creeps to her, our bold white-cap thief,
besotted he breaks in her house to steal naught, good grief!

1532★あらわれば思ひ切るべき恋の道
いざ盗人に成りて忍ばん　山蒼斎　右　T9

If you find it, do not dilly on the Road of Love but yourself
become a robber or a thief – yes, if you must, use stealth.

1532 年以前『玉吟抄』の対。「打ち込み」の三通りの掛詞あるただの比喩より複雑の左の「やさし勝と定申べし」は賛成。立つ名の事を英訳に入れず代わりに「何も」盗まないと同時に「女陰」を掛ける naught（隠語で無＝女陰）を加えた。右は、見事の世話になるが、余

りにも当然で盗作ないし焼き直しかと思う。とは言え、何回も焼きなおしても面白くなったら、それこそ金言辞典などに入れた方が宜しい。英諺曰く All is fair in love and war は、拙著『誤訳天国』の表紙の帯の下に隠されているが、そこに二語をこうして足した：「. . . or translation」

★盗人の名にや立たまし夜もすがら
忍びありきし後の昼寝は　未得 T24　1649

*Gaining the name of being a thief up all night long
creeping around, after I was caught napping at noon.*

その 1649 年付の『吾吟我集』の著で未得は、盗み用語まったく無用で、月見と同じ昼寝という概念一つで百人一首に多い恋する疑惑の読みやすい寄盗人恋歌を拵えた。ここには、未得の狂歌師としての職人的な無駄も無い歌作りの腕も伺います。

寄曲者恋

天明★重代のゆづり物なる魂ゐを
奪ひ取しぞ恋はくせもの　金鶏 網雑魚

*Souls bequeathed from generation to generation, it would enslave,
fighting others of its ilk to have its way, I say, Love is a knave!*

（ぎゃっ！長くなってしまった。短い試しではこうか）

*While souls change not, but pass down from age to age,
we'd wrest them from one another: Love is no sage.*

『蜀山家集』に入っている赤良の友人金鶏の小集には諺っぽい玉の首が多い。魂という、永遠に生きうるものと、移りやすい人の心と様々の欲にも左右にされる恋を結ぶこの首を又第三英訳をしたくなるが今は参りました。これも仏語の人が多い毒舌辞典などに入るべきかも。

寄博打恋

1682★当りめの外るゝ時は負け博ち
サイをば揉まで身をや揉むらん　博打 T23

*His roll came out wrong as this loser failed to rub his dice,
so now he must wring/rub his hands just to love his wife.*

（金も無く妻に恋を請う↑揉むの含蓄は動詞二つ要る）

*His roll missed the mark and of course he lost his wealth
failing to rub his dice/wife, the gambler rubbed himself!*

（妻＝サイの掛詞は英訳無用が自分の身でと又自慰）

烏丸光広が著者かと云う職人歌合より。幸運の為に揉んだサイを捨てて、不安に我が身を揉むという訳であろうが、夫婦関係も博打の結果次第に変化するようで、交合までも手こそ揉むと敬愚は想像して第二読みも加えた（解読にも自信なくて誤魔化した訳です）。

寄穢多恋

1500頃★忍び妻たゝすむ宵の門の犬
ゑたには彼の人を咎むる　ゑた　T10 七十一職人歌合

*Her secret lover loiters by their gate at dusk and the meaning
to an Eta of their dog barking is "He can dis' a human being!"*

（「彼」は穢多に許されない権威ある犬を指すと思う）

*Their dog finds her secret mate loitering by the gate at dusk
making Eta conscious that he can tell-off a human being.*

指で「四つ」とも示した穢多は「人」以下とされた時代「人」を咎める身分ではなかったから、部落の飼犬は、夜這いに来る人を咎める事を見る心は複雑。煩くても愉快だったかも。例の皮と罪の話題ではなく、間接的に社会的な批判かという気もする歌。念の為、部落民を見

下さなかった一茶っ句に「穢多」が多い。差別を何となく打ち明ける為に、文脈次第の使い方、あると思う。とは言え、解読に自信ない。

寄乞食恋情

K8-1★恋しさに泪をつゝむ袖乞の
心を思いやって下され　渓雲　1814

（袖に涙も英訳が難しいが乞までも無理）

K16-1★神々？朝夕願いかけ椀の
貰う飯さえ食えぬ恋やみ　森田玉光　1810

The lovesick blues is when you cannot eat a grain of rice,
though bowls go to the gods you beseech day and night.

涙から袖乞の新規の発展から頼みに終わる左の歌体は心を訴えて、先ず左勝にしたが、読み直せば祈る神に上げる椀も出てくる右の方勝ちか、と困った判人敬愚です。神棚の飯は本来食えないが、歌腰を超えては又ただの貰う物。貰ったら頂く事は男の義理で、食えねば病。

寄硝子吹恋

1784★割れやすき硝子吹の胸の内の
思ひハなどが透き通らざる　大飯食人 E2-1

The glass he blows is fragile and the fire in his breast is too,
but sadly for our simile, love within does not show through.

硝子に当然の割れ易きには「我や好き」という掛詞の有無すら判別し難い、外人にはとりわけ透き難い歌の英訳は「ガラスと異なって…比喩にも悲しくが恋も透き通って見えると限らない」にして置きました。

寄玉磨恋

1500 頃★繰り返し悔しきものを片思ひ
／＼のたまの数限り無く　玉すり　左勝 T10

（おもひ⇒火の玉⇒玉の数とは英訳無用の展開）

片思でその緒が切れし魂が蛍や火の子等と詠まれた古歌あるが思ひの火を直に「火の玉」に化かすのが新奇かもしれない。でかい火の玉かと想像したが、玉の緒を思わす「玉の数」という砂の数などと同様、万葉に遡る数で恋の程度ないし限りなく強さを形容する歌に化した。

寄花火売恋

1784★燃ゆる胸の思ひを竹に詰めたれば
憂き名もはっと立つ花火売　飯盛 E2-1（ぱっと？）

（ぱっと立つ花火⇒花火売の転掛できないから長くなるが）

*Were his passion stuffed into the bamboo fireworks he sells,
"Bam! Bam!" his name in this affair would be everywhere!*

寄商人恋

T1-67★命にも身にも換えんと思えども
逢う事を売る市の無き哉　商人　1200 頃？

*We say we'd exchange our bodies and our lives and yet
where can we find a good rendezvous-selling market?*

市が「無き」よりも、市「もがな」式だったら、更に良い歌かと敬愚は思います。出典の『東北院職人歌合』は『新古今和歌集』と同じ時代。約八百年前かな。『狂歌大観』に入る最古の狂歌集。歌は「寄市

恋」か「寄命恋」ともなる。更に千年以上も遡ったら、西洋最古の歴史家 Herodotus のバビロン結婚市場の遣り取りは、参考になります。

    K26-3★よいしほと袖から手をば入札や
   落として今宵君にあいもの　麻丸　1790
  （最初の語も入札用語も相物か間物＝逢いものも）
*Yoissho! A hand flicks from a sleeve, the bid is made, and
sold! on each other, tonight they meet to share the goods.*

    K3-4★袖の内に手は握れども商人の
   合わぬと云うてネもならぬ恋　逆字　1792
  （中に取引できる広袖の伝統も値＝寝もないが）
*Hands within each others' sleeves meet and do their thing;
but when the price is wrong, love may end without a fling.*

    K9-3★しろものに引き換えこれは商人も
   寝るを喜ぶ枕交わして　井上雄鶏　1819
*Goods for barter? Even traders love to sleep for free
with amateurs as swapping pillows is their bag of tea!*

左と中は好対なる。よいしょうと手を出すも、手を握るも勇気いる恋の二面。なるもならぬもそうだが、左の首の商いの縁語「あいもの」は小魚や乾し魚等の乾物だと思えば、雑魚寝（笑）の掛詞みたいが、値＝寝も出る中もいいと思うが、右の井上雄鶏の枕交わしてこそ商人に相応しいという当然ながら新奇の発想が、前の二首のそれよりも明らかに狂度が上で大勝だ！三首とも上方。やはり、商人をよく詠む。

寄魚屋恋

   ★いや／＼と言いくさってもたいがいは
  目もとでそれと知った肴屋　袖丸　K26-3　1790

*Fish mongers talking rot exclaim "No! No!" but false surprise
seldom works with one another as all is patent to the eyes.*

魚の目を見れば新鮮かどうか大概知る。卑下の「いやいや」か、相手が魚は古いと迫るのを否定するか、良う判らんが、男女も目の中をよく見れば真情が浮かぶ暗喩として、決して臭くない、新鮮の職人歌だ。

寄呉服恋

E11-2★思ふ事あかしちゞみのかひも無く
　　よこしま計り言う人ぞうき　　三番窓初丸　　1820

（赤縮＝蜆？＝明石も貝＝甲斐も横縞＝邪も憂＝浮も）

嘆きを上回る怒りを表す二種類の縁語が平行に続く技巧の高さ！詠む人は上方に多い「丸」ながら、江戸狂歌本より。蜆は少女。赤縮は風俗業。縞模様は粋で遊女。等いずれも恋人か妻に相応しくない、と？

寄読売恋

★これまでが序のもの句とて付文の
　　末は憂き名の立て読売　　臍穴主　　E2-1　　1784

*What began as a header for my lead became a scoop
when the body made me a scandal, I sold the news!*

英訳も原文同様、意味がさっぱり通じない。Body はテックスト。なんとなく、自分に対する噂を読み売る事になったように、一応英訳した。

寄掛屋恋

1807★両替のかわりはせしと偽かけて
　　ほんまの事を契るかねこと　　蟹丸　　K28-2

（解釈は？縁を結ぶに前金要る騙し屋の仲人？）

寄刀屋恋

★はねれ身のさびしき折にさし寄りて
くどけば嬉し合うたこけ鞘　蟹丸 K28-2　1807

（錆⇒寂もサシも後家＝苔？の錆縁語で不可英訳）

*My lonely sword, rusty and bare – let us cut to the chase:
your moldy widow's sheath, it would make my perfect case.*

英訳で相手の陰部は錆びたり苔たりなるから気持ち悪いが、日本語では傑作。めでたくなりそうな武家の老夫婦の始まりかな。出典からして、上方狂歌だろうが蟹丸二世だったら後で江戸狂歌にもいる。

寄医者恋

K28-2★約束の君徹夜半は幾度か
叩く病家に又騙された　蟹丸　1807

（女代詠みで医者の言訳に騙されている？）

*I thought we had a date but time again & all night long it was
like making house-calls just to hear, "Go home, you're wrong!"*

病家、つまり医者を呼んだ方は、どうして医者を騙したか。比喩の背後は知らない。医者を誘う文学の系譜もありますか。

寄蛸薬師恋

1809★蛸薬師祈るかいには疣の無き
美しき妹を落とし給われ　春夏秋冬 e7-4

The octopus doctor: you pray to him if you'd win or disgrace
a beautiful girl without any bumps or blemishes on her face.

蛸薬師は禿げに良い薬を売ったが、なるほど、その足を別に、蛸ほど、すべすべした白き肌えの子を口説く為にも役立ったか。或いは、英訳にしなかったが、禿げを直れば、小父さんも可愛い妹を落とす事か。

寄売恋恋

1803？★なきあかす蝉より我を秋口に
　妹と背中も割れて抜け売り　　楽之　K14-2？

（鳴き＝泣きも秋＝飽きも背の二つ意味も英訳無用）

同★出し抜ける男ゆえ気をうつ蝉や
　妹と背中の破れ口から　　杉峰　1803

（上記の蝉の抜殻と背の事は英訳無用ながら）

Because there is another who wants to help her out
of her relation-ship-to-shore, like a rat, she jumps.

K14-2★これもまた恋の狂言なる物か
　寝させて置いてそっと抜け売り　　清巴　1803

This, too, would make a good mad comedy of love
she just lets him sleep and silently slips out for it.

同★螺（つぶ）貝の天上はれて夫婦とも
　なるや公界の身抜けせしから　　百鯨　1803

（売物は？それとも前の首に対するコメントか）

抜け参り判るが「抜け売り」は。無断に物を他所へ売りかけるか。臍繰りのためにこそこその売笑と先ず思ったが、寄恋歌だと不義の婉曲

か。大辞典に見つけなかった用法だ。三人の歌筋も、この外人は追及し難い。左の「我」は次首の間男か？中下の狂言には魂抜けて狂ふか夢に出るかという話が多い。「抜けおり」が「抜け売り」に化ける。右の螺貝は、普通、法螺貝だろうが、我が見た蓬莱の古絵に山運ぶ亀の右肩の上にある螺貝の口から屋敷が乗る雲があります。

寄仲人恋

1803★我が眼鏡はづしはせじと媒に
頼みをかけて見る下女の玉　其遊 K14-2

（皆さまも「玉の眼鏡だ」と言うではありませんか）

*"I don't want to take-off my glasses" Tama the maid says
to the match-maker, seeing if she can get her way.*

★脇から手入れて人形に遣うたる
仲人までが我を操り　吐楽　K14-2　1803

*Hands slip through my armpits to make a puppet of me,
manipulated by even the match-maker, I am not free!*

★案じるよりうむの返事と君が文
とり上婆々や頼む中立　琴之　k14-2　1803

（うん yes うむ＝生むも取り上げ婆も英訳無用）

原題が「頼媒恋」だった三首にもそれぞれの生意気でいい良さがある。左其遊の「玉」は眼鏡の縁語にもなるが美人下女に違いない。眼鏡でその美貌を隠したいか、身勝手で自分の自由を通したいか。中の吐楽の首は女性の不自由を操り人形と称す。右、琴之首は、寄職業恋にもう少し見たかったどうけたユーモア。「うん」という意味の「うむ」から文を取り⇒取り上げ婆まで引き続けば、更に頼む事もない右勝だ。

寄下女恋

1750★菜刀の思ひ切られず離れがね
下女が心はとやこうのもの　漁頁 K2-1

A maid-servant's heart is like a cheap vegetable knife blade
always working itself loose and wobbling not cutting true.

英語の離れがねは、柄から飛び去る flying off the handle という気の狂ったような行為になるから工夫訳になる。離れかけている刃金と受けた。「こうのもの」はこんなものか。下女に関する一言。川柳の最大な対象で、様々のステレオタイプに嵌められながら可愛いがられ、苛められ、馬鹿にされ、哀れまれ。拙著 The Woman Without a Hole に詳しい章ある。洋書ながら、川柳全句の原文もあります。

寄乳母恋

★眼に乳ゝを入れたが程か転び逢う
いとう情けの一雫より　乙立 K16-1　1810
（何故、目に乳を？が入ったなら解るが。厭う？）

★濡れにける袂にしめし参らせの（示し＝湿し？）
ふみつけられて終おちの人　右左丸 K28-1　1812

（踏み＝文も落ち＝お乳も無ければ英訳無用）

寄杣人恋

1811★見てしよりこりにこったる杣人が
引き出す恋の山の木むすめ　桃隣館実丸 K16-2
（掛詞が縦糸に成れば英訳してもしょうがない）

寄小原女恋・寄大原女恋

★小原女のうろ／\させず逢うてたへ（食べ＝度？）
　頭でうき名わしゃ担ぐ気じゃ　繁雅　k19-2　1790

Small Field women are swived without worry, after you play thy burden rests upon her head: "Leave it to me!" she says.

　1790★小原女が頼むも恋のかけ梯
　登ったあなたが手に要らんがにゃ　砂長 k19-2

A Smallfield woman, even if you would help – once you climb love's step-ladder, they say "I don't need a hand, I've mine!"

　1790★売りかける言葉の梯登りつめ
　いつ籠の様になった大はらめ　吟楽 k19-2
（原＝腹＝胎でなきゃ小が大になっても英訳は無用が）

Wooing up that ladder a word at a time, you get no dispute, blink and your Broadfield lass's basket is full of your fruit.

と英訳すると敬愚は叱られそうが、男として、画を見るかぎり責任を自分で取る心身元気な小・大原女はこそ天のはらの天子だ。左の子できたら任せて、担うのが仕事だから。中は、荷を頭の上に楽に一人で乗せ得るＡ型のかけ梯の脚あるリュックサックか、ともかく男要らぬ精神は美しい。求愛から妊婦までの何ヶ月の過程を女の仕事の一登りに縮む縁語で綴る右の首よりも、その独立的気質を捉える前の二首が気に入った。

寄狩人恋・寄猟人恋

　1790★うちとけてしっぽりはなす鉄砲の
　たまに逢う夜は嬉しかりうど　一毛　K26-3

(内＝打ちも話す＝放すも玉＝たまもかり⇒狩人も)

1815★かりうどの身は殺生の報い来て
命取り女が恋死やさす　達支 K19-3　（死ね？）

*The hunter's karma for taking those lives will track him down;
death by love awaits when his femme fatale comes to town.*

★鉄砲のたまにあう夜は打ちとけて
胸の火縄も消すや狩人　音美 K19-3　1815

(たまの掛けも火縄を消すもないが、いかが)

*Tonight a hunter unloads, after shooting the breeze w/ his muse,
the burning passion in his breast is no longer on so short a fuse.*

それぞれが珍しくも銃実した玉の歌。とは言え、左、縁語数多筋ある種が島の弾薬を英訳しかねた「嬉しかりうど」は、無敵。

寄唐人恋

1820★疑いの夫から人の遠ざかり
何か解らぬ言の葉ぞ憂き　不知 E11-2

(それから＝唐人も遠＝縁語唐も英訳無用)

*Suspicion is hard to overcome and people pull away;
how blue you get when no one gets what you say!*

1819★唐人の口うらやまし思うことを
寝言に云うも解かじと思えば　音美 K18-1

*How I envy the Chinese, who to themselves can keep
the love-thoughts we reveal when talking in our sleep!*

左、不知の江戸狂歌は「唐人の寝言」の陳腐にダブル掛詞を英訳しかねるように文に埋め込みながら離恋の心理（離婚用語 estrangement）を描く新規の寄世話歌とも呼びうる。又、恋歌ながら国際交際も思わせる。が、親父ギャグからほど遠い、高度掛詞に社会心理学上の観測を認めながら、やはり右の上方の首の阿呆らしい理屈に枕を何枚投げたい。勝首。

寄仁王恋

1799 ★あゝうんとあわびは恋の待ちぼうけ
　仁王のようにかどに立つのみ　夜寒里行　E5-4

（逢わ日⇒鮑もあうんがああにうんとも仁王と匂うも）

個々の部分も解るが、鮑と仁王の関係は？この歌を読めば双方とも片思いと結びうるか。門に待ちぼうけは、睾丸が哀れな主人公になりがちが、そういう意味で門に立ちのみか。比喩の物？つまり神社かお寺（はい、そこまで忘れちゃう）の前に仁王の良い魔は立つと解るも、これは、立ち待つも中へと許されていない悲しさか？歌意だけは？だ。

寄女護島恋

★渡らんと皆おもへども縁なけりゃ
　女護の島の掛橋も絶ゆ　栗嵒 K6-1　1767

Men dream but unless transported by the hand of fate
the bridge to this Isle of Women is also gone, mate.

西鶴の『好色一代男』の主人公は、文字通りの恋死を求めて、伝説の女護島へ渡ったが。「も」とは、恋の対象が囲いの中かともかく身分の高い方であろう。掲載された本の年付が明和五年だったら吉原も焼

かれた江戸大火、「絶ゆ」に「太夫」が縁語などと読み入れたかもしれない。敬愚も雄が雌蜘に吸い込まれ、子蜘蛛の栄養となったらいい。

寄小町恋

K14-2★解きかねる君は小町がふる歌か
　さりとては又あめが下紐　鬼公　1803

（古＝降るも雨＝天が下⇒下紐も英訳無用）

原題は「寄雨中恋」。狂歌をオチになる笑話集に良く小野小町詠ともされた雨乞の日の下だったら天＝雨が下は、どうですかと神を訴える名歌を、下紐の歌にする鬼公は穴無き小町の伝説もご存知だったか。

寄深草恋

1672★九十九夜通いし人の足つよや
　見初めて我は腰を抜かすに　酒粕 T30 又 K19-1
*What strong legs he must have had to commute 99 nights;
had I seen her but once, I would have buckled at the sight!*

この狂歌を読んだまで、深草少将が牛車で小野小町の家へ通ったかと思った。牛車の前方に出ている二本の引き棒上の榻（しじ）という台に通った日数の印を刻んだからである。足よりも凸凹の道でお尻が大変かと想像した。再び検索すれば、なるほど少将が毎晩片道五、六キロを徒歩跣足、つまり裸足で通った数を毎晩一個を彼女へ運んだ榧の実（カヤの種子）の山で数えたという事にもなる。改造版に、寄名人恋と寄人物恋の部も設けたいが、固有名詞や歴史に弱い外人独りでは無理。

寄敵恋

天明★世の中は色と酒とが敵なり
どふぞ敵にめぐりあいたい　蜀山人

Wine & Romance, they say, are the cause all of our woes.
'So, bring them on!' sez I – let me face my mortal foes!

天明狂歌の聖の四方赤良のちに蜀山人の名歌だから、英訳は他にもありそうが、ネットで原文をローマ字検索しても拙著しか出てこなかったことに驚きました。「敵」は英語で可愛くないが、オスカー・ワイルドのおかげで、英米の読者もこうして脚韻をふめば頂けるかと思う。

寄我独恋

1815★我独り思ふてゐるを頷きて
呑み込むものは涙なりけり　伊丸 E9-3

（相手に自分の望みを飲み込ませなかった暗示は不可英訳）

Admitting I am alone in love for she swallowed naught I said,
I cry and what I swallow as I nod are my own tears, instead.

原題「寄泪失恋」。否や、寄涙失敗英訳恋なんだ。英訳は、皆失敗に終わった。一日も棒ふる暇もないから、上記でゆく。問題はどうしても呑み込む（swallow）を繰り返さなければ意味がうまく通じなかった。

~~本章は全てが綺麗だったがMicrosoftWord 2013はすべて台無しにした。~~

神祇も釈教も

Microsoft Word の辞典にない語「神祇」と「釈教」を日本の文化庁は何故か守らないか。国語を守りたい〆

17　寄神祇恋　17

寄祈恋

ねぎ事をさのみ聞きけむ社こそ
果はなげきのもりと成るらめ　さぬき

Visit a shrine where not one supplication was ever refused;
and you will find its sacred grove surplanted by the blues.

拙著『古狂歌 ご笑納ください』の神祇部の章頭歌。重複は嫌いし恋と限らないから、この首を本書に無用と思ったが、空前絶後の明白なる教訓で、100％の日本人に紹介したいから、ここも、どこでも載せる。古今集で905以前。♯1055。「さ」は「のみ」を強調する「さのみ」は「あれだけ」の意味。「聞きけむ」は聞き入れる、即ち叶う。「嘆き」の同音語は社ながら投げ木の森＝盛つまり植林ないし「杣」の事。特定の場所などは「ご笑納ください」を見てご覧。そっくりなる二十世紀米国C&Wの大ヒット曲名も同本をご覧。「題は知らず」となるが、「神祇」部に違いない。飯盛の名詠「歌よみは下手こそよけれ」の「こそ」は、この概念歌の社こそ立証してくれますね。

天明中★よし今は貧乏神や祈らまし
手鍋さげても添わんと思へば　金鶏　網雑魚
（鍋提げて炊事の苦労をしても一緒に住みたい諺）

This love demands I pray to ole Poverty, he's my god
for I would go with her, dangling that proverbial pot.

物乞うに銭を受ける鍋かと思ったが、ネットで見た意外に少ない貧乏神画に、お酒入やかの破れ傘に破れ扇子。それだけ。これは、諺通りに貧乏してもいいと覚悟すれば、貧乏神も結びの神。

1811★正直の神にも曲げて祈る也
　　君がこゝろの傾けよとは　　其遊　K15-5

Why pray to gods bent-over, when I'm among the upright kind?
It can only be because I would bend my lady's mind.

1812★惚れたのが誠の道に違わねど
　　是は祈らにゃ神も知らまし（じ？）　　河丸 k29-1
What is more sincere than having a crush is what I say:
but, still, if you want the gods to help, you must pray!

左は、祈る身の姿勢を考えさせてくれる。右の「違わね」の発音がむろん、「たがわね」になるが、誠の念が天まで通じるとも祈るが前提。

1810★恋人のねのなるように枕をば
　　かわさせ給え商いの神　　鼓音浪　K16-1 +商人恋
　　（寝＝値も交＝買わせという偽縁語も英訳無用）

1815★小柴さすあすはの神よ情ごわな
　　君もぽっきりと折れさせてたへ　　茂喬 K19-3

Asuha gods to whom we offer brushwood, please break
her hard-heart as one might a twig for love and my sake.

左は。原題が「寄神恋」が、寄職人恋の部に「寄商人恋」には同じ枕交わせも伺うが、ここだけは、神も登場するから、神祇歌だ。右は。検索すれば「庭中の阿須波の神に小柴さし」と始まる万葉歌#4350 が本歌と解った。恋人が無事に帰るように籠を造るか身を清めるかの内容と、こうして反対に恋敵の頑丈なる心を「折れさせ」るように頼む。

寄争恋

　　　　＋神祇　★露涙われも／＼とこぼすとも
　　　　こちへ結ぶの神のおめくみ　月洞軒　元禄
　　　（我＝割れ？もこぼす対恵みの汲みも英訳無用が）
　　　Let it be me! Me! Spilling tears for them, how all men plea,
　　　but may it be mine that please the gods to merrily marry us!

原題は「争恋」で「寄」加えたのみが、恋志願の奉納歌でなければ、恋争いの人間共同的な自嘲と称しますか。前句の「こぼす」涙を後句の恵みにある縁語「くみ」が清濁無用の古綴り法ならではの恵みですね。とは言え掛詞よりも概念狂歌。

寄祈得首尾恋

　　　　★神たゝき天地にかこつ甲斐ありて
　　　　今宵和合を得し閨の中　茂喬　K19-3　1815
　　　Pounding the gods, tongue-lashing both Heaven and Earth:
　　　as such brought peace to our bedroom tonight, it had worth.

　　　　★祈りにし天てる神のおかげでな
　　　　人目を抜けて参りあう閨　砂長　K19-3　同
　　　（照るとおかげの陰も双方の含蓄の面白さは！）
　　　Thanks to the Heaven-shining God to whom I prayed,
　　　my sneak pilgrimage to her boudoir? Made in the shade!

左の和合の為の叩き。浮世草子には「常々こなたの役にもたゝぬ神たゝきが気に入らぬ」という語と反対に。鰐口をかの大縄で叩くは大して暴力的でもないし、我は神だったら、かこつ顔の懇願を見たくないから、二度と見ない様に叶ってやる。狂訳で神を叱るようになるが、長い縄を舌と思えば…。右の、抜け参りもいい比喩ですね！英訳にも参いったが、英慣用句「日陰に出来た！（やすやすと）」で求めた効果を得た。天照の色を思えば、題の首尾も朱日となる連想もしました。

寄人不吐恋

★玉しひを進物にして口説けども
御受納の無き君ぞつれなき　金鶏　天明

I wooed you, offering up my soul, still, alas, only mine,
for lacking a place for offerings, thine is a heartless shrine.

本来「恋」しか題がない金鶏の歌では女が神宮と暗喩するから「寄進物恋」と成ってもいい。たとえ神性の建物であっても、受納できる場所が無ければ、役には立たない。とは、言い過ぎになるが…。

寄神不吐恋

1799★祈る手は夜毎日毎に合わせても
君にあわせぬ神もつれなし　日暮里 E5-4

I put my hands together and pray to them, day and night:
for those gods not to unite us is also just not right!

寄慈悲恋★命かけて祈れど縁もなき恋に
殺さぬ神の慈悲も恨めし　繁雅 K15-5　1811

Praying, I bet my life on love, but such was not to be –
damn the gods not merciful enough to simply kill me!

（上記は逆も真也の狂訳になるが、下記は正確の狂訳）

I bet my life she'd be my wife – my prayers were not to be;
damn the mercy of the gods that failed to let love kill me!

左、後期江戸の狂歌は「も」一字に頼る素朴ながら尤もなる概念狂歌。英語では also は「君同様につれない」との意味は通じるかどうか知りません。右は、米カントリ・ミュージックの Willie Nelson の名歌詞♪If *you can't say you love me, say you hate me*♪を思わせるが、神に向けている点が更に大胆。双方とも即古典のような首と思いませんか。

1812？★初瀬山祈るかいなき鐘の音を
別れに恨む他所もあろうに　魚丸　k29-2

（山で甲斐＝法螺貝?＋女陰の含みが不可訳が）
*I prayed we'd meet to no avail and now it hurts to hear
the peal of the matin bell others, parting, love to hate.*
（初めて、こちらにとて暁の鐘は平気と誤訳した↓）
*I prayed we would meet to no avail and now the peal
of the parting matin we'd have hated is no big deal!*

後句「よそもあろうに」が仄めかす比較を一見で誤訳、じっくりと再考すれば、やはり、あの恨みも羨ましい。魚丸の複雑ながら軽く詠んだ叶わぬ孤悲は、わが心を打つ。それも又、他の米カントリー曲の歌詞♪*I want to hurt that way again*♪を思わせる。

寄神の力恋

1799★逢うまでは神に力をかりまくら
我が思う人の心強さに　浪釆女 E5-4（浪の字は違うが）
*Power I borrow from the gods' via my pillow until we meet,
I'd use to brace the heart of a man whose love I'd keep.*

寄神恨恋

★祈りたるかいもなみだの血に成りし
汚れば神も恋と見ゆるせ　道丸　K19-3
（無い意味のな⇒涙も恋＝鯉も英訳無用 1815）

未解だ。涙の血には弥陀（亡き恋相手か）の血にもなりうるか。血が穢れなるが恋は鯉だと、その血が洗い落とすのが難しいも、平安時代から、殺生か穢れとされた四か二足の類より無事なる料理として神にも許されたか。血の涙と鯉を結ぶ糸口を捜査すれば、唯一のヒットが村田喜代子の小説『鯉浄土』の一つ文章：「ガツン、ガツン！と容赦ない刃が食い割って、鯉は自分の血の色で目玉まで染め抜かれる。」

寄祈恨恋？

★君が乗る駒つまづきて膝折らば
　祈る印のあり通しの神　季隆　k19-3　1815

If my lover's pony – as I pray – were to trip and break a joint,
ye god that hears even ants, give me proof at which to point.

万葉集などの場合、相手が帰宅しないように、或いは出勤しないように色々と邪魔になる起こり事を祈ったが「膝折」まではっきりとした例が覚えていない。行くのを恨むとは、釘を人形にぶち込む恨みと随分質が異なるが、駒に言わせたら悪い志願ですね。

寄冬神祇恋

★うき人の夜着に入らんと祈るなり
　裸参りのその身そのまま　真顔　E5-4　1799

Inside Miss Hard-to-get's night-robe is where I pray to be,
with her body just as in a naked pilgrimage right by me.

見事だ！後期江戸狂歌の古臭い真顔にもこんなにお鼻下の長い一面もあったらしい！夜着とは、裸参の薄い白い衣と似る肌着で、共感呪力か。真顔の権威に弱い欠点をばかり述べる人に、欲望が透けて見える、この正直の詠みを見せたい。

寄結恋

T30★君が心いよ／\我にほどけぬハ
結ぶの神を祈り過ぎたか　高田資之　1672
*Will thy mind not be undone to take me in because I
prayed too much to the gods of ye ever-binding tie?*

★あまり強く結ぶの神を祈り過ぎて
いよ／\かたき君の下紐　自隠 e1-6　天明
*I prayed too much to gods of love who bind things together,
so undoing it now is harder than ever . . . your undie string!*

祈り過ぎては極楽を過ごしてしまう心配あるという初期狂歌の神祇歌同様の屁理屈の好例。年順はどれが先か判らないが、拙著 *Mad In Translation* と『古狂歌 ご笑納ください』に英訳ある失出典 1683 没なる桃水和尚には「念仏を強ひて申（唱）すも要らぬもの（こと）若し極楽を通り過ぎては」という私的ファボーもある。左の寄下紐恋の初期狂歌は上方 K19-1 と江戸狂歌 E15-1 にも再載、天明狂歌の元木網曰く「言葉は可笑しき所も見えず心のおかしき」此歌を「心より入たる狂歌」の好例にした。（詠人は「不詳」ながら『古今狂歌百 1787』に画像もある（ありえない事と思うが 2017.1.28 原文手元にない））。

1813★誓てし縁を結ぶの神ならバ
ほどかせ給へ妹が下紐　三十軒半徳 E8-4
*If thou be the god/s I pledged to, who helped bind our fate,
I beg you, then, undo her undies' string so we can mate!*

寄天神恋

★ちょと契り結び文からなれ初めて
今では自由自在天神　山之 K23-1　1768

(慣れたら自由自在になるを英訳し難いが)
Vowing was just words on paper but familiar we became,
and now free in ev'ry way, we're Tenjin in all but name!

肯定的な「自由」を英和翻訳史で外来の概念にしがちを、十七世紀より、文人の守護神になる天神＝道真の常の枕として狂歌に珍しくない。

寄神＋仏恋

★いつまでも縁を結ぶの神かけて
ほとけハせじと契る中々　狂山 K23-1
（神と対象的縁語なる仏＝（下紐を）解け）
We vow to the gods of marriage to stay tied forever,
but sans hotoke/buddha=undoing, consumation may be never!

下紐を解けなければ契るに要る契り（交合）は、中々出来ない事を口語的に弄ぶ1768年以前の上方狂歌。中々で切る渋さも素晴らしい！

寄不信仏恋

1666 ★菩薩より尊き君が姿みる
目には仏も無かりけるかな　元安 T27
（瞳が仏ではなく生徒/弟子になる英語には成らぬ）

★今日よりは神を祈らん眼のうちの
仏も迷ふ君が面影　大原芝住 E11-2　1820
From this day on, I'll pray to the gods, as the buddhas who grace
my eyes (i.e., pupils) are out of it, lost because they saw her face.

左の初期狂歌には面白い問題ある。猫の場合、取りたい小鳥か何かを捕るにスプリント始まる直前の眼の瞳は偉く絞る。明るさの中の針の

細さのみならず、針の両端も短くなる。人を猫ほどは観測していない敬愚には自信ないが、色の目で人を観ると瞳が消えるどころか、大きく成る。色彩が黒いと瞳と見分け難い日本人は瞳が大きくなったら、全てが色彩と勘違いしたか。それとも美人を菩薩と見るから興奮しないのか。因みに狂歌の菩薩の九割までもお米のブランド。右なる後期江戸の首は、左のと異なって、神も持ち込む瞳について「迷ふ」という観測も正しくて安々と勝つ。観測が正しいというと、瞳が余計に広がると明るさの中で視力も落ちる。まさしく美女に目がない男ですね。

1157-?★頼めつつ来ぬ偽りの積もりかな
誠の道に入りし人さえ　建礼門院右京太夫
I asked Amida but he failed to come; how Falsehood grows!
To think that man is, himself, on the True Path, who knows!

出家した男がLady Daibuとの約束を守らなかった彼は、苦労する度に彼女が見事の狂歌で仇を討つことが知らなかったか。偽りが頼めば、叶うという仏教も悪いと言わぬばかりか、言ってしまったか。

★恋の道に死にまする身を助けずは
生きるを放つ神や名たゝむ　信海 T33　1688 没
Not to save someone dying on the Road of Love is the same
as giving up on life itself – God, remember your good name!

寄神名恋とでも題としよか。大文字の神を、お許しください。単数か複数か知らない。信海は女嫌いの法人で、そこまで考えなかっただろうが、笑話中の人妻は「死にます！死にます！」と善がり声の出た不義最中に捕まれ、殺される直前の捨て台詞か辞世だったらこそ面白い。『狂歌大観』では「八番に祈る恋」となる。八幡神社では仏紳のどれだけ組んだかよく判らないが、八幡が戦争の神と漠然にもく同定する。すると恋する人は皆も武士か。と思えば、恋とその神について色々と考えてしまいます。　(本章の醜さも MicrosoftWord のせい。ごめん)

18　釈教　18

寄阿弥陀仏恨恋

寄釈教恋 1610 頃★頼めおく他力にだにも叶わずハ
南無阿弥だぶりと身をや投げけん　入庵 T16 又 T27

*If supernatural powers fail to make love come true, just like that
throw yourself off something high – it's 'Namu-Amida-Bu-splat!*

南無阿弥陀を含む自殺歌は恋以外にも幾らも有るが、神仏もことあげはせぬ首もある。古今集歌#1061 の無名詠む狂歌「世の中の憂き度ごとに身を投げば深き谷こそ浅く成りなめ」は類の好例なるが、声出るとやはり面白い。俳諧の連歌時代の 1499 年の『竹馬狂吟』の「阿弥陀は波の底に社あれ・南無といふ声のうちより身を投げて」とか江戸時代の『昨日は今日の物語』の念者が詠む「南無と云う声のうちより身を投げて阿弥陀は水の底に社あれ T 参 21」の再掲載とか、後期江戸の「ある聖の川に身を投げたるが（中略）」と題する花道つらねの歌「南無といふ声のうちより身を投げて阿弥陀ぶく／＼ぶく／＼／＼／＼ E8-3」とます／＼鮮やかになる。中には、入庵だけは、恋歌にした。その百集にも『古今夷曲集』の再載にも「恨恋」が題になる。入庵も古今夷の編集者の行風も坊さんだったら、早く楽園へ行きたいという桃山時代の欲望自殺の流行りが厭で、仏教が自殺を許す場合は恋に限る方が都合が良かったか。

寄仏恋

1730★真実にたゝく念仏のかねことは
終に下紐ほとけ也けり　中村野蓼 T47

*Sutra that truly call on Buddha promise not in vain:
her undiestrings finally will undo as per his Name!*

（仏＝ほとけ＝解けも不可英訳が二通り↑↓の説）

Sutra that truly call on Buddha promise if you please
her undiestrings must undo for Hotoke means release!

綴りが「兼言」か「予言」なる発音が「かねこと」か「かねごと」なる語か。到着の的を含む、予言というより望みある本来のモットかと思うが、仏教の到着は執着ならぬ脱着なる。脱着という語あるかどうか知らぬが「仏」という悟りの身の同音も古綴法の清濁無用に頼る。狂歌の「下紐ほとけ」は「ほどけ」、解けなるという訳です。Undiestrings は下着の英語スラング undies+string で下紐の新造語を。

1730★恋の道釈迦無にせざる証拠には
見よ二人寝の中のまく羅睺　走帆 T47
（無二＝牟尼仏も枕⇒羅睺は英訳無用）

The way of love, that it must be done via Shakamuni is
a fact if you consider the "ra" in makura, our pillow.

睺はそーろーかと思って調べたが、ネットでは答えは無かった。そーろーでしかないと思うが。英訳どころか解読だけでも手が焼く。「南無釈迦無二仏」は、俗世によくある「牟尼」の誤りか当て字が、走帆が「無」の一字に。枕の「ら」が複数を二人が一体化で個々として消えて「釈迦に帰依する」如くなるも、枕が阿修羅睺という日食・月食を起こす阿修羅と掛けて帰依＝消えたる真っ暗なる。後は、お手上げ。すっきりした解釈できる人求む。

1799★我が妹は天上天下只ひとり
しやかでもござれ指はさゝせじ　杣人 E5-4

Re. my girl, under heaven or above there is no one but Her
though Shaka came, I would not let him point that finger!

天上天下只我独りの世こそ我が物顔した自惚れ釈迦ちゃんにこそ指を指す狂歌は沢山ある（『古狂歌 ご笑納ください』ご参考に）が、わが妹まで持ち込む他の歌例知らない。自慢より他慢傑作だ。＋寄釈迦恋

1810★片意地な君が心は石ほとけ
物もいわねば寝たこともなし　友野由躬 K16-1
Obdurate you are at heart but a buddha made of stone
it seems you never speak nor sleep together or alone.

1810★手を合わせ頼むと君をくどけとも
仏さま程返事なされぬ　鼓音浪　K16-1
I put my hands together and begged you to be mine,
but your response is less than Buddha's – not even a sign!

寄後世恋・寄後生恋

1813★仏をば頼むな君が後の世に
ひょっと変生男子でハイや　飯盛 k17-2
Please don't go praying to Buddha about your afterlife:
for you to become a boy would be a shame, my wife!

江戸狂歌の宿屋飯盛が上方狂歌本に出した首。誰でも死ねば仏と云うが、成仏する女性は死際に先ず身分アップ、即ち男に変性しなければと云う教えに答える歌が、あの世までも愛し合うと契った比翼連木の二人にとって妻の男性化は困る。信仰を越えた学者の飯盛は、成仏と後世の発想が矛盾する事も承知の上で双方を弄んでいる。天地まで動かしたくなかったら、下手な詠みこそ有り難いという彼の名歌同様に、偶像破壊の軽みを見せるこの傑作も有名になってもいいと思います。或いは少なくとも、Gender Studies という大学の講座に紹介して欲しい。

1815★共に身を投げん地獄の釜の内
願う後生のとても捨たれば　砂長 K19-3

Let's throw ourselves into the cauldrons of Hell as man & wife,
if we must give up all hope of our vowed-for afterlife.

1815★念仏の金欲しやのも今は妹と
契りて二世の後生大事や　猿丸 K19-3
*To pay for sutra sure we're greedy – we need more money
to fund that afterlife as we pledged, me and my honey!*

1815★あぶなげな一つ蓮と契りけり
後の大事を踏み外づしつゝ　弄花　K19-3
*We made that vow knowing the danger with but one lotus leaf
for two, it's easier to misstep and, falling, lose your seat!*

三首も原題は「恋後生坊」。左、砂長の首は男の子への変身は厭だという二年前に出た飯盛の首よろしく仏教の身分梯子ルールへの憤慨を、自棄酒っぽく詠むか。地獄の釜と言えば、その湯の中を冷たい蓮の葉の上より望ましいと詠んだ寒がり屋もある。中、猿丸の首は、真面目か皮肉か読者の判断次第。後者の風刺かと思う。日本の仏教は南欧州のカトリック同様に後の世の為に偉い税金？を払わざるを得なかった。右、弄花の「大事」に仏用語として発音こそ異なる「台」の掛詞は渋い。この狂歌と、恋の重荷を持ちながら蓮に座るのが難しそうで、止めたという真顔の同年の江戸狂歌（寄蓮恋を参考）と見比べてもいい。

寄仏具恋

★百万ぺん口説いて数珠の繰言を
申せ？ば恋のせめ念仏也　都洛 K12-3
（せめ念仏と数珠の繰言の語無ければ通じるか↓）
*Repeating lines a million times over I/you would move her,
as my/your prayer-beads I/you rub, making a sutra-seige of love.*

恋人は攻めるべき城か。こんなにしつこく祈れば、数珠攻めとしか称する事はない。日本は言挙げせぬ国と万葉集より書かれたが、それが大陸の船人の大声で祈ることはしないとは、我が理解になる（学者などに見ていない仮説です）が、念仏攻めか責めは、西欧のキリスト教にもまだ見つけていない。誰か病気になると、大勢で祈る戦略は或る宗派に伺いますが、個人的なセメ prayer の感じになる語句を知らない。

寄達磨恋

★女房に悟られまじと忍ぶ恋
しり腐ったやら怖い顔付　鈍永 K13-4　1767 没
（九年目の不義かどうか知らぬが知り＝尻も英訳無用）
*I thought my wife unenlightened about the cheating love I do,
but her expression tells me I'm Daruma's butt – I stink, too!*

掛詞一つ以上で英訳は大変。駝鳥の顔隠せ尻を見せる以外には日本語の尻の含蓄ないし多くの慣用語はなく、尻腐った様々な意味も英語で伝えこない。結局、do＝「する」が doo＝「うんこ」と同音で隠し縁語に我も臭い stink と意訳したが、外国のみならず、今の日本にも達磨の尻が腐ったと知る人は何割か。達磨は我が知る限り男だが、その怖い顔もよくある。女房にあったという訳。

寄鬼恋

1799★もの思う心の鬼はうき人へ
せめてと送る文のかなぼう　裏風　E5-4
（鬼に金棒もせめての攻＝責めも無く英訳無用）
*The horny lover, heart hard as a demon, presses suit at last
with a letter (proverbial club) upon his reluctant lass.*

我が想像するところで巻いた手紙、或いは棒状（例えば竹製？）の遣るような封筒もあったが、確認はまだです。ネット検索が見事に失敗しました。とは、言え発想は素晴らしい。文とは、それを受ける人にとって確かに金棒同様に武器の如く人を苛める。

1820★恋病もつのれば鬼と成るやらん
豆でいらるゝ人を恨めば　染紫楼勇成　E11-2
（募れに角も豆にも居られに煎られも鬼縁語掛けは英訳無用）

本人か浮き人かどれが鬼かと分からないが、双方か。本人は心が鬼となり、豆で居られる＝ぬ？恋に落ちない相手を鬼と呼ぶが、豆と言えば恋病の方の片思の口説きを親切に読み、返事もまめに送る良心的な人か。自白：恋病した敬愚にそういう相手いた。手書が綺麗だったから益々募ったが。結局、逢って目の中を見てその哀れな表情を直接に拝見し、初めて心から、絶望的だと悟って恋病から直す第一歩を踏んだ。

寄閻魔恋

1787★我が憂き名閻魔の帳に書かれんと
思えばまさか恋も死なれず　つぶり光　E3-5
To think that I and my sad affairs will end up written down
on Yama's ledger, well, maybe Love really does not die!

書き止まれたら、永遠じゃ。恋の勝負に勝っても負けても、残るが祝うべきという楽しい屁理屈。つぶり、又つむりの光の、この歌の良さは、天明狂歌の赤良流の洗練されながら初々しい口語使いの好例にもなる。と言っても、若しも、あの世、しかも閻魔の存在を信じる人はおられば、狂歌の釈教歌をどのように受けるでしょうか。又そういう人は、当時どれだけいたか。今はどれだけおられるか。狂歌のユーモアは、神を信じなかった欧米のユーモア家と似通うから、やはり、信じないからこそ無心になって理屈で信仰を弄べる。ともかく、蹴鞠で

なくとも、あり、ありあくまでも閻魔の帳にずっとあり、儚い人生、儚い恋ではなかったぞと思えば、楽しい。

寄地獄恋

★立聞に罪つくらせて身を責める
心の鬼やすむ地獄耳　桃志 K14-2　1803
（地獄耳を説明しなければ機知は死ぬ英訳無用）

Eaves-dropping breeds sin enough to torture & oppress,
for Hell-Ears are your heart-demons' permanent address.

1803★悋気から燃え立つ胸の火の車
まわり心の鬼にせめられ　栄枝 K14-2
（火の車の輪が大きから chariot がズレもある）

From envy's passion, hell's flaming chariot may start
to circle the breast while demons torment the heart.

左、桃志の耳地獄は解り易く蛇足無用。右の首のために調べたまでは、誹諧と川柳に学んだ「火の車」は生計立てない貧困だけと思い込んでいたが、精神的貧乏の見立てに鬼は何故かと調べたら、平家物語などでは罪を侵した人を地獄へ運ぶ為に迎えに来るのが第一儀と悟った。

寄基督教恋・寄キリシタン恋

1823★掟をば背けど指もきりしたん
転び寝をして契りにし君　負米 k6-6
（切りした⇒キリシタンも転びの意味も英訳無用）

心の中で背信かどうかを別にして、拷問や迫害に耐えず一応棄教した江戸時代のキリスト教走が「転び」か「転んだ吉利支丹」と称された。その縁語を弄ぶ。腰折れながら後句は前句の出来事の説明になる愉快。

19 　　我が恋ハ　　19

夫木で「夢」★我が恋ハ海驢の寝流れ覚めやらぬ
夢なりながら絶や果なん　衣笠内大臣 1256 建長八年百首

*My love is the dream of a seal who sleeps adrift at sea,
though it will not let him wake, ending when it is over.*

英語では「*My Love is …*」という私事よりも、概念ないし哲学断言のすっきりとした Love is 〜尽しの方が性に合う。ただし日本語の場合、「我が」抜きの方が、かえって小難しくなる。おそらく「恋は」だけで始めれば、弱い。「恋という物」でなければ発言にはならない。或いは、二十七、八音字を先に置いてから「〜恋哉」と終われば。それもいける。兎に角、一人称を遠慮しがち大和ながら、和歌と狂歌には「我が恋は」とと始まる歌は多い。Burns 詩の *My love is like a red, red rose* ほど有名な「我が恋」の和歌がなくても、狂歌を含む和歌というジョンルにはむしと面白い歌例が多いと思います。

百首御歌★我が恋ハ亀の上なる山なれや
名をのみ聞きて見る時も無し　後九條内大臣天高暮山遥

*My love is a mountain on top of a turtle – so is she
something to hear about, but never, never see?*

詠む人は藤原基家（1203-1280）か。見つけた『夫木抄』では「山」の題内が、「我が恋」にする。古今集に「我が恋」から詠む歌は四、五首もある。貫之の「我が恋ハ知らぬ山路にあらなくに迷ふ心ぞ侘びしかりける」（貫之集に「あらねども」）。おののよしき「我が恋ハみ山隠れの草なれや茂さ増されど知る人の無き」。みつね（凡河内躬恒）の「★わが恋は行方も知らず果も無し逢ふを限りと思ふばかりぞ」だ

けは、狂歌に足る趣旨かと思う。一見して万葉歌の逢って下されば「恋止め」し、命が助かると云う情けない恋（或いは交合）を請う歌と読んだが、躬恒集では「女に贈った歌となっている」詞を伺ったら、なるほど「逢ふを限りと思ふばかりぞ」の「ばかり」即ち「程度」が強調されている。恐らく既に共寝したりした彼女は、将来を心配し、思う心の確認を求めたら、躬恒は君に惚れぼれで次に逢うこと意外には、考える事すら無理ですよ、と答えたではないか。狂訳すれば、

As for my love, I know neither where it heads nor its end
for it is so strong I can think only of meeting you again!

これは『拾遺集』#713 の「我が恋ハなほ逢ひ見ても慰まずいや増さりなる心地のみして」と同じく恋の文字通りの有り難さを詠む。**Love** は賛美であれば、恋は嘆きである。「我が恋は」の歌の中で最も多くの人が知る首は百人一首に出た平兼盛の「★忍ぶれど色に出でにけり我が恋は物や思ふと人の問うまで」。歌の頭からではなく、中句になるから「我が恋は」尽くしの感じはしないが、歌腰の最初の句と思えば、雰囲気は出る。英訳で最初に持てば、こうなる：

My love a secret I would keep is so apparent that I find
people asking me if I have something on my mind.

物思ひを恋と取れば、something を someone にしてもいい。狂趣は今一つが、次の百人一首の「恋は」の変種も、躬恒の首同様に狂歌らしい。詠む人の壬生忠見は 898〜920 の早死になったのが残念。

★恋すてふ我が名はまだき立ちにけり
人知れずこそ思ひ初めしか　壬生忠見
（人知れずは秘密になるも自称の人即ち本人も英訳無用）

"A man in love" is what they say – my name has flown the coop:
could 'he' have fallen for her before I, myself, got the scoop?

この歌の「人」は掛詞で自称にもなる仮定は敬愚ひとりの誤解かも知れないが、大辞典いわく「自分自身を客観化してぼかす」という「人」の一人称の儀だ。本人すら気付かないうちに他人は恋しているぞという自白は自嘲にもなる。百人一首ながら狂趣ある。

1104年★恋わびて哀れとばかり打ちなびく
事より他の慰めぞなき　左近権中将俊忠朝臣 〜家歌合

So wretched am I with these love-sick blues, good grief,
throwing myself down to lament is my only relief!

こうして我が身を打ち靡く発想は、古典和歌の自分の腕を枕にして寝たより明らかに狂趣なる。カントリー音楽の weepers 涙頂戴曲ほど涙ないも、孤悲が東西問わぬ。欧米人に通じ難い「我が恋」歌の類もある。題こそ設けなかったが、数を寄する恋だ。既にふれた質と量の不一致に因るズレだ。古今の仮名序に「たとえ歌」の例に一首ある：

905★我が恋はよむとも尽きじありそ海の
浜の真砂はよみつくすとも　無名　古今集

Should I count the ways I love you still I would never reach
the end, though I tallied each grain of sand on Ariso beach.

たとえ歌で、恋しさの数量を砂の数の多さに喩えるが、million dollar smile を例外に認めても、恋しさを強弱か濃薄の連続としか意識しない英語文化圏の人として、それを物の数にする発想自体は、喩えになる。いや、擬人法よりもよっぽど人工てきに感じる。一方、英語にも tell＝物語るは「数える」（銀行の窓口に bank-teller がいるように、類語 tally 例え♪*tally me banana*♪もあるように）「よむ」に数える意味もある事は、この外人にも納得しやすい。そして、愛する方法と理由を数えるか尽くす事ならば、それも欧米人の言語の理に合う。現在の英語化

（？）された日本の若者も、恋を数に喩える恋歌を異質に感じるかどうかについて、好奇心あります。読者諸君に調査を高校か予備校か大学で行って見ませんか。因みに950年頃に「大和物語」の「昔より思ふ心はありそ海の浜のまさごは数も知られず」と平安中期の「宇津保物語」の「君がため思ふ心はありそ海の浜の真砂に劣らざりけり」などで伺えるように恋は砂の数に読まれ続けた。（蛇足：波は現れたりする磯の石や珊瑚から砂を造るから、荒磯と砂の縁もあるが、後に地名、いや海名になった。）ところで砂と波以外の独創的な喩えもあった。古今集にない好例。

　　　　女につかわしける★わが恋の数をかぞへば天の原
　　　　　曇りふたがり降る雨のごと　藤原敏行　901 没

Would you figure out the full extent of my love, then try adding up the raindrops that fall from the monsoon sky!

ネットで見た歌意は「あなたに対する私の恋を数に置き換えれば、空いちめん掻き曇り降る雨のようなもので、とても数えられるものではない」。そうですか。雨滴/粒/だれ/雫か枡か樽か。2000 年頃の米国国立大気研究センターにて象の平均体重を雨雲単位にした気象家いたが、2005 年に他の二人は中位のハリケーンは全地球に棲んだ象口より多い 40,000,000 頭を凌ぐから blue whale 白長須鯨が益しなる単位と勧めた。

　　　　★八百日(やほか)行く浜の沙(まなご)も吾が恋に
　　　　　あに益らじか、沖つ島守　笠女郎　万葉歌♯596

The sand on a beach that would take hundreds of days to walk, would not exceed my love – Island Keeper, can yours top that?

古歌に恋の敵との恋の数量比べ或いは恋度合戦（？）は何首もあるでしょう。競争だとどうしても「数」になる。砂の数をもって、笠女郎は大伴家持と恋い強さを争う。「はたして」が意味の「あに」を「兄」

と掛けるか。数十年前の電車に立ち読みながら文庫の余白に「♯」を何度も記したが、上記より面白い歌例あったかと思ったが…。

★我が恋は知らむとならば田子の浦に
立つらん波の数をかぞへよ　興風 905〜25 頃か

How much do I love you? If you would care to understand,
go to Tago Bay, overlooking the strand, and count the waves!

不思議にも「数」も「数える」ことながら、「我が恋」を数に還元してしまう感じしない歌。ネットで竹取翁は「時空中の数で恋を詠む事だ」という評価は納得。大面積のパノラマの終わりもない波の動きに数が抽象化して数える任務の神業に変わる。歌体の節か切れ目が多くてポエムのように流れないが、「立つ」はとっても効く。浦に立つ波と、海岸に立ちながら波を終わりなく数える人の姿も見えてきます。

題知らず★ありそ海の浜の真砂とたのめしは
忘るることの数にぞありける　無名　古今集#818

He counted the sands of Ariso Beach & this glutton for love fell for
what turned out to be the number of things all too soon forgotten!

古今に、恋の推量の例えと平行に詠まれてきた祝歌「君が代は限りもあらじ長浜の真砂の数は読み尽くすとも#1085」もあるが、上記の数量は恋ではなかった様ですね、という歌は詳細ではなく、大筋は新奇で良い。この歌に「我が恋は」という語句ないが、脱線でもないと思う。

★わが恋はかごの渡りの綱手縄
たゆたふ心やむ時もなし　源実朝　1219 没

My love is akin to a hanging basket bridge with the tense
line in my hands from start to finish swinging in suspense.

須磨にいる源氏の「琴の音にひきとめらるる綱手縄たゆたふ心君知るらめや」を弄ぶようですが、綱手縄は常に船を動く方法の一つであった。源氏のもそうだったし、貫之の土佐日記の「箱の浦というところより綱手引きてゆく」のもそれ。しかし、箱ではなく「籠の渡り」も日本国語大辞典に見つけた。1219年に時まだ二十八歳で暗殺された源実朝が生まれた数十年前に、天台座主快修の歌「身を捨ててかごの渡りをせし時も君ばかりこそ忘れざりしか」が用例だ。実朝の首と同様に「時」か「間も無し」恋か思ひの渡る比喩になる。「越の方に修行しありきて云々」の詞書もあるそうです。幾寺々も焼かれた大騒動の参加者を罰した快修が追放された1164年の前か後か分からないが、二人とも恋ばかりではなく生涯そのものも籠渡りだったという気がします。本筋へ戻るが、「間も無し」類の「我が恋」のありそ海の例歌に新古今集の伊勢　女「我が恋はありその海の風をいたみしきりに寄する浪の間もなし」。ここに狂趣はないが、磯の上を渡るとすでに多くなる波が風で更に速ませて頻りに寄る風景の描写は特筆に価する。

　　　　1214 成立 金槐集　★我が恋は百島めぐり浜千鳥
　　　行方も知らぬかたになくなり　源実朝　1192-1219

My love a flock of plovers travels about a hundred isles
who knows where it's heading but out in the flats it cries.

（↑複数か↓単数不分も潟＝方も鳴く＝泣く＝無くも）

My love a plover calls on a hundred islands here and there
crying on the flats, off it goes, heading who knows where.

二十二歳に出した私集の歌ながら、西行の歌を思わせる狂歌に通じる比喩の列行は天晴れ。若しも実朝は、二十八ではなく八十二歳まで生き永えられたら…。と思えば彼を暗殺した甥を恨む敬愚です。北原白秋が「日本詩歌の本流」と賛美した新古今集のげらを、彼は早めに見たらしい。その「象徴芸術」を身につけたかも知れない。「かたもなき」に「無き」と言えば、この『風雅集』歌も一緒に紹介すべき。

★我が恋はゆくかたもなき眺めより
　むなしき空に秋風ぞ吹く　　慈円 1225 没

*My love? The only prospect I see, is going nowhere,
as the fall wind blows as if jaded through thin air.*

（先の千鳥同様に、恋も単数に限らずが故に）

*My loves? As far as I can see, they go nowhere –
the fall wind blows for nothing through empty air.*

（「より」を真に受けたら、我が恋は四季の歌だ）

*My love it goes nowhere as far as I can see, but more
depressing yet is the blue sky the fall wind blows through.*

　物に寄する恋の歌か、寄恋秋風の歌か良くわからないが、秋の鷹の視力に良い馬鹿高き青い空は、孤悲をする人にとって雲が欲しい。あの「晴れ」の青い空こそ淋しい。これに狂趣あるが、本書にとっては少々薄い。やはり、もう少し可笑しみが要る。お待ちどうさまでした。さて、中世以後のれっきとした狂歌の「我が恋」を見よ。但し「我が恋」の最も優れた、或いは可笑しい狂歌の 95％以上も本書のあれこれに寄せた題内となる。例えば、下記の題のそれぞれにも「我が恋」詠む一首以上も入る＝寄富士恋、寄火恋、寄蛙恋、寄夏草恋、寄空なき恋、寄雲恋、寄舵恋、寄小舟恋、寄汗恋、寄辰恋、寄燕恋、寄鯉恋、寄海月恋、寄虱恋、寄きりゝす恋、寄ミルメ恋、寄柳恋、寄桃恋、寄恋草恋、寄葛恋、寄西瓜恋、寄恋風恋、寄歌書恋、寄弓恋、寄頭巾恋、寄枕恋、寄輪恋、寄畳恋、寄鼓恋、寄釣り恋、寄酔恋、寄酒造恋、寄酒造恋、寄馬士恋、寄出家恋、寄車造恋。我が恋病、我が恋風に限って、八割も「我が恋は」となる。「我が恋の」の最好例は上方の「寄蛙恋」歌「水に住む蛙よ詠まば詠んでくれみずに焦がるゝ我が恋の歌」。E-book で我が恋歌をハイパーリンク次第に、全部一緒にお読みになったらいいかと思うが、とりあえず。

1533年頃★我が恋ハたゞ丸桶に四角蓋
いかにまわせどあうよしも無し　釈三卜 T9

My love it is nothing but a square lid for a round tub
spun however you wish, we'll never fit like a glove!

初期狂歌の夜明け前の釈三卜は諺から借りた丸対四角いや桶（又鍋）に蓋の夫婦を、あたかも「不合恋」を枕に「不逢恋」を悩んだ。通盛卿が小宰相殿の許へ、文遣わせし條に見えし等などそうなった。言葉遊びなくとも「狂歌」になるとは、和歌の限界を語るかと思う。

寄木橋恋★我が恋ハ細谷川のまろ木橋
ふみかえされてぬるゝ袖かな　平家物語　中世

（踏み＝文の掛けが無ければ英訳は始まらない）

明治時代の本に曰く「後世の所謂狂歌に酷似せるものというべし」。賛成。文に踏み違い恋に落ちる丸木橋は後の狂歌本に珍しくない比喩。

金葉集？寄鵜羽恋か★我が恋ハ鵜羽に書く言のはの
写さぬほどは知る人も無し　修理大夫顕季　T参16

My love is akin to writing in ink upon a cormorant's wing,
unless transferable, all one can know of it is . . . nothing.

同右★我が恋は野山を懸けてけいやく（景焼？）の
ケイとは鳴けどホロロとぞなる　ひろ野きじゑもん

（野山になる世話の契約⇒焼く野も鳴る＝成るも未解読）

左は今一つの鵜かと思う。羽に書く新奇は良いが、心は喉を出ないとか羽を開いて干る＝昼も人に読まれないとか、鵜の特徴は二つも無け

れば未完成。右、足びく山と野の恋路の「寄山鳥恋」の対。ほろほろは涙もこぼしそうが、それとあの恐ろしい警声で七面ならぬ両面鳥か。

寄？恋★我が恋ハ果しもあらぬ武蔵野の
草のはつかに思ひ出てより　　卜養　T32　1669

（古今の本歌の通りに草の葉⇒廿日にも英訳無用）

My love abundant as grass on the boundless Musashi Moor
grew from what's now memories of spring sprouts in the snow.

古今集の「春日野の雪間を分けて生ひ出でくる草のはつかに見えし君はも」という壬生忠岑の歌にほのかに見かけた女をほのかに見た比喩に武蔵野の大なるとどのつまりを加えた本歌取りというよりも本歌の完成だ。

寄啞恋 1672★我が恋ハ啞の夢見た如くにて
言うに云われぬ思ひなりけり　　可正　T30

My love is akin to the dream of a dumb man:
longing I would speak of what cannot be told.

唐人の寝言に飽きたら、差別語ながら可正の初期狂歌は、いかが。ちんぷんかんぷんとやや異なる「言うに云われぬ思ひ」も350年前の言葉と思われない新鮮さを保つ。かの恋は盲目に、恋は啞とは、狂歌の発明。

寄筏恋　★我が恋は筏をつなぐ腐れ縄
逢ふ瀬となれば切るゝ御ゑんか　月洞軒 T40 元禄

（〜逢ふ瀬という表現ない英語だから地理を拡大した）

So is my love but rotten rope lashing a raft bound to break
when we meet on the rapids before reaching the lake?

寄鼠捕恋 1740★我が恋ハ夜毎にはづす鼠取
下手に仕掛けて落ち兼ねにけり　司喋　T57

（恋に落ちは fall で仕掛けは drop で異訳なる）

My love is a mouse trap sprung every night;
I'll never catch him/her if I don't set it right!

左、逢瀬に難破の比喩は新奇。狂訳に、行くべき瀬後の場所、静水の池も勝手に加えた。右の恋の姿勢？態度？企画？は可笑しくて堪らない。夜毎に同じ居酒屋で、それとも家で下女をでも下手に狙る叔父ちゃんか。

寄柳恋 1275‐1351★我が恋ハ柳の糸の乱れ髪
とくもとかれず言ふも言われず　夢窓国師

（解く＝説くも結う＝言うも不可英訳）

乱れ髪の解くは下帯か紐でないのが新風なるし、掛詞の秀た金言になってもいい傑作だ。与謝野晶子の乱れ髪だたら御存知ない者はないが、この狂歌の乱れ髪は、いかがでしょうか。英訳一応できたが、脚韻を踏んでみても原歌の掛け言葉に劣れては翻訳者として迷い道。取り消した。

寄滝恋★我が恋ハ只一筋と思ひしに
裏表有る滝も恨めし　天作　e7-1　1812

My love is as straightforward as walking the line can be;
even waterfalls with their front and back sides disgust me.

敬愚は馬鹿正直として、表裏がなんとなく嫌いで共感できるし、滝までと詠むところが微笑ましい。自分が一筋だから他所の表裏も恨めし

く思う心は狭いが、直立も我が恋の比喩として相応しくない意味でしかない。

　　　　　寄火縄恋★我が恋ハ闇路をたどる火縄にて
　　　　振らるゝ度に猶ぞ焦がるゝ　　柳直成Ｅｏ天明？

My love is like walking down a dark path, fuse in hand,
the more it swings [I'm refused] the brighter it burns.

　　　　　寄生魚恋★我が恋ハおくり荷物の生魚や
　　　　まだねもやらであらわれにけり　　中まろ　失出典

My love is a load of live fish delivered w/ the price yet
to be fixed as I fell for her while we still haven't slept.

　　　　　寄井戸恋★我が恋ハ車つるべの片おもひ
　　　　こちは沈めど浮かめたる顔　　笠丸　K28-1 1812

My love is a well, counterweight, lever and pully in place –
I sink down with my one-sided blues and up pops her face.

左は。恋病も心細い雰囲気もかもす闇路の火縄がいい。提灯だったら振られては消えるかも。中の寝＝値もない英訳はつまらないが、ともかく早く届けた、嫌らしい比喩が多い、この生魚は大変新鮮の比喩だ。右は片思の良き比喩のみならず心が沈んだ折にその絶望的でありながら余計に募る恋の悪癖も見事に捕まる傑作です。水＝見ずが嬉しくも浮く顔か。※下記は一茶句に因む拙著 Rise, Ye Sea Slugs! うけ海鼠の宣伝

　　　　　寄海鼠恋　我が恋ハ夜ねぬ海鼠の糞喰らえ
　　　　のちに垂れ浜なる砂の数　　敬愚（数の意味通じないが）

My love sleeps all day and eats crap all night – sea cucumber
thy pooping cleans our beaches with sand beyond number!

20 寄雑恋 20

寄世話恋

失出典★あな嬉し遇ふは浮木とゞり付かば
　恋に目の無き亀と言われん　　江見中栗？

Delighted at my good luck to come upon a floating tree:
might not Love be called "a turtle without eyes to see"?

1768★親方の娘を口説きおとこ衆や
　慈悲はかみから是ハしもから　梅好 K20-1

Men trying to win the hand of the boss's daughter know
mercy comes from above yet try to win her from below!

1784★虎の尾を踏みしよりも初めに逢う
　浮名は何とせん里走らん　　名満盛方　E2-1
　（何とせん⇒千里の転掛けなくは英訳無用）

諺や故事など成語句をもじるか寄する「寄世話恋」と題してもいい歌は本書に何十首もありぬべき。けれども、その部を作るよりもあちこちに入れた方が良いと思った。例えば、左と右の首を生物の部の中で、「寄亀恋」とか「寄虎恋」になってもおかしくない。中の首も「寄娘恋」にもなりうる。左右の世話も蛇足無用と思うが、中の方は、よく解らない。「慈悲はかみから」は初耳（不義の場合、カントリーの名曲の捨て台詞に「神は赦すが、おれは赦さん！」なら解り易い、この慈悲はよう判らん）。嫁を下から貰うのが本来の世話でしょうが。慈悲は親父か、奥さんという上さんか、その身分の高い娘か、容貌に恵まれないから身分が下からの男衆か。あるいは、しもはしもねたのそれで、かの道鏡ぶり次第に選ばれたか。ああ、寄世話恋とは、全体として品がない感じです。あの目の見えない亀だけは良いですね！

寄源氏物語恋二回か

★朧夜にえ知れぬ恋を嗅ぎ出して
逢わば誠に鼻のえん物　走帆 T47　1730
（鼻と末摘花の得ん＝縁物も英訳無用）

参照？★朧夜に摘む花の妻つまらぬも
其あかし哉いろにメがない　敬愚　先日
（妻＝つまらぬ等も色＝鼻先又好色の含蓄も英訳無用）

悪性非一　恋二十五題の一つ
★中の君を伽羅と心をとめもせで
上の空焼に匂ふみやかな　木端 T58　1740
（伽羅＝助動詞のから＝空と？「帚木巻」）

東屋巻★定めなくあちこち恋をしぐれ月
かみさまのないぬれ男つら　峯女　K5-3　1798
（時雨で神無月を掛けて神様＝上さまは、女房かな？）
This month when rain clouds wander at will the gods, us wives,
are out and the lubricious faces of men on the move? Priceless!

紫式部の小説の前衛的な空の章やら、継母が御伽噺の通説通りの描写と異なって必ずしも悪いと限らないという文学が文学を語るメタ論も気に入ったが、記憶が悪いし読み直す暇もないから、解説を遠慮します。思い出すロマンスは鼻が棘欺く先の細長い赤くなった哀れな女性だけ。容貌の研究したから丹念に読んだという訳。やはり女の子でないと源氏物語を完読できないと思う（偏見？）。とは言え女性の源氏論ならば、面白がる。源氏をマザーコンとロリーコンと非難した本を出した若い女性と一度お会いした。しかし、どういう訳か、上記の峯女の攻撃は散文のそれよりも、気持ちいい。芭蕉の欠尿（かけばり）

する村時雨の犬よりもさらに行儀悪い濡れ男面の峯女あっぱれ。見事の憤慨歌だ！上記の寄源氏恋歌の中で大勝也。我々男は駄目ですね。

寄百人一首恋

1754★鵲のはした女子と下男
ちわするうちに夜ぞ更けにける　紫笛 K24-4
（橋⇒はしたのとんでもない転掛なくて英訳無用）

寄百人一首恋の題は敬愚。世話の場合同様に、多くの部に百人一首の歌の言及は見当たるが集まったものは、一冊のもじり本以外にはいない。又、どうように下品になりがちで、丹念に集まらないと相手にしない方が宜しい。紫笛の首の本歌の百人#6「鵲のわたせる橋におく霜の白きをみれば夜ぞ更けにける」とは、中納言家持をめぐる「深更淫語（ちわ）」と題するもじり。これはストリーに過ぎないから、理屈一筋が好きになる敬愚は不満が、下記の#10は問題ない。

★行きかいに見て分かれても君が顔
我が目先に計り離れぬ　交山　k19-3　1815

At the cross-roads, where all who come will go, the surprise came after we met – your face remains still before my eyes!

盲目の皇子の蝉丸の「これやこの行くも帰るも別れては知るも知らぬも逢坂の関」を、と思えば、瞼を去らぬ一目惚れは、妙に面白いもじりだ。恋中心の百人一首の双紙等あるが、記憶が抜群に悪いから、あまり相手にしない。もじり直ぐ判る人おられば、ご協力を頼む。

寄歌書恋

1783★約束のてには違うて身はなんと
せん載集の腰折がした　せんか K12-3
（二世までの約束忘れる寡か：せん。再娶の？）

1783★間違うて逢わぬぞしんき新古今
　　もう我が恋の部には入るとも　吐虹 K12-3
（これも、さっぱりが、文学だと捨て難い）

各々歌集の言及も、狂歌の本にあるが文学が専攻でなかった敬愚は、その行間を読めない。文学の研究家に狂歌本を読むように薦めるしか何もいえない。上記の二首は何故とうの選集を詠んだか、さっぱりだ。

寄子守歌恋

1815★ねん／＼と思う人にも向いては
　　口にこもりのみをかこつのみ　潮平　k19-3
（寝んは子を寝させるも共に寝んものみ＝の身も英訳無用）

一見では、寝ん＝念で、稚児愛かと読んだが、要するに女嫌いの観点かとおもったが、後期江戸には稚児愛の盛りがもう過ぎた。これは子守と子守唄の縁語で寝てもいいが恥ずかしい人の描写ではないでしょうか。読者諸君のご協力なければ読み切れない敬愚です。

寄謎恋

1815★謎かけるような詞の端々は
　　とけてあわんの下心かも　石瑞　K19-3
Do those poems that seem to ask us to solve their riddle
assume the reader really wants some tail for a reward?

原題は「推理恋」。五句各々尾文字を後ろから読めば「ものは乗る」と成る。Google 検索で「とけてあわん」を様々の綴りで検索しても当たりは、ゼロ件。歌を解けたら、下紐もとけてご褒美と疑った英訳は正解？歌に限らない。清少納言の「海苔」を思い出すが、長年ノンフィクション一冊毎日読んだを文学と無縁で皆さんのご協力を乞う＝敬愚

BIBLIO※文献と本書の記号

※大文字＋数字の記号。T24, E7-5, K3-1 等は、下記並ぶ三大シリーズ。ネットで出典の書名を検索、図書館で閲覧できる。和歌の殆どが日文研の和歌 DB で平仮名の検索で同定できる。申し訳ないが、狂歌各々首の番号か頁をスペース節約、又原則として控えた。更なる情報を、どうしても必要の場合、ご連絡ください。その前に下記を御完読下さい。

T 『狂歌大観』1982-84。中世から中期江戸 1740 頃まで百数十古狂歌本。注と解釈等ない裸の紹介。江戸時代が、殆どは上方。番号は年順。T 参の参考巻もあるが、本書に言及は少ない。詠人と歌の索引巻無手元
K 『近世上方狂歌業書』は、1984 より一冊ずつ出版。今 29 冊目か。中期江戸 1750 頃〜幕末まで百数十古狂歌本。番号は年順ならぬ。印刷は大変で読む為に特強虫眼鏡を買わざるを得なかった。個々首の注釈ないが、各冊に著者や選者や出版と門の歴史など研究者向け論章付。
E 『江戸狂歌本選集』1998-2007 十五冊で 1770 頃〜後期までの百数十古狂歌本。巻番号＝年順だが、後半の天明狂歌の大御所の読書等は別。個々の首の解釈はない、T と K と同様に研究者向けが、印刷は良い！
F と書くべきだった「夫木」は、手元にある 1310 年の『夫木和歌抄』。その他に、平仮名しかない和歌を段々読むようになったら、日文研の和歌 DB。頼りになったが、詠む人の名前などない事が多い。和歌には、水垣さんの Yamatouta.sennin は最高。昔から手元に万葉と山家集などの文庫もあるが、歌が全首もオンライン。タイプ打たずに役立つ！古代人の出典名よりも没年を共に載せた方が読者に知るべきと思った。

※ 狂歌本と狂歌を詠んだ多くの人物の根本的な情報は、狂歌研究者の歌人吉岡生夫の諸単行本『狂歌逍遥』とウェブサイトを推薦。名前と年順など、解りやすく纏めてある。狂歌と和歌と短歌の関係をめぐる小論もある。文献について拙著『古狂歌 ご笑納ください』もご参考。

言及は、無断で OK。本書に出くわした首だと書いたら、十分。　　敬愚

わりに

寄「分かち合えたい」恋

**1243 以前★あま小舟おきにさし出づる釣竿の
たわむ景色も見えぬ君かな　家良　新撰和歌六帖**
*When the ama's tiny boats are poled offshore, I regret
all that you miss seeing when their fishing poles bend.*
（歌腰の回る竿の撓みが前後を結ぶ芸を英訳無用か）
*I think of you missing the scenery framed by the bend
of fishing poles sticking from skiffs off-shore at dawn.*

これは、恋歌か哀傷歌か親友と離れた旅歌か、どうでも良かろう。美しいか、他にも面白いものを見たり、聞いたり、嗅いだりすると人と分かち合えたい。それが出来なければ、喜びは兆分の一か万分の一か百分の一か十分の一か二分の一か、どうしても見せたい人の数によります。又、人に対する愛の深さにもよる。惚れ惚れだと、二分の一どころか、一以下、つまりマイナスにもなり得る。敬愚だって、そういう体験ある。あんなに素晴らしい夕焼とか、大雪の跡に伏した竹を一人で、しかも捉えて人に見せることを可能とする道具（写真機）無しには、見なかった方がむしろ良かった、と。これは誇張ではない。人と分かち合えられなかった事を一生も惜しむ。自分一人しか見ていない事を自慢したり大に喜ぶ人も、共感できない精神病症でなければ、無意識に苦しむはずです。敬愚は、生まれてから物を見つければ直ぐ人に見せたい本能が強くて、独り占めはとても駄目だった。幼稚園と小学校で何かを先生と学友と打ち明ける日の show & tell の時間こそ有頂天になった。同じ日を嫌がった子には嫌われたに違いない。たしかに、在日だった頃の勤め先では、面白い発見をして直ぐ人にそれを見せたくなった事をプラスには成らなかった。皆さまは多忙で、迷惑をかけたはずです。「うるさい！」と言われた事は一、二度しかないが

「ロビンさんはお暇ですね」という非難を何回も食わされた。話がながくなったが、一茶坊の「書物も棒にふるさとの人の紙魚／＼憎き面哉」を初めに、様々の面白い狂歌を知るようになったら、やはり日本人と分かち合えたくなったが、ネットの知人の多くは俳句派で、狂歌を、屁理屈や皮肉の落書くさい性悪のお爺さんの詠む趣味悪悪の文学と思われる狂歌食わぬ嫌い。皆さんに分かち合えば喜ぶと思った代わりに、多忙の事務所の中での嫌われ者の孤悲の寂しさが募ってきただけ。我が狂歌への興味と鑑賞に関心を示してくれた最初の人は、狂歌の研究家の吉本生夫。拙著 *Mad In Translation* のための研究と難解の歌の相談相手になって下さった。しかし、氏は限れたお金と時間で何冊の本も著しているから、本書も含む「古狂歌　気の薬」の和書の研究と執筆における問題の相談を殆どしなかった。始終自分で一人相撲の格闘になった。数首の難解の狂歌を外国人同士の Pre-modern Japanese Studies（PMJS）という学者中心のメイル・レターに訊いてみたら、為になった答えもあったが、最初の数冊だけで七、八千首を相手にしているから、諸君ごらんになったように何百首も未解読のままになる。最後の一、二年間には、和歌を早く読めるようになったから、やはり何万首も読んだが、日文研の DB では漢字も殆どない、解説は皆無のみならぬ。そこでは、FB の我が古狂歌の HP に来て下さる慶応大の教授も、主に『古狂歌　滑稽の蒸すまで』の草稿に加えたかった中世の祝いと賀歌の読解に関する大切な助言をしてくれた。その前に「あとをたれ」は老人の小便としか知らなかったが、仏教と神道の関係を考える基本的な概念と教えて下さった。本書の歌の多くに関する助言は、まだ誰もから受けていない。恋に関心ある友はないみたい。やはり、てにをは音痴の外人は一人で和書を書くべきではありません。清書や編集者要ると泣きたいほど判る。雇って下されば大学でゼミやりたい。その講座を指導する事が許されたら、学生と共に共著したくなる。お互いから学べる。或いは、我が問い事を煩いと思わない、美しい日本語のお嫁さんに恵まれたら有難い。或いは、どこかの出版社で腕のよい編集者に出会ったら、本書の改造版ができるかと思います。よろしくお願いします。

ご自分で物に寄する恋の百首を　その他の頼み事

1）老若男女、名人無名人、国語や古文の読解力の強弱や幕末以前の日本に対する知識の有無を問わず、皆様に頼む事はあります。自ずから最も面白い、或いは最も好む狂趣ある恋歌を、百首ほど択ばせて頂きたい。全首各々が別題でも、同じ題でもいい。若い読者に紹介したい首だけとか、優雅で短歌の顔負けの秀歌とか、どうけたブラックユーモアだけとか、「ただ好きだから」という勝手な基準も、貴方次第です。全首は寄動物とか、我が恋とかであったら、本書にない狂歌までも求まなければならないも、宜しい。「もがな」調だけとか、卑下だけとか、一定の歌体か語彙それでも、お任せします。その百首集を合わせて本にするか、それぞれ豆本の別冊にするか、雑誌に出すか、見ずにはまだ判らないが、ご相談の上に進みたいと思います。

2）読むべき狂歌をなるべく読んだが、読んだ時の状況と自分の日本語の読解力（今は八年前の倍になっているかと思う）次第に、見逃した或いは狩り損なった良い首も沢山あるはずで、読者諸君ご自分で本書にない面白い古狂歌を見つけた場合、「おい、見逃した物あるぞ」とその首を送りながら、小生を叱りたければ、嬉しい。だって、その通りでしょう。無論、本書に入る首とその蛇足に対するご感想おられば、その文も喜んで拝見します。いつか引用するかも知れないから、なるべく面白く書いて下さい。本書は、全空中に執筆、一人っぽちにできた。敬愚は典型的な詩人のように純粋主義者で独りでやりたいからではない。何人にも頼んだが、皆は多忙で、読んでくれなかった。知り合いは皆、忙しい。お金出せば読む人は無論おられるが、お金はない。年付の配置と綴りなど、行と行や字と字の間の大きさも一貫性のない事も、そのため。改造版を用意する前に、なるべく多くの方のご異見を伺うまで、決めたくもなかったからです。ああすればいい、こうすればいい（又逆に、あれこれも駄目だ）と言う読者諸君のご異見を聞いて、その後から決めたい！本書を一人で出したが、完成は別です。

3）狂歌の総合紹介『古狂歌 ご笑納ください』をご覧になった上に、狂歌狩の協力を頼みます。猟場は狂歌と和歌集に限らない。連歌と俳諧の記にも伺える。『狂歌大観』には連歌師の宗長の狂歌もあるが、江戸後期は範囲外で一茶の狂歌はない。だから田辺聖子の『ひねくれ一茶』に、一茶の「書物も残らず棒にふる郷の人の紙魚じみ憎き面哉」も、暖房に寝る老猫の狂歌も小説に出なかった。田辺さんの趣味は、よう判る。あの首を、お読みになったら、取り入れたに違いない。宗長と一茶以外にも、狂歌集以外の書物に狂歌を残した者はきっとおられる。何万人もおられそう。二十年前に俳諧書の体系の中で読んだ三宅嘯山集は好例。紹介文に、文学の価値がない言葉遊びなどが多い「つまらない」老作と評価されたが、蕉門の観点しかない文人に見下されても、狂歌を好む人として見たい。活字になったかどうかも、まだ知らないが。皆さんの目を借りたい Please keep your eyes peeled!

4）無論、古文の手書きも読める国宝の皆様も、まだ活字化されていない面白い狂歌ないしそれに等しい和歌を発見なされば、活字に直して小生に見せて下さったら有難い。又、江戸時代以前の散文にとりわけ弱いから、現代訳のない歌合の判詞や狂歌付の笑話集を丹念に読める人の協力も望む。今のところは貧乏で、大事の時間に対するご補償を支払えまいが、その恩返しに狂歌の英訳をしたり、自分の大 Word doc を検索し他の狂歌の中で同類の有無も調べたり、拙著の後に感謝か、ご本か大学の宣伝とか愛する人への message 等、きっと何かできます。

5）敬愚と異なって、恋の過程と恋歌歴史と恋愛短歌などをとりわけ面白がる方は、物に寄する歌例の多くを「恋の類」か「段階・一過」に新しく整理したければ、それも良い。本書にもそういう可能性を仄めかす程の見本章もあるが、それを拡大し姉妹冊にしたければ、本書を純粋の物に寄する恋の本に磨きたい。昔、恋の過程を一章一章追求した雑俳の単行本を本屋の中で立ち読んだが、三十一音字の方、つまり狂歌だったら面白いと思う。前書にも頼んだが、やはり E 本、色々としたい。イラスと、豆本、Youtube 向けパラパラ絵本。共著も…。

只今、同時出版なる古狂歌三冊 & 未出版リスト

『古狂歌 ご笑納ください』の副題は「万葉集まで首狩に行ってきました」。約二千首（＋約一千英訳）の歌例は、四季と恋の大なる歌部を始めに、旅、神祇、釈教など古狂歌本にある歌部の総合紹介です。ご協力次第、50万語の初版を種本に、ベストセラーを狙う10万語以下の蒸留撰を短縮版に、文庫やE本も、なるべく早く用意して、出したい。

『古狂歌 滑稽の蒸すまで』の副題は「鮑の貝も戸ざさぬ国を祝ふ」。和歌と狂歌を問わず千五百首（約半分英訳）は、塵積もり山を成す、小石が岩になる、御代は動きなくなる等など、君と国を祝う歌の大系譜を遡り、幕末まで続く従来より深き、広き、勿ろん可笑しく追及しながら、天明狂歌の四方赤良の肯定的な志向と「めでた」歌を見直す。

『古狂歌 物に寄する恋』は、長年『同 寄〇〇恋』だったが、丸の字はオンラインで小さくなるから止めた。副題は「託せば思ひも軽くなります」。古代和歌の恋の比喩歌と暗喩を見出した恋歌まで遡る二千首の大半が「寄海恋」とか「寄蟻恋」の如く何かの物に寄せた題歌が原本のまま、その小半の首には、著者の勝手に「寄」の題を付けました。

※ 未完成 2017 未出版リスト ※

『古狂歌 猫は恋に限らない』。副題は「にゃんでバチ当たる吾が輩」。古句も共に入れるが、我が資料を足しうる共著者を見つければ直ぐやりたい。因みに散文＋絵の拙著 *The Cat Who Thought Too Much* もある。

『古狂歌 御製ダイ／＼の軽み』。副題「よみ捨てられなかった笑ひの宝」。皇族でなかったら詠み捨てられた面白い古歌の御首狩の成果を全国民に打ち明けたい。万が一橙を詠む御製狂歌も見つけたら最高！

『古狂歌 貧乏神とブルース』。仮定副題「笑えば治る、世の悩み」。不志願貧の浮きや憂さを、ブルースやC＆W歌詞や狂歌の擬人扱いして囃す屁理屈や誇張などで自分の苦労を面白がる事は, 貧と老楽の薬也.

『古狂歌 人と人の興あれば』。仮の副題は「栗の本こそ柿と梨に目がない」か。贈答歌に相聞の社交歌。苦手なる散文も多いから日本人の共著者がなければ無理が、狂歌得意になる分野で大事の別冊かと思う。

『古狂歌 色を好むさし男』。副題「乱髪の女より面白う黒田月洞軒」。吉原より身近なる私性生活の歌。川柳以前の三十一字のエロ。笑話が知られても、笑歌は、今までに見逃されてしまった。共著者求む。

『古狂歌 七夕の絵空ごと』。副題は「細長い恋を天象に詠む」か「天人に羽衣あれば舟と橋と鵲は」か。和歌の類書もあるが、天文学や神話や中国語に強い女性の共著者見つければ、狂歌中心の七夕集は可能。

『古狂歌 珍題集』。仮の副題は「たとえ鼻毛に蜻蛉を繋いだり」。「ぎゃっ」と言わせる類。狂句も加えるかどうか未定。その和英訳もしたことある荒俣宏さんでもお暇できたら共著したくなる別冊です。

『古狂歌　へんな画賛の画廊へ』。副題「三十一字は絵に勝る事もあるが」。摺り物に限らない、あらゆる絵や画の賛・讃を、狂歌中心に鑑賞したい、或いは絵と想像力を探検する寄せ合せの美学の歌集です。

『古狂歌 森羅万笑』。仮の副題は「四季、無季を問わず物は尽くし」。天象など現象の定義となる歌を、蛇足が少ない千頁の歳時記の風格ある大本に。二十年前の「科学旭日」に拙連載の新造語：「森羅万笑」。

『古狂歌 来る世虫に成ても』。副題「酒の是非を四季と呑みながら」。俳諧よりも、狂歌は酒臭い。屁理屈や新奇やシュールな連想には、アルコールは不可欠の心の燃料になった。共著者には、二人既に考慮中。

『古狂歌　煙の輪も禅か』。副題「やまと言葉にのまれた煙草」。煙草歌傑作は諸々本にばらばらなるが後期江戸に絵付煙草小史の狂歌本もある。この思想の草の四季歌も、健康に良いか悪いかの歌合もある。

『古狂歌　食べ物を茶化す』。副題「菓子は可笑しいがスキ焼きぞ好き」。贈答歌の別冊と少々重複なるが、もじり集などが食べ物だらけ。貧乏が長続けて和食の知識が少ないから、食いしん坊の共著者を求む。

『古狂歌　神と仏を弄ぶ』副題「神祇と釈教こそ屁理屈の穴場」。日本に置ける宗教の討論が激しくも欧州よりも寛容の雰囲気で、詠む意見が多様で面白いが、宗教は危ない話題で、四、五人組で共著にしたい。

『古狂歌　妙に所えた職人』。副題「大工・学者・座頭・カピタン等」。職人歌合が多かった。日本へ戻って、人の本を見ないと決らないが、絵と細かい職業の話よりも歌とその機知が中心になる本を望む。

『古狂歌　自由自在のやまとうた』。「和歌にもある新奇と可笑しみ」。言道と良寛は無論、長嘯子の「拳白集」も戸田茂睡の「梨本集」も香川景樹の「桂園一枝」も日文研にない歌集を完読したら、決める。

『古狂歌　うたを詠んだ俳人の心』「狂歌書に出なかった俳家のそれ」。一茶の「書物を棒にふるさと」の人の「紙魚じみ憎い」面の狂歌だけではない。多くの俳人も、和歌の本筋とやや異なる歌を詠んだはずだ。俳句を心から愛でる者には、狂歌を食わず嫌いが強いから、研究中に変な歌に出くわしても真面目に読まないかと思います。たとえ、岩波文庫の一茶句集に、屁と大便と小便を大胆に許した（日記同様に2か3％だ）寛容なる丸山先生も、その狂歌を紹介しなかった。頼むよ！！

『古狂歌　別冊ハまだない雑題集』。副題「鉄砲・鞠・水遊・碁・硝子・等々」。本にならぬ先から雑題集を出すかどうかまだ知らないが。

※ BIO ※ BIO ※

●在日ロビン・ギル（1979-1998）。著は七冊の和書（工作舎、ちくま文庫、白水社、TBS ブリ等 1984-1992）。書評抜粋：『反＝日本人論』と『日本人論探検』の共書評で板坂元＝「読んでいて気持ちが良いのは、日本人に淫することなく、一つの文化論を展開してゆく。。。古い世代が良いにつけ悪いにつけ持っていた偏見にとらわれていないところが特徴になっている。」。『反』について松岡正剛は「著者のヘンリー・ソローばりの自然主義感もすばらしく。。。ハヤリのジャパン・アズ・ナンバーワン型を十冊読むよりずっと気分がいい。」。『英語はこんなにニッポン語』。別の書名の初版について、井上ひさしは、愛読書カードの彼の独特なるすっきりとした手書きで「著者の言語力にただただ頭は下がる。」（後に氏は『反』の再販の帯推薦も書いて下さった）。これらの本の著者要約：国際関係に心理上の障害となった対極的比較文化論の通説（日本人論）を独学した自然科学と文化人類学の観点から解体、人間の奥にある共通の心を例証し、解剖。

●Robin D Gill 著 13 冊の洋書（2003- の paraverse press）の書評抜粋：*Haiku World* の著者の故 William J. Higginson は米一の俳句誌、*Modern Haiku* の 5 頁 *Rise, Ye Sea Slugs!* 書評より：「かつて日本語から訳された排句が、これほどにしっかりと息を吹き返したことはなかったと思われるほどに、生き生きとよみがえっているからである。…もし、ヤスダやブライスや、ヘンダーソンやウエダやシラネ［過去半世紀の英訳俳句著者］を読んだことがあるなら、ギルもお読みなさい。あなたの意識を深く広く拡大させてくれるから。そして、先の方々の著作を読んだことがないのなら、やっぱり先にギルをお読みなさい。彼の方がずっと面白い He's more fun から。帯推薦に Liza Dalby 女史も「これほどいじらしく愉快で博学な本、あらゆる点においてこれほど楽しく読まれた本は何年ぶりでしょうか。日本詩歌の捉え方も、今まで見たことがないほど知的で優れています」。（その後、LA タイムズに書評でも書く

と頑張ったが、拙著の後ろ表紙で推薦の後に彼女の本も推薦したから、LA タイムズは利益がかかわる道徳の問題があるから書評を断った。大手新聞は大手出版社の宣伝を載せてこそ書評もすると思えば腹が立つ。結局、俳句界「五十年ぶりの本」は、マイナーに終わった（いやまだ終わらないぞ）。*Cherry Blossom Epiphany* 他の我が英訳について CUNY 大教授 Lewis Cook は、ブログで書いた言葉（我が短縮訳）＝「「新しく創ろう」がエズラ パウンドの詩訳の第一ルルだったが、ギルは誰よりも効果的に英語で俳句を再建している。」断って置くが、氏は和歌の蜜伝などの一人者で、英語にも日本語にも我が何倍もでかい語彙の主です！本書で時折に使った棒による英訳の消し方は、「見せけち」という情報も、同じブログのコメントで覚えた。要するに、自分のした事を、説明する言葉がなかった。英語に言葉ないが、仏語にあると氏は、それも知っていた（敬愚はもう忘れたが）。当本は、女性の愛読者が多い。Sara という詩人＋先生のブログ書評を読めば、我が方から感謝の手紙を書いた。すると、その返事に all your ideas, the whole dynamic of paraversing is so fluid – like a Vivaldi Sonata – or an invention perhaps of some Venetian gondolier! ＝ Paraversing とは、我が造語で、一句に対する複数の翻訳 をクリスタルの多面体として載せることだ。ヴィヴァルディのソナタないし鳴奏曲のファンだし、ヴェネツィアの船頭の発明みたいとは意味がよく判らないが、大変気に入る言葉だ。桜と花見の三千古句を見てくれなかったマスコミの糞食らえ書評担当者が選んだような人は絶対、思い浮かべない想像力ある言葉だ。小さな Fly-ku!蝿句？を、ネットの大俳句誌 *Simply Haiku* の編集長 Robert Wilson も曰く Gill …writes in an extemporaneous style akin to that of Jack Kerouac, thinks like Herman Hesse, Koyabashi Issa, and Lewis Carroll, all rolled into one。英語と和訳書評は www.paraverse.org/reviews.htm で集めた。最近、教授二人との共訳著でフロイスの覚書が Routledge から出たが、その英国の SOAS 関係の書評の中に 10 年前に出した内容がかなり重なる拙著 *Topsy-Turvy 1585* についても只一つ言及（文章）ありました：「本文の consummately playful この上もなく遊び心ある」という語句は、とりわけ有り難かった。初心はそれ。だから狂歌も好き。

初 期 経 歴

豆自伝＝Robin D Gill 1951。 Miami 生まれ、Key Biscayne 育ち、メーキヒコ DF のホームステイーに銅版版画の勉強、Wash. DC ジョージタウン大学 SFS の国際政治・経済学は 1969-1971 日本へ（父がヤマハ・ボートの顧問で）東京と韓国のソールで版画と写真の個展。貨物船で働きながら帰国し、学士号得たは 1976。ハワイイ大学院で、反「日本人論」（という先入観）の一連の本を書くための研究が完成し（図書館に読み物も無かったら）中退、1979 に日本へ。1984 より和書拙著の出版は次々。1998 米帰国。2003 より洋書拙著の出版は次々。詳細は上記。

未 来 経 歴

心の中の自分。小文字の robin d gill 又、敬愚それに Flying Tofu の存在は、まだ叶わない夢に過ぎない。※なるべく早く、学生と共著・共出版したいし、二十年前から後釜に置かざるを得なかった百コマ以下の万人参加できる動画革命を起こしたい。無数のコマにでかい三次元に凝るアニメとそれを作るソフトとハードは、我々の想像力を殺している。その想像力を動かさなければ、人は退屈する。贅沢な住まいや食事や旅行など地球の生命圏を潰さなければ生きられない。世の中を良い方へと変えさせる力は、とうてい蓄えまい。うまく絵を描く人は数十人の一人だが、動画にすると八割の人までも面白い作品つくれる。マックは前衛、PC もプロに任せるエリート主義。万人の参加しうる潜在的な力を信じないから、こうなってしまった。二十年前の雇い主は前衛出版社。もしも敬愚は勧めたように、百コマ以下のバイトの大きさも小さい動画（一番小さいは GIF が、GIF に限らない）を溜め込む hyper-short animation bank を作って進んだら、日本の将来も人間の将来も今よりも、うんと良い将来になった。同じことは、音楽についても言える。コマではなく弦の数を抑えてみる必要もあるが、ともかく皆も参加できない文化は危ないと思います。Computer は、今のところ凡人を馬鹿にしている。それを変えたい。先ず大学で勤め口は要ります。

www.ingramcontent.com/pod-product-compliance
Lightning Source LLC
Chambersburg PA
CBHW060256240426
43661CB00060B/2801